GERHARD SIEGLE
CHRONIK EINES DEUTSCHEN SOLDATENSCHICKSALS

TEIL I

Gerhard Siegle

Chronik eines deutschen Soldatenschicksals

1. April 1939 – 14. Mai 1945

TEIL I

„Vom Diakonenschüler zum Kompanieführer"
IR 376, 225. Infanteriedivision

TEIL II

„Opfergang"
GR 1144, 562. Volksgrenadierdivision

Deutsche Originalausgabe:
„Der lange Weg"
Chronik eines deutschen Soldatenschicksals

Alle Rechte vorbehalten
© 1988 by Context-Verlag, Obertshausen
Herausgegeben von Gerhard Siegle, 5970 Plettenberg

Gesamtherstellung bei **Context-Verlag**
Brühlstraße 9, 6053 Obertshausen 1, Telefon (0 61 04) 48 41
Printed in Germany, September 1988

ISBN 3-924072-05-1

Dem Andenken meiner Kameraden gewidmet,
die im Zweiten Weltkrieg ihr Leben dahingeben mußten.

Inhaltsübersicht

Vorwort 15

TEIL I

VOM DIAKONENSCHÜLER ZUM KOMPANIEFÜHRER

Reichs- arbeitsdienst:	Einberufung	19
	Körperliche Ertüchtigung	20
	Moorkultivierung	20
	Erntehilfe in Preetz	21
	Flughafen Marx	21
	Mobilmachung	21
	Luftwaffen-Baukompanie	21
	Sanitäter im Fliegerhorst Marx	21
Ersatz-Batl. 69:	Grundausbildung in Hamburg	22
Infanterie-Rgt. 376: 225. Division	Sennelager, Ausbildung	41
	Dortmund, Handwerker	47
	Einsatz in Holland	60
	Einsatz in Belgien	67
	Einsatz in Frankreich	86
	Einsatz an belgischer Kanalküste	89
	Marsch in die Ardennen/Lazarett Mons .	97
Genesenden- Kompanie:	Grenzlandkaserne Flensburg	101
6./376:	Einsatz franz. Kanalküste	109
	Abwehrbereitschaft Raum Amiens	113
	Weihnachten 1941, Alarm und Aufbruch nach Rußland	126
	Eisenbahntransport nach Praust	129
	Schiffstransport Richtung Reval	132
	In Packeis eingefroren, Befreiung durch Eisbrecher „Stettin"	136
	Landung in Riga	140
	Eisenbahntransport bis Ruijena	143
	Marsch bei härtester Kälte nach Walk . . .	144
	Eisenbahntransport bis Narwa	145

	Marsch bei härtester Kälte bis vor Leningrad, nach Krasnowardeisk	147
	Versetzung in Kessel von Demjansk	159
	Flug in den Kessel bei 50 Grad Kälte	162
	Einsatz Südfront des Kessels bei Bely – Tschernaja	167
	Einsatz Südfront K-Reihe	180
	Einsatz Nordfront im Kessel, Einsatz Bohne bei Sawkino	209
	1. Verwundung bei Stoßtrupp Bohne	220
	Krankensammelstelle Demjansk	223
	Fahrt mit Sanka durch „Schlauch" nach Staraja – Russa	230
	Krankensammelstelle Staraja – Russa	231
	Lazarett Dno	235
	Lazarett Riga	237
	Lazarett Lötzen	244
Genesenden–Kp.:	Wrangelkaserne Rendsburg	248
Marschkompanie:	Wrangelkaserne Rendsburg	255
6./376:	Einsatz am Ilmensee	257
	Einsatz am Wolchow – Klosterweg	260
	Umwandlung der Kompanie, geschlossen ab jetzt 2./Füss. Batl. 225	269
2./Füss. Batl. 225:	Einsatz am Newa – Tossna Brückenkopf	272
	Auszeichnung – Vorschlag, Offizier zu werden	288
	Beförderung durch Sonderbefehl	291
Stammkompanie Rendsburg:	Versetzung zur Kriegsschule Hagenau im Elsaß	297
	Erfolgreicher Abschluß der Schule	319
	Offizierslehrgang Munsterlager. Vorgeschlagen zum Batl.-Adjutanten	323

TEIL II

OPFERGANG

	Versetzung zum Aufstellungsstab	339
	Stablack-Süd bei Königsberg	339
	Neue Volksgrenadier-Division	339
Grenadier-Rgt. 1144	Ostpreußen II, 6. Kompanie:	339
	Überraschende Übernahme in das bereits vorher aufgestellte Rgt. 1144	340
	Zugführer. Einsatz in Frontlücke bei Grajewo	340
	Sturm — Kompanieführer, Kampfgruppe Motsch — ostwärts Netta — Augustow	354
	3mal leicht verwundet. Anerkennung durch Eichenlaubträger General Behrend	384
	Kaminhöhe — Kommandant	388
9. Kompanie:	Nur noch 26-Mann-starke Kompanie übernommen	392
	19 Gefallenenbenachrichtungen schreiben	393
	Neuaufbau der Kompanie im Fronteinsatz	394
	Sumpfstellung	395
	Halbmondstellung	397
10. Kompanie:	In Stellung nördlich und südlich Lomza	400
II. Batl. Stab:	Ordonnanzoffizier. Zusammenstoß mit Artillerie — Hauptmann	401
10. Kompanie wird 2. Kompanie:	Wegen der außerordentlichen Verluste wird das III. Batl. mit dem I. Batl. zusammengelegt. 10. Kompanie wird in Zukunft 2. Kompanie	402
	Zitadellen — Kommandant Wizna	416
	Kommandounternehmen, erneute Verwundung	430

Einladung des Generals nach Liebenberg/Ostpreußen	471
Zusammenbruch und Rückzug in Ostpreußen	474
Tragödie vor Heilsberg am Festungsdreieck	497
6. und letzte Verwundung bei der Verteidigung eines vormaligen Batl.-Gefechtsstandes von „Großdeutschland"	559
Batl.-Verbandsplatz	561
Divisions-Verbandsplatz „Großdeutschland"	563
Sterbehalle Heiligenbeil – Lazarett	566
Krankensammelstelle Rosenberg am Haff	576
Schwerverwundet über das Eis nach Pillau	579
Mit Frachtschiff über Hela nach Swinemünde	586
In Pommerscher Bucht Fahrt gestoppt wegen neu – von Flugzeugen – gelegten Minen	596
Nicht mehr transportfähig nach Lazarett Heringsdorf	601
Lazarettzug kann nicht mehr über Stettin fahren	605
Im Lazarettzug nach Bamberg mit Stuka	607
Lazarett Bamberg – Fischerei-Oberschule	609
Amt Rosenberg	614
Heereszahnklinik Bamberg	630
Genesendenurlaub nach Hause – Bünde in Westfalen	633
Überstürzte Flucht vor den Amerikanern in Richtung Hannover – Bamberg	637
Lazarett in Bamberg bereits geräumt	641
Bamberg wird schwer bombardiert	644
Flucht nach Osten in Richtung Bayern	645
Zwischen Russen und Amerikanern nach Norden bis Stendal	646
In Stendal in amerikanischer Falle	655

Flucht durch die Frontlinie 659
Flucht durch amerikanisch besetztes
Gebiet in Richtung Westen 660
14 Nächte — Flucht bis an die Weser, in
Uniform und bewaffnet 663
Weserüberquerung bei Minden 702
Glückliche Heimkehr, wenige Tage vor
der Kapitulation 711

Angedrohter Verrat an die Engländer . . . 713
Erneute Flucht in den Teutoburger Wald . 714
Unterschlupf in Bethel vergeblich
gesucht 718

Synthese von Pilsudski und Hakenkreuz
ermöglicht endlich die Freiheit 720

Nachwort 725

Anhang 727

Dokumente — gestreut eingelegt

Land-, Luft- und Seeweg-Stationen

01.04.39	Buchenhof Schweicheln – Herford – Hamburg – Kaltenkirchen
10.08.	Kaltenkirchen – Preetz – Kaltenkirchen
23.08.	Kaltenkirchen – Hamburg – Bremen – Varel – Flugplatz Marx
13.01.40	Marx – Hamburg
20.02.	Hamburg – Sennelager
07.03.	Sennelager – Dortmund
11.05.	Dortmund – Hörde – Wesel – Kleve – Kranenburg – Mook – s, Hertogenbosch – Tilburg – Breda – Putte – Antwerpen – Mechelen – Tendermonde – Wetteren – Gent
26.05.	Gent – St. Denis – Westrem – Leerne – Meygem – Vinkt
28.05.	Vinkt – Ruiselede – Domkerke – Drongen-Baarle – Deynze – Kortryk – Tournai – Cambrai – Bapaume
27.06.	Bapaume – Arras – Lens – Bethune – Armentier – Ypern – Langemark – Torhout – Blankenberge
14.07.	Blankenberge – Loppem – Oostkamp – Blankenberge – Brügge
01.11	Brügge – Mons – Hamburg – Flensburg
15.02.41	Flensburg – Cabourg – Le Treport – Trouville-Deauville – Villers sur Meer – Houlgate
20.06.	Houlgate – Rouen – Neuville – Amiens
25.12.	Amiens – Aachen – Osnabrück – Bremen – Hamburg – Praust – Danzig – Riga – Walk – Ruijena – Narva – Kingisepp – Krasnowardeisk
25.02.42	Krasnowardeisk – Pleskau – Demjansk – Bely – Jkandowo – Tschernaja – K-Reihe – Bohne – Wiaskowo
22.11.	Demjansk – Staraja Russa – Dno – Riga – Lötzen – Rendsburg
05.02.43	Rendsburg – Bünde – Rendsburg
29.04.	Rendsburg – Hamburg-Wentorf – Pleskau – Dno – Staraja Russa – Gorki-Ilmensee
09.05.	Ilmensee – Ljuban – Wolchow – Klosterweg
26.08.	Klosterweg – Newa-Tossna Brückenkopf – Otratnoje
20.11.	Newa-Tossna Brückenkopf – Bünde
01.12.	Bünde – Rendsburg
12.12.	Rendsburg – Bünde – Rendsburg
19.12.	Rendsburg – Bünde – Rendsburg

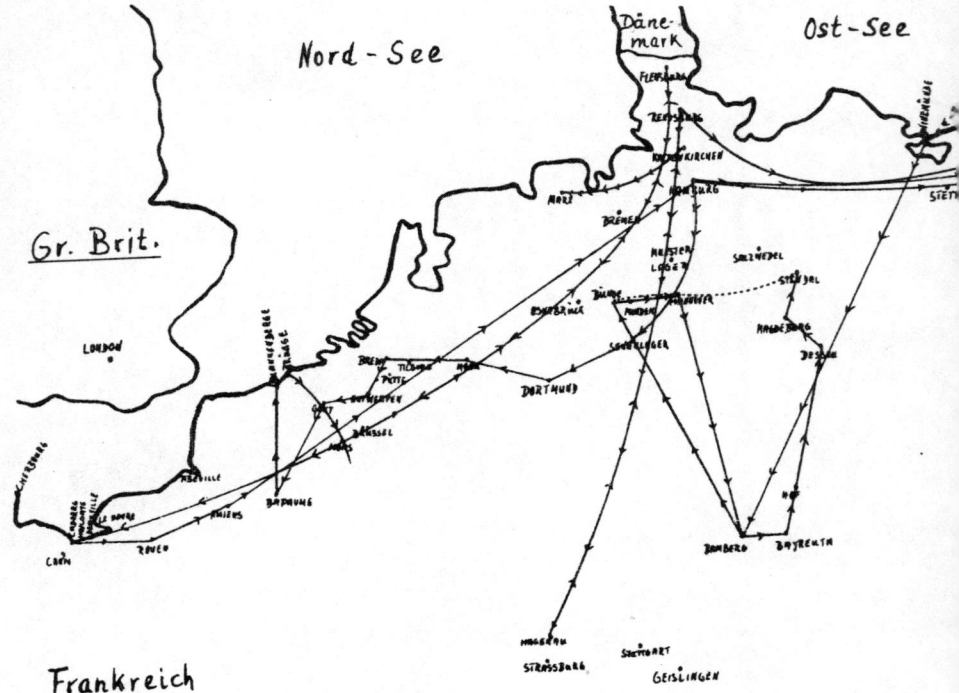

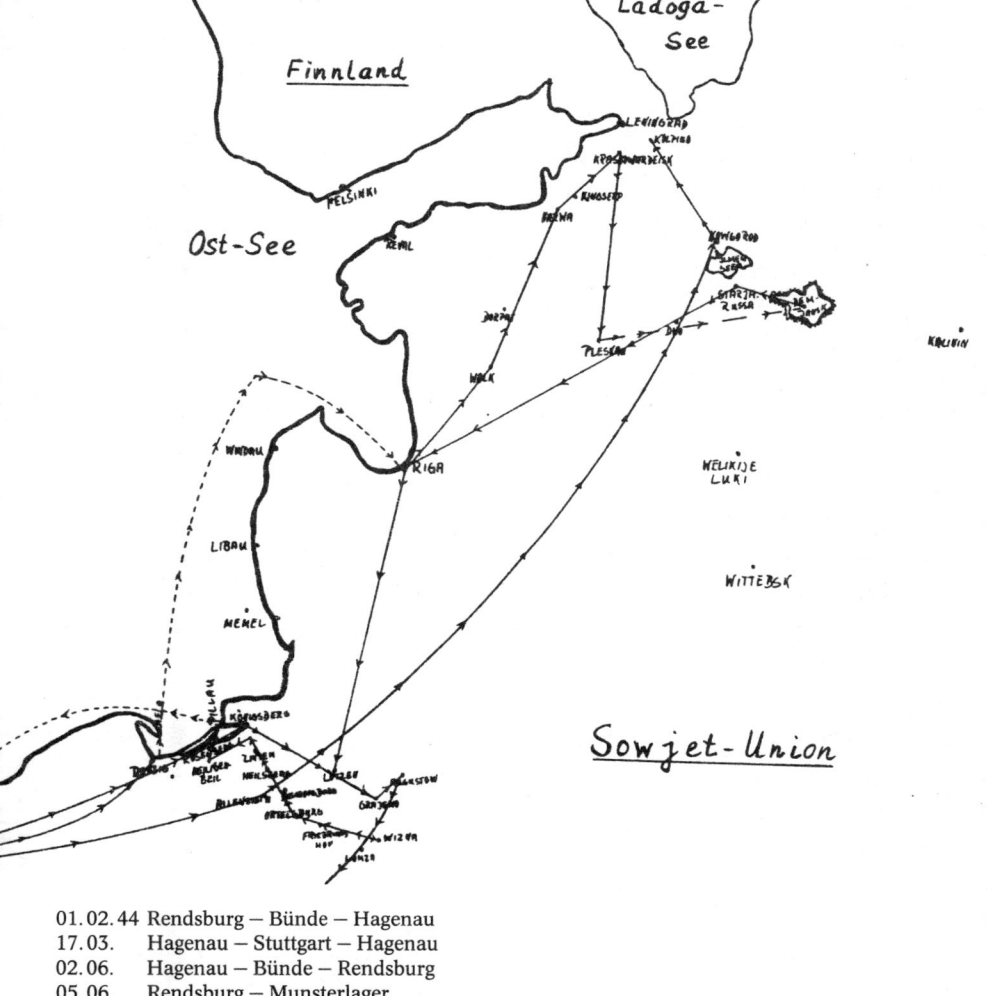

01.02.44	Rendsburg – Bünde – Hagenau
17.03.	Hagenau – Stuttgart – Hagenau
02.06.	Hagenau – Bünde – Rendsburg
05.06.	Rendsburg – Munsterlager
18.06.	Munsterlager – Bünde – Munsterlager
11.07.	Munsterlager – Rendsburg
15.07.	Rendsburg – Bünde
21.07.	Bünde – Rendsburg – Lübeck – Königsberg – Stablack-Süd
27.07.	Stablack-Süd – Grajewo – Augustow – Netta – Krylatka – Orczechowa
08.08.	Orczechowa – Kuligi – Stawisky – Maly Plock – Kisilnicie-Cludni – Nowogrod – Cludni – Kisilnicia – Wizna
03.12.	Wizna – Maly Plock – Wizna
09.01.45	Wizna – Liebenberg
14.01.	Liebenberg – Friedrichshof – Ortelsburg – Mensguth – Bischoffsburg – Rothfließ – Seeburg – Kiwitten – Festungsdreieck – Heilsberg – Landsberg – Zinten – Kobbelbude – Heiligenbeil – Rosenberg – Pillau
05.02.	Pillau – Hela – Swinemünde – Heringsdorf
18.02.	Heringsdorf – Usedom – Greifswald – Rostock – Schwerin – Magdeburg – Bamberg
19.03.	Bamberg – Bünde
02.04.	Bünde – Lübbecke – Wiedensahl – Hannover – Bamberg
08.04.	Bamberg – Bayeuth – Hof – Dessau-Rosslau – Magdeburg – Stendal
12.04.	Stendal – Lehrte – Hannover – Minden – Bünde

VORWORT

02.12.1980

Über 40 Jahre sind vergangen.

Meine ersten Tagebucheintragungen stammen aus dem Frühjahr 1939.

Heute scheint der Tag gekommen zu sein, um aus großem Abstand aus einer Zeit zu berichten, die für unser Volk, unsere persönliche Entwicklung und auch für die ganze Welt, unauslöschliche Eindrücke hinterlassen hat.

Die in den Tagebüchern festgehaltenen persönlichen Erfahrungen sind nur ein winziger Ausschnitt aus dem Geschehen, das man unter dem geschichtlichen Begriff des „Zweiten Weltkriegs" kennt.

Meine Aufzeichnungen, die in 4 Tagebüchern noch erhalten, beginnen mit meiner Arbeitsdienstzeit 1939 und enden mit dem 14. Mai 1945. Sie sind in damaliger deutscher Schrift und für meine Kinder kaum zu lesen. Ich habe sie in lateinischer Schriftweise umgeschrieben und dort ergänzt, wo der Zusammenhang für spätere Leser nicht mehr erkennbar gewesen wäre.

Alle geschilderten Vorgänge sind tatsächlich so geschehen. Lediglich einige Namen sind aus verständlichen Gründen gekürzt. Für mich entstand so, ungewollt, die Beschreibung meines Lebens während der Zeit des „Zweiten Weltkriegs".

Es handelt sich nur um mein persönliches Erlebnis. Eine Beschreibung der damaligen politischen Vorgänge ist weder beabsichtigt, noch ungewollt dargestellt.

So wie es war, wie es für mich persönlich war, so haben es meine Kinder überliefert bekommen und so soll es später der Öffentlichkeit zugänglich gemacht werden.

Nach dem furchtbaren Ende des „Zweiten Weltkriegs" ruhten die Tagebücher. Sie wurden verdrängt und fast vergessen.

Erst der Frührentner holte sie 1980 wieder an das Licht und begann für seine Kinder zu berichten.

10.07.1983

Aus meinen 4 Tagebüchern, für unsere Kinder geschrieben, ist nun das für die Öffentlichkeit bestimmte Buch entstanden. Es soll der Wahrheitsfindung dienen und die gebrachten Opfer aller Menschen nicht vergessen lassen.

GERHARD SIEGLE

TEIL I

VOM DIAKONENSCHÜLER ZUM KOMPANIEFÜHRER

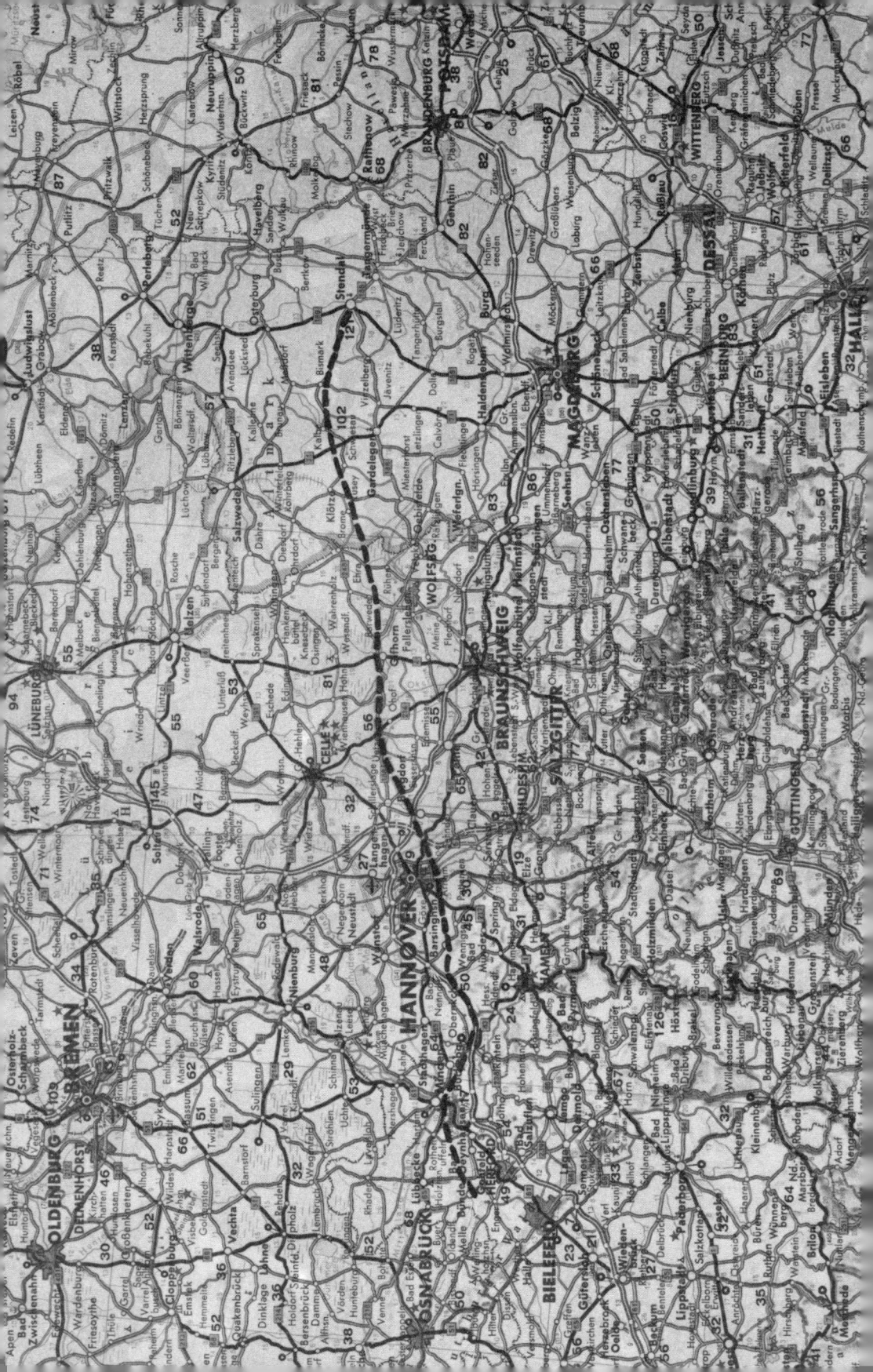

Reichsarbeitsdienst
Luftwaffenbaukompanie
Mobilmachung

Mit kreischenden Bremsen kommt der Zug zum stehen. Es ist der Schnellzug nach Hamburg–Altona. Die Türen fliegen auf. Es ist Zeit, den Koffer hochzunehmen. Er ist nicht sehr schwer und enthält nur das Nötigste, was ein angehender Arbeitsdienstmann eben so braucht. Ich steuere eine offene Tür an und habe Glück, gleich einen Sitzplatz zu bekommen. Erst als ich den Koffer oben im Gepäcknetz verstaut habe, wurde mir bewußt, daß mich niemand zum Bahnhof gebracht hatte.

Nicht etwa, daß es meine erste größere Reise gewesen wäre, nein, das war es nicht, was mich innerlich bewegte. Etwas anders war es schon diesmal. Die erste große Reise vor einigen Jahren, war zugleich der Abschied von Familie und Heimat. Es war auch ein Abschied vom Wunsch, Missionar oder Pfarrer zu werden. Es war ein Schritt in ein selbstgewähltes Leben der Entsagung, des Dienens an Kranken und Schwachen. Es war die Fahrt nach Bethel, der Stadt der Kranken und Unglücklichen, von Pastor Bodelschwingh in's Leben gerufen. Das Ziel meiner ersten Fahrt in meinem jungen Leben war der Wunsch, für andere dazusein. Ganz entgegen dem Zeitgeist hatte ich mich damals so entschieden.

Ich war in der Kirchenjugend aufgewachsen und 1934 in die Hitlerjugend eingegliedert worden. Der Eintritt in das Bruderhaus Nazareth in Bethel brachte den Austritt aus der Hitlerjugend mit sich. Meine Ausbildung in der Psychiatrie war sehr hart. Später wurde ich versetzt in die Jugendarbeit. Ich war verantwortlich für Jungen im Alter von 8–14 Jahren. Der Buchenhof bei Herford war mir zur neuen Heimat geworden. Mitten in diese Ausbildungszeit kam der Einberufungsbescheid in den Reichsarbeitsdienst. Heute war der Tag, der mich in eine noch unbekannte Welt führen sollte, mich, den Diakonenschüler.

Es war meine zweite große Reise.

Draußen pfeift es laut und vernehmlich und der Zug ruckt an. Aus dem Fenster sehe ich kein für mich flatterndes Taschentuch, doch bald kommt mir nochmals das große Stationsschild vor Augen, mit der Aufschrift „Herford", und kurz danach sehe ich meinen Buchenhof, auf dem das Leben auch jetzt weitergeht, ohne mich. Ich bin allein von jetzt ab und ganz auf mich gestellt.

Während der Zug durch die Porta Westfalica in die norddeutsche Tiefebene fährt, gleiten meine Gedanken zurück in die Vergangenheit und dann auch wieder in die nahe Zukunft.

Ich muß nach Kaltenkirchen, nördlich von Hamburg. Als Schwabe nach Schleswig-Holstein. Schon bei Umsteigen in Altona konnte man sie erkennen. Sie, die Neueingezogenen. Mit Persilkarton, Koffer und Taschen. Das Kaltenkirchener Bähnchen schaukelte uns gegen 16.00 Uhr unserer gemeinsamen neuen Heimat entgegen.

6 Monate Arbeitsdienst, das war unser Beitrag für unseren Staat. Vom 01. April bis 30. September 1939. So dachten wir. Es sollte aber ganz anders kommen und keiner von uns, die wir durch das Tor des damaligen Musterlagers zogen, ahnte etwas von Krieg und Sieg und Untergang.

Am Tor nahm mir ein Truppführer den Einberufungsbescheid ab. Die ersten Worte, die ich hörte, waren keine Freundlichkeit. Anscheinend wußte man aus meinen Unterlagen, daß da ein „Frommer" kam, denn wörtlich lautete der Empfangsgruß: „Na, auf Dich alten Sack haben wir gewartet!" Ich war sehr auf der Hut, aber keineswegs ein Angsthase und habe mir deshalb auch nichts daraus gemacht.

Von dieser Zeit an habe ich täglich schriftlich festgehalten, wie es mir und meiner Umwelt erging, ohne zu ahnen, daß es später kostbare Dokumente werden sollten.

Die körperliche Ertüchtigung war sehr intensiv und hart. Die Kameradschaft der buntgewürfelten Landsmänner war sehr gut. Alles Leiden und alle Nöte wurden gemeinsam ertragen. Nach Wochen des formalen Drills kamen wir zum Einsatz in das Moor. Dort haben wir wunderbare Bienenweiden angelegt, täglich gepflanzt und das Land entwässert durch Drainage.

Eines Tages wurde ich zum sogenannten „Nürnbergzug" kommandiert. Dieser Zug aus ausgesuchten Arbeitsmännern sollte auf dem Nürnberger Parteitag das Lager vertreten und vor Hitler paradieren. Parademarsch wurde immer nach Arbeitsschluß geübt. Es war etwas vom Härtesten, was mir körperlich widerfuhr.

Plötzlich wurde alles abgeblasen, ohne daß wir einen Grund erfuhren und unser ganzes Lager wurde aufgeteilt in Ernteeinsatzgruppen. Ich selbst kam mit anderen Kameraden nach Preetz in die Holsteinische

Schweiz. Dort haben wir viel Schweiß vergossen, aber eine herrliche Zeit verlebt. Wir haben oft bis in die Nacht hinein geschuftet. Unser neuer Brötchengeber war Bürgermeister und Herr auf Gut Schellhorn. Wir haben dort gerne gearbeitet und auch unseren Spaß gehabt.

Doch plötzlich war alles zu Ende. Bereits am 20. 08. 1939 kehrten wir wieder zu unserem Lager nach Kaltenkirchen zurück, doch bereits 3 Tage später beförderte uns die Eisenbahn über Hamburg – Bremen nach Varel, südlich von Wilhelmshaven. Nach einem beschwerlichen Nachtmarsch fanden wir uns wieder auf dem Flugplatz Marx in Ostfriesland.

Bereits am 26. 08. 1939 wurde unsere Abteilung als „Bausoldaten" vereidigt. Ich selbst war zufällig davon ausgenommen, da ich inzwischen als Sanitäter auf dem Fliegerhorstrevier beim dortigen Arzt eingesetzt war. So kam es, daß ich nie auf den Führer oder sonstwen vereidigt wurde.

An diesem Tag begann auch die allgemeine Mobilmachung.

Eine Arbeitsdienstabteilung nach der anderen wurde um den auszubauenden Flugplatz herum in Dörfern untergebracht und rund um die Uhr entstanden neue Startbahnen für die Flugzeuge.

So wurden wir Soldaten, ohne je formell aus dem Arbeitsdienst ausgeschieden zu sein. Am 01. 01. 1940 wurde ich zum Heer nach Hamburg versetzt.

7 Wochen stramme Grundausbildung bei der Infanterie in Hamburg-Wandsbek Ersatz-Batl. 69

Grundausbildung

03.01.1940

Gestern abend, um 16.30 Uhr, sind wir in Hamburg-Wandsbek, Lettow-Vorbeck-Kaserne, angekommen. Wir, die Reste aus dem ehemaligen RAD-Lager Kaltenkirchen, eingezogen in Friedenszeit, am 01. April 1939. Wir haben nun Krieg, der Frieden ist gestorben. Wir sind jung und glauben, daß wir unser Vaterland verteidigen müssen. Oft haben wir daran gedacht, daß Gleichaltrige in Fronttruppen Dienst tun dürfen und wir „nur" Rollbahnen bauen konnten. Der Schritt durch das Tor in die eigentliche Wehrmacht geschah am gestrigen Nachmittag durch das Tor der Lettow-Vorbeck-Kaserne in Hamburg-Wandsbek.

Wir haben noch Essen bekommen, Bettwäsche empfangen und wurden auf Stuben verteilt. Am Abend trinke ich einen Grog in der Kantine, rauche eine Geschenk-Zigarre von der Partei und schreibe Tagebuch. So war der Anfang meiner Grundausbildung in der Wehrmacht, im Infanterie-Ersatz-Bataillon 69.

Heute war um 6.00 Uhr Wecken. Ich habe auf meinem Strohsack prima geschlafen. Auch der Waschraum in einer solchen Kaserne, war im Gegensatz zu unseren seitherigen Verhältnissen, wunderbar. Um 9.00 Uhr war für alle Duschen angesetzt. Es gab nur eiskaltes Wasser. Danach war Einstellungsuntersuchung. Als dieser Gang zum Arzt vorbei war, ging alles seinen eingespielten Gang: Kleiderempfang — Waffenempfang. Ich erhielt einen Karabiner 98 „lang". Längst hatten wir bei der Baukompanie den neuen Karabiner „kurz" gehabt, doch zu Ausbildungszwecken wurde für uns der alte Karabiner ausgegeben. Meine Pistole 08 war ich los. Es gab gutes Essen und ganz unüblich für mich gab es um 17.00 Uhr Dienstschluß. Unsere Ausbilder sind zu uns allen „sehr anständig". Ich halte es für richtig, sehr bald in's Bett zu gehen. Immer schon hatte ich einen guten Riecher für Zeiten der Ruhe, um Kräfte zu sammeln, auch körperliche Kräfte, und für Zeiten, wo ein gewisser Raubbau hingenommen werden mußte. Ich dachte also, ruhe dich gründlich aus, wer weiß, was die Rekrutenausbildung bringt.

04.01.1939

6.00 Uhr Wecken. Mein Bett ist unten und ich habe gut geschlafen. Gleich heute morgen ist auf dem Kasernenhof Exerzieren für uns. Ich freue mich sehr, habe ich doch nun erfüllt, was ich schon längst wollte. Im wahrsten Sinn des Wortes bekommen wir die Hammelbeine langgezogen. Unmittelbar danach geht es auf dem Exerzier-Boden weiter, bis zum Mittagessen. Das Essen ist sehr gut und schmeckt allen ausgezeichnet. Wir können in einem sauberen, großen Saal essen.

Es ist eine wahre Wohltat, sich wieder in kultivierten Räumen bewegen zu können. Nachmittags ist Dienst mit dem Gewehr, wobei ich mich das erste Mal etwas näher mit meiner Soldatenbraut beschäftigen muß. Ich gehe sehr früh in die Falle, da sich langsam ein Muskelkater bemerkbar macht.

05.01.1940

Ein weiterer Ausbildungstag. Was mich erfreut und beeindruckt, ist unsere herrliche Waschanlage. Es ist wunderbar, das kalte Wasser über das Genick laufen zu lassen. Da wir wieder exerzieren, übrigens bei einer empfindlichen Kälte, macht sich der voll ausgereifte Muskelkater ganz gemein bemerkbar. Sehr gerne verfolge ich den Unterricht. Ja, ich genieße das geradezu. Es ist jedesmal eine köstliche Angelegenheit. Unsere Ausbilder sind durchweg gestandene Männer. Mit dem Ausbilder unserer Gruppe sind wir vom ersten Tag an gut gefahren. Er hat seine Ausbildungsvorschriften immer so ausgelegt, daß er zuerst Mitmensch war und dann Ausbilder. Wir haben ihm nie den Respekt versagt, wir hatten keinen Anlaß. Bei der sehr starken Belastung der körperlichen Extremitäten trat mit meinem linken Knie eine alte Geschichte auf. Ich hatte manchmal erhebliche Schmerzen.

Bei aller körperlicher Anstrengung, während dieser ersten Ausbildungstage, hatten wir trotzdem das Gefühl, daß die RAD-Ausbildung um ein Mehrfaches härter war. Überhaupt war der Geist und die Atmosphäre bei der Wehrmacht irgendwie anders. So etwas wie Solidität und Altgewachsenes empfanden wir. Es gab nirgendwo Hinweise auf politische Themen, Parolen oder dergleichen. Insgesamt gesehen: wir waren gut behandelt worden und waren auch gut aufgehoben. – Wie das so manchmal ist, etwas haben wir doch vermißt. Es war die Marmelade, die es im RAD immer in reichlicher Menge gab. – Bald bekamen wir auch die erste Post nach Hamburg. Es war gut zu wissen, daß die Verbindung wieder hergestellt ist.

06.01.1940

Sonnabend. Der Dienstplan sieht heute für uns etwas aufgelockerter aus. Morgens zuerst exerzieren. Macht höllischen Spaß. Anschließend schleppten wir bis zum Mittagessen Bekleidungsstücke für die Kleiderkammer. Einmal etwas anderes und eine willkommene Abwechselung. Nach dem Essen war allgemeines Duschen, wieder eiskalt und dann ging es los mit Revierreinigen. Wir hatten unsere große Not mit dem Fußboden im Zimmer. Er war aus Parkett und dieser Boden mußte, mit Hilfe von Stahlspänen, mit den Händen gesäubert werden. Später gab es noch Unterricht über das Maschinengewehr. Mein Muskelkater war einmalig. Ich spürte jeden Knochen im Leib.

07.01.1940

Heute ist Sonntag und wir haben erst um 8.00 Uhr Wecken. Da wir uns ja als Soldaten weder bis jetzt benehmen noch bewegen können, gibt es auch keinen Ausgang aus der Kaserne!

Nach dem Mittagessen geht es aber los. – Die Frauen kommen – alle – Ehemänner haben Besuch! Ich schreibe Briefe, habe es aber bei der Unruhe bald satt und gehe in die Kantine.

08.01.1940

Nach einem Unterricht am frühen Morgen haben wir das tägliche Exerzieren. Doch heute etwas weniger formal. Wir liegen flach, machen Rolle vorwärts und dergleichen. Trotz der Kälte werden wir gehörig warm. Es macht aber Spaß. Komme mir manchmal vor wie in einem strammen Erholungsheim.

Nachmittags haben wir Theorie in Schießlehre. Abends großes Waffenreinigen.

Ansicht unseres Arbeitsdienstlagers vom Haupteingang gesehen.

Abteilung angetreten zur Flaggenhissung.

Beim Essen. Beachtliche Haarfülle in Streichholzlänge.

Vor unserer „Bude".

09.01.1940

Heute kommen wir zum ersten Mal aus dem Kasernentor heraus. Wir machen einen Ausmarsch in's Gelände. Erinnert werde ich dabei an alte Pfadfinderzeiten. Wir bekommen vom Regimentskommandeur und vom Kompaniechef ein Lob für unsere gute allgemeine Haltung.

Werden plötzlich in der seitherigen Zusammensetzung aufgelöst. Ich komme zum Stabs-Zug und habe viel Glück, daß ich auf ein Zimmer mit nur 8 Betten komme. Man kann sich wieder besser wenden und drehen.

10.01.1940

5.30 Uhr Wecken. 7.00 Uhr Dienstbeginn. Welcher Unterschied zum RAD. Im Stabs-Zug ist der Dienst etwas anders geworden. Nach dem morgendlichen Unterricht haben wir 2½ Stunden Exerzieren, wobei es wieder verdammt kalt ist. Durch die Versetzung haben wir uns eingehandelt, daß wir am Sonntag noch nicht aus der Kaserne dürfen. Nachmittags machen wir Gymnastik und abends erhalten wir einen Radioapparat. Darüber sind wir besonders glücklich. Nun haben wir wenigstens Musik.

11.01.1940

6.00 Uhr war Wecken. Ein scharfer langer Pfiff und dann laut und unüberhörbar der Ruf des Unteroffiziers vom Dienst: „Kompanie aufstehen!!" Heute ist es aber komischerweise anders als sonst. Ich bin allein auf und die Burschen schlafen weiter. Prompt kommt nach einer Weile der U.v.D. herein und zwei Mann, die alten Küchenbullen von der RAD-Küche Kaltenkirchen, fallen unangenehm auf. Nach dem obligatorischen Unterricht, Exerzieren auf dem Trockenboden, oben in den Kasernen. Von 11.00–14.00 Uhr Mittagspause, dann Schießlehre und interessanten Gewehrunterricht. Draußen ist es verdammt kalt.

12.01.1940

Vor dem sehr guten Mittagessen heute, 2½ Stunden Exerzieren. Nachmittags sollte Gymnastik sein, doch es ist wirklich nicht zu fassen, wir bekommen zum ersten Mal Ausgang in die Stadt, um den Hamburger

„Dom" zu besuchen. Für Nicht-Hamburger – das ist keine Kirche, sondern ein traditioneller, riesiger Markt auf dem Heiliggeistfeld.

Mit diesem ersten Ausgang in die Stadt beginnt für mich ein neuer, in mancher Hinsicht unwahrscheinlich schöner Abschnitt. Wenn auch nur 5 Wochen kurz, so doch sehr eindrucksvoll. Ein starker Kontrast zwischen Kasernenleben mit Ausbildung und dann die schöne große Freiheit bei Zivilmenschen, die uns Soldaten so viel geschenkt haben und es gut mit uns meinten. Ich denke, mit mir besonders gut.

Mein erster Weg nach dem Kasernentor ging zu den Eltern von Günther, einem Kameraden vom RAD. Ich bekomme einen guten Bohnenkaffee und werde wie immer, sehr gut aufgenommen. Unterhalten uns auf Günthers Art. Genauer heißt das: Er verflucht den Staat, besonders den nationalsozialistischen Staat, den Krieg und seine Beschwernisse, die Wehrmacht. Er hört viel Jazzplatten, liebt englische Art und Denkweise und ist unglücklich als Sodat. Später gehen wir beide zu Horst, auch einem alten RAD-Kameraden und bekommen dort ein tolles Abendbrot. Es juckt uns und wir gehen zur Reeperbahn in's Heinze. Ein wunderschönes Konzert-Café. Es gefällt mir hier nicht, trotz der Plüschsessel. Rechnung: 15,– RM. Günther zahlt. Komme eben noch um 23.30 Uhr in die Kaserne.

13.01.1940

Wie immer: 8.30 Uhr bis 11.00 Uhr Exerzieren. Waffenreinigen und dann duschen. Anschließend ist noch Revierreinigen mit Abnahme. Von jetzt ab dürfen wir wieder „los".

14.01.1940

Es ist Sonntag. Um 8.00 Uhr ist erst Wecken und wir haben keinerlei Dienst. Horst und andere gehen schon vormittags weg. Es gibt ein gutes Sonntagsessen und danach schreibe ich Briefe. Später gehe ich dann auch in die Stadt. Mit der Hochbahn fahre ich zu Günther. Dort verbringe ich den ganzen Nachmittag. Tatsächlich bin ich abends auf der Heimfahrt etwas durcheinander von Zigarren, Bohnenkaffee und Kognaks. Komme ohne Zwischenfall in die Kaserne. Falle müde in's Bett.

15.01.1940

Schlafe heute das erste Mal richtig durch bis zum Wecken. Die Kälte hat nachgelassen, und es gibt draußen Matsch. Wir exerzieren dennoch unsere 2½ Stunden.

16.01.1940

Habe Stubendienst und werde etwas spät geweckt. Alles muß im Galopp gehen. Nach dem obligatorischen Exerzieren werde ich heute abkommandiert. Wir fahren mit einem Lkw nach Rahlstedt und holen Kampfstoffe. Es ist eine tolle und nicht ganz ungefährliche Fahrt. Kommen mit der Straßenbahn in zu enge Tuchfühlung. Beim Transport stürze ich auf das Knie und habe mir eine schöne Prellung geholt. Nachmittags haben wir wieder Sonderkommando. Dabei laufen wir aber ganz schön auf. Schleppen vom Güterbahnhof verschiedene Geräte bis zur Kaserne. Am Abend sind wir wirklich hundemüde.

17.01.1940

Im Gelände heute morgen war es prima. Nachmittags haben wir Kleinkaliberschießen. Mit 24 Ringen schneide ich bescheiden ab. Unser Unterfeldwebel erzählt Witze. Wir lachen uns fast krank. Abends gehe ich früh in die Falle.

20.01.1940

Es gab Neuschnee. Wir exerzieren auf dem Kasernenhof. Ein heftiger, kalter Wind geht durch und durch. Der Major hat ein Einsehen und läßt in der Kaserne auf den Fluren weitermachen. Am Nachmittag haben wir Revierreinigen mit kleinen Schönheitsfehlern. Es wird uns schwer eins gegeigt. Wir haben den Duschraum, den Waschraum, die Toiletten und auch noch den großen Flur und merken, was los ist. – Unsere Stube ist nie in Ordnung. – Wir können machen was wir wollen, wir bekommen sie nicht abgenommen.

Endlich! Um 17.30 Uhr kommen wir weg. Ich fahre zu Günther und sehe später den Film D III 88 an. Esse bei Günther auch noch Abendbrot und bin 10 Minuten vor Zapfenstreich wieder daheim.

21.01.1940

Sonntagmorgen, 10.00 Uhr Spindappell. Klappt gut. Wir bekommen dabei zu hören, daß einer über den Zapfen gehauen hat und es in Zukunft mit Urlaub Essig werden wird. Um 11.00 Uhr komme ich dennoch weg. Lasse unterwegs noch ein paar Fotografien machen für das Soldbuch. Gehe dann zu Günther. Dort gibt es zum Mittagessen gebratenes Huhn mit Erbsen und Buttersoße, vorher eine herrliche Fleischbrühe. Nach dem Essen plaudern wir über alle möglichen Themen. Gegen 16.00 Uhr schlendern wir in's Alsterpavillon, wo es aber übervoll war. Wir gehen deshalb weiter in's Ufa. Am Abend gönnen wir uns noch ein gutes Essen. Dann fuhr ich mit der Hochbahn und Straßenbahn wieder zurück zur Kaserne. Dort war großer Rummel. Alles voll Alkohol!

22.01.1940

Heute war unser Ziel der Nahkampfplatz. Es ist ganz schön kalt. 18 Grad minus. Wir haben zum ersten Mal Kopfschützer um. Auf dem Ausbildungsplan steht das Üben von Schützenkette und Schützenreihe. Wir müssen mächtig laufen. Aber es geht alles noch zu langsam. Hinlegen — Aufstehen — am laufenden Band.

Unser Unterfeldwebel und M. aus Bremen liefern sich so unglaubliche Wortgefechte, daß wir aus dem Lachen überhaupt nicht mehr herauskommen.

Abends schreibe ich noch Briefe.

23.01.1940

Horst sieht etwas bedeppert aus. Er kann sich gar nicht recht entschließen, seine Kleider anzuziehen. Unser guter S. liegt nach dem Wecken auch schon wieder lang auf dem Bett, nur D. ist morgens gleich wach und wäscht sich auch sofort. So sind sie alle verschieden. Im Temperament, in der Disziplin, im Gemüt. Und doch, etwas verbindet alle: Wir wissen, daß Krieg ist und daß wir zur Fronttauglichkeit ausgebildet werden. In der Kaserne ist es ein ganz anderes Leben als in den RAD-Barakken. Alles ist irgendwie gefestigter. Wir haben heute morgen 2½ Stunden Granatwerferausbildung. Eine Ausbildung, die nur in der Stabskompanie durchgeführt wurde. Unser Ausbilder ist wirklich ganz prima. Keine Allüren und Überheblichkeit, nein, wir sind wirklich froh, daß wir ein gutes Verhältnis zu ihm haben. Es geht in der praktischen Ausbildung sehr lebhaft zu. M. aus Bremen haut mir dabei einmal kräftig auf die Nase. Wir machen Wettbewerb in 2 Gruppen und es geht nach der Stoppuhr um Sekunden. Alles spielt sich auf unserer umgeräumten Stube ab. Draußen ist es nämlich wieder saukalt.

Zum Mittagessen gibt es heute Gulasch, es soll Walfischfleisch sein. Nachdem wir zur Mittagspause auf unsere Stube zurückkommen, gibt es einen Donnerschlag ohnegleichen. Irgendein Walroß hat das Radio auf der Stube nicht ausgemacht, als wir zum Essen gingen. Dazu noch, daß der Stubendienst nicht sauber gearbeitet hätte! Es hagelt Urlaubssperre und dergleichen für die Betroffenen. Hart, aber so etwas ist nicht ungewöhnlich.

Am Nachmittag ist alles wieder etwas versöhnlicher gestimmt. Es gibt einen gut ausgearbeiteten Film über Nahkampf. Sonst nichts mehr Aufregendes.

24.01.1940

Wieder ein Ausbildungstag im Gelände. Mir macht die Ausbildung in der Natur immer sehr viel Spaß, trotz erheblicher körperlicher Anstrengungen. Alte Erinnerungen aus meiner Pfadfinderzeit werden geweckt. Üben mit Marschkompaß usw. Ich kannte das alles schon und brachte von Natur aus auch das Einfühlen mit. Nach dem Mittagessen gibt es nochmals einen Filmnachmittag. Das stimmt uns ganz fröhlich. Schreibe abends Briefe und mache dann Stubendienst.

25.01.1940

Heute ist ein besonderer Tag. Es geht zum Scharfschießen. Wie das Schicksal so will: Ich habe das Pech und komme als Erster dran zum Schießen. Doch – es geht gut. 3 Schuß = 29 Ringe. Ich bin damit zufrieden, ist es doch das erste Mal, daß ich mit einem Karabiner geschossen habe. Es ist ausgerechnet heute sehr kalt. Ich habe 3 Paar Strümpfe angezogen und trotzdem nasse Füße. Wir haben Glück und können vom Schießstand aus mit dem Auto in die Kaserne zurückfahren.

Das Schießergebnis insgesamt war gut und so gab es eine Dienstplanänderung. Nach dem Essen sehen wir einen Lehrfilm und später gibt es noch Unterricht. Natürlich freuen wir uns darüber. So wurde uns nebenbei auch der hohe Stellenwert eines guten Schützen bewußt gemacht. Mache für unseren S. Stubendienst, damit er am Abend wegkonnte. Ging alles in Ordnung.

26.01.1940

Heute ist ein großer Marsch vorgesehen. Es geht nach Höltigbaum. Aber eben nicht nur so – dahinmarschieren. Nein, nein, ganz anders kamen wir dahin! Immerhin ging es ganz normal los. Doch, plötzlich der unüberhörbare Ruf: „Fliegerdeckung!" Was wohl heißen sollte, wir sollten vor angenommenen Tiefffliegern in irgendwelche „Deckung" gehen. So wie wir friedlich marschierten, stoben wir auseinander, jeder gerade da, wo er glaubte, es wäre richtig. Doch lange lagen wir da nicht im Schnee, denn wir wollten ja nach Höltingbaum. Also weiter in Reih' und Glied und Marschtritt. Gerade wieder etwas verschnauft und im Rhythmus, da der gellende Ruf: „Panzerspähwagen von vorne!", und wieder das gleiche Spektakel wie zuvor. Und nun ging das so Unglaubliche weiter und weiter und dann der Alarm: „Gas!" Das war das Letzte. Der Schweiß rann in Strömen und nun auch noch diese ungeliebte Gasmaske aufsetzen. Zuvor hatten wir immer irgendwelchen Blödsinn gemacht, von wegen der alten Frau „Beckmann" und dem alten „Gommez" und nicht zu vergessen, was seine Nichte, die Frau „Lehmann" ist. Seit Wochen alberten wir mit diesen Phantasiegestalten zum allgemeinen Gaudium herum.

Doch nun wurde es ernst. Die Gasmaske nahm einem fast die Luft weg und wir konnten nur mühsam atmen. Richtige Not hatte man, einigermaßen ruhig zu bleiben. Unser S. hielt nicht mehr durch. Er wurde weich und am Ende heulte er vor Schmerz und Scham.

Nun endlich wurde der bittere Spaß mit der Gasmaske abgebrochen. Wir waren wieder einmal mehr einer Belastung ausgesetzt, die gewollt war, um uns die Grenzen erahnen zu lassen, bis zu was wir fähig sind. Da ich als Truppführer eingeteilt war, durfte ich auch auf dem Heimweg zur Kaserne den Granatkasten schleppen.

Diesen Marsch haben wir nicht so schnell vergessen, er verschaffte uns einen unwahrscheinlichen Kohldampf.

27.01.1940

Heute ist Wochenende und in der Kaserne wird schon am Nachmittag, wenn alles geschrubbt und geputzt ist, Standorturlaub gegeben. Verheiratete durften über Nacht zuhause bleiben, die anderen bis zum Zapfenstreich, wer nicht gerade Fliegerabwehrwache auf den Kasernendächern oder sonstige Wache hatte.

Morgens haben wir Exerzieren. Nachdem wir viel Schnee in uns aufgenommen hatten, konnten wir auf die Stuben gehen. Nach dem Mittagessen das bekannte Revierreinigen. Wir haben Glück, es klappt alles und wir kommen bald weg auf Standorturlaub.

Heute hatte ich keine Lust, zu Günther zu gehen. Ich habe ihm Dinge gesagt, von denen ich glaube, sie sagen zu müssen. Mehr als zu Dank verpflichtet bin ich ihm und vor allem seinen Eltern. Doch zutiefst konnte er mir kein Freund sein, denn er war irgendwie anders als ich. Er haßte alles, was Obrigkeit war. Er haßte alles, was mit dem Begriff Vaterland zu tun hatte. Man, das heißt für ihn, der Staat, hatte ihm seinen Bruder genommen. Sinnlos. Er dagegen liebte Swing, Jazz, Luxus, Zigaretten, Alkohol, Plüsch und gedämpftes Licht, Schminke und Lidschatten, Geld und Auto. Pflicht war unausstehlich. Nur Dumme hatten ein Vaterland, dem sie sich verpflichtet fühlten. Irre Idealisten, die an die Front wollten, waren seine Kameraden. Er mochte mich dennoch, denn er wußte, daß ich nüchtern dachte, kein Nationalsozialist war, daß ich der Bekennenden Kirche angehörte und er wußte auch, daß ich arm wie eine Kirchenmaus war. Er hat mich das nie in verletzender Weise spüren lassen. Heute aber war es mir widerlich gewesen, mit ihm zusammen zu sein oder vielleicht auch noch etwas geschenkt zu bekommen, nein heute konnte und wollte ich das nicht.

Ich besorge mir noch eine Karte für morgen, für die Staatsoper. Es gab Thannhäuser.

28.01.1940

Sonntag konnten wir bis 8.00 Uhr liegen bleiben. In schönster Ruhe und ohne Hektik machte ich mich nach dem Frühstück fertig und fuhr dann los, in der Hoffnung, daß mein Sanitätskamerad F. vom Fliegerhorst Marx vielleicht auch auf Standorturlaub war. Nach einigem Suchen finde ich tatsächlich auch hin. Und wie ich Glück habe. F. ist tatsächlich daheim. Natürlich eine große Freude. Ich werde von Frau F.

sofort zum Verbleib eingeladen. So kam ich zu einem schönen Mittagessen in einer geschmackvoll eingerichteten Wohnung.

Nachmittags fuhr ich zur Staatsoper in das Hamburger Stadtzentrum.

29.01.1940

Wir sind heute wieder auf dem Nahkampf-Übungsplatz. Es ist höllisch kalt.

30.01.1940

Eine Rede von Adolf Hitler, anläßlich des Jahrestages der „Machtergreifung" von 1933 war anzuhören. Ich bin allerdings sehr müde, doch kann ich noch der Rede folgen. Der U. v. D. rumort heute wieder schlimm herum. Armer Stubendienst.

Wir machen einen großen Ausmarsch. Doch, es ist kaum zu glauben, der Gasalarm blieb weg. Es ist bitterkalt und wir haben keinerlei Chance, dem eiskalten Wind zu entgehen. Mit den Füßen geht es ganz gut, doch die Ohren schmerzen.

Wir sind abends sehr müde und ich entdecke später, daß ich mir das rechte Ohr angefroren habe. Abends sind wir noch zum Zirkus Busch gefahren. Einzelne Nummern waren wirklich gut.

01.02.1940

Ich muß noch nachtragen, daß wir im Anschluß an den Besuch beim Zirkus Busch, bei Horst, im Lokal seiner Mutter waren. Ich saß an der Tonbank und sah mir so den Betrieb an. Es ist eigentlich doch erschütternd, wie in einem solchen Lokal der Sprit fließt. Für mich ist das alles so unsinnig und unverständlich. Ich denke immer dabei, daß diese Menschen soweit sie allein da sind, irgendwie aus Not und Einsamkeit die Flucht in den Alkohol begehen. Anders mag es sein, wenn Freunde mal noch etwas trinken. Horsts Mutter bewirtete uns hervorragend, und in guter Stimmung fuhren wir in die Kaserne zurück. Morgen sollen wir bei ordentlichem Wetter scharfschießen.

02.02.1940

Wegen der großen Kälte ist das Scharfschießen abgesagt worden. Wir sind froh. Dafür gibt es Exerzieren auf den Kasernenfluren. Das ist ein Geschrei und Getöse ohnegleichen. Im Grunde glauben wir, daß das Exerzieren in diesen Fluren nur eine Verlegenheitslösung ist. Im übrigen reißt der Spaß um unseren Kameraden S. nicht ab. wir lachen uns fast tot über ihn. Wir haben den Spaß sogar soweit getrieben, daß er nicht mehr sagen kann, was die Hälfte von 500 ist. Diese vielleicht bedauernswerten Witzfiguren, wird es wohl schon zu allen Zeiten gegeben haben. Nachmittags findet großes Waffenreinigen statt. Immer eine ernste Sache, wie wir merken. Es wird unglaublich viel geputzt und „gereinigt", auch da, wo wir nicht mehr zu überzeugen sind, daß es etwas zu reinigen gibt. Abends erzählt uns B. aus seiner Hitlerjugendzeit. Wir sind interessierte Zuhörer. Erfahren wir da doch einige uns ganz und gar unbekannte Details aus der oberen Führung der Hitlerjugend. Mitten drin fällt mir plötzlich ein, daß ich ja Stubendienst habe und im Nu ist der Zauber der Gedanken von der nüchternen Wirklichkeit wie weggeblasen. Es geht aber alles noch gut. Ich werde rechtzeitig fertig und meine Stube wird ohne Beanstandung abgenommen.

03.02.1940

Waffenrevision. Für uns etwas Neues. Die wichtigste Sache für uns ist, daß wir bei der Revision in der Kaserne bleiben können. Bei dieser Hundekälte immer sehr willkommen. Mit meiner eigenen Knarre habe ich plötzlich Probleme. Mein Kastenboden soll nicht gut genug verstrichen worden sein mit Streichfett. Ich kann das nicht finden, doch das ist überhaupt nicht interessant: Bin ich doch Rekrut und der, der das Verstreichen zu beurteilen hat, ist Unteroffizier. Ein Tatbestand, der mich vielleicht noch oft beschäftigen wird. Am Nachmittag ist zum Wochenende Revierreinigen. Da ich kein Geld mehr habe, bleibe ich in der Kaserne und mache für Horst Stubendienst, damit er nach Hause gehen kann.

04.02.1940

Heute am Sonntag ist um 7.00 Uhr Wecken. Beim angesetzten Spindappell fällt „natürlich" alles auf. Kann ja nicht anders sein. Zum Mittagessen bleibe ich da, denn ohne Geld bin ich eingeschränkt. Es gibt

Sauerbraten mit gelbem Rübengemüse. Es schmeckt wie immer, sehr gut. Dann aber mache ich doch einen Spaziergang bis zur Endstation der Linie 22. Mit 90 Pfennigen in der Tasche fahre ich los. 70 Pfennige brauche ich für das Kino in der Hohenluft. Anschließend gehe ich zu Günther – nun – ich ging. Seine Eltern nahmen mich wie immer herzlich auf. Ich bekam Kaffee und es kam zu einem recht netten Plauderstündchen mit seiner Mutter. Nach dem Abendbrot fuhr ich zurück in die Kaserne und übernahme für Horst wiederum den Stubendienst, damit er noch daheim bleiben konnte.

05.02.1940

„Montagmorgen". Alles macht einen bedepperten Eindruck. Ich ergötze mich an dem Volk. Zu aller Freude geht es auf die Nahkampfdiele. Es ist ganz saumäßiges Wetter heute. Befürchte schon, daß meine Finger erfrieren. Es regnet, friert aber an der Erde sofort. Ein wirklich ganz gemeines Wetter. Endlich um 11.00 Uhr geht es zurück in die Kaserne. Nachmittags haben wir Exerzieren auf dem Kasernenhof. So sind wir abends sehr müde. Mach noch Flurdienst.

06.02.1940

Weil es so herrlich war gestern, auf der Nahkampfdiele, geht es heute schon wieder dahin. Doch wird die Geschichte dadurch verschönt, daß wir dabei Zugexerzieren machen mit dem dazugehörenden Hinlegen. Das Wetter ist wieder schlimm. Eigenartigerweise sind wir immer allein auf dem Gelände. Von anderen Verbänden ist bei dem Wetter nichts zu sehen. Nachmittags haben wir Kleinkaliberschießen. Ich lege ein ganz verbotenes Ergebnis hin, meine aber, daß das an der Beleuchtung liegt. Abends kommt noch Fahnenjunker M. zu Besuch. Wir gehen in das Café Hartmann und erzählen uns aus RAD-Zeiten. Gehe aber bald zu Bett.

07.02.1940

20 km-Übungsmarsch! Wir üben dabei im Gelände – Krieg. Bin danach ganz schön müde. Wir sind stolz, daß keiner von uns schlapp gemacht hat. Der Nachmittag verläuft gut. Bekomme abends noch Post.

10.02.1940

Heute, am Samstagmorgen, ist auf den Stuben Waffendienst. Wir werden von unserem Ufw. Sch. im Auswechseln der Teile beim leichten Granatwerfer (5-cm-Wurfgranaten) gedrillt, wiederum im Wettbewerb gegeneinander. S. verdient sich dabei sogar eine Schachtel Zigaretten. Beim späteren Revierreinigen werden wir fertig gemacht. Kann bei dem U. v. D. auch gar nicht anders sein. Diese Typen kennt man schon bald. Werden aber trotzdem fertig. Dagegen gibt es auf der Stube der Kommandierten erheblich Staub. Feldwebel L. macht Stuben- und Spindappell. Wir fallen Gottseidank nicht auf und können auf Standorturlaub. Da ich Stubendienst habe, fahre ich bald wieder zurück.

11.02.1940

Wache schon um 6.30 Uhr auf. Da fast keiner auf der Stube ist, mache ich das Radio an und lese Briefe. Später lese ich in meinem Testamentchen. Schlage die Bibellese auf. 8.00 Uhr haue ich ab und fahre in die Stadt. Dort gehe ich zum Gottesdienst in den Michel. Anschließend fahre ich nach Wilhelmsburg raus zu Frau F. Werde dort überaus gastfreundlich aufgenommen. Sie füttert mich liebevoll den ganzen Nachmittag. Ich erlebe dort etwas, was ich sonst nicht kannte. Alles war irgendwie harmonisch. Was ich genau empfand, kann ich nur mangelhaft wiedergeben. Sicherlich war ich auch bei Günthers Eltern fast wie zuhause. Doch, was war so anders? Ich denke mir das so, daß ich von der Kasernenkälte und der harten Soldatenleben-Realität plötzlich so etwas erlebte, als ob ich durchfroren in eine Badewanne mit gut warmen Wasser gelegt worden bin. Ganz langsam und Schicht um Schicht hat sich die Haut erwärmt und darunter ist ganz langsam ein Auftauprozeß in Gang gekommen. Alles wird durchwärmt und wohliges Empfinden durchströmt immer deutlicher den Körper. Es ist alles mehr unbewußt. Eine erst leise schwingende Moll-Harmonie wird deutlich und zuletzt wird klar, daß auch Dur-Töne da sind. Ich empfinde das so unglaublich zart und eindringlich, daß ich verwirrt bin. Wer hat so mit mir gesprochen? Mich als Persönlichkeit ernst genommen in einer solch liebenswürdigen Weise. So ganz bewußt war mir das erst alles nicht. Es tat einfach gut. War mir fremd und neu. Der Verstand nahm sehr gut auf, daß alles gut und wohltuend war. Mich hatte jemand angerührt ohne mich angerührt zu haben. Fast wie ein Traum.

Um 20.00 Uhr fuhr ich zurück in die Kaserne. Ich hatte Stubendienst.

12.02.1940

Wir machen Geländedienst. Ich schwitze, trotzdem wir 15 Grad Kälte haben. Später, auf der Nahkampfdiele geht es ganz schön rund, trotzdem sind wir anständig durchgefroren. Nachmittags ist Dienst innerhalb der Kaserne.

13.02.1940

Heute sind wir den ganzen Tag im Bau. Haben einen Riesenspaß beim Unterricht über die Handgranate. M. aus Bremen unterhält auf seine Art die gesamte Mannschaft. Bei der Postverteilung bekomme ich von Mutter ein Päckchen zu meinem bevorstehenden Geburtstag. Außerdem bekomme ich von meinem ehemaligen, von mir schon immer sehr verehrten Berufsschullehrer Gottlob Held aus Stuttgart auch ein Päckchen. Beides hat mich sehr erfreut. Lese abends noch das Buch: „Straßen des Sieges".

14.02.1940

Erst Film am frühen Morgen über Granatwerfer-Ausbildung. Schaffe die beste Zeit beim Teilewechsel an der Abfeuerungsvorrichtung. Freue mich darüber. Nachmittags zuerst Lichtbildervortrag über Deutsch-Ostafrika. Ein Dienst wie keiner. Dann Sport in der Reithalle. Der Torfboden ist hart gefroren. Und da geschah es: Der Zug war bei einer Verschnaufpause. Plötzlich ging es in der zweiten Reihe bei B. um ein Problem. Er behauptete, daß er kniend sich vornüber fallen lassen könnte auf den Boden, ohne daß ihm etwas passieren würde. Unser Ausbilder hielt das nicht für möglich. B. blieb dabei und war bereit, den Beweis anzutreten. Ufw. Sch. forderte uns auf, dazu ebenfalls Stellung zu nehmen. Alle waren der Meinung, daß das nicht geht – bis auf mich! Wenn B. das vormacht und es passiert ihm nichts, dann mache ich das nach! Nun – B. machte das vor. Plumps, ließ er sich auf den Knien hockend, nach vorne überrollen, nein fallen. Er drückte seine wohltrainierte Brust so stark heraus, daß er wie eine Wippe zu Boden ging und den Kopf nicht aufschlug. Er hatte Wort gehalten und es auch geschafft. Ja, alles war begeistert und feierte ihn, aber ich war nun im Wort. Ich muß mir hinterher fast etwas auf die Schulter klopfen, denn ich zögerte nicht und tat ihm gleich. – Ich wußte damals ja noch nicht, was ich 30 Jahre später von meiner Mutter erfuhr, daß ich nämlich gleich als Kleinkind in der Nachkriegszeit die „englische Krankheit" und einen gar nicht idealen Knochenbau hatte, vor allem keinen Brustkasten, so wie B. So mußte es dann ja auch kommen. Ich fiel wie B., aber ich schlug nicht auf wie B. Etwas reichlich viel Blut lief aus meinem Mund und daß mindestens ein Zahn abgebrochen sein mußte, ließ sich nicht leugnen, schon wegen der zutage geförderten Zahnsplitter. Es gab betretene Gesichter. Meines war wohl ausgesprochen dumm! Damit hatte ich nicht gerechnet. Ufw. Sch. schickte mich augenblicklich zum Revier mit dem Hinweis, daß es sich um einen Übungsunfall handeln würde. Natürlich war ich in gewisser Weise ein Held geworden. Doch eine zerbissene Zunge und ein abgesplitterter Zahn waren nicht gerade ein gutes Gegengewicht. Der Dienst war für heute aus.

15. 02. 1940

Es geht mir wieder einigermaßen besser. Ausgerechnet ist heute auch noch Scharfschießen. Es kommt, wie es zu erwarten war. Liegend bei 3 Schuß = 27 Ringe. Das ging noch. Aber – kniend, der erste Schuß gleich eine Fahrkarte. Das tat weh. Mit dem zweiten und dritten Schuß hatte ich noch 19 Ringe. Aber die Möglichkeit, eine Schützenschnur zu bekommen, war vorbei. Ich ärgerte mich darüber. Nachmittags ist Arbeitsdienst vorgesehen. Dieser Dienst wird plötzlich verlängert und der geplante Nachtmarsch fällt aus. Beim Waffenreinigen kommt überraschend die Nachricht durch,

daß wir am Montag an die Front kommen.

Mit der Post kommt von Helga K. aus Weilimdorf ein Paket mit einem Gedichtband und 2 Päckchen Puddingpulver. Es gibt bis um 2.00 Uhr morgens Urlaub in den Standort und alles fliegt mit der neuen Nachricht in Sekundenschnelle aus. Ich fahre abends zu Frau F. Später noch zu Horst und mit ihm wieder zurück in die Kaserne.

16. 02. 1940

Mein Geburtstag. Wir werden heute in Arbeitsgruppen eingeteilt. Ich spalte mit Herzenslust für den Spieß Holz in seinem Keller (Hauptfeldwebel). Ich haue ordentlich rein. Nachmittags geht es weiter dort. Fahre später so in die Wandsbecker Chaussee, daß ich um 17.00 Uhr beim Zahnarzt sein kann. Ich steige aus der Straßenbahn aus und suche die Hausnummer. Es ist ein Eckhaus mit 2 Eingängen. Natürlich erwische ich erst den falschen Eingang. Im 3. Stock war klar, daß ich wohl falsch sein müßte. Eine Art Druckerei war nämlich dort. Zum

Glück kam gerade eine Frau auch die Treppe herauf. Sie merkte wohl, daß ich etwas suchte und fragte nett, ob sie mir irgendwie behilflich sein könne. „Ja", sagte ich, ich müßte notgedrungen den Zahnarzt aufsuchen, der irgendwo im Haus wohnen müßte, könne ihn aber bis jetzt nicht finden. „Oh ja, da kann ich Ihnen gleich helfen. Wissen Sie, ich habe auch einen Sohn in Ihrem Alter, der im RAD war und jetzt Soldat wird, und da hilft man ganz gerne. Also, der Zahnarzt wohnt hier im Haus, aber ist durch den zweiten Eingang, 20 m weiter, zu erreichen. Übrigens, waren Sie Weihnachten auch daheim bei Ihrer Mutter?" Ich war etwas überrascht über diese Frage und sagte spontan: „Nein, ich konnte nicht nach Stuttgart fahren." „Ach wissen Sie, dann möchte ich Ihnen eine kleine Freude machen. Kommen Sie doch bitte nach Ihrem Zahnarztbesuch nebenan, nochmals hier herauf zu uns. Ich habe noch so viele Dinge von Weihnachten. Ja, kommen Sie?" Ich versprach's und eilte zum Zahnarzt. War das eine eigenartige Welt. Der Zahn mußte gezogen werden. Mein Heldenmut hat mich eine angebissene Zunge und einen Zahn gekostet.

Ja, was nun? Ich hatte direkt ein wenig Herzklopfen, als ich wieder den anderen Hausflur betrat und die Treppe hochstieg. Als ich läutete, machte die Frau auf und bat mich, doch eben hereinzukommen. Ich nahm Platz und sie sagte mir, daß ich verstehen möge, warum sie das tue. „Wissen Sie, ich bin eine Witwe und habe einen Sohn, der jetzt Soldat wurde und eine Tochter, etwas jünger, als ihr Bruder. In Gedanken bin ich immer bei meinem Jungen und begleite ihn. Wenn ich nun so einen gleichaltrigen Jungen sehe, dann denke ich immer, was du Gutes tun kannst an solch einem fremden Soldaten, dann wird man vielleicht auch in irgendeiner Weise meinem Jungen Gutes tun. Wenn wir selbst dies nicht tun, wie kann dann meinem Jungen solches widerfahren? Und nun darf ich Ihnen vielleicht etwas mitgeben in die Kaserne." Ich war etwas betroffen, von der Art des Denkens der Frau, aber begreifen konnte ich das gut, mußte ich doch an Frau Pfefferle denken, die auch als Witwe ihren einzigen Sohn in den Krieg hineingeben mußte.

Sie füllte mir alle Taschen meines Mantels mit Apfelsinen, Nüssen und Süßigkeiten. Dann sagte sie mir, daß ich sehr herzlich eingeladen wäre, am Sonntag zum Mittagessen zu kommen. Ihre Tochter würde das alles besorgen und mich auch nochmals einladen, wenn ich am Sonntag dienstfrei hätte. Ich bedankte mich recht herzlich und war ob dieser Wendung bei meinem Gang zum Zahnarzt doch etwas überrascht. Ich habe noch einige Zeit über das Motiv der Frau nachgedacht und glaube, daß mit dieser Logik, erst einmal selbst zu tun, was man sich auch für sein Kind wünscht, bei allseitiger Annahme, viel, viel Zufriedenheit und gegenseitiges Glücklichmachen, bedeuten würde.

Da ich Urlaub bis 1.00 Uhr habe, gehe ich noch in die Menkesallee. Dort ist Eva und wir feiern ein wenig meinen Geburstag. Um 22.00 Uhr gehe ich aber trotzdem schon in die Kaserne zurück. Ich bin etwas nachdenklich geworden. Der Spieß hatte mir nämlich heute mittag angeboten, im Urlaub nach Stuttgart zu fahren. Nach kurzem Überlegen entschloß ich mich aber, hier zu bleiben.

17.02.1940

Wieder kann ich beim Spieß im Keller Holz spalten. Mir machte das Spaß. Anschließend können wir baden. Der Exerzierdienst und was so alles dranhängt, ist irgendwie ganz außer Mode gekommen. Nachmittags werden wir in die Batl. Kammer geschickt und arbeiten dort angestrengt. Gegen Ende 16.00 Uhr bekommen wir unsere Frontbekleidung. Ich werde mit allem bis gegen 19.00 Uhr fertig. Zu meiner Überraschung kommt Frau F. zu mir in die Kaserne, um mir einen Geburtstagskuchen zu bringen, den sie selber gebacken hat. Ich war überrascht und irgendwie beschämt, konnte ich doch gar nicht so recht meine Freude zum Ausdruck bringen. Auch war ich etwas stolz, daß eine so hübsche Frau, sie hatte ihren neuen Fuchs um, zu mir kam. Wir gingen dann in das Café Hartmann. Erst tranken wir Kaffee und dann noch eine Flasche Wein. Um 24.00 Uhr mußte ich in der Kaserne sein.

18.02.1940

Um 6.00 Uhr werden wir geweckt, doch allgemeiner Protest. Schlafen weiter bis 8.00 Uhr. Dann wird der „Affen" bis zur Mittagspause fertig gepackt und nachher gibt es wieder Standorturlaub. Es wird ein Abschiednehmen von der Stadt Hamburg. Wie vieles habe ich erlebt, seitdem ich nach Kaltenkirchen kam und Hamburg noch mit zum Standort gehörte. Wie viele herrliche Stunden bei H., in der Staatsoper, in den Kinotheatern, an der Alster, die Spanienheimkehrer und die Parade mit Hermann Göring. Die zwei Besuche bei der Familie von Eva in der Menkesallee, die ich ja von meinem Aufenthalt auf der Insel Sylt von früheren Jahren kannte. Schöne Stunden bei Horst und auf der Reeperbahn. Gottesdienst im Michel, Besuch bei B. und noch so manches mehr. Erst fahre ich zu Günthers Eltern, wo ich wie daheim war. Es waren meist materielle Dinge, die mir entgegengebracht wurden. Ich konnte sie nur zu gut gebrauchen und war dankbar dafür. Um 15.00 Uhr verabschiedete ich mich von Frau F. Eine tiefe Wehmut beschlich mich und ich mußte mich zusammennehmen, wieder zu gehen.

Da ich Günther nicht angetroffen hatte, nur seine Eltern, fuhr ich nochmals zurück. Er war nun daheim. Ich blieb bis zum Abendbrot und war dann noch mit Günther zusammen, der Besuch hatte. Geschminkt, gepudert, kurzes Röckchen, lange Stiefel, weiter Halsausschnitt und Rauchen. Sitzen noch zusammen, trinken Likör. Rauche selbst sehr viel. Um 23.00 Uhr kommt dann auch der Abschied von Günther. Trotz aller Unterschiede in unseren Auffassungen vom Leben und Lebenssinn, wir bleiben Freunde. Um 24.00 Uhr bin ich wieder in der Kaserne.

19.02.1940

6.00 Uhr Wecken. „Packen", den ganzen Morgen. Nach dem Mittagessen, von dem wir glauben, daß es unser letztes Essen in der Kaserne sei, kommt plötzlich die amtliche Meldung, daß wir erst in 14 Tagen fahren können, weil eine ansteckende Krankheit ausgebrochen sei. Mich kann das keineswegs erschüttern. Lasse meine Sachen alle gepackt und lege mich auf das Bett.

Plötzlich kommt der Befehl: „Siegle, 15.40 Uhr feldmarschmäßig antreten." Ich freue mich riesig, da ich genau merke, wie ich langsam, aber sicher einem seelischen Katzenjammer erlegen wäre. Um 16.00 Uhr rückt fast das ganze Ersatz-Batl. ab. Wir marschieren durch Hamburg zum Hauptbahnhof. Der „Affen" drückte ganz fürchterlich. Schnallen beim Hauptbahnhof in einem ehemaligen Gewerkschaftshaus ab. Wir machen es uns gemütlich und lassen die Dinge an uns herankommen. Wie wir hören, soll der Zug erst um 3.00 Uhr nachts abfahren. Wir erraten nicht, wo es hingeht, denn so wie im RAD gehen hier keine Latrinenparolen um. Um 24.00 Uhr gibt es dann eine Einteilung für den Rest der Nacht: im Theatersaal können wir uns hinlegen. Doch um 3.00 Uhr Abmarsch bis zum Hauptbahnhof, wo wir dann doch wieder neu herumsitzen müssen. Wir sitzen auf unseren Tornistern. Etwas wie Wehmut überfällt mich nun doch, oder ist es Heimweh nach der Harburger Chaussee in Wilhelmsburg? Ich bin mir nicht ganz klar darüber.

20.02.1940

Um 4.00 Uhr werden wir verladen und dann geht es los. Langsam schiebt sich der Zug aus dem Bahnhof und rollt hinaus in die Nacht. Hamburg bleibt hinter uns. Was wird die Zukunft bringen? Wir haben Krieg. Wir haben Fronten. Es wird geschossen. Wir sind auf der Fahrt dorthin.

Hannover ist erreicht. Dann nach Hameln und nicht weit von Detmold – das Sennelager. Aussteigen.

Wir sind weiß Gott, hundemüde. Um 19.00 Uhr kommen wir in unser vorläufiges Quartier im Sennelager. Ich kann bei der Pak-Komp. schlafen. Gehe schnell zu meinem Strohsack in einer mir zugewiesenen Baracke.

21.02.1940

Wir stehen um 8.00 Uhr auf. Man hatte mit uns Erbarmen. Jetzt erst können wir uns etwas umsehen. Um 10.00 Uhr: Antreten beim Sammelplatz. Wir werden innerhalb des Regiments aufgeteilt auf die einzelnen Kompanien. Ich komme mit noch einem Soldaten, der von Beruf Schuhmacher ist, zur

      6. Kompanie, Regiment 376 bei der 225. Inf.-Division.

Diese 6. Kompanie sollte meine Soldatenheimat werden über Jahre hinaus. Wer war ich nun damals, als ich zur Feldtruppe kam? Wie waren die Verhältnisse im Kriegszustand in Deutschland?

22 Jahre alt bin ich geworden. Nicht gerade stämmig, aber doch ganz gut trainiert. Eine gute Auffassungsgabe habe ich mitbekommen. Nicht als Soldat auf Adolf Hitler oder sonstwen vereidigt. Etwas ruhig nach außen, doch stets stark vom Gefühl abhängig. Vielleicht etwas konservativ schon in so jungen Jahren. Nicht wundergläubig, doch mit einer christlichen Einstellung, die besagte, daß ich glaube, was die Kirchenlehre predigt, nämlich, daß wir in unseren Sünden nur durch Jesus Christus erlöst werden können. Erbsünde war mir unerklärlich.

Adolf Hitler hat dem Volk wieder Mut gegeben nach 1932. Er hat uns aus einer großen Not herausgeholfen. Die Mütter wurden wieder geehrt. Den Alten und Armen wurde im Winter geholfen. Deutschland hat wieder zu sich gefunden. Die Schande des Versailler Diktates war abgeschüttelt. Die ehemaligen deutschen Ostgebiete wollten wieder zum geeinten, erstarkten Reich zurück. Der polnische Korridor hat unser Vaterland zerrissen. Danzig war deutsch und sollte deutsch bleiben. Wir müssen zusammenhalten und uns wehren. Frankreich verbündet sich mit Polen. Der Krieg ist da. Wir wollen helfen, daß kein Feind eindringt, wir lieben das Land, in dem wir geboren sind. Wir verteidigen Mütter und Geschwister. Die Bereitschaft zusammenzuhalten ist groß. Vielleicht müssen wir Opfer bringen.

Zurück zum Truppenübungsplatz Sennelager.

In unserer neuen Kompanie angekommen, erhalten wir auch gleich warmes Mittagessen. Wir sind in Baracken untergebracht mit vielen Bettstellen drin. Ein Kohleofen verbreitet Wärme. Alles erinnert etwas an den RAD. Draußen ist es noch kalt und unwirtlich. Ich werde dem Kompanietrupp zugeteilt und erhalte das Gewehr von einem im Urlaub befindlichen Soldaten leihweise, um auch schon gleich nach dem Essen mit auszurücken zum Gefechtsscharfschießen. Ich bin erstaunt, daß wir 15 Schuß scharfe Munition verschießen sollen je Mann.

Es kommt mir noch immer alles so unwahrscheinlich vor: Weg von Hamburg, von den Freunden und Kameraden, von all dem Schönen und Liebgewordenen. Sicherlich, wie ich ganz schnell heraushörte, klang bei meinem Haufen alles ganz nach Hamburger Dialekt.

Um 17.30 Uhr kehren wir wieder zurück. Ich bin hundemüde. Nur noch das geliehene Gewehr reinigen, dann rasieren und so bald wie möglich in die Falle.

22.02.1940

Um 6.00 Uhr ist Wecken auf dem Truppenübungsplatz. Mir gelingt es, mich bald einzuleben in die Gemeinschaft mit den „Alten". Ich bemerkte, daß zum Teil auch Soldaten aus dem 1. Weltkrieg dabei waren. Altersmäßig ein ziemlich alle Jahrgänge umfassender Durchschnitt. Wir „Neuen" waren aber alle in einem Alter der Aktiv-Dienenden, also 20–24 Jahre. Ich komme ganz gut längs. Mache die Augen auf.

Zum ersten Mal übe ich den Hüftschuß. Es ist doch ein Unterschied, im Sennelager zu üben, als auf dem Kasernenhof. Nach dem Essen gibt es etwas Besonderes. Wir üben nämlich den Karabiner-Griff – Paradegriff –. Wofür der im Krieg nötig war, konnte mir aber nicht einleuchten. Zum Ausgleich gibt es noch Sport und später wieder das Waffenreinigen. Trotz dem Neuen und Interessanten habe ich am Abend noch Lust und Zeit zum Lesen.

23.02.1940

Verladen als „Neue" die Kleiderkammer. Plötzlich bekommen wir Bescheid, daß wir zur Besichtigung müssen. In aller Eile geht es zur Baracke. Dort mache ich meine Knöpfe mangels Nadel, Faden und Zeit, mit Sicherheitsnadeln fest. Dann lassen wir uns durch den Spieß begucken. Es klappt! Als der General ankommt, merken wir alle, daß kein Mensch rasiert ist. So etwas muß man gesehen haben. Die Stiefel bis obenhin voll Dreck, ungewaschen mit einem Vollbart. Das ist Generalbesichtigung. Direkt vor mir platzt die 8. Kompanie auf. Die Farbenstreifen an den Mützen stimmen nicht. Sonst ging alles gut vorbei. Als wir noch beim Essen sind, müssen wir wieder erneut los. Der General kommt auf dem Weg nicht durch, – wir müssen Eis hacken –. Dabei können wir ihn noch 2mal begrüßen. Ich ahnte nicht, wie oft ich noch einen General begrüßen konnte oder mußte.

Kaum waren wir zurück und hatten eben fertiggegessen, da ging es auch schon wieder erneut los zum Exerzieren. Wird aber nicht toll. Später ist Waffenreinigen, das aber bei den anderen Kameraden nur auf dem Papier steht.

24.02.1940

Es ist Samstag. Ein Dienst, es ist zum Lachen. 1 Stunde Exerzieren und dann ist Schluß. So etwas ist mir noch nicht vorgekommen. Anscheinend muß ich noch umlernen in bezug auf Feld- und Garnisonsdienst. Beim Revierreinigen wird die Stube ausgefegt und die Tische naß gemacht, dann ist alles in Ordnung.

Abends spricht Adolf Hitler. Höre aber nur halb mit.

25.02.1940

Kann erst nächsten Sonntag Urlaub nach Bielefeld bekommen. Ich habe es ja von hier nicht weit nach Bethel. Es ist doch gut, daß ich mich dort mal nach manchen Dingen erkundigen kann. Habe von Mutter keinerlei Post erhalten zu meinem Geburtstag. Es ist ja verständlich, daß durch den Weggang von Hamburg kurz nach meinem Geburtstag, die ganze Post mit der neuen Feldpostnummer nachgeschickt werden mußte. Überhaupt, ich bin von Hamburg noch nicht ganz abgenabelt. Ich kann mir nicht helfen.

Nachmittags gehe ich im Lager spazieren und abends besuche ich das Kino. „Das Glück wohnt nebenan." Mußte dabei herzlich lachen. Am Abend hatte ich das erste Mal Stubendienst; es verlief alles glatt.

26.02.1940

Heute ist Vorübung auf der „Bülow-Höhe" für das Gefechtsscharfschießen. Nachmittags ist nur noch 1 Stunde Exerzieren und dann Waffenreinigen. Habe gegen den Dienstplan nichts einzuwenden. Abends schreibe ich wieder Post.

27.02.1940

Gefechtsscharfschießen. Ich bin gespannt, wie das werden wird. Gestern haben wir nämlich mitbekommen, daß wir bei einem Angriff auf einen Bunker mit scharfer Munition überschossen werden in einer Höhe von 1,20 bis 2,00 m. Warten wir ab. Um 8.30 Uhr marschieren wir im Lager ab. Feldmarschmäßig. Wegen der neuen Stiefel, die ich bekommen habe, bin ich etwas müde. Konnte beim Antreten und während des Marsches unseren Hauptmann Schulz von Bülow beobachten. Er gefällt mir ausgezeichnet und ich glaube, er ist ein prächtiger Mensch. Um 12.00 Uhr beginnt der Rummel. Habe die Ehre, beim Stoßtrupp zu sein. Meine Aufgabe besteht darin, kurz vor dem Einbruch, Nebelhandgranaten zu werfen. Das gelingt auch ganz gut, obwohl ich noch nie eine scharfe Granate geworfen habe. Bei unserem Vorgehen als Stoßtrupp, sehe ich auch 2 m über mir die Kugeln einschlagen. Wir liegen auf der Nase im toten Winkel. Höre zum ersten Mal den Gesang eines Kugelregens in Natura. Was sich mir recht deutlich einprägt, war das Tackern der schweren Maschinengewehre. Alles verlief gut. Natürlich haben wir den Bunker „geknackt". Komme müde, aber glücklich nach Hause. Hier erwartet mich herrliche Post. Von Mutter kam ein Paket, dazu noch 6 Briefe. Überglücklich lege ich mich ins Bett.

28.02.1940

Habe mich stark erkältet und fühle mich nicht wohl.

29.02.1940

Schlafe kaum. Träume die tollsten Dinge zusammen. Habe fast das ganze Bett naßgeschwitzt. Doch an Krankmeldung dachte ich nicht. Beim morgendlichen Ausmarsch werde ich vom Hauptmann Schulz von Bülow zurückgeschickt mit dem Auftrag, auf sein Pferd zu warten, das noch beim Schmied war, um es ihm dann in das Gelände nachzubringen. „Jawohl, Herr Hauptmann – und so stand ich dann da, an einer Wegekreuzung und wartete. $^1/_2$ Stunde, kein Pferd wurde gebracht. 1 Stunde, kein Pferd erschien. Nach $1^1/_2$ Stunden wurde das doch unheimlich. Ich auf und los zu den Stallungen zurück in das Lager. Dort wurde mir erzählt, der Hauptmann hätte sein Pferd schon zugeschickt bekommen. Der Futtermeister hat es ihm selbst gebracht und jetzt dämmerte mir, daß ich im Nebel einen Reiter mit einem zweiten Pferd auf einem weiter entfernt führenden Weg gesehen habe. Was nun? Als gehorsamer Soldat machte ich mich schleunigst auf den Weg in's Gelände und suchte die Kompanie. Es war sonst was an übenden Kompanien zu finden, nur nicht die 6. Kompanie. Zum ersten Mal war ich beim Militär auf mich selbst gestellt und mußte eine Entscheidung treffen. Ich tat das auch. Mir war klar, wie mein Auftrag lautete: An diesem Punkt sollte ich warten, bis das Pferd kam, und es dann nachzubringen. Also, nichts wie hin, wo ich warten sollte.

Irgendwann und irgendwer würde mich vielleicht dort erlösen. Und siehe da, die Erlösung kam pünktlich um 11.00 Uhr in Form eines berittenen Hauptmanns an der Spitze einer müden Kompanie. Mir war nicht ganz wohl, als sie heranrückten. Ich nahm mich aber zusammen und meldete, daß ich das Pferd von Herrn Hauptmann nicht bekommen hätte bis jetzt. Bin ärgerlich, daß alles so dumm verlaufen ist. Doch der Hauptmann lachte und ließ mich wegtreten. Meine zweite „Heldentat".

Nachmittags haben wir, wie üblich, noch exerziert.

01.03.1940

Heute haben wir schon den Anfang vom Monat März und da hat mein Freund Walter Pfefferle Geburtstag. Leider konnte ich ihm nicht schreiben, da ich seine Feldpostnummer noch nicht hatte. Er war zur gleichen Zeit wie ich, im RAD in Achern im Schwarzwald und ist dann später in das Regiment 119 gekommen, in das ich lt. Gestellungsbefehl im Herbst 1939, einrücken sollte, um meine aktive Soldatenzeit abzuleisten. Überhaupt war das Bewußtsein, Soldat zu sein, vielleicht anders, als bei den mobilisierten Zivilisten, die wegen des Krieges Soldat sein mußten. Heute morgen war Schul-Scharfschießen. Nachmittags gab es einen Vortrag und kein Exerzieren. Abends gehe ich noch in die Kantine und trinke einen Grog, der mir gut tun sollte.

02.03.1940

Ich fühle mich heute, da ich gut geschlafen habe, etwas frischer und wohler. Das Wetter ist wesentlich besser, es ist wunderschön draußen. Was wir nocht nicht wissen: Die Division hat den Marschbefehl zur Verlegung nach Dortmund heute bekommen. Eine geplante Btl.-Nachtübung fällt aus und wir exerzieren mal wieder 2 Stunden. Dann aber klappt alles wie am Schnürchen. Um 13.00 Uhr kann ich weg auf Urlaub nach Bethel. Im gestreckten Laufschritt geht es ab zum nächsten Bahnhof nach Klausheide. Ich schaffe es, daß ich um 17.00 Uhr bereits in Bethel bin und schnurstracks nach Morija wandere. Bei den Hauseltern B. werde ich sehr herzlich aufgenommen. Habe ich doch aus besonderem Anlaß ein ganz enges Verhältnis zu ihnen. Ich schlafe auf A II. Am Abend ergibt sich ein von mir gesuchtes Gespräch mit dem einflußreichen Hausvater B. Ich bringe das Gespräch auf die Situation der Brüder, die im Krieg ja zumindest ihre Ausbildung unterbrechen mußten und für die nun der gesteckte Verpflichtungsrahmen nicht mehr paßt. Gemeint ist, genauer gesagt, daß wir Diakone uns verpflichten mußten, kein Verhältnis zu einer Frau einzugehen im Hinblick auf eine spätere Verlobung, bis wir nach 5 Jahren Ausbildung unser großes Staatsexamen abgelegt hatten. Erst dann konnten wir den „Jagdschein" (so unter uns Diakonen tatsächlich genannt) erwerben. Die Auserwählte wurde dann aber noch in einem Brautkurs unter die Lupe genommen, ob sie auch in den Kreis der Nazarener paßt und auch genug Fähigkeiten entwickelt, eventuell Hausmutter sein zu können usw. Nun, Hausvater B., eher Puritaner, ließ keinen Zweifel, daß er meine Ausführungen recht mißbilligt und mir deutlich macht, daß Nazareth keinen Deut von seinen Auflagen abweicht, auch im Krieg nicht. Ich war sehr nachdenklich geworden.

03.03.1940

Von der offenen Station A II, wo ich schlafen konnte, hörte ich morgens den Pousaunenchor, dem ich früher selbst fast 2 Jahre angehörte. Es ist schon ein eigenartiges Gefühl, in einem schönen Zimmer zu liegen, wie im tiefsten Frieden, auszuschlafen und das Bewußtsein zu haben, daß alles sauber, ordentlich, rechtschaffen ist. Was für eine andere Welt, als bei den Soldaten. Nach einem schönen Frühstück, von der Küche für einen Soldaten zubereitet, verbringe ich den Tag bei Bruder Geißler und sonst auf den Stationen der riesengroßen Häuser. Nach dem Essen fahre ich mit den Hauseltern B. zusammen nach Pella, zu ihrem Privathaus, in dem ich als junger Diakon auch schon Baudreck wegarbeiten „durfte"!. Von Pella aus ging ich dann wieder zur Bahn, um zurück nach dem Sennelager zu fahren.

Als ich um 20.00 Uhr im Lager war, mußte ich feststellen, daß mein ganzes Gepäck von den anderen Kameraden fix und fertig auf den Gepäckwagen verladen war. Das kam ja sehr überraschend. Wohin ging es? An die Westfront? An den Westwall?

Ich bin sehr müde und lege mich gleich schlafen. Doch plötzlich werde ich wieder aus dem Bett geholt, „weil ich Stubendienst hätte, da der eigentliche Stubendienst noch nicht da war".

Der Aufenthalt im Sennelager ist beendet. Es geht nach Dortmund.

04.03.1940

5.40 Uhr Wecken. Das letzte Mal im Sennelager.

Um 8.30 Uhr beginnt der Marsch. Für meine seitherigen Erfahrungen ging es ziemlich lang, endlos lang – in Richtung Westen. In Wiedenbrück ist für heute Endstation. Die vorbereiteten Quartiere werden nicht gebraucht, da alle Einwohner uns Privatquartiere anbieten. Ich werde in einem Quartier sehr herzlich aufgenommen. Es gibt abends Bratkartoffeln und Spiegeleier. Ich schlafe in einem „wundernetten" Gastzimmer. Abends bin ich noch mit der 14jährigen Tochter, die jetzt konfirmiert wird, zusammen am Klönen.

05.03.1940

Habe so herrlich geschlafen, daß ich eben noch rechtzeitig zum Antreten komme. Die Einheiten setzen sich nach einem genauen Plan wieder in Marsch und es geht weiter nach Westen, in Richtung Bekum und dann nach Dolberg. Hier schlafen wir nicht in Privatquartieren, sondern im Massenquartier auf Stroh. Ich finde es nach der gestrigen Übernachtung sehr ungemütlich. Lege mich bald schlafen, aber immer und immer geht mir der Konflikt mit Bethel durch den Kopf.

06.03.1940

Es geht weiter. Wir marschieren schon 1 Stunde früher ab. Nach einem ziemlichen Gewaltmarsch, bei dem mich meine linke Schulter ganz entsetzlich schmerzt, erreichen wir schon um 14.00 unser Quartier. Wieder Strohlager im Massenquartier, aber wie mir scheint, schon ein wenig besser. Nachdem ich mich etwas erholt habe, mache ich einen kleinen Spaziergang und gehe später noch in ein Café. Am Abend lege ich mich wegen meiner Schulter in die Nähe der Dampfheizung.

07.03.1940

Beim Aufstehen fühle ich mich äußerst unwohl. Ich glaube, daß ich mich jeden Augenblick erbrechen müßte. Habe einen heftigen Husten, der, auf dem weiteren Marsch nach Dortmund, erheblich zunimmt. Wir sind ziemlich matschig, als uns, zu unserer großen Überraschung, die Regimentskapelle abholt. Es ist ein Wunder. Alles rafft sich auf, die Marschmusik geht direkt in's Blut über und die Müdigkeit ist wie fortgeflogen. Dann verklingen langsam die Töne der Musik und wir verspüren um so mehr die Last des Marschierens. Doch – alles nimmt ein Ende. So auch dieser Marsch.

Wir landen letztlich in Dortmund-Hombruch. Ich komme, wie wir alle, in ein Privatquartier. Meine „Quartiersleute" sind ältere Leute mit einem etwa 28 Jahre alten Sohn. Der Vater ist wohl Frührentner und war Bergmann. Wie ein Halbtoter komme ich dort an. Zu Fuß bin ich tadellos, ich habe nicht die kleinste Druckstelle. Aber der Hals und der Husten. Habe auch keinerlei Appetit mehr. Meine Quartiersfrau macht mir sofort zwei heiße Zitronen, die auch etwas Erleichterung bringen. Mich friert stark und werde bald, dick eingepackt, in's Bett gesteckt. Wahrscheinlich hätte ich in der Senne mich besser auskurieren sollen. Aber vom Schlappmachen habe ich noch nie etwas gehalten.

Im Stechschritt.

Beim sonntäglichen Frühstück im Freien vor unserer Baracke.

Rückkehr vom Frühsport. Links am Bildrand die berüchtigte 12-Zylinder-Toilette, rechts die Waschbaracke.

Wir marschieren zum Frühstück.

Wir wissen schon ganz gut mit
Pferd und Wagen umzugehen.

Der respektable
Bulle des Gutes
Schellhorn.

Beim Garben
auf- oder
umhocken.

Auf dem Marsch zur Baustelle.

Wir dürfen manchmal auch fahren.

Angetreten zur Flaggenparade mit Trommel und Trompete.

08.03.1940

Ich habe sehr schlecht geschlafen und bin total verschleimt. Als ich höre, daß wir nicht weitermarschieren und heute Ruhe haben, melde ich mich krank. Das erste Mal, seitdem ich bei Vater Staat in Diensten bin. Ich kann nur unter erheblichen Schmerzen schlucken. Doch, der Arzt schmeißt mich raus mit der Bemerkung, er sei schon seit 6 Wochen erkältet und das hätte zur Zeit jeder. Ich habe eine mächtige Wut auf den Arzt. Nicht, weil er mich erst gar nicht untersucht hat, sondern wegen dem häßlichen, stolzverletzenden Ton, mit dem er über meine Beschwerden gesprochen hat. Da Ruhetag ist, verbringe ich den Rest des Tages, wohlaufgehoben, bei meinen Quartiersleuten.

09.03.1940

Wir bleiben immer noch in Dortmund. Morgens ist Antreten der Kompanie auf dem Sportplatz, am Ende der Straße, in der die Kompanie Quartier bezogen hat. Nachher können wir wieder in das Quartier und ich setze mich hinter den Ofen und pflege mich. Am Abend fahre ich nach Dortmund hinein und besuche Familie Krieg. Er ist Gemeindediakon an der Melanchthonkirche. Wir kannten uns persönlich nicht, doch ich werde herzlich aufgenommen. Da ich wohl Fieber habe, fahre ich nach dieser ersten Kontaktaufnahme bald wieder nach Haus in's Quartier.

10.03.1940

Sonntag ist es schon wieder geworden. Das Denkmal der Kriegsgefallenen wird eingeweiht. Von unserer Einheit geht eine Abordnung in die Kirche zum Gottesdienst. Ich selbst bin fast den ganzen Tag zu Hause. Meine Quartiersfrau hat Geburtstag und ich bin dazu eingeladen. Habe mich wieder etwas erholt und gehe abends in das Kino und sehe: „Gewehr über". Lache darüber herzlich.

11.03.1940

Mache heute wieder Dienst mit. Es scheint so, daß wir auf unbestimmte Zeit in Dortmund bleiben werden. Warum gerade hier, das weiß keiner.

12.03.1940

Morgens exerzieren wir auf einer Wiese. Bin im Kompanie-Trupp. Üben Marschkompaß und dergleichen. Nachmittags ist schon um 13.00

Uhr antreten. Das wundert uns etwas. Wir exerzieren auf dem Sportplatz, da bekommen wir überraschend Besuch. Es ist der Oberbürgermeister CV Krogmann von Hamburg mit unserem Regimentskommandeur, dem Oberst von dem Hagen. Beide hauen aber bald wieder ab. Die Schau ist zu Ende, wir können dann nach Hause.

13.03.1940

Mache mit der Kompanie draußen keinen Dienst mehr mit. Arbeite als „Schneider"! So etwas war doch schon mal da! Meine Arbeit besteht im Augenblick darin, daß ich zusehe, wo ich abbleibe mit der Zeit. Paul, unser Schuhmacher, fährt nachmittags nach Dortmund, um einzukaufen für den Schuhmachereibetrieb. Am Abend fahre ich auch hin zur Familie Krieg. Treffe aber niemand an und kehre wieder zurück. Lege mich bald zu Bett.

14.03.1940

Schon morgens begebe ich mich in das Qurtier von Paul und nähe dort an meinen eigenen Klamotten herum, währenddem die Kompanie irgendwo Dienst macht. Mittags hole ich im Kochgeschirr mein Essen ab. Die Küche ist auch in „unserer" Straße untergebracht. Es ist in Hombruch wohl die Hauptstraße. Die ganze Kompanie ist in dieser Straße in Privatquartieren untergebracht. Die Schreibstube ist in einem Gasthof. Hier residiert der Spieß. Ich mag ihn nicht. Er ist vom alten Schlag und ganz Autoritätsperson. Gerade für ihn muß ich am Nachmittag einen Rock suchen bei der 7. und 8. Kompanie. Ich kann ihn aber nicht finden. Völlig durchregnet komme ich in's Quartier zurück. Nachdem ich mich umgezogen habe, bleibe ich daheim.

15.03.1940

Wir haben eine Handwerker-Bude bekommen. Sie ist in einem alten Laden eingerichtet worden. Nachdem unsere Neugründung vollzogen war, fuhr ich nach Dortmund, um für den neugebackenen Leutnant Götze, Schulterstücke und Spiegel zu besorgen. So ein dienstlicher Ausflug ist immer schön. Ich bin so ganz mein eigener Herr und brauche den Kompaniedienst nicht mitzumachen.

Nachmittags gehe ich in unsere Bude zum Arbeiten. Es ist allerdings sehr kalt, da unser Ofen noch nicht so recht funktioniert. Ich habe verdammte Kopfschmerzen und Zahnweh. Scheine in letzter Zeit überhaupt anfällig geworden zu sein für alle möglichen Krankheiten. Wir machen jeden Tag richtig Feierabend wie in einem Handwerksbetrieb. Abends bin ich mit Karli, der schräg gegenüber wohnt und ganz hervorragende Quartiersleute hat, verabredet für's Kino. Wir sahen: „Flucht in's Dunkel".

16. 03. 1940

Samstag ist heute und ich wache schon um 6.00 Uhr auf. Das ist schön, noch etwas zu träumen. Um 7.00 Uhr stehe ich dann auf und gehe zu meiner Arbeitsstätte. Trotz der Arbeit und dem Alltag, auf den wir uns eingerichtet haben – wir wissen überhaupt nicht wie lang – denke ich oft an Zuhause, an Weilimdorf. Ich lasse mich aber nicht unterkriegen. Nach dem Mittagessen haben wir Urlaub. Ich fahre zu Bruder Krieg, treffe ihn aber nicht an. Besuche dafür aber eine Kunstausstellung. In Hombruch gehe ich dann noch in's Kino. Es gibt: „Befreite Hände". Gehe bald in's Bett.

17. 03. 1940

Heute ist in Weilimdorf die Konfirmation meiner kleinen Schwester Margot. Schreibe den ganzen Morgen Briefe. Nachmittags holt mich Bruder Krieg ab. Wir gehen zu seinen Eltern. Dort verbringen wir den Nachmittag. Es ist recht nett. Wir haben beschlosssen, daß wir uns ab jetzt duzen wollen.

18. 03. 1940

Gehe heute meiner Arbeit nach wie in Friedenszeiten. Ich fahre nach Dortmund, um einige Sachen einzukaufen. In der Stadt ist es immer wieder interessant. Es ist schön, so etwas tun zu können, ganz allein, während die Kameraden irgendwo ihren Dienst abklopfen. Ich habe ganz miese Zahnschmerzen und gehe zum Arzt, als ich nach Hause komme. Er vertröstet mich auf morgen, weil es auch erkältungsmäßig bedingt sein kann. Doch ich quäle mich weiterhin und es wird nicht besser. Später fahre ich noch zu den Handwerkern der 7. und 8. Kompanie, um mir etwas Stoff zu besorgen.

19.03.1940

Morgens schon sagt mir Feldwebel Schiller, daß bei dem bevorstehenden Nachtmarsch sämtliche Handwerker teilnehmen müssen. Alles ist am Schimpfen. Habe weiter immer noch empfindliche Zahnschmerzen. Am Nachmittag lasse ich ihn mir ziehen. Als ich vom Arzt zurückkomme, ist die Übung wieder abgeblasen. Bin recht froh darüber! Ich fahre trotz erheblicher Zahnschmerzen abends noch zu Bruder Krieg, mit dem ich mich heute verabredet hatte. Wir besuchen die Reinoldi-Kirche, an der er ja auch wirkt, und gehen später in den Ratskeller. Es ist recht nett und wir erleben einen angeregten Abend. Bin zum Zapfenstreich wieder daheim. Der Zapfenstreich wurde vom U.v.D. nur gelegentlich kontrolliert. Das heißt, wenn er nach Zapfenstreich läutete, mußte man in der Wohnung sein. Es gab auch ein internes Alarmsystem. Im Alarmfall wußte jeder, wer wen wecken mußte in den Privatquartieren.

20.03.1940

Paul fuhr in Urlaub, bin nun allein auf unserer Handwerkerbude.

21.03.1940

Muß heute für den Leutnant X Bänder auf die Schulterstücke nähen. Da ich keine mehr vorrätig habe, muß ich meine eigenen nehmen. Diese Bänder sind Unterscheidungsmerkmale der Regimenter innerhalb der 225. Division. Es sind etwa 2 cm breit gewebte, blaue Bänder für unser Regiment, die über die Schulterklappen gestreift wurden.

22.03.1940

Es ist Karfreitag 1940. Ich höre morgens im Radio die Matthäus-Passion. Lese sie an Hand meines Testamentchens mit. Nachmittags bin ich am Schreiben. Meine Quartiersfrau bekommt ein Päckchen aus Holland, von ihrer Tochter. Da ist Bohnenkaffee drin. Also gibt es Bohnenkaffee. Schreibe den ganzen Nachmittag noch Briefe. Abends gehe ich mit meiner Quartiersfrau in's Kino.

23.03.1940

Fahre heute, am Ostersamstag, nach Dortmund, um einzukaufen für meinen „Schneidereibetrieb". Ich treffe da in einem Geschäft doch tatsächlich einen alten Kameraden aus meiner „Hamburger Zeit". Das muß natürlich gefeiert werden. Komme dadurch erst gegen 14.00 Uhr heim. Nachmittags ist kein Dienst mehr. Die Post rollt auf's neue an und ich bekomme nochmals 8 Briefe. Die Freude ist groß.

24.03.1940

Ostern. Schlafe lange. Schreibe dann Briefe. Meine Quartiersfrau kochte ein prima Osteressen und lud mich ein. Nachmittags besuche ich mit Bruder Krieg zusammen einen Hausvater vom Bruderhaus Tannenhof, der Hausvater in einem Altersheim ist. Dort treffe ich auch den Pastor der Gemeinde. Ein überaus sympathischer Herr. Wir unterhalten uns sehr angeregt über alle Fragen der Kirche und der Diakonie. Wir rauchen dabei wie die Schlote. Abends findet ein großes „Diner" statt. Es sind auch recht nette Töchter des Hauses da. Mit dem Pastor schließe ich ein Abkommen, daß ich von ihm Bücher zum Lesen bekomme. Recht gemütlich verbrachten wir die Stunden bis zum Zapfenstreich.

25.03.1940

Ostermontag. Schreibe wiederum den ganzen Morgen im Quartier. Nachmittags kommt das Enkelkind und bringt dem Opa S. eine Flasche Weinbrand. Ich weiß noch nicht recht, was ich an diesem noch freien Nachmittag machen soll. Gehe dann doch noch nach Dortmund und besuche Bruder Wolf. Werde sehr freundlich aufgenommen. Kehre erst zum Zapfenstreich zurück, beladen mit Schinkenbroten und Äpfeln.

26.03.1940

Ostern ist vorbei, und ich bin eigentlich froh, daß wieder Arbeitstag ist. Habe keinen Menschen, der sich hier um mich kümmert, kein kleines Mädel, wie alle anderen.

Einfach „doll", wie es so oft in dem Heinz-Rühmann-Film vorkommt: „Hurra, ich bin Papa". Abends habe ich ihn gesehen.

27.03.1940

Tagsüber gibt es nichts Besonderes. Gehe abends mit Bruder Krieg zum Schloß Romberg. Wir besuchen den Romberger Park. Dann trinken wir im Schloß Kaffee. Dabei dürfen wir in den Gemächern Malereien sehen, die die Taten des tollen Romberg darstellen.

28.03.1940

Morgens bin ich in meiner Schneiderwerkstatt zum Arbeiten. Nachmittags fährt die ganze Kompanie nach Dortmund in's Varieté. Es war voll Soldaten bis auf den letzten Platz. Das Programm war recht nett. Fahre abends gleich nach Hause, während die anderen noch die Stadt unsicher machen. Bin müde. Die Kompanie macht ab 24.00 Uhr eine große Nachtübung.

29.03.1940

Heute einiges aus dem Quartier. Habe erfahren, daß ich einen Namen von den Nachbarsleuten erhalten habe, so, wie andere Soldaten auch. Bei mir ist man auf den bezeichnenden Namen „Jesus" gekommen. Über meine besonderen Tugenden bekommt man bei meiner Quartiersfrau folgende Auskunft: „Er ist ein ungezogener Lümmel!"
So weit ist es anscheinend schon gekommen.

30.03.1940

Badetag ist heute. Wir können alle zum Baden fahren. Es ist herrlich, unter der Brause zu stehen und das heiße Wasser spült allen Dreck weg. Es ist eine Wonne. Man fühlt sich wie neu geboren. Abends fahre ich noch zu den Hauseltern Wolf.

31.03.1940

Wie verabredet kommt Gustav (Bruder Krieg) und holt mich gegen 8.00 Uhr ab, zu einem größeren Spaziergang auf die Syburg. Es ist ein ganz herrlicher Tag. Besuchen in der Syburger Kirche den Gottesdienst. 5 Leute waren anwesend. Erschütternd! Essen dann zu Mittag. Anschließend besichtigen wir das Denkmal und die Burgruine. Den Nachmittag verbringen wir in einem wunderschönen Café und haben einen herrlichen Ausblick in das Ruhrtal. Wir führen ein gutes Gespräch und kommen dabei auch auf das Heiratsproblem. Kehren um 21.00 Uhr erst heim. Es war wirklich sehr schön.

01.04.1940

Ja, der 1. April hat es auf sich. Sogar in Hombruch. Ich habe einen Riesenspaß mit meiner Quartiersfrau. Mit meiner Schneiderei ziehe ich heute um in ein ehemaliges NSV-Heim. Dort ist es besser für uns Handwerker. Abends habe ich mit meiner Quartiersfrau noch bis 24.00 Uhr geklönt.

02.04.1940 –

03.04.1940

Nichts Neues tagsüber. Aber – es gibt ja im Soldatenleben noch einen Abend und eine Nacht.

20.00 Uhr. Abmarsch in die Nacht hinaus. Bald nach Verlassen von Hombruch in Richtung Syburg, geht es unter die Gasmaske. Dann ist alles stockfinster, nur ein Scheinwerferstrahl der Flak erleuchtet manchmal den Himmel. Es geht durch Berg und Tal. Habe keine Ahnung, wo wir sind, sehr wahrscheinlich in dem Ruhrtal. Es regnet oft kurz die Stimmung ist aber ausgezeichnet. Nach Abnahme der Gasmasken wird Mundharmonika gespielt und ich singe dazu stundenlang, bis ich gegen 3.00 Uhr morgens heiser bin. Um 4.15 Uhr komme ich wieder in Hombruch an. Trockne meine Knarre noch ab und dann in's Bett.

04.04.1940 –

05.04.1940

In der Kompanie werden zur Zeit sehr viele Bestrafungen ausgesprochen. Der Zapfenstreich wird scharf überwacht. Bekomme heute Post.

06.04.1940

Sonnabend ist heute. 6.00 Uhr Antreten. Neue Moden. Die Handwerker müssen zusammen mit der Kompanie antreten. Danach können wir, Paul und ich, wegtreten und zu unserer Bude gehen. Wir arbeiten bis 12.00 Uhr. Doch dann arbeiten wir weiter, bis die Kompanie wieder zurückkommt von einer Ruhrbrückenübung unterhalb der Hohensyburg. Abends fahre ich nach Dortmund zu Gustav. Finde ihn in seinem Garten. Zuhause bereitet er mir anschließend ein prima Abendbrot.

07.04.1940

Sonntag. Schlafe in einen herrlichen Morgen hinein. Um 10.30 Uhr ist Kompanieappell. Danach bin ich bei meiner Quartiersfrau zum Mittagessen eingeladen. Es hat gut geschmeckt. Später fahre ich zu Gustav. Wir gehen nach Eichlingshofen. Machen einen wundervollen Spaziergang. Abends war ich noch kurz auf der Hombrucher Kirmes. Gehe aber wegen Bauchschmerzen bald nach Hause.

08.04.1940

Es regnet. Montagsstimmung anscheinend auch in der Natur. Nicht so bei mir. Ich singe in den frühen Morgen hinein.

09.04.1940

Es dringen Gerüchte durch über neue militärische Maßnahmen. Um 11.00 Uhr höre ich zufällig Dr. Göbbels im Radio beim Vorlesen der Proklamation an Schweden und Norwegen. Natürlich gibt das wieder ungeheuren Gesprächsstoff zu mancher Diskussion. Wir hoffen alle, daß „es" los geht. Habe in aller Heimlichkeit angefangen, einen Zivilanzug zu bauen für den Wirt des Gasthauses, in dem unsere Schneiderei untergebracht ist.

10.04.1940

Die harten Schläge der 3 Wehrmachtsteile füllen wieder jedes Thema. Vor einiger Zeit machte ich durch die Fenster der Straßenbahnwagen die „Augen"-Bekanntschaft mit 2 jungen Mädels. Ich mußte unterwegs aussteigen, und der Spaß war gelaufen. Nun habe ich durch Vermittlung eines Melders ein Rendezvous erreicht. Noch ein Kamerad von der Schuhmacherei ging mit. Nachdem wir uns von Angesicht zu Angesicht beguckt hatten, stellte es sich heraus, daß es zwei ganz junge, nette Schülerinnen waren. Wir beschlossen, einen Spaziergang in den schönen Abend hinein zu machen. Es war ganz unterhaltsam. Als es dunkel wurde, sah man von einer Höhe aus die roten Feuergluten am Himmel erstrahlen, die man nur dann sieht, wenn Hochöfen angestochen werden. Ein herrlicher Anblick. Gegen 22.00 Uhr kehrten wir von unserem anregenden Spaziergang zurück.

11.04.1940

Unternehme heute beim Spieß einen Vorstoß wegen Heimaturlaub. Er kann sich meiner noch recht gut von „Konfirmationsurlaub", den ich nicht bekam, erinnern. – Am Montag soll ich wieder kommem mit meinem Soldbuch. Ich weiß nun, was es geschlagen hat. Freue mich.

Nach wie vor verfolgen wir die militärischen Operationen im Norden.

12.04.1940

Viele Stimmen reden von einer baldigen Versetzung. Doch bevor ich von Dortmund-Hombruch nicht weg bin, glaube ich es nicht. Sonst nichts Neues.

13.04.1940

Fahre abends noch zu Gustav. Er ist wieder in seinem Garten zu finden. Wir verbringen einen schönen Abend. Ich habe bis 1.00 Uhr Urlaub und komme gerade noch Schlag 1.00 Uhr bis in die Schreibstube. Zwei Minuten später und 3 Tage Bau wären fällig gewesen.

14.04.1940

Wieder Sonntag. Ich bleibe morgens daheim. Nachmittags sehen wir den Film „Feuertaufe". Anschließend gehen wir noch in ein Café.

15.04.1940

Ziehe nachmittags zum Spieß mit meinem Soldbuch. „Morgen fahren Sie in Urlaub!" Ich möchte natürlich jubeln, aber ich glaube, ich habe mit keiner Miene gezuckt. – Man soll den Abend nicht vor dem Mittag loben. –

16.04.1940

In aller Gemütsruhe stehe ich auf, rasiere mich, trinke Kaffee, packe meine Sachen, gehe zur Kleiderkammer und gebe den Mist ab. Dann soll ich zur Schreibstube. Bekomme dort meinen Urlaubsschein und alles Drum und Dran und ich kann tatsächlich nach Stuttgart fahren.

Urlaub vom 16.04. – 29.04.1940

29.04.1940

Um 11.00 Uhr komme ich in Dortmund an. Bei meiner Quartierswirtin esse ich tüchtig zu Mittag. Die Truppe ist noch immer hier in Dortmund-Hombruch. Da ich heute noch Urlaub habe, gehe ich nachmittags nach Dortmund und sehe mir im Kino den „Postmeister" mit Heinrich George an. Ein ganz ausgezeichneter Film, wie ich meine.

Gustav ist von der Freizeit auf der Elsenburg noch nicht da. Abends hole ich Post von der Schreibstube. Emil, der Sohn von S. fragt mich ob ich mit ihm noch in die Stadt wolle: „Mal nach den Weibern sehen". Ich sah ihn wohl etwas dumm an, denn er fragte mich, ob ich denn noch nie mit einem „Weib" im Bett gewesen sei. Ich solle nicht so gucken, denn in meinem Alter wäre das wohl schon geschehen, im übrigen hätten wir doch alle Präservative und dann könne doch nichts passieren. – Ich sagte ihm, daß ich noch mit keiner Frau körperlich zusammen war. Daraufhin lachte er und sagte, daß ich ihm diesen Witz nicht glaubhaft machen könne. Ein Soldat und noch mit keiner Frau zusammen gewesen zu sein gibt es gar nicht. Irgendwie wäre ich wohl ein Heiliger.

Vielleicht war ich das auch. –

30.04.1940

Gehe heute wieder zum Arbeiten in meine Werkstatt. Ich ändere meinen eigenen Rock ab und nachmittags ändere ich die Ärmel von Leutnant Meyers Rock. Das Wetter ist so schön draußen, daß ich noch spazierengehe.

01.05.1940

Es ist Mai geworden. Schlafe bis 8.30 Uhr. Dann ziehe ich mich an und hole Verpflegung von der Küche. Nachmittags weiß ich nicht, wie ich die Zeit totschlagen soll. Schreibe Briefe.

02.05.1940

Vormittag wie gestern. Sehe um 14.00 Uhr nach Post, ist aber keine da. Später gehe ich etwas spazieren. Wieder zurück, putze ich noch intensiv meine Stiefel. Klöne mit meiner Quartiersfrau.

03.05.1940

Wir üben Parade- und Besichtigungsaufstellung. Auch wir Handwerker müssen heute mit. Werde von Major Wegelin höchstpersönlich zu dem Kammerwagen als Beifahrer eingeteilt. – Was in diesen Augenblicken geschah, sollte für mich Auswirkungen auf 2 Jahre haben –.

Ist mir ganz recht. Der Fahrer des Wagens heißt Schrand und die Pferde heißen, vom Bock des Wagens aus gesehen, links die Lissy und rechts die Rosy. Die Wagen dürfen um 10.00 Uhr heim. Ich mit. Lege mich noch auf's Sofa bis 14.00 Uhr. Dann aber gibt es Arbeit über Arbeit. 20 Paar Garnituren Uniformen sind gekommen. Keine passen. Muß alles abändern.

04.05.1940

Arbeite mit Hochdruck bis abends 21.00 Uhr. Allerdings kommt eine Unterbrechung am Nachmittag, als wir duschen können. Ein ganz herrliches Gefühl. Heißes Wasser rinnt über den staubigen, nackten Körper. Man müßte eigentlich jeden Tag baden können.

05.05.1940

Die Arbeit geht weiter. Bis 13.00 Uhr mache ich noch einen Rock fertig. Dann gehe ich zum Essen. Da kommt plötzlich Gustav und begrüßt mich. Zugleich lädt er mich ein zur Geburtstagsfeier bei seiner Mutter. Ich sage ihm für den Abend zu und zeige ihm noch die Stätte unseres Wirkens. Am Abend wird es recht schön. Muß später noch schnell gehen, daß ich vor Zapfenstreich nach Hause komme.

06.05.1940

Arbeit und wieder Arbeit! Um 18.00 Uhr mache ich Schluß. Morgen ist Besichtigung durch den Regimentskommandeur.

07.05.1940

4.00 Uhr Wecken.

5.00 Uhr Antreten.

5.30 Uhr Abmarsch nach Westhofen. Landen auf einer Wiese.

Besichtigung.

Fällt ordentlich aus. Die Fahrzeuge können auf die Schwerter Straße fahren. Kommen um 17.00 Uhr nach Hause. Als Beifahrer konnte ich manchen Meter fahren.

08. 05. 1940

Die Arbeit geht immer flotter weiter. Mache den blauen Anzug, ganz ziviler Art, für den Wirt fertig.

09. 05. 1940

Nichts Besonderes.

10. 05. 1940

7.30 Uhr Alarm!! Sofort alles marschbereit machen. Um 12.00 Uhr ist alles bereit zum Abmarsch. Hörten den Aufruf des Führers. Freue mich, daß nun endlich die Entscheidung anhebt. – Um 14.00 Uhr kommt der Befehl: Abmarsch 24 Stunden später. Wir können wieder in die Quartiere. Alarmbefehl „Zitronenfalter" ist in Kraft getreten. Starke Kampffliegerverbände, die über uns hinwegbrausen, lassen erkennen, was die Stunde geschlagen hat.

Heute nacht verbleiben wir noch in unseren Quartieren.

11. 05. 1940

8.00 Uhr Löhnungsappell. Dann abmarschbreit warten, bis wir abhauen können. Wir warten bei Ries, wo unsere seitherige Schreibstube war. Dann 15.00 Uhr antreten und um 15.15 Uhr Abmarsch.

Mit Flieder und Blumen geschmückt ziehen wir aus Hombruch ab. Der ganze Stadtteil steht Spalier. Es war doch zu schön in Hombruch. Emil bringt mir noch einen Spiegel an den Wagen. Der Marschweg führt nach Hörde zum Güterverladebahnhof. Wir werden dort verladen. Es gibt einen langen Zug. Mannschaften, Pferde, Wagen, alles ist auf einem Zug. Es scheint toll vorbereitet zu sein. In der Nacht noch fährt der Zug ab. Wir wissen noch nicht, wohin! Eifrig wird in den verdunkelten Bahnhöfen herausgeschaut, wo die Fahrt hingeht. Daß wir durch das Ruhrgebiet in Richtung Wesel fahren, haben wir doch herausbekommen. Dann halten wir in Kranenburg, und dort werden wir auch sofort ausgeladen. Es ist 7.00 Uhr morgens. Wir haben praktisch kein Auge zugetan.

12.05.1940

Seit dem Ausladen haben wir unzählige Flugzeuge gesehen. Ebenso hören wir den Geschützdonner der Artillerie. Es ist herrlichstes Wetter und kaum kommt mir zum Bewußtsein, daß Pfingsten ist.

Maschinengewehre haben den Fliegerschutz übernommen. Wir liegen getarnt bis nachmittags um 17.00 Uhr.

Dann kommt der Marschbefehl.

In Fliegermarschtiefe wird marschiert. Nach nur 500 m erreichen wir die deutsch-holländische Grenze. Tiefgegliedertes Stacheldrahtverhau zieht sich längs der Grenze. Die Holländer haben starke Straßensperren errichtet aus Betonklötzen, Eisen und Drahtverhau. Überall sind kleine Bunker und Unterstände. Vom Feind sehen wir nichts. Wir sind dem 18. AOK unterstellt und bleiben Armeereserve. Wer vor uns mit dem Feind kämpft, wissen wir zur Zeit noch nicht. Man hört so, daß es Waffen-SS-Verbände wären. Die Häuser an der Grenze sind alle bewohnt. Nach einigen Kilometern machen wir Halt. Wir müssen ganz scharf rechts heran und nun überholt uns eine endlose Kette von 10,5-cm-Geschützen. Nach den letzten Artillerieeinheiten geht es auch für uns wieder weiter in der Dunkelheit. In tiefer Nacht erreichen wir die Maas. Die Holländer haben die erst 4 Jahre alte Brücke gesprengt. Unsere Pioniere haben in fabelhafter Schnelligkeit eine gute Pontonbrücke gebaut. Bei Mook ist diese Brücke. Unser Pionier-Btl. hat die Brücke übernommen, um den Vormarsch sicherzustellen. Als wir die Brücke erreichen, wird ein ganz kurzer Halt gemacht und uns wird gesagt, was wir jetzt tun müssen. Also, die Beifahrer steigen ab und bremsen hart, von dem Aufstellungsplatz der roten Signallampen an, die am Beginn der steilen Flußböschung aufgestellt sind. Solange die Böschung hinunterbremsen, bis das grüne Signallicht am Beginn der Pontonbrücke kommt. Dann Bremsen auf, den Pferden die Peitsche geben und im gestreckten Galopp über die Brücke, als Anlauf, die steile Böschung hinauf. Eben an dieser Böschung standen schon die Pioniermannschaften zum Schieben, damit alle Fahrzeuge hinauf kommen.

Jedes neue Fahrzeug an der Abfahrt mit der roten Ampel, mußte warten, bis das vorherige Fahrzeug über die Böschung hinaufgekommen war. Wir haben das blitzschnell begriffen. Los ging es, bis vor zur roten Ampel. Ich die Bremse zu, bis ich nicht mehr konnte. Dann Befehl: „ab". Wir waren mit unserem Wagen allein, der Schrand oben auf dem Bock und ich hinten an der Bremse. Die Böschung hinab rutschte der Wagen bedenklich hin und her, doch es ging mit Hilfe der sich abstemmenden Pferde leidlich gut. An der grünen Ampel, als am Anfang der Pontonbrücke, riß ich die Bremse aus Leibeskräften los und Schrand holte mit der Peitsche aus. Der Wagen wurde aus dem Stand nach vorne gerissen und machte einen gewaltigen Satz, so daß ich fast hingefallen wäre. Doch dann, oh Gott, oh Gott!! Der Wagen schlingerte ganz wild und blieb, unter fürchterlichem Geschrei von Schrand, stehen. Stehen, und keinen Zentimeter weiter. Schnell merkten die Pioniere auf beiden Uferseiten, daß etwas passiert sein mußte. Sie kamen aufgeregt herangelaufen. Vorweg Offiziere. Schrand war vom Bock heruntergesprungen und stand zitternd bei seinen Pferden. Ja, was war geschehen? Schrand kannte seine Lissy noch zuwenig. Als er die Peitsche auch nur einmal einsetzte, machte Lissy einen solchen Satz nach vorne, daß sie glatt das daumendicke neue Zugseil durchriß und so der Wagen nicht mehr im Gleichgewicht gehalten werden konnte. Bevor wir alle zusammen in stockdunkler Nacht in den Fluß stürzten, mußte er die Pferde wieder zum Halten bringen. Das schaffte er noch eben, aber dann war er fertig.

Eine neues Zugseil mußte her! Also ganz schnell umschirren. Schon schrie ein Offizier, daß wir den Vormarsch der ganzen Division aufhielten! Der Wagen solle geopfert werden und nichts wie über die Brückenpontons weg, in den Fluß, nur vorher noch die Pferde ausspannen. Der Wagen sei weniger wichtig als der weitergehende Vormarsch. Ich weiß nicht mehr, wer Schrand geholfen hat mit einem neuen Seil. Ich war sprachlos von der Dynamik in einem Kriegsgeschehen und kam mir selbst wie fremd vor, denn vorher als Bremser kam alles nur ganz allein auf Schrand und mich an, und nun, nach Sekunden, waren wir arme Würstchen, ein Nichts, ein Garnichts, und andere Größen bestimmten alles und wollten wegen Minutenverlusten unseren Wagen einfach in den Fluß werfen samt Inhalt.

Wir hatten einen Schutzengel. Das neue Seil klappte beim Wiedereinspannen. Alles wieder klar. Schrand auf dem Bock. Links und rechts wurden die Pferde vorsorglich am Zügel genommen, hinten, mit mir

Pioniere und nun ein neuer, verkürzter Aufgalopp ohne Peitsche. Schrand schrie hü, hü, daß ihm die Stimme versagte, aber die Pferde hatten wohl begriffen, daß es eine zweite Panne nicht mehr geben konnte. Soviel Ruhm konnten sie nicht ernten, daß sie ein zweites Mal eine ganze Division auf dem Vormarsch aufhalten konnten. Wir kamen tatsächlich mit Hilfe der Pioniere und trotz des verkürzten Anlaufs die Böschung hinauf.

Das war überstanden. Gott sei Dank.

Was uns jetzt beunruhigte, war die Gewißheit, daß vor uns kein Mensch von unserer Einheit in der stockdunklen Nacht zu sehen war. Alles war gespenstisch. Am Ufer waren die Häuser in Grund und Boden geschossen. Andere sind verbrannt bis auf die Mauerreste. Wir fahren die Straße entlang und Schrand läßt nun die etwas beruhigten Pferde in scharfem Trab laufen. 3 km müssen wir so zügig traben, bis wir wieder Anschluß an unsere Truppe haben. Die Pferde keuchen und wir noch mehr. Das ganze Gesicht brennt. Trotz der empfindlichen Kälte sind wir naßgeschwitzt.

13.05.1940

Der Vormarsch geht ohne Unterbrechung weiter. Ich setze mich auf den Futterwagen, der hinter uns herfährt. Es ist inzwischen hell geworden. Prompt bin ich eingedöst. Plötzlich wache ich auf. „Bremsen"!, schreit jemand laut. Ich sehe, daß kein Bremser da ist. Ich auf und hoch und springe vom Wagen ab. Wie ich aber springe, verfängt sich der Spanndraht am Wagendach entlang, in meinem Stiefel und hält mich fest. So falle ich mit voller Wucht während der Fahrt mit dem Kopf voraus, auf die Straße. Zum Glück habe ich die Hand vor der Gasmaskenbüchse, die wir Beifahrer vor dem Bauch tragen. Trotzdem schlägt sie mir mit der Kante tüchtig in den Hals und unter das Kinn. Ich stehe sofort wieder auf mit dem Gedanken, daß ich nicht überfahren werde. Es geht. Am Kinn blute ich. Der Hals hat tüchtig etwas abbekommen. Schlucken kann ich fast gar nicht mehr. Bald habe ich mich erholt und erfahre, daß niemand „bremsen" gerufen hat und ich wohl unter dem Eindruck des Vorhergegangenen nur alles geträumt hatte. Um 5.30 Uhr machen wir Rast für eine Stunde in dem Städtchen Mill. Nach einer Stunde geht es in scharfem Tempo wieder weiter. Wir kommen jetzt in eine, von unserer vorauskämpfenden Truppe aufgebrochenen Verteidigungsstellung der Holländer. Sie erstreckt sich über etwa 2 km Tiefe.

Die Bunker sind alle leer. An sehr vielen Stellen ist die Straße durch Sperren unpassierbar geworden. Diese wurden von unseren Truppen in die Luft gesprengt und Pioniere und Baukompanien haben in ganz großartigen Leistungen die Straße wieder hergestellt. Links und rechts der Straße sehen wir ungeheure Mengen Stacheldrahtverhaue. Tote Pferde und Kühe liegen auf den Feldern. Eier und Konservendosen, PAK und Munitionskästen mit Aufschlagzündern wie ich lese, alles liegt im Straßengraben. Ganz schwere und auch leichte Panzerwagen der Holländer stehen da, zum Teil ausgebrannt. Gefangene Holländer sitzen im Straßengraben und an den Gesichtern ist zu sehen, daß sie froh sind, daß für sie der Krieg aus ist. Flüchtlinge begegnen uns. Sie kehren wieder zurück, nachdem der Angriffsturm über ihre Gemeinden und Häuser hinweggetobt ist. Sie haben alles so verlassen, wie es war. In einem Dörfchen durch das wir marschieren, sehe ich durch ein Hausfenster. Auf einer Bank lag ein halb aufgegessener Laib Brot. Auf dem Boden lagen um einen Karton herum zerstreut viele Kleider usw. In Cafés waren noch die Tischdecken aufgelegt mit den Aschenbechern. Stühle auf der Veranda. Wir müssen ziemlich plötzlich gekommen sein.

Unentwegt hält der Geschützdonner vor uns an. Wir sind durch den Festungsgürtel durch und nun sieht es auch wieder besser aus. Mitten in einer Stadt haben sie die Brücke gesprengt. Natürlich sind ein paar Häuser mit in die Luft gegangen. Wir haben Meden, S'Hertogenbosch schon hinter uns gelassen und marschieren auf Vught zu.

Die Pioniere und Baukompanien haben in kürzester Zeit die Straße wieder passierbar gemacht. Ein paar Stunden Stau und es geht weiter. Die ungeheure Spannung und das gewaltige Geschehen, das man empfindet, läßt momentan jede Müdigkeit unterdrücken. Es wird schon bald Abend. An uns brausen Kolonnen über Kolonnen motorisierter Einheiten vorbei. Bei einem kurzen Stau erfahre ich, daß die ans uns vorbeifahrende Flak, heute morgen erst in Quakenbrück abgefahren ist und wie wir, noch keinerlei Feindberührung hatte. Unser Marsch geht unerbittlich weiter. Nachts, um 1.00 Uhr kommen wir in Vught an.

Wir sind fast 90 km!! in ununterbrochener Folge innerhalb von 24 Stunden marschiert.

14.05.1940

Mitten in der Nacht bekommen wir bei einem Metzger Quartier. Wir werden gut und sehr freundlich aufgenommen. Es sind 3 Töchter da, die sich lebhaft für uns interessieren. Wir dürfen, so wie wir waren, in vollen Klamotten in den freigemachten Betten schlafen. Vorsichtig wie wir waren, nahmen wir die Knarre mit in das Bett. Bis 6.00 Uhr, also etwa 4 Stunden konnten wir schlafen, dann ging es wieder hoch. Um 7.00 Uhr marschieren wir weiter in Richtung Tilburg. Etwa 3 km vor Tilburg biegen wir links ab. Die Brücke über den Wilhelmskanal ist nicht genug aufnahmefähig mehr. Alles staut sich vor der Brücke und so müssen wir auf einen Feldweg neben dem Kanal ausweichen. Hinter uns und vor und, soweit das Auge reicht, sind aufgefahrene Kolonnen. Alles ist da. Fliegereinheiten wie Panzer und Flak, eben alles, was ein Krieg benötigt, um wirksam sein zu können. Wir kommen auf dem Feldweg nur mühsam vorwärts und sitzen plötzlich im tiefen Sand fest. Was nun geschieht, könnte vorausgesagt worden sein. Unsere Lissy reißt zum zweiten Mal das Zugseil glatt durch!! Alles stockt. Diesmal müssen wir das Seil zusammenflicken. Das dauert. Andere Einheiten freuen sich, daß sie nun schneller vorankommen. Endlich ist es geschafft. Noch 2 weitere Pferde werden vorgespannt und nun geht es. Gott sei Dank. Im Galopp geht es über die Brücke. Links nach der Brücke steht ein ausgebrannter deutscher Panzerwagen. Die Besatzung ist dicht daneben an der Straße beerdigt. Er fuhr auf eine Mine. Ich bin doch stark beeindruckt, das erste deutsche Soldatengrab zu sehen, das erste.

Wir sind in Tilburg. Eine wunderschöne große Stadt. Aber alle Fensterscheiben sind kaputt. Französische Einheiten haben bereits hier schon Widerstand geleistet und haben auch die Brücke gesprengt. Übrigens haben sie beim Rückzug gehaust, daß es kaum zu glauben ist. Bei einer ganz großartigen Familie werden wir in's Quartier genommen. Wir werden prima bewirtet und unterhalten uns köstlich bis 13.00 Uhr, später machen wir mit unserem holländischen Quartiergeber einen kleinen Abendspaziergang. Die deutsche Luftwaffe hatte den Bahndamm bombardiert. Ein Krater, etwa 15–20 m tief und ebenso der Durchmesser. Ganz grandios. Baukompanien arbeiten noch an einer Brücke. Verschenke dort Schokolade. Erlebe lebhaftes Flak-Feuer gegen feindliche Flieger. Trotzdem schliefen wir schnell ein, nachdem die Wachen eingeteilt waren.

15.05.1940

Wir konnten die ganze Nacht schlafen. Am Morgen um 8.00 Uhr ging es weiter. Unsere Quartiergeber werden von uns überhaupt nicht als

„Feinde" empfunden. Ganz im Gegenteil. Wir haben den Eindruck, daß die Niederländer die zur Hilfe herbeigekommenen Franzosen noch weniger gern gesehen haben, als uns eingedrungene Deutschen. Jedenfalls konnten wir in Tilburg einkaufen und mit deutschem Geld bezahlen und wurden stets freundlich bedient und keineswegs als Feinde behandelt.

Wir kommen auf eine schöne breite Straße und marschieren in Richtung Breda. Gestern wurde hier noch gekämpft. Wir sehen einen Bombenkrater nach dem anderen. Ganze Häuser sind vom Erdboden weggeputzt. Autos, Panzerwagen, Omnibusse, Geschütze, Munitionskisten, alles liegt herum. Gulaschkanonen, Fahrzeuge stehen auf dem Kopf. Zum Teil brennen die Häuser noch immer. Wir sehen abgeschossene französische Tanks, die ausgebrannt sind oder fluchtartig verlassen wurden. Nach einem strammen Marsch den ganzen Tag hindurch, landen wir am Abend in Houven in einem Bauernhof.

Es wird immer in Fliegermarschtiefe marschiert. Das ganze Batl., geordnet nach Kompanien. Dazwischen, zu den einzelnen Zügen dazuhörend, die Gefechtswagen. In diesen hatten wir in den seitlichen Fächern die Maschinengewehre griffbereit mit der dazugehörenden Munition liegen. Dann kamen die anderen Fahrzeuge, so auch unser Kammerwagen, auf dem die „Affen" mit allen persönlichen Habseligkeiten geladen waren, dazu alle notwendigen Bekleidungsstücke. Nach uns kam der Wagen mit Waffen und Geräten. Der Proviantwagen und die Feldküche, gewöhnlich noch immer als Gulaschkanone bezeichnet. Letztere beiden, so dringend benötigten Dinge, genauso dringend wie Munition, gehörten in den Bereich von „Bobby". Den ganzen Troß betreute der Futtermeister der Kompanie.

16.05.1940

Wir hatten heute einen Ruhetag, den wir auch notwendig gebrauchen konnten. Die niederländische Armee hat kapituliert, nachdem fast der gesamte Staat erobert war. Wir ahnten wohl, daß in nicht so weiter Entfernung die belgische Grenze war. Während des Tages merkten wir, daß sich etwas tat mit Transportfahrzeugen. Und siehe da, gegen Abend tauchten plötzlich Lastwagen auf. Es sollte auch nicht lange dauern und wir waren für die Lkw eingeteilt. Schreiber, vom dritten Zug, fuhr einen überlangen Sattelschlepper und genau da drauf kam ich auch. Mit „Beifahrer" war es zunächst vorbei. Die Wagen setzen sich in Richtung Antwerpen in Marsch. Zu gleicher Zeit rückt auch das III. Batl. in Richtung Antwerpen ab. Unser Batl. bleibt bei dem Vorwärtsfahren in Reserve. Das III. Batl. hat die Aufgabe, die vor uns am Feind liegende SS-Standarte „Germania" abzulösen. Nun hören wir erstmals, wer vor uns den Feind so vor sich hergetrieben hat. Das III. Batl. sickert in die Frontstellung ein und übernimmt bei Putte die Stellung vor einem Panzergraben, der bereits zum Festungsgürtel um die Stadt Antwerpen gehört. Sie trieben eine Feldwache vor bis kurz vor den Panzergraben. Wir, das II. Batl. bleiben hinter dieser Frontlinie zurück, doch zunächst sind wir noch auf der Anfahrt. Der Wagen hält an einer Kurve scharf an. Die ganze Belegschaft wird durcheinandergeschleudert. Ich sause gegen eine Kettenverstrebung und schlage mir fürchterlich das Knie auf. Konnte mir den Schaden aber erst 8 Tage später ansehen. Die Fahrt in der Nacht geht weiter. Plötzlich landen wir mit dem langen Sattelschlepper tatsächlich in einem Klosterhof. Müssen wieder zurück. Der Geschützdonner wird immer stärker. Wenig später kommen wir in ein furchtbar zerstörtes Dorf, zerschossen und ausgebrannt. Wir wissen nicht recht, sind es Bewaffnete oder Zivilisten, die wir ab und zu sehen und was sie in der Nacht treiben. Endlich landen wir kurz vor Mitternacht in einem Bauernhof.

In einem Kuhstall liegt Stroh. Es ist wegen der nächtlichen Kühle ziemlich frisch, trotzdem schlafen wir fest.

17.05.1940

Doppelposten mit aufgepflanztem Seitengewehr halten Wache für uns und wir können bis 8.00 Uhr schlafen. Es sprach sich inzwischen herum, daß die Wege mit Minen verseucht sind und stellen dankbar fest, daß wir wohl mächtig Glück gehabt haben in der Nacht. Esse 5 Eier zum Frühstück, dann liegen wir in der Sonne und warten auf Alarm. Um 13.00 Uhr geht es los. Im nächsten Ort gehen wir in Fliegerdeckung. Vor uns ist das III. Batl. in Feindberührung und wir hören später, daß unser Regimentskommandeur unweit vor uns, bei einem Einsatz der 11. Kompanie, auf einer Feldwache gefallen ist. Wir sind stark beeindruckt. Vor uns kracht es in unterschiedlicher Stärke. Wir können ganz gut Artillerieeinschläge von Pak unterscheiden. Ebenso Gewehr- von Maschinengewehrfeuer. Alles ist wie im Fieber und voll Anspannung. Ganz vorsichtig lösen wir uns von der Ortschaft und laufen, springen und kriechen die Straße entlang, immer noch hintereinander. An allen Ecken sehen wir deutsche Pak stehen. Sie sichern an den Straßenkreuzungen unser Vorgehen. Ich schätze, daß wir etwa 4 km noch hinter der Hauptkampflinie sind. In einem Wald gehen wir in Stellung. Dort liegen wir stundenlang, ohne daß sich etwas Besonderes tut. Wir vermuten, daß wir irgendwie eine Reserve sein müssen. Jeder Mann hat 150 Schuß Munition, davon ein kleiner Teil SMKH, für Panzerbeschuß durch Infanteristen.

Langsam wird es dunkel und wir haben noch immer keine rechte Vorstellung, was sich da vorne eigentlich abspielt. Später erfahren wir, daß in der vorigen Nacht Spähtrupps der SS Germania festgestellt haben, daß der Panzergraben von den Belgiern und Franzosen nur schwach besetzt sei. Daraufhin hat das III. Batl. angegriffen und ist überall festgefahren, das heißt, sie wurden von allen Seiten so eingedeckt mit Feuer, daß sie im Feuer des Feindes liegenblieben und Verstärkung durch unsere eigene Artillerie gefordert haben. Beim Erkunden der Lage hat es dann den ehrgeizigen Oberst von dem Hagen auch erwischt. Der Führer der vorgeschobenen Feldwache hat sich dann mit seinem Zug unter Mitnahme des toten Obersten abgesetzt und zurückgezogen.

Als es vollends Nacht geworden ist, ziehen wir uns hinter den Wald zurück. Dort sind ein paar Häuser von den Bewohnern verlassen. Da können wir unterkommen. Ich habe mit Staben zusammen ein Bett erobert. Doch kaum liegen wir da drin, kommt Alarm: „Panzerwagen sind durch unsere Linien durchgebrochen. Sie kommen auf uns zu!"

Wir aus den Betten, die Patronen aus dem Magazin heraus und dafür SMKH geladen. Schnell etwa 100 m von der Straße entfernt in Deckung und auf die Panzer gewartet. Doch umsonst, nichts kam! Alles Latrinenparolen! Kaum ist alles abgeblasen und wir durchnächtigt wieder in die Betten gefallen, als es erneut Alarm gibt. Diesmal, es ist inzwischen der

18.05.1940

geworden, kommen wir nicht wieder in die Betten zurück. Fertigmachen. Wir werden in die Front eingeschoben und lösen die festgefahrene 11. Kompanie in der Nacht ab. Lautlos marschieren wir bis hinter unsere eigene Linie vor. Zuerst besetzen wir die 2. Linie. Stundenlang liegen wir in einem Graben, das Gewehr im Anschlag. Es ist bitter kalt.

Dann um 5.00 Uhr tut sich etwas. Wir gehen vor durch ein total zerstörtes Dorf. Artillerie des Gegners deckt zeitweilig den ganzen Abschnitt ein. Was wir nicht wissen konnten: Wir befanden uns auf einem belgischen Artillerietruppenübungsplatz, der genau beschossen werden konnte. Nun haben wir die 11. Kompanie erreicht und Zug um Zug lösen wir die erschöpften Kameraden ab.

Kaum haben wir uns im Gelände etwas zurechtgefunden, als es los ging zum Sturm!! Zum ersten Mal in meinem Leben: Auf zum Sturmangriff!

Man kann schlecht beschreiben, was man da empfindet. Ich war ziemlich frisch und munter und dachte nur ans Ballern. Hinter uns brannte ein großer Wald. Unsere Artillerie schoß tadellos und verlegte das Feuer, so wie wir vorgingen, auch wieder weiter, so daß wir, wie unter einer Feuerglocke, vorwärtskamen.

Wir nahmen in einem Zug ein groß angelegtes Festungswerk, das aber noch nicht in allen Teilen voll ausgebaut war. Dann ging es mit aufgepflanztem Seitengewehr weiter durch einen Wald und später durch wundervolle Parkanlagen.

Wir stoßen auf die Straße Antwerpen-Innenstadt vor. Alles geht in fliegender Eile, im Sturmschritt, denn der Feind flieht und leistet kaum noch Gegenwehr. Wir kommen in Straßen mit Läden. Sie sind vollständig von den fliehenden Truppen ausgeplündert. Wein und Alkohol jeder Art wurden vom Feind herausgeholt und die Flaschen auf der Straße zertrümmert. Tote Hunde liegen oft auf der Straße.

Bei einem Platz machen wir erschöpt Halt. Wir sind restlos ausgepumpt. In einem einzigen langen Laufschritt sind wir durchgestoßen und haben, soweit wir herumhörten, keinen Toten zu beklagen.

Nach 1 Stunde geht es weiter. Wir biegen von der Hauptstraße ab und besetzen einen Vorort gegenüber dem Hafen. Wir hatten nicht die Ehre, als Erste in das Zentrum zu kommen, aber wir sind trotzdem stolz, unseren Teil beigetragen zu haben zur Einnahme der Festung und der Stadt.

In einer kath. Kirche bekommen wir Quartier. Wir sind noch gar nicht lange da, da kommt unser Spieß mit einem ganzen Lastwagen voll Wein: „Bordeaux", Likör, Genever, einfach alles, was man sich denken kann. Jeder Mann bekommt etwa 200 Zigaretten oder entsprechend Zigarren, dazu gibt es kistenweise Apfelsinen. Wir sind wie in einem Traumland. Die Spannung läßt nach und wir sind beglückt, daß an diesem Tag alles so gut verlief.

Nachhaltig beeindruckt hat mich, wie unsere Artillerie während des Infanteriesturms genau und gut, immer vor uns her, den Weg geebnet hatte.

Wir dürfen uns erstmal ausruhen. Der Krieg ging aber trotzdem weiter. Wir hören, daß unsere Radfahrkompanie mit als erste deutsche Einheit den Scheldetunnel durchfahren hat. Das I. Batl. IR 377, unser Nachbarregiment, besetzt die Inseln Schouwen und Tholen.

19.05.1940

Wir haben noch Ruhe! Essen Eier in Hülle und Fülle. Legen uns in die Sonne in dem Park des Pfarrers. Beim Eierkaufen machen wir die Bekanntschaft mit einer belgischen Familie. Es ist das erste Mal, daß wir mit den Belgiern zusammenkommen – mit Zivilisten. Natürlich bezahlen wir die Eier zu normalen Preisen.

20.05.1940

Immer noch Ruhe. Schlafen tüchtig aus. Einige haben das natürlich auch wegen des Alkohols nötig. Ich habe lediglich den Genever probiert und der hat mir so nicht geschmeckt. Wir bringen die Füße in Ordnung und essen viel Apfelsinen, ansonsten lassen wir uns von der Sonne anlachen. Es ist uns aber wohl bewußt, daß der Krieg damit nicht zu Ende sein konnte.

21.05.1940

Immer noch in der Schule in Ruhe! Schreibe heute an Mutter.

22.05.1940

Noch in Ruhe.

23.05.1940

Hatte gestern abend Fliegerwache am MG von 21.00 bis 22.00 Uhr. Später hatte ich Postendienst von 24.00 Uhr bis 2.00 Uhr. Während dieser Zeit wanderten meine Gedanken sehr viel nach Zuhause. Was sie wohl denken werden, wie sich in den letzen Tagen die Welt verändert hat! Dann mußte ich an einen schönen harmonischen Urlaub zurückdenken. Um 5.00 Uhr ist plötzlich Alarm. Wird dann aber wieder abgeblasen und ist dann doch wahr.

Um 9.00 Uhr geht es los. Wir marschieren mitten durch Antwerpen-Innenstadt. Kaufe mir bei einer Marschpause eine schönes ledernes Zigarrenetui, das ich schon lange benötigte.

Dann ging es weiter in Richtung Mecheln. Vor Mecheln müssen wir plötzlich einen riesigen Bogen machen. Von Feindberührung merken wir nichts. Lediglich gegen Fliegerangriffe sind wir abwehrbereit.

Der große Bogen muße gemacht werden, weil keine Straßenbrücke da war. Unsere Pioniere haben eine hochgelegene Eisenbahnbrücke, die schlecht gesprengt war, zu einer Fahrverkehrsstraße gemacht. Wir sehen, wie unsere Artillerie vor uns 6spännig im Galopp hinauf und darüber fährt. Es ist schon schön, wie die Pferde losgehen.

Nachdem wir die Brücke überquert haben, werden wir von da ab mit Fahrzeugen transportiert. Nach verschiedenen Fehlfahrten gelingt es endlich, uns an Ort und Stelle zu bringen. Es ist bereits 23.30 Uhr, als wir irgendwo in einer Schule landen. Der Troß und alles andere ist zurückgeblieben und so haben wir auch keinerlei Verpflegung. Ich schlafe schlecht die paar Stunden.

24.05.1940

Bereits um 5.00 Uhr geht es wieder weiter, ohne Küche und Verpflegung. Wir bekommen mit, daß wir von Antwerpen genau nach Süden bis Mecheln marschiert sind, dann aber umgeschwenkt sind und mit den Fahrzeugen neuerdings wieder nach Westen gefahren sind. Den Frontverlauf kennen wir zwar nicht, aber es scheint, daß wir in allgemeiner Richtung jetzt auf die belgische Küste zumarschieren sollen. Wir wissen nicht warum, aber es scheint eilig zu sein, denn der Marsch ist ziemlich stramm angesetzt.

Auf dem belgischen Pflaster läßt sich schlecht marschieren. Langsam kommt die Sonne hoch. Von Kriegslärm hören wir nichts. Unterwegs wird bei einem kurzen Halt sogar Post verteilt. Für mich allerdings keine. Die letzte Post von Württemberg ist vom 9. oder 10. Mai. Seither weiß ich nichts, und was ist da schon alles passiert.

Unterwegs kommen wir durch eine Stadt, die beinahe restlos ausgebrannt ist. Auf uns brennt die Sonne unbarmherzig herunter. Wir marschieren Stunde um Stunde ohne jede Pause. Die letzten 15 km werden furchtbar. Es ist eine verdammte körperliche Qual, zu marschieren: Das Wasser rinnt von der Stirn in unaufhaltsamen Bächlein, aber es gibt kein Erbarmen. So schlimm war es noch nie. Jede Marschordnung ist aufgelöst. Alle Einheiten sind durcheinandergeraten. Aber kein Halt. Links und rechts der Straße kippen sie um und bleiben einfach liegen, ohne Hilfe. Es wird unerbittlich weitermarschiert.

Die Füße sind wund bei jedermann und der Körper ohne stärkenden Kaffee oder dergleichen. Um 14.00 Uhr hat dieser unheimliche Marsch ein Ende. 9 Stunden, ununterbrochen, zum Teil in glühender Hitze, ohne Verpflegung, und wir sehen keinen Sinn in dem Drama!

In einer Wiese am Straßenrand machen wir Halt. Schlafen kann man das nicht nennen, was wir taten; Einfach weg! – Ich legte mir gerade noch ein großes Kürbisblatt auf den Kopf und dann weiß ich nichts mehr. Vermutlich wurden die Umgekippten aufgesammelt und langsam dem Rastplatz zugeführt. Nach 2 Stunden haben wir uns noch nicht erholt. Niemand war ansprechbar.

Man hatte von „oben" ein Einsehen. PAK-Protzen kamen, die Kanonen hatten sie irgendwo stehenlassen, und luden uns auf. Von Aufsitzen war keine Rede, sondern sie luden uns auf, wie taube Körper und brachten uns in den Ort Lede, in Richtung Gent.

Ich kam zu einem Schneider, der von seiner Familie allein zurückgeblieben war, während alle anderen Familienmitglieder geflüchtet waren. Nachdem wir uns einigermaßen erholt hatten, besorgten wir uns Eier und Butter, Brot und Kalbsschnitzel. Wir wußten gar nicht mehr, wann wir das letzte Mal etwas gegessen hatten. Ich kam vielleicht deshalb so gut durch die Strapazen, weil ich nach altem Rat meiner Mutter, immer auf dem Stein einer getrockneten Zwetschge herumgenuckelt habe. Das ergab immer etwas Speichel im Mund.

Ich bedeutete unserem Quartiersmann, dem Schneider, daß ich kochen wolle. Er begriff sofort und ich kann nur sagen, es gab eine herrliche Mahlzeit, sogar eine wundervolle Soße machte ich dazu! Danach legten wir uns bald ins Bett. Warum wir diesen Wahnsinnsmarsch machen mußten, haben wir nie erfahren.

Links unser
Unterfeldmeister
in typischer
Grund-Ruhe-
Haltung.

Nach Ankunft
Verteilung
der Spaten und
Geräte.

Wir sind beim
Ernteeinsatz auf
Gut Schellhorn
bei Preetz.

Unser Einsatztrupp mit unserem Chef, dem Bürgermeister.

Mein Freund Paul Döring in RAD-Uniform. Ich lernte ihn früher auf der Insel Sylt kennen. Er wohnte in Hamburg in der Menkesallee, und dort besuchte ich an meinem Geburtstag seine Eltern und Schwester Eva. Er kam später zur Marine und ist mit dem Schlachtschiff „Bismarck" untergegangen. Tragisch besonders deshalb, weil seine Mutter Engländerin war.

Divisions-Kommandeur
General von Schaumburg.

Unser Batl.-Kommandeur
Major Wegelin.

Leutnant Kessler beim abendlichen Vortrag — mit Bier.

Unser Größter mit den beiden Kleinsten der Kompanie.

Obersoldat Flake mit Pferd des Chefs.

25.05.1940

Habe durch fleißiges Herumfragen erfahren, daß wir Samstag haben. Um 10.00 Uhr ist Antreten. Kleiderappell!!! Ist wohl alles verrückt geworden?! Bis an mein Lebensende werde ich nie begreifen, wer sich das ausgedacht hat. Bestimmt nicht unser Hauptmann Schulz von Bülow! Wir bleiben vorläufig hier, heißt es. Sind recht froh darüber.

Um 13.00 Uhr plötzlich Alarm. In der glühenden Sonne geht es 5 km weiter bis zum nächsten Dorf. Auf einem kleinen Bauernhof bekommen wir Quartier. Ich habe mich mit den Leuten sehr gut verständigen können, waren sie doch Flamen. Wir packen unsere durchgeschwitzte Wäsche aus. Allgemeines Waschen und Körperpflege, jeder versorgt seine Füße so gut er kann und keiner begreift, warum der verrückte Marsch in der Sonnenglut ohne Pause und hinterher Kleiderappell war!

Ich kann auch noch nicht ganz wegdrücken, warum der Spieß mich zur Sau gemacht hat, weil ich mir ein buntes Halstuch um meinen wunden Hals gelegt habe. Er schrie mich an, wir hätten doch noch keine Zigeuner, sondern deutsche Soldaten! Er muß da irgendwas verwechselt haben. Aber wie war das dann mit dem Kleiderappell zu erklären?

Als wir so schön am Hemdenwaschen waren, gibt es Alarm. Alles wieder einpacken. Die nasse Wäsche auch! Es geht wieder los.

Wir marschieren auf dem verdammten belgischen Pflaster wiederum ohne Pause in die beginnende Dunkelheit hinein. Die Füße brennen unheimlich, aber es geht ununterbrochen weiter, bis 22.00 Uhr, bis 24.00 Uhr, in den neuen Tag hinein, bis dann um 2.30 Uhr. Da sind wir dann mitten in der Stadt Gent. Noch haben wir keine Küche und keine Verpflegung. Ein kurzer Halt.

26.05.1940

Feindliche Flugzeuge umkreisen uns ständig, doch tun sie uns nichts zuleide. Wir sind wegen der Nachtkühle noch verhältnismäßig frisch, nur die armen Füße! In der Dunkelheit lehnen wir uns an die Hausmauern und schlafen im Stehen so vor uns hin.

Dann geht es weiter zum Bahnhof St. Denis-Westrem, einem Vorort von Gent. Dort im Bahnhof schlafen wir auf dem Fußboden, die Gasmaske unter dem Kopf, so geht es auch. Nach einigen Stunden der

Erholung, erhalten wir scharfgemachte Handgranaten und erhalten neue Gewehrmunition. Etwas liegt in der Luft.

Wir müssen wohl in die Frontnähe gekommen sein. Irgendwelche Anzeichen von Kampfhandlungen haben wir nicht beobachtet. Dann kam noch eine Erklärung, warum die Handgranaten scharf gemacht waren: Wir haben den Auftrag, hinter der Frontlinie alle versprengten belgischen und französischen Soldaten gefangenzunehmen. Das konnte ja nicht so ganz gefährlich werden.

Vom Bahnhof St. Denis-Westrem ging es in Fliegermarschtiefe los. Nach etwa 5 km biegen wir rechts ab von der Straße und kommen durch einen Hohlweg in einen Wald. Nach Durchquerung des Waldes stoßen wir plötzlich an einen Kanal, über den eine Pionierbrücke gebaut war. Sie war bewacht von sächsischen Pionieren mit Vollbärten, das heißt, sie waren wohl lange nicht zum Rasieren gekommen.

Plötzlich, am Anfang der Brücke sehe ich rechts eine Zeltbahn liegen, unter der 2 Füße mit Stiefeln herausschauen. Es ist der erste tote Soldat, den ich seit Kriegsbeginn sehe.

Es ist inzwischen Tag geworden und ich sehe jetzt auch am anderen Ufer die zum Sturm benutzten Schlauch- und Sturmboote liegen. Drüben am Ufer ist alles von Granaten umgepflügt. Die Pioniere sagen uns, daß auf der anderen Seite schon deutsche Soldaten vorgedrungen seien, wir hätten vor feindliche Überraschungen nichts zu befürchten. Wir also über die wackelige Böschung gelaufen und drüben die Böschung hoch und auf einer Wiese in Richtung auf das nächste Dorf zu. Das Dorf heißt Meygem.

Die zurückgehenden Belgier haben den Kanal hart verteidigt. Es herrscht für das Auge ein fürchterliches Durcheinander. Überall sind die Kampfspuren deutlich zu sehen. Die Häuser sind schlimm zerschossen und brennen noch lichterloh. Wir erreichen die Dorfstraße und müssen dabei in den Straßengraben, weil uns plötzlich deutsche leichte Panzer überholen und hintendrein fährt ein Funkwagen. Interessiert sehe ich aus dem Graben zu, wie die Panzer rasselnd um die Ecke biegen, da sehe ich, es ist tatsächlich unglaublich, meinen Freund Karl Schumm aus Stuttgart-Weilimdorf aus dem Fenster des Funkwagens gucken. Es durchfährt mich glühendheiß und ich kann nur aus Leibeskräften „Karle, Karle" rufen, und sehe noch eben, daß er mich unter meinem Stahlhelm erkannt hat und zurückwinkt als Zeichen, daß er mich gesehen hat. Mir bleibt fast das Herz stehen vor Aufregung.

Doch – so schnell die Panzer gekommen waren, so schnell waren sie auch vorbei. Nur dachte ich, was tun Panzer aus Stuttgart bei uns Hamburgern? Jedenfalls haben meine Kameraden das auch mitbekommen, so daß es wirklich kein Traum war!

Es war ein gutes Gefühl, daß direkt vor uns noch einige Panzer waren. Wir konnten weiter.

Nach dem Dorf mußten wir zugweise nach links und rechts ausschwärmen und nach angesagter allgemeiner Marschrichtung das Gelände durchkämmen. Erst ging es über einige Felder und wir brauchten die Zange, um die Stacheldrähte an den Viehweiden durchzuschneiden. Links und rechts von uns sahen wir unsere Kameraden, das Gewehr mit aufgepflanztem Seitengewehr, zum Hüftschuß bereit, vorgehen.

Irgendwann hat es angefangen. Ich weiß nicht mehr recht wie, aber plötzlich pfiff es von allen Seiten. Im Nu waren wir parterre gegangen. Was war eigentlich los? Wir sahen niemand und doch wurden wir auf schlimmste Art durch Gewehrfeuer am Boden gehalten Dann war der erste Schreck vorbei und man hörte Befehle.

Jetzt trat etwas ein, was man uns nie vorher gelehrt hatte. Eine allgemeine Verunsicherung, wo wer war. Wo war der Feind? Wir sahen nichts und trotzdem wurden wir berotzt, daß wir kaum die Nase aus dem Dreck bekamen. Gott sei dank kamen da einige Büsche und auch Getreidefelder, abwechselnd mit Rübenfelder. Unsere Gruppe war plötzlich wie angezogen zu einer Schützenreihe geworden und alle suchten Schutz hinter den paar Büschen.

In hundert Meter Entfernung war ein Bauernhof. Es war uns klar, daß wir den erreichen müssen, um in Deckung zu kommen und um herauszubekommen, wo die feindlichen Schützen saßen.

Die Gruppe macht nacheinander „Sprung auf – Marsch – marsch" und haut ab. Ich als Melder, war der Letzte. Plötzlich sehe ich, daß der 2. MG-Schütze seine MG-Munitionsmagazine hat liegenlassen. Verdammt noch mal, das blöde Schwein, wie kann man denn seine Munitionskästen liegenlassen? – Ich habe es nicht getan! – Das heißt: ich habe sie auch liegenlassen. Sprung auf und los, damit ich nicht ganz abgehängt war. Die Kugeln pfiffen um mich, denn durch die vorher Springenden, haben sie uns wohl entdeckt. Ich habe etwas dazugelernt! Nun, es ging gut. Alles war aufgeregt, weil wir so plötzlich für uns waren und aber auch gar nicht wußten, wo all die anderen geblieben waren.

Aber nicht nur das. Sie merkten auch, daß der Nr. 2 am MG seine Kästen hat liegenlassen.

Der Gruppenführer schrie mich an, ob ich das nicht gesehen hätte, daß der andere seine Munitionskästen einfach liegenließ. Wie ich war, ich log nicht und sagte, ja die lagen da, aber ich wußte nicht, von wem die waren. Da habe ich sie nicht mitgenommen. Nun hatte ich etwas gesagt, was zu einem Wutausbruch führte. Nicht etwa, der unmögliche MG-Schütze hatte seine Munition weggeworfen und hatte schlimmen Mist gebaut, nein, viel verwerflicher war, daß ich nicht für ihn eingesprungen war und die Kästen angeschleppt hatte.

Für mich noch nicht zu begreifen, aber doch schon war der Befehl ausgesprochen: „Siegle, zurück und sofort die Kästen nachholen, wir warten solange".

Für mich war blitzschnell klar, daß das unter dem gezielten feindlichen Feuer ein Todeslauf werden konnte. Ich schluckte und lief. Ich lief um mein Leben! Es krachte überall und pitschte, wie eben nur Karabinergeschosse das tun. Gott sei Dank kein MG. Ich kam glücklich zu dem Liegeplatz der Kästen. Das wäre geschafft.

Ich keuchte und fühlte, daß mir der Schweiß ausgebrochen ist. Ich lag immer noch am Boden, konnte von weitem das Bauernhaus sehen und überlegte, wie groß meine Chancen waren, nochmals den Weg zurückzulegen. Wie groß waren sie, die Chancen? Ganz schnell habe ich mir auch überlegt, ob ich nicht einfach liegenbleiben solle, vielleicht hätten die Belgier dann geglaubt, sie hätten mich abgeschossen.

Ich hängte mein Gewehr über den Rücken und dann bin ich in den Knien hochgegangen und habe die Kästen angehoben, wegen dem Gewicht. Noch nie in meinem Leben habe ich Muni-Kästen für ein MG getragen. Ich war überhaupt nie an einem MG ausgebildet worden. Ich lief... Ich lief wieder um mein Leben. Die Belgier haben sich das Gelaufe wohl nicht sofort erklären können und schossen erst später auf mich. Ich kam durch und rannte aus Leibeskräften auf die Hausmauer zu, die mir Deckung versprach. Mit den letzten Sätzen schleuderte ich die Kästen den wartenden Kameraden zu und landete, mit Tränen der Wut in den Augen, auf dem Boden.

Das hatte keiner gewollt von ihnen. Der unmögliche Schütze – nahm seine Kästen wieder zu sich, und ich schnappte nach Luft.

Nach einer betretenen Pause, wurde uns 9 Männern klar, daß wir irgendwie in der Falle saßen. Wo waren die anderen? Wo die Kompanie, der Zugführer?

Auf einmal hörten wir ganz deutlich den Ruf irgendwoher: „Hummel, Hummel"!!, und gar nicht weit die Antwort: „Mors, Mors!" Oh, waren wir plötzlich wieder munter. Das war die Lösung! Überall hörte man den berühmten Hamburger Ruf und langsam wurde erkennbar, wo wir deutschen Landser überhaupt waren.

Was wir nicht bedacht haben, war, daß die Belgier merkten, wo wir waren. Es dauerte nicht lange und wir hörten plötzlich das Pluppen von Granatwerfern. Und siehe da, sie erwischten uns voll. Prompt schossen sie über das Haus weg, wo wir glaubten, sicher zu sein. Zu allem Unheil kam der Zug langsam zusammengerobbt bei uns an, als es einschlug. Wir hörten an den Schreien, daß Kameraden getroffen waren. Gesehen hatten wir unsere Kameraden noch nicht, nur gehört.

Es war klar, wir waren ausgemacht, der Lärm nach Sani und das aufgeregte Stimmengewirr hatte den Belgiern verraten, wo wir lagen. Wir mußten weg, aber wie.

Ich hatte eine Idee. Vielleicht vom Indianerspielen oder von der Pfadfinderzeit, wer weiß. Ich sah einen riesiggroßen Reisighaufen, der zu einem Gartentor hinführte. Da mußten wir längs robben und zwar ganz schnell und dann weiter im Schutz der Gartenpflanzen, weg in einen tiefen Graben, den ich vorher sah. Vielleicht war der Graben so tief, daß er etwas nutzte.

Alle sahen das ein. Nun robbte ich diesmal nicht als Letzter. Ich wußte warum. Ganz, ganz vorsichtig, die Nase auf dem Boden, das Gewehr am Riemen nachgezogen, so schlich ich mich vorwärts, jeden Augenblick gewärtig, daß eine neue Werfergranate uns erwischte. Es gelingt tatsächlich, daß wir aus der Falle herauskommen und Mann für Mann in den Graben rutschen. Dieser war leider Gottes nicht trocken und so standen wir etwas im Wasser, aber – wir hatten Deckung.

Die Belgier hatten uns aber auch da im Visier. Immer wieder hagelte es über uns herein. Wir hören von den inzwischen hereingesickerten anderen Soldaten, daß wir erhebliche Verluste gehabt haben. Es bildet sich bei uns in dem Grabenverlauf so langsam etwas wie eine Auffangstellung.

Inzwischen bringt der Feind aber immer mehr Geschützfeuer auf unseren Abschnitt, so daß wir das erste Mal den Spaten abschnallen und anfangen, uns in die Böschung hineinzugraben. Gleichzeitig haben wir eine Entdeckung gemacht, die wir nicht für möglich gehalten haben: Mit dem Fernglas haben wir einen Teil der Scharfschützen gesehen.

In den Bäumen, uns schräg gegenüber. Man muß es dem Feind lassen: Getarnt hat er sich sehr geschickt, und wir waren noch reichlich unerfahren.

Nach dieser Entdeckung kam aber auch bei uns Leben und Zuversicht zum Vorschein. Wir brachten 2 MG mit Leuchtspur in der Grabenböschung in Stellung und dann prasselt es von uns aus los in die Baumschützen hinein. Durch die Leuchtspur konnten wir die Bäume ziemlich genau bestreichen – und wir hatten Erfolg. Wir konnten buchstäblich die Schützen herabfallen sehen. Gott sei Dank, es gab jetzt etwas mehr Ruhe und wir hatten wieder die Zuversicht, daß wir unsere eigenen Einheiten antreffen und finden.

In unserem Graben ist es verhältnismäßig gut, was Deckung anbetrifft. Doch wir sitzen einfach fest. Die feindliche Artillerie schießt immer wieder überraschend und unplanmäßig. Deshalb buddele ich immer noch mit allen Kräften mein Loch in der Böschung weiter aus. Ganz erbärmlichen Hunger haben wir, von Kaffee oder Tee ganz zu schweigen. Der Gedanke, ob wir die eiserne Ration angreifen dürfen, nimmt immer mehr Spielraum ein.

Langsam kommt die Dämmerung und nun wird es gespenstisch. Wir sind alle der Meinung, daß wir im Schutz der Nacht uns lösen können und Verbindung zur Kompanie bekommen. Wir sollten recht behalten. In der Dunkelheit wurde die Verbindung wieder hergestellt und um 3.00 Uhr wurden wir ganz leise herausgezogen und zum Batl.-Gefechtsstand geführt.

27.05.1940

Wir sind einhellig der Meinung gewesen, daß wir unsere Aufgabe nicht gut erfüllt hätten, aber als wir die anderen Züge trafen und die Kameraden erzählten, daß es ihnen genauso, oder noch schlechter erging, sind wir wieder besser im Gleichgewicht, obwohl uns immer wieder neue Schreckensnachrichten, über unsere gefallenen oder verwundeten Kameraden, erschüttern. Wir konnten uns auch gar nicht recht vorstellen, wie der Frontverlauf war und jetzt ist. Wir wissen, daß vor uns noch deutsche Truppen sein müssen, allein schon vom Gefechtslärm her.

Wir konnten ja nicht wissen, daß vor uns Einheiten unseres Nachbarregiments den Übergang über den Lys-Kanal erzwungen haben, dann aber die Brücke, von Pionieren gebaut, einen Volltreffer bekommen hat und unsere Soldaten dann mit Schlauchbooten übergesetzt sind im Granathagel. Diese 377 haben vor uns auch Meygem gestürmt und sind weiter auf Vinkt vorgegangen. Und genau vor und in dem Dorf Vinkt sind sie im Abwehrfeuer von Einheiten der regulären belgischen Armee, noch mehr aber durch Heckenschützen in Zivil, steckengeblieben.

Wir kamen hinter ihnen über die Brücke, die inzwischen ausgebessert war und kamen dann durch das brennende Meygem und nun zu dem Gebiet zwischen Meygem und Vinkt und genau da konzentrierte sich die Abwehr der Belgier. Teilweise waren sie überrannt worden und steckten nun zwischen uns durchkämmenden Einheiten und den schon an ihnen vorbeigestoßenen deutschen Einheiten. Es war für uns doch ein ziemliches Durcheinander.

Ein ganz schweres belgisches Geschütz hat es anscheinend auf uns abgesehen. Alle 3 Minuten kommt eine Granate angeheult und schlägt mit unheimlichen Knall ein. Wir gehen jedesmal in Deckung und die Erde bebt und zittert.

Es sickert so langsam durch, daß wir einen neuen Angriff unternehmen sollen, um die 377er zu entlasten und das Dorf Vinkt endlich zu nehmen. Wir werden zum Dorfausgang verlegt, als es dämmert.

Ich muß notwendig austreten und halte es für ratsam, das noch vor dem Angriff zu tun. Zu diesem Zweck bietet sich lediglich ein Hühnerstall an. Also nicht wie rein zu den Hühnern. Die werden sich gewundert haben. Mir war aber bedeutend wohler danach. Es war überhaupt verwunderlich, daß ich so ein Bedürfnis hatte, wo wir doch gar nicht mehr wußten, wann wir das letzte Mal etwas zu essen bekommen haben. Wo unsere Küche war, ahnten wir nicht.

Um 9.45 Uhr war der Angriff mit allen deutschen Einheiten unserer Regimenter geplant. Wir wußten, daß diesmal von unserer Seite eine starke Artillerievorbereitung zugesagt war. Mit Spannung warten wir. Es ist eine schlimme Sache, auf den „Ari-Schlag" zu warten. Dann ist es soweit. Mit einem Schlag heult es von hinten über uns hinweg und röhrt und röhrt. Wir hören die Detonationen vor uns und immer aufs Neue heult es über uns hinweg. Immer rasanter das Toben. Doch auf einmal reißt es fast ab und wir wissen – es ist soweit –.

Hauptmann Schulz von Bülow winkt und hebt den Arm hoch, wir springen auf und formieren uns, wie es vorher besprochen war. Zuerst geht es zügig vorwärts, die eigene Art. legt das Feuer weiter vor und wir sind zuversichtlich, daß wir es schaffen. Wir sind in höchstem Maß erregt, wußten wir doch vom Tag zuvor, was uns blühte. Es kam auch so.

Wir wurden unbarmherzig beschossen von allen Seiten. Obwohl die mitgeführte Pak feuerte, wo sich etwas bewegte, wir blieben unter Druck.

Um 12.00 Uhr fast genau, hatten wir den Ortsrand von Vinkt erreicht. Während des Angriffs haben wir immer wieder erlebt, daß wir mit anderen Einheiten zusammenkamen. So auch jetzt. Wir lagen auf der Nase vor Vinkt! Es war kein Durchkommen. Was dem Regiment 377 am Vortag nicht glückte, das schafften wir auch nicht. Das Dorf spuckte aus allen Ritzen Feuer auf uns. Wir saßen fest in Gärten, in Feldern, im Kornfeld und überall. Langsam staute sich da etwas auf. Wir waren schlicht ohnmächtig.

Dann, nach langem Warten, kam der Befehl, daß wir in unsere Ausgangsstellung zurück sollen, da von uns neu angeforderte Artillerie das Dorf sturmreif schießen soll.

Man kann das Gefühl gar nicht beschreiben, das einen befällt, wenn man bereits erobertes Gebiet wieder aufgeben soll. Wir ziehen uns also vorsichtig zurück, bis wir genug Abstand haben und warten dann.

Dann geht es wieder erneut los. Unsere Art. schießt in das Dorf. Granate um Granate. Unsere mitgeführte Pak war beim Sturm am Morgen vom Feind in Grund und Boden geschossen worden. Sie konnte uns nicht mehr helfen.

Wir haben uns etwas erholt, doch wir wissen, daß es nun zum dritten Mal versucht werden wird, frontal das Dorf zu nehmen. Diesmal wird wieder gestürmt und die Art. schießt laufend weiter in das Dorf.

Es ist etwa 17.00 Uhr geworden. Die Kompaniereste greifen nochmals konzentriert an. Wir gehen durch Kornfelder, überall kracht es infernalisch. Wir müssen eine kleine Pause machen, bis ein Flankenmanöver durchgeführt wird. Ich sehe ein Loch mitten im Wogen der Ähren. Taste mich geduckt und leise hin, die Hand am Abzug, das Seitengewehr war aufgepflanzt, um im entscheidenden Augenblick zuzustoßen. Doch was ist das? Ein Soldat, ein deutscher Soldat, ein Kamerad – tot.

Brustschuß; die Uniform ist aufgerissen, das Hemd zerfetzt, die Hand verkrampft, hält eine halb abgerollte, durchblutete Binde in der Hand. – Verblutet –. Der Stahlhelm ist nach hinten ins Genick gerutscht, der Kopf etwas nach links gedreht, die Augen sind auf – starr und gebrochen –. Aus Nase und Mund feine dünne blaurote Streifen – zerfetzte Lunge. Kamerad! Ich bücke mich nieder, möchte ihm über das blutnasse Haar streicheln, habe ein Würgen in der Kehle. Ist das das Opfer?

So unendlich einsam liegt er da, unendlich einsam!!

Die Sonne ist schon tief am Horizont. Leise wiegen die Halme, die etwas vom Sterben wissen. Hart und doch fern prescht der Schall des Gefechtes herüber und alles – nur eine kleine Gefechtspause, bis die Schwenkung, die Flankenschwenkung, gemacht ist.

Um 18.00 Uhr haben wir wiederum die ersten Häuser von Vinkt erreicht. Wir beißen uns fest in den Häusern, nun brauchen wir unsere Handgranaten. Mit verzweifeltem Mut kämpfen wir um jedes Haus. Fast nie können wir den Feind sehen. Alles ist wie Meuchelmord. Von hinten, von der Seite, von oben, man kann keinen packen.

Eine Straße haben wir schon. Es geht um die nächsten Häuser. Es ist dunkel geworden. Der Lärm wird etwas weniger. Wir sind drin, aber nur am Rand. Wir können jetzt nicht mehr auf Art. hoffen. Die Beobachter können uns im Häuserkampf nicht mehr helfen. Wir richten uns für die Nacht ein. Verbarrikadieren alles. Zivilbevölkerung sehen wir nicht mehr. Alles ist unheimlich, und ich fürchte das Morgendämmern!

In dem Haus, in dem ich gelandet bin, finden wir etwas zu essen. Wir sind froh darüber.

Nach den Seiten haben wir in der Nacht Verbindung. Es ist schon nach Mitternacht.

Plötzlich hört die Artillerie zu schießen auf. Der Feind schießt auch nicht mehr. Was ist passiert?

Wir können es nicht fassen!! Ein Melder kommt und schreit es laut heraus: Die Belgier haben kapituliert, es ist ab sofort Waffenstillstand!!

Es ist für uns unglaublich, haben wir doch mit dem Schlimmsten rechnen müssen für den anbrechenden Morgen. Mir sind fast die Tränen nahe. Ich war befreit und froh.

Langsam tauen wir auf und kommen zu uns. Wir können es noch gar nicht recht fassen und lassen uns entspannt auf die nächste Schlafmöglichkeit fallen.

Der Krieg in Belgien ist aus!!

28.05.1940

Wir können es noch immer nicht ganz fassen. Als es graut und ein neuer Tag heraufkommt, schießt keine Art. mehr und keine Handgranaten werden geworfen, als wir aus den Häusern kommen. Vereinzelt sehen wir Zivilisten, aber keine belgischen Soldaten. Die Kompanien sammeln und treten an. Wir marschieren vollends durch das Dorf und sehen grauenhafte Bilder von den Kämpfen am Vorabend und der Nacht.

Unser Spieß ist um seine Arbeit, die er jetzt tun muß – die Gefallenen bestatten, die Angehörigen benachrichtigen – nicht zu beneiden!

In Windeseile marschieren wir zur nächsten Kreisstadt. Ich glaube, sie heißt Ruiselede. Wir machen in einer Schule Rast und können uns auf dem Marktplatz umsehen. Die Läden sind offen und nicht zerstört, da hier keine Kampfhandlungen mehr waren.

Ich gehe los, um mich nach etwas Trinkbarem umzusehen. Wie ich an einer Straßenecke einen Funkwagen sehe, entdecke ich auch schon meinen Freund Karl Schumm aus Stuttgart-Weilimdorf. Das war natürlich eine Riesenfreude. Wir konnten es kaum glauben, daß wir uns mitten im Krieg, im Feindesland, zum zweiten Mal trafen. Vor der Schlacht um Nevele – Vinkt, und nun, nach der Kapitulation, nochmals.

Schnell schreiben wir gemeinsam eine Karte nach Stuttgart und machten noch ein Bild, dann mußte Karl wieder ins Unbekannte fahren und ich zurück zur Kompanie an den Rastplatz an der Schule. –

Wir blieben die nächsten Tage im gleichen Raum.

29.–30.05.1940

Die Division erhält den Auftrag, die Übergänge über den Kanal Gent–Terneuzen für zurückflutende Gefangene und Zivilisten zu sperren.

Unsere Einheit steht seit Tagen Posten an den Straßen, auf denen die geschlagenen belgischen Einheiten in die Gefangenschaft abmarschieren.

01.06.1940

Unheimlich viele Kolonnen, meist noch ganz intakt, mit ihren Offizieren an der Spitze, marschieren an uns vorbei. Wir stehen Posten, alle 40–50 m steht von uns ein Soldat.

Die belgischen Soldaten sind sehr diszipliniert. Es gibt keinen nennenswerten Vorfall. Ich unterhalte mich mit einem Offizier, als gerade eine Stockung war. Er erzählt erschütternde Dinge und hinterläßt einen sehr guten Eindruck. Was uns auffällt, ist das ausgezeichnete Schuhwerk der Soldaten.

Abends rücken wir ab in unsere alten Quartiere. Die Kompanie ist, durch die Überwachung der belgischen Soldatenrückmärsche in die Gefangenschaft, weit auseinandergezogen.

03.06.1940

Wir bleiben noch da, und wir Handwerker arbeiten auf Hochtouren. Die Kämpfe der letzten Tage sind auch an den Uniformen nicht spurlos vorbeigegangen. Viele sind zerfetzt und werden durch andere ersetzt. Viel reparieren wir nur dürftig.

Es bleibt auch noch Gelegenheit, etwas für unser leibliches Wohl zu tun. Ich habe mich schon immer gerne um etwas zusätzliches Essen bemüht. – Ich mache Pfannkuchen und Schnittsalat für uns.

04.06.1940

Unser Quartier verdient es, etwas näher beschrieben zu werden. Obwohl wir in einer flämischen Gegend sind und mit dem Plattdeutschen ganz gut zurechtkommen, sind unsere Quartiersleute wallonischen Einschlages. Es sieht überall heillos dreckig und verschmutzt aus. Die alten Leutchen kochen in einem offenen Kamin und hängen über einem Feuer aus Holz die schwarzverrußten Kochtöpfe auf und kochen darin.

Ich habe so etwas seither noch nie gesehen! Ich verständige mich mit ihnen recht gut auf französisch. Bin erstaunt, was mein Schulfranzösisch noch so alles hergibt.

Im Obstgarten habe ich meinen Schneiderladen aufgemacht. Selbst mit der Nähmaschine bin ich im Freien. – Übrigens hat in der Nacht der Tommy seine Eier in der Nähe abgelegt. Es ist aber niemand zu Schaden gekommen.

Habe heute so neben der Arbeit noch 10 Briefe geschrieben. In dem Dörfchen, das längs der Straße liegt, sind viele Lädchen, „Winkel" genannt. Sie sind von uns restlos leergekauft worden. Viele, viele Päckchen sind weg nach Deutschland. – Oft wurde unsinnig eingekauft.

05. 06. 1940

Heute besorgte ich mir ein Beefsteak und machte das in meinem Quartier fertig. Sogar eine tadellose Soße habe ich dazu gemacht. Nur, es gab einige Hindernisse, bis ich meinen Quartiersleuten klarmachte, was eine Zwiebel ist. Dafür kannte ich kein flämisches und kein französisches Wort. Abends habe ich dann nochmals ein Beefsteak gegessen! So kam es, daß ich übersatt war.

06. 06. 1940

Das Beefsteakessen macht sich bemerkbar. Esse den ganzen Tag drei Stücke Brot, sonst nichts. In der kommenden Nacht wollen wir abmarschieren, wurde aber noch nichts daraus.

Wir sind in einer eigenartigen Verfassung. Einmal, weil in Belgien der Krieg zu Ende ist, nicht aber in Frankreich. Wir wissen aus den Wehrmachtsberichten, daß wir in einem großen Bogen durch Holland und Belgien nach Süden eingeschwenkt sind und andere deutsche Verbände, vor allem Panzereinheiten unter Guderian, mitten durch Nordfrankreich zur Küste vorstoßen. Was wird aus uns noch werden? Werden wir den Anschluß bei der Niederwerfung Frankreichs verpassen?

Mit uns hat man unglaublich andere Dinge vor. Nicht mehr und nicht weniger haben wir anscheinend nötig, daß zunächst der militärische Gruß geübt werden muß!!

Das in aller Öffentlichkeit. Nicht genug damit, es wird auch noch der Parademarsch geübt! Die belgische Bevölkerung staunt nicht schlecht, als sie uns so sieht. Das erste Mal Parademarsch im Feindesland.

Am Abend schreibe ich bei wunderschönem Wetter noch ein paar Briefe.

07.06.1940

Werde plötzlich um 3.45 Uhr geweckt. „Alle deutschen Soldaten gehen weg, Kamerad war da, müssen schnell weg!" So kauderwelschte mein Quartiersgeber. Ich wußte was los war. Nichts wie raus und im Galopp zu meinem Kammerwagen. Ich wurde im letzten Moment geweckt. Bin wieder Beifahrer und bin ganz befriedigt davon.

Wir marschieren in Richtung Gent. Kurz vor Gent, etwa 10 km entfernt, bekommen wir ein neues Quartier in Baarle. Otte, vom Kompanietrupp, hat es mir als Quartiermacher besorgt. Wir sind noch vor Mittag angekommen. „Madame Vrouw van Heule" lädt mich zum Essen ein. Es gibt Bratkatroffeln, Salm, Eier und wundervollen Kartoffelsalat! Ich bin ganz glücklich über die Sauberkeit und Ordnung. Nachmittags fährt die Quartiersfrau weg. Zu Besuch kommt jedoch die Schwester. Sie spricht glänzend Deutsch und erzählt mir Einzelheiten von den Kämpfen am Kanal.

08.06.1940

Madame von Heule bereitet mir herrliche Tage. Wie meine Mutter behandelt sie mich. Ihre Güte ist von wahrer Herzlichkeit begleitet. Sie versteht mich auch recht gut. Robert, ihr Sohn, hat mit mir feste Freundschaft geschlossen. Ein Paradies im Krieg.

Anmerkung: Diese Freundschaft mit der Familie van Heule hat nunmehr 41 Jahre angehalten. –

13.06.1940

Großer Aufbruch überall. Es scheint, daß unsere Aufgaben im belgischen Raum beendet sind. Die vergangenen Tage habe ich mit meiner Schneiderei voll zu tun gehabt. Die Nähmaschine haben wir zum Einsatz gebracht.

Es war eine glückliche, erholsame Zeit.

Nun aber geht es nach Süden, Frankreich zu. Wir marschieren ohne die innere Spannung, sofort wieder in ein Gefecht zu müssen. Die Kameraden sind alle in guter Stimmung. Manchmal denke ich, ob wir nicht zu spät nach Frankreich kommen, um mit dem Krieg endgültig Schluß zu machen.

Wir erreichen über Deynze die nächste größere Stadt Kortryk. Die Pferde werden versorgt, Wachen eingeteilt und wir bekommen Privatquartiere.

14.06.1940

Die Nachtruhe dauert nicht lange. Bereits um 1.00 Uhr werden wir in Marsch gesetzt. Es geht an der französischen Grenze entlang, bis etwa nach Tournai. Wir kommen nach 11 Stunden Marsch mit unseren Fahrzeugen in einem Schloß an und können da, nach dem Versorgen der Pferde, alsbald auch schlafen.

Um 17.30 Uhr fährt die ganze zusammengezogene Regiments-Bagage (Fuhrpark) los, ohne unsere Einheiten. Wir fahren für uns allein und werden bald informiert, daß wir einen Eilmarsch vor uns haben.

Die Kompanien wurden inzwischen auf Autos verladen und in einem einzigen Transport über die fanzösische Grenze bis nach Cambrai gebracht.

Wir vom Troß müssen dieselbe Strecke in einem 20stündigen Gewaltmarsch zurücklegen. Von den Fahrern auf dem Bock und von den Pferden werden abgefordert, was zu geben war. Ohne weitere Zwischenfälle kommen wir auch in Cambrai an und beziehen dort Quartier. Unterwegs habe ich in den unglaublichsten Stellungen geschlafen und ich habe manchmal auch Schrand abgelöst beim Führen der Pferde. – Ich weiß von Pferden mehr, als vor dem Krieg.

15.06.1940 – 26.06.1940

Wir bleiben einige Tage in Cambrai und wohnen bei einem französischen Bauern. Er hat hervorragenden Wein und macht sein eigenes Bier. Wir kommen gut mit ihm aus und ich freue mich, daß ich meine französischen Sprachkenntnisse sehr gut anbringen kann.

Es scheint so, daß wir im Wettlauf mit der Zeit, noch an die französische Front zu kommen, den kürzeren ziehen sollen. Und so kommt es auch.

Am 22. 06. 1940 gibt es in Frankreich Waffenruhe. Wir sind inzwischen in Bapaume angekommen. – Der Sieg ist erreicht! Großer Jubel überall. Der Rotwein fließt in Strömen! Alle Kapellen machen die ganze Nacht hindurch Musik. Eine ungeheure Befreiung für alle deutschen Soldaten. Trauer bei den Franzosen. Ich selbst bin gar nicht lustig, ich muß zuviel an unsere gefallenen Kameraden denken in diesen Stunden. Zusehen konnte ich den anderen wohl, aber ehrlich zum Jubeln war mir trotzdem nicht zumute. Die Menschen, auch unter uns Deutschen, sind anscheinend doch sehr verschieden.

Der Krieg in Frankreich ist mit dem Waffenstillstand in Compiegne endgültig beendet.

Eine Überraschung gibt es für mich, als unser neuer Spieß mir eröffnet, daß ich von der Kompanie ausgesucht worden sei, eine Fahrt nach Paris zu machen, als Anerkennung für meine Haltung während des Kampfeinsatzes. Darüber habe ich mich wirklich ungemein gefreut. Erstmals in meinem Leben habe ich den Eiffelturm bis zur unteren Plattform bestiegen. Oben waren deutsche Soldaten – Funker und dergleichen. Auch hatte ich Gelegenheit, in einem Kaufhaus einzukaufen – „Aux Printemps". – Wir haben bei dieser Fahrt nach Paris etwas mehr gesehen und erlebt vom französischen Wesen als seither, sind wir mit der Zivilbevölkerung doch kaum zusammengekommen.

Überhaupt, wenn ich so nachdenke, ist uns nirgendwo Haß oder Angst entgegengebracht worden. Weder in Holland noch in Belgien, die mit uns ja nicht im Kriegszustand gewesen waren. Sie wurden von uns, im Rahmen des „Schlieffen"-Planes – „Macht mir den rechten Flügel stark", einfach überrollt. Trotzdem erlebten wir nie Haß! Im Gegenteil, wir sind immer höflich und freundlich aufgenommen worden!

In der Quartierszeit bei Vrouw van Heule sind wir sehr freundlich aufgenommen worden, wobei der Hauptakzent bei der Menschlichkeit lag. Sie sagte mir damals, als ich zur Tür hereinkam: „Legen Sie bitte Ihre Sachen ab und darf ich Ihnen etwas zu trinken bringen, Sie werden gewiß durstig sein." Dies natürlich in flämischer Mundart.

Als ich sie etwas später einmal daraufhin ansprach, sagte sie mir ohne jedes Zögern, daß sie wenige Tage zuvor ihre belgischen Landsleute, Soldaten, genauso bewirtet hat, mit dem Gedanken, daß sie als Soldaten bestimmten Zwängen unterworfen seien; für sie aber wären es zuerst Menschen gewesen. – Damals hat mich diese großartige menschliche Haltung schon sehr nachdenklich gestimmt und die Frage nach dem Sinn des Krieges im Westen wieder sehr stark deutlich gemacht. Diese meine Gedanken behielt ich aber für mich. –

Es gab noch mehr eindringliche Dinge zum Nachdenken.

Wir sind auf der Fahrt nach Bapaume durch ein Gebiet gekommen, das uns bekannt war von der Schule her. Geschichte des Ersten Weltkrieges. Die Schlachten in Flandern. Viele Soldatenfriedhöfe. Nein, auch amerikanische, französische Friedhöfe. Und nun sind ganz neue frische Gräber dazugekommen. Vor allem französische Gräber.

Ein Grab fiel mir besonders auf. Es war gekennzeichnet von einer Tafel, auf der in deutscher Sprache stand: „Hier ruht in Gott ein unbekanntes Mädel, von Mörderhand gefallen, von deutschen Soldaten begraben."

Bapaume! Tage des Siegesrausches in einer Weinstadt. Der Wein floß in Strömen. Es waren tolle Tage des Übermutes. Unsere Küche war wieder intakt mit täglichem Essen. Wie hatten wir sie doch entbehrt im Einsatz!

Auf dem Wege nach Bapaume sind wir im Eilmarsch einmal 30 km nacheinander marschiert ohne jeden Halt. Die Küche aber macht Kaffee, ist dann im Trab an allen vorbei nach vorne gefahren und hat im fliegenden Einsatz an der vorbeifahrenden Kolonne den heißen Kaffee verteilt. Auch dafür waren wir dankbar.

Ich weiß nicht recht warum, aber ich bin plötzlich sehr schreibfaul geworden. Möchte eigentlich kein Tagebuch mehr schreiben. Je suis très fatigué.

Mein erstes Tagebuch ist zu Ende.

Mein zweites Tagebuch

Der Siegesrausch in Bapaume ist bereits schon wieder in den Hintergrund gedrängt von neuen Dingen.

Die Heeresführung hat bestimmt, daß unsere Division sich nach Nordwesten in Marsch setzt und den Schutz der holländischen und belgischen Küste, von der Scheldemündung bis zur französisch-belgischen Grenze übernimmt.

27.06.1940

Wir verlassen Bapaume und marschieren in Richtung Arras. Der Name ist uns bekannt von den Kämpfen aus dem Ersten Weltkrieg. Unendlich viele neue Soldatengräber säumen unseren Weg. Das beeindruckt uns stark. Findet doch so mancher Soldat von uns auf den Friedhöfen des Ersten Weltkrieges auch eigene Angehörige, vielleicht den Vater oder Onkel.

Die Tagesmärsche halten sich in Grenzen, was die Strapazen anbetrifft. Alle Einheiten marschieren geordnet in Fliegermarschtiefe, denn gegen etwaige englische Fliegerangriffe sind wir auf der Hut.

28.06.-02.07.1940

Wir kommen wieder durch die Schlachtfelder des Ersten Weltkrieges in diesen Tagen. Arras – Lens – Bethune – Armentières und hier überschreiten wir wiederum die französisch-belgische Grenze. In Bethune erleben wir am 03.07.1940 auf dem Marktplatz ein Gastspiel der Hamburger Staatsoper. Martina Wulf singt.

04.07.-14.07.1940

Es geht weiter nach Ypern – Langemark – Torhout – Blankenberge. In Blankenberge ist unser neuer Abschnitt. Der Komp.-Gefechtsstand liegt oben auf der herrlichen breiten Promenade, genau am Strand. Von hier hat man einen guten Blick auf die See. Ein schöner Sandstrand, mal breiter, mal schmaler, je nach Ebbe und Flut.

Sofort haben wir gemerkt, daß hier alles feudaler, vornehmer war, als die Städtchen und Dörfer waren, durch die wir auf dem Anmarsch gekommen waren. Arras, vor allem Lens, haben so etwas wie „Reviercharakter" gehabt. Ärmlich und wenig gepflegt. – Hier dagegen kamen wir in ein Himmelreich.

Auf der Promenade, die sich lang hinzog, wurden alsbald Stellungslöcher für die Wachposten ausgehoben, dazwischen auch mal eine PAK für den direkten Schuß eingebaut. Doch sonst war militärisch nichts Besonderes vorgegangen. Wir vom Troß haben weiter zurück in der Stadt Quartier bezogen. In einem mehrstöckigen Haus werden wir untergebracht. Die Einwohner in diesem Haus sind weg. Wahrscheinlich geflüchtet. Rundherum sind die Einwohner aber da. Bald haben wir auch Kontakt, denn wir können uns herrliche Dinge kaufen, die es in Deutschland schon lange nicht mehr gibt.

Am nächsten Tag nach unserem Einrücken haben wir einen interessanten Auftrag. Alle „halbseidenen" Einwohnerinnen sind nach „hinten" zu evakuieren. So etwas war ganz neu und wohl strategisch bedingt. Jedenfalls bringen wir „solche" Damen weg und erleben die nettesten Dinge.

Etwa um den 14. Juli, dem französischen Nationalfeiertag, bekamen wir neue Aufgaben. Wir zogen mit unserem Troß in die Nähe von Loppen und dann nach Oostkamp.

In einem herrlichen Schloß konnten wir wohnen. Im Park dieses Schlosses wurde ein Teil der Kriegsbeute an Waffen und Geschützen gesammelt. Es war grandios, was da alles zusammenkam. So weit man sehen konnte, waren Geschütze und Kanonen aller Kaliber gesammelt und von uns dann bewacht worden.

Bei der Gelegenheit habe ich mich mit einer Pistole näher befreundet. Eine belgische Pistole, aus der die gleiche Munition verschossen werden konnte, wie aus der deutschen Pistole 08. Sie war mir eine treue Begleiterin von da ab.

Willi, unser „Haupt-Schuhmacher" und ich wurden fast unzertrennlich in dieser Zeit. Wenn viel Arbeit da war, halfen Paul und Carli mit aus. Bei mir half aus dem 3. Zug, dann und wann, Bruno aus. Bruno war wohl Berliner. So etwas von Ruhe gab es so schnell nicht gleich wieder. In diesen Tagen, es war noch in Blankenberge, hat Bruno mitgeholfen bei mir. Aber nur, soviel er wollte und wann er wollte. Er hatte schräg gegenüber die zivile Seite eines Menschendaseins entdeckt und eines

Abends kam er nicht nach Hause. Der Zapfenstreich war verstrichen, er war weg – bei einem Weiberrock. Beim Morgengrauen kam er an. Müde. – Gegen Mittag ließ er sich wieder sehen und meinte ganz trokken: „Die Weiber hier können es aber!"

Ich konnte damit nicht so recht etwas anfangen, aber irgendwie reimte ich mir seine Wehwehchen zusammen. Überhaupt, unser Nachbar vom Waffen- und Gerätewagen lobte auch ungeschminkt die gute „Versorgung" durch seine Quartierswirtin. Ich habe gar nicht gedacht, daß da bei den Männern so viel verborgen war. Jedenfalls habe ich irgendwie mehr Verständnis empfunden, als noch ein Jahr zuvor.

29.07.1940

Ein Tag wie viele andere Tage auch. Es sei denn, die Sonne hat an Wärme etwas zugenommen. Und doch – dieser Tag ist nicht wie andere Tage. Das kommt so:

Nach dem Antreten der Kompanie wird verlesen, daß der Uffz. X., der Schütze Bruno und der Schütze Siegle, ihren Urlaub erst _nach_ dem festgesetzten Termin bekommen.

Begründung dafür? Auf dem Weg von Loppem nach Oostkamp wurden vom Kammerwagen 2 Gepäckstücke verloren, in denen Geheimakten enthalten waren. – Das war's. – Nun, was war eigentlich passiert?

Wie immer haben wir Handwerker, wie schon hundertmal vorher, beim Umzug unseren Kammerwagen gemeinsam beladen. Als wir fertig waren, hat Uffz. X seine persönliche Kiste mit Waffen- und Munitionsunterlagen noch zusätzlich auf den Wagen gelegt. Offenbar war sie nicht so gut eingelagert, daß sie auf dem Marsch liegenblieb, sondern irgendwann, von uns Beifahrern unbemerkt, seitlich in den Straßengraben fiel. Ich, als Beifahrer, wußte vom Malheur solange nichts, bis Uffz. X beim Abladen in Oostkamp seine Kiste suchte. Alles umsonst, sie war weg und zuletzt glaubten wir auch nicht mehr, daß er sie überhaupt aufgeladen hatte. Peinlich alles.

Aber wie das so spielen kann. – Ein Meldekraftradfahrer, der etwas später die gleiche Straße entlangfuhr, er war Melder unserer Division, sah die Kiste, die so nach Wehrmacht aussah, hielt an und untersuchte das Ding. Als er den Deckel aufbrach, sah er gleich obenauf einen Hefter mit dem Aufdruck „Geheim".

Ja, das war spionageverdächtig. Die Kiste sofort aufs Krad und zum Abwehroffizier der Division!

Das ist eigentlich schon alles. Auf dem Dienstweg bekamen wir unsere Kiste wieder. Und – auch unsere Strafe! –

Kommiß – ein Wort, das viel erklärt. Ich weiß nun nicht, ob das Lied angebracht ist: „Das kann doch einen Seemann nicht erschüttern", usw. – Das liegt mir nicht, so zu singen. Bedauerlicherweise hat der Kollege Bruno einen derartigen „Moralischen", daß mit ihm nichts anzufangen ist.

Heute morgen habe ich aus einer Zeltbahn einen Rock zugeschnitten. Das machte mir Spaß und hat mich etwas aufgemuntert.

Wir sind in einer Straße in Oostkamp untergekommen, die uns manch netten „Einblick" in die zivilen Verhältnisse der belgisch-flämischen Einwohner machen läßt. Eva hatte es uns angetan. Sie hat ein schönes interessantes Gesicht, kräftige Augenbrauen und ist ganze 15 Jahre alt. Sie ahnt nicht, daß wir sie häufig von unserem Quartier sehen können und ahnt auch nicht, daß sie nun sogar in meinem Tagebuch erscheint.

Und da ist auch Julius mit seinem kleinen Paradies. Für mich ist das einfach wunderbar, was Julius aus seinem Gärtchen gemacht hat. Ich bin oft bei ihm, freue mich an seinen Blumen. Es bringt Licht in die vergangenen dunklen Tage.

Es gibt auch noch anderes. Bruno und ich stehen so um die Mittagszeit unter unserer Haustür und sehen beide, wie der Wagen des Batl.-Kommandeurs um die Ecke biegt. Wir sehen den Stander und wissen, der Kommandeur ist drin. Nichts wie rein, dann brauchen wir kein Männchen bauen! Gesagt und getan. Aber gerade das hat den Major wohl erbost. Er läßt halten, steigt persönlich aus, kommt auf das Haus zu, Tür auf und dann geht es los: „Sie wollen nicht grüßen, wenn der Kommandeur kommt, Zigeuner, schämen sollt ihr euch!!"

Der Fahrer mußte unsere Namen notieren und wir wußten beide, daß wir wieder etwas auslöffeln mußten. Es dauerte nicht lange, da kam ein Melder. Siegle und Bruno sofort zum Komp.-Gefechtsstand kommen. Wir los mit einem ungüten Gefühl in der Magengegend. Der Komp.-Chef will von uns hören, was vorgefallen ist. Sein Ton ist ruhig und gelassen. Anders, als der des Batl.-Kommandeurs. Bruno und ich versuchen zu erklären, daß wir uns „eigentlich" nichts weiter gedacht haben. Bruno geht sogar zur Offensive über und sagt dem Hauptmann, daß wir uns tief betroffen fühlten wegen dem Wort „Zigeuner".

Darauf Schulz von Bülow: „Was meinen Sie, was er zu mir schon alles gesagt hat". –

Was bleibt, ist, daß Hauptfeldwebel Schiller, als unser Vorgesetzter, mit uns feldmarschmäßig mit Stahlhelm zum Rapport auf dem Batl.-Gefechtsstand antreten muß. Gesagt – getan.

Es war für uns bitter, daß Schiller mitmußte, denn den konnten wir gut leiden wegen seinem Sinn für Gerechtigkeit und seiner Ausgeglichenheit. Eine Stunde Strafexerzieren unter Schillers Befehl, dann war der Kommandeur, wegen der ungeheuren Mißachtung seiner Person, zufriedengestellt. – Die Strafexerzierstunde fiel aber ziemlich „zahm" aus! –

01.08.1940

Unser Divisions-Kommandeur, General Schaumburg, wird uns verlassen. Er wird zum Kommandanten von Paris ernannt.

Unser neuer Divisionskommandeur wird General von Wachter, der seither die 227. Division führte.

Die Zeit in Oostkamp ist vorbei. Wir werden direkt nach Brügge verlegt. Der Umzug mit dem Kammerwagen geht ohne Malheur vonstatten. Auch verlieren wir diesmal nichts, obwohl der Wagen toll vollgepackt war.

Wir brauchen nicht sehr weit zu marschieren. In der Stadt Brügge, auch das Venedig des Nordens genannt, landen wir in der belgischen Pionierkaserne „Major Weiler". Ich denke, ich sollte sie einmal, aus meiner Warte gesehen, etwas beschreiben, weil vieles unglaublich ist für deutsche Soldaten. – Es ist heute der

02.09.1940

Was wir vom finsteren Mittelalter geträumt haben und was wir in Bauwerken noch überliefert haben, all das ist hier Wirklichkeit. Es ist nicht anders, als wenn ich hier im Zuchthaus wäre. Die Fenster sind etwa 2½ m hoch an der Wand angebracht, also mit anderen Worten, man kann hier den Himmel sehen. Wenn ich mir den Luxus gestatte, auf einen Tisch zu steigen mittels einer Bank, dann kann ich sogar die Dächer von Brügge sehen. Immerhin etwas. Daß es so etwas gibt wie Spinde, das ist in Belgien anscheinend nicht bekannt. Ebenso wenig wie fließendes Wasser. Einen Ofen gibt es sogar auch! Aber man denke dabei ja nicht, daß man auf ihm etwas warmstellen könnte oder dergleichen. Stühle sind hier unbekannt. Auch hat man nicht das Empfinden, daß Bilder an die Wand gehören.

Dafür haben es aber die Architekten meisterhaft verstanden, dem Soldaten, der im 3. Stock den Flur entlanggeht, den Eindruck zu vermitteln, als sei er in einem Kellergewölbe. Das wäre alles noch zu verzeihen. Aber nun kommt es dick: Im Treppenhaus ist ein Schildchen angebracht, auf dem steht: Nicht auf den Boden spucken! – So etwas kann auch nur hier stehen.

Für diesen Aufenthalt im mittelalterlichen Soldaten-Institut bekamen die belgischen Soldaten ja auch noch 1. fr. den Tag, also ein verlockendes Angebot, wie gesagt. –

Wir nehmen es von der humorvollen Weise. Aber in dieser Kaserne hätte ich nicht Soldat sein wollen in Friedenszeit.

Daß wir mit unserem Kammerwagen traditionelle Sorgen haben, ist uns nichts Neues mehr. Was es aber nun wieder auf sich hat, das wußte ich auch noch nicht. Nun, ich habe es gesehen, was passiert war. Eine Bremsstange ging flöten und die Schlußlampe war der Überzeugung, daß sie sich selbständig machen muß. Kein weiterer Kommentar mehr – die Tradition ist gewahrt worden. –

10.09.1940

Was schon immer von Soldaten erträumt wurde, in vielen Verschen gewünscht wurde – bei uns wurde es Wahrheit! In der Kaserne bringt uns der U.v.D. sage und schreibe, eine Stunde nach dem Wecken, den heißen Kaffee ans Bett!! Geschehen im Jahre 1940.

U.v.D.: Uffz. X.!

Simone, Marguerita usw. – wie sie alle heißen. Alles Halbwelt. Brügge ist ein gefährliches Pflaster. Zu „machen" ist aber trotzdem nichts, wie der Soldat zu sagen pflegt. Aber das Geld aus den Taschen der deutschen Soldaten zu locken, das versteht das Volk fabelhaft. – Ein trauriger Beruf. –

Wir kommen in eine Kaffee-Dudelei, das ist schlimm. Immer nur Kaffee und Kuchen, Weißwein und Zigarren. Eigentlich eine ungesunde Atmosphäre. Aber im Verein mit der mittelalterlichen Zwingburg, die sich Major-Weiler-Kaserne nennt, gerade der richtige Ausgleich!

19. 09. 1940

Wir feiern Kompanieabend. Unser Hauptmann Schulz von Bülow will uns verlassen. Die Küche hat ein gutes Essen zubereitet. Es ist das erste Mal, daß wir etwas haben von dem Geld, das bei jeder Löhnung in die Kompaniekasse zu zahlen ist.

Es werden unzählige Trinksprüche gewechselt. Unseren Hauptmann greift es wohl etwas an. Gegen 23.30 Uhr kommt sogar noch der Regimentskommandeur, Oberst Willy Lorenz.

Eine ganz wunderbare Sache erlebte ich in diesen Tagen. Ich bekam vom Spieß eine Karte zu einem Konzert der Berliner Philharmoniker im Theater in Brügge. Dirigent war Knappertsbusch. Ich war so fasziniert, ich kann das gar nicht ausdrücken. Nie habe ich die Ouvertüre zu Rienzi so gehört wie damals.

Es störte auch nicht, daß die Engländer während des Konzerts irgendwo lautstark Bomben abwarfen.

22. 09. 1940

Die wirklich einmalige Zeit in Brügge ist vorbei. Wir sind auf dem Marsch in unsere neue Stellung an der Küste. Ich denke mit etwas Wehmut an meine Einkaufsbummel in der Stadt zurück.

Wir haben das Kampfgeschehen „verdaut". Manchmal fragen wir uns, was die Zukunft bringt. Wann der Sprung nach England kommt, ob er kommt? – Jetzt jedenfalls sind wir wieder in Bewegung. Ich hoffe, daß ich bald auf Urlaub komme.

Oblt. X. wird wohl unser neuer Komp.-Chef werden. – Meine Urlaubszurückversetzung ist bald abgelaufen. Auf dem Marsch in unsere neue Stellung hat sich so etwas wie eine Übung „eingeschlichen". Gefechtsübung, Gas-Alarm usw. Nun, wir glaubten fest, daß wir das schon hinter uns hätten.

Mit unseren Kameraden war es wieder eine tolle Fahrerei. Voll Dreck bis oben hin. Ein Zugwagen rutschte unterwegs glatt die Böschung hinab. – Wir landen in einer niedlichen Villa als Quartier.

Wir sind wieder „im Einsatz" an der Küste.

Dann ist es bald so weit – mit dem Urlaub. Oberleutnant X. unterschreibt meinen Urlaubsschein, und ich kann nach Stuttgart auf Urlaub fahren.

29.09.1940–19.10.1940

Heimaturlaub nach Stuttgart

29.10.1940

Heute komme ich erst dazu, in mein Tagebuch zu schreiben. Wieder ein Urlaub ist vorbei.

Die Kompanie ist noch „vorne". Das bedeutet, daß die Züge und Gruppen direkt an der Küste, da wo Wasser und Land zusammenkommen, eingesetzt sind. Die HKL (Hauptkampflinie) ist immer da, wo das Meerwasser am Strand sich bricht und ausläuft, um dann wieder zurückzulaufen. Wir, die Handwerker, sind noch in unserer schönen, alten Villa untergebracht.

Aber es ist doch alles anders wie ehedem. Uffz. X. ist weg. Macht einen Trockenkursus!! Eine neue Erfindung, die nur dies verfluchte Pflaster mit seiner Halbwelt verursacht hat. Nach dem Kursus gibt es 3 Tage geschärften Arrest. Auch etwas – für eine verbrannte Pfeife. – Er ist nicht der einzige. –

„Bau" gibt es überhaupt viel augenblicklich. Selbst unser alter Spritmixer von Bapaume wird nicht verschont. Das Bild der Kompanie hat sich erheblich verändert.

Der Nachschub für die Verluste ist, solange ich im Urlaub war, eingetroffen. Wir haben nun ein Gemisch von Oldenburger Bauernblut und Hamburger Großstadt.

Die Kompanie macht wirklich viel Übungsmärsche. Heute morgen war es ganz enorm kalt. Es hatte teilweise Eis. Nun haben wir aber strahlend blauen Himmel. Ein schöner, kalter Spätherbst.

Morgenappell in Dortmund.

Abschied in Hombruch.

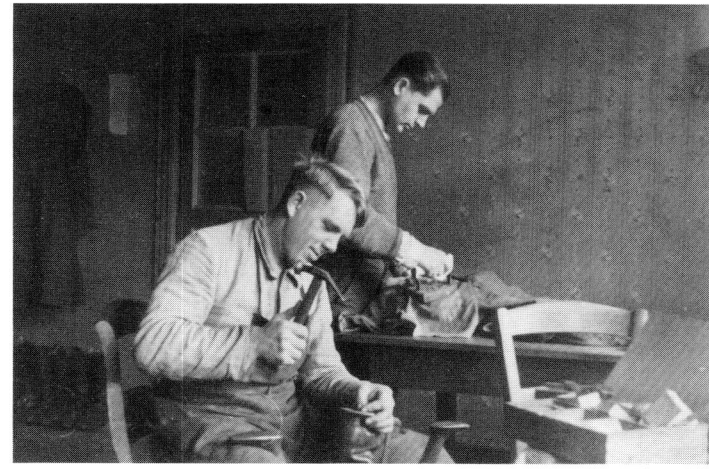

Meine Handwerkskameraden Paul und Bruno.

Unser allseits beliebter und verehrter Kompanie-Chef Hauptmann Schulz von Bülow.

Leutnant Kessler. Ich durfte ihn in Dortmund noch dekorieren in meiner Eigenschaft als Schneider. Zugführer des dritten Zuges.

Rast bei einigen abgeschossenen Feindpanzern an der Vormarschstraße in Richtung Tilburg.

Eine Stuka-Bombe und Volltreffer in einem Bahndamm bei Maastricht.

Die zerschossene Kirche von Putte an der belgischen Grenze.

Die später wieder neu erbaute Kirche von Putte ohne Turm.

Vormarsch in den Vororten von Antwerpen.

Unser Hauptmann vorneweg.

Die Einheiten sind in der Ablösung begriffen, daher die Übungsmärsche.

Was wird werden?

14.12.1940

Lange Zeit mußte verstreichen, ehe die Feder wieder in das Büchlein schreiben konnte. Als es nicht mehr beschrieben wurde, das Tagebuch, war es Ende Oktober. Und nun, es ist bald Weihnachten.

Nach den vielen Übungsmärschen, die ich aber nie mitmachen brauchte, kam das, was wir alle schon lange wußten, was aber geheim bleiben sollte und mußte: Der Wegzug, die Versetzung der ganzen Division. Am

01.11.1940

ging die Reise los. Willy hatte, durch seinen ihn manchmal doch erheblich belastenden Eigensinn, wieder Scherereien beim Verladen des Kammerwagens.

Am 1. Tag marschierten wir von der Küste bis St. Pieter, einem Vorort von Brügge. Ich trug Fußlappen und wie ich nachher merkte, trug ich schwer daran, denn sie drückten gewaltig. Das blieb nicht ganz verborgen; Hauptfeldwebel Schiller trug mir meine Knarre bis vor das Quartier!

Wir, Bruno und ich, lagen bei einem jungverheirateten Friseur im Quartier. Meine Füße schmerzten so, daß ich schon um 13.00 Uhr nachmittags im Bett lag. Ich schlief bis gegen 18.00 Uhr. Dann aber stolperten wir von einer Wirtschaft in die andere.

Am anderen Morgen ging der Marsch weiter nach Brügge. Der Kommandeur hoch zu Roß und vorneweg. Es ging die altbekannte Straße über Oostkamp. Ich konnte heute aber niemand Bekanntes mehr entdecken. Eine gute Strecke nach Oostkamp machten wir Mittagsrast. Am Abend landeten wir hundemüde in einem kleinen Städtchen. Gerade ich, der nur 7 Blasen an den Füßen hatte, wohnte in dem weitentlegensten Quartier.

Am anderen Morgen zog ich aber keine Fußlappen mehr an, denn ich hatte die Nase voll. Es regnete in Strömen, als wir antraten. Wir marschierten los. Der Regen blieb uns treu, es goß weiter in Strömen, weiter und weiter.

Bei der Mittagsrast zog ich die Knobelbecher aus und entfernte pro Stiefel etwa ¾ Liter Wasser. Doch, ohne bleibenden Erfolg. Nach einer Stunde Marsch waren die Stiefel wieder voll. Als wir am Abend Halt machten, schmerzten mich, ganz abgesehen von den Blasen, auch die Zehen, die alle blutiggescheuert waren und was noch schlimmer war, das linke Fußgelenk tat sehr weh!

Die Kompanie bekam, sage und schreibe, Strohquartier in einem Nonnen-Kloster. Ich muß es schon als ein riesiges Glück bezeichnen, daß Willy und ich wenigstens Privatquartier bei einem Schuhmacher hatten.

Die Füße sehen fürchterlich aus. –

Am anderen Morgen goß es immer noch ununterbrochen. Die Füße waren bald betäubt, nur das linke Fußgelenk schmerzte mehr und mehr. Obwohl ich das dem „Sani" meldete, nahm kein Mensch Anlaß, dem irgendwie abzuhelfen. Am Abend mußte ich noch gewaltig auf die Zähne beißen – aber ich schaffte es.

Wie die Füße jetzt aussahen, das wußte ich noch nicht, nur, daß irgend etwas nicht mehr so weitergehen konnte

Als ich eben wieder den Sani aufsuchen wollte, da laufe ich doch dem Batl.-Arzt in die Finger. Er besah sich den Schaden und ordnete an, daß ich so keinen Schritt mehr laufen dürfe. Ich soll bis zum Batl.-Sammelpunkt gefahren werden und dann mit dem Auto in das nächste Lazarett gebracht werden. Ich hatte Hoffnung auf eine Besserung, obwohl ich nicht recht wußte, zu was das letztendlich führen kann.

Wer am anderen Morgen marschieren mußte, das war ich!

Doch, beim Batl.-Sammelpunkt wurde ich dann herausgenommen und auf einem Lkw verpackt.

Hier hatte Petrus eine Weiche gestellt.

Am 05.11.1940

nachmittags, wurde ich, mit anderen Kameraden, die das gleiche Schicksal erlitten hatten, in Mons in das Kriegslazarett eingeliefert.

Am 24.12.1940

schreibe ich erst weiter über die Ereignisse im Lazarett in Mons und was sich daran anschließen sollte.

Es ist noch am Morgen des Heiligen Abends 1940 und ich schreibe im Offizierskasino:
Mons – ein Name, der wohl immer in meinem Gedächtnis haften bleibt.

Nach unserer Einlieferung am 05.11.1940 gab es für unsere ausgehungerten Mägen erst eine Linsensuppe. Sie schmeckte nicht schlecht. Dann war Zeit, sich ein wenig umzusehen. Ein großer Saal mit 16 Betten, zwischen jedem Bett ein Stuhl. Darauf packten wir nun unsere Kriegsausrüstung. Eigentlich kam uns das alles ein bißchen komisch vor. All die weißen Betten, das Essen wurde uns gebracht und wir brauchten nicht einmal das Geschirr wegzuräumen.

Auf einmal ging die Tür auf. Unsere Schwester, Gudrun, kam herein. Bald danach auch noch Schwester Anna. Sogar ein Onkel Doktor ließ sich sehen. Nach geraumer Zeit kam ein Medikamentenwagen. Nun ging ein großes Verbinden los. Viel Jod wurde verbraucht und recht schöne Verbände wurden gemacht, die in uns die Hoffnung weckten, doch so lange hierbleiben zu können, bis der Marsch der Division in die Ardennen beendet ist.

Was für Gedanken!

Nun lagen wir still da und guckten uns gegenseitig an und schließlich mußten wir alle lachen, geradeso wie die kleinen Gören. Es kam uns eben alles so komisch vor und alles zum Feinsten gewendet.

Die nächsten Tage brachten uns nur den Pastor der evangelischen Kirche und dessen Kollegen von der kath. Fakultät. Des Abends kam dann Schwester Gudrun, groß, breit und fest und doch schlank, immer sehr frisch und sauber, mit goldblonden Haaren – und fragte mit freundlichem Berufslächeln, ob jemand Schlaftabletten benötigte, was fast immer verneint wurde.

Mitunter konnten wir nicht anders, als daß wir alle lachten und uns freuten, daß wir so gut aufgehoben waren.

Nach einigen Tagen kamen die Verbände ab und da die Fußwunden schön aussahen, blieben die dicken Verbände weg und die Wunden kamen an die frische Luft. Als ich später aufstehen wollte, merkte ich, daß mein linker Fuß im Gelenk noch erheblich schmerzte. Vergeblich versuchte ich, dem Arzt das zu sagen, aber das war während der Visite nicht möglich!

Da fügte es das Schicksal, daß er abends mal reinguckte. Schnell hielt ich ihm meinen linken Fuß kurzerhand unter die Nase, worauf er ihn einfach untersuchen mußte. Der Erfolg war, daß er die Meinung hatte, das sei ein Knistern und Krachen im Gelenk, wie bei einer schweren Sehnenscheidenentzündung.

Am folgenden Tag wurde mein und August Stieglers Fuß, je in eine Volkmannschiene verpackt.

Dies hatte übrigens zur Folge, daß man meine Verletzungsart bei August Stiegler in das Soldbuch eintrug und bei mir August's Beschwerden. So steht bei mir, daß ich wegen „Senkfußbeschwerden" im Lazarett Mons war, und es blieb für alle Zeiten da drin. – Nie hatte ich je etwas mit Senkfußbeschwerden zu tun.

Wir waren mit etwa 1 Dutzend Soldaten aus unserem Batl. auf einmal eingeliefert worden. Folgen der tagelangen Regengüsse auf dem Marsch. So waren wir irgendwie miteinander verbunden, zumal wir alle zusammen auf ein Zimmer kamen, zur selben Stunde. Da war der B. z. B. Irgendwie nur Intellektueller. Er mußte nüchtern erst mal morgens seine Zigarette rauchen, und dann konnte er erst sein „Ei" legen.

Oder Fridolin F. aus der großen weiten Welt. Wir waren ein buntgewürfelter Haufen, um den man sich lässig wenig kümmerte. Uns war das schon recht. Die Hauptsache war, daß die Division am Marschziel war, bis wir nachkamen.

Wir hatten auch unseren Spaß. Neben mir lag Schütze O. Sein Name wird ewig verbunden bleiben mit jener Gespensternacht, in der der Teufel in der Heizung war, da der Teufel sein Bett auf zwei Beine stellte, daß es so stehenblieb, da der Teufel den Stuhl bewegte, das Schanzzeug klappern ließ – usw. – O., das beste Medium für solche Scherze.

Fridolin F. erzählte uns manchmal aus seinem Abenteuerleben.

Es ist heute schon der

26.12.1940

und ich schreibe vom Lazarett Mons und wie so alles kam, daß ich nicht bei meiner Einheit in Vouziers in den Ardennen bin, sondern in Flensburg an der dänischen Grenze.

Der linke Fuß war festgelegt worden wegen der Sehnenscheidenentzündung im Fußgelenk. Woche um Woche geht vorbei. Endlich wurde die Schiene abgenommen und nun sollte der Fuß massiert werden und Heißluft bekommen. Überhaupt von wegen sollen.

Wegen Unterernährung sollte ich Zusatzkost bekommen. Meine Hüften und der Bauchnabel waren wundgescheuert vom Koppel, weil kein Speck auf dem Körper war.

Der Erfolg von Zusatzkost: Am 1. Tag bekam ich eine Tomate. Am 2. Tag – zu dem Kunsthonig, den es gab, bringt mir die Schwester eine Untertasse mit Heringen. – Und dann war auch schon Schluß damit. Was übrigblieb, waren beinahe jeden Tag 3 Löffel Lebertran.

Das versteht man unter Ausführung von ärztlichen Verordnungen. Das Ganze nennt sich Kriegslazarett Mons.

Kamerad Sch. wartet schon seit 4 Wochen darauf, daß er gespritzt wird. Aber wozu spritzen? Auf Jagd gehen – ist viel angenehmer!

Endlich wurde mein Entlassungstermin angekündigt. Am Montag, dem 16.12. war es soweit. Über einen Monat war ich schon von der Einheit weg. Das bedeutete, daß ich zunächst zur Genesungskompanie in die Heimat komme und nicht sofort zur 6. Kompanie.

Vorher wurde erst noch ein kleiner Abschiedsabend veranstaltet. Gudrun machte Kartoffelsalat und wir besorgten die Würstchen. Unser Sani-Feldwebel kam später auch noch dazu. Beendet wurde die Feier um 1.30 Uhr nachts.

Am

16.12.1940

ging die Fahrt los mit dem Zug nach Brüssel. Wir, noch zwei Lazarettkranke wie ich, waren in Marsch gesetzt zu unserer Genesenden-Komp. beim Ersatzbatl. in Hamburg.

In Brüssel angekommen, erlebten wir zum ersten Mal, wie es aussieht hinter der Front. Belgiens Hauptstadt mußte ja auch weiterbestehen wie so manch andere Städte und Länder, die nun unter deutscher Besatzung lebten. Wie wir aus dem Bahnhof kamen, fiel uns der starke Verkehr auf. Wir kannten so etwas nicht mehr. Mit Mühe und Not erwischten wir einen Platz in einer Straßenbahn. Wir mußten uns erst einmal bei der „Frontleitstelle" melden, von wo aus wir weitergeschickt werden konnten und auch die dazu notwendigen Fahrausweise bekamen, nicht zu vergessen, auch die notwendigen Essenmarken für die Fahrt unterwegs.

Es war ein ewiges Herumstehen und Warten, bis wir endlich unsere Marschpapiere vorlegen konnten. Alles war in Ordnung befunden und wir bekamen einen Fahrausweis nach Köln. Das war schon etwas wert.

Endlich haben wir alles bekommen und drängen heraus aus der Frontleitstelle, um zur Straßenbahnhaltestelle zu kommen. Genau in dem Augenblick ist der Teufel los. Es kracht aus allen Rohren. Die Flak schießt, was das Zeug hält und wir glauben, daß die Granaten genau über uns krepieren.

Henry, der Größte von uns, läßt alles stehen und liegen, wie es war und flüchtet in das Gebäude der Frontleitstelle. – Ich hatte das ja noch nicht erlebt, mitten in den Häusern zu stehen und über uns die Flieger. Jedenfalls, ich behielt die Ruhe und blieb bei dem Gepäck stehen, da ich noch keine Splitter sausen hörte, lediglich das laute Brummen der Tommys.

Nach geraumer Zeit, die Straße war im Nu wie leergefegt, war auch der Spuk zu Ende und langsam bevölkerte sich die Straße wieder. Wir waren wieder zusammen.

Was nun? – Wegen der Flieger fuhr jetzt aber keine Straßenbahn. Wir mußten tatsächlich zu Fuß zum Bahnhof und unsere Klamotten dahin tragen. Doch was gewahrt unser Auge? Eine riesige Menge Soldaten aller Dienstgrade und Waffengattungen steht vor dem Bahnhof, der seine Türen geschlossen hält.

Als ich dann vorschlage, daß wir erst essen gehen sollten, da wir ja doch nicht reingehen können, ist alles mit mir einig. In der Gaststätte zahle ich für den Karl mit und so kommt mich der Spaß auf RM 4,-- zu stehen. – Erwähnenswert ist noch ein Mariner, der während unseres Aufenthaltes in dem Gasthaus, zweimal Spiegeleier mit Salat aß und anschließend noch ein Beefsteak mit Kartoffelsalat und grünen Salat verdrückte. Wir trafen ihn übrigens später auf dem Hamburger Hauptbahnhof wieder.

Zum zweiten Mal machten wir nunmehr den Versuch, bis zur Bahnhofstür durchzubrechen. Daß uns das, trotz meines losgerissenen Stahlhelms und meines ausgerissenen Henkels vom Koffer, gelang, bis zur Sperre zu kommen, ist letzten Endes auch ein Werk unserer Ellenbogen gewesen. Nach vieler Müh und Not haben wir es endlich geschafft, vor den „Kettenhunden" (Feldgendarmen) zu stehen, die alles überprüften und uns durch die eisernen Gitter durchließen auf den Bahnsteig. Viele Hunderte, die nicht ebenso tatkräftig waren wie wir, mußten draußen bleiben, da der Zug, übervoll, pünktlich abfuhr.

Im Abteil, in das wir uns reingequetscht hatten, saßen Gebirgsjäger. Feine Kerle aus Augsburg. Da alle so Hunger hatten, spendierte ich eine Dose mit Wurst und das dazugehörende Brot. Sie ihrerseits ließen sich nicht lumpen und holten eine Flasche Sekt heraus, worauf ich meine Geschicklichkeit im Flaschenentkorken unter Beweis stellen mußte. Ich durfte dann auch dafür antrinken.

Endlich und endlich kamen wir morgens um 6.00 Uhr in Köln an. Unsere Fahrscheine mußten erneuert werden durch andere von Köln nach Hamburg. Wieder Herumstehen, Anstehen, Geduld und Warten. Es dauerte stundenlang, bis wir alles klarhatten. Nur mit Müh und Not kamen wir noch rechtzeitig zur Abfahrt des Zuges.

Es fing an zu schneien und je weiter wir in das Reich kamen, desto mehr schneite es. Als wir dann im Hamburg ankamen, lag tatsächlich Schnee.

Hamburg hatte mich wieder. Im Wartesaal 1. Klasse machten wir Rast. Da fiel mir plötzlich ein, daß es der gleiche Saal war, der mich vor 4 Jahren aufnahm, als ich zum ersten Mal nach Hamburg kam. B., das ist der, der morgens im Lazarett immer zuerst einen Glimmstengel verbrauchen mußte, bevor er sein „Ei" legen konnte, erwartete sehnlichst seine Frau, die pünktlich da war und ihm die erbetenen notwendigen „Moneten" brachte.

Wiederum nach langem Warten kamen wir endlich in Hamburg-Rahlstedt an. Immer durch den Schnee stapfend, gelangten wir endlich zur Kaserne. Zu unserer nicht geringen Überraschung wurde uns aber zugleich gesagt, daß unser Ersatz-Batl. nach Flensburg verlegt sei und wir deshalb ganz falsch liegen, wenn wir uns hier in Hamburg melden.

Das war ja ein Schlag ins Kontor. Aber schlafen konnten wir vorerst. Zu essen wollte man uns nichts geben. Auf unseren Krach hin wurde uns dann etwas zugestanden. Nachdem dies erstmal klar war, suchten wir sobald wie möglich die uns zugewiesenen Betten auf und schliefen den Schlaf des Gerechten.

Am anderen Morgen ging es erneut mit Bürokratie los, wir mußten doch wieder Fahrkarten haben.

Ich habe es noch schnell geschafft, bei Günthers Familie in der Hohen-Luftchaussee hereinzusehen.

Nachmittags ging der Zug ab von Hamburg nach Flensburg. Ob wir nun wohl richtig waren?

Um 22.00 Uhr war es soweit, daß wir in Flensburg ausssteigen konnten. Gewitzigt vom gestrigen Abend, aßen wir im Bahnhofshotel erst noch Butt in Aspik und Kartoffelsalat. Es schmeckte ausgezeichnet. So gestärkt, marschierten wir los. Gegen Mitternacht klopften wir am Kasernentor an. Aber es wäre ja ein Wunder gewesen, wenn wir in der richtigen Kaserne gewesen wären. Man hatte Mitleid mit uns und ließ uns den Rest der Nacht in einem freien Zimmer schlafen. Das war nun doch so langsam ein starker Tobak.

Wir wären richtig gewesen, wenn wir zur Grenzlandkaserne marschiert wären. Die liegt allerdings etwas außerhalb und so machten wir uns mit unserem nicht gerade leichten Gepäck nochmals ½ Stunde auf die Sokken. Da waren wir richtig. – Leider! –

Hatten wir doch keine Ahnung, in welches Wespennest wir hier reingetreten waren!

Von Montag bis Donnerstag hatte unsere Reise in die Genesenden-Kompanie gedauert. Aber wer gedacht hat, das wir nun endlich mal was zu essen bekommen würden, der hat sich gewaltig verrechnet. Die Küche konnte sich doch nicht so schnell umstellen, wenn jemand zusätzlich zum Essen kommt. – Also, kalt essen, wenngleich wir das nicht begreifen konnten.

Wer zum anderen nun glaubte, wir hätten am nächsten Tag ohne Anstand etwas Warmes zum Essen bekommen, der irrt wieder. Also, mit viel Krach haben wir es dann doch erreicht, daß wir etwas Warmes bekamen.

Das war nicht so einfach, weil man nach Paragraph sowieso nicht einfach eine Portion Essen an einen hungrigen Soldaten ausgeben kann.

Wer nun letzlich glaubt, man könne aufgrund seines langwöchigen Lazarettliegens und aufgrund einer dementsprechenden dringenden ärztlichen Befürwortung, auf Erholungsurlaub fahren, der irrt nun ganz gewaltig. Es ist ja letzten Endes anscheinend Sinn und Zweck den Dank der Heimat darin auszudrücken, daß man den Soldaten, die ihre Knochen eingesetzt haben und dabei zum Teil Krüppel wurden, erklärt, daß sie sich den Urlaub erst verdienen müßten!

Das geschieht nun in der Form, daß man in einen eiskalten Keller geschickt wird, um dort faule Kartoffeln auszulesen, ohne daß der Auftraggeber weiß, was in den ärztlichen Berichten steht, da diese aus lauter Diensteifrigkeit wohl noch wochenlang unerledigt in den Archiven des Lazaretts Mons liegen.

Rückblende

06.02.1941

Nach ein paar wundervollen Tagen will ich weiterschreiben von der Grenzlandkaserne und den Leiden ihrer Bewohner.

Das Weihnachtsfest 1940 rückt immer näher heran. An Urlaub war natürlich nicht mehr zu denken. Es wird wohl ähnlich so kommen, wie Weihnachten 1939. So sehen wir dem Fest der Liebe recht trostlos und freudlos, ja mit einem bitteren Gefühl entgegen.

Der Heilige Abend kam. Ich hatte Gott sei Dank bis 17.30 Uhr im Casino zu tun. Dorthin wurde ich manchmal abkommandiert. So kam es, daß ich einen Teil der Rede, die Hauptmann X. vom Stapel ließ, nicht mehr mitkriegte. Wie ich mir erzählen ließ, war darin die Rede, daß es kein Weihnachten mehr gäbe. In Zukunft sei das „Julklapp"! Auch der Christbaum heiße ab jetzt „Deutscher Gedächtnisbaum"!

Diese Rede entspricht durchaus seinen, uns bis jetzt bekannten Charaktereigenschaften. Da der Hauptmann nach seiner Ansprache noch andere Verpflichtungen wahrnehmen mußte, wie er erklärte, war er „natürlich" gezwungen, uns zu verlassen. Das hatte zur Folge, daß sich schnell alles in Wohlgefallen auflöste und verschwand.

Nach dementsprechender Zeit wurde durch Gröhlen der Stand der Dinge angezeigt.

„Heiligabend in der Kaserne". – –

Der Christtag, überhaupt Weihnachten, verlief wie alle Tage sonst auch. Selbst der Weckertermin wurde nicht um 5 Minuten abgeändert.

Die Situation war trostlos und viele Kameraden haben ihre Zuflucht letztlich in einem verstärkten Alkoholkonsum gesucht.

Weihnachten bei den Deutschen war gleichzusetzen mit Familie, Wärme und Geborgenheit.

In der Grenzlandkaserne war es schrecklich! –

Als sich in den Tagen nach dem Fest Gelegenheit bot, über Silvester und Neujahr wenigstens nach Hamburg zu kommen, reichte ich sofort Urlaub ein, ohne zu bedenken, wo ich wohl unterkommen könne.

Nur raus hier – nur weg aus dieser geistigen Armut und Gefühlslosigkeit.

Am 28.12.1940 konnte ich fahren. Mittags gegen 12 Uhr war ich am Hauptbahnhof.

Ich hatte so viele Bekannte inzwischen, daß es mir nicht schwerfallen sollte, irgendwo unterzuschlüpfen. Aber wie das manchmal so ist, es klappte nicht sofort.

Ich hatte Günthers Mutter angerufen, ob ich dort schlafen könne, denn für mich war das fast selbstverständlich. Zu meiner Verwunderung sagte sie mir, daß sie kein Bett frei hätte. Das paßte so gar nicht in das Verhältnis, das wir zueinander hatten.

(Erst nach dem Krieg habe ich den Grund erfahren, den wahrscheinlichen Grund: Günther war als Soldat auf der Insel Sylt stationiert gewesen, bei der Flak. Von dort ist er desertiert und wurde anschließend jahrelang, bis Kriegsende, von seinen Eltern im Keller verstecktgehalten. – Günthers Mutter wollte mir die Belastung als Mitwisser ersparen, aber das konnte ich damals nicht ahnen.)

Ich bin dann in der Familie von W. gelandet. Ich wurde sehr nett aufgenommen und konnte dort auch schlafen. Hauptsache, ich war für einige Tage der Grenzlandkaserne entflohen. Dort fühlte ich mich in der Art der Behandlung zu oft gedemütigt.

Bei meiner 6. Kompanie war ich viel besser „zuhause" gewesen.

Nur zu bald waren die wenigen Urlaubstage zu Ende und nach Neujahr mußte ich wieder in der Grenzlandkaserne sein.

Fast hätte ich vergessen, daß ich noch bei F. war, aber niemand angetroffen habe. Von den Nachbarn erfuhr ich, daß Frau F. im Krankenhaus wäre und daß ich da auch ihren Mann antreffen könnte.

Ich natürlich hin und was für eine große Freude, daß ich dort auch Karl antraf. Ein Jahr schon war vorbei, als ich vom Fliegerhorst Marx wegkam nach Hamburg, und was lag alles dazwischen.

Es gab ein Erzählen fast ohne Ende. –

Die „geliebte" Grenzlandkaserne hatte mich wieder. Ich war unglücklich und nicht mit mir zufrieden. Ein Urlaub in Stuttgart über die Feiertage hätten vieles geändert, aber wir unterlagen Kriegsbedingungen und das Heimweh war unerwünscht.

15.01.1941

Schon ist die Hälfte des Januar im neuen Jahr vorbei. Ich sitze immer noch hier in Flensburg. Das hätte ich mir nicht träumen lassen, daß ich bis in den Januar hinein bei der Genesendenkompanie bin, weil ich mir bei dem Marsch nach Vouziers die Füße so wundgelaufen hatte.

27.01.1941

Heute bin ich auf Wache eingeteilt. Ich weiß nicht, warum ich hier in Flensburg herumsitzen soll. Ich wollte mich bei der nächsten Untersuchung KV = kriegsverwendungsfähig schreiben lassen. Nur so konnte ich zu meinen alten Kameraden kommen.

Ich wußte, daß sie inzwischen aus den Ardennen nach der französischen Küste, etwas südlich von Trouville, verlegt worden waren.

So kam es, daß ich am

15.02.1941

bereits von der Kanalküste aus mein Tagebuch ergänzen kann.

Wieder ist viel Zeit vergangen.

Mit der Marschkompanie kam ich nach Frankreich. Seit dem 01.02.1941 hat unsere 225. Division die dort seither Wache haltende 170. Division abgelöst.

Am Freitag abend traf ich bei der Kompanie ein. Ich war überglücklich, daß Hauptfeldwebel Schiller und all die anderen Kameraden noch da waren.

So wie ich es mir gewünscht hatte, traf es auch ein: Noch abends trank ich mit Bruno und Willy meine erste Tasse Kaffee.

Nun war ich wieder bei meinen alten Kameraden „daheim".

So schön wie in Blankenberge ist es hier nicht. Aber die Natur ist sehr viel schöner.

Kaufen kann man fast nichts mehr. Die Landser haben inzwischen alles leergekauft.

Vorgestern abend besichtige ich mit Bruno 4 Fernkampfgeschütze. Es waren riesige Eisenbahngeschütze. Sie schossen gestern über uns hinweg. Das ganze Haus bebte, obwohl wir 1500 m entfernt waren.

Wir lagen in Houlgate und bewohnten eine sehr schöne Villa. Neuerdings werden wir Handwerker auch zur Wache eingeteilt.

Rückblende

09.06.1941

Lange kam ich nicht dazu, mein Tagebuch zu vervollständigen.

Nach etwa 4 Wochen zogen wir wieder einmal um, und zwar weiter nach „links", nach Cabourg.

Wir hatten zunächst kein großes Glück. Unsere Bekleidungskammer durften wir in den 4. Stock eines Hauses hochschleppen, um sie dann 2 Tage später wieder auszuräumen und woanders unterzubringen. Wir schimpften nicht schlecht, hatten wir doch zusätzlich 20 Säcke Urlaubergepäck dabei.

Dann aber „eroberten" wir ein nettes Häuschen. Wir bekamen eine französische Putzfrau zugeteilt und waren ganz zufrieden!

Knapp eine Woche später bekam ich Heimaturlaub nach Stuttgart.

Über Trier ging's nach Stuttgart. Vom

13.03.–28.03.1941

dauerte der Heimaturlaub. In Stuttgart habe ich schöne Tage im Kreise meiner Verwandten und Freunde verlebt. Meine Mutter war noch nie so aufgeschlossen gewesen. Heimatluft und schwäbisches Essen in der Landauer Straße und Besuche bei unseren Freunden und Bekannten.

29.03.1941

Als ich zurückkam nach Cabourg, waren die Handwerker noch in unserem alten Quartier. Doch wenige Tage danach, kaum, daß ich mich wieder zurechtgefunden hatte, zogen wir um nach Auberville.

Sehr, sehr nüchtern wohnten wir da lange 8 Wochen. Hier gab es wenigstens noch Butter und Eier zu kaufen, eine immer willkommene Zusatzverpflegung.

Willy ist Spezialist für Schlagsahne geworden.

In diese Zeit fällt auch meine Beförderung zum Gefreiten. Ich empfand sie als etwas Normales.

Nun sind wir schon wieder umgezogen.

Unsere Einheiten wurden vom Strand herausgezogen und wir sind jetzt in der „Etappe". – Unser neues Quartier haben wir in Dozulé aufgeschlagen. Wir machen schöne Ausflüge nach Lisieux und Caen.

Nicht allzulange wird es auch hier dauern.

Die Wochen sind angefüllt bis an den Rand mit Übungen und dergleichen, fast Tag und Nacht. Immer ist etwas los, damit wir nicht einrosten. Uffz. K. hat eine gutgehende Schwarzschlachterei für Urlauber eingerichtet.

Pfingstmontag 1941

Auf Einladung des Divisionspfarres war ich heute in Trouville. Dort lernte ich Bruder Hammer kennen, der vor dem Krieg im syrischen Waisenhaus war. Nazarener. –

Mein Tagebuch ist jetzt wieder auf dem „laufenden".

11.06.1941

In den letzten Tagen habe ich mir einen heftigen Schnupfen geholt. Ich war beim Arzt. Soll viel Zitronen pressen und den Saft trinken. Bei der Gelegenheit habe ich das Rauchen ganz eingestellt. Mein Feuerzeug habe ich unserem Sani Willenbrock geschenkt.

Wir treffen wieder Marschvorbereitungen.

16.06.1941

Diesen Marschvorbereitungen liegt ein Heeres-Kommandobefehl zugrunde vom 27. Mai 1941. Danach sollen die Divisionen der 3. Welle aufgrund ihres Ausrüstungsstandes und des Ausbildungsstandes aus dem unmittelbaren Küstenschutz herausgelöst werden. Unsere Division wird abgelöst durch die 332. Division und wird verlegt in den Raum Amiens. Daher die Marschvorbereitungen.

Übrigens haben wir seit den 01.06.1941 einen neuen Div.-Kommandeur. General von Wachter wurde versetzt zur 267. Division. Unser neuer Kommandeur kommt von der 182. Div. und heißt: von Basse.

Der Marsch ins Unbekannte, zum früheren oder späteren Einsatz, ist gekommen. Wir Handwerker haben Glück, wir kommen lt. Regimentsbefehl zum Gepäcktroß, auf einen Lkw. Das bedeutet, daß wir nicht marschieren brauchen.

Schon am 13.06.1941 fahren wir nach Houlgate, unserem bekannten Städtchen mit der „Zahnbürstenhöhe" und dem schönen Schlößchen. Hier bleiben wir am Sammelpunkt einen vollen Tag. Erst quartiert man uns im „Grand-Hotel" ein und dann in einer Villa, wo wir für uns sind.

Am 15.06.1941 fahren wir los, im Regiments-Verband. Nach manchen Irrfahrten landen wir abends bei unserer Kompanie. Natürlich werden wir viel beneidet, weil wir motorisiert sind. Lange ist unser Fahrer. Im Heu ist unser Schlafplatz.

Am anderen Morgen, also heute, gibt es durch meine Französischkenntnisse, frische Milch und auch Eier. Alles freut sich. Weil das Wetter so schön ist, mache ich meinen Schneiderladen wieder im Freien auf.

Es ist alles improvisiert, aber es klappt. Sogar meine mitgeführte Nähmaschine hole ich heraus. Was habe ich nun heute gemacht:

4 Hosenträger,
2 blaue Bänder auf Schulterklappen genäht,
1 Knopf angenäht,
1 Rock für Obergefreiten Lange, unseren Fahrer, geflickt.

Das war meine ganze Tagesarbeit.

Schon zu diesem Zeitpunkt merkte ich, was für relative Freiheiten man haben kann, wenn andere abhängig sind.

Noch einmal schlafen wir heute im Heu. Unser Hans wird von Tag zu Tag hinfälliger. Er war noch Soldat im 1. Weltkrieg.

17.06.1941

Der Marsch geht wieder weiter. Die Kompanien marschieren schon sehr früh ab, denn es wird heißes Wetter geben. Wir Handwerker mit unserem Lkw schlafen dagegen bis 8.30 Uhr. Das haben wir gerne. Bald geht es los zum Sammelpunkt an der nächsten Straßenkreuzung. Langsam finden sich Trosse von den Kompanien, den Batl. und den Regimentern zusammen. Der Marsch, besser die Fahrt, wird aufgenommen und wir kommen nach Routot. Kurz hinter dem Städtchen werden wir verpflegt.

Die Sonne brennt unbarmherzig. Wir vermuten, daß die marschierenden Kompanien sehr unter der sengenden Sonne zu leiden haben. Um 14.30 Uhr geht es dann weiter bis nach Grand Couronne. Dort biegen wir rechts ab und steil den Berg hoch, aus dem Seine-Tal heraus. In einem Kloster, dessen Mönche geflohen sind, werden wir untergebracht.

Wir haben unerhörtes Glück und können kalt duschen. Dann lege ich mich in die Sonne.

Abends essen wir in dem Dörfchen: Maccaroni mit Tomatentunke und einem schönen Stück Kalbfleisch, für 75 Pfennig.

Das Radio und einen elektrischen Kocher haben wir ausgebaut.

19.06.1941

Wir sind heute in unserem neuen Quartier, in Epaumsnil, eingetroffen. Nach einer tollen Fahrt sind wir hier gelandet, dem neuen Platz für die 6. Kompanie. Wir sind mit unserem Lkw sozusagen die Vorausabteilung.

Das Dorf könnte aus dem ganz frühen Mittelalter stammen. Es besteht nur aus elenden, verfallenen Lehmhütten. Unser Quartier ist kaum zu beschreiben. Dazu alles noch furchtbar dreckig. Mäuse und Ratten sind an der Tagesordnung. Der größten Übel eines ist aber, daß kaum Wasser da ist. Einfach toll.

20.06.1941

Heute traf die Kompanie ein. Todmüde und halb verdurstet. Alles ist verbrannt und dreckig. Wir haben augenblicklich Temperaturen von 40–45 Grad in der Sonne und manchmal noch mehr. Nun springt alles in Turn- oder Badehose herum. Fast wie in Sizilien oder Afrika.

Seit 8 Tagen habe ich keine Briefpost mehr bekommen, dagegen unterwegs, ein Päckchen von Callis Qurtiersfrau aus Dortmund-Hombruch.

Die Kameraden von unserer Kompanie erzählen von den Marsch und der Parade bei Rouen die schlimmsten Dinge über unseren Komp.-Chef. Angeblich wollte er, hoch zu Roß, irgendwelche Soldaten „niederreiten" als sie nicht schnell genug auf seine Befehle reagierten.

Wir sind mit unserem Lkw mit 60 km Geschwindigkeit am neuen Divisionsgeneral „vorbeigebraust" – ohne Stahlhelm und ohne Gewehr, wie Handwerker eben so sind.

Übrigens werden wir unterwegs in den Städten und Dörfern immer gut aufgenommen. Allerdings sind wir beeindruckt, daß noch alles zerstört ist und übel aussieht. Nach einem Jahr seit dem Waffenstillstand sind aber doch schon Notaufbauten und Neubauten zu sehen.

27.06.1941

Eine Woche sind wir schon hier und schon geht die Sage, daß wir noch näher an Amiens herankommen sollen. Wir sind in unserem Quartier keineswegs glücklich. Der Wassermangel ist schlimm. Im einzigen Dorfbrunnen gibt es erst in 60 m Tiefe etwas Wasser. Ich wohne bei einem alten Ehepaar, das in einer unheimlich schmutzigen Bude haust. Das einzige Kleinod ist ein Bettgestell mit einem Spreusack.

Die Hitze hält unvermindert an. Wir gehen innerhalb der Höfe nur in knappen Badehosen. Wenn die französischen Zivilisten nicht wären, gingen wir am liebsten nackt.

Auf einem anderen Bauernhof, auf dem es etwas sauberer ist, esse ich jeden Tag zweimal Spiegeleier und trinke dazu Milch.

Der Dienstbetrieb in der Komapanie ist zeitlich umgestellt worden. Um 4.00 Uhr ist Wecken und um 5.00 Uhr geht es in's Gelände bis 12.00 Uhr. Dann sind 5 Stunden frei bis 17.00 Uhr. Anschließend ist wieder Dienst bis 20.00 Uhr.

Am 25.06.1941

sind wir umgezogen nach Heucourt. Wie man sagt, soll der Komp.-Chef dort ein besseres Quartier haben. Wir Handwerker wohnen jetzt in einem alten, ziemlich verschmutzten Schloß, ganz oben unter dem Dach.

Die Arbeit bei uns wächst ins Ungeahnte.

Inzwischen hören wir vom Ausbruch des Krieges mit den Sowjets. (22.06.1941). Anfänglich hofften wir, miteingesetzt zu werden. Glauben nun aber nicht so recht daran.

30.06.1941

Wir sind heute wieder umgezogen nach Neuville, das ist etwa 16 km von Amiens entfernt.

Die Hitze hat inzwischen etwas nachgelassen. Wir bekommen einen neuen Komp.-Chef. Alles ist sehr froh über diesen Wechsel!

13.07.1941

In dem Bach, bzw. Fluß, ist das Baden verboten. Deshalb dürfen wir lt. Befehl nur die Badehose waschen. Bin bei dem Waschen der Badehose zum ersten Mal im Wasser geschwommen, das tiefer war, als ich stehen konnte. Etwa über 200 m ging das Waschen der Badehose.

Nach Amiens bekommen wir keinen Urlaub. Wir sind Fallschirmjägerabfangkompanie geworden. Man hat sich da etwas einfallen lassen. Eine Idee. – An einem Lkw bindet man hinten ein ziemlich langes Tau. An diesem Tau hängen Radfahrer, die nun vom Lkw mit Hilfe des Taus gezogen werden. So sollte die Möglichkeit geschaffen werden, ganz schnell Infanterie-Einheiten in Absprungräume feindlicher Fallschirmjäger zu bringen. Geklappt hat die Sache nie ganz gut. Gott sei Dank war das bis jetzt auch noch nicht nötig.

21.07.1941

Vor einigen Tagen kommt ein Brief von Mutter. Sie schreibt mir, daß August Weis aus Weilimdorf gefallen ist. Vor 3 Tagen erwische ich eine Hamburger Zeitung und gerade da lese ich, daß Paul Döring gefallen ist.

Weiteren Anzeigen zufolge wohl auf unserem stolzen Schlachtschiff „Bismarck".

Es ist eigentlich aus meinem persönlichen Bekanntenkreis, außer August Weis, der erste Freund, der gefallen ist. 1936 lernte ich ihn auf der Insel Sylt kennen. Später, 1938, seine Eltern und seine Schwester Eva. Mit ihnen zusammen hatte ich letztes Jahr meinen Geburtstag gefeiert. Der Tod von Paul ist um so tragischer, weil seine Mutter Schottin ist und weil es gerade die Engländer waren, die die Bismarck versenkten.

Die Arbeit hält immer noch unvermindert an. Kürzlich platzte abends noch Oblt. X. herein. Er will auch so einen „Sommerrock" haben, wie ich einen für Hauptfeldw. Schiller gemacht habe. Polternd und nochmals polternd ging er wieder, nachdem er etwas gedämpft wurde in seiner Ansicht, daß der Rock anderntags fertig sei.

Gebadet haben wir in den letzten Tagen nicht mehr, da das Wasser nicht dementsprechend war. Auch zeugen meine Zehen immer noch von den „Unfällen", die dabei entstehen können.

Gestern, am Sonntagnachmittag besichtigten wir, der Sani Willenbrock, Paulsen und ich, einen 32-t-Panzer französischer Herkunft. Ein toller Stahlkoloß. Jetzt dient er der Erprobung unserer neuen Panzerbüchsen.

Nach langer, langer Zeit bekamen wir endlich wieder ein Ei pro Mann. Auch fuhr Willy nach sehr viel Aufregung auf Urlaub. Er hat ein Urlaubergepäck angesammelt, wie es sonst drei Mann zusammen haben.

23. 07. 1941

Gestern morgen mußten wir Handwerker doch tatsächlich auch mit zum Scharfschießen. Seit der Zeit in Steenbrügge war ich nicht zum Schießen.

Als erstes kam die Karabinerübung. 3 Schuß = 21 Ringe (6, 6, 9). Das ist das Billigste, was ich seither geschossen habe. Allerdings kannte ich das Gewehr nicht, es war ausgeliehen. Sonst hatte ich nur meine belgische Pistole. Aber – Bedingung erfüllt! Gleich nach mir schoß mit meiner Knarre auch unser neuer Komp.-Chef.

Ich kam inzwischen an das 1. MG (leichtes Maschinengewehr). Noch nie habe ich mit so einem Ding geschossen. Also – eine etwas ungewisse

Sache. Von Uffz. F., dem blonden Hünen, der mir im Augenblick ja nicht gerade grün ist, ließ ich mir erklären, wie man das Ding bedient. Also ran. Trotz dem Schimpfen, ich würde ja doch die ganze Scheibe kaputtschießen, hatte ich nachher bei 15 Schuß = 11 Treffer. Das geht. Im Vergleich mit anderen sogar noch recht ordentlich.

Gestern abend mußten wir Handwerker mit zum Appell antreten.

Ergebnis?

Morgen also, am 23.07.1941 kommt der Armee-General. Daß heißt mit anderen Worten: Putzen, putzen und nochmals putzen. Zu allem Unglück haben wir Regiments-Wache. In der Nacht muß ich nun Drillichzeug flicken. Am heutigen Morgen muß ich von 9.30 Uhr bis 12.15 Uhr 6 Röcke und 7 Hosen bügeln. Eine tolle Hetze! Endlich ist es soweit.

Der Vorabbesuch des Komp.-Chefs darf nicht vergessen werden. Wir waren sehr aktiv gewesen. Hatten Bilder und Sprüche angemacht. Alle Ausrüstungsgegenstände haben wir fein säuberlich angenagelt. Er fand „die Ordnung" gut – auch der Spieß.

So ein klein wenig darf sich dann auch der Landser freuen, denn es geschieht nicht alle Tage, daß man unsere Bude als „gut" bezeichnet hat und – bezeichnen kann! –

25.07.1941

Heute war es furchtbar schwül. Am Abend, als Hans und Carl in der Kantine waren, habe ich ganz kalt gebadet. Das erfrischt sehr.

Nun sind die Tage vorbei, wo die hohe Generalität erwartet worden war. Dieser Besuch hatte einen unbedingten Vorteil:

Einmal wurde tadellos aufgeräumt und zum anderen gab es ein sehr gutes Mittagessen.

Nach 10 Tagen kam wieder Post von Mutter. Sogar auch ein Päckchen mit sehr guten Lebkuchen und Stachelbeeren kam an.

Exerzieren fiel heute anscheinend wegen Mangel an Beteiligung flach. Heute kam der 2. Brief von Harald, dem Steuermann von der „Bremen", der mit mir im RAD war.

Otto Hummel aus Weilimdorf ist gefallen, schreibt Mutter.

27.07.1941

Heute morgen war Feldgottesdienst auf dem Batl.-Gefechtsstand. Es regnete, machte aber nichts aus. Der Divisionspfarrer kam nicht! Da sprach Obergefreiter Fliedner von der 13. Kompanie „Wer Gott sucht, wird leben". Eine sehr feine Ansprache aus dem Handgelenk.

Leider sind wir, die 6. Kompanie, wieder einmal mehr aufgefallen. Es kommt ja selten vor, daß ich in der Kompanie marschieren muß, wenn aber, dann muß ich mich immer wundern und – ärgern über die Undiszipliniertheit der Kameraden.

12.08.1941

Wir sind immer noch im alten Quartier. Willy ist aus dem Heimaturlaub wieder zurück. Die vergangenen Tage waren für uns Handwerker mit viel, viel Arbeit ausgefüllt. Oblt. X. hat inzwischen seinen Sommerrock auch bekommen. Ich habe manchmal bis in den frühen Morgen hinein gearbeitet.

Karl machte dann, wenn ich abends noch spät nähte, aus einem alten Fahrradschlauch eine Fußballblase. Wir wunderten uns alle, daß es so eine richtige, runde Fußballblase wurde, die auch hielt, wenn man sie aufgeblasen hatte.

Das sollte dann zu einem Fußballspiel nach dem anderen führen. Den ersten Tag hatte ich den linken Arm kaputt und dazu einen fürchterlichen Muskelkater. Zwei Tage später haut mir das Oldenburger Bauernblut K. eine in die Knochen, daß ich 4 Tage daran zu verdauen hatte, bis ich wieder vernünftig gehen konnte.

In der Zeit, als ich nicht gehen konnte, spielten wir Rommé. Dieses interessante Kartenspiel kannte ich noch vom Lazarett Mons. So war es nicht verwunderlich, daß wir bis spät in die Nacht mit einer wahren Leidenschaft spielten, und alles, manchmal sogar das Abendbrot, vergaßen.

13.08.1941

Heute haben wir etwas Nettes erlebt. Unsere Wehrsportler durften nach Amiens fahren. Da haben sie doch hier an der Eisenbahnschranke für Zigaretten den Zug angehalten. Vonwegen der Vorschrift war es unmöglich, den Zug anzuhalten, aber wegen Zigaretten ging der Spaß.

Nun kann ich endlich Schnittmuster aufstellen. Von Deutschland habe ich mir 2 Bücher bestellt mit Musteraufstellungen, die jetzt gekommen sind.

17.08.1941

Heute haben wir wieder Sonntag. Eben kam aus Amiens der sonntägliche Besuch für unsere Quartiersleute. Es sind die Kinder, die regelmäßig kommen, sooft es eben geht. Es ist dann eine fröhliche Familie und so etwas bekommen wir dann auch mit vom französischen Familiensinn und Familienleben. Gestern war ich auch in Amiens und habe eingekauft, so wie ich das schön früher gerne in Dortmund oder Brügge getan habe. Ich habe dabei auch die berühmte Kathedrale besichtigt. Ein großer Teil ist wie abrasiert – vom Erdboden verschwunden.

20.08.1941

Es regnet. Zwischendurch scheint die Sonne mal, gerade wie im April. Wir haben auch unsere Pullover schon wieder hervorgeholt.

Gestern war große Stoßtrupp-Übung. Der Oberst Lorenz war anwesend. Auch fast alle Offiziere des Regiments. Natürlich war alles falsch. Das Übliche. Wundert uns aber nicht.

Trotzdem bin ich aber überzeugt, daß wir uns im Gefecht doch recht und schlecht durchschlagen würden, das heißt, daß wir genauso tapfer wären wie ehedem in Flandern.

Abends war Kino. Eine Wochenschau aus dem Osten wurde gezeigt. Es ist jedesmal ein ungeheures Erlebnis. Immer, wenn ich das sehe, taucht die Frage auf: „Warum darfst du nicht dabei sein?" Es ist bitter, daß auf der Leinwand mit ansehen zu müssen!

Nach der Wochenschau wurde ein herzquickender Rühmann-Film gezeigt: „Hauptsache glücklich". Wir haben wieder mal von Herzen gelacht.

Hans war schon nachmittags nach Loelly zum Arzt. Bis wir dann zum Kino kamen, hatte er schon ordentlich „Einen" in der Krone, übrigens schon das zweite Mal seit seinem Urlaub.

Müde und voll des Gefühls eines rechtschaffen verbrachten Tages, stieg ich in mein 1. Stockwerk zum Schlafen.

22.08.1941

War heute morgen beim Doktor wegen meiner Augen. Ich hoffe, daß die Entzündung langsam besser wird. Auch sollten die geprellten Zehen heiße Bäder bekommen. So ist es eben: Ein Tag verbotenes Baden = 8 Wochen schmerzende Zehen. Auch mein rechter Unterschenkel wird langsam wieder besser.

Mein zweites Tagebuch endet hier mit den Worten „Tole". – Es ist aus der Bataksprache und heißt „Vorwärts".

Das habe ich am 12.09.1941 noch eingetragen.

Rückerinnerungen bis zum 24.12.1941

September 1941

Wir sind immer noch im alten Quartier, doch wir haben erfahren, daß wir nach Amiens kommen. Zunächst können wir nur über einen Urlaubsschein nach Amiens kommen. Am Wochenende gibt es eine wahre Völkerwanderung in die Stadt. Für uns Landser gibt es da einfach alles. Neben den Läden, die für uns Hauptanziehungspunkt sind, gibt es auch ein Soldatenheim, wo man recht und schlecht aufgehoben ist.

Unser Sani hat uns auch kürzlich aufgeklärt, wie es in einem Soldatenbordell so zugeht. Er hat dann und wann Dienst dort, wenn er dazu eingeteilt wird. Aus eigenem Erleben weiß ich wohl, wie der Auftakt dort ist, denn wir sind kürzlich alle einmal dort, wo die rote Lampe vor dem „Hotel" hing, gelandet.

Vom dritten Zug trieben sie es immer am schlimmsten. So auch an diesem Abend. Wir sind also da reingekommen mit X Mann und haben sofort einen Wirbel verursacht. Überall festliche, aber gedämpfte Beleuchtung. Eine Musikgruppe spielte und dazwischen konnte man die leichten Mädchen sehen. An der Bar, an den Tischen, in Unterhaltungen.

Plötzlich viel Lärm und Getöse. Schnell sprach sich herum, daß sich einige vom 3. Zug bereiterklärt hatten, einen Knobelbecher voll Sekt zu bezahlen, wenn es eine der Miezen fertigbringt, den Jüngsten im 3. Zug oben auf die Matratze zu bringen und er dann als „bestätigter Mann" wieder nach unten kommt.

Nach lauten und erheiternden Dialogen war er endlich weich und ließ sich „abführen". Alles wartete von da ab gespannt und – mußte Geduld haben. Als Jüngling hinauf – als Mann herunter.

Nach einigem langen Warten kam der zum „Mann" gekrönte mit seiner Dame aus der Tür vom Treppenaufgang zum oberen Stockwerk. Alles stürmte auf ihn los und er sollte die genauesten Details erzählen. Mit puterrotem Kopf konnte er nur nicken, als die „Dame" erklärte, daß er „gut" gewesen sei. Sofort wurde er auf die Schultern genommen und im Triumph durch den Saal getragen.

Prompt wurde auch die Wette eingelöst. Der arme Kerl wurde seines Knobelbechers beraubt und dieser tatsächlich bis oben mit Champagner gefüllt. Unter einem unglaublichen Geschrei und Getöse wurde dann reihum der Stiefel gereicht, bis er leer war.

So etwas habe ich nur einmal in meinem Leben erlebt.

Nach einem ziemlichen Besäufnis war es für die noch Nüchternen nicht immer einfach, die Kameraden zurück nach Neuville zu bringen, ohne mit der Feldgendarmerie ins Gehege zu kommen.

Im allgemeinen wurden die Zügel stramm angezogen. Schon der fortgesetzte Dienst diente dazu, daß wir einigermaßen im Zaum gehalten wurden. In zunehmendem Maß gab es innere Unruhe bei der Truppe, weil uns bewußt war, daß wir den grandiosen Ostfeldzug nicht mitmachen durften.

Das führte dazu, daß aus diesem Anlaß ein Sonderbefehl der Division vor der gesamten Truppe verlesen und auch mehrere Tage ausgehängt wurde, der auf diese Tatsache Bezug nahm. Es wurde vermehrte Disziplin verlangt und darauf hingewiesen, daß unsere Anwesenheit hinter der Kanalfront einfach notwendig und ebenso ein Dienst für das Vaterland sei.

Uns hat das nicht so ganz beruhigt. Die Kompanien machten allemal einen Dienst, der von niemanden begriffen wurde. Nicht nur die blöden Appelle aller nur denkbaren Arten, nein, auch die Motivation war weg.

Wir konnten einfach nicht mehr verstehen, daß wir mitten im Krieg nun schon monatelang Ausbildung und formales Exerzieren betrieben. Daher auch manchmal die Auswüchse.

Von einer Fraternisierung mit der französischen Bevölkerung war nicht viel zu verspüren. In den Städten hatten wir alle etwas Bammel, wenn es Nacht wurde. Wir wurden angehalten, niemals allein zu gehen. Zu den Frauen war das Verhältnis wie in Belgien. Die einen Frauen suchten Bekanntschaften, die anderen, fast alle anderen, waren sich ihrer Nationalität sehr wohl bewußt, waren korrekt und nicht unfreundlich.

So ging der September vorbei und der Gedanke an den Winter, den wir vielleicht noch in diesen Quartieren verbringen sollten, war uns nicht ganz geheuer.

Es machte sich bemerkbar, daß etwas mehr Soldaten in Urlaub fahren konnten. So hoffte auch ich, daß ich vielleicht bald einmal in Heimaturlaub fahren könne. Unser Spieß führte eine genaue Liste, so daß, wie wir gerne glaubten, jeder der Reihe nach drankam. Ganz „durchgeblickt" haben wir da aber nicht.

Oktober 1941

Anfang des Monats hat sich nicht viel geändert. Wir haben Leutnant B. bekommen. Unsere Kompanie fährt fleißig nach Amiens.

Gegen Mitte Oktober wußte ich, daß ich am 22. Oktober auf Urlaub fahren durfte. Ich reichte Urlaub ein nach Dünne bei Bünde in Westfalen und nach Stuttgart.

Am 21.10.1941 war es dann soweit, daß ich meinen Urlaubsschein, unterschrieben von Leutnant B., in meinem Soldbuch hatte. Mein spärliches Gepäck war längstens fertig.

22.10.1941

Am Abend vor meinem ersten Urlaubstag verabschiedete ich mich von meinen Kameraden und vom Spieß. Mit dem Zug konnte ich bis Amiens fahren und dort mußte ich in der Nacht den Urlauberzug nach Deutschland benutzen. – In dieser Zeit war die Urlaubsquote innerhalb der Division von 10% auf 15% heraufgesetzt worden. Das kam auch mir zugute, sonst hätte ich vielleicht bis Weihnachten warten müssen.

Marschpause vor Antwerpen. Es wird ernst. Handgranaten sind ausgegeben und scharf gemacht.

Kurze Ruhepause in Antwerpen. Ich kaufe mir schnell ein Zigarrenetui aus echtem feinen Leder. Der Hauptmann verschnauft auf dem Fahrersitz eines Gefechtswagens.

Vormarsch bei Breda, vorne links Leutnant Kessler.

Seitenwagengespann auf der Straße Tilburg – Breda. Die Straße ist hier durch einen riesigen Bombentrichter unterbrochen.

Straßenzug in Mecheln.

Von unseren Pionieren hergestellte Brücke in Tendermonde.

Abgeschossener Panzer.

Teilansicht von Dünkirchen.

Die gesprengte Brücke in Tendermonde.

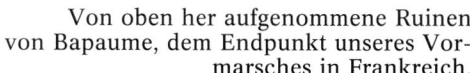

Abgeschossener Panzer.

Von oben her aufgenommene Ruinen von Bapaume, dem Endpunkt unseres Vormarsches in Frankreich.

In Amiens bummelte ich noch etwas durch die Straßen, wo ich mich inzwischen auskannte. Dann ging ich zum Bahnhof und vergewisserte mich, wann genau der Zug abgeht. Da es nur noch etwa 2 Stunden waren, setzte ich mich in die Bahnhofsgaststätte, weil ich mir dachte, es sei besser, vorher noch etwas Warmes zu essen, bevor die lange Reise losging. Gesagt – getan.

Mit meinen Finanzen war es nicht mehr so schlimm. Durch das Anfertigen von Extra-Röcken für den Spieß und andere, habe ich mir immer etwas Trinkgeld dazu verdient, so daß ich besser zurechtkam. Auch als Gefreiter bekam ich etwas mehr ausgezahlt. Ich konnte mir also eine warme Mahlzeit leisten.

In der Gaststätte war es ziemlich voll mit Soldaten, aber auch französische Bevölkerung war da. Ich steuerte auf einen freien Platz zu und setzte mich genau gegenüber einer Zivilistin. Der Ober kam und fragte nach meinen Wünschen. Ich bedeutete ihm, was ich wohl ohne Marken bekommen könne. Nun, so etwas wie Eintopf. Wenn ich aber etwas an Marken hätte, könne er mir einen wunderschönen Kaninchenbraten bringen. Ich hatte aber keine Marken, weil ich meine Lebensmittelmarken erst in Deutschland, auf meinen Urlaubsschein hin, bekam.

Genau im selben Augenblick schaltete sich mein französisches Vis-à-vis ein. Sie sagte, sie hätte gerade auch das gleiche Essen bekommen und es würde gut schmecken, ob ich von ihr die notwendigen Marken annehmen würde? Ich war überrascht und zögerte etwas, aber da hatte sie schon die Marken aus ihrem Täschchen geholt und dem Ober gegeben. Ich bedankte mich artig mit meinem besten Schulfranzösisch und freute mich. Alsbald kam auch das Essen und schmeckte wirklich gut. Dazu trank ich noch etwas Wein und mein Gegenüber hatte irgendwie Gefallen daran, daß ich so reinhaute und es mir schmeckte.

Sie zündete sich dann eine Zigarette an, blies den Rauch so etwas genüßlich vor ihr Gesicht hin und betrachtete mich beim Essen durch den Schleier.

So kamen wir dann auch in ein Gespräch, als ich mir eine Zigarre anzündete. Mein französischer Wortschatz reichte ganz gut aus, wenngleich sie für mich oft zu schnell sprach. Aber sinngemäß habe ich alles mitbekommen.

Währenddessen wippte sie mit ihrem übergeschlagenen Bein so unter dem Tisch, daß sie mich am Fuß berührte, sich aber sofort anders hinsetzte.

Nach dem Verglühen des Zigarettenrestes stand sie auf, verabschiedete sich freundlich, wünschte noch „bon voyage", und weg war sie.

Noch lange nachher, im Zug, habe ich mir Gedanken gemacht, wie das Spielchen so gelaufen ist. Es gibt mehrere Spielarten: Sie war ein Mädchen oder eine Frau der leichten Art, dann hat sie auf dem freien Markt gefischt und ich war dann doch nicht der „Geldtyp". Oder – sie hatte einfach Gefallen daran, mir als Soldaten mit ein paar Marken zu einem guten Abendbrot zu verhelfen, oder – sie war eine Agentin und hat versucht, herauszubekommen, ob ich der geeignete Verräter sein könne. Ich bin zu keinem Urteil gekommen, es sei denn, daß es für mich ein wirklich nettes Erlebnis war.

Inzwischen ist es Tag geworden, der 22.10.1941. Die Räder rollen der deutschen Reichsgrenze entgegen. Die Kettenhunde waren auch schon da, um die Papiere zu prüfen. Der Zug war sehr voll und ausschließlich Urlauber, die alle der Heimat entgegenträumten. Unterwegs, wenn der Zug mal hielt, bekamen wir vom Bahnhofsdienst heißen Kaffee.

Die Soldaten hatten ganze Warenlager an französischen Artikeln bei sich. Alles, was man sich denken kann. Selbst Gardinen, Kleider, Unterwäsche, Parfüm usw. – Nicht zu vergessen, auch den echten Cognac Martell.

Mein Ziel war Bünde in Westfalen. Ich folgte einer Einladung nach dorthin. Schon seit langer Zeit stand ich im Briefwechsel mit einem mir unbekannten westfälischen Mädchen.

Eines Tages erhielt ich Post, ein Päckchen, von dem mir nicht bekannten Mädchen und seit dieser Zeit hat sich ein reger Briefwechsel entwickelt, der als vorläufige Endphase eine Einladung nach Westfalen brachte.

Bilder haben wir etwa nach 1½ Jahren erst vor wenigen Tagen ausgetauscht und ich war gespannt, was der Besuch bringen wird.

Da ich mit meiner Diakonenschule in Bethel im Frühjahr 1940 keine Einigung erzielen konnte, wegen der Bedingungen im Kriegsfall, bin ich vor einiger Zeit ausgetreten, so daß ich unbeschwert das Mädchen in Westfalen besuchen konnte.

Eine Woche meines Urlaubs wollte ich „opfern" für Westfalen und den Rest bei meiner Mutter in Stuttgart verbringen.

Es kam auch „fast" so, wie ausgedacht.

Es gab nur einen Unterschied: Hanna, so hieß das Mädchen, fuhr als meine Verlobte – nach 7 Tagen Kennenlernen von Person zu Person – mit mir nach Stuttgart zu meiner Mutter.

(Heute ist es fast 40 Jahre her, daß sie meine Frau geworden ist.)

Ganz herrliche Tage gingen zu Ende. Viel Schönes haben wir erlebt. Der Abschied rückte näher. Hannas Zug fuhr etwa eine Stunde vor meinem Urlauberzug nach Frankreich.

Dankbar und glücklich, aber vor allen Dingen ausgeglichen fröhlich, so war ich jetzt. Ich war mir sicher, daß ich alles richtig gemacht hatte.

Lange noch habe ich den 2 roten Lichtern nachgesehen, als das Hannchen wieder zu ihrer Mutter fuhr.

Wir sollten für lange getrennt bleiben!!

Etwas später kam mein Zug. Er brachte mich zurück nach Frankreich.

08.11.1941

Letzter Urlaubstag. Fahrt zurück zur Kompanie. Die ganze Fahrt war ich am Träumen. Der ganze Krieg, meine Zukunft, mein Austritt aus Nazareth – alles – alles hat mich nicht aufgeregt. Nur eines zählte: Sie ist meine Verlobte und wir werden heiraten. Sie wird zu mir halten, und ich bin bei ihr zuhause.

Sicher wird es nur das Briefpapier sein, nur ihre Gedanken, meine Gedanken, unsere Wünsche und Hoffnungen. Aber, ich war getröstet worden, ich wurde geliebt und geachtet. Wir haben uns verbunden. Noch haben wir uns nicht über Kirche und Glauben auseinandergesetzt, noch weiß ich nicht, ob ich nach dem Krieg wieder Diakon sein kann. – All das zählte jetzt nicht.

09.11.1941

Ich bin zurück und gleich am Packen. Unser ganzes Bataillon zieht nun nach Amiens in die Kaserne. Es ist die Kaserne „Friaut". Dann kommen auch noch die anderen Bataillone und zuletzt der Rest vom Regiment. Mitten in der Stadt sind wir. Wir kaufen alles auf, was man in der Heimat gebrauchen kann.

Inzwischen hatte Feldwebel K. wieder eine regelrechte Schwarzschlachterei eingerichtet. Die Urlauber nach Hamburg schleppten Unmengen von Fleisch weg. Alles lief wie am Schnürchen. Die Soldaten waren zufrieden mit dem Dienst. Wenn Dienstschluß war, ging alles raus, wie es früher in Hamburg war. Die auf die Soldaten angesetzten Mädchen waren eine Plage geworden. Alle wollten unser Geld, und wenn man den Abwehroffizieren glauben darf, waren sie auch darauf angesetzt, die Landser krank zu machen.

Es gab oft Alarm für uns. Zu jeder Tages- und Nachtzeit. Wir wurden immer in Trab gehalten. Doch einmal wurde es plötzlich Ernst. Wir wurden morgens gegen 8.30 Uhr alarmiert. Antreten und dann Verladen auf bereitgestellte Lkw. Ab ging die Post, ohne daß wir auch nur den geringsten Schimmer hatten, wo etwas los war. In der Bahnhofsgegend wurden wir abgesetzt. Die Kompanie mußte antreten und dann erst wurde uns eröffnet, daß wir für den persönlichen Schutz des Reichsmarschalls Hermann Göring eingesetzt werden.

Das war ein Ding! Hermann kommt nach Amiens.

Wir wurden auf dem Bahnhofsgelände zur Wache eingeteilt. Ich war beim dritten Zug und ausgerechnet wir kamen ganz hinten auf den letzten Bahnsteig. Zuerst hatten wir das als eine „Masche" angesehen. Aber nun, auf dem letzten Bahnsteig? Dann kam da noch etwas Ungemütliches. Nach kurzer Zeit tauchten da plötzlich Waffen-SS-Offiziere auf und haben uns angesprochen. Unser Kompanie-Chef war dabei, und da mußte es auch wohl seine Richtigkeit haben. Wir sollten für die Sicherheit des Marschalls sorgen. Wir sollten keinesfalls auf die Bahnsteige vor uns sehen, sondern mit schußbereitem Gewehr unaufhörlich über den Zaun in die Gärten hineinsehen und die Häuserfront genau beobachten, welche sich hinter den Gärten hinzog. „Verstanden?" „Jawoll!"

Das war meine erste Begegnung mit den schwarzen Uniformen im Krieg. Es sollte nicht die letzte sein.

So standen wir dann, guckten uns gegenseitig dumm an und gafften in die Gärten. Stundenlang.

Wir wurden langsam sauer, denn die Mittagszeit war schon lange vorbei und die Waffen-SS-Offiziere überwachten uns immer noch so streng.

Endlich kam eine Unruhe in die Situation. Wir hörten schon von weitem das Herannahen eines Zuges. Siehe da, alles wurde geschäftig, noch mehr Waffen-SS-Männer tauchten auf und sperrten den übernächsten Bahnsteig hermetisch ab.

Der Zug kam. Zuerst kamen Rungenwagen, vollgeladen mit Eisenbahnschwellen, nicht etwa die Lokomotive. Dann einige Leergüterwagen und dann um- und ausgebaute Wagen mit 4-lings-Flak. Alle Soldaten hatten Stahlhelme auf und sauberes, schneeweißes Koppel und Schulterriemen. Das machte Eindruck auf uns. Leider konnten wir nur seitwärts schielend das ganze Zeremonien-Theater wahrnehmen. Immerhin, wir waren dabeigewesen. Wo blieb denn nur der Marschall? Wir sahen keinen. Was war nun?

Die Lösung kam gleich etwas später in Gestalt eines neuen, zweiten Zuges. Ähnlich zusammengesetzt wie der erste Zug, doch alles war gepanzert. Auch waren statt der Leerwagen schöne lange Salonwagen mitten im Zug und in dem hinteren Wagen alles voll SS-Soldaten. Es war für mich kaum faßbar, aber dieser Zug lief genau auf unserem hinteren Bahnsteig ein, neben dem Sicherheits-Vorzug. Das war ein Glück, daß wir das auf 3-4 m Entfernung mitbekommen konnten.

Salutieren oder so etwas war strikt verboten. Nur in die Gärten schauen. Trotzdem äugte ich nach links und rechts etwas, hatten die großen Salonwagen doch direkt hinter mir ihren Standort. Überall schwirrten plötzlich noch mehr Sicherheitsbeamte umher und wir bekamen mit, daß sich die Tür zu dem großen Salonwagen öffnete und zuerst Feldmarschall Milch herauskam mit Adjudanten und dann Hermann. Abstand von mir etwa 3 m. Dann hörte ich Hermann Göring laut sagen: „Nimm mal Du die Mappe", und er gab Marschall Milch eine Mappe in die Hand.

Ein Gefolge von etwa 1 Dutzend Generälen und Adjutanten folgten hinterher. Die ganze Gesellschaft ging zum Anfang des Zuges bis zur Lokomotive und den Leerwagen, als sich plötzlich der Zug etwas in Bewegung setzte. Vermutlich hatte eine neue Lokomotive angekoppelt. Im selben Augenblick pfiff der Zugführer, unübersehbar mit goldbetreßter Uniform, nachdrücklich auf seiner Trillerpfeife und schimpfte laut: „Wollt Ihr den Feldmarschall überfahren? Stehen bleiben." – Uns fuhr es kalt durch. Doch dann löste sich der Schreck bald und der Zug stand wieder. Aus dem Fenster des Schlafwagens guckte eine Frau, die angeblich die Schwester von Hermann Göring war, um zu sehen, was los war. Dann entfernte sich die ganze Gruppe in Richtung Bahnhofsgebäude. – Es war nichts passiert.

Nach einer weiteren Stunde rollten die beiden Züge ab, ohne daß der Marschall wieder eingestiegen wäre und wir wurden nacheinander abgelöst, um mit dem Lkw in die Kaserne zurückgefahren zu werden. Wir hatten einen unverschämten Kohldampf inzwischen und nicht gerade wenig Durst.

Es war ein ganz kleiner Einblick in die große Welt der obersten Kriegsführung.

24.12.1941

Weihnachten rückte langsam heran. Da ich vor 10 Wochen erst im Heimaturlaub war, glaubte ich nicht mehr so recht, daß ich zu Weihnachten noch wegkam. Es wäre dann das dritte Weihnachten, an dem ich keinen Urlaub hatte.

Gestern war so eine Art Kompanieabend. Zu meiner Freude wurde ich zum Obergefreiten befördert. Ich gehörte von nun an zum sogenannten Rückgrat der Armee! Für mich war das insofern bedeutungsvoll, als ich endlich etwas mehr Wehrsold bekam. Leutnant Bulle wurde Kompanie-Chef. Uns war es recht.

Der Heilige Abend war angebrochen. Plötzlich brachte die Ordonanz von Leutnant Bulle eine Reithose und dazu etwa 1 qm wasserdichten Stoff. Damit sollte ich unbedingt und sofort, in die Hose innen, eine Einlage einnähen. Das war ein mühsames Unterfangen und auch zeitraubend. Warum auch gerade am Heiligen Abend und warum so eilig?

Nach dem Essen war ich fertig und auch froh; wollten wir doch Weihnachten, fern der Heimat, etwas festlich begehen. Wir Handwerker waren alle da, auf Urlaub war keiner. Am Abend wollten wir noch zusammensein, wie in Deutschland.

Es kam alles anders, ganz anders!

15.00 Uhr „ A l a r m ! "

Drittes Tagebuch

Wir fahren zum Osten!

In Westfalen und in Stuttgart ahnte niemand, daß dieser Alarm um 15.00 Uhr eine Schicksalswende der gesamten 225. Division und gerade auch des Obergefreiten Gerhard Siegle, bringen würde.

Statt dem Heiligen Abend gab es Arbeit über Arbeit. Packen und nochmals packen. Noch wußten wir Landser nicht, wohin die Reise ging. Daß wir abmarschieren, das ist unverblümt gesagt worden. Wohin aber, da war jedem Gerücht Tür und Tor geöffnet. Nichts war unmöglich nach Meinung der Soldaten. Alles war möglich.

Es zeigt sich, daß wir viel Gepäck hatten von den Urlaubern, so daß unser Kammerwagen zum Platzen voll war.

Der Hauptfeldwebel Schiller ließ durchblicken, daß wir auf keinen Fall in die Kaserne zurückkämen und nicht etwa klammheimlich irgend etwas liegenlassen könnten, in der Hoffnung, daß wir später alles wiederfinden würden.

Nach dem Wecken gab es wie immer Kaffee und das war auch das letzte Mal in Frankreich!

Am Weihnachtstag 1941 um 10.00 Uhr waren wir in Amiens bereits mit allem verladen. Der Zug rollte an und wir waren aufs Äußerste gespannt, in welche Richtung er fuhr. Die Temperatur an diesem Weihnachtsmorgen war um 16 Grad Plus.

Am frühen Morgen des 2. Weihnachtstages fuhr unser endlos langer Zug in Aachen ein. Frischer Schnee lag zwischen den Gleisen und auf den Feldern. Wir waren also wieder im Reich.

Wohin nun? Nach Osten, Norden, Süden, jetzt mußte es sich doch entscheiden!

Bald darauf merkten wir in der fahlen Helle des Wintertages, daß wir über Duisburg fuhren, also – nach dem Osten. Kurz darauf neue Parolen. Stimmt alles nicht, wir fahren ja jetzt nach Norden, in Richtung Münster-Osnabrück. Das konnte ja nur Dänemark oder Norwegen heißen. Irgendwie war das nicht schlecht. Weiter kamen nun Vermutungen auf, daß wir dann vielleicht sogar über Hamburg kämen, wenn es zum Norden geht. Nicht auszudenken. Wie sollte man die

Frauen und Mütter alarmieren, daß wir geradezu auf Hamburg losfahren? Nicht auszudenken, geradezu auf Hamburg losfahren. –

Wir erreichen Bremen und es ist bald wieder dunkel draußen. Es gibt kein Vertun mehr. Die Kundigen schwören auf Hamburg. Man wolle uns eine Freude machen und läßt das Hamburger Regiment IR 376 direkt nach Hamburg fahren. Die Spannung wächst mit jeder Minute und jedem km, den wir tatsächlich näher an Hamburg kommen. Es ist nicht auszudenken. Viele Soldaten schreien in die Nacht hinaus, da, wo die Großstadtgrenze hergeht: „Hier wohnt mein Onkel, da meine Mutter!" usw.

Ich konnte mir das gar nicht vorstellen, was unsere Leitung dabei dachte, unseren Zug mitten nach Hamburg hinein zu fahren. Ganz langsam, langsam schob er sich immer weiter in die Riesenstadt hinein, bis nach Lockstedt. Irgendwo, ohne direkten Bahnhof, irgendwo in der Dunkelheit hielt er zitternd an und stand.

So etwas hat die Welt noch nicht gesehen, was sich dann tat. Es gab kaum einen Unterschied zwischen den Soldaten und den Unteroffizieren. In Scharen haben sie den Zug verlassen, ganz gleich, ob sie den wiederfinden würden, oder ob wir inzwischen weiterfahren.

Natürlich war es verboten, den Zug zu verlassen. Aber – welche Unmenschen haben sich so etwas ausgedacht, Soldaten, die schon über 2 Jahre in Frankreich Dienst taten, genau an Weihnachten in ihre Heimatstadt zu fahren und dann in einen Zug zu sperren?

Das war eine absolute Herausforderung an die Urinstinkte der Natur. Welcher Vater wollte Weihnachten nicht gerne zu seinen Kindern und welcher Mann wollte nicht Weihnachten gern seine Frau umarmen?

Es gab erschütternde Szenen. Die einen boten Geld an bei Eisenbahnern, die zu fassen waren. 50,- RM oder 100,- RM oder noch mehr, wenn sie über das Diensttelefon irgendwo draußen in der Nacht eine Nummer wählten und durchsagten: „Kommt ganz schnell, Euer Vater ist in Lockstedt auf dem Verschiebebahnhof im Wehrmachtszug."

Und siehe da, es kam etwas in Gang! Erst zögernd, dann da und dort zwischen den Gleisen standen Menschen, die sich gefunden hatten. Es hat mich sehr bewegt, aus manchen Gründen.

Es gab auch Verzweifelte, deren Gemüt so hart betroffen wurde, daß sie einer Urgewalt folgend, einfach in die Nacht hinein flohen und weg waren.

Ich weiß nicht mehr genau, wann wir weiterfuhren. Jedenfalls waren es Stunden, die wir da draußen standen.

Den Hamburger Offizieren ging es nicht anders. Die hatten auch keine anderen Gefühle als die Landser. – Irgendwann kamen dann Rufe, Befehle, immer eindringlicher und dann die Uhrzeit, wann der Zug abfährt. Weiterfährt, wahrscheinlich nach Dänemark oder Norwegen.

Es gab bewegte Abschiedsszenen. Innerlich aufgerührt und aufgewühlt kamen sie zurück, diejenigen, welche Verwandte herausbekommen haben. Betroffen waren wir aber alle, als die Abfahrtszeit kam und wir genau wußten, daß doch ein Teil von jeder Kompanie noch nicht zurück war.

Uns war klar, wenn der Zug tatsächlich abfährt, bevor sie zurück waren, bedeutete das so etwas wie Fahnenflucht oder dergleichen. Der Zug fuhr ab. –

Wir machten uns schwere Gedanken, wo die Einzelnen stecken mochten, was sie machen, wenn sie erfahren, der Zug ist weg. Was kam dann, Reue oder Trotz oder Widerstandsgefühl?

Man hatte bei der Leitung wohl nicht damit gerechnet, aber es war nun einmal so!

Sehr viel später erfuhren wir, daß die Führung blitzschnell einen Meldekopf in Hamburg eingerichtet hat, bei dem sich alle Suchenden, die den Zug nicht mehr vorfanden, melden konnten, um der Truppe nachgeführt zu werden. Wie wir auch später hörten, ist ein ganzes Kommando nachgeführt worden und es wurde uns nicht bekannt, daß auch nur einer deshalb bestraft wurde.

Das empfanden wir alle mit Genugtuung als richtig.

Ja, der Zug rollte weiter. Zu unserem großen Erstaunen kamen wir gar nicht in Rendsburg oder Flensburg an. Wir kamen da tatsächlich nicht an. Das ganze Gedankengebäude, unsere ganze Strategie wackelte. Nichts blieb über. Unübersehbar ging die Richtung nach Osten, nach Stettin.

Als es Tag wurde, konnten wir es bestätigt bekommen an den Haltepunkten des Zuges. Es wurde immer kälter. Der Zug war wohl geheizt, aber bei den Pferden war nicht geheizt. Das waren, wie immer, Güterwagen mit 2 Einteilungen, je nach links und nach rechts von der Tür aus gesehen. Die Pferde wurden gut versorgt und sind auch auf den Haltestellen mit Wasser versorgt worden.

Ich war als Handwerker während des Transportes wieder beim Troß eingeteilt. Feldwebel K. hatte einen Nachfolger bekommen. Ein neuer Futtermeister, der nach Haltung und Art ein echter Bauersmann war, aus dem süddeutschen Raum. Der Spieß sprach ihn deshalb nur mit „Seppl" an. K. war in die Kompanie integriert worden.

Von Stettin geht es weiter nach Osten, in die tief verschneiten Ebenen nach Westpreußen. Über Dirschau fährt der Zug in Richtung Danzig. Es ist die deutsche Stadt, die seit dem 1. Weltkrieg umstritten war. Vom Völkerbundskommissar Burkhard verwaltet, jetzt wieder zum Hoheitsgebiet des deutschen Reiches gehörig.

In Praust werden wir ausgeladen. Alles formiert sich und wir werden wieder einmal gewahr, was alles so zu uns gehört. Welche Mengen an Material und Gerät, abgesehen von den Soldaten selbst.

Die 6. Kompanie wird in Privatquartieren in Nobel untergebracht. Wir Handwerker kommen zu einer Familie Schiefelbein. Dort haben wir es gut getroffen, nicht gerade deshalb, weil am nächsten Tag eine Hausschlachtung erfolgte, nein, einfach deshalb, weil man nach langer Zeit wieder mit deutschen Menschen sprechen konnte über den Krieg im Osten und wie wohl das kommende Jahr werden würde und tausend andere Dinge.

Die Quartiersleute waren recht gut zu uns und taten alles, um uns eine Freude zu machen.

Wir blieben über Neujahr da. Dann hörten wir die Aufrufe im deutschen Radio an die Bevölkerung, warme Wintersachen zu spenden für das Ostheer, denn der Winter hatte mit aller Härte eingesetzt. Zu unserer Genugtuung bekamen wir davon auch etwas zu spüren. In Mengen bekamen wir eine sogenannte zusätzliche Winterausrüstung. Jeder Soldat bekam einen zweiten Kopfschützer, weiter einen sogenannten Lungenschützer.

Das war ein Ding aus zwei Teilen, welche miteinander so verbunden waren, daß man den Kopf durchsteckte und dann Brustpartie und Rücken bedeckt waren. Der Stoff war rauh und warm anzufassen. Dazu gab es dann noch Handschuhe und Wachmäntel, sehr lang, für Soldaten, die auf Posten stehen mußten.

Darüber hinaus gab es noch aus den spontan abgelieferten Spenden auch Pulswärmer, Fellmäntel und vor allem Skier. Ich habe, außer meiner Jungenzeit, noch nie wieder auf einem Ski gestanden.

All dies mußte mitverpackt werden. An diesen Privatspenden waren zum Teil rührende Abschiedsbriefe gebunden, mit den besten Wünschen an die zukünftigen Benutzer.

Im Volk war eine mächtige Welle der Hilfsbereitschaft für die frierenden Soldaten aufgebrochen. Dankbar haben wir alles aufgenommen, was gestrickt und gehäkelt wurde.

Daß wir im Osten eingesetzt wurden, war jedem von uns klar geworden. Wir wußten nur nicht, wie es weitergehen würde.

Eines Morgens tauchten beim Troß plötzlich schwere, handgemachte Schlitten auf, für Pferdebespannung. Alle staunten über die deutsche Wertarbeit. Es gab dazu auch Pferde und eine Anweisung, was auf Schlitten und auf die Räderfahrzeuge verladen werden mußte. Wir waren immer im Trab.

Natürlich haben wir uns während dieser Tage der zusätzlichen Ausrüstung auch Gedanken gemacht, wie wir mit dieser enormen Bagage an die Front kommen sollten, die sich doch vielleicht etwa 1000 km entfernt, von Leningrad bis vor Moskau hinzog. Wir wußten auch, daß die russischen Eisenbahnen eine andere Spurweite hatten, als wir in Westeuropa. Ja, wie sollte das weitergehen? –

Es ist inzwischen ganz bitter kalt geworden.

01.01.1942

Wir sind noch im alten Quartier. Heute haben wir etwas Luft bekommen. So benutzen wir die Freizeit, um uns umzusehen. Wir sind mit unseren Quartiersleuten im Nachbardorf „Hochzeit" gelandet. Wir mußten lachen, daß es tatsächlich ein Dorf dieses Namens gab. Da wir uns ja in einem Landesteil befanden, in dem auch manchmal polnisch gesprochen wurde, oder wenigstens bekannt war (polnischer Korridor), fanden wir die Aussprache der Menschen in unseren Ohren nicht so reindeutsch wie in Hamburg oder Westfalen. Alle haben uns aber gesagt, daß sie froh sind, wieder zum Deutschen Reich zu gehören und in dessen Schutz zu leben.

Die Gerüchte eilen den Tatsachen voraus.

06.01.1942

Tatsächlich beginnen heute die Verladungen der einzelnen Regimenter. Wir marschieren, nach einen wehmütigen Abschied von unseren Quartiersleuten, nach Neufahrwasser.

Es gab keinen Flieder und keine Blumen, wie in Dortmund 1940, sondern nur gute Wünsche und nachdenkliche Gesichter!

In Neufahrwasser angekommen, heißt es Geduld haben. Es gibt gar keinen Zweifel mehr, wir kommen auf Schiffe. –

Das war nun ganz neu. Nach England – mit Schiffen. Ja, wir hatten das ja zur Genüge an der Kanalküste bei Le Havre geprobt. Aber jetzt, in der Ostsee, wo soll das wohl hingehen?

Wir konnten von unserem Warteplatz aus sehen, daß sich im Hafen gewaltig etwas tat. Überall große, etwa 10 000-Tonnen-Schiffe. Ein lebhaftes Treiben überall. An den schweren Ladebäumen hingen ganze Lkw oder Pferde oder Gefechtswagen. Manchmal Geschütze, Lafetten, Munitionskisten in großen Netzen, wurden verladen. Überall war Flak postiert, auch auf den Schiffen waren zusätzliche Maschinengewehre gegen Flugzeuge aufgestellt.

Die Schiffsbäuche schluckten und schluckten unaufhörlich. Es sind nicht weniger als 1 Dutzend große Transportschiffe, die da verladen. Im diesigen Wetter sehen wir auch Kriegsschiffe.

Endlich sind auch wir dran. Mit unheimlicher Präzision schluckt das Schiff vor uns unseren Troß. Langes Lkw hängt plötzlich hoch oben in der Luft, wird geschwenkt und dann durch die Luft langsam abgesenkt. Unser Schiff, dem wir zugeteilt werden, ist die „Helgoland".

Über ein Fallreep kommen wir an Bord und werden unverzüglich unter Deck gebracht. Durch einen kleinen Niedergang gelangen wir in den Schiffsbauch, unmittelbar unter Deck. Das Rauchen ist strengstens verboten. Warum, das war uns sofort klar.

Der Raum, in den wir hineingeschleußt wurden, war nur durch einen Gang begehbar bis zur nächsten Wand. Links und rechts waren Stellagen so angebracht, daß wir in 3 Etagen liegen konnten. Unten Bretter, darauf eine dünne Strohschicht. Wir mußten sofort in die jeweilig noch freie Etage hineinkriechen, das Gepäck vorneweg bis an das Kopfende und dann lagen wir da. Ein Heraus gab es zunächst nicht mehr.

Aufrichten war auch nicht gut möglich, da der Obermann auch Platz haben mußte. So lagen wir da, wirklich wie die Heringe in einer Büchse. Ein paar spärlich angebrachte Glühbirnen im Gang gaben dem Ganzen etwas Gespenstisches.

Mir war ganz und gar unheimlich bei dem Gedanken, daß wir hier tatsächlich wie gefangen waren. Wir lagen so dicht, daß wir weder rechts noch links konnten, auch nicht zum Kopfende und zum Fußende zu, auf den Gang hinaus auch nicht. – Jetzt wußte ich besser, was ein Truppentransporter auf See war. –

Im großen und ganzen verhielten sich die Soldaten vernünftig. Geraucht hat keiner. Etwas Gutes war dann doch an der Sache. Wir hatten Radio und eine Bordlautsprecheranlage.

So wurden wir alsbald über unseren, nicht gerade umwerfend guten Zwangsaufenthalt unter Deck, aufgekärt: Es war notwendig, daß wir verschwunden sein mußten, um das Verladen nicht zu behindern.

Es war uns zugesagt, daß wir nach dem Auslaufen, auf hoher See, immer gruppenweise an Deck können, um frische Luft zu schnappen. Nun, das war begreiflich, und wir waren etwas beruhigter.

Wo es hinging, das wußten wir immer noch nicht.

Ich ergab mich in mein Schicksal und hörte den Geräuschen zu.

Am Kopfende war unmittelbar die Bordwand. Durch den Niedergang, die Luke war wegen der Frischluft, auch bei minus 20 Grad Kälte, aufgeblieben, doch kalt hatten wir es eigentlich nicht, hörte ich die Geräusche der Winschen und der sich bewegenden Ladebäume.

Nach meiner Uhrzeit mag es gegen 20.00 Uhr gewesen sein, da hörte der Verladelärm auf, es wurde etwas ruhiger. Unheimlich war es uns in den Heringsbüchsenverhältnissen trotzdem geblieben.

Wo wir hinfahren, das haben wir bis jetzt von niemandem erfahren. Irgendwie war es befriedigend, daß wir alle beieinander waren und die Küche auch dabei war.

Gespannt lauschte ich in die Nacht, etwas aufgehellt durch die paar elektrischen Birnen im Gang. Es mußte sich eigentlich bald etwas tun, wenn sie fertig waren. Man hörte nur dann und wann so etwas wie Befehle, doch sonst war es unheimlich still geworden.

Ein Mariner kam und sagte, daß es bald losginge. Wir würden bald ablegen. Das war eine Erlösung. Irgendein Rindvieh sagte doch so etwas von U-Booten und ob sie uns wohl schon im Hafen ausgemacht hätten? Das war natürlich so etwas wie ein Schlag, direkt in die Magengrube. Bei dem Gedanken an unsere Heringsbüchsen-Situation und dann U-Boote, das war kein guter Gedanke.

Sofort ging es auch los: „Du spinnst ja, glaubst Du, wir würden ohne Marinebegleitschutz fahren?" Eine endlose Diskussion war in Gang gebracht.

Ohne jeden Zweifel, das war uns klar, bei einem Treffer von U-Booten hatten wir nicht die allergeringste Chance, hier je lebend aus dem Menschen-Silo herauszukommen.

Mitten in dem Palaver fing das Schiff an, heftig zu zittern. Das war etwas ganz Neues, etwas anderes. Schrille Pfiffe aus Seemannspfeifen konnte man ganz deutlich vernehmen, und dann war erst mal wieder nichts. Doch das Zittern blieb. Jetzt aber, jetzt war es deutlich zu empfinden, das Schiff bewegte sich. Ganz, ganz leicht spürte man, daß es sich bewegte. Die Maschinen hatten eine etwas höhere Tourenzahl, das Zittern wurde gedämpfter, kein Zweifel, wir hatten abgelegt.

Alles, was wir überhaupt wahrnehmen konnten, kam über die Ohren zu uns über den Körper, der das Zittern empfand. Ich dachte mir aus, wie das da oben so alles ablief, so aus den Liegeplätzen herausmanövrieren, aus der Hafeneinfahrt heraus. Ob wir auch ausreichend genug Marinestreitkräfte für den Geleitzug hatten? Für mich war klar, daß es ein großer Geleitzug werden würde. Ob wir noch viel von der Nacht vor uns hatten? Nachts konnte man uns durch Aufklärungsflugzeuge bestimmt nicht so gut ausmachen.

Mitten hinein in diese Gedankengänge fing das Schiff urplötzlich an, unheimlich zu zittern und zu stampfen, und wir merkten an der Fliehkraft, daß das Schiff stark abbremste. Da gab es auch schon einen unheimlichen Krach und Knall. Es tat einen Ruck, daß alle auf ihren 3 Etagen ins Rollen kamen. Das Schiff zitterte immer noch verrückt. Pfiffe durchschnitten die Kälte und dann ein Gebrüll, Schreie, Rufen, und wir wußten, wir waren irgendwie getroffen worden.

Unmittelbar darauf tönte der Bordlautsprecher laut und eindringlich: „Ruhe bewahren, Ruhe bewahren! Keine Gefahr!" Dann später: „Keine Gefahr! Wir sind mit einem anderen Fahrzeug zusammengestoßen. Berührung erfolgte über der Wasserlinie! Ende der Durchsage."

Das war eine Aufregung im Schiffsbauch. Die Stimme am Bordlautsprecher hat uns tatsächlich etwas beruhigt. Dazu kam, daß einer unserer Offiziere, von der Luke aus, hereinrief, daß nichts weiter passiert wäre. Ein ziemliches Loch an der Bordwand sei alles, aber über der Wasserlinie.

Das fing ja gut an. Ob sie wohl hinausfahren mit uns? Auf hohe See? Der Posten, der an der Luke am Niedergang aufgezogen war, sagte uns zu, alles hereinzurufen, was er sehen würde. Es war immerhin mitten in der Nacht.

Wo wir genau waren, wußten wir auch nicht. Später haben wir dann erfahren, daß wir mit einem Zerstörer oder Torpedoboot zusammengestoßen sind. Die Kollision war derart hart, daß bei uns am Bug ein mannshohes Loch in der Bordwand entstand.

In Windeseile wurde untersucht, ob wir unter der Wasserlinie getroffen waren, was aber nicht der Fall war. So wurde das Loch von innen mit Bohlen, Brettern und Balken notdürftig abgedichtet. Später habe ich es gesehen.

Zweifel, ob wir mit unserem Pott noch auslaufen, waren schnell beseitigt. Ich spürte, wie die Maschinen wieder anliefen, das starke Zittern wurde wieder geringer und das Schiff nahm langsam Fahrt auf. Die anderen Schiffe werden wohl schon draußen gewartet haben. – Jetzt wurde die Tourenzahl noch mehr erhöht, und unverkennbar machte das Schiff normale Fahrt.

Die Spannung hat sich wieder gelöst. Es war doch ein Schreck zuerst.

Am Eingang tat sich etwas. Die ersten unter Deck eingepferchten Soldaten durften heraus. Nach etwa 20 Minuten kamen sie wieder. Aus dem warmen Schiffsbauch waren sie dankbar an die frische Luft gekommen, doch jetzt waren sie durch und durchgefroren. Dem nächsten Schub gaben sie den dringenden Rat, sich warm anzuziehen. Alle, die draußen waren, erzählten, daß man andere Schiffe vor und hinter uns auch sehe und Kriegsmarine fahre seitwärts hin und her. Wir waren also in voller Fahrt und wurden begleitet von der Kriegsmarine.

Das Geheimnis, wohin wir fahren werden, war auch gelüftet worden. Jeder wußte jetzt, daß wir auf Leningrad zufahren sollen, so weit, wie es die Verhältnisse zulassen. Vielleicht auch nur bis Reval oder Riga.

Die Gerüchteküche produzierte alle Möglichkeiten.

Riga war wohl richtiger. Ganz so genau wußte keiner, in welcher Relation Riga zum Frontverlauf war. Das machte uns zunächst keine Sorgen.

Etwas ganz anderes machte uns in der abnehmenden Nacht Sorgen. Zuerst waren es so leichte Kratzgeräusche an der Bordwand. Wir wußten lange nicht, was das auf sich hatte. – Dann kam des Rätsels Lösung von einem Kameraden, der Posten gestanden hatte an einem Flieger-MG. Er klärte uns auf und sagte: „Das können nur die Eisschollen sein, die da auf einmal draußen zu sehen sind." Das leuchtete uns ein. Wir waren wieder etwas beruhigter, wenngleich das Kratzen zunahm.

Mit dem „Frische Luft schnappen" war auch ich bald dran. Eingedenk der Warnungen, zog ich mich gut an und ging an Deck. Wir konnten uns auf dem ganzen Deck gut und frei bewegen. Von den Marinern war nicht viel zu sehen. Auf unserem Schiff waren es Zivilisten, glaube ich. Alles war festgezurrt und vertäut. In der beginnenden Dämmerung sahen wir auch die anderen großen Frachter. Nur ganz unscheinbare Positionslampen hatten sie aufgehängt. Ringsum waren lauter kleine weiße Inseln, alles Eisbrocken.

Das konnte ja noch lustig werden.

Als wir wieder unter Deck im Warmen waren, hatte sich unser doch so etwas wie Zufriedenheit bemächtigt. Irgendwie hatte alles seine Ordnung. –

Am Morgen, nachdem wir tatsächlich etwas geschlafen hatten, gab es heißen Kaffee. Das war etwas Gutes. Wir rutschten weiter zum Gang hin und konnten so unsere Gesichter besser sehen. Manche sind auf Wetten verfallen. Sie wetteten, daß wir in ein Packeis kämen. Andere, daß wir bis vor Reval oder gar Leningrad kämen usw.

Nun, fest stand, daß das Gekratze seit dem Morgen ganz schön zugenommen hatte. Das Gedröhne der Maschinen war aber immer gleichmäßig geblieben.

Die Fliegerwachen wurden verstärkt und doppelt besetzt.

So kam ich im Laufe des Tages auch wieder für einige Zeit auf Deck an ein Fliegerabwehr-MG.

Es ist unglaublich, wie sich der Mensch auf etwas Neues und Ungewohntes einstellen kann.

Wir haben heute den
07.01.1942

und schwimmen mitten auf der Ostsee. Unsere Kameraden haben sich etwas Sinniges ausgedacht, und was sie sich ausgedacht haben, machte augenblicklich Schule: Längs an der Reeling waren an Schnüren in kleinen Abständen kleine Luftballons angebracht. Sie flatterten alle im Fahrtwind, und so recht wußten die ersten Zuschauer nicht, was das sollte und für eine Bedeutung hatte. Sie, die Luftballons, hatten alle etwa die gleiche Form und das gleiche Aussehen. Nicht so rund, eher etwas länglich wie Bananen oder so. Alles lachte über den Einfall.

Es waren die letzten Grüße von Frankreichs Lasterhöhlen oder auch sonst. Es waren die noch übriggebliebenen, aufgeblasenen und an Schnüre gebundenen Gummi-Präservative der Soldaten.

So sehr wir lachen mußten, das Geschehen hatte irgendwie eine Symbolik. Die Landser wußten, daß das alles vorbei war. Gewiß, auch das gehörte zum Leben. Doch mit einem lachenden und weinenden Auge gaben sie dieses, in Frankreich immer mitgeführte, „Schutzbedürfnis" preis.

Der Osten war anders, das ahnten wir alle, und darum, auch diese Brücke wurde hinter uns abgebrochen.

Wir hatten unwahrscheinliches Glück. Kein Flieger sah uns.

Da dampfte eine gewaltige Armada von Danzig ausgehend, mitten in der Ostsee, und der Feind hatte uns noch nicht ausgemacht.

Zur Zeit war nur die Kälte unser Feind und vielleicht auch der qualvoll enge und vollgepferchte Schiffsbauch mit seinem nun nicht mehr zu verheimlichenden Mief. –

Wir empfanden immer deutlicher, daß die Schiffe mit Kraft und erhöhter Tourenzahl gegen die Eisschollen ankämpften. Von der Dünung merkten wir kaum etwas. Übrigens konnten wir jetzt, wann wir wollten, die Nase herausstecken. Besser als alle Befehle trieb uns die Kälte wieder hinunter.

Die zweite Nacht kam, und wir schliefen tatsächlich ein. Manchmal kürzer, manchmal ging es auch etwas länger. Die Fahrer mußten auch nach ihren Pferden sehen, die unter unserem Deck waren.

Meine Gedanken gingen öfters in Richtung Westfalen. Hanna ahnte ja nicht, daß ich so dicht bei ihr, etwa knapp 40 km entfernt, vorbeigefahren bin und jetzt auf dem Weg nach Rußland war.

Oft genug hatten wir die Kameraden im Osten beneidet. Dabei dachten wir meistens an das „Dabeisein, das Vorwärtsstürmen". Nicht an so etwas Dummes wie simple Kälte und rotgefrorene Nasen. Irgendwie bekamen wir so einen kleinen Vorgeschmack, was der Osten uns bringt.

Als ich mal wieder aufwachte, hatte ich das Gefühl, als ob das Schiff nur noch mit Mühe vorankommt, so stark war das Geräusch an der Bordwand geworden. Ich sollte mit meiner Vermutung recht behalten. Als ich leise in der Morgendämmerung auf das Deck kletterte, sah ich, daß keine Kriegsmarine mehr um uns herum war. Alles war überdeckt, das ganze Meer, mit Eisschollen, über und über. Zwei Schiffe waren noch bei uns, von den anderen konnte ich zunächst nichts mehr sehen.

Das war ja ein Ding! Hinter uns war so eine Art Fahrrinne, und vor uns schob sich ein Schiff in nur kurzem Abstand ganz mühsam voran, fast im Schrittempo. Was sollte das bedeuten? Es konnte ja wohl nicht angehen, daß man die ganze Division aus Frankreich heranholte, auf Schiffe verlud, in die Ostsee hinausschickte, um sie dann dort einfrieren zu lassen.

Mir ging das nicht in den Kopf. Natürlich hatten andere das auch schon gemerkt, daß da etwas schieflief, auf dem besten Wege schieflief. Von einem Matrosen, den ich erwischte, erfuhr ich, daß wir etwa in Höhe von Windau wären. Das sagte mir zunächst noch nichts. Unten im Schiffsbauch hatte einer eine Karte, auf der wir nachsahen. Da standen wir so ungläubig wie sonst was davor und sahen, wo wir sein sollten, etwa auf der Höhe von Windau, und wo wir hinwollten, hinauf nach Reval oder geradezu nach Leningrad.

Entweder hat sich da die Heeresleitung geirrt, oder der liebe Gott meint es nicht gerade gut mit uns.

08.01.1942

Es gibt keinen Zweifel mehr, wir sitzen bald fest. Nur noch mit Anläufen kommen wir weiter, und dann ist es endgültig aus mit Fahrtmachen. Der Eisgang ist stärker als wir. Die Maschinen laufen zwar, aber nur, um die Schraube eisfrei zu halten und daß wir Dampf und Strom haben, aber voran kommen wir nicht mehr. Damit hätte von uns niemand gerechnet. Zuerst fanden wir das eher unterhaltsam und mal eine Abwechslung. Ein gar nicht so Dummer meinte, dann könnten wir wenigstens nicht von U-Booten torpediert werden. Doch, was sollten wir denn im Eis?

Inzwischen wußten alle, daß die Schiffe so nicht mehr weiterkonnten. Es war aber nirgendwo eine Unruhe oder so etwas. Wir vertrauten voll darauf, daß das Problem gelöst würde.

Unsere Wehrmachtausbildungsbücher sagten ja über alles, was Soldaten können mußten, etwas aus. Über Grüßen, wie ein Präsentiergriff zu machen war und sonst noch was. Doch über Einfrieren im Packeis, das hatten sie glatt vergessen. Die Bücher müßten sicherlich ergänzt werden.

Was ich da so in meinem Tagebuch schreibe, ist natürlich nicht ganz so ernst zu nehmen. Aber so oder ähnliches fängt man an zu denken. – Haben wir nicht 2 Tage nach einem der schlimmsten Gefechte in Belgien einen Kleiderappell machen müssen? –

Daß wir nicht verloren im Packeis hängen bleiben würden, war uns klar. Nur, wie wir da herauskommen können, das Problem war unserer Phantasie überlassen. Nicht so bei der Marine.

Als feststand, daß keines der Schiffe den Durchbruch zum nächsten Hafen schaffte, war bereits durch Funk angekündigt worden, daß uns ein Eisbrecher aus Riga entgegenkommt. Es ist dann im Laufe des Tages auch bei uns durchgesickert, daß so ein Spezialschiff im Anmarsch ist.

Ein richtiger Sport ging los. Wer macht den Eisbrecher wohl zuerst aus? Solange das mit der Kälte vereinbar war, drückten wir uns die Ferngläser vor die Augen. Endlich, nach langer Wartezeit, zeigte sich am Horizont eine Andeutung von einem Rauchwölkchen. Alles freute sich. Für uns Landratten dauerte es aber endlos lange, bis wir aus dieser Rauchwölkchenandeutung ein Schiff ausmachen konnten. Wir hatten da glatt etwas übersehen. Nämlich, daß der Eisbrecher ja auch zuerst mal das Eis durchbrechen mußte, um näher an uns heranzukommen. Stunde um Stunde verging, bis wir feststellen konnten, daß er tatsächlich näherkam. Es war der Eisbrecher „Stettin".

Jetzt gab es ein interessantes Schauspiel. Als er endlich greifbar war, konnten wir sehen, daß er gar nicht so mächtig groß war, wie wir zuerst glaubten. Es war eben ein Spezialschiff. Trotz der beißenden Kälte blieb ich auf Deck, um mir den Befreiungsversuch anzusehen.

Der Eisbrecher ging zuerst das vor uns liegende Schiff, die „Neidenfels", an. Kurz vor der Neidenfels hielt der Eisbrecher an, lief dann in der Fahrrinne etwa 50 m zurück, um wieder aufs Neue etwas seitlich von der Neidenfels anzusetzen. Mit einem riesigen, heftigen Anlauf fuhr er in das Eis hinein, dann schob er sich mit der Spitze auf das Eis hinauf, bis er hinten tief im Wasser war und ungeheure Strudel an der Schraube erzeugte, und siehe da, am Bug war eine richtige Spalte hineingebrochen. Nunmehr fuhr der Eisbrecher zurück, nahm einen neuen, heftigen Anlauf und fuhr genau in die Eisspalte hinein, zerbrach links und rechts das Eis einige Meter weit und schob sich mit dem Bug wieder oben auf die Eisschollen. Dann wieder zurück und das Gleiche noch einmal und so fort. Immer wieder.

Mit dieser Methode sägte er die vor uns liegende Neidenfels regelrecht aus dem Rieseneis heraus, so daß das Schiff wie eine Insel mit noch angefrorenem Resteis von einigen Metern Breite, vor uns lag. Jetzt kam die „Feinarbeit". Der Eisbrecher fuhr nun mit absoluter Genauigkeit längsseits der Neidenfels das restliche Eis so weg, daß nur noch wenig Eis am Schiffskörper angefroren war. Zur gleichen Zeit ließ der Kapitän der Neidenfels seine Motoren auf Höchsttouren laufen, damit möglichst viel Wasser in Bewegung geriet.

Und siehe da, als der Eisbrecher die andere Seite an der Neidenfels auch sauber wegbrach, da kam das Schiff in Bewegung, und unter einem ungeheuren Jubel setzte sich die Neidenfels in Fahrt. Das war wirklich eine Befreiung.

Nun waren wir an der Reihe. Ich muß schon sagen, die Burschen verstanden ihr Handwerk. Wie wir das so miterlebten, mußte man sagen, daß ausgezeichnetes Können dazugehört. Unsere Helgoland hatte ja sowieso schon ein Loch im Bug, da wollten wir kein zweites mehr dazuhaben. Alles Eis rundherum fuhr er uns weg, brach er uns weg, bis wir auch in Bewegung gerieten. Jetzt war es nicht mehr so schwer. Wir mußten nur genau die aufgebrochene Fahrrinne einhalten, dann kamen wir ja zwangsläufig nach Riga. Wir haben es auch gut geschafft.

Noch immer nicht hatten sie unseren Geleitzug entdeckt. Weder die Russen noch die Engländer. Unser Glück!

09.–11.01.1942

In Riga wird ausgeladen. Wir haben wieder Land unter den Füßen. Von der Seefahrt sind wir zuerst mal bedient. Hinterher erscheint aber alles nicht mehr so schlimm. Irgendwo in der Stadt haben wir unseren ganzen Fuhrpark abgestellt. Ich bleibe beim Troß. Die Kompanie sehen wir nicht. Alles wird umgestellt auf Winterfahrzeuge.

Gestern höre ich, daß die Kompanien in Omnibussen und Lkw in Marsch gesetzt werden, dagegen der gesamte Troß des Regiments geschlossen mit der Eisenbahn weiterbefördert werden soll.

Heute morgen stehe ich Wache auf einem Platz, auf dem unsere Fahrzeuge zusammengezogen wurden. Daran angrenzend war eine große Fläche, wahrscheinlich ein Park, auf der fast unübersehbar Kriegsmaterial lagerte. Vielleicht eine halbe Stunde marschierte ich bei bitterer Kälte, etwa minus 30 Grad, hin und her und beobachtete das geschäftige Treiben der Soldaten und mancher Fahrzeuge.

Da tauchte Uffz. X. auf. Ich wollte Männchen machen und gerade melden: „Keine besonderen Vorkommnisse", da winkte er ab und sagte mir nur leise, aber nachdrücklich ins Ohr: „Siegle, hör her, Du guckst jetzt weg, da hinüber und Du siehst nichts, wenn gleich Erich mit dem Lkw kommt. Wir brauchen unbedingt ein Faß Benzin von den nebenan abgestellten Benzinfässern. Du guckst solange in die Richtung, bis wir wieder weg sind. – Es kann sein, daß uns so ein Faß Benzin vielleicht das Leben retten kann." Er sagte dann nur noch: „Klar!" – und weg war er.

Verdammt noch mal, so etwas hatte ich nicht gerne. Das war ja ein Ding. Verstohlen drehte ich mich um, und siehe da, was ich vorher gar nicht so beobachtet hatte, stimmte ganz genau. Da standen in Reih und Glied jede Menge Benzinfässer. Was sollte ich machen? Meine Wache war erst in einer halben Stunde zu Ende, und den Posten durfte ich nicht verlassen.

Fünf Minuten waren erst vergangen, da kamen doch tatsächlich Erich, Uffz. X. und noch 2 Mann angefahren, stellten ihren Lkw so ab, wie wenn sie etwas von uns verladen wollten. Hinten machten sie die Klappe auf, ruckzuck zogen sie zwei lange Bohlen heraus, und da war ich auch schon weg zur anderen Seite des Platzes hin. Ich dachte, wenn das nur gutgeht.

Als ich das Gefühl hatte, der Lkw wäre abgefahren, machte ich meine Runde wieder weiter in der Richtung, wo der Lkw gestanden hatte. Ja, er war weg. Und daß ein Faß fehlte, war nicht zu übersehen, waren sie doch mit deutscher Gründlichkeit in Reih und Glied aufgestellt, und jetzt war da eine Lücke, eine ganz erbärmliche, miese Lücke.

Das Unheil kam mit Riesenschritten! Schon glaubte ich, daß ich es noch schaffte, abgelöst zu werden, da sah ich in Begleitung eines Generalstabsoffiziers (einer mit roten Hosenstreifen) unseren Kompanie-Chef, Leutnant Bulle, daherkommen. Genau auf mich zu. Ich wußte, jetzt mußte ich die Ohren steifhalten, komme, was da will, sonst war X. geliefert.

Es kam jetzt ganz darauf an, was sie wußten. Ich also meine Meldung heruntergeplappert: „Keine besonderen Vorkommnisse."

Lt. Bulle kam dicht vor mich hin und sagte mit unbewegtem Gesicht zu mir: „Obergefr. Siegle, wie lange stehen Sie schon auf Wache?" Ich: „Seit knapp einer Stunde." Streng fragte er weiter: „Haben Sie in der letzten halben Stunde Soldaten mit einem Lkw gesehen, die dort ein Faß Benzin weggenommen haben?" – „Herr Leutnant, ich habe nichts gesehen, ich komme gerade von der Seite da drüben und da war nichts."

Bevor Lt. Bulle noch etwas sagen konnte, mischte sich jetzt der Generalstäbler ein: „Das gibt es ja gar nicht, daß man auf Posten steht und nicht sieht, wie hier ein Faß Benzin gestohlen wird. Sie müssen das gesehen haben, wer das war." Ich wehrte mich und log weiter, so glaubwürdig, daß beide nach einer regelrechten Auseinandersetzung sich dahin einigten, daß von der Kompanie des Lt. Bulle keine Soldaten an dem Diebstahl beteiligt waren, sondern daß es wohl Soldaten von einer anderen Einheit waren. Sie dampften ab, und ich wartete mit einem nicht nur von der Kälte geröteten Gesicht auf meine Ablösung.

Ich habe den Leutnant Bulle nicht wiedergesehen. Uffz. X. habe ich 8 Wochen später, 1000 km weiter entfernt, im Kessel von Demjansk wiedergesehen.

Davor lag aber noch ein weiter Weg in den bitterkalten Winter hinein.

12.01.1942

Gestern abend waren wir noch in der Stadt. Wir waren fassungslos über die Preise hier in Riga. Eine Tasse Kaffee kostete 6 Pfennig und eine

Tasse Tee 5 Pfennig. Die Garderobe abgeben, kostete 3 Pfennig. So etwas kannten wir ja überhaupt nicht.

Die Kompanien sind in Autobussen schon in Marsch gesetzt worden. Wir vom Troß sind regelrecht abgehängt worden und sollen noch heute auf Güterzügen nachgeführt werden. Gott sei Dank, war die Küche mit dem Verpflegungswagen bei uns, beim Troß geblieben. Bobby sollte noch jede Menge Knäckebrot verladen. Keiner hatte aber eine Meinung, daß wir das „Zeug" mitnehmen sollten. – Was sollen wir mit dem „Hundefutter"?

In diesem Punkt hatten wir uns bitter getäuscht. Wir sollten es noch unerbittlich merken, daß wir im russischen Winter ganz dumm und unerfahren waren!

Die Verladung ging gut vonstatten. Wir Mannschaften hatten einen Personenwagen angehängt bekommen. In diesem Wagen war ein runder, kleiner Ofen in der Mitte aufgestellt, der mit Holz beheizt wurde. Bald hatten wir herausgefunden, daß er, bei der bitteren Kälte von minus 30 Grad, nicht ausreichend wärmte. Die armen Pferde hatten allerdings keine Heizung. Unsere Fahrer hatten die Waggons aber gut mit Stroh ausgepolstert.

Die Lokomotive wurde nur mit großen Holzscheiten geheizt. Das war für uns etwas ganz Neues. Wir beobachteten, daß hinter der Lokomotive ein großer Wagen, nur mit etwa 1 m langen Holzscheiten beladen war. Diese mußten fast in ununterbrochener Folge in das Feuerloch geworfen werden, damit genug Dampf entwickelt werden konnte. Am Bahndamm entlang waren etwa 1,5–2,0 km solche Holzscheite aufgestapelt, Vorräte, die dringend gebraucht wurden.

Das Wasser für die Lokomotiven kam aus Behältern in der Erde und wurde durch schwenkbare Arme in die Tender der Loks eingefüllt. Die Züge wurden alle von Soldaten gefahren.

Es ist inzwischen noch kälter geworden. Wir haben einen Kopfschützer über den Kopf gezogen wie eine Mütze, und den zweiten quer, also waagerecht um den Kopf, so daß man ihn bis zu den Augen hochziehen konnte.

In unserem Eisenbahnwagen war dauernd ein Soldat eingeteilt, der das Feuer auf höchster Glut hielt. Die anderen versuchten bei der Kälte zu schlafen oder sahen in die endlose Weite der lettischen Landschaft. Wo mochten zu dieser Zeit wohl unsere Kompanien sein?

In Ruijena wird ausgeladen. Warum gerade hier, wissen wir nicht. Ich glaube, die Pferde sind froh, daß sie sich bewegen können. Mit dem Ausladen klappt auch alles ganz gut. Es gibt keine Verletzungen. Nur bitterkalt ist es.

Wir formieren uns wieder innerhalb der Bataillone, und die Kolonne mit Schlitten und sonstigen Troßfahrzeugen setzt sich in Bewegung. Wer es irgend kann, geht zu Fuß hinter oder neben den Fahrzeugen, je nachdem es die Schneeverhältnisse gestatten.

Wir lernen weiter im Winterkrieg. Ein Warndienst wird eingerichtet! Die ersten Erfrierungen werden bekannt. Es sind vor allem die Ohren und die Nase. Immer wieder steht am Straßenrand ein Reiter und sieht angestrengt jedem vorbeikommenden Soldaten ins Gesicht. Jedesmal, bei jedem Vorbeimarsch, sind welche dabei, die weiße Flecken im Gesicht haben. Das bedeutet, sofort solange mit Schnee einreiben, bis wieder alles durchblutet ist.

Eine weitere Not stellt sich heraus. Die Steigbügel sind so kalt, daß die berittenen Soldaten und Offiziere in den nächsten Pausen gleich beginnen, um die Steigbügel Stroh zu wickeln, ähnlich wie Zöpfe wickeln. Ich muß sagen, daß unser Futtermeister „Seppel" recht aktiv ist und sich sehr um seine Pferde kümmert.

Die Schlitten und Wagen sind manchmal überschwer, und dann werden sie 4spännig gefahren. Die Nüstern und Mähnen sind schon nach kurzer Zeit total vereist von dem warmen Atem der Pferde.

Es ist nicht anders als bei uns selbst. Sobald wir lange, dünne Eiszapfen an den Kopfschützern hängen haben, am Kinn meistens, wird es mit dem Erfrieren dieser Partien gefährlich.

Das Marschtempo ist nicht allzuschnell. Unser Ziel für heute ist das Dorf Verkärki. Wir sind froh, daß wir da sind und Unterschlupf bekommen.

13.01.1942

Wir haben uns etwas erholt. — Ein großes Problem haben alle Soldaten: Wie sie ihr Brot auftauen sollen. In den Quartieren konnte man sich helfen, aber was dann, wenn dies nicht mehr möglich war. Erste Erkenntnisse darüber, wie dumm und unerfahren es war, daß wir das Knäckebrot als Hundekuchen verächtlich in Riga haben liegenlassen!

Pontonbrücke mit Hilfe von Schiffen im Hafen von Antwerpen.

Rast im Hafengebiet nach der Eroberung von Antwerpen. Wir sind kurz vor Ordern, wo wir einige Tage in Ruhe kommen.

Stau in der Innenstadt Antwerpen. Vorne rechts ist meine große Nase unverkennbar.

Wir lagern bei Oderen im Schatten der Bäume bei unserer 14. Kompanie. Es sind 3,7-Pak mit Fahrzeugen.

Vormarsch nach Einsatz der schweren Waffen.

Wir sind in Gent auf dem Bahnhof St. Denis-Westrem. Hier vor dem Bahnhof und unmittelbar vor dem ersten, blutigen Einsatz. Noch wissen wir nichts davon.

Auf dem Bahnhof, kurz vor dem Einsatz, macht auch Feldwebel Schiller den Spaß mit.

Unsere Flugzeuge greifen an.

Letzte Vorbereitungen für den Einsatz bei Gent – Nevelle.

Die Kanal-Pontonbrücke vor Leerne-Meigem.

Bataillons-Gefechtsstand in Vinkt.

Unsere „Rettung". Der zur Auffanglinie gewordene Wassergraben, nachdem wir schwere Verluste erlitten hatten.

Von der Feldküche bekommen wir morgens heißen Kaffee und eine kleine Ration russischen Schnaps (Wodka). Ich nahm mir vor, nur im Notfall davon zu trinken, denn man konnte wohl gefährlich müde davon werden. Unterwegs war es dann doch soweit, daß ich mir meine Feldflasche vom Brotbeutel abmachte und probierte, ob er überhaupt noch flüssig war, der Wodka, indem ich ihn kräftig schüttelte. Er war noch flüssig. Ich schraubte die Kappe ab und setzte die Flasche an den Mund, indem ich den Kopfschützer etwas herunterschob. Nach einem guten Schluck, der höllisch brannte im Mund und Kehlkopf, wollte ich die Feldflasche absetzen, aber das ging nicht gut. Als ich sie endlich weghatte, waren auch ganze Hautfetzen mit weg vom Mund. Das tat nicht schlecht weh!

„Du bist auch blöd, so etwas machen nur Anfänger. Du mußt den Kopfschützer über dem Mund zulassen und durch den Kopfschützer hindurch trinken!"

Ich hatte schmerzhaft wieder etwas gelernt.

Die Küche gab warmes Essen aus. Der Löffel war so kalt, daß ich ihn zuerst etwas in der Suppe anwärmte. Diese Klippe hatte ich glücklich umgangen, aber mein Mund tat mir verdammt weh. Auch war es ganz plötzlich ein Problem, das Kochgeschirr sauberzubekommen. Das hatten wir aber schnell heraus. Unmittelbar, nachdem der letzte Löffel heraus war, mußte das Kochgeschirr sofort mit Schnee gesäubert werden, solange es noch nicht frieren konnte.

Unser Ziel war heute ein Städtchen namens Walk. Alles kam dort gut an.

14.01.1942

Hier in Walk wird wieder erneut auf die Eisenbahn verladen. Es geht ganz so wie beim ersten Mal. Wieder an der Bahnstrecke die endlos aufgeschichteten Holzstöße für die Lokomotiven.

Eine riesige, große Einsamkeit dehnte sich aus. Der Schnee und die sibirische Kälte taten das ihrige, um uns besorgt zu machen, was werden würde. Jetzt, im Augenblick, waren wir wieder etwas geborgen in unserem Zug. Von der Karte wissen wir, daß wir uns westlich des Peipus-Sees befinden, fast in der Höhe von Reval. So sind wir durch Estland schon bald hindurch.

In Taps machen wir ausreichend Aufenthalt zur Versorgung unserer Pferde, die doch ganz erheblich unter den ungeheizten Wagen zu leiden haben. Die Futterrationen sind nicht allzureichlich, da unsere Division, wie wir mitbekommen haben, seit Riga total auseinandergerissen ist. Wo werden wir, wenn unsere aus Riga mitgeführten Vorräte aufgebraucht sind, neuen Nachschub herbekommen?

Noch abends wird die Fahrt mit der Eisenbahn fortgesetzt. In der Nacht kommen wir in Narwa an, wir sind also schon nördlich des Peipus-Sees.

15.01.1942

In Narwa ist Endstation. Der Eisenbahntransport ist beendet. Jetzt sind wir nur noch auf die Rollbahnen angewiesen. Wir haben großes Glück und werden in einem Lazarett untergebracht. Dort gibt es auch einigermaßen brauchbare sanitäre Verhältnissse. Gott sei Dank können wir auch in dem Lazarett schlafen.

16.01.1942

Am anderen Tag, also heute, ziehen wir in Narwa um, und zwar nach der X 3. Wir ruhen uns aus und bereiten uns auf den weiteren Landmarsch vor.

17.01.1942

Der Landmarsch beginnt. Wir marschieren in Richtung Kingisepp. Was uns auffällt, waren ausgezeichnete Straßen-Rollbahnverhältnisse um Narwa herum. Wir trafen Organisation-Todt-Arbeiter aus Deutschland, mit den modernsten Straßenbaumaschinen. Nie hätten wir gedacht, daß die Organisation Todt bis hier oben im Nordabschnitt hinter der Front bereits wieder zerstörte Brücken und Straßen in Ordnung bringt. Da waren wir doch überrascht.

An den Straßenkreuzungen sahen wir eine unglaubliche Zahl von taktischen Zeichen der verschiedenartigsten Einheiten. Alles war vertreten. Von den Fliegern bis Gebirgsjägern. Lazarette und Frontmeldestellen, Versorgungseinheiten und Veterinärkompanien.

An allen Ecken und Enden sehen wir, daß wir uns zur Zeit in einer Gegend hinter der Front befinden, wo alles zusammenläuft. Eine Nabelschnur.

Der Marsch wird beschwerlicher, weil das Gelände nicht mehr so ganz flach ist. Die Pferde leisten Unglaubliches. Die Kälte ist noch härter geworden. Es gibt erneute Ausfälle an Erfrierungen. Bei uns Fahrern und Handwerkern ist noch alles gut.

Wir sind nicht mehr weit von Kingisepp weg und erhoffen uns dort ein brauchbares Quartier. Die Quartiermacher fangen uns am Stadteingang ab und bringen uns zu unserem Quartier in eine Kaserne. Wir waren nunmehr in einer richtigen russischen Kaserne, denn die Grenze von Estland haben wir heute hinter uns gelassen.

Aber wo sind wir da nur hingekommen? Wir können es nicht begreifen, daß wir in der Kaserne wohl unsere Pferde in ungeheizten Ställen unterbringen mußten, doch wir Soldaten waren auch in einem Kasernenblock ohne jegliche Heizungsmöglichkeit eingewiesen worden.

Da es keine warme Abendmahlzeit von der Küche gab, mußten wir auf unsere kalte Verpflegung zurückgreifen, und die war nicht nur kalt, sondern so gefroren, daß nichts eßbar war. Wir hatten aber bei der Kälte, es waren fast 50 Grad minus geworden, erheblichen Hunger.

Die Lösung wurde so gefunden: Soviel wie möglich Soldaten in einen Raum! Dann machten wir mit Hilfe unserer Seitengewehre aus den Spinden Kleinholz. Elektrisches Licht hatten wir nicht, aber Streichhölzer. Mit Hilfe von etwas aufgefundenem Papier brachten wir mitten im Raum ein Feuer in Gang. Alle waren froh, daß dies erstmal gelungen war. Jetzt versuchten wir in der Feuersglut einen glitzernden Eisblock von Brot aufzutauen. Das ging aber praktisch total schief. Kein Brot taute auf. Wo es mit dem Feuer in Berührung kam, verbrannte es und 1 cm daneben war noch Eisblock.

Bitter mußten wir uns eingestehen, daß wir das auch nicht gelernt hatten, wie man bei 50 Grad minus überlebt.

Zudem kam noch ein anderer erschwerender Zustand. Das Feuer im Zimmer fing an zu schwelen, weil keine Sauerstoffzufuhr erfolgte. Nach heftigen Meinungsverschiedenheiten unter den Soldaten wurde dann die nächstliegende Fensterscheibe eingeschlagen, so daß der Qualm und der Gestank abziehen konnten. Fast alle Soldaten hatten zu diesem Zeitpunkt schon bereits auf dem Boden gelegen, da die verpestete Luft es nicht zuließ, in etwa 1 m Höhe noch zu atmen.

Nachdem die Scheibe eingeschlagen war, wurde es etwas besser, aber wieder sofort bitterkalt. Mit Abenteuer hatte das alles nichts mehr zu tun. Es wurde bitterer Ernst, wie wir die Nacht überstehen sollten. Essen konnten wir noch immer nichts, das Brot war noch ein Eisklotz und sonst nichts.

Mit war klar, daß ich etwas unternehmen mußte, um nicht zu ersticken oder zu erfrieren. Wir berieten uns und irgendeiner kam auf die Idee, daß es vielleicht bei den Pferden, die doch Wärme abgeben, eine bessere Überlebenschance gäbe.

Wir gingen in den Stall. Dort zertrümmerten wir mit Hilfe einer Axt einen Laib Eisbrot zu möglichst kleinen Klumpen, die wir verteilten und in die Tasche steckten. Immer so einen kleinen Splitter beleckten wir im Mund, bis er taute. Mühsam, aber erfolgreich.

Ich habe nie gewußt, daß Eisspalten so schwierig war. Dann haben wir uns ganz dicht an die Pferde gelegt, um von deren abgestrahlter Wärme etwas zu profitieren.

Die Erfahrungen dieser Nacht werde ich wohl nie vergessen können. Übrigens waren die Pferde viel zu müde, um unruhig zu sein.

Immer wieder unterbrochen, haben wir so den Rest der Nacht herumgebracht. An rasieren war nicht zu denken. Erst als später, beim Empfang des Kaffees, einer etwas von seinem noch warmen Kaffee opferte, war auch das Problem gelöst. Wir rasierten uns nun mit Kaffee.

Auch die Küchenbullen mußten lernen. Alles war gefroren. Oft war kein Wasser da, sondern nur Schnee. Fast endlos mußte dieser in die Gulaschkanone eingeschaufelt werden.

20.01.1942

Heute ging es weiter. Wieder war der ganze Regimentstroß angetreten. Die Kälte ist noch genauso stark, aber wir haben uns mit ihr so auseinandergesetzt, daß wir nicht mehr fürchten müssen, in der Nacht zu erfrieren, so wie in der Kaserne in Kingisepp. In meinem Soldatenleben war das bis jetzt die härteste Situation. Keiner hat Rat gewußt, kein Offizier hat sich um uns gekümmert. Viel ist falsch gemacht worden. Ich darf gar nicht daran denken, daß wir in Riga das gute Knäckebrot als Hundefutter abgetan haben und es einfach liegenließen. Jetzt wissen wir, daß wir unser Brot in dicke Decken einpacken müssen und wenn es dann einmal schneidefähig ist, sofort in kleine Portionen schneiden müssen, da diese besser am Leib auftauen können.

Der Marsch geht heute bis nach Kutow – Osertyzi. Dort haben unsere Quartiermacher für uns ein gutes Quartier ausgesucht. Wir waren in beschlagnahmten Privatquartieren, d. h., daß die jeweiligen Familien im Haus ein beheiztes Zimmer für die Nacht freimachen mußten.

Wir haben in Kingisepp in der Kaserne in einem Betonhaus gewohnt. Jetzt aber kamen wir durch richtige Dörfer, und da gab es nicht Ziegel- oder Betonhäuser, sondern ausschließlich Blockhäuser, aus Baumstämmen zugeschnitten und ohne ein weiteres Stockwerk, höchstens dann und wann ein Dachboden. Wo die zugeschnittenen Stämme aufeinandersaßen, waren die entstandenen Ritzen mit Moos ausgestopft, und auf der Innenseite waren die Wände und die Decken fast immer mit Zeitungen überklebt. Tapeten habe ich nicht entdeckt. Eher einen Vorhang oder Wandbehang aus Stoff.

Wir trafen in manchen Stuben auch eine Art „Herrgottswinkel" an, ein Kruzifix oder Heiligenbild. Doch nicht immer.

21.01.1942

Heute Weitermarsch. Allgemeine Richtung Krasnowardeisk. Wir haben inzwischen erfahren, daß unser Regiment von dort aus mit den Ju 52-Flugzeugen abtransportiert wurde. Wohin, war uns unbekannt.

Wir kommen heute, trotz der Kälte, bis nach Gotonowa. Am Abend, als wir für die Nacht alles klarhaben, fangen wir zu singen an, sehr zur Verwunderung unserer russischen Quartiersleute.

Die russische Zivilbevölkerung ist sehr zurückhaltend. Es ist noch nicht allzulange her, daß das Land von unseren Truppen überrollt wurde, und jetzt haben sie wohl mitbekommen, daß unsere Offensive durch den, auch für hiesige Verhältnisse, abnormalen Winter, ins Stokken gekommen ist. So genau wissen wir nicht, wie es an der Front aussieht. Aber, so weit dürfte es bis Leningrad nicht mehr sein. Daß diese Stadt noch nicht gefallen ist, war bekannt.

22.01.1942

Heute bin ich Quartiermacher nach Gubanitzy. Ich sorge gut für uns, und alle sind nachher auch zufrieden.

In dem Dorf als Quartiermacher angekommen, suchen wir für die Stärke unserer Einheit einzelne Häuser aus, so daß auch die Pferde unterkommen können. Wir stellen fest, daß es hier Kolchosenställe gibt, in denen alle Kühe, Rinder oder Pferde, gemeinsam für das ganze Dorf, untergebracht werden. Die Russen werden angehalten, die Zimmer gut zu heizen, bis die Einheiten eintreffen. Immer muß der Bürgermeister oder so etwas ähnliches dafür geradestehen.

23.01.1942

Noch einmal bin ich heute Quartiermacher. Wir kommen nach Mal-Bornitsi.

Unsere Pferde können fast nicht mehr. Die Kälte setzt ihnen unheimlich zu, und das Futter ist dafür eigentlich viel zu knapp. Im Kolchosenstall ist Platz genug.

Dieses Dorf ist etwa 2 km links ab der Rollbahn, kurz vor Krasnowardeisk. Bevor wir links abgebogen sind, haben wir einige schwere Wagen bei einer Häusergruppe am Abend abgestellt. Der Weg zum Dorf führte etwas bergauf, und unser Seppel sagte, daß die Pferde das nicht mehr schaffen würden. Es mußte also eine Wache dableiben. Dazu war auch ich eingeteilt. Nachdem die Wagen zusammengeschoben waren, wurden die Pferde ausgespannt, um die anderen Wagen und Schlitten nunmehr 4- oder 6spännig durch den Schnee den Berg hinaufzubringen.

Wir blieben zurück und teilten uns die Wache ein. Ich kam nach einer Stunde dran, denn eine Stunde war das Äußerste, was man bei der Wache durchhalten konnte. Es war ja nicht nur die Kälte, sondern noch viel schlimmer war der Ostwind.

Das Blockhaus, in dem wir für diese Nacht untergekommen waren, war etwas vom Schlimmsten an Armut, was ich bis jetzt gesehen habe. Ein Mann war nicht da, nur alte Frauen. Wie ich bald herausfinden konnte, waren wir in einer Finnen-Siedlung. Finnland war ja nicht allzuweit entfernt, und dieser Menschenschlag war nicht rein russisch, sondern eine finnische Minderheit.

Die alten Frauen beteten halblaut stundenlang vor sich hin, beleuchtet von einer alten Öllampe. Es sah wirklich fürchterlich ärmlich aus. Ein großer, gemauerter Ofen versorgte den 2teiligen Raum mit Wärme. Auf dem Ofen lagen Decken und Felle zum Zudecken, denn auf dem Ofen schliefen die Frauen.

Als ich das erste Mal zur Tür hinauswollte, war ich in einen unbeschreiblichen Nebel eingehüllt. Da die kalte Luft unmittelbar mit der

Warmluft zusammenprallte, gab es sofort einen undurchdringlichen Nebel, durch den man zunächst nichts sehen konnte. Draußen zog ich von meinem abzulösenden Kameraden den gefütterten dicken Wachmantel über, mit den Handschuhen, und dann kam die lange Zeit der Wache – im eisigen Wind. Wir wußten noch nichts von Partisanen, und ich hatte auch keinerlei Angst. Doch wir wußten, daß wir auf der Hut sein mußten.

Die Rollbahn konnte ich mitbeobachten, so daß es nie langweilig war, denn dort war Tag und Nacht Betrieb.

Auf Wache kommen einem die seltensten Gedanken. Wo werden wir hinkommen? Weit waren wir ja von der Front nicht mehr entfernt. Wo ist unser Regiment abgeblieben? Seit Riga, wo das Ding mit dem Benzinfaß war, hatten wir nichts mehr gehört.

Es schien so, als ob wir in unserem Dorf da oben, in Mal Bornitzi, einige Tage bleiben könnten, denn wofür wollten wir die schweren Wagen morgen den Weg hinauffahren, wenn es gleich weiterginge, dann könnte man sie doch gleich hierlassen.

Nach endlos langer Zeit konnte ich meine Ablösung wecken und ihm den schweren, gefütterten Wachmantel geben. Wieder mußte ich durch eine Nebelwand, als ich in das Blockhaus zurückging. Drinnen hörte ich aus dem Nachbarraum das Beten der Frauen, auch in der Nacht, und die Lampe gab einen scheußlichen Ölgeruch von sich. Zweimal mußte ich noch ablösen, dann war die Nacht vorbei, wenngleich es eigentlich nicht ganz hell wurde.

24.01.1942

Unser Seppl kam mit den Gespannen durch den Schnee. Alles wurde 4- oder 6spännig angespannt, und dann ging es mit der Peitsche auf die armen Pferde, die, sichtlich abgemagert, ihr Bestes gaben. Alle Schlitten bekamen wir nicht weg. Seppel beschloß, die Pferde etwas zu Kräften kommen zu lassen und dann am Abend die letzten Schlitten zu holen.

Droben im Dorf kam ich in unser Quartier, in dem sich schon Willy und Hans eingerichtet hatten. Das Haus war etwas größer und länger, und seine Bewohner machten einen ganz anderen Eindruck, als es unten an der Wegabzweigung der Fall war. Ich war recht froh und dankbar, daß alles sauber war. Unsere Küche war 3 Häuser weiter oben, und ich holte auch bald Kaffee und erfuhr bei dem Schreibstubenunteroffizier, daß wir erst einmal dableiben werden.

Mir fiel ein Stein vom Herzen, weil doch das Quartier gut war, und wir der mörderischen Kälte nicht so ausgesetzt waren. Weiter konnte ich erfahren, daß es, und wann es, warmes Mittagessen gab. Das war kaum zu glauben, daß es uns so gut ging an diesem Tag.

Willy war ganz in seinem Element. Er hatte nämlich bei unserem Quartiersmann gesehen, daß dieser Filzstiefel anhatte, die bis zu den Knien gingen. So etwas war für den russischen Winter. Woher bekommen? Willy sagte: „Selber machen." Sowie er Zeit habe. Das sollte uns wundern, wie das gehen würde.

25.01.–14.02.1942

Was wir kaum glauben konnten, war wahr. Wir sind tatsächlich schon seit dem 23.01.1942 hier. Inzwischen haben wir die ganze Familie gut kennengelernt. Es sind eine ganze Reihe Kinder da: Viktor, unsere Freude, jeden Tag. Kathi, die die Strümpfe stopft und die Kartoffeln für unsere Küche schält, die kleine Helmi („Nix Heli") und der große, faule Werner mit Iwan. Nicht zu vergessen, die kleine Anuschka. Letztere spinnt den ganzen Tag mit dem Spinnrad.

Willy hat eine Sauna hinter dem Haus entdeckt. Wir haben dem Quartiersmann klargemacht, daß wir da gerne einmal hineingingen. Er nickte und lachte. Ja, das konnten wir. Er wollte uns Bescheid sagen, wann es soweit war. Bald sahen wir auch einen feinen Rauch aus dem Häuschen emporsteigen. Dann kam er, uns Bescheid zu sagen. Das wußten wir schon, daß die Sache nackend vor sich ging. Also hin, der Mann mit. Nachdem wir uns ausgezogen hatten, mußten wir uns in einen kleinen Raum begeben, in dem Feldsteine lagen, die vom Feuer, von außen her, sehr heiß waren. Wir setzten uns auf ein Handtuch. Unser Russe kam herein und nahm einen Holzschöpfer, füllte ihn mit bereitgestelltem, kaltem Wasser und schüttete so das Wasser auf die Feldsteine, daß es sofort zu einem Nebel, heißem Nebel, verdampfte. Das war was! Zuerst bekamen wir fast keine Luft, dann wurde es besser und besser.

Noch etwas und noch etwas Wasser, bis wir uns in einer heißen Dunstglocke befanden. Jetzt war etwas Ruhe, und wir begannen zu schwitzen. Der Russe hantierte solange draußen herum.

Als wir so richtig geschmort hatten und durch und durch warm waren, kam er zu unserer Überraschung mit einem dicken Birkenreisigbesen herein. Willy mußte sich als erster lang auf den Bauch legen, und der Russe klopfte ihn solange mit dem Birkenreis vom Nacken bis zur Fußsohle, bis er krebsrot war. Anschließend mußte er sich drehen und auf dem Vorderteil dasselbe durchmachen, mit Ausnahme dessen, was geschützt werden mußte mit einem Stückchen Handtuch. Dann kam der Clou! Der Russe nahm den Schöpfer mit Wasser, kalt — und begoß Willy von oben bis unten und hinten und vorn. Eine regelrechte Schocktherapie. Nun bedeutete er Willy, daß er sich kurz draußen im Schnee wälzen sollte. Auch das ging wunderbar. Anschließend tüchtig abreiben.

So erging es jedem von uns, und es machte uns gar nichts aus, daß wir da nackt im Schnee herumturnten. Die Frau und die Kinder sahen das, aber störten sich überhaupt nicht daran, wie wir auch bemerkten, daß sie nach uns die gleiche Zeremonie abhielten wie wir, die ganze Familie zusammen.

Es hat uns gutgetan, da wir seit unserem Quartier in Danzig nicht mehr aus den Kleidern gekommen sind.

Leider haben wir verspürt, daß wir nicht mehr ganz ohne Untermieter, besser gesagt, Kleiderläuse sind.

Wir sind mit dem Heizen nicht sparsam. Der Holzvorrat beim Haus ist seit unserer Ankunft erheblich zurückgegangen. Gemeinsam mit unserem russischen Hausherrn gehen wir mit Säge und Axt in den nahen Wald und lassen uns zeigen, welche Holzarten auch dann noch brennen, wenn sie frisch geschlagen sind. Neben Fichten sind das vor allem Birken. So helfen wir mit, den Holzvorrat zu vergrößern.

Auch für die Pferde im Kolchosenstall müssen wir neue Flankierbäume hauen. Es ist nicht zu glauben, wie die Pferde vor Hunger die Stämme anknabbern und so lange weitermachen, bis sie durchbrechen. Die Tiere sind zu bedauern. Sie haben jetzt schon eine Kruppe ohne jedes Fleisch. Auch haben wir erhebliche Schwierigkeiten mit der Wasserversorgung der Tiere. Jeden Tag werden sie im Gänsemarsch tief in den Wald geführt, weil nur dort noch in einem Brunnen fließendes Wasser, besser — einfach Wasser, vorhanden ist. An der Erdoberfläche gefriert das Wasser sofort, und die Tiere können es nicht trinken.

Der Schnee im Wald liegt so hoch, daß wir nicht gehen können, sondern wir müssen aufsitzen und mit dem Halfterstrick die „Zossen" lenken. Da nur eine Spur da ist, wird das kein Problem. Auch ich bin täglich eingeteilt zum Tränken. So kommt es, daß ich beim Rückmarsch, auf einem Pferd sitzend, auf dem Trampelpatt eben den Waldrand erreiche. Von der Küche sind gerade einige Mann dabei, Holz zu fällen für Brennzwecke. Unter ihnen einer unserer Fahrer, derselbe, der mir in Frankreich mal beim Fußball so fürchterlich in die Knochen getreten ist. Genau derselbe sieht mich auf dem Pferd sitzen und schreit lauthals auf Platt: „Use Schnieder uf'm Ziegenbock!!" Dabei nimmt er einen Ski-Stock und haut dem armen Pferd kräftig auf das abgemagerte Hinterviertel.

Das Pferd erschrickt fürchterlich und geht durch mit mir. In wilden Galoppsprüngen rast es los und ist nicht mehr zu halten. Ich, ohne Sattel und Satteldecke. Mit dem Halfterstrick konnte ich mich nicht mehr festhalten, darum faßte ich mit aller Kraft in die zottelige Mähne des Tieres.

In der Angst raste das Tier von dem Weg ab. Mitten in der Landschaft blieb es im tiefen Schnee, vor Erschöpfung zitternd, stehen. – Ich zitterte auch, aber nur deshalb, weil ich unwahrscheinlich auf dem Pferderücken hin und her geworfen wurde und mich festklammerte, damit ich nicht stürzte.

Ich hielt das Pferd am Strick fest und wartete eine ganze Zeit, bis es sich beruhigt hatte. Nach einigem Streicheln brachte ich es in dem hohen Schnee wieder in Gang. Es war für mich eine fürchterliche Wühlerei durch den hohen Schnee. Das Pferd kam da besser zurecht als ich Mensch. Nach etwa 15 Minuten hatte ich es wieder auf dem Weg, der etwas ausgetreten war, und dann ging es in den Stall.

Ich hatte eine Mordswut im Bauch. Nicht allein wegen der wilden Galopptour, sondern wegen dem empfindlichen Schlag mit dem Ski-Stock auf das abgemagerte Pferd.

Noch verärgert kam ich in unser Quartier zurück. Willy und Hans waren gerade beim Kaffeetrinken. Ich setzte mich dazu auf eine Bank. Jetzt merkte ich, daß mit meinem Hosenboden etwas nicht in Ordnung war. Ich dachte, das darf doch nicht wahr sein, daß ich vielleicht vor Schreck –––?

Wie ich sofort wieder aufstand mit rotem Kopf und mich nach der Bank umdrehte, sahen wir alle drei zugleich eine große rote Lache, eine Blutlache auf der Bank. Besorgt, wie Willy war, sagte er: „Mensch, jetzt aber sofort die Hosen herunter." Gesagt, getan. Alles, was wir sahen, war Blut. Das ganze Männlichkeitsgedöhns, die Schenkel und bei genauerem Hinsehen der Hodensack, der Damm bis hinter dem After, alles ein Blutmatsch. Es ist unwahrscheinlich, aber ich hatte bis jetzt keinerlei Schmerzen verspürt.

Willy holte schnell Wasser und 2 Handtücher und versuchte, mich einigermaßen sauber zu bekommen. Hans holte andere Unterwäsche und eine Hose vom Kammerwagen und sagte unserer Schreibstube Bescheid. Dort wurde entschieden, daß ich zur Rollbahn hinuntergebracht werden müsse, und dann in Richtung Westen bis zu einem beim Troß verbliebenen Arzt gebracht werden solle. So geschah es auch.

Wir alle hatten aber vergessen, daß die Wunden weiterbluten konnten, trotz eingelegtem Handtuch im Schritt, und daß wir über 40 Grad Kälte hatten.

Im Akja wurde ich zur Rollbahn gebracht. So kam es, daß der ganze Hosenboden ein Blut-Eisklumpen war und ich beim Arzt erst aufgetaut werden mußte. Eine Erfrierung vom Hodensack bis hinten nach dem After war gut gelungen.

Ich wurde dort gut verarztet, das Blut gestillt und alles in Salbe eingepackt und notdürftig verbunden. So kam ich wieder zurück, denn ein Revier, oder so etwas, gab es nicht. Ich habe mich bald wieder erholt, aber ich wußte jetzt genau, was passiert, wenn Wunden bei der mörderischen Kälte nicht verbunden werden können.

Nach 2 Tagen ging es wieder besser. –

Am 12.02.1942 erhielt ich erstmals Post von Hanna. Es kamen vier Briefe und eine Karte auf einmal, und am 13.02.1942 kamen nochmals drei Briefe von Hanna. Das war eine große Freude für mich. Sie hatte ja noch keine Ahnung, daß ich kurz vor Leningrad war und im schlimmsten Frost steckte.

15.02.1942

Bin heute wieder auf Wache. Die Schmerzen im Schritt sind erträglich.

16.02.1942

Heute nacht war ich zur Stallwache eingeteilt. Im Stall war es nicht so kalt wie draußen, und so machten wir 2 Stunden Wache. Von 3.00 Uhr bis 5.00 Uhr. Immer Doppelposten. – Wir unterhalten uns lange über Bethel und die Fürsorgeerziehung. Nachmittags fangen wir an, mit Schneeschaufeln. Inzwischen sind wir nämlich restlos eingeschneit und können ohne ausgeschaufelten Weg nicht mehr bis zur Rollbahn hinunterkommen. Ich glaube, die Post erhalten wir von Ski-Fahrern.

Abends genehmigen wir uns alle einen guten Teepunsch. Schreibe an Hanna einen großen Brief. Während ich schreibe, läuft mit die erste Laus, die ich in meinem Leben sehe, unter der Armbanduhr hervor, auf das Briefpapier. Ich habe sie zerquetscht und in den Brief getan. Es war vielleicht etwas unbedacht. – Ich bin heute 24 Jahre alt geworden. –

17.02.1942

Schaufeln heute mit der russischen Zivilbevölkerung den ganzen Tag Schnee. Ich haue so rein, daß ich nachher Blasen an den Fingern habe. Abends machen wir wieder Teepunsch!

18.02.1942

Willy wird mit dem Schlitten auf dem neu ausgeschaufelten Weg auch zum Doktor gefahren. Diese Gelegenheit benütze ich, um gründlich aufzuräumen. Bei Willy mußte das ab und zu sein, sonst hätten wir den Trödel von ganz Nordrußland angesammelt.

Nachmittags habe ich Wache. Auch heute bekomme ich Post. Ein Brief von Mutter, in dem sie mir schreibt, daß mein Bruder Friedrich, der Bordfunker bei der Luftwaffe ist, abgestürzt und tot sei. – Dann kommen noch 2 Briefe von Hanna.

19.02.1942

Habe bis Mittag noch einmal Wache, und dann wird alles fertiggemacht zur Abfahrt. Wohin, weiß keiner!

20.02.1942

Wir sind nicht abgefahren. Packe also wieder aus und nähe heute an meinen Fellstiefeln weiter. In Zusammenarbeit mit Willy habe ich angefangen, aus einer ganz dicken Pferdedecke ein Paar Muster-Filzstiefel zu entwickeln. Wir kamen dabei ganz gut voran mit unserer Idee.

Abends schreibe ich wieder an Hanna und Mutter, denn ich weiß ja nicht, wann ich wieder dazu komme.

21.02.1942

Heute ziehen wir tatsächlich um. Es geht nicht sehr weit, nach dem Dorf Spankowo, auch eine Finnensiedlung. Dicht bei der Kirche haben wir unser neues Quartier.

22.02.1942

Morgens sehen wir uns die Gegend an, wo wir gelandet sind und dann bauen wir uns sogar Betten. Nachmittags holen wir unsere Handwerkssachen vom Wagen. Jedesmal muß alles gut verladen sein, wenn wir auch nur umziehen. – Aus früheren Erfahrungen in Belgien habe ich dazugelernt.

Von heute nacht habe ich noch ein schreckliches Erlebnis im Kopf. Ich werde das nicht so schnell vergessen können.

An einem unserer Fahrzeuge machte ein Pferd schlapp. Es war vor Kälte und mangelndem Futter einfach in den Seilen zusammengebrochen. Draußen war es schon dämmrig geworden, als wir unweit des Dorfes waren. Die Fahrer haben schnell das andere Pferd ausgeschirrt und dann die Zugseile an dem am Boden liegenden Pferd losgemacht. Es lag ganz ruhig da. Wir haben schnell Decken geholt und es, so gut wir konnten, warm eingehüllt.

Seppl sagte: „Wenn wir es nicht auf die Beine bekommen, ist das Pferd verloren." Was hätte ich dafür gegeben, daß das Pferd wieder hochkommt. Zuerst sollte es etwas ausruhen, und dann wollten wir das Pferd wieder aufrichten. Einer holte in einem Haus eine flache Schüssel mit Wasser, aber das Pferd nahm nichts an.

Nach etwa 15 Minuten sagte Seppel: „Jetzt muß es hoch, sonst geht nichts mehr. Sonst erfriert es von der Unterseite her."

Dann ging es los: 2 Mann am Kopf und Halfter. 3—4 Mann an der Seite zum Hochstemmen und dann Seppl mit der Peitsche. Alle zusammen auf „Los." Es war furchtbar, dieses mit anzusehen.

Tatsächlich, auf einen Ruf, alle gingen das Pferd an. Und das Pferd machte auch mit. Es versuchte mit aller noch verbliebener Kraft aufzustehen, kam auch etwas hoch mit den Vorderbeinen, und dann klappte es wie ein geöffnetes Taschenmesser zusammen.

Es ging an mein Gemüt. — Da lag es mit keuchender Lunge, die Flanken zitterten, es war auch ganz warm anzufühlen. —

Eine Diskussion ging los unter uns. Die ersten Stimmen wurden laut, das Pferd zu erschießen, es zu erlösen. Seppl widersetzte sich und hatte auch einen Grund. Er sagte zu uns: „Das kann nur ein Veterinär bestimmen und verfügen. Wenn ich das tue, kann sein, daß der Tatbestand nicht so geglaubt wird, dann kann ich am Ende das Pferd noch bezahlen müssen. Es gibt nichts anderes, wir müssen das Pferd hochbringen, sonst nichts. Wenn es da liegenbleibt, verreckt es, es wird erfrieren." —

Noch einmal haben wir es dann versucht. Umsonst. Die Augen des Pferdes waren schreckvoll auf. Wir haben es wieder mit Decken eingehüllt und unter den Kopf eine Decke gepackt. Was sollten wir tun?

Seppl teilte 2 Mann als Wache neben dem Tier ein, darunter auch mich. „Für den Fall, daß es sich doch noch erholen sollte." —

Das war schlimm. Ich stand da und beobachtete das Pferd, das mitten auf dem Zufahrtsweg zum Dorf lag. Immer wieder zuckte ich zusammen, wenn es sich noch etwas regte. Es war auch noch warm am Fell. Ich hatte echte Trauer un das Tier. Es gab für uns beide Wachen keinen Zweifel, daß man es besser erschossen hätte. Man hätte es nicht mehr leiden lassen sollen. Weil kein Veterinäroffizier das Urteil fällen konnte, mußten wir beiden Wachsoldaten Zeuge des qualvollen, befreienden Todes eines Pferdes werden.

Wir haben nicht die leiseste Ahnung gehabt vom gleichzeitigen Opfertod vieler unserer Regimentskameraden — in diesen Tagen und Stunden im Kessel von Demjansk.

Hier war es nur einfach ein Pferd. Und doch — nur?

23.02.1942

Sie haben das tote Pferd zur Seite gezogen mit einem Seil. Da lag es nun tot und kalt. Steifgefroren.

Gestern abend, bei der Ausgabe der Parole, bekam ich Bescheid, daß das Regiment mich angefordert habe. Es soll gleich losgehen.

Inzwischen haben wir erfahren, daß unser Regiment mit Flugzeugen von Krasnowardeisk in den Kessel von Demjansk hineingeflogen wurde. Ich wußte also, daß ich auch in den Kessel geflogen werden sollte.

Schnell packe ich meine Siebensachen zusammen und warte, bis ich abgeholt werde. Komme aber im Laufe dieses Tages nicht mehr weg.

24.02.1942

Heute morgen kommt ein Melder. Um 9.30 Uhr soll ich am Stall sein, dort würde ich von einem Wagen abgeholt.

Ich verabschiedete mich von allen Kameraden, vor allem von Willy, hat er mir doch in vielen dunklen Stunden immer wieder mit Rat und Tat geholfen. Auch von unseren Pferden habe ich Abschied genommen, denn ohne sie könnten wir uns kaum bewegen.

Ob ich unseren Troß je wiedersehen werde?

Immerhin wußte ich, daß unsere Truppen bei Demjansk ganz von den Russen eingeschlossen waren und die deutsche Front bereits etwa 90 km nach Westen gedrängt wurde in den letzten Tagen. Auch der Wehrmachtsbericht bestätigte dies.

Nachdem ich reichlich durchgefroren war, kam um 13.00 Uhr endlich der Wagen. Wir sind ohne Fahrer vier Mann. Zwei Schneider, ein Schuhmacher und ein Mann von der 8. Kompanie. Ich war der Führer des Kommandos.

Bei der Frontleitstelle in Krasnowardeisk, wenige km vor Leningrad, wurden wir abgesetzt. Dort in der Frontleitstelle meldete ich mein Kommando und legte meinen Marschbefehl vor. Ich bekam Bescheid, daß wir morgen früh um 2.57 Uhr ab Warschauer Bahnhof mit dem geheizten Kurierzug nach Pleskau fahren sollten. Von dort sollten wir mit der Ju 52 in den Kessel geflogen werden.

Wir mußten uns nun die Zeit bis 3.00 Uhr morgens um die Ohren schlagen. Bei der Kälte war das nicht so einfach, wie im Sommer in Frankreich.

Überhaupt — Frankreich, was lag da schon alles zurück. Es erscheint fast unwahrscheinlich, wie es da war und was wir jetzt auf der Straße vor der Frontleitstelle sehen. Ein geschäftiges Treiben auf den Straßen. Noch viel intensiver als in Narwa. Die Frontnähe war deutlich spürbar. Alles wimmelte von Depots und Dienststellen, Meldeköpfen, Wegweisern. Manchmal waren sie an Holzmasten oder Häuserecken so angebracht, daß etwa 10—20 Stück dieser hölzernen Wegweiser, mit den taktischen Zeichen darauf, wie an einer Schnur aufgereiht waren. Es wimmelte einfach so von Soldaten und auch von Fahrzeugen.

25.02.1942

Schon bald sind wir zum Warschauer Bahnhof gegangen. Im Zug war es warm. Vor der Lokomotive waren Leerwaggons vorgekoppelt wegen der Minengefahr.

Auf der Karte hatten wir uns vorher orientiert, wo wir etwa langfahren mußten. Demnach ging es ostwärts des Peipus-Sees nach Süden. Alles auf Staatskosten.

Ich war innerlich unruhig. Der Gedanke, bald wieder bei der Kompanie zu sein, hatte etwas sehr Tröstliches.

Was wir hier erleben, ist irgendwie Etappe. Das war auch Krieg, wir merkten das an allen Ecken und Enden. An den häufigen Kontrollen, der Feldgendarmerie, an den Anweisungen, was wir machen sollten bei einem Überfall von Partisanen und so fort.

Es ging aber alles gut. — Am Vormittag sind wir in Luga. Hier haben wir Aufenthalt bis 16.00 Uhr.

Vor uns fährt jetzt, wegen durchgesickerter russischer Truppen, ein Vorzug, nur mit leeren Waggons und einem Kommando von Sicherungssoldaten. Wir konnten uns da nichts genaues vorstellen. Die rückwärtigen Verbindungen durch die Weite des Landes, waren anscheinend nicht überall so fest in unserer Hand. So passierte es auch. Unser Vorzug wurde zur Entgleisung gebracht. Wie sich alles genau abspielte, habe ich in der Nacht gar nicht mitbekommen. Jedenfalls war alles alarmiert und wartete auf die Partisanen. Wir blieben wegen der unheimlichen Kälte in unserem Zug, der vollkommen verdunkelt war. Nicht einmal eine Kerze brannte.

Ich hatte meine Pistole herausgenommen aus der Tasche, das war alles. Die anderen drei hatten ihre Karabiner über den Knien und so warteten wir. – Sie kamen nicht, und wir mußten lange warten.

Später fuhren wir wieder an, und ganz langsam rollte der Zug weiter. Es war erregend, da wir jede Sekunde damit rechnen mußten, daß hinten oder vorne eine Schweinerei in Gang kommt.

Wir hatten wieder einmal Glück und kamen spät in Pleskau an. Um 23.00 Uhr trafen wir bei der Frontleitstelle ein – ohne einen Kratzer.

26. 02. 1942

In der Nacht bekommen wir auf der Frontleitstelle in einem Schlafsaal Betten, besser Pritschen, zugewiesen, da wir warten sollten bis zum nächsten Tag.

Am heutigen Morgen erhielten wir einen neuen Marschbefehl. Danach mußten wir uns auf dem Flugplatz in Selo melden, wenn wir in Marsch gesetzt werden konnten. Erstmal aber mußten wir warten und uns zweimal am Tag melden. Ganz verstanden habe ich das nicht. Letzten Endes mußte man ja wissen, warum wir warten sollten.

27. 02.–07. 03. 1942

Heute erst schreibe ich weiter. Tatsächlich immer noch aus Pleskau und aus der Frontleitstelle. Warum wir nicht wegkamen, konnte ich mir zunächst nicht recht erklären.

Etwas haben wir allerdings herausbekommen. Es versorgten von dem Flugplatz Selo aus die Ju 52-Transportflugzeuge die eingeschlossenen Truppen im Kessel von Demjansk, wo ein ganzes Armeekorps unserer deutschen Truppen vor 6 Wochen von den Russen eingeschlossen wurde, mit allem Lebensnotwendigen. Zu den Lebensmitteln, Waffen und Munition, werden täglich, auch angeforderte Soldaten, so wie wir, also Handwerker und dergleichen, in kleinen Gruppen, soweit Platz war in den Maschinen, noch mitgenommen.

Jetzt wußten wir doch etwas besser, wie unser Ziel erreicht werden konnte, und warum wir bis jetzt warten mußten.

Ich machte mir schon so meine Gedanken über das Risiko, erst über den Feind hinwegzufliegen, dann in den Kessel und wie es da mit einer Landemöglichkeit aussehen wird. Jetzt mitten im Schnee und bei dieser mörderischen Kälte. Ich war in meinem Leben auch noch nicht geflogen. – In Marx auf dem Flugplatz wäre ich ja beinahe mal aus Versehen in einer He 111 mitgenommen worden. – Aber hier handelte es sich um die Ju 52, und wir waren in Pleskau.

In den vergangenen Tagen, auf der Frontleitstelle, bin ich doch recht beeindruckt worden von den verschiedenartigsten Menschentypen. Ich bin solchen Menschen begegnet, die ich noch nie leiden konnte. Menschen, die nur immer daran dachten, mit welchen Tricks sie noch etwas Zeit herausschinden konnten, um nicht so schnell zu ihrem an der Front kämpfenden Truppenteil zu kommen. Andere spielten von früh bis spät Karten. Den ganzen Tag, nur unterbrochen vom Essenfassen in der Kantine und der Meldung bei der Frontleitstelle. Manche sahen auch recht übel aus. Vor allem hörten wir die unglaublichsten Gerüchte über die Lage an der Front. Nichts mehr klang gut. Die MG sollen nicht mehr schießen bei der Kälte. Unglaublich viel wären gefallen und vermißt. Der Russe wäre für den Winterkrieg viel besser ausgerüstet, und viele kämen lautlos auf den Skiern durch die Linien. Oft hätten wir nur noch Stützpunkte und gar keine HKL mehr, usw. Es war sehr bedrückend. –

Heute vormittag war ich mit meinem 4. Marschbefehl auf dem Rollfeld in Selo. Ich selbst kam nicht mehr mit, aber die anderen. Ich werde wieder zurückgefahren und habe nun Zeit, mein Tagebuch weiterzuschreiben. Ich schreibe auch an Hanna einen Brief.

08.03.1942

Heute morgen ging es wiederum zum Flugplatz nach Selo. Es ist ganz früh und noch kaum richtig hell. Das Wetter ist gut, nur bitterkalt. Von Feldgendarmerie werde ich zu einer Ju 52 geleitet, in der ich mitfliegen soll. Bei der Maschine sind 3 Soldaten in Fliegeruniform. Einer, der mich kommen sah, fragte, ob ich mit soll. Ich bejahte. – „Gut", sagte er, „paß auf, was ich Dir jetzt sage. Du kommst im Flugzeug an ein MG, kannst Du damit umgehen?" Ich: „Ja." – „Gut, das ist klar, aber ich sage Dir, Du darfst damit auf keinen Fall schießen! Nur dann, wenn ich Dir das ausdrücklich zurufe! Auch dann nicht, wenn Du jede Menge Russen siehst!" Ich: „Jawoll." – „Ich bin der Funker und hänge da in dem Sessel, und Du kannst mich immer sehen, aber ja nicht schießen!"

Das war mir etwas eigenartig, dieses Schießverbot, aber er mußte ja wissen, warum das so richtig war. Ich war ja gottfroh, wenn ich nicht auf jemand schießen mußte.

Nun ging es weiter mit dem Flug-Latein: „Paß auf, wir steigen erst mal auf 800 m und fliegen in dieser Höhe bis kurz vor die Stelle, wo unsere eigenen Linien aufhören. Dann geht der Käptn herunter bis in Bodennähe. Du brauchst keine Angst zu haben, wenn wir auch in Wipfelhöhe mal durch die Schneisen fliegen."

Ich dachte bei mir, der gibt nun doch ein bißchen an. –

„Wenn wir an den Kesselrand kommen, steigen wir sofort hoch und in wenigen Minuten landen wir. Merk Dir, sobald wir ausgerollt sind, mache ich Dir die Tür auf, und Du rennst, was Du kannst, auf den nächsten Flakbunker zu und sofort dort in Deckung gehen. Tu das, wenn Dir Dein Leben lieb ist." –

So ist das also. Nun, was die anderen vor mir konnten, das werde ich ja auch fertigbringen. Er wies mir den Eingang. Über einige Stufen kam ich in den Rumpf. Was sah ich da? Quer zwischen den Tragflächen war der ganze Rumpf fein säuberlich, wie eine Barrikade angefüllt mit Tellerminen. Immer zwei in einem Tragebehälter. Damit hatte ich ja nun gar nicht gerechnet. Der Fliegerfunker sah wohl mein Gesicht und sagte: „Ja, heute brauchen wir uns gar keine Sorgen zu machen. Wenn wir tatsächlich von der Flak erwischt werden, sind wir auf einen Schlag alle Sorgen los! Du kannst Dich aber beruhigen, wir sind noch jeden Tag hingekommen und wie Du siehst, auch zurück."

Jetzt mußte ich hinter die Minen klettern, was gar nicht so einfach war, denn bei der Kälte war ich ziemlich steifgefroren. Dann hatte ich es geschafft, nachdem wir einige Minen weggenommen haben, so daß ich durchklettern konnte. Am rechten, seitlichen Fenster war ein MG eingebaut und irgendwie in einer Art Kugellager überall hin beweglich. Ein langer Patronengurt war eingelegt und ich sah nach, wo gesichert war. Soweit war ich mir im klaren.

Nach einigen Minuten sah ich durch das Fenster einen Fliegerleutnant auf die Ju zukommen. Der Uffz. draußen machte Meldung, daß alles startklar sei. Der Flugzeugführer nickte und sagte dann: „Da wollen wir mal, nichts wie los!" Der Uffz. sofort darauf: „Die Maschine ist aber noch nicht warmgelaufen, Herr Leutnant, das ist nicht gut." – „Keine Zeit, mein Lieber, wenn ich nicht der erste bin, stehen unsere Chancen schlechter als mit einem kalten Motor."

Ich dachte, ich höre nicht recht, das war ja Wahnsinn. Die Bedeutung eines warmen und eines kalten Motors, die kannte ich trotz meiner 24 Jahre schon sehr gut.

Die natürlichen Beklemmungen wegen der bevorstehenden Fliegerei waren wie weg – aber abgelöst durch, in meinem Gehirn umherjagenden Gedanken, wie wir so voll beladen, mit eiskaltem Motor starten sollten. – Die Dinge nahmen ihren Lauf.

Der Leutnant kam herein, sah mich hinter der Tellerminenmauer, nickte mir zu, setzte sich auf seinen Sitz in der Pilotenkanzel und winkte ungeduldig den Funker herein. Der setzte sich neben den Piloten, und ich hörte die Kommandos. Nacheinander sprangen die Motoren an und machten einen fürchterlichen Krach. In der kalten Luft waren nur noch Qualm und Dampf. Nach kurzer Zeit wurde die Drehzahl erhöht und die Motoren klangen heller.

Ich betete, daß der Leutnant etwas Geduld haben möge und zuerst die Motoren warmlaufen lassen sollte. Doch, die Ju rollte schon weg, nachdem die Bremsklötze weggezogen waren. Jetzt gab es keinen Halt mehr. Mit scharfem Klang rollte die Maschine an das Ende des Flugplatzes. Dort lagen einige Flugzeuge zertrümmert oder zerschossen. Mir fuhr es doch etwas in den Magen, als ich das sah.

Dann aber drehte sich das Flugzeug und machte eine große Runde bis zur Rollbahn. Der Lärm der Motoren steigerte sich zu einem Inferno. So etwas hatte ich noch nicht gehört. Die Maschine rollte langsam an und wurde schließlich immer schneller und schneller. Ganz gut hob sie ab, und der Platz wich unaufhörlich weiter zurück. Die am Boden zerstörten Flugzeuge konnte ich jetzt ganz deutlich sehen, obwohl wir nach meinem Gefühl ziemlich steil hochgingen.

Das Krachen und Poltern und das Schwanken und Wackeln des Flugzeuges geschah zur selben Sekunde. Ich dachte, jetzt sind wir fast über dem Flugplatz – und schon das Ende?

Was war geschehen?

Die ganze Minenmauer war von der Spitze her umgekippt und polternd und rutschend zum Teil bis hinten in den Rumpf gelangt. Verdammt nochmal, das war doch nicht etwa das Ende? Vielleicht waren Sekunden vergangen, vielleicht auch nur 2 Sekunden, ich weiß es nicht mehr, ich hatte nur das Gefühl, daß das Flugzeug mit der Nase nach unten gedrückt wurde und nach einem Auf und Ab schließlich wieder waagrecht lag.

Wir waren in bedrohliche Nähe des Bodens gekommen – für mein Gefühl. Gott sei Dank hatte ich mich an einem Haltegriff neben dem MG festgehalten. Jetzt aber, wo das Flugzeug ausgetrimmt war und mit voller Kraft weiterflog, schrie mich der Funker an, ich solle die Restmauer von meiner Seite aus festhalten und er von der anderen Seite, bis wir mehr Höhe hätten. Gesagt, getan. Ich kniete mich nieder, breitete die Arme aus und stemmte mich mit aller Kraft gegen die Tellerminenkästen. Von der anderen Seite hielt der Funker die Kästen in der Mitte fest. Etwa 2 m waren unsere Gesichter auseinander. In seinen Augen sah ich aber keine Angst und das beruhigte mich doch etwas.

Dann schrie der Leutnant: „Achtung, aufpassen, ich gehe etwas höher!" – Wir merkten sehr gut, wie das Flugzeug vorne wieder die Nase hob, jetzt aber doch viel weniger steil. Wir konnten es halten!

Als wir wieder „oben" waren, kam das Flugzeug waagerecht, und wir begannen sofort, die Minenkästen wieder zu ordnen und richtig ineinanderzusetzen. Ich weiß nicht mehr, wie oft ich in dem Flugzeug hin und zurück rutschte, lief und fiel, aber dann hatten wir sie alle wieder im Bereich zwischen den Tragflügeln.

Erst jetzt kam mir zum Bewußtsein, was passiert war. – Noch waren wir aber nicht unten in Demjansk.

Nach einiger Zeit schrie der Leutnant wieder: „Festhalten!"

Das mußte ich ohne den Funker tun, denn der hing inzwischen in seinem Sessel und hatte die Kopfhörer um und war am Funken.

Ich hielt die Mauer, so gut ich konnte und spürte dabei, daß das Flugzeug immer tiefer sank. Meine Magengegend zeigte das ganz deutlich an. Wie tief wir waren, sah ich erst, als ich aus dem Fenster heraus, fast waagerecht, die Hausspitzen eines Dorfes entdeckte.

Als ich voll Schreck auch noch jede Menge russische Soldaten und Fahrzeuge zum Greifen nahe auf der Straße sah, die wir schräg überquerten, da dachte ich nur noch, der Leutnant ist ein Selbstmörder.

Ich sah die Gesichter der Soldaten etwa 10–12 m von oben. Alles ganz genau. Es war Wahnsinn. Das Flugzeug hätte man bald mit einer geworfenen Handgranate treffen können.

Es ging aber alles so schnell, viel schneller, als ich es hier beschreiben kann. – Dann kamen Wälder, der Pilot ging nicht hoch, im Gegenteil, ich empfand, daß er das Flugzeug noch waghalsiger herunterdrückte. Es wird mir unvergeßlich bleiben, daß wir in Tannenwipfelhöhe da durchbrausten. So ging das schon eine ganze Weile.

Später schrie der Leutnant wiederum: „Festhalten!" „Ja" – kam meine Antwort, und ich stemmte mich gegen die Tellerminen, während der Pilot die Ju langsam höherzog.

Vor Beginn des Fluges sagte mir der Funker: „Wenn wir wieder höhergehen, sind wir am Rand des Kessels". Das mußte es also sein.

Durch das Fenster sah ich in gleicher Höhe plötzlich ein weiteres Flugzeug. Ich schrie aus Leibeskräften, was die Stimmbänder hergaben, weil ich glaubte, es sei ein Russe! Der Funker wurde aufmerksam, trotz seiner Kopfhörer. Ich zeigte mit dem Kopf in die Richtung. Da mußte er über meine Aufregung lachen und schrie herüber: „Das sind deutsche Kameraden!"

Das ging ja nochmals gut. Immer dachte ich, wir wären die ersten, hatte aber vergessen, daß wir durch unser Tellerminen-Umfall-Manöver Zeit verloren hatten, bis wir wieder ausgetrimmt waren. Jetzt war uns einer zuvorgekommen.

Wir waren da. Gesehen habe ich zunächst noch gar nichts. Nur daß die Ju ziemlich absank und die Motoren fast abgestellt waren, deuteten auf eine Landung hin. Im Bauch merkte ich es ganz deutlich.

Dann sah ich einen langgestreckten weißen Fleck, auf dem wir niedersanken. Die Motoren heulten plötzlich wieder auf, und mit einem tollen Gepolter und mit harten Stößen setzte die Tante Ju auf.

Die Erde hatte uns wieder und zu guter Letzt sind uns dann doch nochmals die Tellerminenkästen umgefallen!

Die Maschine rollte bis kurz vor die Tannen, machte kehrt, rollte etwas zur Seite, um der nächsten Maschine Platz zu machen, rollte aus und stand auf einem Acker, der mit Schnee bedeckt war.

Der Funker war schon während der Landung aus seinem Sessel herausgeklettert und half mit, die Minen zu bändigen. Jetzt riß er die Tür auf und schrie: „Lauf, mein Junge, lauf, was Du kannst, bevor die Ratas kommen, da drüben ist der Flakbunker!", dabei zeigte er an den Rand des Rollfeldes.

Ich sprang hinab in den Schnee, und er warf mir inzwischen meinen Wäschebeutel nach, und dann startete ich durch den Schnee in Richtung Bunker. Zuerst sah ich dort keinen Soldaten, dann aber entdeckte ich die Geschütze und auch die Soldaten. Sie hatten alle weiße Schneehemden an und weißgestrichene Stahlhelme. Das hatte ich noch nicht gesehen. Ich rannte, was ich konnte.

Trotzdem konnte ich beobachten, daß das nächste Flugzeug nach uns schon gelandet war und das dritte auch schon auf das Rollfeld herunterkam. Kurz vor dem Bunker hörte ich einen Riesenkrach und sah eben noch, daß die landende Ju, der, zu dem Warte- oder Ausladeplatz herrollenden Maschine, mit einer Tragfläche genau in die Kabine und den vorderen Motor hineingestoßen war.

Noch wenige Sprünge, und ich war im Bunker.

Ich war im Kessel von Demjansk.

Gelandet am 08.03.1942 bei 50 Grad Kälte.

An dieser Stelle will ich einen Bericht einschieben, den mein späterer Kommandeur im Füsilier-Bataillon 225, der Historiker Dr. Rolf Bathe, in unserer Divisionsgeschichte geschrieben hat:

„Seit Beginn dieses Jahres ist keine Woche vergangen, in der der Bericht des OKW nicht mindestens einmal, oft mehrfach, in mancher Woche sogar täglich, der Heimat schwere Kämpfe an der Front südostwärts des Ilmensees meldete.

Wie sich im 1. Weltkrieg die Namen vielgenannter Brennpunkte des Kampfes unauslöschlich in das Gedächtnis der Generation 1914 eingeprägt haben, so ist sich das deutsche Volk heute bewußt, daß der Kampfraum im Waldgebiet des Waldai sowie südlich und südostwärts des Ilmensees eine Wetterecke der Ostfront bildet, über der sich seit Monaten Schlachtengewitter mit besonderer Gewalt entluden.

Wie das OKW heute in seinem zusammenfassenden Bericht durch Sondermeldungen bekanntgab, ist das seit Anfang Januar anhaltende, harte Ringen an dieser Front endgültig zugunsten der deutschen Waffen entschieden. Gegen eine erdrückende feindliche Übermacht ist ein Abwehrsieg erfochten worden, der als einer der am schwersten erkämpften Siege und eine der hervorragendsten Waffentaten der deutschen Wehrmacht bezeichnet werden muß.

Der zusammenfassende Wehrmachtsbericht über den Kampf um die Festung Demjansk enthüllt ein dramatisches Geschehen, für das es — von dem Kampf der Gruppe Scherer abgesehen — in der Kriegsgeschichte aller Zeiten kein Beispiel gibt.

Ein Geschehen rollte vor unseren Augen ab, welches Führung und Truppe der in diesem Kampfraum eingeschlossenen und in Front, Flanken und Rücken gleichzeitig angegriffenen deutschen Divisionen auf die denkbar härteste Gewaltprobe stellte. Ein Geschehen, das Kampf- und Kraftleistungen sowie eine moralische Stärke von jedem einzelnen Soldaten erforderte, die mehr als einmal die Grenzen menschlicher Leistungsfähigkeit zu überschreiten drohten.

Dieses mit Hochspannung geladene, von schwersten Krisen durchzogene Kampfgeschehen aber wird in seinem Gesamtablauf überstrahlt von den kriegerischen Tugenden des deutschen Soldaten, die in ihrer inneren Größe erst eine spätere Zeit in vollem Umfang wird würdigen können.

Wenn hier von der Festung Demjansk gesprochen wird, so darf diese Bezeichnung keine falschen Vorstellungen erwecken. Der Name „Festung Demjansk" wurde geprägt, weil die in diesem Raum rings um den zentral gelegenen Verkehrknotenpunkt Demjansk fechtenden Divisionen, wie in einer belagerten Festung vom Feind eingeschlossen waren.

Aber die Truppe führte den Kampf nicht etwa hinter Wall und Graben oder hinter starken Verschanzungen, nicht in Betonklötzen, Panzerforts oder unterirdischen Befestigungen, wie z.B. die Besatzung der russischen Festung Sewastopol, sondern in weit auseinandergezogenen, oft nicht einmal durchlaufenden Linien in behelfsmäßigen Stützpunkten, hinter Ast- und Baumverhauen oder aufgeworfenen Schneeschanzen, vielfach sogar in freiem, deckungslosem Gelände nahmen die Verteidiger der Festung Demjansk den russischen Angriff an. Den Wall dieser Festung bildeten unsere Grenadiere, Schützen, Pioniere und Reiter, die Männer der Waffen-SS, Panzerjäger und Kanoniere, Landesschützen, Bau- und Versorgungstruppen, die mit ihren Leibern sich der feindlichen Sturmflut entgegenstemmten.

Über die tiefverschneiten Wälder des Waldai, über Seen, Sümpfe und Flußtäler hatte sich die Todesstarre des russischen Winters gelegt, als Anfang Januar die bolschewistischen Stoßarmeen bei 40 Grad Frost

Letzte Aufnahme vor dem Gefecht am Bahnhof St. Denis-Westrem.

Im Vordergrund einige Kameraden vor dem Einsatz. Einer fiel wenige Minuten nach dieser Aufnahme.

Kanalbrücke vor Leerne, über die kurze Zeit später die Panzerspähwagen mit dem Funkwagen kamen. Erstes Zusammentreffen mit meinem Freund Karl Schumm.

Bauchlandung, eine abgeschossene Maschine.

Bauchlandung, eine abgeschossene Maschine.

Belgischer Granatwerfer.

Granatwerfer mit Schwenk-
einrichtung auf Bodenplatte.

Unser Wasser-
graben bei
Meigem.

Hinter diesem Gehöft fiel einer unserer Kameraden.

Ein schnell geschaufeltes Grab für einen unserer ersten Gefallenen.

Vorläufige Gräber unserer Gefallenen bei Meigem-Vinkt.

zum ersten und – wie ihre Führung erhoffte – bereits entscheidenden Schlage ausholte. Am 08. 01. brach der Gegner mit Panzerkräften, einer Anzahl Ski-Bataillone und mehreren voll aufgefüllten Divisionen gegen die langgestreckten, dünnen, zum Teil nur in weit voneinander getrennten Stützpunkten verankerten Linien einer brandenburgischen Division vor.

Vor den Stützpunkten holten sich die Bolschewisten beim ersten Anlauf eine blutige Abfuhr, aber zwischen den hartnäckig verteidigten Widerstandsnestern brach die Masse der feindlichen Sturmtruppen durch, faßte die Stützpunkte in Flanke und Rücken und brachte sie nach achttägigem erbittertem Kampf zu Fall.

Zahlreiche Stützpunktbesatzungen schlugen sich durch den feindlichen Ring durch und gelangten nach tage- und nächtelangem Marsch quer durch die tiefverschneiten Wälder zu den alten Linien zurück.

Gleichzeitig mit diesem starken feindlichen Angriff, der die Südflanke des hier eingesetzten deutschen Armeekorps aufriß, warf sich am Ilmensee eine gewaltige Stoßmasse von neun bolschewistischen Divisionen, sechs Brigaden und zahlreichen Ski-Bataillonen – darunter mehrere ausgesuchte Garde-Divisionen – gegen die Nordflanke des Korps. In härtesten Abwehrkämpfen stemmten sich oldenburgische, holsteinische Regimenter sowie Einheiten der Waffen-SS dieser etwa 120.000 Mann starken Stoßmasse entgegen.

Vier Wochen lang tobten an der Nord- und Nordwestfront des Korps hin und her wogende, mit äußerster Erbitterung geführte Kämpfe, bis es den feindlichen Massen gelang, die Verteidiger zurückzudrücken und am 08. Februar 1941 die letzte Nachschubstraße des Korps zu unterbrechen. Am 09. Februar wurde das letzte Telefongespräch mit dem Armeeoberkommando geführt, dann versagte auch diese Verbindung. Das Korps mit allen ihm unterstellten Divisionen war wie in einer belagerten Festung eingeschlossen.

Es war eine bitterernste Lage, vor die sich der Kommandierende General, General der Infanterie Graf Brockdorf-Ahlefeld, und seine Generalstabschefs gestellt sahen. Dreihundert Kilometer umfaßte der Umfang der Festungsfront. Diese Front mußte mit den geringen, zur Verfügung stehenden Kräften um jeden Preis gehalten werden. An Hilfe von außen war in absehbarer Zeit nicht zu denken. Die Besatzung der Festung Demjansk mußte sich selbst helfen. Die dringendste Aufgabe war, die aufgerissenen Flanken abzustützen, Einbrüche des Gegners in den inneren Festungsraum und eine Aufspaltung des Kessels in mehrere Teile zu verhüten.

Zunächst mußte die Südflanke, in der die Not am größten war, gesichert und hier eine neue Front aufgebaut werden. Dies war jedoch nur unter schonungsloser Entblößung derjenigen Festungsfronten möglich, die zunächst noch nicht im Brennpunkt des Kampfes standen. Harte, tief in das Gefüge der Truppe einschneidende Befehle waren hierzu notwendig. So mußten die beiden kampferprobten Stammdivisionen des Korps, eine mecklenburgische und pommersche Division, unter Beibehalten ihrer bisherigen Kampfabschnitte die Masse ihrer Infanterie und große Teile ihrer schweren Waffen zum Abstützen der Südflanke in Marsch setzen.

Bei klirrendem Frost hasteten einzelne Kompanien und Bataillone, Batterien und Abteilungen, Pak-Züge und Pioniereinheiten nach dem Süden der Kesselfront, an der es lichterloh brannte. Keine Stunde zu früh trafen die Truppen dort ein! So wie sie anlangten, wurden die Bataillone und Kompanien, oft bis zu den kleinsten Verbänden auseinandergerissen, in die Bresche geworfen, um die klaffenden Lücken zu stopfen. In wochenlangen, verzehrenden Waldkämpfen bei einer durchschnittlichen Kälte von 30—40 Grad, die mit 51 Grad ihren Höhepunkt erreichte, stemmten sich Mecklenburger und Pommern in Abwehr und Gegenstößen den ständig von frischen Kräften genährten feindlichen Angriffen entgegen.

Wenn das Kriegsglück es wollte, fanden sie in der markzerfressenden Kälte des Nachts Unterschlupf in irgendeinem der kümmerlichen, zumeist aber unter feindlichem Beschuß liegenden Dörfer. Oft mußten sie jedoch die Nächte im Freien zubringen, mußten auf Waldwegen und in Schneelöchern ausharren, bis die ersten notdürftigen Unterkünfte errichtet waren.

Die Verschiebung starker Kräfte nach dem eingerissenen Südflügel und der Aufbau einer neuen Front hatte weite Strecken der übrigen Festungsfront entblößt. Die hiervon betroffenen Truppenführer konnten sich nur dadurch helfen, daß sie alle irgendwie entbehrlichen Dienstgrade und Mannschaften vom Troß, Nachschub- und Verpflegungswesen mobil machten. So wurden Schuster und Schneider, Bäcker und Schlachter, Troß- und Kolonnenfahrer, Pferdepfleger und Schreiber in die Feuerlinie geholt. Unteroffiziere der Regimentsmusik und Beschlagmeister traten als Zugführer ein, Veterinäre und Zahlmeister sprangen für gefallene Offiziere als Stützpunkt-Kommandanten in die Bresche.

Und so wie hier ein bunt zusammengewürfeltes Kriegsvolk von besonders befähigten Offizieren in kurzer Zeit zu kampfkräftigen Einheiten zusammengeschweißt wurde, gab es doch Kompanien, in denen Soldaten von 15 verschiedenen Formationen vertreten waren, so griffen an anderer Stelle der Festungsfront Bautruppen und Bäckerei-Kompanien Schulter an Schulter mit ihren Kameraden von aktiven Regimentern in den Kampf ein. Einsatz des letzten Mannes – dieses Wort hat sich hier in der Festung Demjansk buchstäblich erfüllt.

Nach der gelungenen Einschließung Anfang Februar ließ der Feind die Feldfestungsbesatzung nicht zu Atem kommen. In immer erneuten wilden Angriffsstößen versuchte er, ungeachtet schwerster Verluste, die Kesselwände zu zertrümmern und den Kessel aufzuspalten. Was die Truppe in diesen Februar- und Märzwochen aus sich herausholen mußte, wie sie an den Brennpunkten der Festungsfront oftmals nach allen Seiten den Kampf auf Leben und Tod führen mußte, wie die Last des Kampfes sich schwer und schwerer auf die Schultern der durch Ausfälle zusammengeschmolzenen Kompanien und Batterien legte, wie Abschnitts-Kommandeure wochenlang vor den bedrückenden und ständig wiederkehrenden Aufgaben standen, ohne die geringsten vorhandenen Reserven, aufgerissene Lücken zu stopfen, feindliche Umgehungsversuche zu verhindern, durchgesickerte Abteilungen des Gegners im Rücken der Front aufzuspüren und zu vernichten, das alles läßt sich mit Worten gar nicht ausdrücken.

Aber wie der Kommandierende General, Graf Brockdorf mit seinem Stabe, wie die Divisionskommandeure und ihre rastlos tätigen Generalstabsoffiziere wußten, worauf es ankam, so war auch der Truppe, bis zum jüngsten Grenadier, bis zum letzten Fahrer bewußt, daß es hier keine Wahl, sondern nur eins gab: Durch dürfen sie nicht und kommen sie nicht! Und mochten sich die Linien oft biegen, oft bis zum Zerreißen spannen: Sie hielten!

War in der einen Kompanie der letzte Offizier ausgefallen, so sprangen Feldwebel ein, und gab es keine Feldwebel mehr, so führten Unteroffiziere die Kompanie weiter! Ein Bild kämpferischen Mutes und soldatischer Opferbereitschaft bot diese Festungsbesatzung, das noch in den späteren Zeiten jedes Soldatenherz wird höherschlagen lassen.

Nach dem Zusammenbruch zahlloser Massenangriffe holten die Bolschewisten im März noch einmal zu einem großen und, wie sie hofften, entscheidenden Schlage aus. Drei Fallschirmbrigaden, ausgewählte, fast ausschließlich aus fanatischen Jungkommunisten bestehende Truppen, drangen auf dem Landweg in den Kessel ein, mit der Aufgabe, das Hauptquartier des Armeekorps und andere hohe Stabsquartiere auszuheben und damit das Hirn der Festung auszuschalten.

So dünn waren die deutschen Linien, daß zwei Brigaden fast ohne Schuß in das Innere des Kessels gelangten. Eine dritte Brigade lief auf deutsche Stützpunkte auf und wurde schon beim Antreten zersprengt. Rechtzeitig gewarnt, konnte in letzter Stunde das Korps-Hauptquartier verlegt werden, so daß die feindlichen Fallschirmjäger auf das leere Nest stießen. Dagegen wurde das Stabsquartier einer mecklenburgischen Division nachts überfallartig angegriffen, und hier entwickelte sich ein wilder, siebenstündiger Dorf- und Häuserkampf, bis mit Hilfe einer auf Lkw herangeholten Kompanie und eines Sturmgeschützes die letzten Bolschewisten vernichtet waren.

Es kennzeichnet die Erbitterung des nächtlichen Dorfkampfes, daß 290 gefallene Bolschewisten die Dorfstraße deckten, sechs Offiziere starben bei diesem Kampf den Heldentod. Der Divisionskommandeur, Generalmajor Freiherr von Lützow, der im vergangenen Jahr als erster Infanterist und Regimentskommandeur mit dem Eichenlaub zum Ritterkreuz ausgezeichnet worden war, wurde am nächsten Tage, wie stets in der vordersten Linie befindlich, bei der Säuberung des umliegenden Waldgeländes durch einen Nahschuß verwundet.

Gegen die Fallschirmjägerbrigaden, die nach den schweren Verlusten der vergangenen Tage durch die deutsche Südfront zu ihren eigenen Linien durchzubrechen gedachten, setzte jetzt eine wilde Hetzjagd ein. Von außen selbst heftig angegriffen, machten Teile der deutschen Südfront im Feuer kehrt und schlugen alle Ausbruchsversuche der Fallschirmjäger in ihrem Rücken ab. Jetzt war ihr Schicksal besiegelt.

Gejagt, in ihren Waldunterschlupfen von konzentrischem Artilleriefeuer zerschlagen, wurden die Reste dieser ausgewählten Truppe, die die Festung von innen her zu Fall bringen sollten, vernichtet. Von 6000 Mann dürften kaum 300 entkommen sein.

Das war die Lage, als Ende März die deutsche Führung das Gesetz des Handelns wieder an sich riß.

Wenn General der Infanterie Graf Brockdorf-Ahlefeld mit seiner eingeschlossenen Besatzung diese schweren Monate bis zum deutschen Gegenschlag durchhalten konnte, dann hat die deutsche Luftwaffe hieran ein entscheidendes Verdienst. Der Widerstand der besten Truppe muß auf die Dauer erlahmen, muß zusammenbrechen, wenn ihr nicht das Notwendigste zum Kämpfen und Leben zugeführt wird. Munition, Kampfmittel, Sanitätsmaterial und Verpflegung mußten in die Festung gebracht werden, desgleichen Ersatz, um die entstandenen Lücken wenigstens einigermaßen auszufüllen. Das war nur auf dem Luftwege möglich. In rücksichtslosem Einsatz hat eine Transportflotte der Luftwaffe diese schwere Aufgabe durchgeführt. Der Feind wußte, was für die Festungsbesatzung auf dem Spiel stand, wenn ihr auch dieser letzte Lebensfaden in der Luft abgeschnitten wurde, und setzte mit scharfer Gegenwirkung ein. Bis zu drei- und viermal täglich durchbrachen die deutschen Transportgeschwader die dichte feindliche Feuersperre, oft mußten sie sich hartnäckiger Angriffe feindlicher Jäger erwehren, oft prasselten nach der Landung auf die Flugplätze der Festung Bomben nieder. Aber dieser feindlichen Gegenwirkung blieb der Erfolg versagt! Sie konnte den Willen der Flugzeugbesatzungen, den schwer ringenden Kameraden des Heeres täglich neue Kraftströme zufließen zu lassen, nicht brechen.

Für jeden, der einmal eines dieser Transportgeschwader in niedrigster Höhe heranbrausen sah, wird dieses Bild unvergeßlich bleiben. Ich erinnere mich, wie ein Offizier beim Anblick der hart über den Baumwipfeln heranbrausende Transportstaffeln spontan in den Ruf ausbrach:
Achtung! Anreitende Kavallerie von rechts! —

Wenn die Grenadiere und Schützen ihre Patronentaschen und -gurte wieder füllen und die Kanoniere, Panzerjäger und Granatwerferbedienungen nicht jede Granate dreimal umzudrehen brauchten, ehe sie sie verschossen, sondern aus dem vollen schöpfen und allein durch ihr Sperrfeuer feindliche Angriffe zerschlagen konnten, dann stieg ein stilles soldatisches Stoßgebet aus manchem Schützenloch in den Himmel: „Dank Euch Ihr Kameraden der Luftwaffe für Eure treue Waffenbrüderschaft!"

Am 21. März holte die deutsche Führung zum Gegenschlag aus. Eine Stoßgruppe unter dem Befehl des Eichenlaubträgers, Generalleutnant von Seydlitz-Kurzbach trat zum Entsatz der Festung an. In wochenlangen harten Angriffskämpfen wurden die von allen Seiten heranströmenden russischen Kräfte zerschlagen und vernichtet.

Am 14. April traten Truppen der Festungsbesatzung gleichfalls zum Angriff an, um der Stoßgruppe Seydlitz entgegenzuarbeiten. Noch einmal riß sich diese prachtvolle Truppe zusammen, um bei diesem letzten entscheidenden Gang den Gegner im Angriff zu werfen. Nach siebentägigen, außergewöhnlich harten Kämpfen hatte sich diese, unter dem Befehl des Generals der Waffen-SS Eicke stehende Kampfgruppe, durch Schlamm und Sumpf, zum Teil bis zum Leib durch Schmelzwasser watend, durch die feindlichen Befestigungen hindurchgebissen und konnte am 21. April am Ufer des Lowat den Spitzen der Stoßgruppe Seydlitz die Hand reichen.

Nach 72 Tagen völliger Abschließung war der feindliche Ring gesprengt, die Festung Demjansk entsetzt. Noch war es erst ein schmaler Schlauch, der die Verbindung mit dem rückwärtigen Gebiet darstellte, und noch konnte die Besatzung der Festung Demjansk nicht auf ihren Lorbeeren ausruhen. Mehrfach versuchte der Bolschewik im Mai und Juni in zusammengefaßten Großangriffen die Verbindungslinie wieder abzuschnüren oder wenigstens starke Stücke aus dem Kessel herauszubrechen. Alle diese Angriffe brachen im engsten Zusammenwirken von Heer und Luftwaffe unter verheerenden Verlusten des Feindes zusammen. Die Besatzung der Festung Demjansk ließ sich den schwer erkämpften Sieg, einen der denkwürdigsten Abwehrsiege der Kriegsgeschichte, nicht mehr entreißen.

Ein weiterer Bericht von Walter Miehe aus seinem Buch „Der Weg der 225. ID":

16.01.–24.01.1942

Nach Eintreffen in Krasnowardeisk wird das Regiment 376 der 225. Infanterie-Division der 16. Armee und hier der 12. Infanterie-Division unterstellt. Die 12. ID, eine norddeutsche Division mit den Regimentern 27, 48 und 89, war derzeit an der Südfront des Kessels von Demjansk eingesetzt.

Das II. IR 376 wird in Krasnowardeisk bei minus 52 Grad und heftigem Ostwind in bereitstehende dreimotorige Transportflugzeuge des Typs „Ju 52" verladen und nach Demjansk in den Kessel eingeflogen. In den Flugzeugen ist es bitterkalt, die schwer beladenen Maschinen fliegen ohne Jagdschutz und versuchen, sich durch Tiefflug der feindlichen Sicht zu entziehen, dabei werden auch Waldschneisen ausgenutzt. Unser „Vogel" nimmt dabei eine Baumspitze mit, es kracht zwar, und die Maschine schüttelt sich, doch sonst passiert nichts. Wir setzen auf dem verschneiten Feldflugplatz von Demjansk bei heftigem Ostwind auf und werden in bereitstehende offene Lkw verladen, Richtung südliche Kesselfront. Die Flugzeugführer dieser Maschinen haben fast ein Jahr lang die Einheiten des Kessels mit Verpflegung, Munition und Futter für die Pferde versorgt, auf dem Rückweg die Verwundeten und Kranken mitgenommen und das ein paarmal am Tage. Ihre Leistungen sind bewundernswert.

Der Lkw-Transport bringt uns nach Belji an der Straße Staraja–Russa–Molwotizy. Für einen Teil des Bataillons gibt es Unterkünfte in den Russenkaten, wo der Platz am Ofen der begehrteste ist. Der andere Teil bezieht Unterkunft in der HKL. Es müssen Iglus (Schneehütten der Eskimos) gebaut werden. Sie lassen sich erstaunlicherweise mit einer brennenden Kerze verhältnismäßig warmhalten, nur bieten sie keinen Schutz gegen Infanterie- und Artilleriefeuer. Daß der gefrorene Boden auch nicht gerade eine ideale Lagerstätte abgibt, versteht sich, aber man ist vor dem Ostwind und der beißenden Kälte geschützt.

Da der Russe sich in diesem Abschnitt vor seinen Angriffen immer erst Mut anzutrinken pflegt, und man aus dem lautstarken Gesang am Abend vorher weiß, daß am Morgen ein russischer Angriff zu erwarten ist, können wir uns vor größeren Überraschungen einigermaßen sichern. Die Russen haben hier sowieso ihre besondere Kampfweise. Der Kommissar pflegt abends noch eine mehr oder weniger feurige Rede zu halten, um dann am nächsten Morgen allen voran, hoch zu Roß, bei kniehohem Schnee gegen unsere HKL anzugehen. – Der erste Schuß aus unserer bereitgestellten 3,7 cm Kanone fegt ihn samt Pferd hinweg, und alles übrige zerstiebt im zusammengefaßten Artillerie- und Infanteriefeuer.

Das II. IR 376 wurde dem IR 27 der 12 ID unterstellt, besetzt zunächst als HKL die Straße Belji–Molwotizy, dieser Ort war von Landesschützen besetzt.

Molwotizy fällt brennend in Feindesland, nachdem sich die Verteidiger gerade noch der Einschließung entziehen können. Die neue HKL verläuft von Belji über Tschernaja, Lunewo–Kornewo bis nach Staraja

Masslowo, wo ein sehr beherzter Veterinäroffizier (123. Infanterie-Division) die Stellung tapfer hält.

Das erste Bataillon wird ostwärts von Belji in K.- und M.-Reihe eingesetzt. Hier geht es um Orte wie Waino, Linje, Sebesh, Beresnik, Golowkowo, Leonicha, Tarrassowo. Der Regiments-Kommandeur, Oberst Lorenz, führt hier sein Regiment nur mit dem I. Batl. Das II. Batl. ist dem Infanterie-Regiment 27 direkt unterstellt. (RgtsKdr Oberst Stuppi). Das III. Batl. wird unter Führung des Majors Dätz auch im Kessel von Demjansk, und zwar bei Salutsche eingesetzt und untersteht dort dem Arko 105 – Oberst Trowitz.

Das II. Batl. muß sehr bald die 5. Kompanie, verstärkt durch Teile der 6. und 8. Kp. unter Führung von Oberleutnant Wiese, an die Nordfront des Kessels abgeben, zum Einsatz bei Ssawkino-Olchowez.

Die vorher beschriebene Kampfesart des Gegners ändert sich schnell, als sibirische Einheiten uns gegenüberliegen. Sie arbeiten als Jäger lautlos in der Nacht und sind im Schnee nicht zu hören, mancher Posten fällt ihnen zum Opfer, bis wir es gelernt haben, mit dieser Kampfesart fertig zu werden.

In diesen Wintermonaten, in denen wir mit sehr mageren Portionen auskommen müssen, und das Fleisch der im Herbst gefallenen Pferde uns eine sehr willkommene Bereicherung des Speisezettels bietet, versuchen russische Schneeschuh-Bataillone in den Kessel unbemerkt einzudringen, um ihn von innen zu sprengen.

So ganz unbemerkt bleiben aber diese Versuche nicht, zumal der Divisions-Gefechtsstand der 12. ID in Igoshewo plötzlich von einer solchen Einheit angegriffen wird. Der Gefechtsstand kann sich aber behaupten, hat leider auch Verluste, doch jetzt geht die Jagd auf diese Eindringlinge los. Es werden Jagdkommandos aufgestellt, die den Gegner schließlich in ein Waldgelände treiben, das im Rücken des Abschnittes der 7. Kompanie IR 376, Oberleutnant Stock, liegt. Durch zusammengefaßtes Feuer aus vielen Rohren der Kessel-Artillerie werden den Truppen des Oberst Tarrassow schwere Verluste zugefügt.

Ein Flugzeug, das den Oberst holen soll, wird bei dieser Gelegenheit ebenfalls in Brand geschossen. Der Rest versucht, durch die Kesselfront wieder nach außen zu gelangen. Die 7. Kp. IR 376 macht diesen Wechsel für die Russen zu einem verlustreichen Unternehmen. Die letzten sind elendig eingegangen.

Die Russen versuchen durch Verpflegungsbomben zu helfen, doch kommen nicht viele von diesen Versorgungsgütern in russischen Besitz.

Oberleutnant Stock hat sich seiner Haut schwer zu wehren, denn der Hauptangriff kommt natürlich von vorn, aber auch rückwärts war er verunsichert durch die nachsickernden Teile der Schneeschuh-Brigade des Oberst Tarrassow. – Der Batl.-Gefechtsstand des II. IR 376 liegt im Wald bei Ikandowo, muß durch das beginnende Schmelzwasser an den rechten Flügel hinter Kornewo verlegt werden, bis die Russen den Bataillons-Kommandeur Major von Hassel samt Stab vertreiben, die im letzten Augenblick den Gefechtsstand wechseln können.

Das I. Batl. IR 376 und die 6. Kompanie des II. IR 376 haben laufend russische Angriffe abzuwehren. Dem III. IR 376 ergeht es sehr schlecht. Das Bataillon wird an der von Salutsche nach Süden führenden Straße in den Dörfern Chmeli, Gary, Mestzy und Ryti eingesetzt und erleidet schwere Verluste.

07.02.1942

Die 6. Kompanie Infanterie-Regiment 376, als Divisionsreserve nach Penjekowo abgestellt, kehrt zum Bataillon zurück. Die Truppe hat sich inzwischen an russische Verhältnisse gewöhnt, sowohl was die Kampfesweise als auch die Kälte und das russische „Innenleben" anbelangt. Da keine Winterbekleidung vorhanden ist, holt man sich diese von den gefallenen Russen. Zunächst „Walinkis" (Filzschuhe), dann Wattejacken und die Pelzmützen. Mit dieser Ausrüstung übernimmt man auch deren „lustigen" Inhalt, nämlich die Läuse. Es gibt Meister in der Läusejagd, die es täglich auf einen Abschuß bis zu 150 Läusen bringen. Später gibt es den deutschen Tarnanzug, der sich hervorragend bewährt, auch Hemden aus Fallschirmseide sind begehrt, da sich hier die Läuse nicht wohl fühlen. Übel sind die Wanzen, die sich nachts von der Decke auf die Schläfer fallenlassen. Einige Soldaten sind besonders geplagt, während andere verhältnismäßig lange ungezieferfrei bleiben.

Haben wir zu Anfang des Krieges im russischen Winter unsere Waffen mit in die Unterkunft – Bunker, Unterstand, Iglu oder Hütte – genommen, so wird das schnell anders, als sich herausstellt, daß die angewärmten Waffen in der Kälte sofort beschlagen und gefrieren, damit aber unbrauchbar sind. Also bleiben die Waffen draußen. Aber auch das hat so seine Probleme, denn die Haut bleibt an den kalten Eisenteilen hängen, und so entstehen schmerzhafte Verletzungen. Alles Erfahrungen, die der Soldat erst machen muß.

Ausgangs des Winters erreichen uns Winterausrüstungsteile einer Sammlung der Heimat. Die Pelzsachen kommen fast zu spät, die Schneeschuhe werden sofort in Benutzung genommen, bisher hatten wir nur primitive Ski.

Bericht des Gefechtstroßführers des Infanterie-Regiments 376, Beschlagschmied Feldwebel Franz Buer:

Februar 1942

Die Gefechtstrosse des IR 376 sollen gemäß Befehl AOK 18 nach ihrem Eintreffen in Gattschina, umgestellt auf Schlitten nach Staraja Russa und weiter zum Regiment 376 in Marsch gesetzt werden. Der Marsch wird auch begonnen und Staraja Russa erreicht. Von hier aus sollen die Gefechtstrosse durch den „Schlauch" in den Kessel von Demjansk marschieren.

Ende Februar 1942

In Wollot ist der Marsch zu Ende, denn inzwischen ist der Kessel durch die Russen gegen jegliche Zufuhr über den Landweg abgeschnitten. Versorgung der Truppen über die Transport-Luftflotte I. Die Trosse werden zunächst zu Sicherungsaufgaben längs der Rollbahn eingesetzt.

Auf Befehl des XVI. AK müssen die Schlitten, beladen mit Gerät und Ausrüstung für das IR 376 wieder entladen und alles in einer Scheune untergebracht werden.

Mit rund 200 Schlitten und 300 Pferden wird der Troß des IR 376 der 122. Infanterie-Division unterstellt. Es werden 3 Schlittenkolonnen gebildet und von Offizieren der 122. ID geführt.

Mai 1942

Diese Schlittenkolonnen haben unentwegt bis Mitte Mai 1942 Munitions- und Versorgungsgüter für die angreifenden Truppen des Generals der Artillerie von Seydlitz-Kurzbach gefahren, in Eis und Schnee, im eisigen Ostwind und in der Zeit der Schneeschmelze. Sie haben die Verwundeten und Gefallenen gefahren, sie haben sich nach allen Seiten und gegen Angriffe aus der Luft wehren müssen, sind fremden Offizieren unterstellt gewesen. Sie lebten und kämpften in der Ungewißheit ihrer weiteren Verwendung, getrennt vom Regiment und fern der Division.

Ihre Leistung hat dazu beigetragen, daß der Kessel von Demjansk wieder geöffnet werden konnte. In dieser Zeit haben sie bei aller Beanspruchung für das Regiment gesorgt und Pferde und Waffen uns erhalten.

Dafür gebührt dem Troß auch heute noch Dank und Anerkennung.

Diese drei Berichte standen mir 1980 erstmals zur Verfügung, und ich habe es für richtig gehalten, sie in meine Tagebücher einzufügen.

Der 1. Bericht stammt von meinem späteren Bataillons-Kommandeur Dr. Rolf Bathe, der lange Zeit den jeweiligen Kommentar zum Wehrmachtsbericht ausgearbeitet hatte. Er ist Historiker und später gefallen als Kommandeur des Füsilier-Bataillons 225.

Der 2. Bericht stammt von meinem späteren Kompanie-Chef Walter Miehe, mit dem mich heute noch freundschaftliche Bande verbinden.

Der 3. Bericht stammt vom Führer des Trosses, dem auch ich unterstellt war ab Riga bis zu dem Tag meiner Abberufung in den Kessel.

Diesem Bericht ist zu entnehmen, wie es für die Troßeinheiten weitergegangen ist bis zur Räumung des Kessels und damit zur Eingliederung in das Regiment.

09.03.1942

Im Bunker, welcher der Flak als Unterkunft dient, ist auch Feldgendarmerie untergebracht. Mein Marschbefehl wird geprüft, und ich bekomme etwas zu trinken. Jetzt erfahre ich, daß das Regiment in dem eingeschlossenen Kessel total auseinandergerissen ist. Das II. Bataillon ist an der Südfront, an der Straße von Bely nach Molwotitzi eingesetzt.

Gegen mittag werde ich auf einen Lkw verladen und bei bitterer Kälte geht es nach irgendwohin los. Beim Regiments-Gefechtsstand in Penjekowo werde ich abgesetzt und konnte da, von gestern bis heute, schlafen.

Gestern hörte ich noch fürchterliche Dinge:

Bis zu unserem Eintreffen damals in Riga gab es zu diesem Zeitpunkt noch keinen abgeschnittenen Kessel, sondern ein Schlauch von etwa 10 km Breite bestand zum jetzigen Kessel hin. Dieser Schlauch wurde am 8. Februar 1942 durchtrennt, und das II. Armeekorps wurde unter General Brockdorf-Ahlefeld mit knapp 100 000 Soldaten abgeschnitten.

Unser Regiment, nunmehr mit den Ju's eingeflogen, wurde augenblicklich, sowie die Flugzeuge landeten, auf Lkw der SS-Totenkopf-Division Eike, direkt in die Frontlücken hineingefahren. Ohne Einweisung, ohne Verpflegung, ohne eigene Versorgung, in höchster Not!

Die 6. Kompanie kam an die Straße Bely–Molwotitzi an der Südfront des Kessels. Dort in Bely sollte jetzt der Batl.-Gefechtsstand sein.

Die Stimmung unter den Soldaten im Regiment war überhaupt nicht vergleichbar mit irgendeiner anderen Situation je vorher.

Bald darauf fuhr ich auf einem Lkw in Richtung Bely.

Inzwischen konnte ich mir etwas besser vorstellen, wo ich war. Das, was von unserem Bataillon noch vorhanden war, so auch unser Hauptfeldwebel der 6. Kompanie, war in Bely. Ich hatte den Eindruck, daß irgendwie „dicke Luft" sein mußte, denn der Lkw machte im Handumdrehen kehrt und war weg. Dagegen hörte man ununterbrochen Artilleriefeuer und MG-Salven vor uns.

Vom Batl.-Gefechtsstand wurde ich zu Schiller, unserem Hauptfeldwebel, geschickt, wo ich mich dann auch regelrecht gemeldet habe.

Schiller war um Jahre gealtert. - Ich hatte mich nicht geirrt, alles war im Aufbruch. Iwan kommt!! Immer wieder traf mich dieser Satz.

Die Soldaten, die seither in dem Dorf untergebracht waren, sind aufgeschreckt. Alle Trosse, soweit sie sich zusammengefunden hatten, waren mit ihren Schlitten im Aufbruch.

Schiller teilte mich sofort ein, Waffen und Munition wegzuschaffen, mit Uffz. Ringler zusammen. Ringler kannte ich schon jahrelang, und es ging sofort Hand in Hand. Wir beluden einen russischen Beuteschlitten mit Munition und Waffen, Gewehren und Handgranaten, soviel wie der Schlitten fassen konnte. Schiller drängte immer mehr zur Eile, und ich erfuhr so nebenbei, wer alles gefallen und erfroren war.

Unser Kompanie-Chef, Leutnant Bulle, fiel als erster Soldat der Kompanie im Osten! – Ich war fassungslos.

Der Iwan hatte Molwotitzi genommen, wobei das Dorf in Flammen aufgegangen sei, und augenblicklich liegen die Reste unseres Batl. draußen an der Straße von Molwotitzi nach Bely und schießen, was sie können, um dem Batl.-Stab und den Trossen den Rückzug zu ermöglichen. Nun hatte ich erstmals verstanden, in welche Situation ich hineingeraten war.

Ringler und ich fuhren mit den Waffen in Richtung Ikandowo ab. Bely blieb im Artillerie- und MG-Feuer hinter uns zurück, während wir mit unserem Schlitten zunächst auf Tschernaja zufuhren. Das russische Pferdchen zog unseren schweren Schlitten flott voran. Tschernaja war ein kleines Dorf mit etwa 20–30 Holzhäusern und war von der Bevölkerung schon geräumt. Von da aus waren es bis Ikandowo noch etwa 3,5 km. Auch die hatten wir in dem Schnee bald geschafft.

Dann, in dem für unsere Kompanie zugewiesenem Haus, schnell ausladen und mit dem Panjeschlitten den gleichen Weg wieder zurück.

Ringler erzählte mir auf der Rückfahrt Einzelheiten. Ich konnte das alles noch gar nicht fassen. Wir beide saßen auf dem Panjeschlitten und fuhren auf Tschernaja zu. Wir hörten wohl das Gerummel der Artillerie, aber wir waren direkt in friedlicher Natur, so kam es mir vor.

Daß da einige km weiter sich unsere Kameraden in Eis und Kälte um ihr Leben wehren mußten, das hatte ich immer noch nicht ganz begriffen. Ringler sagte, daß $2/3$ der Kompanie entweder tot oder verwundet sei, und viele mit schwersten Erfrierungen ausgefallen seien.

Wir sind der 12. Division unterstellt und dem Grenadierregiment 27 unter Oberst Stuppi zugeteilt. Unser Regiment ist so aufgesplittert, daß kaum ein Offizier weiß, wo die anderen sind.

Jetzt soll in Ikandowo das II. Bataillon seinen Gefechtsstand haben, obwohl kaum jemand weiß, wieviel Soldaten das Bataillon noch hat.

Unterwegs begegnen wir weiteren Schlitten, die ununterbrochen Material von Bely wegschaffen nach „hinten".

Der Russe hat die Front buchstäblich zerrissen, und Ringler sagte, daß unser Batl. nur noch in kleinen Stützpunkten an der Straße vorhanden sei. Bely soll auf jeden Fall gehalten werden, und dann wird nach

Westen und Süden abgeriegelt, so daß wir eine Frontlinie von Bely nach Tschernaja und weiter bis zum Dorf Kornewo bekommen sollen.

Die Eindrücke überstürzten sich, und ich war verwirrt. Unser Panje zog den Schlitten brav bis nach Bely zurück, wo wir nochmals in aller Eile die Reste an Munition aufluden. Schiller war noch da. Er wollte auf die zurückkommenden Soldaten warten, die in Bely sofort wieder in Stellung gehen mußten, um den Ort zu halten.

Ringler und ich fahren erneut mit dem Schlitten los. Es dämmerte schon, doch der Weg war etwas ausgefahren inzwischen und so besser zu finden. Ringler war von der Ausdauer der russischen Panjepferde so überzeugt, daß er auch manchmal die Peitsche nahm, um schneller voranzukommen. Unser Panje zog geduldig den schweren Schlitten, wenn auch mit keuchenden Lungen.

Von Bely, das wir schon seit einer halben Stunde hinter uns gelassen hatten, sahen wir plötzlich Feuerschein aufleuchten. Es brannte dort. Und genau das war das Schlimmste, sagte Ringler. Nur die Holzhäuser waren bei der wahnsinnigen Kälte eine Hoffnung, nicht zu erfrieren. Waren Sie abgebrannt, bedeutete das Schutzlosigkeit in dieser Kälte. Die Russen gingen da genauso planmäßig und gnadenlos vor, wie wir auch. Jedes abgebrannte Haus war bei dieser Kälte ein Stützpunkt weniger.

Unser Panjepferd wollte nicht mehr. Vielleicht hatten wir ihm zu viel aufgeladen. Doch Ringler sagte mir, daß die Panje unglaublich zäh wären und primitiv, gerade so, wie die Russen eben wären.

Er nahm die Peitsche zur Hilfe, aber unser Pferd zog nicht mehr an. Plötzlich kippte es etwas zur Seite über und lag da. Es gab keinen Zweifel mehr, das Panjepferd war tot.

Uffz. Ringlers Euphorie über russische Mentalität hatte einen lautstarken Knacks bekommen. Alles, was russisch ist, das ist in dieser Waldaigegend besser, auch die Pferde, die Waffen, damit meinte er die russischen Maschinenpistolen.

Ja, was tun? Das Pferdchen war tot. Es zog, über seine Kräfte gehend, brav unseren schweren, mit Waffen und Munition beladenen Schlitten. Es zog, angesichts der Peitsche, bis es plötzlich tot umfiel.

Wir wußten, daß wir in akuter Gefahr waren, von russischen Späh-oder Stoßtrupps auf Skiern, abgefangen zu werden. Hinter uns brannte es in Bely, vor uns, noch nicht ganz erreicht, war Tschernaja, wo vielleicht schon deutsche Soldaten waren.

Was tun?

Wir befreiten das Pferd vom Geschirr, aber jeder Versuch, auch nur ein wenig den Schlitten zur Seite zu schieben, war zwecklos.

Das sollte unser Glück sein. Von Bely kamen nämlich weitere Schlitten mit Räumungsgut. Diesen Schlitten waren wir im Weg, und um uns herumfahren, ging an dieser Stelle nicht. So kam es, daß wir mit vereinten Kräften das Panjepferdchen zur Seite schleppten und den Inhalt unseres Schlittens auf zwei andere Schlitten umladen konnten.

Solange das dauerte, haben unsere anderen Kameraden feindwärts gesichert, so daß wir, bei einbrechender Nacht, gemeinsam den Marsch nach Ikandowo wieder aufnehmen konnten. Spät haben wir die Schlitten abgeladen und die Waffen in ein Haus gebracht.

Dieses Haus in Ikandowo war von Zivilisten noch bewohnt. Einen Raum im Haus hatte Schiller mit dem Schreibstubenuffz. und dem Rechnungsführer belegt. Ein weiterer Raum war für Waffen und Geräte und nebenan eine Art von Küche, wo in Töpfen gekocht wurde, denn unsere Küche war ja außerhalb des Kessels geblieben.

Im Dorf selbst wurde es in der Nacht immer lebendiger, denn mehr und mehr Trosse, oder was die Kompanien an Beuteschlitten und Pferden aufgetrieben hatten, suchten Unterkünfte. Es wurden in der Nacht auch sofort Wachen eingeteilt, die alle Stunde abgelöst wurden. Ich wurde ebenfalls eingeteilt und kam so zu meiner ersten Wache an der russischen Front.

Es gab in dieser Nacht keine besonderen Vorkommnisse bei uns in Ikandowo, aber vorne bei Tschernaja und Bely mußte schwer was los sein.

10.03.1942

Im Verlauf des Morgens kam auch Schiller zurück und erzählte uns, wie im Schutz der Nacht, nacheinander die Reste des II. Batl. zurückkamen und sofort in Stellung gingen auf der Linie Bely-Tschernaja-Kornewo. Dort waren in Abständen, je nach Geländeanlage, Bunker auf den Erdboden aufgesetzt worden. Genaugenommen waren es Blockhäuser aus dem Dorf Tschernaja, die dort abgerissen wurden und irgendwo im Gelände, von rückwärtigen Soldaten und der russischen männlichen Bevölkerung, wieder zusammengebaut wurden.

So kam es, daß die zurückgehenden Soldaten jeweils in diesen Stützpunkten schlafen konnten und draußen Verbindung nach links und rechts suchen mußten. Unsere 6. Kompanie belegte die vorbereiteten „Bunker" Nr. 17 bis Nr. 21.

Als der Russe merkte, daß wir uns auf der Straße von Molwotizy nach Bely während der Nacht zurückzogen, drückte er sofort stark nach. Nun kam es darauf an, ob wir die Abriegelung nach Süden und Westen mit unseren schwachen Kräften halten konnten.

Schiller sagte mir, daß ich tagsüber, der Reihe nach, zu den Bunkern gehen solle, um dort zu helfen bei der Reparatur von Hosen und Waffenröcken. Aber am wichtigsten seien Schneehemden für die Posten. Schiller hatte schon Fallschirmseide organisiert, denn teilweise haben unsere Flugzeuge die Lebensmittel mit Fallschirmen abgeworfen, wenn sie gerade nicht landen konnten. Die weißen, seidenen Fallschirme wurden dann sofort recht und schlecht zu Schneehemden umfunktioniert. Inzwischen war der Gefechtslärm vor uns immer stärker geworden.

Ich machte mich fertig und bekam von Schiller einen Akja mit. Das ist ein aus dünnem Holz gefertigter Wannenschlitten, etwa 2 m lang und 60 cm breit. In dem Schlitten hatte ich Nähzeug und Uniformreste, die ich im Wäschebeutel mitgebracht hatte. Mit einem Melder, der sich im Gelände besser auskannte, zog ich los zum ersten Bunker in der Nähe von Tschernaja. Wir kamen trotz der heftigen Schießerei ohne Schwierigkeiten zu dem Bunker.

Das erste, was mir auffiel, waren die Gewehre und MG, die vor dem Bunker neben der Tür aufgestellt waren. Beim Bunker war eine Wache, und es gab ein erstes Wiedersehen mit den Kameraden. Alle wollten wissen, woher ich komme und wie es „draußen" aussehen würde. – Aber dann hatten sie alle etwas, was fehlte oder kaputt war. Ich nähte und flickte in den überfüllten Bunkern, so gut es eben ging. Vor allem brauchten sie dringend Schneehemden zur Tarnung.

Der Russe hatte noch nicht ausgemacht, wo die Stützpunktbunker waren. Jeder wußte aber, daß er Aufklärung treiben würde, das heißt, er wird kommen.

Und er kam.

11.03.1942

Die letzten Tage waren angefüllt mit Rabatz. Der Russe drückte an allen nur möglichen Stellen, abwechselnd mehr bei Bely oder bei Tschernaja.

Trotz der Abwehrkämpfe arbeite ich in den Bunkern, so gut es eben geht. Meine Kameraden sind froh, daß sie Schneehemden bekommen. Es sind immer noch zuwenig. Am Abend kommt der Essenwagen und bringt warmes Essen. Das ist bitter notwendig. Das Essen selbst ist nur eine Suppe mit „Drahtverhau" (geraspelte Möhren und Erbsen), etwas Graupen und vielleicht auch mal Kartoffeln mit Pferdefleisch. Im Kessel gibt es nur Essen, das Flugzeuge bringen können für 96 000 Soldaten, oder was an Verpflegungsbomben abgeworfen wird an Fallschirmen.

Die Verpflegungsbomben sind gefüllt mit hochwertigen Dingen wie Speck, Schokacola-Schachteln, Butter, Zigaretten. Alle aufgefundenen Bomben müssen ungeöffnet abgeliefert werden, damit alles gleichmäßig verteilt werden kann. – Unsere eigenen Versorgungseinheiten sind ja nicht im Kessel. Wir werden von den Truppenteilen versorgt, denen wir jeweils unterstellt sind. Das ist z. Z. das Regiment 27 von der 12. Division.

Deshalb kommen wir nicht schlechter weg, als diese Soldaten. Jeden Tag kann ich sehen, daß diese 27er kampferprobter sind. Nicht nur wegen der Auszeichnungen, die die einzelnen Soldaten tragen. Es fällt auf, daß auch Gefreite mit dem EK I ausgezeichnet sind oder die Nahkampfspange schon haben. Die Soldaten sprechen von ihrer Regimentsnummer als von einer „niedrigen Hausnummer". Sie sind sehr stolz darauf, daß sie aktive Soldaten waren bei Kriegsausbruch.

Von diesen kampferfahrenen Soldaten haben wir viel gelernt.

In den letzten Tagen gerieten wir in eine verzweifelte Situation. Wir wurden rechtzeitig gewarnt, daß 3 Fallschirmjäger-Brigaden auf Schneeschuhen in den Kessel eingedrungen sind. Bei uns sind sie nicht durchgekommen, unsere Bunkerlinie hielt dicht.

Ich bin in den letzten Tagen immer wieder in einem anderen Bunker gewesen, um zu helfen, trotz feindlichem Feuer.

Doch jetzt wußten wir über Funk, daß die Wälder hinter uns herum voll waren mit eingedrungenen russischen Fallschirmjägern. Ab sofort mußten wir nach hinten, das heißt, zu unserem Hinterland hin, auch Wachen aufstellen. Das Essen wurde nur noch im Konvoi gebracht, begleitet von einem Zug Soldaten mit MG auf Schlitten. Vorne und hinten hatten wir Spähtrupps. Nichts ging mehr. Mußte ein Landser zur Latrine, wußte er nicht, ob er von hinten oder von vorne angeschossen wurde.

Ich bin die letzten Tage mit dem Essenkonvoi immer wieder zurück nach Ikandowo und konnte dort schlafen. Natürlich hatte ich in der Nacht auch Wache. Im Augenblick war es besonders bedrückend, wußten wir doch nicht, wo die nächste Sprengladung hochging. In der HKL waren die Soldaten noch besser geschützt. Da waren noch vorne und hinten Wachen.

Bis jetzt hatten wir Glück, daß der Russe nur von außen angriff. Ich hörte, daß im Innern des Kessels oft Nahkämpfe mit den eingedrungenen Fallschirmjägern vorgekommen sind. Bis heute hatten wir noch keine Verluste von den Russen aus dem Hinterland. Anders dagegen in unserer Bunkerlinie. Immer wieder ist einer verwundet oder gefallen. Dann kommt er in meinen Akja, und dieser wird an den Essenschlitten gehängt.

Als ich Gibbesch tot nach Ikandowo brachte, er war bei uns als Scharfschütze und als Draufgänger bekannt, der immer sein MG zur rechten Zeit losballern ließ, ja, als er so halbzugedeckt in dem Akja lag, da kam unsere russische Frau gerade aus dem Haus heraus. Ich war dabei, die Knöpfe an seinem Mantel abzuschneiden, weil ich sie nötig brauchte. Die Frau sah, daß er tot war. Da kam sie her an den Akja, kniete sich neben den Gibbesch und machte ein Kreuz über ihn und weinte. Nach einer Weile betete sie etwas, stand dann auf, schüttelte den Kopf und ging wieder ins Haus.

Ich war hart geworden in diesen Tagen und Nächten, aber was ich da erlebt habe, hat mich doch erschüttert. Es war ein deutscher Soldat im Akja und dort eine russische Mutter!

Gestern setzte mit einer unwahrscheinlichen Wucht ein Schneesturm ein, so daß der Schreibstufenuffz. und ich zusätzlich zum Gefechtsstand gegangen sind, um Wache zu halten. So etwas von Sturm hatten wir seither noch nicht erlebt. Nach 15 Minuten mußten wir jedesmal die Wache wechseln, weil wir nichts mehr durch die zugefrorenen Lider sehen konnten. Die Flocken waren so dicht, daß man höchstens noch 2 m sehen konnte.

Ich hatte jetzt außer meiner belgischen Pistole immer noch einen Karabiner mit und zwei Handgranaten (Eier) im Mantel. Bei diesem Sturm, so hatte ich angenommen, kommen sie bestimmt, aber es war nichts. Wahrscheinlich konnten sie genausowenig sehen wie wir.

20.03.1942

Ab heute bleibe ich ganz in der HKL, und zwar bin ich im Bunker 18. Ich stehe mit meinen Kameraden auf Posten. Tagsüber stehen wir in der Nähe des Bunkers, wo die anderen Kameraden aus Holzstämmen und Schnee so etwas wie eine Schanze hochgebaut haben. Eine Brustwehr für 2 Mann. Von hier aus können wir die vor uns liegende Fläche gut übersehen. Es sind etwa 250–300 m bis zum Iwan rüber. Rechts von uns ist Tschernaja, wohin wir gehen können, ohne daß uns Iwan sehen kann.

Soweit das Dorf von uns besetzt ist, stehen vor den Fenstern zur Feindseite hin hohe Stämme, dicht aneinandergereiht, als Kugel- und Splitterfang. Manches Haus wurde schon zum Bunkerbau verwendet. Auch mußte in den Bunkern immer ein kleiner eiserner Ofen mit Holz versorgt werden. Tagsüber war das ein großes Problem, denn wenn der Iwan ein immerwährendes Rauchwölkchen sah, wußte er genau, wo er seine Artillerie oder „Ratsch-Bumm" hinlenken mußte. Wir konnten also tagsüber nur getrocknetes Holz brennen. Nachts war das besser, doch es durfte keinen Funkenflug geben. Gerade uns gegenüber ist dem Iwan gestern ein Bunker abgebrannt. Wir sahen nun ganz genau, wohin wir schießen konnten.

21.03.1942

Unser Wissen beruht nur auf Parolen, aber heute wären die deutschen Truppen angetreten, uns zu befreien oder wenigstens den Kessel wieder aufzubrechen! Wir haben die Abschnürung schon schwer zu spüren bekommen. Doch regelrecht verhungert ist keiner, es sei denn, durch die Kampfhandlungen hat er nichts zu essen bekommen können. Das Brot ist oft recht knapp und ganz frisch, das heißt, es ist gefroren. Hier im Bunker 18 können wir uns aber helfen. Wir haben Esbit-Trockenspiritus-Kocher. Das ist eine neue Erfindung. Wer gerade auf Wache steht, wenn das Essen gebracht wird, der kann nachher auf dem Ofen oder mit dem Esbit-Kocher sein Essen warm bekommen.

22.03.–05.04.1942

Schlimme Tage liegen hinter uns. Der Russe hat mit allen Mitteln versucht, den Kessel zu sprengen. Seit dem 25.03.1942 bin ich Melder auf dem Gefechtsstand unserer Kompanie. Unser Kompanie-Chef ist Oblt. Grotefendt. So komme ich als Melder durch den ganzen Kompanie-Abschnitt und kenne jeden Weg und Steg. Wir sind aber immer zu zweit, manchmal ist auch Ernst-August Jänicke dabei.

Mit dem Oberleutnant gehe ich gerne. Er ist sehr gewissenhaft und besorgt um alle anderen, er selbst ist aber bescheiden.

Der Russe hat andere Truppen vor uns. Es sind schnelle Soldaten, gut ausgerüstet und leise. In der letzten Woche hat der Iwan sich bis in unseren Schneegraben hereingeschlichen und hat den MG-Posten von hinten mit dem blanken Messer angesprungen und ihm den Hals durchgeschnitten. – So etwas macht bitter. –

Wenn Oblt. Grotefendt und ich jetzt von Bunker zu Bunker gehen, hat jeder die Maschinenpistole im Anschlag, um in jeder Sekunde abzudrücken. Alle sind, in den Gräben aus Schnee, mißtrauisch, und jeder weiß auch, daß sofort geschossen wird. So ist überall Spannung. Die Kameraden sind erbittert ob dem letzten Massaker. Wir haben noch keinen russischen Soldaten gefangen, um sagen zu können, was das für Menschen sind, uns gegenüber.

An der ganzen Front rennen sie an, aber wir haben gehalten, auch bei schlimmsten Einbrüchen.

Ich glaube, daß sich in unserem Abschnitt bald etwas tut, denn die Artillerie des Iwan deckt uns seit Tagen zu. Große Verluste sind deshalb noch nicht eingetreten, da er sich meiner Ansicht nach erst einschießt. Und so ist es auch gekommen.

Vom 2. auf den 3. April gibt es sehr starkes Artilleriefeuer des Russen. Sofort ist überall Alarm. Wir kommen im Augenblick aus dem Bunker gar nicht heraus. Der Iwan hat es eindeutig auf Tschernaja abgesehen. Er will an dieser Stelle die Front eindrücken. – Und nun kommen sie – unter dem Schutz der Artillerie!

Ein Glück, daß wir aus dem Dorf fast heraus sind. Nur wenige Wachen sind dort.

Wir hören sie, die Iwans, sie schreien! Über die weite Fläche kommen sie im Schnee angewatet. Ihre Artillerie schießt noch immer pausenlos auf Tschernaja. Von unserer eigenen Artillerie merken wir noch gar nichts.

Entweder ist keine da, oder es ist keine Munition da. Oblt. Grotefendt und wir Melder sind trotzdem inzwischen an den Bunkern, seitlich von Tschernaja, angekommen. Alles schießt bei uns, was das Zeug hält. Unsere MG schießen auch nicht mehr verdeckt, sondern frei und offen.

Die Russen sind etwa auf 150 m heran. In dichten Wellen quellen sie drüben aus dem Wald. Überall sind bei uns die Seitengewehre aufgepflanzt. Jetzt aber hören wir hinter uns Abschüsse, ja ganze Salven, und da kommen sie auch schon, die Granaten. Wir können in dem Inferno nichts mehr unterscheiden. Alles liegt auf der Nase, bis wir herausgefunden haben, wo die Granaten einschlagen.

Unser Kompanie-Chef ist am Telefon, das noch funktioniert. Es sind unsere leichten Infanteriegeschütze und eine Batterie schwere Infanteriegeschütze. Mit deutlichem Unterschied kommen jetzt die ganz schweren Granaten herangeorgelt. Vor uns auf der Fläche ist nur noch Qualm und Rauch. Wir hören die Russen entsetzlich schreien. Anfeuerungsrufe und auch Schreie der Verwundeten. Bei uns hat es auch schon Verwundete gegeben. Sie werden in die Bunker gebracht.

Das Feuer unserer leichten Geschütze hat nachgelassen. Oblt. Grotefendt schrie, daß unsere leichten Geschütze Stellungswechsel machen und in direktem Schuß feuern sollen. Der Iwan liegt zunächst fest im Schnee, der rundum nur noch schmutzig ist.

Die schweren Granaten orgeln weiter über uns weg und immer mitten hinein in die im Schnee liegenden russischen Soldaten. Ich glaube, wir sind noch glimpflich weggekommen bis jetzt. Doch nun fetzt die russische 7,62-cm-Kanone „Ratsch-Bumm" in direktem Schuß aus dem gegenüberliegenden Wald in die Häuser von Tschernaja. Schuß um Schuß, knapp hintereinander, und jeder Schuß sitzt in irgendeinem Haus. Gott sei Dank, daß da fast keine Soldaten von uns in den Häusern sind.

Oblt. Grotefendt meinte, daß der Russe nicht aufgibt und weitere Wellen vortreiben würde. – Er hatte recht. Die russische Artillerie schwillt erneut an und trommelt so auf das Dorf, daß es auch zu brennen anfängt. Das ist nicht gut.

Nach dem erneuten Feuerüberfall auf das Dorf durch die Artillerie der Russen, hören und sehen wir, wie weitere Einheiten aus dem Wald kommen. Wie die Ameisen springen und hüpfen sie in den Schnee. Immer mehr kommen auf uns zu.

Natürlich schießen wir zurück, als sie erneut kommen. Sie dürfen vor allem nicht in das Dorf kommen, sonst ist der Weg nach Ikandowo frei für sie, und dort sind neben dem Gefechtsstand des Bataillons nur Troßeinheiten und die sind auch schon auf ein Minimum reduziert.

Oblt. Grotefendt schrie: „Wenn sie einbrechen, machen wir sofort einen Gegenstoß!" – Die Russen kommen. Sie kommen immer näher, solange uns die russische Artillerie niederhält.

Die Russen haben nicht gemerkt., daß wir Infanteriegeschütze in Bereitstellung zum direkten Schuß gebracht haben. Als es dann soweit ist, daß die feindliche Artillerie das Feuer vorverlegt, hinter Tschernaja, die Leuchtkugeln der Russen zeigen das an, da bricht der Sturm los.

Mit Urräh geht es auf das Dorf zu.

Und genau in dem Augenblick schießen unsere Infanteriegeschütze in direktem Schuß los, links und rechts vom Dorfrand her, mitten in die anstürmenden Russen.

Es war ein grauenvolles Bild für Feind und Freund.

So etwas hatten wir noch nicht erlebt. Die Russen wurden regelrecht zerrissen. Alles war losgelassen bei uns. Sperrfeuer der Artillerie und der schweren Infanteriegeschütze und vorneweg die leichten Infanteriegeschütze auf ganz kurze Entfernung.

Ein Teil der Russen kam aber doch an die ersten Häuser heran.

Das bedeutete Gegenstoß von uns! Alles was verfügbar war an Soldaten, wurde aus den Stellungen herausgenommen und bei uns gesammelt. Aus Ikandowo, vom Stab und Troß, kamen Verstärkungen.

Von unserer Stellung aus konnten wir beobachten, daß die noch lebenden Russen sich zu einer inzwischen zerschossenen Feldscheune vor Tschernaja zurückgezogen hatten und von da aus immer noch heftigen Widerstand leisteten.

Die Beobachter unserer Artillerie haben das wohl auch bemerkt, und so wurde der Befehl gegeben, die Russen im Gegenstoß aus dem Vorfeld von Tschernaja und der vorgelagerten Feldscheune zu werfen und zu vernichten.

Unsere Artillerie verlegte das Feuer nacheinander auf die Feldscheune und auf den Wald, von dem der Massenangriff ausging.

Auf Leuchtzeichen kamen wir aus den Deckungen. Über die Schneegräben weg und mit aufgepflanztem Seitengewehr stürmten wir los. Die bis an unsere Stellungen herangekommenen Russen wehrten sich verzweifelt und unerbittlich. Nicht einer hob die Hand, um sich zu ergeben. So wurden auch keine Gefangene gemacht. Nicht einer. – Sie starben alle im Kugelhagel der Gewehre, oft im gezielten Schuß oder aus der Hüfte.

Ich war beim Kompanie-Chef vorne weg und hatte eigenartigerweise auch keine Angst. Irgendwie war ich darüber hinweg. Ich hatte nur einen Gedanken: Die Russen dürfen nicht in den Kessel kommen.

Trotz der großen Kälte tropften wir von den körperlichen Anstrengungen.

Die Russen an der Feldscheune wurden ausnahmslos erschossen. Keiner hat sich ergeben. Es war das grausamste Massaker, das ich bis dahin erlebt hatte.

Aus dem Waldrand drüben schoß keine „Ratsch-Bumm" mehr, kein MG von den Russen, rein gar nichts tat sich da am Ende. Lediglich die russische Artillerie bekämpfte in unserem Hinterland die erkannten Infanteriegeschütze, die aus offener Feuerstellung den ganzen russischen Massenangriff zerfetzt haben.

Niemand von uns wußte, welche Tageszeit wir hatten, als wir die letzten Nester niedergekämpft hatten. Es muß wohl an diesem Tag schon spät gewesen sein.

Es erscheint mir hinterher fast unglaublich, was ich an zerrissenen Menschen gesehen habe.

Von einem russischen Soldaten, dem der Kopf schrecklich zerschmettert war, nahm ich zwei Orden oder Ehrenzeichen ab und habe sie später bis Kriegsende an meinem Ledergeldbeutel befestigt.

Bevor der Russe sich erholte, haben wir alle auffindbaren Waffen und Munition gesammelt und in die eigenen Linien gebracht. Wieviel Tote und Verwundete wir hatten, weiß ich nicht, da ich nicht mehr bei Schiller war. Unserem Kompanie-Chef und mir ist nichts passiert, wir kamen wieder gut zu unserem Gefechtsstand zurück.

— Und heute war Karfreitag! —

Einige Tage später ist mir das EK II verliehen worden.

06.04.1942

Ostermontag im Waldai. Alle haben sich etwas erholt. Der Iwan hatte sich an unserer Front fast ausgeblutet. Heute und gestern war kein Infanterieangriff mehr. Es war relativ ruhig. Trotzdem sind wir sehr auf der Hut, denn wir wissen, daß in unserem Hinterland noch alles vollsteckt von eingeschleusten Fallschirmjägern.

Unser Essen kommt nur in der Dunkelheit und mit Infanteriebegleitung. Es gibt, außer dem hartgefrorenen Stück Brot, meistens nur eine Suppe mit Pferdefleisch. Manchmal, so wie nach den Nahkampf- oder Stoßtrupptagen, bekommen wir auch eine Frontkämpferration mit Schokacola in einer Blechdose und Schinkenspeck, dazu Zigaretten. Das ist hochwillkommen bei den Soldaten.

07.04.–15.04.1942

Bei Tschernaja wurde von einer Nachbareinheit eine Kartoffelmiete gefunden. Bei dem zurückgehenden Schnee haben die Soldaten einen unschätzbaren Fund gemacht. Gold hätte man nicht so hoch bewerten können. So etwas sprach sich herum. Genauso, wenn irgendwo ein Pferd zu schlachten war. Wir Melder waren natürlich sofort auf den Beinen nach der sagenhaften Kartoffelmiete, hinter dem zerschossenen Tschernaja. Als wir hinkamen, sahen wir tatsächlich die Kartoffelmiete — aber — von Doppelposten bewacht. Nichts zu machen, nicht 1 Pfd. war zu bekommen, weder für Geld noch Gold und gute Worte. Wir sahen das ein. Wußten wir doch, daß die halbverfrorenen Kartoffeln zu den Küchen gebracht wurden.

Eine andere Möglichkeit hat sich da für uns aufgetan. So wie andere Soldaten, habe ich Hanna geschrieben, wo wir ungefähr waren. Südöstlich des Ilmensees. Dann wußte sie schon, daß ich im Kessel war. So kam es auch, daß ich von der Feldpost, die uns durch unsere tapfere Luftwaffe, durch die Ju 52, auch in den Kessel gebracht wurde, Briefpost von Hanna bekam. Manchmal waren 2 oder 3 Briefe aneinander, mit Schnüren zusammengeknotet. In diesen Briefumschlägen waren aber nicht nur papierene Grüße aus der Heimat, sondern es waren feine

Weitere Gräber unserer
Kameraden bei Vinkt.

Andere Gräber unserer ersten Gefallenen.

Vor dem Christusbild ist mein
Gruppenführer beerdigt.'

Das Grab meines damaligen
Gruppenführers unter dem Christus-
Denkmal in Vinkt.

Ein Grab am Straßenrand
bei Tendermonde.

Eindruck von der Artilleriebeschießung bei Vinkt.

Unser Kompanietrupp mit dem „Spieß".

Kurze Gefechtspause bei Meigem.

Ein Platz in Ruiselede mit abgeschossenem Kirchturm.

Meine Quartiersfrau mit Sohn Robert, die uns so gut aufgenommen hat und deren Freundschaft bis 1982 noch nicht abgerissen ist.

Bauchlandung.

Unsere Kameraden lassen sich das Kriegsunglück dieses Mannes schildern.

Belgische Soldaten legen ihre Waffen ab. Im Vordergrund unser langer Sani mit Fahrrad. Dahinter – unser Hauptmann hoch zu Roß.

Waffenablegeplatz. Dahinter unübersehbar belgische Beutepferde. Von diesem Platz stammen unsere späteren Küchenpferde.

Scheiben mit Pumpernickel, westfälischer Herkunft, und dazwischen war dicker Schinkenspeck!! Alles war in Butterbrotpapier verpackt, so daß die Umschläge nicht durchfettet waren. Immer dann, wenn so eine Sendung kam, war große Freude im Bunker, denn die anderen Kameraden und der Oberleutnant bekamen dabei auch etwas ab. So war es aber bei allen, jeder hat mit dem anderen geteilt.

In unserem Kompanie-Gefechtsstand war auch der Platz des vorgeschobenen Beobachters der Infanterie-Geschütze, Feldwebel Kottnig. Unser Chef hatte mit diesem Beobachter ein gutes Verhältnis. Immer war er mit uns draußen, vor allem zur Beobachtung des Stellungsbaues bei den Russen.

Wir machten uns viel Gedanken, wie es werden wird, wenn der Schnee wegschmilzt, die Kälte nachläßt und der Boden auftaut.

Es sind nur Wochen her, als ich in Ikandowo, vom Donnerbalken her gesehen, beim Wasserlassen eine Vereisung produzierte und erst mit einem Beil die halbmeterhohe Pyramide aus Exkrementen umhauen mußte, damit ich meine Notdurft verrichten konnte. Wir hatten in diesen Tagen immerhin 50 Grad minus. Das waren für uns schon Probleme. Was sollte werden, wenn alles zu Brei wurde?

Wir haben von den Batl.- und Regiments-Meldern gehört, daß Stacheldraht gekommen sei für Spanische Reiter und dergleichen. Ich kannte solche Dinger nur vom Sennelager und von den Übungen. Wir werden sie wohl brauchen, denn unsere Schneewälle wurden immer niedriger in den auf dem Boden aufgesetzten Stellungen.

16.04.–28.04.1942

Das Wasser ist da. Tagsüber taut es, und nachts gefriert das Wasser wieder. Das Bunkerleben ist jetzt unglaublich schwer. Alles tropft. Nachts ist es trotzdem noch empfindlich kalt. Im Bunker hängen wir über unsere Liegestätten eine Zeltbahn, so daß das Wasser seitlich abtropfen kann. Ein großer Vorteil ist, daß wir unser Brot nicht mehr als Eisklumpen bekommen, sondern weich und etwas naß. Dagegen hat sich die Transportzeit des Essenwagens von Ikandowo bis zur Stellung verdoppelt. Der Matsch und das Wasser machen so viel Schwierigkeiten, daß das Essen nur lauwarm ankommt.

Plötzlich veränderte sich auch die Landschaft. Wo vorher alles glatt und eben war, gibt es nun plötzlich Konturen in der Landschaft. Man kann ganz deutlich sehen, wo der Flugschnee alles zugedeckt und eingeebnet hat. Unsere Soldaten kämpfen Tag und Nacht um eine bessere Tarnmöglichkeit. Die MG-Stände ragen wie Skelette in die Schneehelle und sind den Russen ein gutes Ziel. Natürlich ist es bei Iwan nicht besser. Auch er hat mit dem Wasser zu kämpfen.

Feldwebel Kottnig ist oft draußen und beschießt vor allem Bunker, die jetzt sichtbar werden. Meine Fellstiefel eigener Machart, haben jetzt ausgedient. Unsere sogenannten Knobelbecher sind genau richtig bei dem Schneematsch und Wasser.

Alle Markierungen müssen neu befestigt und manchmal tiefergehängt werden.

Am 21. 04. 1942 hören wir im Bunker, daß Oblt. Grotefend plötzlich aufschreit und sagt: „Ist das wahr?" – Ja, es war eine der besten Meldungen überhaupt, die uns erreichen konnte: Der Kessel ist aufgebrochen worden! Etwa 45 km von uns entfernt, haben unsere deutschen Truppen nach unwahrscheinlichen Kämpfen um den Flaschenhals sich an der durch die Schneeschmelze sehr wild und breit gewordenen Lowat die Hände reichen können!

Sofort sind wir los, um die Meldung zu den Zügen zu bringen, zu denen keine telefonische Verbindung bestand. – Alles freute sich und war erregt. Auch Dankbarkeit wurde laut, daß man noch an uns gedacht und nicht dem russischen Winter geopfert hat.

Wie wir später vom Telefon hörten, sollten neben Nahrungsmitteln zuerst 5000 Pferde in den Kessel gebracht werden. Das war ein Neubeginn.

Es ist nur Tage her, als ich auf einem MG-Stand mit einem unserer besten MG-Schützen ein Gespräch führte und wir beide der Ansicht waren, daß wir nie mehr lebend aus dem Kessel herauskommen. Wir konnten es an den Fingern abzählen, wann wir dran waren, zu sterben. Unsere Ansicht hatte einen ganz natürlichen Hintergrund. Ich war ja Zeuge auf dem Gefechtsstand, wer verwundet wurde oder wer gefallen ist. Der Aderlaß war unaufhörlich. Immer wieder hatten wir Gefallene durch Gewehrschüsse von Scharfschützen der Iwans. Es war nicht gerade Panik unter uns, das konnte man nicht sagen, aber wie ein Gespenst ging dieser Tage das Wissen um, daß man auf Posten irgendwie Freiwild ist. Der Russe hatte eine Art von Kriegführung, der wir erstmals einfach nichts entgegenzusetzen hatten. Immer wieder, auch wenn kein Geplänkel oder sonstiger Schußwechsel war, wurde einer der Posten von einem einzelnen Gewehrschützen der Iwans erschossen.

Alle waren angewiesen, irgendwelche Anhaltspunkte sofort durchzugeben, damit unsere Art. durch Einzelschüsse solche Scharfschützen verjagt, oder noch besser, vernichtet. So war auch unser VB, Feldwebel Kottnig, auf Jagd nach Bunkern, Essenplätzen oder Schützennestern, als er am 28.04.1942 gefallen ist. Unserer ganzen Bunkerbesatzung ging das an die Nieren, als wir die Nachricht hörten.

29.04.–26.08.1942

Wir bekamen einen neuen VB. Es ist Uffz. Christen, der in unseren Bunker mit einzog.

Die Schneeverhältnisse werden schwieriger. Immer mehr Wasser sammelt sich in tieferen Stellungen und Wegen. So wie die Landschaft Konturen bekommt und langsam deutlich wird, wo hügeliges Gelände ist und wo Senken sind, so wird auch jede Tarnung schlechter. Der Russe nützt das für seine Scharfschützen unerbittlich aus.

In den Bunkern steht manchmal das Wasser auf dem Fußboden schon so hoch, daß Bretter und Äste kaum genügen, um die Stiefel nicht zu durchnässen.

Angriffe sind bei der Sachlage kaum zu befürchten, da bei Iwan die gleichen Schwierigkeiten sind. Es gibt nur leichtes Infanteriewaffengeplänkel, da zur Zeit die Geschütze nicht aus den Stellungen zu bringen sind.

Mit Oblt. Grotefendt habe ich nach wie vor ein sehr gutes Verhältnis. Ich mache seit einiger Zeit die Meldungen und freue mich, daß ich oft „K b V" = keine besonderen Vorkommnisse – durchgeben kann.

Von Hauptfeldwebel Schiller erfahren wir, daß im Hinterland noch immer Fallschirmjäger leben sollen. Wie so oft, manchmal ist etwas dran. Es dauert auch nicht lange, und wir bekommen den Befehl, hinter unserem Abschnitt aufzuklären, ob wir noch Reste von den Fallschirmjägern finden. Der Chef holt sich am Telefon die Erlaubnis, selbst mit einem Spähtrupp eine Aufklärung durchzuführen.

Dies wird vom Bataillon genehmigt, und am nächsten Morgen geht es los, mit Kameraden aus der Kompanie. Der Auftrag lautet: Etwa 2–3 km tief hinter dem Kompaniefrontabschnitt den Waldbestand nach Resten oder Hinterlassenschaften der vor 8 Wochen eingesickerten Tausenden von russischen Fallschirmjägern zu durchsuchen.

Ich ging ganz gerne mit, schon weil ich damit aus dem nassen Bunker kam. Dazu konnte es auch gut sein, etwas mehr von dem Gelände zu kennen, das wir nur als Kessel begreifen, oder unter dem Begriff „hinten" kennen.

Das Vorankommen war gar nicht mal ganz so schwierig, weil der Schnee unter den Bäumen nicht mehr so hoch war und es leicht bergauf ging.

Unter Beachtung aller Vorsichtsmaßnahmen ging es von West nach Ost. Fast waren wir durch, bis an die Grenze zur nächsten Einheit, da entdeckten wir am Rande einer Lichtung ein Blockhaus, vor dem einige Skier schräg aufgestellt waren. An den Skiern war ein weißes Tuch befestigt. Als uns die Bedeutung des weißen Tuches bewußt wurde, war es plötzlich sehr still.

In den schlimmen Wochen, die wir seither in Rußland verbracht hatten, waren wir nicht mehr so naiv wie vorher. Wir trauten dem Iwan jede Schweinerei zu und dachten auch hier, da stimmt etwas nicht.

Grotefendt teilte den Spähtrupp in zwei Teile und schickte den zweiten Teil in den Wald, so um das Blockhaus herum, daß wir, die wir angreifen sollten, Feuerschutz bekommen konnten. Wir gingen deshalb hinter den Bäumen in Deckung und warteten, bis die anderen Kameraden das immer noch geheimnisvolle Blockhaus umgangen hatten. Es konnte ja eine Falle sein und dann krachte es sofort, wenn wir den deckenden Wald verließen. Also warten. —

Durch das Fernglas beobachtete Oblt. Grotefendt den anderen Trupp. Nach 15 Minuten, in denen sich sonst nichts ereignet hatte, gingen wir vor. Wie gelernt, im Sprung auf Marsch-marsch und mit Deckung gegenseitig. Wir hatten ungefähr 250 m zu überwinden. Es tat sich nichts. Das Blockhaus war still, und die Skier mit dem weißen Tuch standen da.

Wir sind heran. Nichts rührt sich. Auf ein Zeichen von Grotefendt reißen wir die Tür auf, die anderen die Pistolen im Anschlag. Was wir sehen, ist unglaublich: — Fast eine „Totenkapelle".

Ich will versuchen, es so zu beschreiben, wie ich es sah: Da lagen lang ausgestreckt, vier tote russische Soldaten auf dem Rücken. Zwei davon auf einem Tisch, inmitten der Hütte, und zwei, jeweils daneben auf dem Boden. Ihre Uniform war im Vergleich zu denen, die wir sonst bei russischen Soldaten sahen, erstklassig. Die Toten waren im Gesicht sehr eingefallen. Wir konnten zunächst keinerlei Verwundung erkennen. Auch zeigte das Drumherum, daß wir in einer Art von Befehlsstand sein mußten. Wir fanden Kartentaschen bei den Toten, mehrere gebrauchte und eingezeichnete Karten und sonstige Ausrüstungsgegenstände. Was mir aber am meisten auffiel, waren gebrauchte und auch nicht gebrauchte Schutzgummis für den Geschlechtsverkehr. Also mußten auch Frauen bei den Fallschirmjägern gewesen sein.

Mehr und mehr verdichtete sich die Vermutung, daß wir einen Befehlsstand gefunden haben. Inzwischen hatten wir einen Toten zur Seite gedreht, um zu sehen, wo er wohl verwundet war. Da sahen wir es. Er war durch einen Genickschuß gestorben. Er wurde erschossen, vermutlich von seinen eigenen Soldaten oder von Frauen.

Was zu erwarten war: Alle 4 Tote hatten Genickschüsse, sonst keine Verwundung.

Wir haben dann alle Taschen untersucht, aber nur militärisch belanglose Dinge gefunden.

Oblt. Grotefendt sagte, er glaube, daß wir Militär-Kommissare gefunden hätten, die einfach verhungert wären und zuletzt von revoltierenden eigenen Soldaten oder Frauen meuchlings erschossen wurden. Warum? Und warum an den außen abgestellten Skiern ein weißes Tuch flatterte, als Zeichen der Kampfaufgabe, das wird wohl ewig ein Geheimnis für uns bleiben.

In diesem aufgefundenen Befehlsstand hatte sich wahrlich eine dramatische Geschichte abgespielt.

Aus der Kartentasche eines der toten Kommissare nahm ich als Andenken einen Bleistift mit.

Wir haben alles so gelassen, haben die Tür wieder verschlossen, den anderen Teil des Spähtrupps herangeholt und sind dann wieder zurück zur HKL.

Natürlich haben wir uns Gedanken gemacht, die halbe Nacht durch, wer die Soldaten oder Offiziere oder Kommissare waren, was die

Frauen dort zu tun hatten, ob es Zivilistenfrauen waren usw. Wir konnten es nicht ergründen. Oblt. Grotefendt schickte eine Meldung los, und wir wußten, daß jetzt von der Division aus alles untersucht wurde. – Was mir immer noch durch den Kopf ging, war das Bild der Oberschenkel eines der Toten. Sie waren buchstäblich bis auf die Knochen abgemagert. Nur noch die Haut umspannte den Knochen. – Das waren Opfer für Rußland! –

Nach diesem Fund hatten wir von hinten her keine Feindeinwirkung mehr.

Der Schlamm und Dreck war ab Mai komplett. Die ganze Natur hat sich verändert. Die Stellung gab es eigentlich tagsüber gar nicht mehr. Die Schneewälle waren weg, und das Gelände konnte so nicht mehr beobachtet werden wie seither. Tagsüber wurde vom Bunker aus beobachtet, und in der Dämmerung bezogen die Soldaten Posten draußen im Gelände im Dreck.

Bald hatten wir herausgefunden, wie wir uns Wasserablaufgräben schaufeln mußten, wo wir Balken hinlegen konnten, wo wir einen MG-Stand besser hinbekommen konnten, wie wir besser tarnen konnten usw. Nachts waren alle bienenfleißig. Es wurde aus Leibeskräften eine neue HKL hergestellt, sowie wir das Wasser ableiten konnten und langsam auch schon den aufgetauten Boden bewegen konnten.

Sehr zu Hilfe kam uns das zerschossene Dorf Tschernaja. Unendlich viel Holz haben wir von da angeschleppt und damit die HKL ausgebaut.

Vom Russen hörten wir nachts genau den gleichen Lärm von Axthieben oder sägen und dergleichen, wie er bei uns entstand.

Es dauerte auch nicht lange, bis nachts wieder mehr Leuchtkugeln hochgingen in den Abschnitten. Spähtrupps erkundeten beiderseits die Lage, und es war abzusehen, daß, wenn der Boden tragfähiger war, Iwan uns wieder besuchte.

In unserem Gefechtsstand ist es dauernd unruhig vom Hin und Her. Oblt. Grotefendt kümmert sich um alles. Er ist fast immer unterwegs. Auf seinem kleinen Tischchen steht ein Bild seiner Braut: Frl. Dr. Tilla X. Wir alle kennen es. – Wenn er sich mal niederlegt und schläft, sorge ich eisern dafür, daß er ungestört bleibt. Es ist fast immer nur eine kurze Zeit, in der er schlafen kann.

Von einer Verbesserung des Essens merken wir zur Stunde noch nichts. Ich glaube, daß bald unsere Feldküche durch den Schlauch hereinkommt. Unsere Essentransporte sind zur Zeit wahre Zauberkunststücke. Die Behälter werden nunmehr auf Räderfahrzeugen gebracht, die oft genug im Schlamm versacken. Nur nachts oder spät abends können wir das Essen bis Tschernaja bekommen. Die Essenträger aus den einzelnen Gruppen und Zügen, müssen oftmals insgesamt eine Stunde hin und mit den gefüllten Kochgeschirren zurück waten. Es ist eine ganz schwierige Zeit, aber dennoch besser als 50 Grad Kälte.

Wir planen einen neuen Gefechtsstand, wenn wir in den Boden können. Uffz. K., als Baumeister, hat sich schon Hölzer und Balken in Tschernaja ausgesucht.

Nach Ikandowo komme ich selten zur Zeit. Der Weg ist immer noch eine Schlammgrube. Am Wegesrand liegt ein Pferdekadaver aus der Winterzeit. Er ist sozusagen ein Geländepunkt. Überhaupt muß ich immer wieder feststellen, daß sich alles Umfeld um uns herum verändert hat. –

Es ist inzwischen Mai geworden. Die Sonne trocknet schon etwas die Oberfläche ab, und wir beginnen den neuen Gefechtsstand-Bunker zu bauen. Grotefendt hat ihn so ausgesucht, daß wir auch tagsüber arbeiten und die Hölzer aus Tschernaja heranbekommen können. Die Situation mit den Pferden ist besser geworden, seitdem wir durch den Schlauch viele tausend Helfer dieser Art bekommen haben.

Unser neuer Bunker ist der erste, den wir ohne Zeitdruck bauen, so ist er in seinen Ausmaßen direkt luxuriös. Alle Balken sind einem Haus entnommen, und wir setzen sie so tief in die Erde, daß das Dach – Oberkante Erdauflage, nur etwa 80 cm über dem Boden aufragt.

Alle sind froh, daß uns im Augenblick keine Sturmangriffe der Russen stören. Wir haben auch wieder Zuversicht bekommen, daß wir aus dem Kessel herauskommen. Entweder durch den Schlauch, in Richtung Westen, oder – daß die Nordfront weiter nach Osten vorverlegt werden kann.

Die Taktik und die Strategie unserer Führung bleibt den Soldaten in der Hauptkampflinie völlig verborgen. Es gibt wohl unsere eigene Strategie, von der wir bis jetzt nur eines wußten: Es geht um das nackte Überleben, und sonst zählt gar nichts. Weder politische noch sonstige Vorkommnisse in der Welt waren uns bewußt. Um es deutlich zu sagen:

Die Läuse waren uns am nächsten! Und dann die Postverbindung zu den Angehörigen. Natürlich gab es auch Gedanken an die nächste Zukunft. Besonders in der Zeit, als wir wußten, daß der Kessel wieder auf war und wir besser versorgt werden konnten. Dazu kam, daß der Russe seine selbstmörderischen Angriffe einstellte und wir relative Ruhe hatten.

So kam es auch mal zu einem Gespräch auf Wache, auf Doppelposten. Wir beide gerieten plötzlich ins Schwärmen vom schönen Essen an einem gedeckten Tisch, und es waren ausgerechnet „Frankfurter Würstchen", die uns als das Höchste, das unglaublich Schönste erscheinen ließen. Manchmal seufzte auch einer vom Bier oder so etwas, aber das waren eigentlich nur Seufzer, denn wir wußten, daß wir Granaten dringender brauchten.

— Wie das so über uns hereinkam, über unser Regiment; wie ein Gottesgericht kam es über uns. —

Nichts erinnerte mehr an das schöne Frankreich.

Hier in Rußland waren andere Maßstäbe gesetzt. Unsere Posten waren vor den Kampfmaßnahmen der Russen gewarnt. Diese schlichen manchmal wie die Katzen, überfielen die Posten mit Messern und waren blitzschnell wieder weg. —

Ab und zu mußte ich noch eine neue Parole zu den Zügen bringen, wenn die für heute ausgegebene verraten wurde. Ich habe in diesen Tagen im Kessel nicht erlebt, daß wir deutsche Überläufer gehabt hätten. Funk und Telefon konnten vom Feind vermutlich abgehört werden.

Nachts mußten wir immer zu zweit los. Ich kannte mich sehr gut aus in den Stellungen. Oft waren sie verändert, denn Tag und Nacht hatte man sich mehr und mehr eingegraben in die Erde. So kam es auch, daß ein Grabenstück vom Vortag heute plötzlich einen anderen Verlauf nahm. Wo noch Wasser stand, waren Lattenstege oder Roste eingelegt. Auch eine Art „Ausruhen" wurde von Oblt. Grotefendt zusammen mit Schiller eingeführt.

Drei Tage in die Etappe, nach Ikandowo zu Hauptfeldwebel Schiller, wurden neuerdings vergeben. Außer einem reichlichen Essen gab es vor allem Schlaf und nochmals ungestörten Schlaf. Darüber hinaus gab es einen Einblick in russische Wohn- und Familienverhältnisse im Dorf.

Man bekam tatsächlich auch mal eine Frau zu sehen, obgleich die Russinnen immer eingepackt waren in dicke Wattejacken und großen Kopftüchern, langen Röcken und hohen Filzstiefeln im Winter.

Soweit ich in Ikandowo russische Frauen sah, waren sie immer außerordentlich zurückhaltend, aber nie unfreundlich. Die Sprachschwierigkeiten waren später nicht mehr so hemmend wie in der ersten Zeit.

Es ist inzwischen trocken geworden. Die Wälder hinter uns, im Inneren des Kessel, sind von Partisanen gesäubert worden, soweit man das fertigbrachte.

Unser neuer Bunker ist bezogen. Wir sind froh darüber. Er ist stark ausgebaut und hat eine dicke Erdauflage bekommen. Wir müßten schon einen Artillerievolltreffer bekommen, um im Bunker verwundet zu werden. Doppelstockpritschen haben wir gebaut, so daß wir einzeln schlafen konnten. In den Bunkern der Mannschaften ist es nicht so. Die Liegen reichen nie für alle Mann. Nur, wenn die Wachen draußen sind, reicht der Platz. Bei Wachwechsel müssen die alten Wachen immer die Liegeplätze der neu Hinausgegangenen einnehmen.

Wir, in unserem Gefechtsstand, haben das bessere Los gezogen. Nur der Chef hat eine Einzelpritsche, daneben ein kleines Tischchen, genaugenommen einen Deckel von einer Muni-Kiste, darauf das Telefon. Unser Art.-Beobachter, jetzt Uffz. Christen, hat ebenfalls eine Einzelpritsche. Draußen, am Aufgang, habe ich einen selbstgebauten Blumenkorb aufgehängt, und wir freuen uns, daß alles grün geworden ist. So konnten wir den Bunker auch gut gegen Luftsicht tarnen.

Als Oblt. Grotefendt den Blumenkorb sah, kam ihm die Idee, daß eigentlich alle Bunkerbesatzungen so etwas ähnliches machen könnten wie wir. Also gab es einen Bunkerwettbewerb. Es war ganz erstaunlich, was da alles so gemacht wurde von den Soldaten. Irgendwie waren wir Überlebenden aus dem Winter froh, daß es auch noch etwas anderes gab als schießen und töten. Alle Soldaten lebten auf, als wir am Essen merkten, daß es nicht mehr täglich Pferdefleisch gab, sondern auch mal Nudeln oder Schweinefleisch.

Einmal war ich mit Oblt. Grotefendt hinter unserer HKL gewesen, um dort das Gelände besser kennenzulernen, als wir Pfifferlinge fanden. Grotefendt kannte sie genau. Wir sammelten was wir fanden, und bald war die Absicht, was wir eigentlich wollten, zur Nebenabsicht geworden. Reich bepackt mit Pfifferlingen kehrten wir in den Bunker zurück.

Für alle sollte ich sie zubereiten. Also, putzen und waschen, dann abtrocknen, und jeder mußte etwas Butter abgeben zum Schmoren. Salz hatte ich von der Küche, von Bobby bekommen. Bobby kam immer mal wieder zur Besprechung in unseren Gefechtsstand.

An diesem Abend gab es zusätzlich für jeden eine gute Portion Pfifferlinge.

Der Gedanke, daß dort im Wald vielleicht noch mehr Pfifferlinge wären, ließ mich nicht mehr in Ruhe. Ich fragte Oblt. Grotefendt, ob ich allein nochmals in diese Gegend gehen könne, um nach Pfifferlingen zu suchen. Er sagte ja dazu. Ich also los, in die hinter uns liegenden Wälder.

Als ich ungefähr in der Gegend war, wo ich glaubte, wir hätten dort die anderen Pfifferlinge gefunden, sah ich plötzlich vor mir in der Sonne 3—4 junge Füchse spielen. Sie waren gar nicht mehr so klein. Zuerst sah ich zu, wie sie spielten und nicht merkten, daß ein Mensch sie beobachtete. Dann kam mir der Gedanke, wie das wäre, wenn ich statt Pfifferlingen einen mit einer Pistole geschossenen Fuchs mitbrächte.

Ganz leise öffnete ich meine Pistolentasche, klappte den Deckel auf und zog behutsam die immer durchgeladene Pistole heraus. Jetzt noch entsichern, ganz, ganz ruhig. Die nichtsahnenden Füchse spielten immer noch so herrlich etwa 8—9 m vor mir herum. So, jetzt kam alles darauf an, daß der erste Schuß genau saß. Langsam, im Zeitlupentempo nahm ich die Pistole hoch. Ich sagte mir: „Ganz ruhig bleiben, immer schön über Kimme und Korn zielen und erst dann abdrücken, wenn ich einen der Füchse voll im Visier habe."

Immer näher zog ich die Pistole heran, bis ich sie deutlich im Visier hatte. Ganz schön nahe heran, Auge — Kimme — Korn. Und da — jetzt. Der Schuß löste sich mit einem lauten Knall. Der Fuchs — —

Nach Sekunden sah ich immer noch rot — statt Fuchs. Mein Käppi war heruntergefallen vom Kopf, ich wackelte und hatte fast einen Schock. Was war da wohl passiert? Soweit ich noch sehen konnte, ich habe nichts Fuchsartiges mehr entdecken können. Wer hatte mir nur so unwahrscheinlich hart ins Gesicht gehauen? Mein ganzes Gesicht tat weh. Ich befingerte alles, aber es fehlte nichts. Nur der Knochen unter dem rechten Auge hatte wohl einen fürchterlichen Schlag abbekommen. — Einen Spiegel hatte ich nicht. — Zunächst setzte ich mich einmal hin und dachte nach, wie das alles der Reihe nach war.

Es ist doch wohl so gewesen, daß ich ursprünglich Füchse, in der Sonne spielende Füchse gesehen habe! Dann wurde die Idee geboren, auf die Füchse zu schießen. Ja, und dann habe ich geschossen. Ging der Schuß wohl rückwärts aus der Pistole? Ich hielt sie noch in der Hand, aber an ihr war nichts zu entdecken. Alles so wie vorher, nur jetzt entsichert. Ein toter Fuchs war auch nicht zu finden.

Wie war das eigentlich mit der Pistole? Sie hatte doch sonst immer gut funktioniert. Plötzlich war mir alles klar!! Ich sicherte die Pistole und steckte sie in die Tasche und verschloß dieselbe.

Das durfte ja nicht wahr sein, was ich da gemacht hatte. Jetzt hatte ich keine Pfifferlinge, keinen Fuchs, aber ein rasch zuschwellendes rechtes Auge. Wie konnte ich nur so blöd sein. Ausdenken kann man so etwas gar nicht!

Ich hatte vergessen, daß ich keine 08 mitgenommen habe, sondern meine belgische Pistole. Beide haben sie das gleiche Kaliber. Aber beide sind in der Konstruktion so verschieden, daß ich nicht nur ein zuschwellendes Auge und hinterher ein herrliches blaues Veilchen haben werde, sondern HKL auf- und abwärts den Spott. Und dann noch keinen Fuchs. Warum mußte das Ding auch nach hinten repetieren und warum glaubte ich, daß ich still und leise die Pistole über Kimme und Korn gezielt, vor dem Auge haben mußte?

Eine deutsche 08 hat ein Gelenk und repetiert nach oben weg. Da kommt nichts hinten heraus und schlägt einem in die Visage. Ich war ein Jämmerling gewesen mit meiner Beutepistole.

Schon hatte ich mich mit einem „pistolengeschossenen Fuchs" gesehen in unserem Gefechtsstand. Jeder hätte mich als „Held" angesehen und die nicht eingebrachten Pfifferlinge vielleicht sogar vergessen!

Jetzt aber, mir war flau. Grundsätzlich flau und jämmerlich. Kein Triumphator kam an, sondern ein einäugiger Melder, der auszog, Pfifferlinge zu suchen und sich dabei ein Veilchen holte, das er nicht so schnell vergessen sollte. — Und das mir! —

Natürlich war die Gaudi groß, für mich reichlich schmerzhaft und lehrreich. —

Der beginnende Sommer ließ uns hoffen, daß die Front wieder in Bewegung kommen würde. Vor unserem Bunker war ein Kornfeld — und schon war es hochgewachsen. Hanna schickte ich eine Ähre davon. Die

Verbindung riß nicht ab, und die Hoffnung, aus dem Kessel herauszukommen, ist nicht untergegangen.

Am 27.07.1942 habe ich die Medaille „Winterschlacht im Osten 1941–1942" verliehen bekommen.

Wir waren noch unterstellt. Aber innerhalb des Bataillons waren wir zusammen. Doch Mitte August munkelte man, daß sich etwas tut. – Dann war es soweit.

27.08.1942

Wir werden herausgelöst aus der Bunkerreihe Bely-Tschernaja. Seit meinem Eintreffen im Kessel ist kein Meter Boden verlorengegangen bei uns. Natürlich hat das mit mir nichts zu tun, aber ich bin mit stolz, daß wir gehalten haben, ob Iwan von außen oder von innen angegriffen hat.

Heute ziehen wir um in die K-Reihe.

Die Bunker sind durchweg gut ausgebaut, sie waren vorher von den Einheiten des Regiments 27 der 12. Division ausgebaut worden. Wir brauchten uns nicht mehr abquälen mit Bunkerbau und Stellungsbau, wie nach der Schneeschmelze. Unser Gefechtsstand war mitten im Wald und ebenfalls gut gebaut. Überhaupt war das vor uns liegende Feindgelände sehr viel hügeliger als vorher bei Tschernaja.

Ein Begriff, den alle Soldaten kannten, war die Lorenzhöhe.

Ab dem 05.09.1942 haben wir auch K 1 und 2 mit Naht übernommen. Ich war mit Grotefendt viel unterwegs bei den Einweisungen in die Stellungen. An der Naht kamen wir dann auch zu den 27ern. Immer, wenn wir mit denen zusammenkamen, merkten wir, was da für ein strammer Geist war und wie selbstbewußt sie waren. Ich meine, ihre Waffenrüstung war auch besser als unsere. Es fiel mir wieder auf, daß mehr Soldaten dekoriert waren als bei uns.

Nach wenigen Tagen gab es für uns im Bunker eine tolle Neuigkeit! Wir bekamen Sprechfunk. Ich war der erste, der angelernt wurde, und sofort haben wir das Ding ausprobiert. Unser Gefechtsstand war der „Mond". Ich fand das toll, daß wir neben dem Telefon auch auf den Sprechfunk zurückgreifen konnten. Im Wald war es schwierig, aber bald hatten wir heraus, daß es über Schneisen ganz gut ging.

Am

20.09.1942

schneite es das erste Mal den ganzen Tag. Für uns war das alles anders als lustig. Unsere ganze Winterausrüstung war beim Troß in „Klein-Wien" bei Schiller. Wir haben nie daran gedacht, daß wir evtl. noch einen Winter in Rußland sein müßten, ganz davon zu schweigen, noch im Kessel zu sitzen, im Waldaigebirge, dem Quellgebiet der Wolga.

In der Küche war jemand krank geworden. August Jänicke mußte zurück zum Troß nach Klein-Wien und als Hilfskoch einspringen.

Seitdem ich bei Oblt. Grotefendt auf dem Gefechtsstand bin, habe ich viel mitbekommen. Was befohlen wurde, was daraus geworden ist und was hätte sein sollen. Ich habe gelernt, wie man Munition hortet, indem man schlicht Falschmeldungen macht. Ich habe gesehen, wie menschlich „ungenau" Marketenderwaren verteilt wurden, wie Beförderungen und Auszeichnungen zustandekamen. Selbst Nägel hatten einen ungeahnten Stellenwert. Ich sah, wie entschieden wurde, wer welche bekam und noch vieles mehr.

Der Oberleutnant wußte, daß ich nichts ausplauderte, keinen Alkohol trank und immer für ein Gespräch gut war. Gerne habe ich nachts Wache geschoben am Telefon. Ich kannte mich mehr und mehr in Versorgungsfragen aus und war zu der Kompanie so etwas wie ein Vermittler geworden.

Diese Situation ist mir aber nicht in den Kopf gestiegen, denn ich wußte, daß ich es besser hatte als die Posten im Graben und in den Horchpostenstellungen.

Wir hatten schon manchen Kompanie-Chef, aber Grotefendt hat mir immer gut gefallen. Ohne Ausnahme standen seine Soldaten im Vordergrund, und dann kam er. Nie hätte Bobby es gewagt, dem Chef mal etwas Besseres zu kochen. Das wußten alle, daß er zuletzt an sich dachte. Er hatte auch kein umfangreiches Gepäck, und immer war alles bei ihm geordnet.

So kam es, daß ich mich im Laufe der Zeit mehr und mehr um Munisachen kümmerte. Es war schon immer ein schwieriges Problem, wenn wir aus einer Stellung mußten. Gerne haben wir in der HKL genug Munition gehabt, aber wehe bei Stellungswechsel. Blieb die Stellung so erhalten, freute sich die neu eingewiesene Einheit, wenn sie sogenannte „schwarze" Munition vorfand. Mußte sie aber abtransportiert werden, dann war das schlecht, und mancher Feuerüberfall unsererseits hatte solche Ursachen. –

15.10.1942

Der Schnee vom 20.09.1942 ist nicht geblieben. Wir haben aber nun keinen Zweifel mehr, daß wir wiederum im Schnee im Kessel sein werden, wenn sich da nicht etwas rührt.

Durch Meldungen habe ich mitbekommen, daß man morgen aus Täuschungsgründen, am Übergang zur nächsten Einheit, einen alten Panzer hinten im Wald für einige Zeit immer wieder laufen läßt, das heißt, man läßt den Motor aufheulen, immer wieder, damit Iwan glauben soll, wir hätten Panzer bereitgestellt. Weiter wird im Handzug eine 5-cm-Pak bis an die HKL vorgebracht, um von dort aus erkannte Feindbunker zu bekämpfen. Das ist natürlich etwas für die 14. Kompanie. Wir sind alle gespannt, wie unsere Pak-Soldaten das fertigbekommen und wie lange es dauert, bis die Pak erkannt wird.

In der Morgendämmerung geht es los mit dem Panzermotor. Ich glaube fast, daß die Motorengeräusche noch verstärkt werden.

Als es dann hell wird, knallt kurz und trocken immer wieder die Pak. Unverkennbar, daß es beim Iwan unruhiger wird. Es dauert nach den hochgegangenen Leuchtzeichen auch nicht lange, bis sich vom Russen Artillerie meldet. Zunächst aber schießt sie weit daneben.

Warum wir diesen Zirkus inszenieren, wissen wir nicht. Vielleicht soll es ein Ablenkungsmanöver sein. Am frühen Vormittag ist alles wieder vorbei. Die Pak, welche Gott sei Dank nicht erkannt wurde, bleibt noch einige Tage in dieser vorgeschobenen Stellung.

Es ist wieder sehr kalt geworden. Wir machen uns Gedanken bei dem Ende Oktober einsetzenden Schneefall. Im Vergleich zum Jahresbeginn, als die Straße von Bely nach Molwotizy aufgegeben werden mußte, sind wir jetzt viel besser dran. Wir haben uns besser vorbereiten können und haben uns auch eingerichtet. Trotzdem sind wir in einer wirklich gottverlassenen Gegend in den Waldai-Bergen.

Warum wir in „Grenadier-Regiment" umgetauft wurden, weiß keiner von uns genau, denn an der Bewaffnung hat sich nichts geändert. Was wir dankbar begrüßten, waren Sprechfunkgeräte.

Kürzlich habe ich etwas vergessen. Es gab Luftkämpfe zwischen zahlreichen Ratas und unseren Flugzeugen. Wir mußten von unserer Stellung aus mit ansehen, wie eine H 111 abgeschossen wurde. Genauer gesagt, wir haben nur eine dicke Rauchschwade hinter dem Flugzeug gesehen, gar nicht weit entfernt von uns, aber über feindlichem Gebiet. Dann sahen wir, wie 2 Mann mit Fallschirmen heraussprangen und langsam herunterkamen. Das Flugzeug schmierte ab und ging beim Iwan in die Tiefe.

Es beschlich mich doch ein mieses Gefühl, da ich direkt zusehen konnte, wie sie „drüben" hinter den Bäumen mit ihren Fallschirmen herunterkamen. Am liebsten hätte ich sofort einen Stoßtrupp gemacht, um sie zu retten. Die Entfernung ließ das natürlich nicht zu. Es war schon schlimm, so zusehen zu müssen, wie die beiden Flieger in Gefangenschaft kamen, wenn man sie am Leben ließ.

12.11.1942

Wenige Tage zuvor noch hatte ich geschrieben, daß wir uns besser auf den Winter vorbereitet hätten, als wir das damals konnten, bei unserer Ankunft in dem Kessel. Holz für die Öfen und schwarze Munition, bessere Winterausrüstung usw.

Und was war das heute nacht? Alarm und Vorbereitung für das Herauslösen aus der Stellung im Morgengrauen! Wir wußten nicht warum und auch nicht, was das bezwecken sollte. Mitten im Schnee und wieder in eine unbekannte Zukunft. – Sollte irgendwo jetzt im Winter ein Angriff gestartet werden?

Alle Ablösungen gingen lautlos vor sich. Der Iwan merkte nichts, denn sonst wären wir mit Artilleriegranaten nur so eingedeckt worden.

Als es hell wurde, waren wir schon aus den Bunkern heraus. Hinter den Wäldern warteten unsere Troßfahrzeuge für das Gepäck und die mitgeführte Munition. Wir waren nach fast einem Jahr wieder am Marschieren, abgesehen von dem Stellungswechsel innerhalb der HKL, von Tschernaja zur K-Reihe. Zugleich haben wir auch die 12. Division verlassen und uns noch von unseren Nachbarn, dem 27. Regiment, verabschiedet. Alles fast lautlos.

Zunächst stoßen unsere Troßfahrzeuge, von Klein-Wien herkommend noch zu uns. Das ganze Bataillon ist anscheinend herausgelöst worden und ist auf dem Marsch. Die Richtung geht nach Norden. Irgendwo werden wir wieder die Kesselgrenze erreichen.

Wir kommen sehr schwierig voran und sind bald reichlich ermüdet. Denn keiner von uns, außer wir Melder, ist gewohnt, lange Strecken zu gehen. Unterwegs ist Rast, auch für die braven Pferde. Wir werden gut verpflegt, wobei wir direkt aus der Feldküche warmes Essen bekommen. Das ist schon gar nicht mehr erinnerbar, wann das war.

Ich muß auch an unsere Gefallenen denken. Sie bleiben zurück, irgendwo, auf einem dafür angelegten Friedhof. Vielleicht konnte Schiller manchmal noch ein Foto machen vom Grabkreuz.

Lange Zeit zum Nachdenken hatte ich nicht. Für Oblt. Grotefendt war ich immer zur Stelle.

Noch vor Einbruch der Nacht kamen wir zu einem Waldlager. Ich hatte mir schon so meine Gedanken gemacht, wo wir bei dem Schnee und der Kälte bleiben sollen. Das Lager machte keinen guten Eindruck. Einige Dutzend Blockhütten und dazu Verschläge für die Pferde und Wagen. Es gab noch heißen Kaffee, und wir machten, soweit das möglich war, auch Feuer in den Öfen oder draußen. Alle waren hundemüde, und bald konnten diejenigen schlafen, die nicht gerade Wache hatten. Irgendwo mußten wir mitten im Kessel sein, doch ostwärts von Demjansk.

Wie ich hörte, soll das ganze Regiment zusammengezogen worden sein.

13.11.1942

Die Kälte ließ uns freiwillig schon bald auf den Beinen sein. Nach dem Kaffee war Antreten, Verladen, so wie wir es ja kannten. Interessant waren die Kontaktaufnahmen zwischen den Soldaten innerhalb der Kompanie. Zum Teil hatten sie sich schon monatelang wegen des Stellungskrieges nicht gesehen.

Der Marsch ging weiter nach Norden. Als Melder weiß man oft viel früher, wo es hingeht, und so habe ich auch mitbekommen, daß wir in eine Gegend an der Nordfront des Kessels kommen, wo zur Zeit eigentlich kaum jemand war. In ein Moorgebiet, das erst jetzt, da es gefroren war, betreten werden konnte. Das allgemeine Ziel war Schumilow – Bor.

Wieder geht der Marsch wie gestern. Die russischen Flieger sind nicht am Himmel und wir sind froh darüber. Am Nachmittag kommen wir auf einen Damm, auf dem vermutlich einmal Schienen waren.

Mit der Feldküche gab es große Schwierigkeiten, weil die an der Protze angehängte Küche immer wieder vom Damm abrutschte und danebenhing. Der Kompanietruppführer, Feldwebel K., hatte eine Idee. Schnell wurde eine schlanke, lange Fichte umgehauen, entastet, und so von hinten an der Feldküche befestigt, daß der Stamm wie ein Steuer nach hinten zeigte. Je 3 Mann rechts und links des Stammes faßten an und los ging der eigenartige Zug. Die Pferde zogen an — 4spännig, und die Soldaten hinten am Stamm hielten die Küche immer schön gerade auf dem Damm. Bobby war ins Schwitzen gekommen, denn so wie vorher, war mit der Küche nichts zu machen. Ziemlich abgekämpft kamen wir nach Verlassen des Dammes erneut zu einem Waldlager, wo wir Halt machten und verpflegt wurden.

Bald darauf war bereits Einweisung für das Bataillon. Der Troß ging irgendwo im Lager zur Ruhe, und die Kompanie machte sich erneut auf den Weg. Müde und etwas verdrossen ging es weiter, dem Moor zu. Oblt. Grotefendt war anhand der Karte eingewiesen worden, und ich hatte mitbekommen, daß wir „Bohne I und II" besetzen sollten. Niemandem war recht klar, ob der Russe schon vor uns im Moor war, oder ob wir die ersten sein werden.

14. 11. 1942

Der Marsch war beschwerlich und ging in unbekanntes Gebiet. Nur die Karte sagte etwas darüber aus, wo wir waren. Ostwärts von Olchowez bis etwa Wyasowka mußte das sein.

Alles war diesig und milchig. Wir stapften schon seit einiger Zeit mit freigemachten MG. Alles blieb ruhig, als wenn sie uns kommen lassen wollten.

Dann schwenkten die ersten Gruppen ab nach Bohne I und andere Gruppen nach Bohne II und wir mit dem Kompanietrupp zu einer Bodenerhebung, die nach einiger Zeit auftauchte und die unser Gefechtsstand sein sollte. Feldwebel K., die Melder und noch ein LMG mit Bedienung.

In der Dunkelheit versuchten wir festzustellen, wie groß diese nunmehr gefrorene Insel wohl war. Von Russen haben wir nichts gemerkt rund um uns. Es war unheimlich ruhig. Das gewohnte Artillerie-Feuer in der Ferne kannten wir ja. Aber trotzdem, es war unheimlich. Karl K. war wieder der erste, der praktisch sah: „Wir müssen in den Boden."

Wenn der Iwan merkt, daß wir heute nacht schon im Moor stecken, würden diese Inseln bald ein ausgezeichnetes Ziel sein für die schweren Waffen.

Mit Oblt. Grotefendt bestimmte Karl K. den Platz, wo wir so etwas wie eine Bleibe bauen sollten. Dann ging er etwas weiter und suchte mit den Soldaten die Postenstellen aus und wo das LMG stehen sollte.

Wir haben inzwischen unser Gepäck abgelegt und die Spaten freigemacht. An der Stelle, wo wir einen erst notdürftigen Unterstand bauen sollten, war eine Mulde in der kleinen Anhöhe, die etwa 1 m höher als das Moor rundherum war.

Es war vielleicht 3.00 Uhr geworden, als wir anfingen, in die Erde zu gehen. Besser hätte ich geschrieben: Anfingen, in die Erde gehen zu wollen. Denn hier hatten wir eine falsche Rechnung aufgemacht. Nichts, aber auch gar nichts wollte gehen. Das blanke Eis guckte uns an, und wir sind keine 15 cm tief hineingekommen.

Noch war es halbwegs dunkel, und wir haben noch nicht genau erkennen können, ob wir irgendwo etwas Besseres gefunden hätten. Ich holte Karl und erzählte ihm, was los war. Zuerst sagte er, daß wir uns doch denken könnten, daß wir erst durch die gefrorene Oberschicht durchmüßten, bevor es besser hineingeht. „Wenn es wirklich nicht geht, dann nehmen wir ein paar Handgranaten und sprengen ein Loch." Er wollte Grotefendt fragen, ob wir Krach machen dürften mit Sprengladungen und so. Es war aber nichts. Grotefendt sagte nein. Nach der Situation sollten wir für jede Stunde dankbar sein, wo uns Iwan noch nicht entdeckt hätte.

Das sahen wir alle ein. Also, jetzt mit Zeltbahnen ein Zelt machen, aber so tief, daß die dunklen Zeltbahnen im Schnee nicht gesehen werden können. Wir machten uns an die Arbeit. Mit steifen Fingern versuchten wir, die Bahnen zusammenzuknöpfen. Bei dieser vergeblichen Arbeit wurde mir klar, daß wir in einer der dümmsten Situationen waren, die wir je meistern mußten.

Irgendwie mußten wir uns warmhalten. Feuer machen war undenkbar. Wir hatten ja auch kein Holz. Wir hatten wohl zu essen mit und auch eingefrorenen Muckefuck. Aber wärmen konnten wir uns nur mit Esbitwürfeln, die wir aber zum Essenaufwärmen brauchten.

Die Lage war deprimierend. Wenn es Tag wurde, wußten wir noch nicht einmal, ob uns der Russe im Moor draußen schon umzingelt hatte.

Eines wußten wir aber, daß uns unsere Nachrichtenleute auf irgendeine Art und Weise erreichen mußten. Wahrscheinlich sogar mit der Strippe. Das war eine Hoffnung. Wir Melder wünschten uns vom heraufkommenden Tageslicht wenigstens, daß wir sehen konnten, wo wir waren.

Die Posten waren eingeteilt, auch die Ablösungen, nur – wo sollten sie sich aufwärmen und etwas Warmes zu trinken machen?

Oblt. Grotefendt war unruhig. Das hatten wir noch nicht gehabt – zu niemanden eine Verbindung. Keine Ahnung, wo Iwan ist. Kein Bunker, der Gefechtsstand sozusagen in der Luft – und bitterkalt.

Es ist inzwischen etwas heller geworden. Wir haben entdeckt, daß unsere Insel lediglich etwa 30–40 m im Durchmesser war. Sonst sahen wir ringsherum nur eine unbewachsene Fläche, etwa 30 cm mit Schnee bedeckt.

Noch etwas später. Wir sehen nun schon etwa 200 m weit. Und da kommen sie – nicht die Russen, nein, unsere Nachrichtenstaffel auf Skiern. Fast hätten wir sie angeschossen, denn wir waren ja buchstäblich in Erwartung, daß die ersten Russen auftauchten. Was waren wir froh, als wir erstmal wieder Verbindung zur Welt bekamen.

Die Nacht und die Hilflosigkeit waren wirklich beschissen gewesen. – Der Nachrichtenführer klärte uns etwas auf. Er sagte, daß der Russe spätestens bis heute abend Bescheid weiß, daß wir im Moor sitzen, denn sie wären mit den Skiern von Bohne I herübergekommen und hätten Ski-Spuren gewechselt, die von draußen herein in das Kesselinnere geführt hätten. Sollten irgendwelche Russen den gleichen Weg fahren oder wieder zurückkommen, dann führen sie ja buchstäblich über den ausgezogenen Fernmeldedraht.

Entweder schneiden sie ihn durch und fangen dann den ausgeschickten Suchtrupp ab oder sie zapfen die Strippe an zum Abhören oder machen überhaupt nichts und melden es ihren drüben liegenden Einheiten.

Also, so etwas Blödes hatten wir noch nicht. Jedenfalls war klar, daß der Iwan uns bis zum Abend merken wird, und das andere wird sich finden müssen.

Noch etwas wurde klar. Wir mußten von den Pionieren mindestens 1 oder besser 2 Tellerminen haben, um ein Loch in den Boden zu bekommen und einen kleinen Ofen mit etwas Holz.

Karl sollte das organisieren, denn wir hofften, daß die Strippenzieher auf ihren Skiern wieder ungesehen nach Bohne I zurückkommen. — Oblt. Grotefendt telefonierte und es klappte. Wir sollten bis zur Dunkelheit aushalten, dann bekämen wir auch Tellerminen gebracht und einen kleinen Feldofen mit etwas Holz.

Das war ein Lichtblick. Zu essen hatten wir noch, nur bitter gefroren haben wir.

Da wir ohne Schlaf doch nicht auskamen, haben wir uns ganz eng aneinandergelegt, uns mit allem was wir hatten in eine Mulde verkrochen, solange die anderen Wache hielten.

Der Tag ging vorbei und es dämmerte. Unsere Leitung war noch heil. Jetzt kam es darauf an, wann der Iwan unsere Leitung entdeckte. Wir waren darauf gefaßt, daß ab heute nacht der Rabatz losging. Natürlich haben wir uns den Tag über informiert und das Gelände abgesucht. Wir wußten jetzt, wo Bohne I und Bohne II waren. Wir mit unserem Gefechtsstand hießen Bohne — Nord.

Durch das Telefon wußten wir auch, daß die anderen Züge unserer Kompanie ähnliche Schwierigkeiten hatten wie wir.

Als es dann soweit war, daß wir uns wegen des abnehmenden Tageslichtes frei bewegen konnten, kamen von den Pionieren auch zwei Tellerminen mit Fernzündern und ein Öfchen mit Holz. Das war die Stunde des Karl K.

Wir brauchten auf den Iwan keine Rücksicht mehr zu nehmen, denn der Kriegslärm weiter links von uns gab Kunde, daß der Iwan wußte, daß wir im Moor sitzen. Wie wir uns halten sollten ohne HKL, nur unsere Stützpunkte, das wußte ich nicht, konnte ich mir auch nicht denken. Allerdings kam ein Befehl durch, nachdem auf höchste Anweisung hin kein Stützpunkt aufgegeben werden durfte, in keinem denkbaren Fall. Da war klar und deutlich, was auf uns wartete.

Aber nun zu Karl. Es gab Schwierigkeiten. Wir konnten die Minen nicht tief genug in den Boden bekommen und auch deshalb nicht verdämmen. Daran hatten wir nicht gedacht. Wir kratzten und schrappten was das Zeug hielt, um sie etwas tiefer zu bekommen. Als wir einsahen, daß nichts mehr ging, machte Karl das Ding scharf und dann hinein in die Mulde. Alles ging gut, nur — der Erfolg war über alle Maßen dürftig. Am liebsten hätten wir ein Loch so etwa 2 x 2 m gehabt, aber wir mußten lernen, daß eine unverdämmte Mine eben mehr nach oben weggeht und nicht in den Boden. Also wieder schaufeln und kratzen. Diesmal bekamen wir tatsächlich ein Loch zustande. Da hinein kam nun die 2. Mine und wurde mit aller zur Verfügung stehenden Erde verdämmt. Noch einmal das gleiche Theater. Wieder zündete Karl, und diesmal hatten wir etwas mehr Erfolg. Jetzt schaufelten wir den ganzen Dreck heraus und stellten fest, daß wir höchstens mit 2–3 Mann da hineinkonnten. Es war deprimierend für alle. Eines blieb nur übrig, wir versuchten nochmals mit Hilfe der Zeltbahnen so etwas wie ein Dach zu fertigen, das wir über das Loch stellen konnten.

Wir mußten unbedingt unseren Ofen in Gang bringen. Nach viel Geduld und Mühe, mit klammen Fingern, haben wir es auch geschafft: Wir machten ein Zelt über dem Loch am Rande den Ofen und Decken hinein, dazu das Telefon, das es erstaunlicherweise immer noch tat, und dann machten wir Feuer in dem Öfchen. So konnten wir uns notdürftig wärmen, wer nicht gerade Wache hatte. – Jetzt konnte ich mir vorstellen, daß wir überlebten, wenn das so nicht zu lange ging.

Andererseits wußten wir, daß wir nach „hinten" weg einen Zugang in das Moor hatten und wenigstens nachts versorgt werden konnten. Die Versorgung klappte auch, denn noch in dieser Nacht bekamen wir Skier gebracht, ohne die es fast lebensgefährlich war, sich außerhalb unseres Stützpunktes zu begeben. Nur der Kompaß und die Telefonleitung waren Anhaltspunkte.

Wo sich nachts der Russe bewegte, das konnte vor uns, hinter uns und nach jeder Seite sein. Wir waren uns im klaren, daß es wahrscheinlich mehr auf die Handgranaten und die Maschinenpistolen ankam als auf das Maschinengewehr.

Unsere Minensprengung hatte beim Russen eine Reaktion bewirkt. Wir hörten Abschüsse von Geschützen, und bald kamen die ersten Granaten zu uns. Wir wußten nun aber, daß wir erkannt waren. Lange ging das nicht, vielleicht 15 Schuß, dann hörte das Schießen auf. Aber wir waren gewarnt.

Oblt. Grotefendt hatte seine Züge noch nicht aufgesucht. Das hatte es seither nie gegeben. Unruhig hatte er auf die versprochenen Skier gewartet und jetzt waren sie da. Er wollte versuchen, über das Moor zu kommen, entlang der Strippe und – möglichst ohne russische Spähtrupps. Mit 2 Meldern fuhr er los. Uns erschien dies doch erheblich risikoreich. Wahrscheinlich war, daß sie geschnappt wurden. Ich war am

Telefon und wartete und wartete. Außer dem üblichen Gefechtslärm, vielleicht am Rande des Moores, war nichts zu hören.

16.11.1942

Der Chef und seine Begleiter waren verschwunden, verschluckt. Noch war es nicht hell geworden, und wir hatten die Hoffnung nicht aufgegeben, daß sie zurückkommen würden. Natürlich haben wir bald gemerkt, daß die Leitung tot war. -

Das bedeutete, daß wir paar Männeken für uns allein waren. Wir hatten ein leichtes Maschinengewehr mit Munition, zwei Maschinenpistolen, zwei Pistolen und noch reichlich Handgranaten.

Die Spannung war schlimm. Laut Karl würde solange verteidigt, bis der letzte Schuß heraus war. — Was ist die Welt so blöd, irgendwo in Rußland, im Moor, auf einer kleinen Insel, ruhmlos zugrundezugehen. Allein und vielleicht sogar fast vergessen. — Doch das sind dumme, nichtsbringende Gedanken!

Es graut langsam, und wir halten fieberhaft Ausschau. Nichts regt sich. Das kann doch nicht wahr sein, daß Iwan uns in Ruhe läßt.

Gerade, als man genug sehen konnte, ging auf Bohne I ein Feuerzauber los. Was das bedeutete, wußten wir nicht. Ziemlich heftig bellte es los, und deutlich waren die Abschüsse von Granatwerfern zu hören. Das waren die Unseren. Also mußte dort Iwan aufgetaucht sein.

Der Gefechtslärm ging so eine Stunde lang, dann wurde es wieder ruhiger. Wir konnten nicht herausfinden, was da los war. Weg konnte von uns keiner, so mußten wir eben warten.

Oblt. Grotefendt blieb verschwunden. Wir konnten nur raten, was los war. Zu gerne wären wir abgehauen, auch der Strippe nach, in Richtung Bohne I, aber der letzte Befehl lautete, daß kein Stützpunkt aufgegeben werden durfte. Also mußten wir warten bis zur Dämmerung, bis wir von hinten Nachschub und Nachrichten bekamen.

Der ganze Tag verlief fast ruhig, abgesehen von neuen Artillerieeinschlägen in unserer Gegend. Das konnte der Art nach nur bedeuten, daß sich die Ari einschoß. Jetzt waren wir wahrscheinlich doch bald dran.

Die Abenddämmerung brachte leichten Dunst. Wir hörten, daß sich draußen im Moor etwas tat. Alles ist gespannt bis zum Äußersten. Irgendetwas ist im Gange. Von den Essenträgern haben wir die neue Parole für die Nacht bekommen. Das allein entscheidet blitzschnell, ob Iwan da ist, oder die Unseren.

Karl hält es nicht mehr aus. Leise sagt er, daß er etwas hinausrobbt, um zu hören, ob deutsch oder russisch gesprochen oder geflucht wird. Er verschwindet entlang der toten Strippe. Wir wissen, daß jetzt alles darauf ankommt, daß er auf keinen Fall entdeckt wird, denn sonst gibt es keine Gnade.

Bald kommt er wieder zurückgekrochen und meint leise, daß das keine Russen wären, dafür sprächen sie zu laut. Er sollte recht behalten. Es dauerte nicht lange mehr, da sahen wir den ersten Skifahrer entlang der Strippe kommen. Die Russen würden das nicht tun, sie würden rechtzeitig abbiegen und von hinten kommen.

Parole! schrie Karl und siehe, es waren die Unseren. Es waren die Nachrichtenleute, die auch gemerkt hatten, daß die Leitung durchgeschnitten war.

Zusammen mit Oblt. Grotefendt und seinen Meldern als Deckung gingen sie am Abend los, um die Leitung wieder zu flicken. Alles klappte, die Leitung war bis zum nächsten Mal heil, und der Chef war auch wieder da. Weiter haben sie uns Sprechfunkgeräte mitgebracht, für alle Fälle.

Von Oblt. Grotefendt erfuhren wir nun, daß sie vorgestern gut und ohne Schwierigkeiten zur Kompanie gekommen sind. Dann aber, am Morgen, habe der Russe mit einem starken Spähtrupp aufgeklärt, und nachher sei wegen der Helligkeit der Rückzug nicht mehr möglich gewesen.

17.–20.11.1942

In der letzten Nacht sind wir noch nicht angegriffen worden. Grotefendt erzählte uns, daß die Russen eine vorgeschobene, ganz wichtige Granatwerferstellung von uns, ausgemacht haben. Wahrscheinlich bei der Abwehr des russischen Spähtrupps. Den ganzen Tag über hat daraufhin ein Geschütz des Iwan gezielt den Stützpunkt beschossen. Gegen abend haben sie dann einen Volltreffer bekommen, wobei die

Mannschaft der Granatwerferstellung ausgefallen ist. – Tot oder verwundet. –

Das Dumme und für uns Schreckliche ist, daß der Werfer nicht verlegt werden kann. Grotefendt sagte, daß es 180 m weiter hinten einen etwas größeren Stützpunkt gebe, wohin der Werfer heute nacht hätte verlegt werden könne. Aber – lt. Befehl darf auch nicht 1 m Boden aufgegeben werden; die erkannte Werferstellung mußte dort weiter bleiben. Er war sichtlich verbittert als er das sagte, denn eine neue Mannschaft mußte den Werferstützpunkt sofort erneut besetzen.

Übrigens hatten es die Züge und Gruppen unserer Kompanie etwas besser getroffen als wir, was Unterkunftsmöglichkeiten betraf. Anscheinend waren diese Moorinseln im vergangenen Winter schon einmal besetzt von uns und dann geräumt worden, als der Russe nicht mehr durch das Moor kommen konnte im Frühjahr und Sommer. Deshalb waren auch noch Reste von Holz und dergleichen da, so daß sie sich besser helfen konnten, als wir hier auf unserem Inselchen.

Tagsüber konnten wir in der Winterlandschaft keinen Russen sehen. Alles war im Schnee verborgen. Zu Bohne I konnten wir mit dem Fernglas sehen, doch nur in Umrissen und nichts Genaues.

Immer wieder mußte ich an die Werferbesatzung denken. Die zweite Besetzung wird jetzt in der Stellung sein. Was mögen die Offiziere wohl denken, wenn sie die Soldaten hinausschicken, da doch der Iwan wieder mit an Sicherheit grenzender Wahrscheinlichkeit den Stützpunkt, in dem es, genau wie bei uns, keinerlei Deckungsmöglichkeiten gibt, mit schweren Waffen bekämpfen wird.

Grotefendt sagte, daß es einen „Führerbefehl" gebe, der eine Zurücknahme jeder Stellung, also auch des Werfers, verbiete, das heißt, jede Geländeaufgabe. War es nicht Wahnsinn, die Kameraden einfach so zu opfern. Wo blieb da der Sinn?

Uns regte diese Sache mehr auf, als die Tatsache, daß wir bitter litten unter den Umständen, keine Unterkunft zu haben, frieren, frieren und keine Möglichkeit, etwas zu ändern. Überhaupt, wir waren irgendwie in einer tödlichen Sackgasse. Was denn, wenn der Russe unsere paar Meter Inselstützpunkt unter gezieltes Artillerie- oder Werferfeuer nimmt? Wir hatten keine Deckung und keinen Schutz, als so ein paar Erhebungen. Aber gerade deshalb waren wir so verwundbar. Ob wir hier den ganzen Winter zubringen sollten? Das überlebte keiner und sei er noch so gesund und robust.

Zu den alten Friedhöfen aus dem 1. Weltkrieg in der Gegend von Arras kommen neue Gräber.

Ein neuer Friedhof in Cambrai.

Neuer Friedhof auf der Lorettohöhe.

Lorettohöhe, vom 1. Weltkrieg bekannt.

Zerschossene Kirche auf dem Vormarsch nach dem Süden in Richtung Bapaume.

Loretto – Friedhof mit Gedenkstätte.

Abends im Quartier locken Zivilkleider zum Verwandeln.

Marktplatz von Ruiselede, wo ich nach der belgischen Kapitulation Karl Schumm getroffen habe.

Auf den Straßen Napoleons.

Marschpause.

Schlauchboot-
übung bei
Blankenberge.

Essenempfang
in der berüchtig-
ten Major-
Weyler-Kaserne.

Ein herrliches
Schlößchen
oberhalb Houl-
gate. Quartier
von Troß und
Küche.

Selbst die primitivsten Dinge waren ein Problem. Wenn ich nur daran denke, daß wir tagsüber einfach nicht im Stehen pinkeln konnten und erst mühsam mit den Fingern die Kleidung losmachen mußten, wer nicht warten konnte bis zur Dunkelheit.

Selbst wenn das glückte, halb im Liegen oder im Kriechen, konnte man das zusammengeschrumpelte Etwas noch nicht mal gut finden, um das Wasser los zu werden.

Wir kamen einfach nicht weiter in die Erde, weil das früher nur Wasser war und jetzt eben nur nacktes Eis. Wohl dem, der warten konnte, seine Notdurft zu verrichten, bis es Nacht geworden war. Wir kannten uns alle schon sehr lange und es gab keine Probleme, nur Flüche, wenn einer mehr Schnee in die zugeknöpfte Hose einbrachte, als ihm lieb war.

Mit unseren Esbitkochern konnten wir uns gut helfen und sie wärmten uns zugleich etwas.

Was uns am meisten beschäftigte, war unsere Lage überhaupt. Daß das Moor, das durch das Gefrieren plötzlich begehbar wurde, von uns verteidigt wurde, war klar. Aber wie sollten wir das machen, wenn wir tagsüber nicht mal stehen konnten und jederzeit dem Feind ein Ziel boten? In die Erde ging es nicht. Nachschub nur bei Nacht. Hoffentlich hatten wir soviel eigene Artillerie hinter uns, daß sie Sperrfeuer schießen konnten, wenn es für uns soweit war.

Eigentlich war jede Stunde, die so verrann, eine Stunde geschenkten Lebens, — nur — gesprochen hat keiner darüber, höchstens auf Landserart mal geflucht. Wir wußten alle, daß wir auf verlorenem Posten waren, nach den Gegebenheiten und nach dem Befehl, keinen Meter aufzugeben.

Ein Glück, daß wir in der Nacht versorgt wurden und wußten, daß da hinten noch jemand war, der an uns dachte. — Vor allem Holz für das Öfchen war wichtig, trockenes Holz!!

Unsere Strippe war noch heil. Wir wußten vom Telefon, daß der Iwan vermutlich links von uns versuchen würde, das Moor zu überqueren. Ob das Eis schon Panzer trägt, konnte niemand von uns wissen. Wir hofften — nein!

Und so kam es, daß die zweite Granatwerferbesatzung durch Volltreffer tot war. Diese Stellung war zum Opferaltar geworden. Eine wirklich bösartige Stimmung kam bei uns auf. Auch von den anderen wurde über

Telefon ganz frei über den Wahnwitz gesprochen. Wiederum mußten sie die Toten aus der Stellung holen und erneut frische Opfer dahinschicken.

Grotefendt war am Grübeln, und er telefonierte mit seinen anderen Offizierskameraden, was da zu machen wäre. Dann war es soweit, daß eine Lösung möglich erschien. —

Wir mußten den Spieß umdrehen und einen Gegenangriff machen, um den russischen VB zu vernichten oder zu vertreiben, der nur mit einem Geschütz diese Stellung mit Granaten gezielt niederkämpfte.

Wir wußten nun Bescheid. Oblt. Grotefendt machte den Stoßtrupp mit zwei Mann von uns, von Bohne ausgehend, mit.

Als es dunkel wurde, gingen sie mit Skiern los, immer an der Strippe entlang. Wir hörten in die Dunkelheit hinein auf das, was da kommen würde.

Viel zulange dauerte es, bis es losging. Wie ich mitbekommen habe, wollten sie den Stoßtrupp so stark machen, wie es nur eben sein konnte, auch mit Hilfe von anderen Kameraden aus anschließenden Einheiten. Es wurde recht lebendig an Infanteriewaffen und dann gingen die Leuchtkugeln hoch und die schweren Waffen wurden zu Hilfe gerufen. Wegen der Entfernung konnten wir nicht entscheiden, wer wen und wo beim Wickel hatte. Unser Ziel war, den Iwan zu vertreiben und zugleich zu erfahren wie stark er drüben war.

Die Schießerei hörte nicht auf. Mit Stoßtrupp hatte das nichts mehr zu tun. Die Artillerie war etwas ruhiger geworden, doch immerzu hörte man MG-Feuer.

Erst bei Tagesanbruch wurde es ruhiger und flaute schließlich ganz ab. Unser Chef war nicht zurückgekommen.

Vom Telefon wußten wir, daß unsere Soldaten drüben beim Russen sich festgebissen hatten und bei Tagesanbruch nicht mehr zurückkonnten auf der flachen Pläne. Jetzt war auch klar, warum unsere Artillerie immer noch schoß, obwohl eigentlich Verschnaufpause war. Der Iwan mußte niedergehalten werden, damit er unsere Soldaten nicht in das Moor treiben konnte, wo sie wie Schießbudenfiguren abgeschossen werden konnten.

Wieder ein Tag voll Dramatik und Spannung. Wie ich am Telefon hörte, ist unsere Granatwerferstellung noch bis jetzt ungeschoren geblieben. Das würde bedeuten, daß der russische VB wirklich vertrieben war.

In der kommenden Nacht wollten unsere Soldaten sich wieder auf unsere Stützpunkte zurückziehen. Es wird also nochmals einen Feuerzauber geben. Hoffentlich gelingt das Loslösen auch, bevor der Russe in der Nacht Verstärkung bekommt und selbst angreift.

Es gelang. Schon nach Mitternacht kamen sie zurück. Der Chef und die beiden Melder waren total erschöpft und durch und durch erkältet. Notdürftig haben wir sie in unserem Biwack eingepackt und etwas Heißes zum Trinken gemacht. Grotefendt erzählte, daß sie ohne Skier angegriffen hätten, nachdem sie schon allein vom Durchwaten des Schnees ziemlich geschafft waren. Die Russen waren überrascht und hatten keinesfalls geglaubt, daß wir über die große Pläne = Moor kommen würden. Dann aber waren die Russen stark im Vorteil, denn dort waren einige Blockhütten sowie Bäume und Sträucher.

Es war mit unseren Kräften auch nicht möglich, sie von dort zu vertreiben, denn es handelte sich um eine Art Waldlager, das überall Schutz bot. Es war nicht leicht, sich den ganzen Tag zu halten. Der Russe wurde tatsächlich vornehmlich durch unsere Artillerie niedergehalten.

Wir waren froh, daß sie wieder da waren und keiner verwundet war. Der Chef kannte ja die Verhältnisse auf Bohne besser als ich und hätte auch wohl gewußt, was mit Verwundeten zu tun gewesen wäre.

21.11.1942

Ein neuer Tag brach an und unsere Lage war noch so schlimm wie zuvor. Hoffentlich kommen wir bald heraus in eine richtige Stellung mit Schutzwällen oder Gräben und Unterkünften. Was wir an Frostbeulen und Erfrierungen kleinerer Art haben, zählt gar nicht, nur der Wille zum Überleben. Die Kameradschaft ist gut, trotz der Isolation. Am schlimmsten ist die Unmöglichkeit, sich am Tag zu bewegen. Wenn wir wenigstens eine warme Sonne gehabt hätten!

Im Laufe des Tages wird deutlich, daß in der kommenden Nacht erneut der Versuch gemacht werden sollte, die Russen aus ihren eigenen Stützpunkten zu vertreiben oder sie zu vernichten.

Oblt. Grotefendt entschied, daß ich den Stoßtrupp in der kommenden Nacht mitmache, mit noch 2 anderen Kameraden und Feldwebel K.

Beim Einsetzen der Dunkelheit machten wir uns sofort auf den Weg. Ich hatte meine belgische Pistole und 4 Handgranaten; Karl, Pistole, Handgranaten und Maschinenpistole, die anderen beiden Karabiner und Handgranaten. Wir hatten nicht alle Skier, so gingen wir den Weg zu Fuß, das heißt, wir stapften den Spuren und der Telefonstrippe nach. Karl wußte, wo wir uns sammeln sollten.

Das Kennwort klappte und wir fanden uns. Nach dem vorgestrigen Angriff in der Nacht, war den Offizieren klar, wie der Stoßtrupp ablaufen mußte. Alles war eingeteilt und wir kamen bei den von unserer Kompanie abgestellten Kameraden mit.

Wie ich merkte, waren mehrere Einheiten vertreten, so daß wir mehr als nur ein kleiner Stoßtrupp waren. Ziel war, den Russen möglichst nicht nur zu vertreiben, sondern zu vernichten und vor allem das Waldlager in Brand zu setzen, damit er, der Feind, dort keine Möglichkeit mehr hatte, sich festzusetzen.

Wir gingen vor, in Richtung russisches Waldlager. Noch war es ruhig. Der Weg war ziemlich lang und alles ging mit äußerster Stille vor sich. Wir hatten inzwischen gelernt, worauf es ankam. Trotz der Kälte ist mir vom Waten durch den Schnee schon recht warm geworden. Ich weiß gar nicht so genau, wer den ganzen Laden bei uns eigentlich anführt. Ich bin mit Karl zusammen und das ist gut so. Wir sind weniger tief, als breit gefächert vor dem russischen Stützpunkt.

Jetzt ist es soweit. Der Iwan hat uns gehört. Zuerst eine Leuchtkugel und dann gleich 3—4 nacheinander. Man konnte es hören, wie sie Alarm machten und das hieß soviel wie: Erst langsam, dann immer mehr, aus allen Ecken wurde geschossen. Wir sofort in Stellung in den Schnee und dann ging es bei uns los mit Handgranaten.

Inzwischen ist auch die Artillerie alarmiert bei Iwan. Wir wußten, daß uns nur ein schnelles Zupacken schützte vor den schweren russischen Waffen. Unsere eigene Artillerie fing in dem Moment an, als der Iwan seine Leuchtkugeln hochschoß.

Wie dann alles weiterging, weiß ich so genau gar nicht mehr. Jedenfalls haben wir es geschafft, hineinzukommen. Iwan war offensichtlich überrascht, daß wir in dieser Nacht wieder da waren, denn sein Abwehrfeuer war nicht so massiv, wie ich es mir vorher ausdachte.

Wir waren von der Moorfläche glücklich herunter und zwischen den ersten Bäumen am Waldesrand. Bei uns waren die ersten Verwundeten zu beklagen. Die ersten toten Russen lagen da und es fing an zu brennen. Das war ja so vorgesehen. Ich nahm dem nächsten toten Russen schnell seine Papiere aus der Tasche und steckte sie ein, weil wir immer wissen wollten, was für Truppen uns gegenüber sind. Dann aber weiter. Wo wir etwas sahen, oder es blitzte, Handgranaten hin und draufgeschossen und weiter hinein.

Trotz aller Erregung waren wir froh, daß es voranging und wir bald die Blockhäuser erreicht hatten.

Mitten im Jagen und Hasten — da war es geschehen, fast in der Freude, daß wir es schafften, krachte und splitterte es und ich bekam einen Schlag vor den Kopf, als wenn ich irgendwo dagegengerannt wäre. Ich fiel nieder im Schnee und hielt meinen Stahlhelm fest und merkte erst jetzt, daß meine rechte Gesichtshälfte getroffen war. Alles tat plötzlich weh, als mir das bewußt wurde, vorher nicht. Etwas mußte mit den Augen sein, das rechte war mehr betroffen als das linke.

Urplötzlich war da nichts mehr mit Handgranaten und stürmen, sondern ich kniete da, ganz allein, und konnte fast nichts mehr sehen. Offensichtlich, daß ich eins abbekommen hatte und nicht einmal recht wußte, wie das zuging. An die Augen habe ich zuvor nie gedacht, wenn ich von einer Verwundung sprach. Immer waren es Fleischwunden oder Schußverletzungen oder so etwas.

Irgendeinem Soldaten, der nach mir kam, fiel ich auf, daß ich im Schnee kniete und mein Gesicht zuhielt, denn alles brannte sehr schmerzhaft, und ich konnte das rechte Auge schon fast nicht mehr öffnen. — Er zog mich hoch, sah mich im Schein der brennenden Blockhütte an und sagte: „Mensch, Du mußt hier weg. Dein Gesicht ist irgendwie anders und das Auge ist so komisch." „Ich kann aber nichts mehr sehen", sagte ich. „Du mußt hier aber raus, bevor der Iwan einen Gegenstoß macht, oder uns den Rückweg abschneidet. Komm, ich führe Dich zu den Sanitätern, halte Dich an meinem Koppel fest."

Im ersten Schreck hatte ich gar nicht bemerkt, daß alles noch in vollem Gang war, wenngleich die Unseren weiter vordrangen und immer mehr Feuer in Gang brachten. Ich sah nur noch mich allein und was werden würde. Wie sollte ich den Weg zu Bohne I finden, wenn ich nichts mehr sah?

Ich weiß nicht, was das für ein Kamerad war, der mich wegführte. Er war nicht aus unserer Kompanie. Ich hielt mich an seinem Koppel fest, stolperte im Schnee und dem Geäst, was überall abgesplittert war, neben ihm her und hielt mir mit meiner anderen Hand, mit dem Handschuh, das Gesicht zu. Wir hatten großes Glück, weil wir auf Sanitäter trafen, die sowieso Verwundete bargen. Es mußte wohl alles gespenstisch sein, im Feuer der brennenden Blockhütten.

Ich fühlte, daß bei mir nicht alles so schlimm sein konnte, nur – eben die Augen. Das rechte war jetzt zu und das linke konnte ich nicht offenhalten, sobald es etwas heller wurde.

Hastig sagte mein Begleiter, was mit mir los war und gab mich ab an einen Sanitäter.

Nach dem ersten Schreck hatte ich mich gefangen und dachte etwas praktischer. So was Blödes – und plötzlich fiel mir Karl ein und die anderen Kameraden. Was wird werden?

„Soll ich Dich verbinden oder schaffst Du es so?" „Nein, nicht verbinden." Ich mußte Anschluß behalten an die Sanis, die Tragen hatten. Nach der gleichen Methode: Hand in das Koppel und daneben herstapfen. Manchmal probierte ich mit dem linken Auge, ob nicht irgendein Wunder geschehen sei und es vielleicht doch ginge. – Es gab kein Wunder, nur viel Schnee und russische Granaten. Sie schossen jetzt Sperrfeuer. Da mußten wir durch.

Mit jeder Minute, die wir weiter durch den Schnee wateten, ging auch ein Gedankenprozeß in mir vor. „Lieber Gott, laß mich wenigstens ein Auge heil behalten!" Oder es kamen Gedanken – wie der Krieg weitergeht ohne mich. Was machen Grotefendt und Karl K. und die anderen? Wie lange müssen sie noch in der barbarischen Kälte auf dem Eis liegen?

Wir hatten mehr als nur Glück, daß wir durch das russische Artilleriesperrfeuer kommen, ohne nochmals getroffen zu werden. Endlich erreichen wir Bohne I und werden sofort gefragt, wie wir heißen. Es gibt plötzlich so etwas wie eine eingespielte Sache. „Was ist mit Dir? Ach, das ist ja Siegle. Mensch, was haben sie mit Dir gemacht? Du siehst ja schlimm aus! Was, Du kannst nichts mehr sehen? – Scheiße. –"

Ich komme mit noch anderen Soldaten, die zum Teil stöhnen und notdürftig verbunden waren, auf einen Schlitten. Ab ging der Schlitten in Begleitung von 2 Sanitätern nach „hinten".

Es wird wohl schon der 22.11.1942 gewesen sein.

Wie lange der Schlitten fuhr, weiß ich nicht mehr. Ich war plötzlich recht müde und auch dankbar, daß ich auf dem Schlitten saß. Das linke Auge machte ich schon gar nicht mehr auf, weil es sofort schmerzte. So im Dahinfahren kamen mir die Tatsachen zum Bewußtsein:

Mit Flugzeug in den Kessel,
Straße Molwotizy — Bely aufgegeben,
Bunkerreihe 18—21 von Bely — Tschernaja,
Gegenangriff am Karfreitag bei Feldscheune Tschnernaja,
Umzug in die K-Reihe,
Umzug an die Nordfront des Kessels,
schnellstens eine Frontlücke ausfüllen, bevor der Russe durch das Moor kommt,
warten bis der Russe kommt,
in erbärmlichsten Umständen auf einer Moorinsel einen Gefechtsstand einrichten,
dann die Sache mit der Granatwerferstellung,
der Opfergang der Besatzungen,
der Wahnsinnsbefehl oder Durchhaltebefehl,
daraus die Absicht der Offiziere, die russischen VB zu vertreiben,
der erste Stoßtrupp vorgestern,
der zweite Stoßtrupp gestern auf heute,
ich sitze auf dem Verwundetenschlitten und kann nichts mehr sehen. — —

Irgendwann kommen wir irgendwo an. Es wird langsam heller und ich halte mein linkes Auge dichter zu. Immer noch mit dem Handschuh. Wo wir sind, kann ich nur erraten. Man packt mich und hebt mich vom Schlitten, denn ich bin steif gefroren. Nach einigem Hin und Her werde ich in ein Haus geführt und kann mich auf einen Stuhl setzen. Da spüre ich, daß ich noch eine Handgranate in der Tasche schwappeln habe. Ich frage, ob sie mir die scharfgemachte Handgranate herausnehmen könnten. Das tun sie. Dann bekomme ich warmen Kaffee und einer fragt mich, was mit mir los sei. „Ich kann nichts mehr sehen", sagte ich. „Bist Du denn verwundet?" „Das weiß ich auch nicht, ich sehe eben nichts mehr." Sie nahmen mir meinen Stahlhelm ab. „Lege Dich mal zurück, Du bist jetzt auf einem Tisch." Ich legte mich langsam zurück, so steif war ich gefroren. „Aha, jetzt sehen wir, was da los ist. Du hast die rechte Gesichtshälfte so verschwollen und zerbeult, daß man das Auge nicht sieht. — Wie kam denn das?"

„Weiß ich nicht, es kam eben so, ein Schlag und fertig war alles."

„Mach das noch offene Auge mal auf, probier das!"

Ich mach das linke Auge auf und der Mensch leuchtet mich an, so daß es rasend schmerzt und ich schreie: „Weg mit dem Licht, das geht nicht!"

„Wir werden Dich verbinden, Du kommst zum Augenarzt, da können wir hier nichts machen." —

Sie entfernen sich. Vielleicht war es ein Arzt, oder es waren mehrere. Den Geräuschen nach kümmern sie sich jetzt um die anderen Verwundeten.

Nach einer ganzen Weile höre ich wieder jemand herumhantieren.

Ich sage: „Ich habe da noch etwas Wichtiges, ich habe da beim Stoßtrupp einem gefallenen Russen die Papiere abgenommen, die habe ich in meiner Meldetasche."

„Was hast Du da? Und das sagst Du erst jetzt?"

„Ich habe da nicht mehr dran gedacht." —

Er suchte in meiner Kartentasche und fand die Papiere.

„Mensch, dem Iwan hast Du aber auch Geld abgenommen, denn russisches Geld liegt auch dabei.

„Leg' doch einen Schein wieder in meine Kartentasche — als Andenken für mich."

"Genügt ein Rubelschein?„

„Ist mir egal — nur als Andenken."

„Mache ich."

„Nun fällt mir auch ein, ob ich meine Pistole noch habe? Ich weiß es nicht, denn ich habe mir ja immerzu das Gesicht zugehalten."

„Ja, die Pistole ist da, aber Du hast nicht mal die Tasche zugemacht, das ist leichtsinnig."

Ja, es war leichtsinnig, sie konnte weg sein. Aber weiß der, der da fragt, wie das ist, wenn man plötzlich nur noch Blitz und Sterne sieht und aus ist alles?

„Du mußt aufpassen, die Pistole ist nicht gesichert und es ist auch noch ein Schuß im Lauf. — Kennst Du das?"

„Ja, natürlich."

„Also, paß auf!"

Ich höre, wie er das Magazin herausnimmt und dann auch die Kugel aus dem Lauf und sie wieder in das Magazin hineindrückt. Jetzt steckt er das Magazin wieder hinein.

„Tu mir meine Pistole wieder in die Tasche und mach sie auch zu, damit es nicht wieder leichtsinnig ist."

Er machte es und lachte.

„So, und nun wollen wir Dich mal verbinden. Am besten, ich wasche das erst gar nicht. Sie sollen so sehen, wie das aussieht."

„Wo bin ich eigentlich?"

„Du bist auf einem Regiments-Verbandsplatz, Du kommst aber bald weiter zum Augenarzt nach Demjansk. Wir können bei uns mit so etwas nichts machen."

Jetzt wußte ich Bescheid, was zunächst auf mich zukam. Inzwischen hatte ich mich aufgesetzt und er verband mir den Kopf so, daß beide Augen kein Licht mehr bekamen. Es mußte wohl ein ordentliches Stück Arbeit sein, bis der Verband saß.

Ich hatte nun keinen Stahlhelm mehr auf und auch keine Mütze, aber einen Kopfschützer konnte er mir umtun.

„Tu mir einen Kopfschützer so über den Kopf, daß die Ohren nicht frieren."

„Die werden nicht frieren, die sind doch zugebunden." —

So war das nun mit mir. — Es war jetzt etwas ruhiger geworden und der Sanitäter war auch in eine andere Stube gegangen. Nach einem Weilchen kam er zurück und sagte:
„Du bekommst jetzt einen Zettel vorne an den Mantel, mußt noch etwas warten, dann kommst Du zum Augenarzt nach Demjansk."

Ich konnte mich auf einen Stuhl setzen und alles, was plötzlich so geschehen war, noch gar nicht recht begreifen. Dumm war wirklich, daß ich nichts sehen konnte.

Irgendwann holte mich jemand aus dem Zimmer und sagte: „So, jetzt geht's los."

Ich wurde hinausgeführt und hatte nur noch meine Kartentasche, Brotbeutel, Eßgeschirr, Feldflasche und Pistole. Soweit konnte ich mit den Händen alles fühlen.

Über die Stufen ging es hinaus in die Kälte und ich spürte sofort, wie gut mir die Wärme im Haus getan hatte. Etwas fast Unglaubliches war diese wohltuende Wärme, nach all den Tagen im Eis, auf unserem kleinen Stützpunkt.

Meine Sorge um die Augen verdrängte immer noch das Bewußtsein, daß ich jetzt abgeschnitten war von der Kompanie. Irgendwie war ich nicht mehr souverän und nicht gekannte Einrichtungen und noch nicht abschätzbare Kräfte begannen, auf mich einzuwirken.

Ich wurde zu einem Krankenwagen geführt, in dem schon weitere Soldaten waren. Genau konnte ich das nicht feststellen, weil alles so fremd war und ich das noch nicht alles registriert hatte.

Die Tür fiel ins Schloß und das Auto fuhr an. „Was ist mit Dir los?" — Nun, ich sah die anderen ja nicht, wußte auch nicht, wieviel es waren und sagte etwas von Augen kaputt und so, ich käme zum Augenarzt nach Demjansk. Sie waren nun zufrieden mit mir.

Viel interessanter war, was sie erzählten über ihre Verwundungen. Besser müßte ich schreiben, daß sie nicht erzählt haben, sondern mehr geflucht und Kraftausdrücke gebraucht und der eine oder andere sagte, er glaube, daß er bald die ganze Scheiße hinter sich hätte, denn er meinte gehört zu haben, daß schwerverletzte Soldaten aus dem Kessel heraus nach Staraja Russa kämen. So ging das hin und her, solange der Wagen auf dem Schneeweg rumpelte.

Ich glaube, wir sind ziemlich lange gefahren und auch langsam. Vom Geschützdonner hörte man im Auto nichts. Es ist vielleicht schon Mittag oder Nachmittag, als das Auto hält. Die Tür wird aufgemacht, und es kommt kalte Luft herein.

„Sind bei den Neuen auch Schwerverwundete?", hörte ich jetzt.

Wir sind also die Neuen. Irgend jemand hilft mir heraus und führt mich in ein Haus. Es hört sich an wie ein größeres Haus, mit viel Betrieb und Geschäftigkeit.

Wie ich etwas später höre, ist es eine Krankensammelstelle, und wir sind in Demjansk. Wahrscheinlich komme ich von hier weiter. Schade, daß ich nichts sehen kann. Es sind jetzt alles Fremde, wenn auch Kameraden. Aber es ist nicht so, als wenn es Willy oder Karl wären. Ich kann mich hinsetzen und bald fragt einer, ob ich essen könne. Ja, sage ich. Das ist eine gute Sache. Ich glaube, daß ich seit gestern nachmittag nichts mehr gegessen habe, nur eine Tasse Kaffee getrunken habe auf dem Regimentsverbandsplatz.

Inzwischen spüre ich, daß sie meinen Zettel am Mantel verschiedene Male angesehen haben. Ich denke nur, wenn sie bloß warten mit mir, bis ich etwas zu essen bekommen habe.

Meine Kopfschmerzen sind weniger geworden, seitdem die Augen zugebunden sind. Fast fehlt mir gar nichts weiter, denke ich so, wenn bloß die Sache mit dem rechten Auge wieder hinzukriegen ist.

Plötzlich kommt mir in den Sinn, daß ich vor 9 Monaten in Demjansk gelandet bin – und nun bin ich noch im Kessel und die Front ist nicht weiter nach Osten gekommen und die Russen haben noch nicht aufgegeben. – Es scheint so, daß ich mich wieder etwas gefangen habe. –

Nach einiger Zeit bekam ich zu essen. – Irgendwie verspricht mein Kopfverband fürchterliche Schädelverletzungen, bis sie meinem angebundenen Zettel entnehmen, daß es "nur„ die Augen sind und vielleicht einige Schrammen.

Ich bin mit der Welt fast zufrieden. Welche Relation. Entweder auf dem Mooreis schlafen, nur bei Nacht vernünftig pinkeln können, immer das Bewußtsein haben, Zielscheibe für Iwan zu sein, oder – die Augen verletzt, warme Stube haben und Essen bekommen. Was für eine Welt!

Warum ich am Abend oder nachts immer noch hier bin, das muß etwas mit dem Krieg im allgemeinen zu tun haben. Wer da bis jetzt an meinem Erkennungszettel herumgefummelt hat, konnte sehen, daß ich dringend zum Augenarzt sollte. Warum nur bringen sie mich nicht hin?

Ich bekomme etwas zum Abendbrot, ein Kamerad macht mir ein paar Brotscheiben fertig, damit ich zurechtkomme. Dann kann ich mich in einer anderen Stube auch hinlegen und man sagt mir, daß ich Geduld haben müßte bis morgen.

Ich wußte nun wirklich nicht mehr, was das bedeuten sollte. Gab es etwa gar keinen Augenarzt hier in Demjansk? Nun, solange ich die Schmerzen aushalten konnte, sollte es mir fast egal sein.

23.11.1942

Trotz all der Unruhe in dem Haus, habe ich schon lange nicht mehr so gut geschlafen wie von gestern auf heute. Wie gut und viel besser man doch auf Stroh schläft, als auf Eis.

Ob der Oblt. Grotefendt, der den letzten Stoßtrupp ja nicht mitmachte, wohl noch in seinem Eis-/Moorstützpunkt liegt und dort versucht, auszuhalten, oder ob der Iwan ihn schon kassiert hat?

Ich habe das gefühlt, daß irgendeine Weiche gestellt wurde bei mir. Heute werde ich ja erfahren, ob das rechte Auge noch zu retten ist, oder was überhaupt los ist. Mich beschäftigt auch, warum das linke Auge schmerzt, wenn Licht hineinkommt.

An den Geräuschen merke ich, daß es Tag wird. Sie werden mir heute wohl helfen. Nachdem ich zu essen bekommen hatte und unglaublicherweise auch schon zu so etwas, wie einem Klo geführt wurde, war die Welt wiederum fast in Ordnung. Heute mußte sich ja was tun.

Es tat sich auch etwas. Irgendwer kam zu einer Art Selektion. Ich hörte, daß ich wohl in dem Geschehen so ein bißchen eine ungewohnte Sache war, denn plötzlich sprach mich jemand sehr direkt an und sagte dem Sinne nach folgendes: „Auf Ihrem Verwundetenzettel steht, daß Sie eine Augenverletzung rechts und links erlitten haben. Ich bin mir über die Schwere nicht ganz im klaren und wir haben deshalb Schwierigkeiten, weil der Augenarzt im Augenblick gar nicht im Kessel ist, sondern wegen Instrumenten nach Deutschland geflogen ist und täglich zurückerwartet wird."

— Jetzt war es heraus. —

„Ich werde veranlassen, daß der Verband erstmal abgenommen wird, um die Verwundungen beurteilen zu können, soweit man das äußerlich sehen kann und dann können Sie auch gewaschen werden. Notfalls müssen Sie noch warten, bis der Arzt kommt, wenn wir den Eindruck haben, daß das möglich ist. Haben Sie verstanden?"

„Jawoll."

Wer das war, weiß ich nicht. Vorgestellt hat ihn niemand. Die Gruppe war draußen und ich fing an zu denken und zu kalkulieren. Also, wenn der Arzt in Deutschland ist, kann man mir nicht gut helfen. Das ist schlecht. Wenn ich warten muß, habe ich noch weiterhin eine warme Stube, wenn — —

Mitten im Nachgrübeln kam ein Sanitäter und holte mich zu einem Versuch, zu ergründen, was mit meinem Augen los war. Ich konnte mich hinsetzen und der Verband wurde abgemacht. Sofort mußte ich mein linkes Auge schließen wegen dem Licht. Rechts gab es keine Probleme, das Auge war noch zugeschwollen und links brannte es wie Feuer bei dem Versuch, das Auge zu öffnen. Das war eigentlich schon alles. Gesehen habe ich links praktisch auch nichts.

Das Ergebnis: „Alles säubern und neu verbinden, da können wir nichts machen. Er muß warten, bis der Augenarzt kommt."

Irgendwie hat mich das beruhigt, trotz der Aussicht, noch warten zu müssen, bis mir geholfen werden konnte.

Unglücklich war ich nur, daß beide Augen zugebunden waren und ich mehr oder weniger auf andere angewiesen war.

Ich wurde zurückgeführt und konnte mich hinlegen.

06. 12. 1942

Bis heute habe ich hier herumgelegen. Aber nun ist gestern entschieden worden, nachdem der Verband wieder abgenommen und die Schwellung zurückgegangen war, daß ich aus dem Kessel wegtransportiert werden soll und daß ich zur Behandlung in ein Lazarett kommen müsse.

Es war nicht zu fassen. Des Arztes nicht pünktliches Zurückkommen verhalf mir dazu, noch kurz vor Weihnachten aus dem Kessel zu kommen. Der Sani sagte, das rechte Auge müßte dringend behandelt werden, das linke Auge sei nicht verletzt.

Fast ein Glückstag heute. Was sie wohl bei der Kompanie machten? Alles war schon so weit weg. – In meiner Dunkelheit hörte ich fast alles überdeutlich, was um mich herum vorging. Mir wurde gesagt, daß ich einen neuen Verwundetenzettel bekäme und daß ich mit liegenden Verwundeten auf dem Landweg, durch den Schlauch, bis nach Tulebja oder Staraja – Russa gebracht würde und von dort weiter in ein Lazarett mit Augenabteilung käme.

Jetzt wußte ich doch wenigstens, wo es langging.

Noch waren wir ja nicht draußen. Vom Erzählen wußte ich, daß der Schlauch manchmal nur knapp 1 km breit war. Ich machte mir aber

Hoffnung, daß nicht gerade ein Rote-Kreuz-Auto beschossen werden wird.

Bald war es soweit. Ich kam mit noch 2 Soldaten, die auch nicht liegen brauchten, in den Sanka zu den Liegenden.

Ich muß schon sagen, je weiter wir dem Schlauch zufuhren, desto deutlicher konnten wir die Artillerie hören und desto ungemütlicher wurde es mir. Ich hätte etwas dafür gegeben, um zu sehen, wie es draußen im Schnee aussah, wie die Rollbahn war, wo deutsche Stellungen waren usw. Ab und zu rief der Begleiter durch ein Fenster: „Alles klar?" Immer sagten alle ja. – Nur jetzt nicht, wo wir der Freiheit bald so nahe waren, anhalten oder gar umkehren.

„Jetzt beginnt gleich der Schlauch", informierte der Beifahrer. „Wir fahren da, wo es brenzlig wird, so schnell es geht. Auf die Zähne beißen solange! Ich sage Bescheid, wenn es soweit ist."

Vielleicht war es gar nicht nötig, so zu bubbern, aber wir waren alle erregt, denn noch kurz vor dem Ziel abgeschossen zu werden, das wäre das Letzte gewesen, was wir uns gewünscht hätten.

„Jetzt festhalten!" – Wir polterten und der Wagen rutschte auch. – „Das war der Lowat!" schrie der Beifahrer und weiter ging es. Mal fuhr er schneller und dann wieder langsamer. Immer wieder aufs Neue nur: „Festhalten." Das galt eigentlich nur uns Sitzenden, denn die beiden Liegenden waren ja festgeschnallt und stöhnten nur.

Die Fahrt erschien uns endlos lang. Dann kam das erlösende Wort: „So, wir sind durch!!"

Der Wagen fuhr nun etwas langsamer und ruhiger. Wir waren unglaublich froh, daß wir es geschafft hatten. So etwas kann man nur selber erfahren, nachempfinden kann man das wohl kaum.

Nach einer Weile hielt der Wagen an. Der Beifahrer sprach durch die Klappe zu uns herein: „Alles klar?" – „Ja, alles gut, Gott sei Dank." – „Wir lösen uns jetzt ab", sagte er, „immer wechseln wir uns ab nach dem Schlauch, die Anspannung ist zu schlimm."

Nach einer Weile fuhren wir weiter – und dem Gefühl nach hatten wir es wirklich nicht mehr so eilig.

Der, der durch den Schlauch gefahren war, sagte uns, daß wir zur Krankensammelstelle nach Staraja-Russa gebracht würden. Dies wäre eine sehr große Sammelstelle im Nordabschnitt und von da aus kämen die Verwundeten zu den Lazaretten, sobald dort wieder Platz frei würde und wie schnell man versorgt werden müßte.

Mir war das eigentlich fast nebensächlich. Wichtig war, und nur das zählte im Moment, daß wir heil durch den Schlauch gekommen waren.

Es war gegen Abend, als wir in Staraja-Russa eintrafen. Der Fahrer wußte ganz gut Bescheid und fand die Aufnahme auch bald. Das erste, was ich hörte, war Geschützdonner, also konnte die Front nicht sehr weit weg sein. Eine zweite Überraschung war, daß es hier kaum ein Haus gab, alles nur Zeltbauten und das mitten im Winter.

Tatsächlich kam ich in ein Zelt – der Geräuschkulisse nach. Vielleicht so groß, daß 10 Menschen darin liegen konnten. Ich wurde zu einer Pritsche geführt, die ich unten belegen konnte, so daß ich nicht nach oben mußte mit den verbundenen Augen.

Da lag ich nun und war so erschöpft, als ob ich schwer gearbeitet hätte.

Nicht lange ließen sie mich in Ruhe. Die Landser waren eben neugierig.

„Von welcher Einheit kommst Du? – – Ach so, das sind die mit den blauen Bändern auf den Schulterklappen. Hat die Division nicht so einen Marschierer im Wappen?" usw. usw.

„Hast Du einen Kopfschuß abbekommen? – – Was, nicht? Ach so, die Augen. Vielleicht Splitter? – Ja, wir haben es geschafft. Bis wir wieder gesund sind, dann ist der Krieg längst zu Ende!"

So ging das hin und her. Im Zelt mußte ein Ofen sein, denn es war nicht gerade kalt, aber auf keinen Fall so warm wie in Demjansk.

Spät bekam ich noch etwas zu essen und zu trinken. Von Sanitätern oder Ärzten bekam ich an diesem Abend nichts mehr zu sehen. Ich wollte auch nichts mehr, sondern nur schlafen.

Dann bin ich aufgewacht und war wieder mal am Denken: Vielleicht sollte ich versuchen, mit dem linken Auge in der Dunkelheit zu sehen, ob das überhaupt noch geht. Ich schob langsam den Verband über das linke Auge hoch und siehe da – es ging! Ich konnte es öffnen, ohne daß die Schmerzen kamen, wie es bei Licht geschah. Ich bemerkte, daß da sogar eine Lampe brennen mußte, denn ich konnte deutlich einen Schein wahrnehmen.

Ein großes Glücksgefühl überkam mich! Wenigstens so viel hatte ich geschafft, daß es mit dem linken Auge wieder gehen würde. Ich schlief wieder ein und hatte mehr Hoffnung.

07. 12.–08. 12. 1942

Zwei volle Tage war ich nun schon in diesem Zelt und glaubte, daß ich eigentlich schon längst irgendwo im Lazarett hätte sein müssen. Nach den Bemerkungen der Sanitäter war ich nicht so verwundet, daß ich operiert werden mußte. – Ich war ein nicht so dringender Fall. Vielleicht war es auch ganz anders. Ich wußte es nicht. Nur vom linken Auge wußte ich, daß ich etwas wahrnehmen konnte, dagegen rechts überhaupt nichts. Natürlich habe ich es auch versucht, das rechte Auge zu öffnen, aber es ging nicht. Wenn es nur im Zelt noch etwas besser warm gewesen wäre. Aber es wurde ja nur zum „Umschlagen" der Verwundeten benutzt.

Ich hatte mir vorgenommen, morgen etwas zu unternehmen.

09. 12. 1942

Heute habe ich gebohrt, wie es weitergehen solle mit mir. Ich habe doch gemerkt, daß immer wieder neue Kameraden kamen, nachdem die seitherigen verlegt worden waren. Sollte es hier an der Front wohl auch keine Augenärzte mehr geben? Vielleicht waren sie auf Weihnachtsurlaub gefahren? –

Ich war etwas gereizt, das kam wohl daher, daß ich nicht wußte, was sie mit mir machen wollten.

„Beruhige Dich, morgen oder übermorgen wird ein Lazarettzug zusammengestellt, vielleicht kommst Du da mit." – Das war wieder ein Hoffnungsschimmer.

10. 12. 1942

Heute wird es noch nichts, aber morgen soll der Lazarettzug fahren. Ich bin deshalb nicht verzagt, aber das Gefühl zu haben, daß man in einer zugigen Wandelhalle liegt, ist nicht gerade gut. Also, warte ich eben bis morgen.

Ich kann es nicht genau sagen, wann der Krach losgegangen ist. Seit einiger Zeit war ich schon eingeschlafen, in der Erwartung, daß morgen vielleicht der Lazarettzug abgehen, oder zusammengestellt wird. Wach wurde ich von einer mir seither unbekannten Schießfolge von Kanonen. Später war mir klar, daß dies schwere Flak war.

8,8-Flak und dazwischen, mit einem Mordsgetöse, die leichte Flak.

Das mußte nicht sehr weit weg sein. Alle waren inzwischen wach geworden. Das Sanitätspersonal war wohl alarmiert worden. Nun hörten wir auch die Flugzeuge. Die Kameraden, die laufen konnten, gingen zum Zelteingang, um zu sehen, was da los war. Ich schob meinen Verband hoch und blinzelte ins Dunkel, das gar nicht mehr dunkel war, sondern alles blitzte auf und warf Schatten. Draußen brüllten die Sanitäter: „Licht aus, Licht aus!"

Es war das erste Mal, daß ich unmittelbar einen Bombenangriff erlebte. Die ersten Bomben erschreckten mich unwahrscheinlich. Nachher, d.h. nur Minuten später, konnte man einzelne Bomben überhaupt nicht mehr unterscheiden. Unser Zelt hob und senkte sich und riß und flatterte wie ein losgerissenes Segel. Wir hatten keinerlei Schutz, weder vor Bomben noch vor Granatsplittern der Flak.

Kein Mensch wollte das zuerst glauben, daß die Russen auch Bombenangriffe machen würden. Nun wußten wir es besser. Es mußte in der Stadt vermutlich überall brennen. Etwa 10–12 Minuten dauerte das Inferno. Wir hatten unwahrscheinliches Glück, daß die Verwundeten-Sammelstelle nicht in der Stadt war. Außer, daß unser Zelt wie von Geisterhand geschüttelt wurde, ist bei uns nichts passiert.

Ganz deutlich hörte ich aber, daß das Sanitätspersonal abrückte, um zu helfen, denn die Stadt war voll von deutschen Soldaten und Dienststellen. Die ganze Luft war erfüllt vom Brandgeruch, Staub und Dreck.

Was sollte wohl dieser Luftüberfall? Wir konnten es nicht wissen. Um so mehr hoffte ich, hier wegzukommen. Das war ja fast genauso schlimm wie in der HKL bei einem Artillerie-Feuerüberfall, nur mit dem großen Unterschied, daß ich hier niemand kannte, nicht wußte, wo ich eigentlich war und einfach warten mußte, was mit mir geschehen würde. – Ich hatte die Nase gestrichen voll. –

11.12.1942

Es dauerte noch lange, bis es wieder etwas ruhiger wurde in der vergangenen Nacht. Sanitäter kamen und fragten, ob jemand getroffen wurde, oder sonst Hilfe brauche. Man konnte hören, daß die Fahrzeuge hin und her gefahren wurden. Die Brände konnte man die ganze Nacht sehen bis heute morgen.

Ob es heute wohl klappt mit dem Lazarettzug? Es klappte nicht! Der Zug war wohl da, aber die Geleise waren getroffen. Morgen vielleicht. –

12.12.1942

Ich kam heraus. Es war soweit. Ein Auto holte mich ab, mit noch anderen Verwundeten und brachte mich zu einem Zug. Ich wurde hineingeführt und durfte mich auf ein Bett legen. Immer wieder probierte ich es mit dem linken Auge. Bei Tageslicht schmerzte es immer noch, aber ich konnte mir selbst etwas helfen.

Stunde um Stunde wurde verladen. Für mich endlos lange. Was war das für eine traurige Fracht. Dann – am Nachmittag war es soweit, daß wir fuhren. Der Zug hatte eine Sanitäter-Besatzung für die vielen Verwundeten und ich konnte fragen, wohin wir wohl kommen würden. Sie sagten: „Das ist verschieden, wir laden an mehreren Bahnhöfen aus." –

Mit Bomben und Granaten waren wir verabschiedet worden, vom Kessel von Demjansk, vom Schlauch und zuletzt von Staraja-Russa.

13.12.1942

Es war ein neues Gefühl, mit dem Lazarettzug gefahren zu werden. Alle Soldaten lagen in Betten. In der Mitte war ein breiter Gang und die Betten waren, entlang den Fenstern, übereinander. So viel habe ich doch unter meinem Verband gesehen. Im Zug wurden wir auch verpflegt. Das wichtigste Gesprächsthema war immer wieder: Wohin bringt uns der Zug?

Von mir wußte ich, daß ich in die nächstmögliche Augenklinik kommen würde. Viel zulange ist mein Gesicht unbehandelt geblieben. Vom Sanitätspersonal konnten wir nicht in Erfahrung bringen, wohin wir kommen.

Doch für mich und eine Reihe anderer Verwundeter war es bald soweit. Noch vor Anbruch der Nacht hielt der Zug und ich wurde ausgeladen. Ich kam in einen Sanka und weitere liegende Verwundete dazu.

Nach etwa 30 Minuten waren wir im Kriegslazarett 1/571 (mot.) in Dno. — Ich kam sofort in eine große Baracke, in der Kiefer- und Augenverletzte untergebracht waren. Alles war ungewohnt sauber und ordentlich. Ich kann es nicht anders beschreiben, es war einfach unglaublich sauber und gut. Nach dem Baden kam ich in ein sauberes, weißes Bett und war meine ganze Uniform los. Und dann kam es — ich war windelweich und den Tränen nahe. Es war noch nicht zu fassen und ich habe es kaum begriffen, daß ich nach vielen Monaten meine Uniform ausziehen und baden konnte.

So schnell war das Erleben in einem Lazarett, mit Betten und geregelten Lebensgewohnheiten, noch gar nicht zu begreifen.

Man muß wohl erst 14 Tage vorher im Eis gelegen haben, um diesen Umbruch nervlich verkraften zu müssen.

In diesem Lazarett, das wahrscheinlich nicht anders war, als hundert andere Lazarette auch, kam mir alles wie ein Mirakel vor. Was aber noch schlimmer für mich war: ich bekam Schuldgefühle, weil ich nun plötzlich in der Geborgenheit hier war und Grotefendt, Karl und all die anderen Kameraden, immer noch draußen im Moor lagen und, unter härtesten äußeren Strapazen, um ihr Überleben kämpfen mußten. Ich fand es ungerecht, daß ich hier liegen konnte, gebadet hatte — und nichts für die anderen tun konnte.

Es dauerte nicht lange und die Ärzte kamen. Sie hatten bereits meine Begleitpapiere und wußten schon etwa, was mit mir los war. Nach kurzer Besprechung wurde angeordnet, daß ich am anderen Morgen untersucht und vielleicht operiert werden sollte.

Obwohl in der Baracke viele Verwundete lagen, bin ich bald darauf eingeschlafen, dabei mit Wehmut an die Kompanie denkend, die noch im Kessel war.

14. 12. 1942

Schon am Morgen kam ich zur Untersuchung in einen anderen Raum. Der Verband kam herunter, alles wurde gesäubert, wobei es mir nicht verborgen blieb, daß das linke Auge noch außerordentlich lichtempfindlich war. Allerdings konnte ich es schon etwas länger offenhalten. Was mit dem rechten Auge war, mußten sie zuerst untersuchen. Die Prozedur dauerte nicht lange. Ergebnis: Die Hornhaut war an mehreren Stellen durchbrochen worden. Für eine Operation sei es zu spät, die Verletzungen müßten verätzt werden. Die anderen Schäden am Auge und Gesicht würden wieder ausheilen. Sobald ich mich etwas gekräftigt hätte und mich auch sonst besser gefangen hätte, würde ich in die Augenklinik nach Riga verlegt.

Für mich war das eine große Hoffnung, daß das Auge erhalten bleibt.

Ich kam zurück, nachdem beide Augen wieder zugebunden waren. In meinem Bett konnte ich nun ausschlafen, noch und noch.

15.12.1942

Zum Advent bekamen alle Verwundeten im Lazarett ein Geschenk. Fast konnte ich es gar nicht glauben, daß wir Advent hatten. An so etwas haben wir in den letzten Wochen gar nicht denken können. Immer wieder stellte ich an vielen Dingen fest, daß wir Soldaten im Kessel so etwas wie eine Eigengesetzlichkeit hatten, eine ganz andere Welt an Bedürfnissen und Gedanken. Was mich jetzt so ergriffen machte, war die Rückkehr in die Zivilisation, in das Menschliche.

Immer mehr wurde deutlich, welche Welt der Brutalität und des Überlebenskampfes ich im Kessel zurückgelassen hatte.

Die letzten Wochen der Erwartung, von den Russen abgeschossen zu werden auf unserer kleinen Stützpunkt-Insel, das Lauern des Nachts, ob sie kommen, vielleicht schon da sind — blitzschnell auf Skiern, nicht mit der Pistole, sondern mit dem Messer, nicht von vorne, nein, von hinten — — all das war plötzlich nicht mehr da für mich. Wohl noch für die anderen Kameraden, die Menschen waren wie ich, aber gar nicht mehr wußten, was Menschlichkeit sein konnte.

Wie konnte man ungestraft Soldaten in eine Granatwerferstellung schicken und wissen, daß sie spätestens nach Stunden zerfetzt sein werden?!

Ich habe so schnell noch nicht alles verwinden und vergessen können. Das Hineinfinden in diese neue, andere Welt war sehr schwierig!

16.12.1942

Heute soll ich mit dem Lazarettzug nach Riga verlegt werden. Alles lief wie am Schnürchen. Mein Verband war so gemacht worden, daß ich das linke Auge mit der Binde etwas verdecken konnte oder die Binde nur hochschieben brauchte. So ging das ganz gut. Ich wurde liegend transportiert.

Die Fahrt ging über Pleskau. – Im Februar wurde ich von Pleskau aus in den Kessel geflogen. – 10 Monate Festung Demjansk! 10 Monate eingekesselt!

Von Pleskau ging es weiter in Richtung Riga.

17.12.1942

Ich bin immer noch im Lazarettzug. Durch das Fenster kann ich die großen russischen Weiten sehen. Weites Land im Schnee. Der Zug fährt nicht sehr schnell, aber doch immer weiter nach – Westen.

18.12.1942

Der Lazarettzug ist in Riga. Was werden da für Erinnerungen wach: „Mit dem Schiff durch's Eis, mit Hilfe der Eisbrecher. Dann die Sache mit dem Benzinfaß mit X., dann Bulle mit dem Militär – Intendantur-Menschen. Knäckebrot liegenlassen, usw. –"

Städtisches Krankenhaus Riga, Abteilung Augenklinik.

Das ist meine neue Heimat seit heute. Noch 8 Tage und dann ist der Heilige Abend. Alles neue Gedanken! Alles Geschenke, neue Welt!

Ich bin in einen Backsteinbau gekommen. Im Zimmer sind 4 Betten. Außer mir, noch zwei Verwundete, etwas älter als ich und dazu ein junger Soldat mit 18 Jahren.

Mit meinem linken Auge kann ich inzwischen im Dämmerlicht ganz gut sehen, nur in der Helligkeit geht es noch nicht. – Wir konnten wieder baden. Meine Uniform ist auch mitgekommen. Sie wurde inzwischen desinfiziert und entlaust. Es ist kaum zu glauben, wie gut das ist, ohne Läuse leben zu könen!

Wir haben ein gutes Essen bekommen. Ich bin Neuzugang, bekomme eine Fiebertafel und muß noch im Bett bleiben, bis ich untersucht werde.

Seit Danzig schlafe ich erstmals wieder in einem Steinhaus, es ist fast ein Jahr her.

19. 12. 1942

Nachdem uns lettische Küchenmädchen das Frühstück gebracht haben, kommt eine Schwester — die Stationsschwester „Mitzi" — und holt mich zur Untersuchung. Wieder die gleiche Vorbereitung wie in Dno.

„Das linke Auge leidet mit dem rechten Auge, weil beide gemeinsam den Lichteinfall registrieren. Ist ein Auge krank, leidet das andere Auge mit." — Der Arzt erklärte mir recht verständlich, warum ich immer mein linkes Auge zuhalten mußte, obwohl es vom Schlag nicht getroffen war. — Dann war das rechte Auge dran.

„Viel zu spät kommen Sie zu uns", sagte er, „wir werden die verletzten Stellen an den Wundrändern vorsichtig verätzen. Sie werden mit dem rechten Auge wieder sehen können, doch Sie müssen Geduld haben. Später wird man dann feststellen, ob Sie eine geeignete Brille brauchen, oder ob es so geht. Jedenfalls brauchen Sie sich keine Sorgen wegen des Erhaltes des Auges zu machen." — Was für ein Glückstag!

Der Verband wurde jetzt so gemacht, daß das linke Auge frei war. Wenn es zu sehr schmerzt, trotz der Behandlung mit Tropfen, soll ich es zumachen oder etwas Mull davorhalten.

Nun war ich schon einen ganzen Schritt weiter. Vor allem konnte ich jetzt außerhalb des Bettes bleiben und mich besser bewegen.

20. 12. 1942

Ich kannte mich schon etwas aus. Wir waren im 1. Stock und konnten schön aus dem Fenster sehen. Das Krankenhaus war älter, aber sehr groß. — Das Essen war wirklich gut, doch hätte ich immer noch mehr essen können.

21. 12. 1942

Drei Tage vor dem Heiligen Abend. — Täglich wurde der Verband gewechselt. Die Augen erholten sich recht gut und nicht nur die Augen.

In unserem Zimmer haben wir einen noch ganz jungen Soldaten. Mit diesem hatten wir Älteren einen heißen Disput. Es ging darum, daß er bei seiner Augenverwundung das Verwundetenabzeichen bekommen wird. Wie er uns sagte, würde er bei dem Verlust des Auges, nicht das Verwundetenabzeichen schwarz, sondern in Silber bekommen. Soweit gab es keinen Anlaß zu einer Auseinandersetzung. Doch nun sagte der Junge, ihm läge viel daran, das Verwundetenabzeichen in Silber zu bekommen und dafür würde er gerne das sowieso schon verletzte Auge drangeben!!

So etwas habe ich noch nie gehört, daß jemand auf Ehrenzeichen so viel Wert legt, daß er dafür – Silber für schwarz – sein Auge hergeben würde.

Es kam zu einer erregten Debatte, aber der Junge war nicht umzustimmen. Bei genauerem Nachfragen hatte er diese Haltung von der Hitlerjugend mitbekommen. Für uns alle unbegreiflich! Was geht in so einem Menschen vor? Was sind schon Abzeichen und Orden in einem Krieg?

Wie soll man beispielsweise den Flugzeugführer, den jungen Leutnant der Ju 52, beurteilen, mit dem ich in den Kessel geflogen bin? Ohne Warmlaufenlassen der Motoren und das Flugzeug voller Tellerminen, im Tiefflug über feindliches Gebiet und dann von Ratas gejagt, in den Kessel einfliegen und dort auf einer Schneepiste landen. Das gleiche wieder heraus, mit Verwundeten, und das täglich! Wofür soll es Orden geben?

Jedenfalls hatten wir an diesem Tag viel Gesprächsstoff und genug zum Nachdenken, was da für Jungens an die Front kamen.

22. 12. 1942

Einer von uns durfte heute zurück nach Deutschland fahren. Wir freuten uns mit ihm. Zum Abschied hat ihm unsere lettische Stationsschwester ein Bild gezeichnet. Das hat mich neugierig gemacht. So habe ich dann herausbekommen, daß sie früher Modezeichnerin war. Im Krankenhaus machte sie schon lange Dienst. Diese lettischen Menschen fühlen sich in erster Linie als Balten und sind uns Deutschen eher verwandt als den Russen.

Wir bekommen heute schon eine Weihnachtsvorfreude. Der Arzt sagte, daß wir zur Weihnachtsfeier aller Deutschen, in die Oper von Riga eingeladen seien. Wir haben uns natürlich sehr gefreut. Hinterher haben wir in Erfahrung gebracht, daß die Weihnachtsfeier vom Gauleiter Koch veranlaßt worden sei und die Partei die Feier gestalten würde. Jetzt war unsere Freude etwas gedämpft. Wir hatten zuerst geglaubt, daß die Wehrmacht die Feier gestalten würde und haben nun erst begriffen, daß wir, also auch die Vertreter der Wehrmacht, nur die Eingeladenen waren. – Neugierig war ich schon. –

23. 12. 1942

Abgesehen von der Visite, war es bei uns immer recht ruhig. – Gerne wäre ich in die Stadt gegangen, aber das ging nun mal nicht. Morgen wird es soweit sein. Mit dem Bus sollen wir in die Oper gefahren werden. Ich habe mir schon ausgedacht, daß wir schön beschenkt werden.

Wenn man so viel nach innen gucken muß, wie ich, in letzter Zeit, dann bleibt es nicht aus, daß man anfängt, die Wirklichkeit zu vergessen und sich Schöneres ausdenkt als Krieg und Verwundungen.

Überhaupt haben wir kaum darüber gesprochen, daß die Fronten überall feststecken, wenn nicht sogar zurückgenommen werden müssen.

Zum kommenden Weihnachten waren unsere Gedanken viel mehr den Angehörigen zugewendet. Auch mußte ich immer wieder an die Kompanie denken und ob sie noch in dieser Moor-Eiswüste leben mußte, Zielobjekte für die russische Artillerie? Je mehr ich Abstand davon habe, desto weniger kann ich alles begreifen. Unsere Schwestern in der Küche sangen Weihnachtslieder, und dort im Kessel wurden durch einen unvernünftigen Befehl die Soldaten regelrecht geopfert. Keine Mutter weiß so etwas!!!

24. 12. 1942

Wir sind alle etwas aufgeregt. Schon bald am Nachmittag soll es losgehen. Alle durften aufstehen und wurden zu dem Bus geführt. Jetzt sah ich auch mal etwas von der Stadt. Lange brauchten wir nicht zu fahren. Viele Helfer waren da und brachten uns in die Oper. Wie ich die Umstände einschätzte, sollten wir als Ehrengäste ganz vorne sitzen!

Unverkennbar waren wir Kopfverletzten und „Kopfverbundenen" eine ausgezeichnete Staffage für die ganze Feier. Als ich mir sicher war, daß das so gedacht war, bekam ich wirklich einen heiligen Zorn. Andere

Soldaten des dritten Zuges unserer Kompanie auf der Promenade in Blankenberge.

Unser Hauptmann Schulz von Bülow in seiner typischen Haltung.

Im Strandcafé in Wendune.

Auf der Promenade von Blankenberge eine Panzerkuppel mit eingebauter Kanone.

Gräber deutscher Gefallener in Bethune.

Eine angetriebene Mine wird gesprengt. Schnappschuß — gut gelungen — am Strand von Blankenberge.

Auf der Promenade, fast wie zuhause an der Alster.

Mit Kameraden in Wendune.

Erste Erfahrungen mit einem Schlauchboot. Im Hintergrund die Mole von Blankenberge.

Partie am Rand von Wendune.

Am Wegzeiger in Wendune.

Verwundete, ohne Zehen oder Beine, waren da vorne nicht gefragt. Sie kamen weiter hinten hin, denn verbundene Beinstümpfe wirken nicht so bei den Wochenschaufilmern, wie die Kopfverbände. Wer sich diese Effekthascherei wohl ausgedacht hatte?

Ich zumindest fühlte mich mißbraucht und das gründlich.

Vielleicht war auch deshalb meine spätere Kritik an der Feier so kompromißlos. – Mit Sicherheit bin ich nicht mit geschlossenem Visier an der nationalsozialistischen Gestaltung unseres Staates vorbeigegangen und vorbeigekommen. Was uns bei dieser Feier aber zugemutet wurde von der ausrichtenden Parteiführung, das mußte jedem Christenmenschen klarmachen, daß alles umgestürzt werden sollte.

„Hohe Nacht der klaren Sterne" – das war das neue Weihnachtslied. Ich war sehr enttäuscht, was da für Makulatur geredet wurde. Ich hätte einen sehr guten Platz gewußt für die Redner, um das Vaterland zu verteidigen. Er hieß: „14 Tage Bohne Nord im Eis und als Zielscheibe oder als Ablösung für die gefallene Besatzung der Granatwerfer im Moor!"

Als die Feier zu Ende war – bekommen hatten wir nichts – die Staffage hatte ja den Zweck erfüllt – gab es nicht einen Soldaten, dem das Gebotene gefallen hätte. Allesamt waren sie enttäuscht. Keine Funken sprangen über, keine Wärme kam auf. Nur die „Vorsehung" galt noch, und wir wußten jetzt auch noch besser, daß der Endsieg unser sein wird! – –

Einen schlimmeren „Heiligen Abend" hätte ich mir nicht mal ausdenken können! – War denn dieser Gauleiter so weit weg von all dem Geschehen, was ich erlebt hatte? Es ist sicherlich unendlich viel aufgebaut worden seit der Weimarer Republik. Warum sollte denn alles durch und durch erneuert werden und gute christliche Traditionen und christlicher Glaube über Bord geworfen werden?

Ich war innerlich richtig in Fahrt. Wenn die Brüder so eine Weihnachtsfeier an der Front hätten machen wollen, wären sie glatt ausgelacht worden. Soldaten hatten mit <u>der</u> Partei, wie sie sich hier in Riga zeigte, wirklich nichts Gemeinsames!

Ein unheiliger „Heiliger Abend!"

25.12.1942

Weihnachten. Ich hätte mir das Fest besser gewünscht. Es war wohl der schlechte Nachgeschmack von gestern nachmittag schuld. Wenn man etwas genauer hinsieht, dann ist es auch deshalb so, weil keine Post von daheim angekommen ist. Wie sollte das auch möglich sein? Immerzu auf der Fahrt, quer durch Rußland und jetzt in Riga.

Die Schwestern und das Personal gaben sich wirklich alle Mühe, uns den Tag schön zu machen. Trotzdem fühlte ich mich nicht wohl in meiner Haut.

Was sie im Kessel heute machen? Was soll ich trüben Gedanken nachhängen, wo ich es doch so unglaublich viel besser habe? —

Am Abend habe ich Fieber, ich weiß nicht warum. Ich muß ins Bett. Sollten die vergangenen Tage und Nächte im Eis sich nunmehr rächen?

26.12.1942

Das Fieber ist noch da. Alle Knochen tun mir plötzlich weh. Ich weiß auch nicht, was das soll. Ob ich mich so erkältet habe? Das Fieber steigt. Morgen soll ich von einem Arzt einer anderen Abteilung untersucht werden. Schöne Aussichten. Dabei sind meine Augen wirklich besser geworden. Das rechte ist behandelt worden, so daß die Wundränder abheilen und die Entzündungen zurückgegangen sind. Ob das Fieber damit etwas zu tun hat?

27.12.1942

Ein Arzt aus der „Inneren" hat mich heute untersucht. Er hat Gelenkrheuma im Anfangsstadium festgestellt. Ich muß im Bett bleiben und werde eingepackt. Sie wollen eine Abwehrkur mit Spritzen machen.

Ich bin ziemlich ratlos. Ich liege in der Augenklinik und habe plötzlich Gelenkrheuma. Es scheint fast so, daß das eine das andere ablöst. Ich spüre, daß die Schwestern auf Gelenkrheuma nicht vorbereitet sind. So etwas zu bekommen, ist fast unsoldatisch. Da ist man ganz gewöhnlich krank. Und so etwas mir. —

Übrigens sind es schlimme Schmerzen, die sich da einstellen. Mit all meinen Überlegungen, daß ich bald auf Heimaturlaub fahren darf, ist es ohne ersichtlichen Grund – nur wegen des plötzlich aufgetretenen Gelenkrheumas – Essig.

28. 12. 1942

Der Arzt von der Inneren war wieder da. Er besprach sich mit dem Arzt der Augenabteilung und dann sagten sie mir, daß ich aufgrund des Gelenkrheumas in ein Lazarett in Deutschland verlegt würde, mit einer entsprechenden Pflegemöglichkeit. Die Augenverletzungen seien am Ausheilen, es wäre nur eine Frage der Zeit, bis die Heilung vollzogen sei. Im übrigen wäre eine Verlegung bei dem Rheuma nicht gerade günstig, aber die Pflegemöglichkeiten hierfür seien in Riga nicht ausreichend. Der Arzt meinte noch, daß er in einem Begleitschreiben dafür sorgen wolle, daß ich bei dem Fieber schonend transportiert würde.

29. 12. 1942

Schwester Mitzi hat versprochen, daß sie mir noch schnell einen Mädchenkopf malt. Bis zum Abend hatte sie keine Zeit. Dann aber – nach Dienstschluß hat sie mir den versprochenen Mädchenkopf mit ihrem Rot-Blau-Farbstift auf eine Fieberkurve gezeichnet. Ich war natürlich stolz darauf.

Morgen soll es losgehen! Ich bin ziemlich geschwächt, aber die Aussicht, auf deutschen Boden zu kommen, ist natürlich verlockend. Trotzdem kam ich mir, als eben „nur" erkrankt vor, und wußte nicht recht, was ich davon halten sollte.

Trotz der schlimmen Weihnachtsfeiertage war der Aufenthalt in der Rigaer Augenklinik für mich sehr gut, ist mir mit der Behandlung meiner Augen doch etwas Gutes angetan worden.

30. 12. 1942

Ein wirklich herzlicher Abschied. Die Schwestern haben mich komplett in Watte gepackt für den Umzug. Beide Arme und Hände, beide Beine und den Körper, komplett in Watte. Sie meinten es wirklich gut. Dazu noch der Kopfverband. Ich muß wohl toll ausgesehen haben, denn alle beguckten mich fast ehrfürchtig bei der Verladeaktion von der Klinik zum Sanka und nachher wieder zum Lazarettzug.

Zum zweiten Mal verließ ich Riga. Nun, als ein Häufchen verpacktes Elend, reichlich zerknirscht und mit meinem Staat nicht mehr so im Einklang wie vor Riga. Ich habe da etwas erlebt, was ich mehr spürte, als sah.

Sie haben mich verstaut. Wieder so, daß ich mit dem linken Auge durch das Fenster sehen konnte. Die Verladerei dauerte immer endlos lange. Ich konnte fast schon mitreden.

Wir fuhren weiter in Richtung Westen.

31.12.1942

Silvester, und ich war im Lazarettzug. Immerhin, es war Deutschland, wohin wir fuhren. Im Wagen war alles in Erwartung der Reichsgrenze. Es gab gutes Essen und man hörte munkeln, daß es um 24.00 Uhr schöne Sachen zu trinken geben würde. Vom Fieber war ich müde und auch durstig. Ich wurde aber gut versorgt. Bedrückend war nur, daß man in einem Zug mit ausschließlich verwundeten Soldaten war. Was mußte unsere Heimat alles verkraften!

Um Mitternacht wurde dann an fast allen Betten auf das neue Jahr angestoßen und der Wunsch ausgedrückt, daß der Krieg sein Ende finden möge. Vom „Endsieg" wurde nichts gesprochen.

01.01.1943

Als wir in den ersten Bahnhof im Reichsgebiet kamen, gab es Bilder, die ans Herz griffen. Die gute deutsche Mütterschaft versorgte uns mit kleinen Geschenken. Wir waren daheim!

Wieder kann man das schlecht nachempfinden, wenn man nicht selbst in solch einem Lazarettzug gelegen hat und über die Reichsgrenze fuhr.

Es kann sein, daß ich vielleicht etwas zart besaitet bin in patriotischen Dingen. Doch, das Gefühl daheim zu sein, in seiner Heimat, das war unbeschreiblich schön!!

In Lötzen wurden wir ausgeladen. Mit dem Sanka ging die Fahrt los. Vor einem Kasernentor, deutscher Machart, hielt der Wagen. Es war schon dunkel geworden, als wir in das Reservelazarett Lötzen, Hindenburgkaserne, hineinfuhren.

Ich wurde von Sanitätern in eine große Halle getragen.

„So, zuerst wird desinfiziert und entlaust", sagte der diensthabende Sanitäter.

„Ich bin aber schon entlaust, und meine Uniform ist sauber."

„Kann schon sein, aber hier wird grundsätzlich jeder entlaust und desinfiziert, der aus dem Osten kommt!"

Bei diesen Worten griff er meinen Zettel, las ihn und sagte: „Ach so, Du bist gar nicht verwundet, Du hat Rheuma und die Augen sind krank. Warum hast Du denn das ganze Zeug um Dich herum?"

„Das ist wegen dem Rheuma."

„Das kann ja sein, aber das muß jetzt weg, Du wirst nur nackend desinfiziert und entlaust."

Mein Einspruch, daß ich aus der Klinik in Riga käme, verhallte ungehört.

Deutsch = gründlich!!

Wer aus dem Osten kommt, wird grundsätzlich gereinigt. Ich bin durch die „unsaubere" Schleuse hereingekommen, also muß ich durch die „saubere" wieder hinaus.

Mit raschen Schnitten — gelernt ist hier wirklich gelernt — werden die Verbände geöffnet, die Verpackung losgeschnitten und wie Adam werde ich herausgeholt. Ich friere auf einmal entsetzlich. Es hilft alles nichts, ich werde mit Hilfe der Sanitäter auf die Beine gestellt, in eine Lösung gesteckt, wieder herausgefischt, unter einer Brause warm und dann kalt geduscht und — ich bin durch.

Ich bin aber auch total fertig. An der anderen, der sauberen Seite, komme ich auf eine Trage, werde zugedeckt, etwas am Kopf abgetrocknet und los gehts. Durch Gänge, in Aufzügen, irgendwo nach oben, in einen großen Saal. Gleich neben dem Eingang komme ich in ein kaltes Bett. Zuvor hatte man mir noch eben ein Hemd übergezogen.

Da es vielleicht schon 23.00 Uhr war, schliefen die anderen Kameraden schon alle und mein Kommen bedeutete für sie eine Störung. Meine beiden Sanitäter nahmen ihre Trage unter den Arm und verschwanden.

Ich hatte inzwischen einen starken Schüttelfrost bekommen und stöhnte im Fieber. Immer noch glaubte ich, daß eine Schwester oder ein Arzt, käme, oder — eine Nachtwache. Die Schmerzen waren schlimm, und das Fieber machte mir zu schaffen. Als ich nicht aufhörte zu jammern und mit den Kiefern zu klappern, maulten die anderen zuletzt lautstark und ließen keinen Zweifel daran, daß ich ein höchst unliebsamer Neuankömmling wäre.

Endlich stand dann einer auf und holte die Nachtwache. Die Schwester fragte mich, was denn mit mir los sei, warum ich die anderen Kameraden immer stören würde?

Da war ich ganz bedient. Ich gab keine Antwort mehr. — Mein Augenverband war weg, und kein Mensch kümmerte sich darum, daß ich kein Licht vertragen konnte. Schmerzstillende Mittel hatte ich seit Riga auch nicht mehr bekommen.

Nach einer Weile kam die Schwester nochmals und brachte mir eine Schlaftablette und ein Glas Wasser. Sie ging wortlos wieder.

Ich nahm die Tablette und zog die Decke über den Kopf. Eine schlimmere Enttäuschung vom deutschen Vaterland konnte mir kaum passieren. Ich war unglücklich, denn ich konnte mir ein solches Vorgehen überhaupt nicht erklären. — Vielleicht deshalb, weil nirgendwo Blut an mir zu sehen war? —

02.01.1943

Dann kam der Morgen. Ich war einerseits windelweich, und andererseits hätte ich die Verantwortlichen am liebsten dahin gebracht, wo ich herkam. Wie ein Fluch war das, nicht irgendwo eine klaffende Wunde aufweisen zu können. —

Zum Frühstück bekam ich nichts. Zuerst mußte Blut abgenommen werden. Das Fieber war natürlich angestiegen. Die Schwester sagte nur, daß ich auf keinen Fall aufstehen dürfe, und daß die Ärzte bald kämen.

So war es dann auch. Routinemäßig wurde ich gefragt, wo ich zuletzt behandelt worden bin und was mit mir eigentlich sei, denn, „ich hätte heute nacht so viel Unruhe verbreitet".

Ich versuchte zu sagen, daß ich entsetzlich gefroren habe bei der Desinfektionsprozedur und einen Schüttelfrost bekommen hätte — — aber weiter kam ich gar nicht. Barsch und knapp erhielt ich zur Antwort, daß ich die notwendigen hygienischen Maßnahmen hinzunehmen hätte und gestorben sei ich dabei wohl nicht. —

„Gut, sie haben noch Fieber, aber das kriegen wir bald hin" – und weiter waren sie.

Ich muß wohl so ein bißchen wie ein Querulant ausgesehen haben.

Von der Stunde an wurde an meinem rechten Auge nichts mehr gemacht. Ich mußte lediglich im Bett bleiben und bekam noch eine weitere Decke.

03.01.–25.01.1943

Vom Neujahrstag bis etwa zum 20.01.1943 lag ich dann im Bett. Die Visiten kamen wie gewohnt, und ich war nicht mehr interessant. Das Essen war eher bescheiden und die Ordnung mehr kasernen- als krankenhausmäßig. Bis zum 25.01. war ich nicht eine Stunde aus dem Block herausgekommen, auch hatte ich keine Gelegenheit, mich etwas zu trainieren.

Nach 14 Tagen sagte einer der Ärzte zu mir: „Zeigen Sie mir mal Ihre Knie. – Die sind ja nicht mehr geschwollen, es ist bald Zeit für Sie, wieder an die Front zu kommen!"

Alles, was ich seit meiner Arbeitsdienstzeit je gehört habe, war nicht so schlimm wie diese Bemerkung! Niemand hatte mich in dieser ganzen Zeit so schlimm verletzt, wie dieser dumme Assistenzarzt, 1000 km weg von der Front!

Ich habe mir das überlegt und die Flucht nach vorne angetreten.

Bei der nächsten Visite sagte ich dem Chefarzt, daß ich glaube, daß ich aus dem Krankenhaus weg könne, um wieder zur Truppe zu kommen.

„Wenn Sie meinen", sagte er, „gut, ich werde mir Ihre Papiere ansehen".

Etwas habe ich natürlich entdeckt, von dem ich vorher nichts wußte. Ich habe mir nicht vorstellen können, daß verwundete Soldaten heimlich Kupferpfennige in die Wunden legten, damit sie eiterten und damit der Krankenhausaufenthalt verlängert wurde.

Ich habe auch vorher nicht gewußt, wie Soldaten ungeniert eine Meinung äußern, die ihnen vorne an der Front das Leben hätte kosten können – von den eigenen Kameraden vollzogen. –

Mich hat das angeekelt, denn diese Äußerungen waren für jeden Soldaten draußen an der Front ein Dolchstoß.

26.01.1943

Heute konnte ich fahren. In dem Krankenhaus war es schlimm für mich gewesen. So etwas von Soldaten hatte ich vorher noch nicht kennengelernt. Kaum einer war dabei, der helfen wollte. Alles Denken und Trachten galt nur dem Gedanken, sich möglichst lange der Pflichterfüllung an seinem Volk zu entziehen.

Meine Augen waren geheilt, wenn auch bei Licht noch sehr empfindlich.

Ich wurde versetzt zur Genesenden-Kompanie 376, zur Wrangel-Kaserne in Rendsburg.

Am

28.01.1943

bin ich dort eingetroffen.

28.01.–04.02.1943

Nach langer Fahrt traf ich in Rendsburg beim Ersatz-Bataillon ein. Mein Marschbefehl lautete: Versetzt zur Genesenden-Kompanie 376.

Die Wrangelkaserne ist uralt und hat Wilhelminischen Baucharakter. Auf der Schreibstube gab ich meine Papiere ab und bekam ein Bett zugewiesen auf einer der Stuben.

Dann kam der Weg durch die Instanzen, vom Rechnungsführer bis zum Waffen- und Geräteunteroffizier. Mitgebracht hatte ich nicht viel und so bekam ich das Notwendigste auf der Kammer. Der Betrieb war ruhig und vernünftig, ohne strammen Dienst.

Ich wurde zum Innendienst eingeteilt und der Spieß sagte mir, daß ich sobald wie möglich auf Urlaub fahren könne, 14 Tage Genesungsurlaub sollte ich bekommen. Ich machte mir keine Sorgen, daß das nicht klappen würde, denn ich war fast ein Jahr und 4 Monate nicht auf Heimaturlaub gewesen. Jetzt kam sozusagen erst der Genesendenurlaub dran.

Mit Hanna stand ich erst seit Lötzen wieder in Kontakt, nachdem mich die Feldpost aus dem Kessel natürlich nicht mehr erreicht hatte. In Rendsburg konnte ich abends heraus in die Stadt und hatte wieder meine Freiheit. Immer noch lag mir die Zeit in Lötzen im Magen.

Die Verpflegung in Rendsburg war gut, wie überhaupt für mich die Regimentsnummer 376 ein Gütezeichen war. Jedenfalls habe ich mich dort besser gefühlt, als das in Lötzen der Fall war.

Rechtzeitig bekam ich Bescheid, daß ich schon am 5. Februar 1943 in Urlaub fahren konnte. Dies mußte schnellstens nach Dünne durchgesagt werden, denn wir wollten ja heiraten. Ich wußte, daß Hanna schon alles überlegt und die notwendigen Papiere zusammenhatte.

Mit dem Dienstmachen hatte ich nicht mehr viel im Sinn, und ich konnte kaum noch die Stunden abwarten, bis ich zum Bahnhof gehen konnte.

05. 02. – 20. 02. 1943

Ich habe es geschafft. Der Wehrmachtszug brachte mich über Hamburg nach Bünde.

Welch ein riesiger Bogen der Ereignisse, seit der Stunde, als ich den Lichtern des abfahrenden Zuges nachsah – im Bahnhof in Stuttgart. Ich war 7 Tage damals mit Hanna verlobt und eine herrliche Welt hatte sich mir erschlossen. Ich fuhr kurz danach nach Frankreich zurück und glaubte, der Krieg würde für mich dort zum Abschluß kommen.

Wie ist doch alles anders gekommen. Not und Tod liegen hinter mir, nie für möglich gehaltene Situationen mußten durchgestanden werden. –

Jetzt aber fuhr ich zu meiner Braut. Ja, wir wollten eine Ehe und Familie haben, trotz Krieg, oder vielleicht gerade deshalb. –

Die Gefühle bei unserem Wiedersehen können nicht beschrieben werden. Nachdem, was hinter mir lag, war ich ein anderer Gerhard Siegle geworden. Sehr viel reifer, und jetzt im Augenblick, war ich nur glücklich.

Am 11. Februar sollte die standesamtliche Trauung sein. Wir hatten meine Mutter und meine Schwester eingeladen. Morgens setzten wir uns auf die Fahrräder, um zum „Amt Ennigloh" zu fahren. Unterwegs neckte ich Hanna und sagte zu ihr: „Guten Tag, mein Fräulein, was ein

Zufall, daß ich Sie hier treffe, Sie fahren wohl auch nach Ennigloh?" – „Ja, rein zufällig!" – So machten wir Spaß.

Hannas Mutter und meine Mutter gingen rechtzeitig zu Fuß nach Ennigloh. Beide waren unsere Trauzeugen.

Der Standesbeamte hatte eine arg auffallende, allerdings durch Abnutzung auffallende Krawatte um. – Es war recht nett, aber eine schönere Krawatte hätte er sich für unsere Trauung schon gönnen können. –

Als frischgetrautes Paar setzten wir uns wieder auf unsere Fahrräder und fuhren nach Dünne zurück.

12.02.1943

Unser kirchlicher Hochzeitstag.

Ich durfte Hanna in ihrem Brautkleid nicht vorher sehen. Erst als wir aufbrechen mußten, durfte sie sich im ganzen Brautstaat zeigen. Sie war eine schöne Braut und es war alles recht feierlich, für mich etwas verwirrend.

Mit der Kutsche wurden wir abgeholt, und Hannas Oma hatte sich ausbedungen, unbedingt auf dem Kutschbock mitzufahren.

Wir hatten eine eindrucksvolle und schöne kirchliche Trauung.

Mit unendlicher Sorgfalt und Mühe hatte Hannas Mutter für uns vorgesorgt. Eine herrliche Kaffeetafel war gedeckt, als wir aus der Kirche kamen.

Nach dem Kaffeetrinken holte uns die Kutsche wirder ab und fuhr uns nach Bünde zum Fotografen. Das war wunderschön für uns.

Für den Abend war ein großes Hochzeitsessen, dem man den Krieg nicht ansah, vorbereitet.

Als meine Mutter sich unterrichtet hatte, was für eine Speisenfolge vorgesehen war und sie keine Spätzle und keinen Salat entdeckte, da gab es keinen Halt mehr. Unfaßbar, aber wahr: Sie stellte sich in die Küche und machte für ihren Bub handgemachte Spätzle und Kartoffelsalat, trotz dem ausreichenden anderen Essen. So war es nicht verwunderlich, daß ich der letzte Esser an der Hochzeitstafel war, mußte ich doch der westfälischen und der schwäbischen Küche meine Reverenz erweisen.

Nachmittags und abends kamen noch Gäste. Hannas Schulkameradin und Hannas Prokurist feierten mit.

Spät bezogen wir dann gemeinsam unsere „Kammer". Wir kamen mit einem Bett aus. Ich war glücklich und müde und soll gut geschlafen haben. — —

Unbeschreiblich schöne Tage folgten. Im krassen Gegensatz zu der Kriegswirklichkeit, waren wir auf einer Insel der Glückseligkeit. — Viel hatten wir Hannas Mutter zu verdanken, die immer um uns besorgt war und alles tat, um uns diesen Hochzeitsurlaub schön zu machen.

Der Abschied kam.

In dem Bewußtsein, daß ich ohne Zweifel wieder nach Rußland zurück mußte, war ich tief erschüttert.

Nach den letzten Tagen, als wir uns auch körperlich kennenlernten, war die Trennung grausam und unmenschlich. Sie ging mir durch und durch.

So bin ich dann in Bünde erneut in den Wehrmachtszug eingestiegen, und der Moloch Krieg hatte mich wieder.

21.02.1943

Heute kam ich zurück nach Rendsburg. Auf der Schreibstube war der Spieß und ich meldete mich zurück. Zuerst guckte er mich an, als ob ich ein Gespenst wäre, dann sagte er ganz unmilitärisch: „Mensch, Siegle, was sind Sie für ein Glückspilz. Warten Sie mal, da war doch etwas."

Ich war gespannt, was dabei herauskam.

So, hier haben wir das, ein neuer Befehl vom Oberkommando, wonach Soldaten, die mindestens ein Jahr keinen Urlaub hatten, weil sie eingeschlossen waren, oder aus anderen Gründen, zusätzlich weitere 14 Tage Urlaub erhalten. Dazu gehören Sie doch! Wir haben Ihre Unterlagen schon geprüft, und wenn Sie wollen, können Sie bald wieder abdampfen — frühestens am 24.02.1943.

Ich war wie vom Donnner gerührt. Niemals hätte ich gedacht, daß mir so ein Glück beschieden wäre. Ich konnte es kaum fassen, und der Spieß, so hatte ich den Eindruck, freute sich sichtlich mit mir.

„Sie sind doch jung verheiratet, man darf ja noch gratulieren, da wird sich Ihre Frau aber freuen. Nun hauen Sie schon ab und telefonieren Sie mal."

Ich konnte es wirklich nicht begreifen, daß ich nochmals 14 Tage weg durfte. – Hanna wird sich freuen! –

Dann bin ich vorsichtshalber zum Rechnungsführer, ob er auch Bescheid wußte. Auch er bestätigte, daß dieser Befehl vor einigen Tagen gekommen sei und ich wirklich übermorgen abend, nach Dienstschluß, fahren könne.

In meiner ganzen Dienstzeit habe ich noch nie so gut ausgesehen. Ich hätte alle umarmen können, so freute ich mich.

Nur noch 2 Tage Kaserne und dann wieder auf die Bahn – nach Hause! Das war's – „nach Hause!".

24. 02.–07. 03. 1943

Einen größeren Überraschungseffekt hätte man sich gar nicht ausdenken können.

Ich war tatsächlich wieder in Dünne. Ein Geschenk des Himmels für uns beide. Jetzt konnten wir auch Besuche machen. Hanna mußte wohl wieder arbeiten, aber jeder freute sich, wenn ich nach der Arbeitszeit in Bünde aufkreuzte, um sie abzuholen. Ein paar Tage bekam sie dann aber doch frei.

Wir hatten unendlich viel miteinander zu sprechen. Genaugenommen hatten wir uns nur etwa 20 Tage gesehen, als wir geheiratet haben. Viel Nachholbedarf hatten wir.

Die Tage vergingen wie im Flug. Mein Informationsstand wurde, was die Kriegslage anbetraf, in diesen Tagen sehr erweitert.

Ich durfte annehmen, daß unser Regiment immer noch im Kesssel steckte, oder aber die Räumung des Kessels in diesen Tagen miterleben konnte und durch den Schlauch herauskam.

Trotz aller gegenwärtigen Freuden- und Glücksempfindungen macht sich unterschwellig bemerkbar, daß ich ein Wanderer zwischen zwei Welten geworden bin.

Das Erlebnis draußen wiegt schwer und konnte nicht ganz verdrängt werden.

Wieder kommt das unvermeidliche Urlaubsende. Diesmal verkrafte ich es etwas besser.

08.03.1943

Aus dem Urlaub zurück, meldete ich mich auf der Schreibstube und gab meinen Urlaubsschein ab. Dann konnte ich bis auf Abruf auf unsere Stube gehen. Für später war eine Untersuchung durch den Truppenarzt vorgesehen. Bald war es soweit. Die Kameraden auf der Stube meinten, daß wir auf Tropendiensttauglichkeit untersucht würden. Das erschien mir doch sehr unwahrscheinlich, ich tippte auf Felddiensttauglichkeit für Rußland. – Beim Arzt war große Untersuchung mit allem Drum und Dran. Tatsächlich hatte ich später einen Stempel im Soldbuch: „Tropendiensttauglich".

Jetzt waren natürlich Tür und Tor offen für Gerüchte der seltsamsten Art. Im Geist sah ich mich schon beim Afrika-Korps bei Rommel. Aber – es tat sich gar nichts.

09.03.1943

Unser Dienstbetrieb ist recht brauchbar. Offensichtlich ist man bemüht, den Soldaten in der Zeit nach dem Lazarett, nicht zu hart zu Leibe zu gehen. Jeden Morgen Frühsport, nicht zu stramm.

Dann Innendienst, Ordonnanz im Kasino und dergleichen Dinge. Mittags Bettruhe. Später Film über Nahkampf, Scharfschützen, Panzererkennung, Hafthohlladung. Jeden Tag etwas anderes. Auch Unterricht über Winterkrieg usw. – Bald habe ich heraus, wie das so läuft und habe mich schnell angepaßt. Gut tut uns allen, daß wir an der langen Leine geführt werden. Wir waren ja alle schon an der Front gewesen und wußten, wo's langging. – Viele spielten Karten bis zum Schlafengehen. Manchmal konnte ich das kaum mit ansehen, zu welcher Leidenschaft das Kartenspiel ausarten kann.

10.03.1943–16.03.1943

Die Sonne kommt immer etwas höher und ich fühle mich körperlich wieder viel besser als früher. Der Dienst ist leicht – man ist mit uns nachsichtig. Die Offiziere waren alle vorher verwundet und so hatte man Verständnis füreinander.

Eines Tages mußte ich zum Spieß auf die Schreibstube kommen. „Ja, Siegle, da ist etwas klarzustellen. Sie haben im Februar Genesendenurlaub gehabt und haben in diesem Urlaub geheiratet. Hinterher kam der Erholungsurlaub betr. dem neuen Befehl. Das ist aber nicht richtig gehandhabt worden, denn Ihnen stehen aufgrund des Befehls 2mal Erholungsurlaub zu. Wir haben aber den Ihnen ebenfalls zustehenden Genesendenurlaub dazugerechnet. Das ist aber nicht statthaft, und somit müssen wir sie nochmals sieben Tage auf Urlaub schicken. Was sagen Sie jetzt? Nichts wie weg, telefonieren Sie schon, ab!"

So kam das. Es war unwahrscheinlich, aber wahr!!

Was mit deutscher Gründlichkeit bei der Entlausung in Lötzen passierte, das wurde jetzt in Sachen Urlaub auch mit deutscher Gründlichkeit besorgt. So bin ich dann wieder zum Rechnungsprüfer, der schon lachte, als ich auftauchte, damit er mir meine Papiere fertigmachte. — Übrigens erhielt ich für jeden Tag Fronteinsatz RM 1,00 vergütet, noch vom Kessel her.

Jetzt wurde ich wieder einmal mehr an die Kompanie erinnert. Was wohl Grotefendt und Karl machten. Überraschend war im Ersatz-Bataillon keine Möglichkeit, direkt vom Regiment etwas zu erfahren oder zu hören. Nur neu hereinkommende Kameraden, soweit sie nicht allzulange schon im Lazarett waren, konnten erzählen.

17.03.1943–24.03.1943

Der Zug brachte mich tatsächlich wieder nach Bünde. Es war eine Glückssträhne und eine gewisse Entschädigung für den Einsatz in der Festung Demjansk.

Wir hatten uns wieder und nur das zählte! Jeder Tag war kostbar. Niemand zweifelte daran, daß im kommenden Frühling das Kriegsglück zu einer Niederwerfung der Russen führen mußte. Zu lange schon hatten wir in Abwehr und Defensive verharrt. Die Wehrmachtsberichte sprachen von Frontbegradigungen. Der Kessel von Demjansk war geräumt und ich hoffte, daß unser Regiment auch herausgekommen war.

In Dünne war man zuversichtlich. Was ich allerdings vom Osten erzählte, war nicht dazu angetan, allzu optimistisch zu sein. Hanna mußte arbeiten, denn fast alle Mitarbeiter wurden eingezogen. Die Arbeit blieb und wurde ohne Murren durch Überstunden erledigt. Mir war das verständlicherweise nicht so recht. Eingesehen habe ich das aber trotzdem.

7 Tage Urlaub, nun schon der dritte Urlaub fast hintereinander. Was werde ich davon im kommenden Einsatz zehren müssen!

Der Weg zurück zur Kompanie nach Rendsburg war zwingend. Ich konnte dem Ende des Urlaubs nicht ausweichen. Ich war innerlich aber sehr gefestigt, still und glücklich.

Ich hatte wieder Kraft und Zuversicht gewonnen.

25.03.1943

Wieder bin ich aus dem Urlaub zurück. Ich melde mich beim Spieß und erfahre, daß heute mein letzter Tag bei der Genesenden-Kompanie wäre und ich morgen in die Marsch-Kompanie versetzt würde. Das war natürlich etwas Neues. – Dienst brauchte ich nicht zu machen, so daß ich meine Klamotten in Ruhe abgeben kann.

Die Marschkompanie ist in der gleichen Kaserne, ich brauche nur in einen anderen Block. Allerdings bedeutet Marschkompanie, daß der Weg an die Front, zur Division und zum Regiment, damit beginnt. In der Marschkompanie wird alles gesammelt, was zu den Einheiten des Regiments gehört. Jetzt kommt es darauf an, wie schnell ein Transport zusammengestellt wird.

26.03.–28.04.1943   Marschkompanie

In der Marschkompanie wird wieder normaler Dienst gemacht, mit formaler Ausbildung, Scharfschießen und Gefechtsausbildung. Wir konnten aber nicht klagen. So wie es in Friedenszeiten war, ist es nicht mehr. Täglich warten wir auf den Aufbruch. Wo unser Regiment ist, weiß keiner, vielleicht die Offiziere. Ich muß oft daran denken, wen ich wohl noch vorfinde und wo sie jetzt sind.

Der Kessel ist geräumt, und irgendwo im Nordabschnitt müssen sie anscheinend stecken.

Meine Gedanken gehen natürlich viel nach daheim. Hanna schreibt mir fast täglich. Wir haben ausgemacht, daß sie mich in Rendsburg nochmals besucht, bevor ich wieder an die Front abfahre. Am nächsten Wochenende ist es soweit. Sie kommt mit der Bahn, über die hohe Rendsburger Brücke. Durch die Vermittlung eines Kameraden habe ich ein Privatzimmer und auch Urlaub von Samstag bis Sonntagabend bekommen.

Wir sind überglücklich, daß es möglich war, uns noch einmal zu sehen. — Dann mußte Hanna wieder zurück an die Arbeit nach Bünde, und bei mir ging das Warten auf den Abtransport zum Osten weiter.

28.04.1943

Wir werden heute ausgerüstet mit allen notwendigen Dingen für den Einsatz.

29.04.1943

Abmarsch zum Bahnhof. Wir sind in Marsch gesetzt. Zunächst zum Sammeln in einer Kaserne in Wentorf bei Hamburg. Ich habe erfahren, daß wir noch einige Tage bleiben. Schnell rufe ich in Bünde an und frage nach einem „Fräulein B.". Vor Aufregung hatte ich ganz vergessen, daß die Dame schon seit dem 11. Februar 1943 verheiratet war.

Hanna kam und wohnte bei Frau F. für 2 Nächte. Ich bekam Urlaub für das Stadtgebiet und konnte so auch bei der Familie schlafen. Unvergeßlich schöne, letzte Stunden vor der Abfahrt in den Osten.

03.05.1943

Aufbruch zum Osten. Wir werden als Feldersatz-Bataillon in Marsch gesetzt. Keiner weiß genau, wohin. Wir sind nur wenige von den „ganz Alten", die schon den Frankreichfeldzug mitgemacht haben.

An den Ortsnamen kann ich die Fahrtrichtung nachvollziehen. Wir kommen in das Gebiet um Staraja-Russa.

Bei der Verteilung der ankommenden Soldaten habe ich außerordentliches Glück, denn ich komme wieder zu meiner alten Einheit, der 6. Kompanie, GR 376.

06.05.1943

Mit herzlicher Freude werde ich vom Spieß willkommen geheißen. Wieder einmal, wie schon in Bely, informiert er mich, wer nicht mehr lebt. – Zu meinem tiefsten Bedauern ist Oblt. Grotefendt in den Abwehrkämpfen an der Nordfront des Kessels noch gefallen. Karl lebt und ist wohlauf.

Wie ich höre, ist kurz nach meiner Augenverletzung am 21.11.1942 der Rabatz mit den Russen an der Nordfront des Demjansker Kessels erst recht losgegangen. Mit aller Macht versuchte er, auch mit Panzern, durchzubrechen. Es müssen wohl ganz schlimme Wochen gewesen sein. Dann kam damals die restliche Division auch in den Schlauch = Landbrücke, um mit dem Regiment 376 zusammen wieder komplett zu werden.

Als der Kessel geräumt wurde, sind die Einheiten der 225. Division oft als Nachhutkampfgruppen eingesetzt worden, so daß noch viele Kameraden gefallen oder verwundet worden sind.

Anschließend war die Schlacht um Staraja-Russa, wo alle Einheiten wiederum erbarmungslos eingesetzt werden mußten.

Schiller sagte mir, daß seit einigen Tagen an der ganzen Front die Kämpfe abgeflaut wären und unsere Kompanie zur Zeit in Gorki, direkt am Ilmensee in Stellung wäre. Im übrigen seien wir aber schon wieder im Aufbruch, denn in 8–10 Tagen würden wir verladen und kämen noch weiter hinauf in den Norden.

07.05.1943

Mit dem Verpflegungsfahrzeug bin ich nach Gorki gefahren und melde mich bei Oblt. Miehe. Dieser ist mir schon jahrelang bekannt. Vor allem als Melder kam ich öfters zum Bataillon, wo er zeitweise Ordonnanz-Offizier war. Ich war froh, daß gerade er unsere Kompanie bekommen hatte. Schon immer konnte ich ihn gut leiden, denn er ist so etwas wie eine Frohnatur. Kaum, daß ich ihn mal wirklich nachdenklich gesehen hätte, immer war er optimistisch.

Ich kam wieder als Melder zum Kompanietrupp und auf den Gefechtsstand. Sogleich konnte ich mich, wie in alten Tagen, um die Munition kümmern. Von den anderen Kameraden wurde ich eingewiesen.

Der Gefechtsstand war im Dorf und die Kompanie ganz verteilt, rund um das Westufer des Ilmensees. Wir hatten eingebaute französische Beutewaffen, und in den vergangenen Tagen gab es nur noch Schreckensmeldungen, über abgesoffene Stellungen und Bunker, wegen des Hochwassers. Die Zulaufflüsse des Ilmensees führten sehr starkes Hochwasser und der See stieg stündlich höher an. Dem Russen drüben ging es natürlich keinen Deut besser.

Dann haben sie mich noch wissen lassen, daß der Russe jede Nacht mit seiner „Nähmaschine" kommt und gezielt Bomben abwirft. Ich war gespannt, denn das war etwas Neues.

08.05.1943

Ich brauchte gestern abend nicht allzulange warten, Das Ding war da und kurvte in niedriger Höhe über uns herum, bis es krachte. Die Soldaten, die das schon kannten, sprachen von halben Drachen, oder mit Segeltuch bespannten, motorisierten Flugzeugen, die man einfach nicht abschießen könne. Ich habe keines gesehen und andere sagten, das wäre wie ein Gespenst, federleicht und solchen Schnickschnack. — Sonst gab es nichts Besonderes, es sei denn, daß ich immer wieder ein neues Gesicht in der Kompanie sah.

Heute abend gab Oblt. Miehe ein Essen. Wir wohnten bei dem Bürgermeister, und unter der Aufsicht unserer Soldaten durften die Russen fischen, weil sie hier ja fast ausschließlich vom Fischfang lebten. Es gab also heute abend Fisch, von den Russen zubereitet und — nicht zuwenig zu trinken. Bei Oblt. Miehe war die Getränkebeschaffung, glaube ich, kein unüberwindbares Problem.

Ich übernahm den Telefondienst, damit gewährleistet war, daß wenigstens einer nüchtern war und blieb. Ich machte das ganz gerne und gönnte den anderen das, wenn sie mal ein wenig vergessen wollten.— Oblt. Miehe hatte eine Ordonnanz, einen ganz jungen Kerl. Dieser konnte den Alkohol nicht so gut vertragen wie Miehe und Karl. Beide waren standfeste Zecher.

Als die Fete ihrem Höhepunkt zuging, hielten sie es im Haus nicht mehr aus und gingen draußen auf die Dorfstraße. Unsere junge Ordonnanz war von allen guten Geistern verlassen und schnappte sich im Suff eine Eierhandgranate und zog sie ab. Als die anderen das merkten, daß er tatsächlich abgezogen hatte, sie aber noch weiter in der Hand hielt, ging ein Rufen und Schreien los, daß Iwan uns bald hören konnte! „Schmeiß weg, schmeiß sie weg!" usw. Ich hörte das auch, rannte aus dem Haus und schon krachte es lautstark. Wirklich im letzten Moment hat ihm einer das Ding weggerissen. Noch ganz in Schock, schleiften sie ihn herein und machten ihn fertig. Vor allem Karl mochte so etwas überhaupt nicht leiden. Miehe besänftigte alle etwas und wollte sich ihn morgen vorknöpfen, wenn er wieder nüchtern wäre.

Unser „eiserner Gustav" – das war ein anderer erfundener Name für unser mysteriöses Flugzeug – hat uns heute Nacht verschont, dafür aber in Bol-Ushin tüchtig bombardiert.

09.05.–31.05.1943

Die letzten Tage in Gorki waren insgesamt ruhig, abgesehen davon, daß die russische Luftwaffe immer aktiver wurde. Wir hörten, daß die Flugzeuge mit ihren Splitter- und Brandbomben in den Dörfern immer wieder Brände entfacht und zum Teil auch erhebliche Verluste an den Menschen und Pferden verursacht hatten. Wir wußten aber schon, daß wir in wenigen Tagen vom Ilmensee wegkommen werden.

Es ist dann soweit. Soldaten und Offiziere der 329. Infanterie-Division tauchen als Vorkommandos auf und lassen sich einweisen. Wir dagegen, packen und bereiten die Übergabe vor. Ich habe den Eindruck, daß unsere Soldaten nur ungern den Ilmensee verlassen. Immerhin ist es in den letzten Tagen verhältnismäßig ruhig gewesen, und genau das brauchten sie dringend nach den ungeheuren Strapazen der Abwehrkämpfe, im Schlauch und dann unmittelbar nördlich von Staraja-Russa. – Auch hier ist es dem Feind nicht gelungen, die Front einzudrücken.

Im Raum Staraja-Russa werden wir nach und nach zusammengezogen. Es gibt einen Eisenbahntransport. Wenige Soldaten sind noch bei uns, die den ersten Transport mitmachten, von Dortmund nach Kranenburg vor der holländischen Grenze. –

Es ging nach Norden mit der Eisenbahn bis nach Ljuban. Von da ging es nach Werigowschtschina, und bis dahin war die Welt, auch die russische Welt, noch zu akzeptieren.

Was nun aber auf uns zukam, das war ganz neu!

Wir mußten nämlich in den Sumpf! Und da kamen wir nur hin über Knüppeldämme, d. h., immer wieder mußte der Weg über Sumpfflächen geführt werden mit Hilfe von „Hochstraßen". Das sind von Pionieren gebaute Holzstraßen und bestehen aus quergelegten Baumstämmen, die oben und unten mit Hilfe von seitwärts längsgelegten Baumstämmen befestigt und gehalten werden.

Wir kamen in einen richtigen Urwald. Die ganze Wegstrecke nannte sich Klosterweg. Ich war gespannt, wie das in dem Sumpfgelände möglich sein sollte, eine Stellung zu bauen und zu halten.

An der Nordfront des Kessels hatte ich das alles schon einmal erlebt, aber im gefrorenen Zustand. Wie wird es jetzt mit Wasser sein?

Unsere Pferde zogen die Gefechtswagen auf dem Knüppeldamm so weit vor, bis wir in Höhe des Bataillonsgefechtsstandes kamen. Plötzlich ging vom Klosterweg ein Knüppeldamm rechts ab und endete da, wo unser Batl.-Gefechtsstand sein sollte. Ringsum war alles Urwald, der Boden mit Wasser bedeckt, und manchmal konnte man auch ein Stück auf der Erde gehen, je nachdem, ob Mulden oder Anhebungen da waren.

Der Batl.-Gefechtsstand war nach dem ersten Augenschein sehr gut ausgebaut und bestand aus 3 Holzhäusern, zu Bunkern umgebaut und gut getarnt.

Bis hierher konnten die Wagen mit unserem Gepäck und den Waffen fahren. Alles wurde ausgeladen, und dann gingen die Züge mit den Einweisern der abzulösenden Einheit weiter, auf schmalen, etwa 80 cm breiten Knüppeldämmen und Rosten. Wir konnten in dem Wald- und Sumpfgebiet bei Tag ablösen, was sonst kaum der Fall war. Wir, vom Gefechtsstand, nahmen auch unsere Waffen, Gepäck und Funkgerät auf und stapften ebenfalls los. Geschickt hatten unsere Vorgänger immer die Anhebungen genützt, um nur dort Stege zu bauen, wo wirklich Wasser war. Wir brauchten höchstens 10 Minuten zu gehen, bis wir zum Kompanie-Gefechtsstand kamen. Es war ein guter Bunker, stark mit Holz ausgebaut und etwas an einer kleinen Erhebung eingebaut. Oben war noch eine ordentliche dicke Erdschicht drauf.

Obtl. Miehe hat sich von dem seitherigen Hausherrn einweisen lassen. Wir Melder haben uns schnell berichten lassen, wo die Stege zu den Zügen längsgehen, wo Muni-Bunker sind, Latrinen, wo der Essenwagen hinkommt, wo Leitungen sind, Funkmöglichkeiten usw.

Nach etwa 45 Minuten kommen die ersten Mannschaften der herausgelösten Einheit am Bunker vorbei. So erfahren wir auch, daß nur von hier aus in die Stellung gegangen werden kann, denn ab hier kann man nur noch auf Stegen gehen. Hinter der Stellung wäre gleich ein Flüßchen namens „Lesna", wo man gut Wasser entnehmen könnte.

Als fast die ganze abgelöste Kompanie an uns vorbeigekommen war, verabschiedeten sich die seitherigen Hausherren und wünschten uns viel Glück.

So eine gute Ablösung hatte ich in all den Jahren noch nicht mitgemacht. —

Nachdem Oblt. Miehe sich im Bunker umgesehen hatte, ging es gleich los in die Stellung. Ich ging mit, damit einer sofort die Wege wußte und sich auch bei Nacht auskannte. Die anderen Melder räumten den Bunker ein und versorgten das Telefon.

Jetzt wußte ich, wie im Sumpf so etwas wie eine Stellung gemacht wurde: Die ganze „Stellung" war nichts anderes als ein Laufsteg, an dem entlang, aus Stämmen, Palisaden gebaut waren, etwa 1,80 m bis 2,00 m hoch. Von außen zur Feindseite hin, waren Erde und Schlamm dagegen gepackt, so daß sich vor der Stellung wieder ein Wassergraben bildete.

Diese Stellung war vor etwa 9 Monaten schon einmal schwer umkämpft und bekannt als Teil der „Wolchow-Front".

Oblt. Miehe nahm zuerst Verbindung auf zum rechten Nachbarn, der 7. Kompanie, und dann gingen wir nach links, also nach Norden, die ganze Kompaniefront entlang.

Überall waren die Bunker etwas zurückgezogen von der Palisade und gut getarnt. Auch diese Soldaten hatten Blockhütten, die zusätzlich mit viel Stämmen abgedeckt waren, so daß keine Splitter durchdringen konnten.

Nachdem wir so zum linken Nachbarn, der 5. Kompanie kamen, sahen wir auch mehrere abgeschossene russische Panzer im Sumpf stehen. Sie können nur im Winter diesen Einbruch gemacht haben, denn jetzt würden sie im Schlamm versinken. Über die Lesna sind wir auch gekommen. Sie ist etwa 6—7 m breit.

Vom linken Nachbarn aus konnten wir auf einem anderen Weg wieder zurück zu unserem Gefechtsstand, so daß wir nicht mehr durch die ganze eigene Stellung gehen mußten.

Etwas haben wir schon bemerkt: Es gibt unwahrscheinlich viele Mücken! Das wird noch etwas geben im Sommer! –

Während der ganzen Ablösung, die natürlich so leise wie möglich vollzogen wurde, ist kaum ein Schuß gefallen, auch war keine Artillerie zu hören. Wir haben allerdings von unseren Vorgängern gehört, daß die Russen hier viel mit Granatwerfern schießen und daß Späh- und Stoßtrupps immer zu erwarten sind.

01.–30.06.1943

Inzwischen haben wir uns mit den neuen Verhältnissen vertraut gemacht und sind froh, daß wir in schon ausgebaute Stellungen gekommen sind. Trotzdem wird fast Tag und Nacht weiter ausgebaut. Die Stechmücken sind eine wirkliche Plage. Fast immer müssen Mückenschleier getragen werden. Selbst unseren Donnerbalken haben wir ganz mit Mückenschleiern abgeschirmt. Trotzdem ist es nicht möglich, sich längere Zeit unbekleidet zu bewegen. Jetzt machen wir das so, daß sich der Arme, sprungbereit – alle Knöpfe losgemacht, eine Zeitung anzündet, etwas Reisig darauflegt, damit es qualmt und genau in dieser Qualmerei schnell sein Geschäft verrichtet. Es muß schnell gehen, das Hoseherunterziehen, sich auf den Stamm schwingen, um dann den noch schwirrenden Mücken seinen Allerwertesten anzubieten, von den edleren Dingen gar nicht zu reden. Jeder scheut sich, wenn es soweit ist.

Wir haben sonst kein Mittel, keine Salbe, eine Gewöhnung gibt es auch nicht.

Rund um den Bunker haben wir alles fein saubergemacht, ohne daß das von der Luft her sichtbar auffällt. – Überhaupt haben wir nachdrücklich Kenntnis nehmen müssen von der Luftwaffe der Russen. Ende des Monats waren sie wieder da und siehe, sie haben den Bataillon-Gefechtsstand entdeckt und Bomben abgeworfen. Was am schlimmsten war, sie haben den Gefechtsstand getroffen und unglücklicherweise sind Leuchtmunitionskisten für Orangefarbe getroffen worden. Daraus wurde eine große, orangefarbene Leuchtwolke über dem Wald. Sie hat der russischen Artillerie angezeigt, als Dauersignal, wo sie hinhalten mußte. So hat es auch nicht lange gedauert, bis die ersten schweren Granaten knapp hinter uns herunterorgelten.

Wie wir später hörten, haben die Granaten keinen großen Schaden angerichtet, aber die Bomben saßen im Ziel. Eine Bombe ist genau neben dem Gefechtsstand in einen weiteren Bunker gegangen, und da hat es auch Verwundete gegeben.

Nach Werigowschtschina zum Troß wurde ich in dieser Zeit auch ab und zu geschickt. Es war ein ziemlich weiter Weg, und es ist kaum vorstellbar, daß man eine solche Holzrollbahn überhaupt fertigbekommt. Unterwegs waren Pioniere dabei, schlechte Stücke auszubessern und Stellen neu herzurichten, die von Granaten zerstört waren.

Der Weg zu Schiller war weit, und ich war müde. Immer, wenn ich mal nach „hinten" kam, wurde ich freundlich aufgenommen. Am besten war es, wenn kein Offizier dabei war. Dann konnte ich mal schnell zu meinen noch vorhandenen Kumpels vom Troß und zum Troß der 7. Kompanie gehen.

Wenn man nur die Gesichter sah, wußte man sofort, wo man gemeinsam auf Wache war, in Holland und Frankreich und hier im Osten. Ein paar Neuigkeiten gab es auch immer. Bei Bobby konnte man von den Marketenderwaren etwas, was man nötig brauchte, sozusagen vorbestellen. Diesmal hatte Bobby eine tolle Neuigkeit. Es wäre kein Witz, aber er hätte aus sicherer Quelle gehört, daß faßweise deutsches Bier im Anrollen wäre. Ich kaufte ihm das natürlich nicht ab, aber zum Weitersagen unter dem Hinweis, dies käme aus sicherer Quelle von Bobby, war es den Spaß wert.

Etwas ganz Wichtiges waren — Nägel. Weil hier alles genagelt war, konnte man ohne diese Dinger schon gar nicht auskommen. Doch eben diese Nägel waren hier am Klosterweg so kostbar wie Gold. Nie konnte ich hier so beiläufig sagen, daß ich noch ein paar Nägel hätte, dann war ich sie los.

Bei Oblt. Miehe hatten wir immer ein gutes „Betriebsklima". Wenn alles so klappte, wie es mußte, war nie schlechter Mief im Bunker. Unsere Verpflegung war augenblicklich recht gut und mit Abstand besser als im Kessel. Marketenderwaren kamen auch. Wahrscheinlich hatte das auch damit zu tun, daß wir verkehrsgünstig lagen, oder aber vom Kessel her überhaupt nicht wußten, daß es auch besser sein konnte.

Unsere Kameraden in den Bunkern hatten es auch besser als sonst. Wichtig war, daß die Stellung stand. Wir wußten genau, daß wir hier an dieser Stelle keinen eigenen Angriff unternehmen konnten. Alles war nur auf Abwehr eingestellt.

Natürlich hatten wir Spähtrupps draußen, aber nur selten, und ich glaube auch nicht, daß sie weit hinübergingen. Schon vom Geräuschemachen war dies kaum möglich. Dagegen mußten wir aufpassen wegen der gut zielenden Scharfschützen. „Drüben" sahen wir eigentlich nur den Wald — Urwald, ganz selten mal den Verlauf ihrer Palisaden, denn sie steckten genauso im Wasser wie wir. Übrigens war das Wasser nie schlammig und unsauber, sondern immer klar. Wer vom Laufsteg allerdings mal abrutschte, saß mit seinen Knobelbechern bis zu den Knien im Wasser. Bei der warmen Witterung war das nicht ganz so schlimm.

Außer nächtlichem Störungsfeuer und gelegentlichen Artillerieüberfällen war es den ganzen Monat über ruhig.

Übrigens kam gestern tatsächlich ein Faß Bier mit auf den Gefechtsstand. Ungläubiges Staunen und Freude überall.

19.07.1943

Auch in den ersten Wochen des Juli ist nichts Außergewöhnliches. Es ist jetzt warm geworden, und einer der Unteroffiziere hatte die Idee, daß die Soldaten trotz der Stechmücken in der Lesna baden sollten. Sie besorgten sich also eine Mine für Unterwasser und haben mitten in der Lesna ein richtiges, großes Loch gesprengt. (Wenn uns das auf Bohne Nord gelungen wäre, hätten wir nicht so frieren brauchen.)

Daß die 6. Kompanie ein „Schwimmbad" hat, etwa 150 m von der HKL entfernt, sprach sich schnell herum. Die Landser erweiterten das Loch schön nach allen Seiten, so daß man richtig ein paar Züge schwimmen konnte.

Seit vorgestern ist es beim Russen unruhig. Er schießt nervös, und nachts kommt er mit den gefürchteten „Greifkommandos". Sie haben die Aufgabe, ohne daß wir es hören, irgendwo einen Posten bei uns auszuheben. Manchmal ist ihnen das auch schon gelungen. Unsere Postenbesetzung ist so dünn, daß streckenweise kaum jemand steht. Die normale Zeit für einen Posten sind 2 Stunden im Sommer und eine Stunde im Winter. Es hat aber schon Nächte gegeben, wo unbedingt alle

Beutesammelstelle in einem herrlichen Schloßpark in Oostkamp. Hier leichte Geschütze.

dto. Schwere Geschütze. Leutnant Kessler mit dem 3. Zug.

In der Oper in Brügge dirigiert Hans Knappertsbusch. Ein für mich unvergeßliches Erlebnis.

Beim Kartoffelschälen.

Gruppenbild des 3. Zuges.

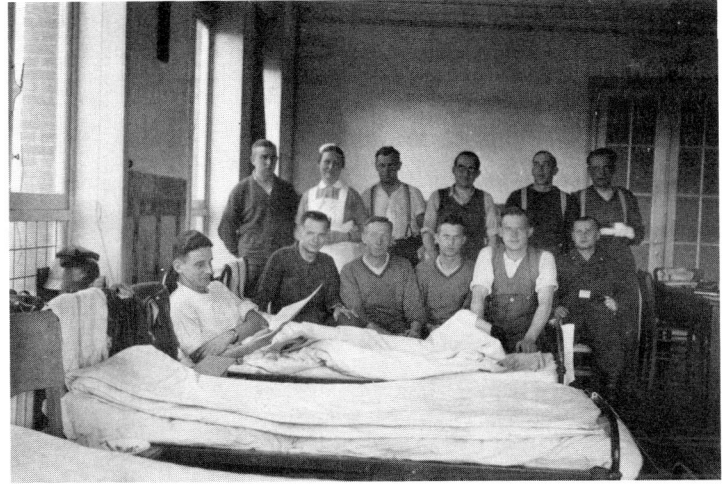

Unsere Stuben-
gemeinschaft
mit Schwester
Gudrun. Mit
Brille der Früh-
Zigaretten-
raucher und
rechts der Blen-
dax-Vertreter.

Der „Assi" mit Schwester
Gudrun.

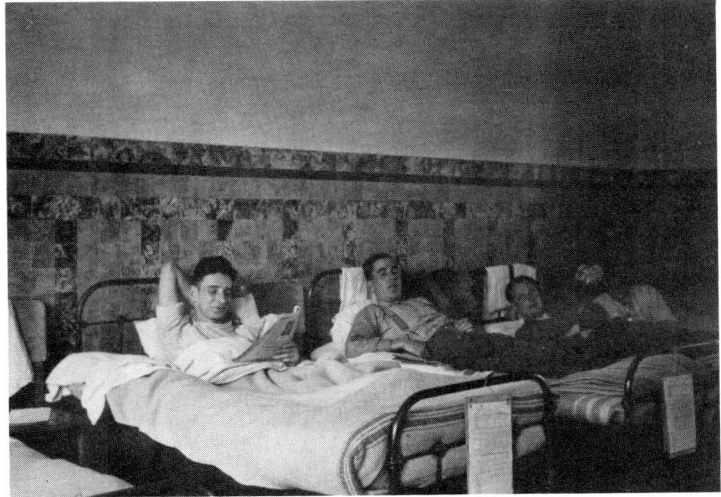

Noch gesitteter
geht es
gar nicht.

Houlgate mit Zahnbürstenhöhe.

Ruhepause.

Beim Sportfest in Deauville. Im Vordergrund unser damaliger Regiments-Kommandeur Oberst Willy Lorenz mit Monokel.

30 Minuten abgelöst werden mußte. Hier am Wolchow war alles etwas unheimlicher. Unser Abschnitt war mehr oder weniger zufällig in einem Urwald entstanden. Das Schleichen, wie es die Katzen machen, ist hier wirklich angebracht. In diesem Punkt sind uns die Russen überlegen, allein schon von der Naturverbundenheit her.

Wir sind z. B. fast alles Hamburger, aus der großen Stadt, und mancher Soldat ist durch den Krieg erst wieder mit der Natur so richtig in Verbindung gekommen.

Unsere Kompanie sollte einen Stoßtrupp unternehmen, um einen lästigen MG-Stand zu vernichten und den dazugehörenden Wohnbunker. Zu diesem Zweck haben wir Unterstützung durch unsere Pioniere, die erstmals mit Flammenwerfern vorgehen wollen.

Einer der Zugführer unserer Kompanie soll den Stoßtrupp führen, verstärkt durch die Pioniere. Heute Nachmittag sind die Pioniere eingetroffen, um sich einweisen zu lassen. Sie haben umfangreiches Gerät mitgebracht. Mit dem Zugführer sind sie dann in die Stellung, um sich für die kommende Nacht zu informieren.

Bei uns war Hochbetrieb im Gefechtsstand. Alles mußte vorbereitet sein. Die Nachbarn links und rechts werden durch Melder über Zeitpunkt und Ablauf unterrichtet. Wegen der Abhörmöglichkeit war das Telefonieren zu gefährlich.

Wir hatten übrigens im Abschnitt selbst einen Lauschtrupp, der Tag und Nacht mithörte, soweit die Geräte das zuließen. Dieser Lauschtrupp hatte mit uns keinerlei Verbindung, er war nicht unterstellt und gehörte direkt zum Korps. So haben wir von da auch nichts direkt erfahren können. Ich weiß nur, daß wir ihren Schutz übernehmen mußten, wenn sie eine „Schleife" auslegten, was wohl die Voraussetzung war für eine Abhörmöglichkeit.

Kurz vor Mitternacht ist der Stoßtrupp hinaus. Alles war in der Stellung. Siegle war im Bunker am Telefon, allerdings nicht allein. Es war ausgemacht, daß ich ab und zu belangloses Zeug, also eine Meldung wie, KbV – „keine besonderen Vorkommnisse", an das Batl. absetzen sollte. Übrigens die fast tägliche Meldung, die ich um 20.00 Uhr durchgab. Der Iwan durfte vom Telefon her auf keinen Fall etwas merken. Die Sache mit der Artillerie wurde durch Leuchtzeichen geregelt. Der VB wußte genau Bescheid und die Kanoniere hatten die ersten Granaten schon in den Rohren.

Langsam ging die Zeit vorbei. Wir wußten, daß so vorsichtig wie nur möglich vorgegangen werden mußte. Das Wasser verursacht ja schnell ein Geräusch, oder einer konnte von einem Stamm abrutschen.

Dann war es soweit. Gefechtslärm flammte auf, vor allem auf der linken Seite von uns. Sie solllten in ihrem Abschnitt schießen, was herausging, um den Iwan vom eigentlichen Stoßtrupp unsererseits abzulenken. Jetzt hörte ich auch schon die ersten Granaten von unserer Artillerie. Es war so ausgemacht, daß sie den Feind hinter seiner Stellung niederhalten sollte, damit der Stoßtrupp in die feindliche HKL einbrechen konnte.

Jetzt war der Rabatz in vollem Gange. Mit bangem Herzen saß ich am Telefon. Draußen krachte es auch von der russischen Artillerie her. Es war aber gestreutes Feuer, sie wußten wohl nicht, was eigentlich los war, und genau das hatten wir beabsichtigt.

Es ging schon fast ½ Stunde und immer noch kein Abflauen. Vielleicht konnten sie sich schlecht lösen oder waren im russischen Sperrfeuer liegengeblieben. Die Artillerie von drüben legte schwer dazu, und wir hofften, daß wir auf den Bunker keinen Treffer bekämen. Wenn die Russen mit der Artillerie Erfolg haben wollten, mußten sie ganz genau in die HKL treffen, oder auf einen Bunker. Alle anderen Granaten gingen in den Sumpf und taten nicht viel.

Jetzt meldete sich ein Zugbunker. Sie kommen zurück, wir können sie hören. Oblt. Miehe war in der Stellung, in dem Zugbunker, der auch Telefon hatte. Gott sei Dank, daß sie zurückkommen. Doch dahinter war das große Fragezeichen. Kommen sie alle wieder? Wer ist verwundet worden? Noch schlimmer – wer ist gefallen? Ist keiner, der verwundet wurde, liegengelassen worden, weil ihn keiner mehr sah?

Es dauerte noch sehr lange, bis Oblt. Miehe auf den Gefechtsstand kam. Er sah ganz und gar nicht glücklich aus. Er sagte nur: „Alles hat geklappt, nur Verwundete, aber – Zacharias ist auf eine Mine gelaufen und ist tot." Sie hatten eine ganze Reihe von Russen vernichtet und einen Bunker und einen MG-Stand gesprengt bzw. mit Flammenwerfern vernichtet.

Ich ging vor den Bunker. Die Pioniere kamen, sie brachten eine Zeltbahn mit etwas drin. Es waren die Reste von Zacharias.

Die Pioniere, deren Wagen beim Batl.-Gefechtsstand waren, nahmen die Überreste des noch ganz jungen Soldaten gleich mit zu Schiller nach Werigowschtschina.

Miehe machte telefonisch Meldung beim Bataillon, daß es ein voller Erfolg war. Eigene Verluste: Ein Toter und vier Verwundete.

Das war vom 19. auf den 20. Juli 1943.

31.07.1943

Außer einigen interessanten Aspekten der Feindaufklärung gab es in den letzten Tagen nach unserem Stoßtrupp keine besonderen Vorkommnisse. Wiederholt mußten wir los in die Stellung, weil das Kennwort plötzlich geändert wurde, oder weil ein Agent erwartet wurde von drüben. Allen Soldaten war eingeschärft worden, daß erhöhte Aufmerksamkeit notwendig ist, weil Agenten durch die HKL kämen. – Bei uns ist bis jetzt noch keiner durchgekommen. –

15.08.1943

Wieder sind 2 Wochen vergangen. Außer den blutgierigen Stechmücken hatten wir nicht unter Feindeinwirkung zu leiden. Immer weiter wurde die Stellung ausgebaut.

Bei unseren Nachbarn war vor 8 Tagen ein erheblicher Rabatz. Der Russe soll in unsere HKL eingebrochen sein, sie haben ihn aber wieder hinausgeworfen.

26.08.1943

Es ist einmal wieder soweit. Wir müssen die Stellung verlassen und werden abgelöst durch die 1. Division. Überall sind schon die Einweiser gekommen. Wir hören das ganz gerne, daß wir aus dieser Sumpfstellung herauskommen. Den Gedanken, in einem Sumpf zu stecken, wenn der Russe einmal die Stellung eindrückte, diesen Gedanken konnte man nie zu Ende denken, es sei denn mit Alkohol.

Keinen Soldaten beneide ich, der hier hereinkommt. Allein schon die Stechmücken und das Unvermögen, auch nur einmal unzerstochen seine Notdurft zu verrichten. Diese kleinen Alltagsdinge sind auf die Dauer zermürbend.

26.08.1943

Wir haben schon alles verpackt und warten darauf, daß die neue Einheit eintrifft. Wohin wir kommen, weiß von uns keiner, jedenfalls raus hier. – Die neue Einheit löst wieder bei Tag ab und wir können auch bei Tag weg. Alles trifft sich beim Batl.-Gefechtsstand, und dann marschiert die Kompanie in Fliegermarschtiefe den Klosterweg zurück nach Werigowschtschina und dann nach Norden in Richtung Samostje und Schapki.

27.08.1943

Nach einer Nachtpause sind wir heute in der Gegend von Schapki ins Quartier gegangen. Vorher lagen hier Einheiten vom Regiment 377. – Wie wir hören, sind wir im Augenblick Armee-Reserve. Uns soll das recht sein.

28.08.1943

Ich bin gespannt, wie lange wir hier im Hinterland bleiben können. Es ist natürlich eine tolle Sache, wenn die Kompanie mal wieder zusammen ist. Viele sind neu dazugekommen und kennen ihre Gruppenführer, den Zugführer und wenn es viel ist, den Spieß und den Kompanie-Chef. Bei einer solchen Gelegenheit erfährt man erst, wer neu ist und wer nicht mehr dabei ist.

Die Quartiere sind knapp und nicht alle sind zufrieden. Es ist immer der gleiche Zirkus: Latrinenparolen über Latrinenparolen. Man hört so nebenbei, daß im Raum Mga eine schlimme Schlacht im Gange wäre. In Schapki sind wir aber noch so weit weg, daß wir vom Gefechtslärm nichts hören können.

05.09.1943

Ein Marschbefehl ist eingetroffen. Wir sollen noch etwas weiter nach Norden hinaufwandern, direkt südlich von Mga in den Raum Lesje – Ssologubowka – Pucholowo.

06.09.1943

Wir marschieren weiter nach Norden. Am Abend sind wir in dem befohlenen Raum, aber Quartiere sind nicht möglich. Zum ersten Mal während des Krieges machen wir ein regelrechtes Biwak. Rechts der Straße, auf einer Wiese, werden die Zeltbahnen zusammengeknöpft, und tatsächlich entsteht ein gar nicht so kleines Zeltdorf. Die Wiese steigt etwas an und geht dann in eine Erhebung über und genau da drin haben sie einen Nachrichtenbunker hineingebaut. Das war für mich ein Anziehungspunkt: Neue Nachrichten, und dann und wann machten sie sogar Musik.

Lange ging das idyllische Leben nicht. Wie das bei deutschen Soldaten so sein muß, gab es gleich eine Übersicht für den nächsten Tag. Ausbildung war angesetzt, doch – das war immer besser, als an der Lesna im Sumpf zu sitzen.

11.09.1943

In den letzten paar Tagen wurde tatsächlich Ausbildung betrieben. Wir blieben im Biwak. Vielleicht ersparten wir uns dadurch so manchen Wanzenstich. Für mich gab es immer etwas zu tun in dieser Zeit.

Ein Bataillon des Regiments wurde bei Mga zum Schanzen eingesetzt.

Unsere Kompanie erreichte ein Befehl, der alles restlos umwarf. Miehe sagte nicht mehr und nicht weniger: „Ich muß Euch morgen verlassen, bzw. Ihr werdet mich verlassen." Wir waren sehr betroffen, denn wir merkten, daß er es ernst meinte.

Am Abend wurde er deutlicher und sagte, daß unsere Kompanie mit allem, einschließlich Troß, aus dem Regimentsverband herauskäme und zur Neuaufstellung eines Füsilier-Bataillons kommen würde. Das konnte ich kaum glauben. Warum gerade wir, die 6. Kompanie? Als dann Schiller auch auftauchte, wußte ich, daß es ernst wurde.

12.09.1943

Die Herauslösung der Kompanie ist Gewißheit geworden. Wir bekommen einen neuen Kompanieführer, Oblt. Kuhn, und werden die 2. Kompanie im neuen Füsilier-Bataillon 225. Wir werden also eine Divisionseinheit sein.

Alle sind etwas stolz, weil das Gerücht die Runde macht, man hätte jeweils die beste Kompanie aus dem Regiment ausgesucht. Das tut natürlich gut.

Das Bataillon soll Major Dr. Bathe führen, der seither das I. Batl. 376 kommandierte und kürzlich das Deutsche Kreuz in Gold bekam. Wir wußten von ihm, daß er zu Kriegsbeginn lange Zeit den Kommentar zum täglichen Wehrmachtsbericht verfaßt hatte.

Zunächst änderte sich bei uns überhaupt nichts, außer, daß Oblt. Miehe sich verabschiedete, nachdem Oblt. Kuhn die Kompanie übernommen hatte. Bei unserem Biwak und unserer Wiese ging das fast friedensmäßig vor sich.

15.09.1943

Wir sind mit den anderen Kompanien noch nicht zusammengekommen, aber alles läuft jetzt unter Füsilier-Batl. 225.

Das Regiment 376 ist plötzlich aufgebrochen und in Richtung Mga = 35 km marschiert. Wir hörten gestern schon einen gewaltigen Gefechtslärm, der sich mehr und mehr steigerte. Wenn sie Pech haben, kommen sie mitten hinein in den Schlamassel.

Wir sind noch hiergeblieben, werden aber sicherlich bald wieder eingesetzt werden.

16.09.1943

Wie ich es mir gestern dachte, so kam es auch. Wir kommen wieder in den Einsatz und werden motorisiert, d. h. wir bekommen Lkw für den Marsch ins neue Einsatzgebiet. Alle Zelte werden abgebaut. – Mit Wehrmachtsbericht hören ist nun nichts mehr. –

Unsere neue Stellung soll der russische Newa-Tossna-Brückenkopf sein. Es soll weiter nach dem Norden gehen, bis kurz vor Leningrad an die Newa. Fridolin Brüns, der Ordonnanz von Oblt. Kuhn wurde, ist schon mit seinen Sachen auf dem Sprung. - Dann kommen die Lkw und es geht los.

17.09.1943

Unsere Verlegung ging schnell, und zum ersten Mal liegt das neue Füsilier-Bataillon 225 geschlossen nebeneinander. Wir sind am Newa-Tossna-Brückenkopf. Links von uns ist das Regiment 333, dann das Füsilier-Batl., dann 376 und 377.

Unser Bataillon liegt direkt in den ersten Häusern von Otradnoje und zwar so, daß von unserem Gefechtsstand nach links, zur Tossna zu, ein Teil der Kompanie liegt. In der ehemaligen Ortschaft liegt der Kompanie-Gefechtsstand als Eckpfeiler, und dann geht es fast im rechten Winkel nach rechts weg, der Newa zu.

Wir sind hier in einer Stellung, die gut ausgebaut ist. Es gibt keinen Sumpf. Vergleichen läßt sie sich mit keiner der bisherigen Situationen, weil sie mitten durch ein ehemaliges Dorf geht.

20.09.1943

Wir haben schon einen Vorgeschmack davon bekommen, was uns hier erwartet. Nach den ersten Streifen mit Oblt. Kuhn durch den Graben, haben wir gemerkt, daß an manchen Stellen der Russe so nah heran ist, daß man ihn hören kann, wenn er mal laut hustet. Unsere Soldaten sind durchweg in Kellern untergebracht, und die HKL verläuft mitten durch die Häuser, Gärten, über ehemalige Wege und Straßen. Da, wo die Mauerreste der früheren Häuser als Schutz nicht ausreichen, hat man Blenden aufgebaut, aus Steinen und zum Teil auch aus Holz. Links vom Gefechtsstand haben wir sogar einen Beton-Postenstand mit einer Schießscharte.

Es ist unverkennbar, daß alle etwas unsicher sind, dem Feind so nahe zu sein, daß man nicht mal laut sprechen kann im Graben. Im Wolchow, am Klosterweg, waren wir mitten im Urwald und der Feind auf hunderte Meter entfernt und hier lagen wir ihm auf fast Handgranatenwurfweite gegenüber.

Eine große Umstellung, die uns alle am Anfang besonders hellhörig gemacht hat. Wir konnten am Tag und in der Nacht hören, wann und wo der Iwan geschanzt hat. Das war für uns ungewohnt. Oblt. Kuhn sagte deshalb auch bei jedem Rundgang, daß kein Lärm gemacht werden dürfe und vor Handgranatenüberfällen gut aufzupassen wäre.

An manchen Dingen merkten wir, daß diese Stellung schon älter sein mußte. Seit wann der Russe in dem Brückenkopf steckt, wissen wir nicht. Es muß aber ein schlimmes Gefühl für Iwan sein, im Rücken die Newa und Tossna zu haben und vor sich die Deutschen. Der ganze Nachschub der Russen muß bei Nacht über das Wasser gebracht werden, vor allem auch die Munition. Geschütze hatten sie im Brückenkopf nicht, die wären sofort ausgemacht worden, nein, aber jede Menge

Granatwerfer. Diese waren hervorragend hinter den Mauerresten aufzubauen.

30.09.1943
Vor einem Jahr hatte es um diese Zeit im Kessel schon geschneit. Hier oben an der Newa ist es dieses Jahr viel milder. Nachts wird es etwas kühler, doch sonst haben wir wegen des Winters noch keine Sorgen. Wir haben uns allerdings etwas vorgesehen, und zwar haben wir – Kohlen!

Wie das so ist bei mir, ich sehe mich bald um, an einem neuen Ort, damit ich weiß, wo ich bin und wie es rundherum aussieht. Dazu gehört auch, daß ich mich nach rückwärts umgucke, was da noch für Einheiten sind usw.

Oblt. Kuhn ließ mich laufen, als ich ihm sagte, daß ich das Gelände hinter uns ansehen wollte. Man konnte nie wissen, ob wir nicht plötzlich ausweichen mußten, oder von hinten her Hilfe brauchten.

Von unserem Bunker aus, etwa 6 m seitlich versetzt, ging ein 1 m breiter Weg nach hinten ins Gelände. Durch den Schutt der zerstörten Häuser konnte man auf diesem Patt direkt ins Freie gelangen. Wie ich sah, war alles, links und rechts, in Trümmer und Trümmerberge zerschossen. Danach kamen nur leicht wellige Geländefalten, die im Hintergrund von einem hohen Bahndamm abgegrenzt waren. Und was sah ich hoch oben auf dem Bahndamm? Eine Lokomotive mit Tender! – Das war etwas für einen Gang in der Nacht. Ob dort nicht vielleicht Kohlen sein konnten?

Ich sah ein, daß ich bei Tag nicht weiter in das Gelände hineinkam, denn Iwan konnte es von einem erhöhten Punkt in seinem Brückenkopf gut einsehen. Ich also zurück zum Gefechtsstand.

Von Oblt. Kuhn holte ich mir die Erlaubnis, in der Nacht die Lokomotive zu besuchen.

Als es dunkel war, nahm ich einen Wäschebeutel mit, für den Fall, daß ich Kohlen entdecken würde. Leise schlich ich mich durch den Graben und schon ging es nach hinten weg. Die Orientierung war für mich kein Problem, denn seit meiner Pfadfinderzeit wußte ich, daß ich auf diesem Gebiet begabt war. Nach etwa 30 Minuten sah ich gegen den Himmel, als Horizont, den Bahndamm. Ich bin auch an der richtigen Stelle angekommen. Ganz mutterseelenallein stand die Lokomotive da auf dem Damm.

Im Krieg konnte es nur so sein, daß sie zerschossen war oder auf eine Mine lief. Für mich hieß das: Aufpassen! Ohne Mühe kletterte ich den Damm hoch, und nun sollte sich zeigen, ob meine Vision, mit Kohlen unseren Bunker zu heizen, Wirklichkeit werden konnte. Ich hatte mehr Glück als Verstand. Der Tender war noch halb voll Kohle! Der erste Gedanke war – welch ein Glück! Der zweite: Hoffentlich hat dies noch kein anderer entdeckt! –

Was ist der Mensch doch für ein Miststück! Ich füllte meine Wäschebeutel mit einer richtigen Wohlgefälligkeit, als ob ich eine Extranase gehabt hätte, hier nach Kohlen zu suchen.

In Wirklichkeit war das nur Oblt. Kuhn zu verdanken, der mich solche Extratouren machen ließ! –

Jedenfalls, Fridolin konnte von jetzt ab den Herd mit Kohlen heizen.

Unser Oblt. war ein ganz anderer Typ als Miehe es war. Bald hatten wir im Bunker heraus, daß er außerordentlich willensstark war, vor allem ungemein genau und korrekt. Wo sich bei Miehe eine freundschaftliche Atmosphäre eingestellt hatte, war es bei Kuhn eher so etwas wie Respekt und Erwartung, was kommt. Auch Schiller merkte das schnell. Als er einmal zur Besprechung da war, wurde er von Kuhn so genau ausgefragt, daß Schiller ins Schwitzen kam und wir uns innerlich freuten, daß unser allmächtiger Spieß seinen absoluten Vorgesetzten gefunden hatte. Der Oblt. war keineswegs unfreundlich. Aber er war nicht zu haben für Halbwahrheiten und verschleierte Dinge. Nach außen hin war er sehr konsequent und für manche sogar hart.

Wir im Bunker kannten aber auch andere Seiten, die sehr sympathisch waren. Er mochte ein gutes, ehrliches Gespräch und – Bocksbeutel mochte er auch!

Ich habe in den späteren Tagen eine wahre Freude an Oblt. Kuhn gehabt. Er hielt beispielsweise viel von körperlicher Sauberkeit. – Er wollte genaue Skizzen. Der VB mußte vorlegen, wo er sich schon eingeschossen hatte, wo noch nicht und wann er das vorhatte. Die Funker nebenan in einem Nachbarkeller hatten die Schwierigkeit, daß unser Iwan beim Einschalten des Geräts und beim Funk, sofort mitmischte und durch die Rückkoppelung, so heißt das wohl, einen schrillen Pfeifton erzielte. Der war aber um jeden Preis zu vermeiden. Also hat sich Kuhn eingeschaltet, daß nur zu bestimmten Zeiten gefunkt werden durfte. Im Notfall wurde natürlich offen gefunkt.

Der Spieß wurde beauftragt, dafür zu sorgen, daß unsere Wäsche hinten frisch gewaschen und wieder in die HKL zurückgebracht wurde – und noch manches mehr. – Mir hat das sehr gefallen!

Inzwischen kannte ich unsere Stellung schon genau. Auch das „Niemandsland" hatte ich schon „im Kopf". Neben dem üblichen Störungsfeuer durch Granatwerfer, gab es höchstens mal Handgranaten vom Russen. Zweifellos war er sehr nervös.

Unser Batl.-Kommandeur ging auch schon durch die Stellung. Zum Bataillon hatten wir einen weiten Weg. Der Nachschub klappte aber gut, und das Essen konnten wir bei Tag bekommen. Auch mit dem Essen hatte es Bobby nicht so einfach wie sonst. Kuhn erkundigte sich sehr genau, was angeliefert wurde zur Küche und was Bobby daraus machen ließ.

Unser VB der Art. hatte mit Bobby Freundschaft geschlossen. Für eine gute Flasche Schnaps versprach er, daß Bobby einmal das Kommando „Feuer" abgeben durfte, wenn ein Geschütz eingeschossen wurde. Ich glaubte nicht daran, daß der VB das machen würde. –

In den letzten Tagen ist dem Russen etwas Neues eingefallen. In der Dämmerung hörten wir plötzlich laute Worte, als wenn ein Lautsprecher im Gange wäre. Wir, aus dem Bunker raus, siehe da, ganz unmißverständlich kam es aus dem Brückenkopf, in deutscher Sprache: „Daß wir doch einsehen sollten, daß der Krieg für uns schon lange verloren wäre und von unseren Hitler-Generälen nur unsinnige Opfer gefordert würden, daß Deutschland immer mehr bombardiert würde und Frauen und Kinder deshalb umkommen müßten, weil wir nicht den Mut hätten, mit diesem aussichtslos gewordenen Krieg aufzuhören. Das National-Komitee „Freies Deutschland" hieße jeden Überläufer willkommen, der Hitlerdeutschland verabscheut"... usw. Das ging so etwa 10 Minuten lang. Wir waren von den Socken! Natürlich diskutierten wir die Propaganda.

Daß aber deshalb auch nur einer überlaufen würde, das hielt ich für ausgeschlossen.

01.10.1943

An der Tossnamündung in die Newa war heute Rabatz bei den 377ern, blieb aber auf dort beschränkt.

06.10.1943

Etwas Unglaubliches soll heute passiert sein: Angeblich hat ein Unteroffizier von der 7./376 mit dem Karabiner ein russisches Flugzeug abgeschossen. So etwas läuft im Handumdrehen durch die ganze Stellung.

15.10.1943

Außer dem üblichen Grabendienst nur gelegentliches Störfeuer in den letzten Tagen.

Heute allerdings war unsere Artillerie lebhaft in Tätigkeit und beschoß den Brückenkopf ziemlich oft. Ich weiß noch nicht warum, da unser VB noch nicht zurück ist.

Übrigens – Bobby hat seine Flasche gebracht und der VB hat ihn tatsächlich schießen lassen. Leider ging gerade dieser Schuß zu kurz und durch die Splitter wurde einer von uns verwundet. Ob der Bobby jetzt genug vom Schießen mit Kanonen hat?

18.10.1943

Heute war den ganzen Tag Nervosität in der Luft. Rechts von uns krachte es immer wieder, es waren Handgranaten. Bei der 2. Kompanie, also bei uns, war es etwas ruhiger, trotzdem war Alarm. Wir haben draußen vor dem Bunker ein großes Stück Eisen aufgehängt für Gasalarm. Man kann das weithin hören, so hoffen wir, wenn mit dem Seitengewehr darangeschlagen wird.

20.10.1943

An der Newa – zur Mgamündung hin – schießt heute die russische Artillerie aus allen Rohren. Niemand weiß so recht, warum. Ob sich vor dem Winter hier noch etwas tut?

27.10.1943

In unserer Stellung fühlen wir uns einigermaßen sicher, da wir alle in Kellern sind und bis jetzt noch niemand durch die Granatwerfer verwundet wurde. Neuerdings schießt die russische Artillerie mehr und mehr auf unsere Stellungen und in das Hinterland. Wir sitzen mit dem Feind so dicht beieinander, daß mit der Artillerie nur bei Inkaufnahme des Risikos von eigenen Verlusten der Feind in seiner Stellung getroffen werden kann.

28.10.1943

Der Russe soll mit Booten über die Newa angegriffen haben. Kuhn erhält den Auftrag, Möglichkeiten zu erkunden, russische Gefangene zu bekommen.

Ich hörte das auch mit, und da fiel mir etwas ein. Ich sagte dem Chef, daß ich weiß, daß am linken Flügel unseres Abschnitts ein Platz sei, wo man in den letzten Tagen und Nächten immer wieder Schanzgeräusche hören konnte. Ich meinte, ob man da vielleicht welche schnappen kann? Wie, das wußte ich auch nicht. Ich bot Kuhn an, an dieser Stelle mal hinauszugehen – ein Stück rüber zu Iwan, um zu hören und vielleicht sogar etwas zu sehen.

Kuhn meinte, ich solle ihm das besser erklären, wie und wo, am besten wäre aber, wenn wir beide mal zu diesem Stück des Grabens gingen. Wir also los. Ich wußte, wo das war, und der Posten, der auf Wache stand, bestätigte uns die Geräusche.

Wir gingen zurück zum Bunker, nachdem wir das Gelände vorsichtig eingesehen hatten. Sehen konnten wir die russische Stellung nicht, aber ich schätze, daß der Feind hier vielleicht 60–70 m weit weg war. Vermutlich wird er an dieser Stelle einen Graben vortreiben oder gar einen Bunker ausgebaut haben.

Als wir in unserem Gefechtsstand zurück waren, fragte Oblt. Kuhn, ob ich mir zutrauen würde, allein hinüberzukriechen, um herauszufinden, was da los sei. Ich sagte, daß ich es versuchen will. Allerdings müßten dann die Kameraden genau Bescheid wissen, damit sie evtl. helfen, indem sie den Iwan nicht aus dem Graben kommen lassen, falls er mich kassieren will.

Zuletzt: „Überlegen Sie sich das bis morgen. Wenn ja, können sie kommende Nacht einen Versuch machen."

Ich wußte, daß ich mir das zutraute.

29.10.1943

Alle Gruppen waren verständigt, daß ab 20.30 Uhr vor der HKL ein Spähtrupp draußen ist. Mancher wird gedacht haben, was soll ein

Spähtrupp in unserem Stellungsraum, wo nur Häuserruinen und Gärten sind und der Iwan eine Handgranate fast in unseren Graben werfen kann. – Nun, ich hatte meinen Auftrag.

Am Nachmittag ging ich nochmals zu der Stelle und prägte mir alles genau ein. Das Gelände war hier brauchbar. Von dem Punkt aus, wo ich rüber wollte, entdeckte ich einen zugewachsenen Graben. Er dürfte vermutlich zu einem ebenfalls bewachsenen und zum Teil verschütteten Weg gehören, der etwa 40 m weit hinüberführen mußte. Von da ging der ehemalige Weg nach rechts weg, also parallel zu unserer Stellung und war verdeckt durch Hausruinen. Noch weiter nach rechts kam er wieder so zum Vorschein, daß er von unserer Stellung aus eingesehen werden konnte. Das ungefähr war das Gebiet, wo die Russen etwas weiter zurück gebaut hatten.

Gegessen habe ich am Abend nicht mehr, nur etwas getrunken, weil ich mich wohl fühlen wollte und damit rechnete, daß ich vielleicht lange auf der Nase liegen mußte.

Oblt. Kuhn hatte noch eine Überraschung für mich, als ich zurückkam. Er hatte den Spähauftrag wohl zum Bataillon gemeldet, und der Kommandeur ließ durch einen Melder ein sogenanntes Periskop bringen. Das war ein Fernrohr für die Nacht, aber über Spiegel so gebaut, daß man, ähnlich wie im U-Boot, unten hineinschaut und über ein etwa 30 cm langes Rohr oben den Ausguck hat. Sofort habe ich hinter dem Bunker damit geübt. Es war dunkel angestrichen, so daß es nicht blinkte.

Als es dann soweit war, nahm ich keine Waffen mit, auch kein Soldbuch, nur eine alte Jacke zog ich an.

30.10.1983

Im Bunker zeichne ich heute auf einem Stück Papier auf, was ich glaube erkannt zu haben. Wie war es nun gestern abend?

Ich vergewisserte mich, daß die Posten Bescheid wußten und teilte zugleich mit, daß ich nicht sagen könne, wann ich zurück wäre. Der Himmel war ziemlich bedeckt, als ich an der ausgesuchten Stelle aus unserem Laufgraben auf allen Vieren hinausschlüpfte vor die Stellung. – Ich habe noch vergessen zu erwähnen, daß wir an dieser Stelle keine Minen ausgelegt oder vergraben hatten. – Ob das beim Iwan auch so war? Es war ein Risiko, daß ich in Kauf nehmen mußte.

Auf Anhieb hatte ich die Stelle, wo der flache Graben sein mußte. Ganz langsam und behutsam teilte ich die langen Gräser auseinander und schob mich Zentimeter um Zentimeter vor. Auf keinen Fall durfte ich ein Geräusch machen. Mit den Händen tastete ich jeden Zentimeter Boden vorher ab, ohne je den Kopf hochzunehmen. Ich spürte, wie mein Herz klopfte, aber ich hatte keine Angst. Ich stellte mir vor, daß man bei einer genügend langen Ausdauer, in einer Nacht, die 40 m hin und zurück schaffen könnte. Vor allem kam es mir darauf an, unbemerkt heranzukommen. War ich erkannt, war ich erledigt. Ich hatte keine Waffe und wenn ich eine mitgenommen hätte, wären nur Handgranaten brauchbar gewesen.

Meine Uhr hatte keine Leuchtziffern mehr, so konnte ich nicht genau registrieren, wie schnell ich vorankam. Nach einer Zeitlang Tasten und Fühlen, zog ich den ganzen Körper ganz langsam nach, ohne den Kopf oder Hintern hochzunehmen.

Es war unvermeidbar, daß mich das anstrengte, aber das Gefühl, daß ich auf diese Weise herankam, war großartig. Eines war allerdings schlimm, daß ich nur durch den offenen Mund atmen konnte. Durch die Nase zu atmen, wäre bei der Anstrengung zu laut gewesen, und ich hätte auch nicht genug gehört.

Als ich glaubte, schon ein gutes Stück vorangekommen zu sein, hob ich ganz langsam den Kopf, um zu versuchen, mich zu orientieren. Nach „vorne" war alles „verbaut". Ich konnte keine Klarheit gewinnen, wie weit ich war, aber nach der Seite, und schräg nach hinten, sah ich jetzt ganz deutlich unsere Stellung, so wie der Russe sie sieht. – Nun sah ich auch, wie weit ich war. Wenn ich alles richtig einschätzte, war es noch lange nicht die Hälfte der Grabenlänge. Nach einer Erholungspause ging es weiter. Jeden Stein, der im Weg war, schob ich vorsichtig zum Grabenrand hoch. Der Graben war im allgemeinen etwa 40 cm tief, mehr nicht. Er allein hätte mir nichts gebracht, aber der hohe Bewuchs war es, der mich verbarg. Damit hatte ich gerechnet.

Es blieb nicht aus, daß ich mal öfters Pause machen mußte. Gefroren habe ich aber nicht, wie ich vorher glaubte. Gehört habe ich vom Iwan noch nichts. Das war mir aber nicht verwunderlich, denn ich war selbst viel zu sehr angestrengt, als daß ich auf die kleinste Kleinigkeit lauschen konnte.

Wichtig war jetzt erst mal, so weit heranzukommen, daß ich mit meinem Rohr etwas sehen konnte.

Ich glaubte, daß ich bald am Grabenende war bzw. da, wo die Straße oder der ehemalige Weg nach rechts abging. Ganz vorsichtig zog ich mein Sehrohr aus der Jacke, steckte den übergezogenen Schutz in meinen Halsausschnitt und brachte das Ding ganz langsam zwischen den Gräsern hoch. – Gesehen habe ich zuerst noch gar nichts. Ich mußte den Kopf so hochnehmen, zurück ins Genick, damit ich die Okulare an meine Augen brachte – daß ich ganz verkrampft war. Also langsam herunter und erst entspannen. Das tat gut. Jetzt wieder die gleiche Tour.

Nun bekam ich Umrisse zu sehen, aber bis ich glaubte, etwas erkennen zu können, war ich schon wieder vor Anstrengung verkrampft. So ging das also nicht. Vorsichtig steckte ich die Kappen wieder auf und verstaute das Ding in meiner Jacke – indem ich mich etwas seitwärts legte, um an meinen Halsausschnitt zu kommen. Ich ließ mir Zeit, denn ich hatte die ganze Nacht noch vor mir. Außerdem wollte ich auch noch etwas an Erkenntnissen mitbringen.

Als ich so überlegte, ob ich über den Weg kriechen sollte, um von da weiter zu gucken und ob da wohl auch so ein flacher Graben sein könnte, glaubte ich etwas vor mir zu hören. Die ganze Zeit hatte ich gewartet, daß ich etwas höre und als es nun soweit war, bin ich fast erschrocken. Ich hatte den Eindruck, daß zwei Russen sich ansprachen, vielleicht mit dem Kennwort, wenn es ein solches gab bei ihnen, oder sie sagten einfach so etwas zueinander. Jetzt wurde es interessant. Ich war also nicht umsonst da. Ein Abbiegen nach rechts, also quer zur Frontlinie, war nicht drin. Ich mußte versuchen, weiter hinüber, also geradeaus, zu kommen. Nunmehr konnte es gefährlich werden, wenn vor mir vielleicht gerade ein Posten stand.

Noch langsamer und noch vorsichtiger schob ich mich weiter. Nach etwa geschätzter weiterer Stunde war ich so weit heran, daß ich vermuten konnte, daß es Doppelposten waren, denn ich konnte sie gut reden hören. Ganz deutlich sprachen sie miteinander.

Es war ein unheimliches Gefühl, zu wissen, daß man etwa 20–30 m entfernt vor den Mündungen der Gewehre lag – und andererseits hatten die Russen keine Ahnung, daß da ein Deutscher vor ihrer Stellung war.

Ich bin ruhiger geworden, nachdem ich zuerst noch recht angespannt war. Mit Sehen war nichts, das wußte ich jetzt, aber hören! Ich verschränkte meine Arme vorsichtig unter dem Kinn und konnte nun den Kopf etwas höher halten, ohne daß mir das auf längere Zeit weh tat.

Es sollte jetzt auf die Zeit nicht ankommen. Bald gab es für mich keinen Zweifel mehr, daß es sich um den vordersten Laufgraben handeln mußte, denn die Stimmen verloren sich manchmal nach links und rechts. Es kam mir so vor, als ob sie immer dann, wenn einer auftauchte, die Parole abfragten. Es kann auch anders sein.

Weiter hatte ich den Eindruck, daß sie irgendwie am Arbeiten waren, denn manchmal gab es auch Geräusche anderer Art.

Vielleicht habe ich so 1½ Stunden ganz ruhig dagelegen und in die Nacht hineingehorcht, ohne etwas zu sehen. Ich dachte mir, wenn ich das mit zurückbringe, ist das doch auch schon etwas. Mir kamen aber noch andere Gedanken: Wie wäre das gut gewesen, wenn ich etwas Unverfängliches hätte in die Erde stecken können. Dann würde ich morgen von unserer Stellung aus sehen können, wo ich gelegen hatte, ob das Gras arg geknickt war und meinen Platz verraten würde. Dann habe ich nicht daran gedacht, daß bei hellerem Nachtlicht mein Gesicht und meine Hände zu hell gewesen wären. Daß ich daran nicht gedacht habe! –

Ich machte mir nichts vor, bis jetzt ging alles gut, ich hatte, was ich wollte, nur – zurück war ich noch lange nicht. Die Technik, unbemerkt rückwärts zu kriechen und die Richtung einzuhalten, kein Gras knicken usw. – das hatte ich noch nirgendwo gelernt.

Ich kam nicht klar. Allein nur mit den Ellbogen nach rückwärts drücken, das ging auf die Dauer nicht. Nach einem letzten Versuch gab ich auf, weil ich mit den Händen das Gras nicht teilen konnte und die Spur am Morgen wohl deutlich gesehen werden konnte.

Ich mochte es mir nicht eingestehen, aber ich mußte mich umdrehen, dem Iwan die Sohlen zeigen. Mit unendlicher Behutsamkeit und Vorsicht machte ich mich ganz klein und dann schob ich mich langsam am Grabenrand hoch und drehte mich, wobei mir alles weh tat, und zwar ganz empfindlich. Durch das Liegen, unbewegt, stundenlang – war ich total steif geworden. Ich hätte das bedenken sollen.

Ich kam aber herum, mit viel Willen zur Vorsicht. Ich wollte jetzt nicht alles verlieren. Aber dann lag ich wie erschlagen da. Immer noch atmete ich durch den Mund, und der war restlos ausgetrocknet. Auch das mußte ich noch lernen, etwas im Mund zur Erfrischung zu haben, so wie auf den langen Märschen im Ruhrtal, da hatte ich immer einen Zwetschgenstein im Mund.

Bevor ich unserer HKL zukroch, machte ich alle erreichbaren Gräser wieder schön hoch und dann ging es zurück in Richtung deutsche Stellung. Ich müßte besser schreiben: kroch ich wie eine Schlange zurück – oder Schnecke.

Der Rückweg gelang viel besser, weil ich vorher alles abgetastet hatte und nichts mehr im Weg war. Ich wußte nicht, wie spät es war, aber – dämmern durfte es auf keinen Fall.

Als ich unsere Stellung in den Umrissen erkennen konnte, war ich froh. Im Notfall wäre ich aufgesprungen und losgelaufen. Aber bis jetzt gab es keinen Notfall und ich wollte ihn um jeden Preis vermeiden.

Vielleicht hatte ich noch 8 m, als mich leise jemand anrief. Es war der Unteroffizier vom Grabendienst, der keine ruhige Minute mehr gehabt hatte. Er konnte es einfach nicht begreifen, daß es so unheimlich still war draußen. Ich sei weggewesen wie verschluckt, sagte er mir nachher.

Wirklich restlos erschöpft, aber glücklich, kam ich in unserem Gefechtsstand an. Fridolin sagte mir, daß Oblt. Kuhn zweimal los war, weil er die Ruhe nicht mehr aushielt. Er hatte sich Gedanken darüber gemacht, daß das Risiko eines solchen Alleinunternehmens nicht mit 50 zu 50 einzuschätzen war, in solch einer Graben- und Häuserruinen-Stellung. – Jedenfalls ich war wieder da und – hatte Hunger. –

Kuhn wollte, bevor ich mich hinlegen konnte, alles ganz genau wissen. Noch ganz unter dem Eindruck der Anstrengung, sagte ich ihm, was ich gehört hatte und wie weit ich gekommen war.

So machte ich also heute eine Lageskizze des vermutlichen Grabenverlaufes der russischen HKL an der Stelle, wo ich war. Als ich das etwa maßstabgerecht fertig hatte, sagte Oblt. Kuhn, er wolle mit mir das Stück nochmals ansehen von unserem Graben aus.

Es war gegen Mittag, als wir dort hingingen. Ich erklärte ihm, wie ich es gemacht und wo ich dann gelegen habe. Zu meiner großen Freude war das Gras wieder „aufgestanden" und es war so, daß man keine Kriechspur mehr sehen konnte. Kuhn lobte mich und fragte, wo ich das gelernt habe, das mit den Gräsern und so. – Ich mußte lachen, denn eigentlich wußte ich das selber nicht genau, bis mir dann einfiel, daß wir in unserer Pfadfinderzeit so etwas gemacht hatten.

Im Bunker sagte Kuhn dann, daß er die Meldung durchgegeben habe, daß alles gut verlaufen wäre. (Militärisch durchgegeben hieß das natürlich etwas anders) – und daß der Kommandeur an einer weiteren Aufklärung interessiert wäre, weil wir durch einen Stoßtrupp unbedingt einen Gefangenen lebend brauchten!

Damit hatte ich nicht gerechnet!! Ich war ja froh, daß ich heil zurück war. Stolz war ich auch etwas, weil ich zeigen konnte, daß man mit etwas Glück und großer Besonnenheit solche Aufklärung betreiben konnte.

Als Oblt. Kuhn draußem war, sagte Fridolin zu mir: „Mensch, Gerd, da hast du dich auf etwas eingelassen. So wie ich Kuhn kenne, gibt der jetzt nicht mehr nach, und wenn Dr. Bathe weiß, wie man da an die Russen herankommen kann, dann tut sich bald was."

30.10.1943

So friedlich es vergangene Nacht bei uns zuging, so sehr war bei unseren Nachbarn der Teufel los. Ein russischer Stoßtrupp, etwa 30 Mann stark, ist dort in die HKL eingebrochen und hat sich festgesetzt. Überall war Alarm. Dann aber wurden diejenigen im Gegenstoß wieder hinausbefördert, die nicht gefallen waren.

Ich dachte mir heute, daß der Russe genau das Gleiche tut, wie wir es vorhaben. Nur – wir sind in <u>seinem</u> Land!

Oblt. Kuhn sagte mir, daß Dr. Bathe einen Stoßtrupp an dieser Stelle, wo ich drüben war, ansetzen wolle. Er stellte mir frei, ob ich mitmachen will und ob ich versuchen will, vorher noch genauer aufzuklären, wie die Graben- und Bunkerverhältnisse drüben sind. Wenn ja, dann heute nacht aufklären, da man dringend einen lebenden Gefangenen braucht.

Heute abend soll es für mich deshalb wieder losgehen.

Ich sagte – Ja!

31.10.1943

Mit Sorgfalt werden alle Posten bei uns informiert. Diesmal hatte ich mein Gesicht dunkel gemacht. Das Sehrohr habe ich im Bunker gelassen. Von Oblt. Kuhn bekam ich eine Dienstuhr mit guten Leuchtzifferblättern. Dann haben wir ausgemacht, daß ich an der Stelle, wo ich die Russen abhören kann, eine Markierung anbringe, so daß man später bei Tag sieht, wo ich war. Im Hinblick auf die Artillerie wäre das für den VB ein sehr guter Anhaltspunkt. – Die Markierung mußte unverfänglich sein für den Iwan, aber von uns aus erkennbar. Nachdem ich viel herumgedacht habe, kam ich auf ein Stück Ast oder Zweig, den ich in der Erde befestigen würde.

Wieder war es soweit. Auch die Artillerie durfte während der Zeit, wo ich draußen war, nicht schießen. Kuhn hatte das noch veranlaßt.

Diesmal lief alles besser ab. Ich kannte den Weg und war mir sicherer. Trotzdem verursachte ich nicht das geringste Geräusch. Als ich etwa an der Stelle war, wo ich früher lag, wußte ich, daß der Iwan mich genauso hören konnte wie ich ihn. Trotzdem wollte ich noch etwas dichter heran. Der Graben war zu Ende. Ich spürte es an der Erde, daß dort irgendwie eine Weggabelung oder so etwas gewesen sein mußte. Übrigens, meinen Ast hatte ich längst verloren beim Kriechen. Das war also mehr Theorie. Was sollte ich machen? Über den Grabenrand hinausgucken? Ganz langsam hob ich den Kopf, aber ich sah noch keinen genauen russischen Grabenverlauf. Und genau den wollte ich bzw. Oblt. Kuhn, wissen.

Wieder schob ich mich mit unendlicher Geduld und Vorsicht weiter aus dem Graben heraus. Vermutlich war das mal ein Garten gewesen, wo ich mich jetzt bewegte. Die Erde war nicht hart und voll Gras. Immer noch etwas weiter schob ich mich. Plötzlich kam mir in den Sinn, daß ich ja nachher meinen Graben wiederfinden mußte.

Ganz wichtig war, daß der Iwan jetzt keine weiße Leuchtkugel hochschoß. Ich mußte also unbedingt in der Grabenrichtung bleiben und auch einen Platz finden, wo ich liegenbleiben konnte.

Mit der Zeit kam ich gut aus, denn heute war ich schneller vorangekommen. Meine Freunde auf der russischen Seite habe ich schon eine ganze Weile gehört. Immer, wenn sie sprachen, schob ich mich weiter, alle Steine und Zweigchen vorher zu Seite legend. Ein Glück, daß in dem vermutlichen Garten das Gras nicht so niedrig war.

Jetzt bot sich als Liegeplatz eine kleine Kuhle an. Ganz ruhig schob ich mich in eine bequeme Lage und hörte zu. Diesmal hatte ich die Armbanduhr mit Leuchtziffern um und beobachtete daraufhin die Uhrzeit, wann wohl die Posten abgelöst würden, oder wieviel Streifen dort gingen. Ganz schlau wurde ich nicht daraus, aber den Geräuschen nach mußte rechts ein Bunker sein – vermutlich wurde er neu gebaut –, manchmal hörte ich ganz deutlich mehrere Stimmen auf einmal. Leicht halblinks von mir mußte ein Stand sein, denn nach und nach glaubte ich, daß er etwas höher war als die Erde vor mir. Sehen konnte ich die Russen nicht, dafür war es zu dunkel.

Ich habe lange so dagelegen, denn ich wollte mit Hilfe der Uhr die Ablösezeit wissen, aber Klarheit habe ich nicht bekommen, weil immer wieder von rechts die Stimmen mehrerer Russen kamen und ich nicht erkennen konnte, ob sie ablösten, oder ob nur die Bunkertür geöffnet worden war. Auch hatte ich feststellen können, daß der Stand etwa 30 m vom Bunker entfernt war und sich zwei Russen im Stand aufhielten und daß von links im Abstand von etwa 15 Minuten immer wieder einer kam, etwas sagte und wieder zurückging. Ich hatte den Eindruck, daß der Streifenposten etwas schräg rückwärts wegging.

Den Grabenverlauf der Russen hatte ich mir nun gut eingeprägt, so daß ich ihn etwas genauer zeichnen konnte.

Ich wollte wieder zurück, die Iwans hatten ja keine Ahnung, daß ich ihnen bald die Hand hätte geben können.

Mit Herzklopfen versuchte ich mich zu drehen, direkt vor den Kameraden von der anderen Seite. Es ging, obwohl ich wieder sehr steif war, aber ich bewegte mich wirklich Zentimeter um Zentimeter zurück zu unserer eigenen HKL.

Diesmal hatte es noch länger gedauert als das letzte Mal. Wieder saß einer an unserem Grabenanfang und hat mich abgeholt. Ich war glücklich, aber sehr abgespannt.

04.11.1943

In den letzten Tagen hat sich allerlei getan. Als ich Oblt. Kuhn meine Ergebnisse meldete, war er recht befriedigt, obwohl ihm nicht ganz paßte, daß er keine Markierung sehen konnte, wo ich war. Ich sagte ihm, daß ich es nicht schaffte, den Stock da einzustecken, weil ich ihn schlicht verloren hatte während der Kriecherei. Mich wurmte das etwas. – Oder hätte ich vielleicht ein rotes Taschentuch dort hinlegen sollen mit einem Gruß?

Wieder ließ der Batl.-Kommandeur seine Anerkennung aussprechen. Für Oblt. Kuhn machte ich eine neue Grabenskizze mit ziemlich genauen Maßangaben. Er war zufrieden. Dann fragte er mich, ob ich aufgrund der Erkenntnisse den Stoßtrupp mitmachen wollte.
(Übrigens, sonst wird man nicht gefragt, sondern eingeteilt!)

Ich sagte: „Natürlich mache ich mit, allerdings habe ich da so meine Gedanken, wie man das am besten durchführen könnte."

„Ja, dann schreiben Sie mal auf, wie Sie sich das denken, wie der Ablauf sein könnte."

„Ja, Herr Oberleutnant, das ist so, daß ich einen Russen auch im Alleingang holen würde, ich traue mir das zu."

Jetzt war Kuhn hellwach. „Wie wollen Sie das denn machen?"

„Mir ist das eigentlich schon klar. Wenn es möglich ist, mit der Artillerie einen Feuerschlag so knapp zu legen, daß er auf der russischen Stellung liegt, solange ich im Graben bereitliege. Sobald das Feuer weiter hinter die russische HKL verlegt wird, springe ich glatt in die Stellung! Sind noch Russen im Stand, Handgranate rein und nachgesprungen, dann rechts rüber zum Bunker und den Nächsten herausgeholt. Mit dem zum Postenstand und genau dort müßten zwei von unseren Soldaten stehen mit Maschinenpistolen. Der eine sichert nach rechts zum Bunker, daß keine mehr heraus können, der andere sichert nach links, damit keiner von der Streife zu Hilfe kommen kann und dann muß ein dritter mich und den Gefangenen aus dem Graben ziehen. Und – bevor das Sperrfeuer der Russen kommt, zurück in die eigene HKL. – So ungefähr könnte das gehen. Nur 4 Mann. Wenn, dann sind das keine hohen Verluste für uns, aber ich glaube, daß ich das hinkriege."

Oblt. Kuhn sagte: „Siegle, das ist ein Ding, das ist unwahrscheinlich, Sie wollen also von oben ankommen und in den russischen Graben springen?"

„Ja, genau so", sagte ich.

„Ich halte das so für undurchführbar, aber ich werde darüber nachdenken. Bringen Sie das mal zu Papier, dann habe ich eine bessere Unterlage."

Ich stellte also einen Stoßtruppablauf auf, an dem ich nur ganz allein direkt beteiligt war. Mir schien alles brauchbar zu sein:

Die Dauer des Feuerschlages, wo die Granaten genau sitzen müssen, wie lange das gehen soll, wann ich aufspringe und losrenne, in den Graben springe, aus dem Bunker oder im Graben einen Iwan schnappe, wie uns einer herauszieht und wie wir wieder im Gefechtsstand landen – mit dem Iwan.

Ich war gar nicht aufgeregt, weil mir alles ganz klar erschien. Nicht aber Kuhn. Er sagte: „Entweder ist das verrückt, oder es ist ein ganz tolles Stück."

Ich fand das gar nicht, nur – die Artillerie mußte mitspielen.

06.11.1943

Ich hatte da etwas ganz Schönes in Gang gebracht. Der Kommandeur hatte erfahren, wie ich mir das vorstellte. Dann hat er zur Bedingung gemacht, daß noch weiter rechts vom erkannten Bunker aufgeklärt werden müßte, ob dort evtl. ein flankierender MG-Stand der Russen vorhanden ist.

Weiter habe ich die Erlaubnis bekommen (als Obergefreiter), mit dem VB der Artillerie alles abzusprechen, wie ich mir das dachte, und dann erst wollte er seine Genehmigung zu dieser seltsamen Art einer Gefangennahme geben.

Also – von gestern auf heute war ich nochmals draußen im Niemandsland. Das wäre aber beinahe schiefgelaufen. Und das kam so: Auftrag war, herauszufinden, ob von unserer Sicht aus, rechts vom Bunker der Russen, ein flankierender Stand war, der uns gefährlich werden konnte.

Wieder waren alle informiert worden und ich ging raus. Mit aller Sorgfalt kroch ich bis zu der Stelle, wo nach rechts ein ehemaliger Weg abbog. Ich schob mich also ganz behutsam auf dem Bauch auf den Weg und dann langsam nach drüben zur rechten Seite. Dort waren Ruinen zwischen mir und der deutschen HKL. Zum Russen hinüber waren auch Hausruinen, so daß er meiner Ansicht nach höchstens hinter diesen Ruinen einen Graben oder Stand haben konnte, wenn er überhaupt einen da hineingebaut hatte. Vom Iwan merkte ich nichts. Leider war das Licht etwas heller in dieser Nacht als sonst, so daß ich ganz gut sehen konnte. Der Iwan natürlich auch, wenn da einer gewesen wäre! Ich hatte Glück, es gab dort keinen Stand – sonst wäre es mir wohl auch schlecht ergangen.

Als ich an den Hausruinen, die mich zur deutschen Stellung hin verdeckten, vorbei war, richtete ich mich etwas auf, als ich unsere Stellung sah und winkte mit dem Arm, als Zeichen, wo ich mich befand. Da peitschte plötzlich vom deutschen Posten ein Schuß los, daß ich tatsächlich die Kugel pfeifen hörte. Ich winkte nochmals, um zu bedeuten, daß _ich_ das bin und kein Russe, da peitschte es nochmals direkt neben meinem Fuß in die Erde.

Es blieb mir nichts anderes übrig, als schnell hinter die Ruine zurückzuspringen. - Dieser Idiot! Schießt gezielt auf mich!

Ich konnte es nicht verhindern, daß ich beim Hinfallen Krach machte, da ich instinktiv wegsprang. Iwan hatte mich gehört, Alarm geschlagen, und schon hörte ich die Granatwerfer blubsen. Zuerst dachte ich, das gilt gar nicht mir, aber dann wurde ich blitzschnell eines Besseren belehrt. Wie große, schwere Regentropfen kamen die Werfergranaten genau in mein Gebiet. Mir blieb fast das Herz stehen, als ich merkte, daß der Russe genau gehört hatte, wo der Krach und die zwei Schüsse herkamen.

Ich lag dicht auf den Boden gepreßt und sah, wie eine Granate etwa 3 m vor mir in die Erde schlug, der Dreck mir ins Gesicht spritzte und – stumm blieb. – Blindgänger. – Ich war bedient. Nicht einen Mucks machte ich und rührte mich nicht von der Stelle. Wenn mich der Iwan sah, dann half nur, daß ich mich totstellte.

Ich lag lange so. Der Russe hatte also hier keinen Stand, sonst hätte er auf mich geschossen. Ich denke, daß ich etwa ¾ Stunde da lag, hellwach, ob die Unseren kommen oder ob der Iwan kommt. Weder – noch. Mir war beides recht.

Dann habe ich es gewagt und bin ganz langsam auf den Weg entlang der Ruinen gerutscht, bis ich an der alten Stelle war, wo ich das erste Mal gelegen hatte. Unterwegs machte ich noch eine schreckliche Entdeckung: An einer der Häuserruinen, im toten Winkel zu unserer HKL, lagen etwa 6-7 tote, halbverweste Russen, alle zusammen, wie wenn ein Bunker oder Haus mit einer geballten Ladung gesprengt worden wäre. Ich konnte die Konturen der Menschen ganz gut erkennen. –

Durch meinen schon ausgerutschten Graben bin ich die letzten 40 m heil durchgekommen und von dem auf mich wartenden Kameraden aufgenommen worden.

Die erste Frage: „Hat es Dich erwischt?" – „Nein." –

„Mensch, hast Du Glück gehabt, daß der Russe sich wieder beruhigt hat."

Dann ging es los, wo ich gewesen sei usw. Ich wollte aber nichts sagen, bis ich bei Oblt. Kuhn war. – Jetzt, hinterher, hatte ich eine Stinkwut, daß der eigene Posten auf mich geschossen hatte.

Dieser Posten war sofort abgelöst worden und auch schon von Oblt. Kuhn vernommen worden. Er war aber unschuldig, denn der vorherige Posten hatte einfach vergessen, ihm zu sagen, daß ich noch draußen war.

In unserem Gefechtsstand machte ich dann Meldung und sah wohl nicht ganz glücklich dabei aus. Aber was war zu machen? Ich hatte viel Glück gehabt! Wer hat schon einmal einen Blindgänger vor der Nase und bekam nur Dreck ins Gesicht? Wenn unser Posten besser gezielt hätte, könnte ich auch nicht mehr Tagebuch schreiben, und wenn der Russe rausgekommen wäre, hätte es Rabatz gegeben, und für mich wäre das wohl auch das Ende gewesen. Trotz allem – ich konnte zufrieden sein.

Heute habe ich mit dem VB alles besprochen. Er wollte zur Kontrolle nochmals mit einem Geschütz so kurz wie möglich an unsere HKL herangehen. Zusammen mit mir schoß er 3 Granaten so knapp, daß ich nur hoffen konnte, daß das morgen nacht auch so klappte.

09.11.1943

Alles ist vorüber und ich bin glücklich in unserem Gefechtsstand. Aber ich will der Reihe nach berichten:

Am 07.11.1943 habe ich mit Oblt. Kuhn und dem VB schon morgens den ganzen Ablauf schriftlich abgeschlossen. Am Abend kamen dann ein Offizier von der Abwehr, der Arzt und Sanitäter. Als ich das sah, wurde mir doch etwas komisch zumute. Für die war das wohl Routinesache. Bei mir war das: ohne Netz und doppelten Boden.

Am Nachmittag hatte mir Fridolin einen Brei gemacht, den hatte ich mir gewünscht. Kuhn war beherrscht, aber unruhig. Bei aller Präzision, mit der wir alles besprochen hatten, konnte doch einiges, wenn nicht alles, schiefgehen.

Ich baute ganz auf den Überraschungseffekt. Ich nahm in jede Tasche je eine Handgranate und meine gute, alte belgische Pistole mit. Mehr nicht. Zwei Mann, die bis zum Grabenrand hinter mir herrennen sollten, hatten Maschinenpistolen und Handgranaten. Derjenige, der

Unsere Villa in Cabourg.

Die Bewohner unserer Villa.

Unser Spieß präsentiert seine neue, von mir aus einem Strohsack angefertigte „Meßjacke" oder „Spezial-Sommerjacke".

Bei Kaffee und „4-Sterne-Martell".

Vorbereitung zur Vereidigung des Nachschubs.

Unsere Fußballmannschaft in Cabourg in Aktion.

Unsere Mannschaft mit Leutnant Wiese.

Der „Hering-steg", von unseren Pionieren gebaut.

Der Heringsteg.

Baustelle am Strand von Le Treport.

Der Heringsteg an der Steilküste.

Fritz vor dem Abgrund.

Wir Unzertrennlichen: Schneider – Koch – Sani – Schuster.

mich und den vielleicht zu packenden Gefangenen, heraufziehen sollte, hatte eine Pistole im Halfter. Alle hatten wir diesmal Stahlhelme auf.

Den drei anderen habe ich immer wieder gesagt, daß unsere Artillerie nur 60–80 m entfernt einen starken Feuerschlag hinhaut, und daß wir, wenn das Feuer verlegt wird, auf den Bruchteil der Sekunde losrennen müssen.

So war es dann auch. Wir 4 Soldaten sind in der Dunkelheit etwa 20 m in den Graben hineingerutscht, ich etwas weiter vor, und waren dann mäuschenstill. Dann hörte ich die Abschüsse unserer Art., als es 0-Punkt war, und wußte, daß die Granaten ganz dicht vor uns herunterkommen werden.

Sie kamen und die Erde bebte. Alles blitzte und war im Dreck und Dampf. Dann war es soweit. Vielleicht 2 Sekunden dauerte es, bis ich wußte, jetzt schießen sie weiter nach hinten. (Ich sollte auf die Uhr sehen, habe das aber ganz vergessen!)

Jetzt auf und loslaufen!! Zuerst noch in dem Annäherungsgraben, aber da war ich schnell durch und dann über die noch restliche Fläche, geradezu auf den von mir ausgemachten Postenstand zu! Unsere Artillerie schoß Sperrfeuer, aber jetzt weiter zurück.

Ich sah keinen Posten in dem Dreck und Qualm. Die Pistole in der rechten Hand, sprang ich genau in den gut ausgebauten Postenstand für ein MG hinein.

Es ging ziemlich tief hinunter und ich merkte, daß sie ein Podest für den Stand hatten. Kein Russe war im Graben. – Sie werden im Bunker sein! (Oben standen inzwischen meine beiden Kameraden, die beidseitig sichern sollten.)

Mit ein paar Sätzen nach rechts war ich an der Bunkertür. Mit einem Ruck riß ich die Tür auf und schrie aus Leibeskräften: „Stawasja und Rukiwerch!!!" = Hände hoch – ergebt euch.

Im Bunker war kein Licht, vermutlich war es erloschen von den Druckwellen der Detonationen.

Aber, ich hatte eine glühende Zigarette im Dunkel gesehen. Ich springe den Mann an und schlage mit aller Kraft mit meiner Pistole oberhalb der aufglühenden Zigarette zu. Zugleich packe ich den Mann und zerre ihn aus dem Bunker in den Graben. Als er sich wehrt, schlage ich mit der Pistole nochmals hart auf seinen Kopf, da gibt er den Widerstand auf. Jetzt bugsiere ich ihn, trotz erneuter Gegenwehr, in den MG-Stand, auf das Podest. Von oben wird kräftig gezogen, und so haben wir ihn.

Jetzt habe ich es aber eilig, so eilig, wie noch nie in meinem Leben. Einer der Sicherer zieht mich auch hinauf. Ich sehe mich gar nicht mehr um, laufe mit den anderen um mein Leben – der deutschen Stellung zu. Unterwegs bekomme ich vor Erregung einen Brechreiz und muß mich fast übergeben. Die letzten paar Meter fassen sie mich unter und ziehen mich in den nächsten Unterstand, weil der alarmierte Iwan jetzt natürlich Sperrfeuer schießt.

Etwa 10 Minuten liege ich so, dann wird es draußen ruhiger, und ich gehe in Begleitung des Grabendienstes zum Gefechtsstand.

Oblt. Kuhn drückte mich und fragte, ob ich etwas abbekommen hätte, ich verneinte und sagte: „Aber der Iwan."

Der Arzt war eben dabei, seine Kopfwunden zu nähen. Ich fragte Kuhn, ob ich dem Russen eine Zigarette anbieten dürfe. Das konnte ich.

Der vom Regiment gekommene Vernehmungsoffizier machte ihm klar, daß <u>ich</u> ihn aus dem Bunker geholt hätte, als er dort gerade am Rauchen war. Da lächelte er und nahm dankbar die Zigarette, und ich gab ihm Feuer.

Seine Taschen hatten sie ihm schon leergemacht. Der Offizier vom Regiment fragte mich, ob ich von dem Mann ein Andenken haben wolle. Ich sagte, wenn das erlaubt wäre, wurde ich gerne den kleinen Blechspiegel nehmen. Ich hob ihn hoch und zeigte ihm den Spiegel und deutete auf mich. Da nickte er und ich sah ihm an, daß er sehr traurig war. Zweifellos hatte er noch einen Schock.

So war das in der Nacht vom 07. auf den 08.11.1943.

Ich erfuhr noch, daß der Gefangene Lehrer von Beruf war. Nachdem ihn der Arzt verbunden hatte, nahm der Reg.-Offizier und seine Begleitung den Russen mit.

Der Doktor machte ein paar faule Witze, daß er geglaubt hätte, viel Arbeit zu bekommen und nun wär's nur der Iwan gewesen, den ich allerdings etwas unsanft behandelt hätte.

Inzwischen hatte Oblt. Kuhn dem Kommandeur gemeldet, daß alles planmäßig verlaufen wäre, ohne die geringste Verwundung. Ein Gefangener sei auf dem Weg zum Regiment.

Ich hatte mich etwas von der Erregung erholt, da ging das Telefon und der Kommandeur wollte mich sprechen: „Ich lade Sie zu einem Essen ein, morgen um 13.00 Uhr, das ich Ihnen zu Ehren mit meinen Offizieren geben werde, und ich habe Sie vorgeschlagen zur Verleihung des Eisernen Kreuzes I. Klasse."

10.11.1943

Gestern mittag war das Essen. Oblt. Kuhn und ich gingen die ganze Stellung entlang zum Bataillons-Gefechtsstand. Dort waren eine Menge Offiziere, und wir wurden beguckt wie die ersten Menschen. Dann mußten wir uns in aller Form melden. Dr. Bathe begrüßte mich und sagte mir, daß er sich freue, mir sagen zu können, daß die Verleihung des EK I noch vor dem Essen stattfände.

Der Stabschef der Division hatte beschlossen, das EK I sofort zu verleihen. Da aber ein neues so schnell nicht zur Verfügung stand, hatte ein Stabsoffizier das seinige zur Verfügung gestellt. Dies als besondere Anerkennung, da aufgrund der Ermittlungen bekannt wurde, was dem Stoßtrupp an planerischen Überlegungen vorausging und welche Aufklärung ich im Alleingang betrieben hätte.

So kam es, daß alle Offiziere angetreten waren und mir vor der Front der Offiziere das EK I an meine Uniform gesteckt wurde.

Große Gratulation. Dann das Essen. Ich fühlte mich ordentlich geehrt. Alle wollten wissen, wie ich den russischen Soldaten aus dem Bunker und in den MG-Stand gebracht habe.

Nach dem Essen mußte ich mit Oblt. Kuhn in den Gefechtsstand des Kommandeurs. Dort eröffnete er mir, daß ich vom Kommandeur der Division einen Tapferkeitsurlaub zur Erholung bekommen würde und der Divisionskommandeur der Ansicht sei, daß solche Soldaten nicht Obergefreite bleiben sollten, sondern das Zeug zum Offizier hätten. Ich wurde gefragt, ob ich mich bereit erkläre, die Offiziers-Laufbahn einzuschlagen, dann würde ich ab 15.11.1943 noch Reserve-Offiziersbewerber und eine Woche später ab dem 22.11.1943 Fahnenjunker-Uffz.

Ich war überfordert, denn mit so etwas hatte ich überhaupt nicht gerechnet. Das merkte Dr. Bathe und sagte dann, ich solle nach guter alter Soldatenart das Angebot des Generals überschlafen und morgen durch Oblt. Kuhn Bescheid geben.

So geschah es auch.

11.11.1943

Ich habe mich bereiterklärt, Offiziersbewerber zu werden. Zuvor aber sollte ich Urlaub nehmen, der als Sonderurlaub vergeben wurde.

Dr. Bathe wollte mich nochmals am Telefon sprechen und sagte, daß im Augenblick wegen grundsätzlicher Urlaubssperre keine Möglichkeit besteht, mich loszuschicken. Sollte aber das Bataillon abgelöst werden und zum neuen Einsatz kommen, bürge er persönlich dafür, daß ich vorher noch fahren könne. Das war eine bittere Pille, aber wir hatten letzten Endes Krieg.

Übrigens sagte mir Oblt. Kuhn heute morgen, ich solle ein Fernglas mitnehmen und mir die Stelle ansehen, wo ich im Graben entlangrannte, um drüben in den russischen Graben zu springen. Ich ging hin und was sah ich? – Nichts als Stacheldrahtverhaue, jede Menge, und wahrscheinlich auch noch Minen drin! –

18.11.1943

Wir sind herausgelöst worden aus der Stellung und sollen erneut zum Einsatz kommen.

So mußte ich auch unserem Kompanie-Gefechtsstand auf Wiedersehen sagen, was mir wirklich schwerfiel. Ich nahm auch Abschied von Fridolin Brüns und der fiel mir sehr schwer.

Ich bekam gestern eine Gruppe Soldaten. Im Augenblick sind wir in einer Ziegelei untergebracht. Mehr schlecht als recht. Nicht weit von der Hauptkampflinie.

Heute habe ich auch den Namen erfahren, unter dem unser Stoßtrupp in den Akten abgelegt wurde. Er heißt „Wanze". Die Ursache für diesen Namen war eine Propagandasendung der Russen, wo sie uns zum Überlaufen aufforderten, weil wir sonst zerdrückt würden „wie eine Wanze".

Das hat Dr. Bathe so geärgert, daß er dem Stoßtrupp den Namen „Wanze" gab.

Wir sitzen also in der alten russischen Ziegelei, nahe der Tossna. Alles ist staubig und schmutzig. Richtiger Dienst wird nicht gemacht, aber Kleiderinstandsetzung, Waffenreinigen usw. Das ganze Bataillon ist herausgezogen und wartet auf den Abtransport.

Wir haben gehört, daß in Mga wieder schwere Kämpfe sind. Am Gefechtslärm ist es zu hören. Es röhrt und donnert fast ununterbrochen ostwärts von uns.

19.11.1943

Wir sind noch in der Ziegelei und machen den üblichen Dienst. Ich bin nun schon 3 Tage frischgebackener Gruppenführer. Aber − meine Fähigkeiten brauchte ich noch nicht unter Beweis stellen. Ab 01.11.1943, rückwirkend, bin ich Unteroffizier geworden und seit ein paar Tagen formal auch ROB = Reserve-Offiziersbewerber, zum Unterschied zu den aktiven Berufsoffiziersbewerbern.

Was mich aber viel mehr bewegte, war das Versprechen, mich auf den vom General persönlich bewilligten Sonderurlaub zu lassen, auch wenn wir in den Einsatz müßten. Ich war natürlich wie auf heißen Kohlen, weil ich doch jetzt Grupppenführer war und nicht einfach weglaufen konnte.

Oblt. Kuhn hat sich auch nicht mehr geäußert. Der Urlaub wurde ohne Datum und Stempel schon in mein Soldbuch eingetragen. So weit war das vorbereitet. Auch was ich mitnehmen wollte auf Urlaub, hatte ich schon bereitgelegt. Lediglich den Wäschebeutel und die belgische Pistole.

Übrigens wurde der arme russische Lehrer wahrscheinlich mit dem Sicherungsflügel so hart am Kopf getroffen, daß er genäht werden mußte. Manchmal muß ich an den Mann denken, wie sich bei dem in Sekunden die Fronten und Welten umgedreht haben.

Das Gratulieren hat abgenommen. Ich bin natürlich bekannt geworden als der Obergefreite, der in den russischen Graben sprang und sich dort aus dem Bunker einen Iwan holte, ohne daß er auch nur eine Schramme abbekommen hat.

Stolz war und bin ich, daß ich das EK I als Obergefreiter wegen Tapferkeit vor dem Feind bekam.

Was der General da in Gang gebracht hat – mit dem Offizier werden, da sah ich noch nicht so ganz klar. Jetzt war das so gemacht worden, daß ich ab dem 15.11.1943 ROB war. Sonst mußten diese Bewerber irgendwelche Bewährungszeiten bestehen. Nun, ich machte mir keine Sorgen, denn Dr. Bathe oder Oblt. Kuhn würden mir das schon erklären, wenn ich aus dem Sonderurlaub zurück war.

Wichtig ist nur, daß Dr. Bathe Wort hält, wenn es in den Einsatz gehen sollte.

20.11.1943

„Alarm!" – Wir werden in 45 Minuten zum Einsatz verladen! Es ist morgens 8.00 Uhr. Ich bin bedient. Hätten sie mich nicht so heimlich fahren lassen können? – Was ein Landser sich da so denkt. –

Drei Tage Unteroffizier sein und eine Gruppe haben, das war bislang recht langweilig. Auf dem Gefechtsstand bei Oblt. Kuhn war es viel interessanter.

Die Tür wird aufgerissen, ein Bataillonsmelder steht im Türrahmen und sagt: „Uffz. Siegle da?" – „Ja, was gibt's?" – „Mensch, ganz schnell Ihr Soldbuch, der Kommandeur braucht es."

Weg war er mit meinem Soldbuch. – Noch 30 Minuten bis zum Antreten. Nichts tut sich. Kuhn läßt heraustreten und antreten. Dann kommen die Meldungen an Kuhn und – wie gezaubert, kommen die Lkw zum Aufsitzen. Alle werden eingeteilt auf die Wagen, ich mit meiner Gruppe auch. –

Aufsitzen!! Mir bricht der Schweiß aus. Ich kenne doch den Barras. Wenn wir erst mal fahren, ist der Urlaub im Eimer, alles Schall und Rauch!

Was sollte ich machen? Also – aufsitzen mit der Gruppe. Wir sind oben und krümeln uns in eine Ecke. Sie klappen den Verschlag hoch – jetzt ist die Hoffnung dahin.

Plötzlich brüllt jemand zwischen Lkw und Fahrern: „Uffz. Siegle, Uffz. Siegle, melden!"

Ich, der ich schon resigniert hatte und der Dr. Bathe schon halb verzieh, weil er in so einem Krieg auch nicht oberster Kriegsherr war, und sein gegebenes Wort eben nicht halten konnte, ich wachte plötzlich wieder auf und schrie, was ich konnte: „Hier!"

„Befehl vom Kommandeur, sofort in Urlaub fahren! Los, absteigen, hier sind die Papiere! Oblt. Kuhn wird von uns benachrichtigt. Sie sollen sofort zum Bahnhof Pella, der Zug fährt schon heute mittag!"

Ich sprang mit meinem Wäschebeutel von der hohen Ladekante, daß es nur so klatschte, sprang schnell zur Seite, weil die Autos schon anfuhren und bekam vom Melder mein Soldbuch mit dem Urlaubsschein.

Weg waren die Lkw. Jetzt kam mir erst zum Bewußtsein, daß ich mich nirgendwo abgemeldet hatte, weder bei Kuhn noch beim Zugführer. Was war das für ein Leben!

Ich marschierte los in Richtung Pella — Bahnhof.

Es stimmte, der Zug fuhr etwa um 13.00 Uhr ab. Ich konnte es kaum glauben, daß ich nun im Zug saß, und die Kameraden rollten in einen neuen Einsatzort, in Richtung Mga. Fast bekam ich einen Moralischen, weil ich es beinahe unverdient fand, daß ich jetzt vor Weihnachten nach Deutschland fahren durfte.

Manchmal denke ich noch darüber nach, wie sie das „geritzt" hatten, daß ich trotz verhängter Urlaubssperre in Urlaub fahren konnte. Etwas mußte da mitspielen. Aber ich kam durch — trotz Kontrolle der Feldgendarmerie.

Vor uns wieder leere Wagen wegen der Minen. Diesmal gab es aber keinen Alarm wegen der Partisanen. Über Luga ging es nach Pleskau.

21. 11. 1943

Immer noch auf der Eisenbahn. Wir treffen in einer großangelegten Entlausungsstation ein. Alle müssen den Zug verlassen, und dann geht es durch die unsaubere Schleuse. Wieder auf Adam. Die Klamotten werden auch desinfiziert. Es war angenehm warm und nach einer Wartezeit bekamen wir unsere Wäsche und Uniformen zurück. Alle zogen sich an und waren wieder wer.

So ohne Kleider sind alle Rangunterschiede verschwunden und alle sind recht menschlich anzusehen.

Durch die saubere Schleuse ging es in einen reichsdeutschen Urlauberzug, der mich dann am Abend noch nach Bünde brachte.

22.–29.11.1943

Sonder-Erholungsurlaub in Dünne.

Das war eine Überraschung! Ich brauchte etwas, um all den Trubel der letzten Tage in den Hintergrund tretenzulassen. Jetzt war ich daheim, zum ersten Mal richtig daheim.

Nach unserer Hochzeit im Februar ging es damals wieder in den Osten, zur alten 6. Kompanie. Jetzt war ich daheim und auch etwas stolz mit meinem EK I und den neuen Tressen auf den Schulterklappen. Nur wenige Tage war ich Unteroffizier gewesen, als der Urlaubsantritt kam. Alles war so schnell gegangen.

Hanna mußte arbeiten. Da ich so unverhofft kam, war keine Zeit mehr, den Urlaub zu regeln.

Ich hörte viel Radio, und durch die Zeitung habe ich so manches erfahren, was ich gar nicht wußte.

In der Heimat wurde schwer gespart, an allem. Der Begriff der Heimatfront war seit den Tagen der Luftangriffe der Alliierten ein alltäglicher Sprachgebrauch geworden. Bünde hatte Gott sei Dank noch keinen schweren Angriff gehabt und wir mußten seither auch noch nicht wegen Luftalarm aus dem Bett.

30.11.1943

Gestern abend kam ein Telefonanruf von der Gemeindeverwaltung in Ennigloh, zu der Dünne gehört: Am anderen Morgen solle ich um 9.00 Uhr zur Verwaltung kommen. –

Es war mir unerklärlich, was ich bei der Verwaltung sollte. Angemeldet hatte ich mich ordnungsgemäß und sonst gab es auch keine Schwierigkeiten.

Im Amt fragte ich mich zu der angegebenen Stelle durch. Mit meinem Soldbuch mußte ich mich ausweisen und dann sagte mir der Beamte folgendes:

„Herr Uffz. Siegle, wir haben hier eine dienstliche Nachricht bekommen, wonach wir Sie davon unterrichten sollen, daß Sie aufgrund einer Verfügung, veranlaßt vom Stab Ihrer Division, über das Personalamt, im Sonderverfahren auf eine Offiziersschule versetzt sind. Wegen des notwendigen Dienstweges müssen Sie aber noch heute die Stammkompanie Ihres Regimentes in Rendsburg aufsuchen, um dort die notwendigen Formalitäten zu erledigen. Ihren Sonderurlaub können Sie anschließend fortsetzen, zu Ihrem seitherigen Feldtruppenteil kehren Sie nicht zurück.

Rückwirkend ab 22.11.1943 sind Sie zum Fahnenjunker-Unteroffizier befördert. Ich darf Sie im Namen der Verwaltung herzlich beglückwünschen zu dieser Auszeichnung."

Ich wurde blaß und rot zusammen. Der erste Gedanke war, der Urlaub ist mir viel wichtiger. Dann habe ich mich wieder beruhigt und gleich auf dem Bahnhof nach dem Zug nach Rendsburg gefragt. Ich bin zu Fuß in Richtung Dünne marschiert und konnte dabei meine Gedanken in Ordnung bringen.

01.12.1943

Bin heute morgen gleich in Bünde weggefahren und habe mich hier in der Stammkompanie in Rendsburg gemeldet. Sie wußten Bescheid und ich wurde hervorragend behandelt. Überall war man sehr höflich zu mir.

Vom Kompanie-Chef wurde ich im einzelnen unterrichtet, wie in einem solchen Fall der Instanzenweg läuft. Ich gehöre ab sofort zur Stammkompanie, werde von da versorgt und auch von hier aus zur Ausbildung an die Offiziersschule versetzt. Durch die Sonder-Verfügung des Personalamtes brauche ich keine vorgeschriebenen Warte- und Bewährungszeiten einhalten. Meinen Urlaub darf ich morgen fortsetzen, d.h. ich kann bereits heute abend wieder nach Dünne fahren bis zum 4. Dezember.

Jetzt wußte ich, was los war und war auch zufrieden. Noch viel mehr zufrieden war ich aber, als der Chef mir sagte, daß er außerdem auf diese Verfügung sich beziehend, von der Möglichkeit Gebrauch machen wolle, mir über Weihnachten und Neujahr ebenfalls Urlaub zu geben.

Das war unglaublich! Diese Anerkennung tat mir gut und hob mein Selbstbewußtsein erheblich.

Daß ich für die Schule das Zeug zum Offizier in der Praxis mitbringe, das hoffte ich sehr, ja, ich war mir sogar sicher. Mit der Allgemeinbildung werde ich Schwierigkeiten haben. Von der charakterlichen Seite her hatte ich keine Bedenken. Dagegen wieder sehr vom Stand und der Vorbildung her. Immerhin war ich Diakonen-Schüler in Bethel und hatte zuvor nicht freiwillig, aber immerhin mit doppelter Auszeichnung den Schneiderberuf erlernt. –

Als aller Papierkram erledigt war, ich Kleider- und Waffenkammer hinter mir hatte, konnte ich vor Dienstschluß meine neuen Urlaubspapiere auf der Schreibstube abholen und dann ging es wieder zum Bahnhof und mit dem nächsten Zug zurück nach Bünde.

Alles war reichlich turbulent gewesen, und ich war froh, daß ich etwas zur Ruhe kam.

02. – 04.12.1943   Urlaub in Dünne

Diese Urlaubsunterbrechung war nötig gewesen, da jetzt alle Gesichtspunkte verändert waren. Aus dem Front-Sonderurlaub wurde jetzt ein Urlaub von der Stammkompanie zum Wohnort und zurück. Am 4. Dezember mußte ich wieder bei der Stammkompanie in Rendsburg sein. Wenn ich zu Weihnachten nochmals Urlaub bekam, dann sollten mir die fehlenden Tage nicht weh tun.

So kam es dann auch, daß ich pünktlich am 04.12. wieder in der Kaserne in Rendsburg war, statt in Dünne. Vorerst brauchte ich nicht zum Osten zurück und bekam vielleicht Weihnachtsurlaub.

05. – 18.12.1943

Gestern abend bin ich wieder in Rendsburg eingetroffen. Bis zum Ende der Ausbildung zum Offizier war dies meine neue Heimat. In der gleichen Kaserne war, wie ich schon mal erwähnte, auch die Genesendenkompanie und die jeweilige Marschkompanie. Dort habe ich mich nach alten Kameraden umgesehen. In der Kantine hat es dann oft interessante gegenseitige Erzählungen gegeben. „Weißt Du noch – da und da –" usw.

Der Dienst war eigentlich gar kein Dienst. Alle der Stammkompanie zugehörenden Soldaten waren ehemals Verwundete, die nicht mehr felddiensttauglich waren. Mit denen konnte man reden, so wie im Feld.

Ich mußte schon manchmal an die Kompanie draußen denken und an Dr. Bathe. Gerade er hatte von seiner früheren Stellung her, den Draht nach oben. Zweifellos kamen von ihm die Meldungen über mich, die bis zum Personalamt gelangt sind.

Doch – ob Tapferkeit allein ausreicht, das wird sich zeigen. Ob sich Schneider und Diakonenschüler im Offizierskorps integrieren können?

Ich war selbst gespannt, wie es mir ergehen würde. Noch war hier, bei den 376ern, die erbrachte Leistung und meine Beförderung, außerhalb der Norm, im Vordergrund, man wußte davon! Doch nachher, wenn keiner davon wußte?

Wie war es denn in Lötzen, in der Desinfektion? Ab Riga von Kopf bis Fuß, im wahrsten Sinn des Wortes, verbunden und deshalb als schwerkrank angesehen. Dann waren brutal alle Dekorationen heruntergeschnitten worden, und ich war arm und bloß und ein „Niemand".

Das sind so Gedanken, die mich die letzten Tage bewegt haben.

19.12.1943 – 03.01.1944

Wer hätte das gedacht, daß ich Weihnachten 1943 in Urlaub fahren kann – zu meiner Frau.

Seit meiner Abfahrt von der Front an der Newa, hat sich bis heute ein unwahrscheinlicher Wandel vollzogen. Ich bin jetzt tatsächlich in Rendsburg bei der Stammkompanie und bereite mich auf die Kriegsschule vor.

Nun darf ich auf Weihnachtsurlaub fahren. Das erste Mal, daß ich ein eigenes Zuhause habe. Wenn es auch nur 2 Zimmer sind, die wir von Hannas Mutter bekommen haben, es ist für mich etwas, was man schlecht beschreiben kann.

Nach der Ehescheidung meiner Eltern 1932 hatte ich kein Zuhause mehr, wie das in einer intakten Familie sein kann. Nach den Lehrjahren bin ich 1937 Diakonenschüler in Bethel geworden. Ein Zweibettzimmer war dort meine engere Heimat, die weitere Heimat war das Brüderhaus Nazareth. Ich bin dort nie so warm geworden, daß ich mich wirklich „daheim" gefühlt hätte.

Dann war der Tag der Einberufung gekommen, und meine neue Heimat war der RAD, später — in der Rekrutenausbildung — Hamburg-Wandsbek.

Seit Februar 1940 war die 6. Kompanie des Regiments 376 meine Heimat. Fast 4 Jahre war sie meine Soldatenheimat, bis zur Newa.

Und nun bin ich da plötzlich herausgerissen, sozusagen ins Niemandsland!

Zwischen der beginnenden Kriegsschule und dem Verlassen der alten 6. Kompanie erlebe ich tatsächlich jetzt so etwas, wie ein ziviles Leben.

Irgendwann stand ich einmal im Kessel von Demjansk auf Horchposten mit noch einem Kameraden. Ringsumher war nur bitterster Winter, furchtbare Kälte und immerzu das Bewußtsein, daß wir im russischen Gebiet eingeschlossen sind. Da entzündete sich ein Dialog um das „Daheim-sein-können" und dann „heiße Frankfurter Würstchen essen mit Kartoffelsalat". Wir haben uns damals in Ekstase geredet, obwohl wir doch „horchen" sollten. — Ich habe diese Situation nie vergessen.

Wer weiß, vielleicht gibt es Weihnachten in Dünne auch so etwas. —

Am 19. Dezember durfte ich fahren. Ich kannte ja den Fahrweg schon auswendig. Das Wiedersehen mit Hanna war das schönste, teilte sie mir doch mit, daß wir ein Kind haben werden. Ich war außer mir vor Freude und überglücklich. So sehr haben wir uns ein Kind gewünscht.

Hanna mußte in der Firma schwer arbeiten. Der Chef, Prokurist und Betriebsleiter waren eingezogen, und sie führte den Betrieb allein weiter, mit knapp 20 Leuten.

Es war ein herrlicher Urlaub. Ich habe einen kleinen Tannenbaum zurechtgemacht. Am Heiligen Abend und am 1. Weihnachtstag waren wir „für uns", den 2. Weihnachtstag haben wir mit ihrer Familie gefeiert. Ihrer Mutter war anzumerken, daß sie ihre Lydia vermißte, die zur Flak nach Berlin eingezogen wurde und nicht daheim sein konnte.

Obwohl wir nur eine Wohnküche hatten — von Hannas Mutter unter vielen Opfern „organisiert", waren wir dennoch glücklich und zufrieden.

Vom neuen Jahr erhofften wir, daß uns der Sieg beschieden sein möge und die Soldaten nach Hause kämen. Ich selbst wünschte mir, daß ich das Vertrauen, das Dr. Bathe und die Generalität in mich setzten, auch rechtfertigen konnte. Für Hanna und mich wünschten wir uns beide, daß wir ein gesundes Kind haben werden und daß es vielleicht ein Junge sei, damit unser Name erhalten bliebe, falls ich aus dem Krieg nicht mehr nach Hause komme.

Am 3. Januar 1944 mußte ich nach Rendsburg zurück, um bis zur Kommandierung auf die Offiziersschule noch Dienst in der Stammkompanie zu machen.

04.01.1944 – 31.01.1944

Als Fahnenjunker-Unteroffizier wurde ich in der Kaserne schon so ein klein wenig – hervorgehoben. Ich war darum gar nicht böse, denn ich hatte etwas mehr Möglichkeiten, mich freier zu bewegen als Unteroffizier. Die vier Wochen taten mir gut, denn zweifellos mußte ich hineinwachsen in meinen neuen Dienstgrad.

Der Dienst war leicht. Lediglich die Umstellung, daß ich Uffz. war und dementsprechend etwas befehlen mußte, war neu. Es wurde mir aber nicht schwer gemacht, denn in der Kompanie waren nur länger gediente Soldaten, mit denen es keine Schwierigkeiten gab.

In der Stadt selbst war nicht viel los. Auch hier zeigte sich der Krieg in seinen Auswirkungen. Überall wurde gespart, und wir waren froh, wenn wir mal etwas ohne Marken bekamen. Ausgegangen sind wir nur wenig. Außer mir waren noch einige Fahnenjunker da, die auch auf die Kommandierung zur Offiziersschule warteten.

Ende des Monats Januar hörten wir von dem Batl.-Kommandeur, daß wir Anfang Februar wegkommen. Zu meinem Erstaunen wurde ich zur Fahnenjunker-Schule IX nach Hagenau im Elsaß kommandiert. Von dieser Schule hatte ich bisher noch nichts gehört, auch mußte ich auf der Karte erst Hagenau suchen. Ich entdeckte es nördlich von Straßburg.

Am 31. Januar konnte ich meine Papiere in Empfang nehmen. Jetzt war ich ganz auf mich selbst gestellt und mußte beweisen, was in mir steckte.

01.02.1944

Abschied von Rendsburg. Morgen fahre ich über Bünde nach Hagenau zur Schule für Fahnenjunker der Infanterie.

02.02.1944

Mit dem Zug treffe ich in Bünde ein, morgen geht es dann weiter. Noch einmal zuhause, noch einmal daheim schlafen. Was hat sich seit dem 07.11.1943 alles geändert für mich. –

03.02.1944

17.08 Uhr geht der Zug in die neue Zukunft ab, Richtung Herford – Hamm – Köln. Seit Ende November hatte ich eine wunderbare Zeit. Das läßt sich nur ermessen, wer Tschernaja oder Bohne Nord erlebt hat. Abgesehen von den Augen bin ich immer noch gut weggekommen. Bünde bleibt hinter mir, es geht zur Schule.

04.02.1944

Über Frankfurt – Hanau – Mannheim – Karlsruhe – Röschwaag – komme ich am Abend nach Hagenau. Vier Monate Ausbildung zum Offizier liegen vor mir.

Vom Bahnhof geht es die Hauptstraße entlang zur Schule. Sie befindet sich in einer ehemaligen französischen Kaserne an der rechten Straßenseite.

Der Posten prüft den Marschbefehl und weist mich zur 6. Inspektion ein. Das ist ein mächtiger Kasernenbau, und ich kann mir für die Nacht ein Bett aussuchen, auf einer Stube, die noch nicht voll belegt ist. Mit Hallo wird jeder Neue begrüßt und alle sind voller Erwartung. – Am Schwarzen Brett steht für morgen: Einteilung nach dem Kaffee.

05.02.1944

Wir sind eingeteilt worden. Ich komme zur 1. Abteilung der 6. Inspektion und – mit noch weiteren Fahnenjunkern auf Stube 31.

Da fällt mir ein, daß ich ja jetzt Fahnenjunker bin und bis heute nicht vereidigt wurde – auf Führer, Volk und Vaterland.

In meinem Soldbuch steht allerdings der 26.08.1939 als Vereidigungstag. Aber das steht da wirklich nur auf dem Papier. An diesem besagten Tag hatte ich nämlich Sanitätsdienst geleistet, und – die Kompanie wurde ohne mich vereidigt. Deshalb lasse ich mir aber keine grauen Haare wachsen.

Nun zu meinen Stubenkameraden:

Da ist ein dürres Kerlchen, das kaum einen Karabiner tragen kann. Es ist der Freiherr von Stackelberg, seither Schüler mit Abitur und Fronteinsatz, als KOB = Kriegsoffiziers-Bewerber.

Weiter Gerd Bartels. Schüler wie Stackelberg. (Stackelberg ist übrigens ein Schwabe und kommt aus Liebenzell.) Bartels Vater ist ein hoher Arbeitsdienstführer aus München.

Dann Burmeister, der wie ich, das EK I hat, und aus der Front kommt, ohne Abitur.

Jetzt kommt Wüstefeld KOB, von Beruf Maler, kommt von der Front.

Gellermann kommt dann, der irgendein Gelehrter ist.

Wir sind also ein bunter Haufen. Alle haben wir Befürchtungen, ob wir den Anstrengungen gewachsen sein werden, denn wir nehmen an, daß uns allerlei abgefordert werden wird. Wir haben uns vorgenommen, daß wir eisern zusammenhalten wollen, auch wenn es mal dick kommen sollte.

Unser Abteilungsführer ist Oblt. Reinecke, der Assistent ist ein Leutnant, dessen Name mir noch nicht bekannt ist.

Die ganze Inspektion führt Major Blau.

Alle von uns sind im Uffz.- oder Feldwebelrang und haben die Tressen quer – als Fahnenjunker. Ich habe ein ganz gutes Gefühl, wegen der anderen Kameraden. Es wird sich aber erweisen müssen, ob wir den Belastungen, die auf uns zukommen werden, standhalten. An mir und meinem guten Willen soll es gewiß nicht fehlen.

06.02.1944

Heute ist Sonntag. Morgens haben wir Unterricht und ab Mittag frei. Das Essen wird in einer Kantine eingenommen. Nachmittags gehen wir erst mal spazieren und gucken uns etwas in Hagenau um. Am Abend gehen wir dann ins Park-Hotel zum Abendessen.

07.02.1944

Der erste Arbeitstag. Es ist Arbeitsdienst angesetzt, also Einkleiden, Waffenempfang und was alles so sein muß. Als das erledigt ist, gibt es einen Kleiderappell und nachmittags nochmals Arbeitsdienst. – Abends sind wir in einem Varieté.

08.02.1944

Nach dem angesetzten Arbeitsdienst war heute Unterricht und anschließend eine ärztliche Untersuchung. Abends habe ich dann meine Eindrücke in Briefen niedergelegt.

09.02.–16.03.1944

Fast 6 Wochen sind es her, daß ich nach Hagenau gekommen bin. Meine vorherigen Befürchtungen sind nicht in dem Umfang berechtigt gewesen, wie ich das glaubte. Da war z. B. der Hauptmann Meier, Lehrer für Taktik. In der ersten Stunde stellte er sich vor und dann sagte er: „Meine Herren, gehen wir also gleich in „medias res". Natürlich wußte ich nicht, was er meinte. Andere auch nicht, die Abiturkameraden aber sehr wohl. Das hat mich selbstverständlich beeindruckt. Aber nur solange, bis ich heraushatte, daß das Fassade und gelernte Rethorik war.

Oder etwas anderes fand ich zumindest eigenartig. Unser Abteilungs-Chef Oblt. Reinecke hatte ewig seine Handschuhe an. „Ohne" war nicht „offiziersgemäß". Wegen der Bekleidungsvorschriften war das wahrscheinlich richtig, aber für Rußland-Frontsoldaten war es einfach lächerlich. Und hier bin ich schon bei einem Punkt, wo sich bei uns zeigte, daß der eine Fahnenjunker so empfand und der andere die Dinge anders beurteilte.

Wir hatten auch Fahnenjunker im Lehrgang, die Berufsoffiziere werden wollten. Von denen hatte ich den Eindruck, daß sie besonderen Wert auf Etikette und Formalismus legten.

In irgendeiner Weise unterstütze dies „das Abstand halten" von den Soldaten im Glied.

Als wir später über solche, uns allen nicht verborgenen Tatsachen diskutierten, sagte einer von uns, der Handwerker war:

„Wir sind eben ‚V O M A G'."

„Das ist doch eine Autofirma", sagte ich. „Das auch, aber die Anfangsbuchstaben passen gut für das was wir sind, nämlich:

<u>V</u>olks – <u>O</u>ffiziere – <u>m</u>it – <u>A</u>rbeiter – <u>G</u>esicht".

Das hat mir eingeleuchtet.

Mir ist das vorher gar nicht so zum Bewußtsein gekommen. Jetzt aber, wo das einer ausgedrückt hatte, jetzt konnte ich mich da wiederentdecken. Immer mehr verdeutlichte sich das.

Wir waren nicht die „Berufenen", nein, wir waren die „Gerufenen".

Man hat uns in der Stunde der Not des Vaterlandes gerufen, entsprechend unseren Fähigkeiten, unser Gewicht mit in die Waagschale zu werfen!

Dazu konnte ich mich verstehen.

Nach dieser Diskussion – unter uns – habe ich noch viel nachgedacht. Ich konnte es aber aus Mangel meiner Ausdrucksfähigkeit nicht besser finden: „Offizier aus dem Volk heraus".

Mir hat das ungemein geholfen. Ich habe jetzt das MG des Freiherrn von Stackelberg getragen, wenn er nicht mehr konnte, weil ich mir dachte, das wird ein viel besserer Generalstäbler als du sein, aber einen Stoßtrupp wird er körperlich kaum durchstehen können.

Diese Gedanken haben mir auch zu einem guten Selbstvertrauen verholfen. Es gab keine innere Aussperrung der Kameraden mehr, die eine bessere Schulbildung und ein besseres Elternhaus mitbrachten als ich.

Ich fühlte mich ihnen nicht mehr unterlegen, vom Stand oder von der Parteizugehörigkeit her, oder sonst etwas. Ich ahnte, daß noch viele so dachten wie ich.

Ich mußte da hindurch. Aber von da ab war es gut. Wir haben in den letzten Wochen wirklich eine sehr gute Kameradschaft bekommen und auch gepflegt.

Es hat mir manchmal weh getan, wenn Bartels von seinen Eltern und seinem Elternhaus sprach. So etwas hatte ich nicht im Rücken. Das kannte ich gar nicht. Es tat mir nicht nur weh, nein, ich beneidete ihn darum. Von meinen Gedanken hatte er keine Ahnung. Natürlich hatte ich auch meine Heimat, seitdem ich verheiratet war. Aber – Elternhaus, Geborgenheit und Zuflucht, das war mir früher weitgehend fremd geblieben. –

Neben dem normalen Exerzieren lernten wir sehr viel in Taktik und Waffenkunde. Während wir beim ersteren uns selbst immer ablösen mußten, um Befehle geben zu lernen, waren wir bei Taktik mehr die Zuhörer. Dann und wann mußten wir die gestellten Fragen schriftlich beantworten. Hauptmann Meier war sehr lebhaft mit seinen Gedanken und Formulierungen, so daß ich verdammt gut aufpassen mußte.

Etwas, was ich ganz ungern tat – weil ich das auch nicht schnell genug fassen konnte – war beim Kartenlesen der Meßtischblätter das Erkennen der Höhenunterschiede! Dabei war das für Infanteristen sehr wichtig! Wie sollte man Artillerie-Möglichkeiten des Einsatzes gut beurteilen können, wenn man die Höhenunterschiede nicht schnell genug ablesen und erkennen konnte.

Das war auch das einzige, wo ich mich schwertat.

Übrigens hat sich der Hauptmann auch nach Dienstschluß um uns gekümmert. Er machte mit uns mal einen ganz tollen Kameradschaftsabend in Bad Niederbronn. Das lockerte auf, und die sogenannten zwischenmenschlichen Beziehungen wurden gepflegt.

Wir hatten auch Gastdozenten. Im allgemeinen lief das unter 08/15. Einer aber, ein Landrat, der fiel mir auf. Seine Vortragsweise war nicht so spektakulär, daß er mir deswegen auffiel. Nein, es war die Kunst, seine Gedanken so auszudrücken, daß alles, logisch und fugenlos, aufeinander abgestimmt, einen Gedankenaufbau ausmachte, so daß man seine helle Freude haben konnte. Ich glaube, daß ich mir das Thema gemerkt habe: „Wir kämpfen für eine Vereinigung aller Völker des Abendlandes".

Als der Vortrag zu Ende war, habe ich mir gewünscht, auch einmal etwas sagen zu können, mit solcher Klarheit und Schlüssigkeit. Ich war sehr beeindruckt von dem Mann.

Die körperlichen Anstrengungen hielten sich in Grenzen. Was gefordert wurde, konnte ich immer gut erfüllen. In einer Sache hinkte ich hinter allen etwas her: Ich war nicht wie die anderen Fahnenjunker vorher Uffz. oder Feldwebel gewesen — und war somit auch nicht gewohnt, Befehle zu geben. Das ist nicht weiter in Erscheinung getreten, und ich habe mich auf diesem Gebiet bald „angepaßt".

Insgesamt war ich in den ersten Wochen viel besser zurechtgekommen, als zu vermuten war.

Am 16.03.1944 mußte ich auf die Schreibstube der Inspektion kommen. Ich bekam zu meiner Überraschung ein Telegramm von meiner Mutter: „Wir sind ausgebombt, Schaden C". Bestätigt von der Gemeindeverwaltung Weilimdorf.

Der Schreibstubenhengst sagte mir, daß ich ohne weitere Formalitäten sofort nach Dienstschluß nach Stuttgart fahren könne, um meiner Mutter beizustehen. 5 Tage seien genehmigt bei Schaden C.

Mit so etwas habe ich überhaupt nicht gerechnet. Was wollten die Bomber denn in Weilimdorf angreifen? Oder waren es Notabwürfe?

Seit meiner Hochzeit habe ich meine Mutter nicht mehr gesehen. Daß sie am Leben war, ging ja aus der Unterschrift hervor.

Ich schnellstens auf die Stube und den anderen Bescheid gesagt, dann bei Oblt. Reinecke abgemeldet. Wieder zur Schreibstube und den Urlaubsschein geholt und nichts wie ab zum Bahnhof.

Die schrecklichsten Dinge sind mir durch den Kopf gegangen. Es war letztes Jahr im Juli, am Wolchow, am Klosterweg, als nacheinander die Schreckensmeldungen eingingen von der Dauerbombardierung von Hamburg. Es ist mir gerade so deutlich, als ob es heute geschehen wäre. Einer kam zum anderen, den Brief der Überlebenden in der Hand und sagte: „Hast Du gehört, die ganze X-Straße und der und der Platz haben gebrannt. Der ganze Asphalt ist in Flammen aufgegangen. Sie sollen schon 50.000 Tote gezählt haben ——" usw.

Wie mit Mosaiksteinchen konnte man damals aus der Feldpost die Straßen, Plätze, Stadtteile zusammensetzen, die bombardiert wurden. — Ich fuhr nicht ganz unvorbereitet nach Stuttgart, aber doch bedrückt und betroffen.

Ich schaffte es, daß ich am 17.03.1944 kurz nach Mitternacht in Stuttgart am Hauptbahnhof eintraf.

Buchstäblich mit der letzten Straßenbahn, der 13, dem sogenannten „Lumpensammler", fuhr ich bis zum Schützenhaus und die restlichen 250 m ging ich zu Fuß. Schon von weitem sah ich die Ruine unseres Hauses, Landauer Straße 9. Das Nachbarhaus Nr. 11 war zur Hälfte weg. Als ich näher herankam, schien der Mond buchstäblich durch die Reste des großen Doppelhauses. Vor dem ehemaligen Eingang waren auf Stöcken Zettel angeheftet mit Hinweisen, wo die Betroffenen zu finden waren. Von meiner Mutter fand ich nichts.

Da setzte ich mich erst mal auf den Trümmerberg und hätte weinen können. Später ging ich zur Polizei, die im Rathaus untergebracht war. Dort habe ich mich ausgewiesen und gefragt, wo ich wohl meine Mutter finden könne, sie hätte vor der Bombardierung in der Landauer Straße 9 gewohnt.

„Das tut uns leid, aber wo Ihre Mutter ist, wissen wir nicht. Es ist so, daß im Zusammenhang mit der Bombardierung alle Maßnahmen in den Händen der Ortsgruppenleitung liegen. Dort sind auch alle Unterlagen, wo man die Menschen untergebracht hat. Es tut uns wirklich leid."

Da stand ich und konnte es nicht begreifen. – Was hat denn die Parteileitung mit der Bombardierung zu tun?

„Sie müssen das begreifen, das ist hier in Weilimdorf das erste Mal, daß Bomben gefallen sind und da läuft noch nicht alles so, wie in anderen bombardierten Städten."

Ich fragte dann, wer eigentlich Ortsgruppenleiter wäre. „Das ist der Rosenfelder". – – „Wie kann ich den denn bekommen?"

„Ja, vor morgen früh oder besser heute früh ist das Büro nicht offen."

„Kann ich denn hier nicht irgendwo schlafen, ich komme doch in keine Kaserne mehr nach Stuttgart?"

„Wenn Sie wollen, können Sie bei uns in der Ausnüchterungszelle schlafen bis 6.00 Uhr."

So kam es, daß ich 4 Stunden in einer Ausnüchterungszelle geschlafen habe – das erste Mal in meinem Leben. –

Rosenfelder war mir nicht unbekannt, wenn es der war, an den ich dachte. Dieser war nämlich in meiner Pfadfinderzeit der Leiter der Korntaler Pfadfinder gewesen. Jetzt sollte er Ortsgruppenleiter sein? – Wie hat sich das alles verändert seit 1935.

Pünktlich um 6.00 Uhr wurde ich geweckt und an die frische Luft gesetzt. Ich marschierte in der Morgendämmerung wieder zur Landauer Straße 9. Bei Tageslicht konnte ich vielleicht etwas entdecken, was ich in der Nacht übersehen hatte. Ich fand nichts – außer Trümmer. –

Schon in der Nacht grübelte ich, wo meine Mutter wohl hingegangen sein könnte, oder wer sie aufgenommen hatte. Die nächsten Bekannten wohnten in der Ferd.-Schill-Straße, nicht sehr weit weg. Dort wohnte die Braut meines Schulfreundes Walter Pfefferle mit ihren Eltern. Es konnte sein, daß sie wußten, wo ich Mutter finden kann.

Walter Pfefferle und ich hatten schon immer einen Erkennungspfiff, den auch seine Braut kannte. Ich schellte und pfiff zweimal „unseren" Pfiff.

Wie auf Kommando ging oben das Schlafzimmerfenster auf und Maria rief herunter: „Gerhard bist Du das? Komm nur schnell rauf, Deine Mutter ist bei uns!" – Das war eine Erlösung. –

Mutter war noch im Bett und war froh, daß ich da war. Und dann ging das Fragen los. Mutter erzählte mir eine eigenartige Begebenheit. Sie bekam ein Telegramm, daß ihr Vater, also mein Großvater, verstorben sei in seinem Haus in Geislingen a. d. Steige. Am Donnerstag wäre die Beerdigung. Das war gewiß ein harter Schlag. Mutter rüstete sich zur Fahrt nach Geislingen, um ihrem Vater die letzte Ehre zu erweisen. Nach der Beerdigung fuhr sie wieder nach Stuttgart zurück und kam vor einen Trümmerhaufen. Sie hatte nicht geahnt, daß während der Beisetzung in Geislingen, in Weilimdorf Bomben fielen und unser Hab und Gut vernichteten.

Maria wußte, wo meine Mutter wohnte, und sie erfuhr bei den Nachforschungen nach dem Verbleib der Bewohner, daß meine Mutter nach Geislingen zur Beerdigung ihres Vaters gefahren war. Jetzt mußten sie nur noch meine Mutter am Schützenhaus abpassen und brachten sie dann sofort bei sich unter.

Ich war dankbar für diese Hilfe!

Maria machte Kaffee für mich, da ich ja seit gestern mittag nichts mehr gegessen hatte. Ich sprach mit meiner Mutter ab, daß ich jetzt zur Ortsgruppenleitung gehen würde, da diese angeblich alles regeln und organisieren würde. Ich hatte Glück und traf den guten Rosenfelder dort an. Sofort merkte ich, daß er mich nicht erkannte, und ich legte auch keinen Wert darauf, auf unsere gemeinsame Pfadfinderzeit zu sprechen zu kommen. Er war sehr freundlich und sagte, daß er schon wüßte, daß meiner Mutter nichts passiert sei und wo sie untergebracht wäre. Dann bat er mich, mit meiner Mutter in ein Restaurant zu kommen zum Mittagessen. Dort würde für alle „Ausgebombten" kostenlos ein Essen ausgegeben und bis dahin würde man schon etwas weitersehen und Bescheid bekommen, wo wer untergebracht wird.

Ich fragte ihn noch, warum die Flieger wohl gerade den Ortsrand bombardiert hätten und ihre Bomben nicht mitten in der Stadt abwarfen. Darauf antwortete er, daß neben der Landauer Straße, auf dem Gelände der früheren Ziegelei, von der Firma Bosch ein großes Barackenlager errichtet worden sei, in dem ausländische Frauen wohnen, die bei Bosch arbeiten. Diesem Lager hätten die Luftminen gegolten; und die Häuser Nr. 9 und 11 der Landauer Straße, sind rein zufällig mitgetroffen worden. – Wie ich später hörte, sind manche Frauen getötet worden, die meisten jedoch waren im Schichtdienst bei Bosch in Feuerbach. –

Dann ging ich zurück in die Ferdinand-Schill-Straße und kurz darauf mit meiner Mutter in die Landauer Straße. Mutter sagte mir, daß sie, wie sie das immer tue, alle wichtigen Papiere im „Luftschutzkoffer" in unserem Keller untergebracht hätte.

Ich besah mir den Eingang, den man an dem Plattenweg vom Garten her erkennen konnte und war der Ansicht, daß ich sofort nach dem Essen anfangen sollte, in den Keller zu kommen. Ich müßte einen Weg freischaufeln zu einem Kellerfenster oder zum Kellereingang. Die Bergung der Papiere war ja wichtig für uns alle.

Dann erfuhr ich noch, daß man meinem Vetter Walter auch ein Telegramm geschickt habe und daß er vielleicht auch noch komme.

Es war schon recht traurig. Meine Mutter begann inzwischen zu suchen und sie fand auch kleine Sachen wie ein silbernes Teesieb und ähnliches. Wie sie mir erzählte, fand Maria ein unzerstörtes Hitlerbild, d. h. daß Rahmen und – Glas noch heil waren. – –

Es war Zeit geworden, daß wir uns zum Mittagessen in das angegebene Lokal begaben. Dort waren etwa 30–40 Menschen, die obdachlos geworden waren. Frauen von der „Frauenschaft" sorgten sich um uns. Gemeinsam wurde gegessen, und danach kamen Helfer von der Gemeinde und der Partei, die alles Notwendige aufnahmen und sich um Unterkommen und Essen kümmerten. Nachdem wir an der Reihe waren, sagte meine Mutter, daß sie hier niemand habe; ihre Söhne seien alle im Feld und ihre Angehörigen wären in Geislingen, wo sie noch zwei Schwestern hätte. Übrigens sei sie ja zur Beerdigung ihres Vaters gewesen, als der Luftangriff in Weilimdorf war.

Rosenfelder nahm mich zur Seite und sagte, es sei nicht gerade glücklich, was er sich dächte, aber wir hätten doch Krieg und der Vater meiner Mutter wäre gestorben – ob meine Mutter nicht in das elterliche Haus zurückkönnte, da hätte sie doch vom Vater den Haushalt usw. – Wir sollten uns das überlegen. Wenn ja, könne er mir einen kleinen Holzvergaser-Lkw für die Fahrt nach Geislingen zur Verfügung stellen für den Fall, daß wir aus dem Keller noch etwas bergen könnten.

Bei Maria habe ich das Mutter beigebracht. Dann bin ich mit einer Schaufel los zur Landauer Straße. Wie ich ankam, waren im Nachbarhaus bereits Männer am Schaufeln. Ich war allein an unserem Haus. (Das Haus war Eigentum einer Siedlungsgesellschaft, und wir hatten für unsere Wohnung Anteilscheine gekauft.)

So gegen 18.00 Uhr kam auf einmal Hilfe. Es war mein Vetter. Das war ein seltsames Wiedersehen. Doch dann packte er tüchtig mit an, und so langsam hatten wir einen Patt zustandegebracht in dem Trümmerhaufen. Wir arbeiteten bis zum Dunkelwerden. Dann gingen wir zu Maria. Walter konnte nur noch morgen bleiben, dann war sein Urlaub zu Ende.

Unser Patt zum Keller war schon soweit vorangetrieben, daß ich es am Sonntag schaffte, bis an den Keller heranzukommen. Walter sagte, daß er bis Mittag noch helfen könne.

Dann war da das Problem mit Geislingen. Mutter hatte keine rechte Meinung. Schon aus gesundheitlichen Gründen ginge es ihr in Stuttgart sehr viel besser. Hier hätte sie auch alle Bekannten, die ihr, und uns, in den bittersten Tagen nach der Scheidung geholfen hätten. Sie war wirklich arg in Nöten, ich selbst nicht weniger. Was sollte ich sagen? Ich habe mir dann überlegt, was mein älterer Bruder August an meiner Stelle wohl getan hätte. August war zu dieser Zeit in Afrika bei Rommel. Von der praktischen Seite war Geislingen eine Notlösung. Warum sollte Mutter nicht später zurück nach Weilimdorf?

Wir haben an dem Abend noch lange hin und her geredet.

19.03.1944

Sehr früh schon sind Walter und ich aufgestanden. Maria hat uns Kaffee gemacht, und wir sind los in die Landauer Straße. Stunde um Stunde haben wir Steine, Brocken und Schutt geräumt und sind so gegen Mittag zum Kellereingang vorgestoßen.

Es kamen immer mehr Leute, um das Geschehnis anzuschauen. Sie kamen im Gänsemarsch von der Straße hoch und begafften das Unglück.

Auf einmal gab es einen fürchterlichen Radau. Was war passiert? Unsere Nachbarn, die auch am Buddeln waren, hatten das Gaffen der Leute so satt, daß sie zuletzt nicht mehr schaufelten, sondern alle Mann mit Steinen nach den sonntäglichen Besuchern warfen. Dazu fielen deutliche Worte wie: Ist das Gemeinschaft, gaffen, wie die Ausgebombten den Schutt wegräumen? Zieht euren Sonntagskittel aus und helft lieber mit! Alle waren plötzlich erregt, die Steinewerfer und die Gaffer. — Gedacht habe ich das Gleiche wie die Nachbarn. —

Gegen Mittag konnten wir also den Eingang zum Keller so freilegen, daß wir hinein konnten. Glücklicherweise hatte die Decke teilweise standgehalten, und wir haben vorsichtig nachgesehen, was man bergen könne. Dann sind wir zum Mittagessen zu Maria zurück. Walter mußte nach dem Essen wieder fort in die Kaserne nach Ulm.

Inzwischen war klar, daß Mutter gleich mitging zur Landauer Straße, um mir zu sagen, wo etwa unsere Sachen im Keller zu finden seien. Dann haben wir uns geeinigt, daß wir mit Geislingen telefonieren, ob sie damit einverstanden sind, wenn Mama nach Geislingen käme. Wenigstens vorläufig, solange noch Krieg ist. Die Tanten haben zugesagt, daß sie Mutter bei sich aufnehmen würden.

Ich ging nochmals zum Ortsgruppenleiter Rosenfelder. Dieser sagte zu, daß der Wagen morgen um 8.00 Uhr in der Landauer Straße sein werde.

Am Nachmittag sind wir dann wieder hin zu der Ruine, und Mama hat mir erklärt, wohin sie den Luftschutzkoffer gestellt hatte und wo sonst noch Sachen von uns waren. Ich fand auch alles und habe Stück für Stück herausgeschleppt an den Ausgang.

Der Feldwebel wartet auf die letzten.

Vor dem Soldatenheim.

Ebbe im Hafen und an der Promenade von Le Treport.

Wir sind jetzt in Dozule in unserem schönen Garten.

Winkel an Winkel und Café an Café in Le Treport.

„Noch" mit Badehose.

Jetzt ohne Badehose.

Die Handwerker.

Unsere Behausung zur Straße hin.

Zur Zeit unser Kompanie-Chef.

Auf der Terrasse des Soldatenheims.

Über jedes kleine Stück war sie froh, das ich fand. Mutter suchte immer noch zwischen den Trümmern herum, ob sie vielleicht etwas Brauchbares fände. Und siehe da, sie fand unsere Nähmaschine, das Gestell war kaputt, aber der Kopf war, soweit man das sehen konnte, heil geblieben. Ich fand inzwischen tatsächlich heil gebliebene Einweckgläser. Wie durch ein Wunder sind sie noch ganz!

Mein Abendessen hatte ich mir heute wirklich verdient. Maria half uns, wo sie konnte und bewirtete uns auch. Dann sind wir bald schlafen gegangen, denn am anderen Morgen mußte alles klappen.

Wir wußten auch nicht, ob uns die Flieger unbehelligt ließen, doch hatten wir bis jetzt nur Tagangriffe auf die Großstädte gehabt.

20.03.1944

Der Mann mit dem Holzvergaser kam pünktlich. Wir waren auch zur Stelle, alle halfen mit aufzuladen. Viel war es nicht, ja, eigentlich war kaum etwas heil, aber immerhin waren es Andenken aus einer Zeit vor dem Krieg und — noch aus einer heilen Welt. —

Dann mußte Mutter Abschied nehmen. Oft schon war ihr Schicksal mehr als hart. Auch diesmal vergoß sie keine Tränen und wandte sich wortlos ab von ihrem seitherigen Zuhause.

Dann ging's zum Rathaus, um Mutter abzumelden. Das war noch etwas vom Schlimmsten, denn nun hatte sie in Weilimdorf kein Wohnrecht mehr.

Mutter stieg zum Fahrer ein, ich setzte mich hinten drauf, und dann nahmen wir Kurs auf Cannstatt zu und weiter in Richtung Esslingen — Göppingen — Geislingen.

Da waren wir nun. Es war bestimmt nicht einfach für Mutter Siegle, jetzt wieder im Elternhaus zu sein. Wie nach einer langen Irrfahrt wieder zurück. Ich habe ja noch ganz gut miterlebt, wie wir 1926 ausgezogen sind. — Aber das Nachdenken hatte keinen Wert. Ich war nur froh, daß ich helfen konnte und nun wußte, daß meine Mutter besser untergebracht war, als wohl Tausende andere Flüchtlinge und Ausgebombte.

21.03.1944

Ich bin heute morgen in Geislingen mit dem Zug nach Hagenau zurück. Gestern abend war ich noch auf dem Friedhof, an Großvaters Grab.

Abends kam ich wieder bei meinen Kameraden auf Stube 31 an. Versäumt hatte ich nicht viel. In Taktik hatten sie eine Arbeit geschrieben.

22.03.–09.04.1944

Im Alltagsbetrieb der Schule traten die Ereignisse in Weilimdorf schnell in den Hintergrund. Ich wußte Mutter in Geislingen gut aufgehoben.

Heute, am Mittwoch, war ich wieder voll „drin". Der Stundenplan war angefüllt mit Unterricht und Geländedienst im Hagenauer Forst. Das Wetter war meistens gut und so waren die Anstrengungen zu ertragen. Geübt wurde im Zugverband, d.h., daß die Schüler eingeteilt waren als Gruppenführer, und einer war dann der Zugführer. Im Gelände wurden dann jeweils verschiedene Aufgaben gestellt. Eingeteilte Schiedsrichter beobachteten die gegebenen Befehle und später gab es Manöverkritik. Die Kritik wurde durchaus sachlich und nicht verletzend ausgeübt. Darauf legte unser Abteilungsleiter Oblt. Reinecke besonderen Wert.

Inzwischen sind wir im Städtchen auch etwas bekannter geworden. Gerd Bartels hatte „den blauen Laden" entdeckt. Es war eine Bäckerei und Conditorei. Wir Fahnenjunker waren ewig scharf auf Leckereien – und genau die gab es da für uns. Die Chefin hatte wirklich ein großes Herz für uns. Obwohl wir die benötigten Marken oftmals gar nicht zur Hand hatten, gab sie uns den gewünschten Kuchen oder die Brötchen. Vor allem liebten wir ihren – Rhabarberkuchen! Der „blaue Laden" hieß bei uns so wegen des auffallenden schönen blauen Anstrichs der Tür und Türrahmen und der Fensterrahmen und wurde für uns so etwas wie ein Markenzeichen.

Ein anderes Lokal war gleich neben der Schule. Es hieß „Zum wilden Mann". Der Name tauchte in dieser Gegend öfters auf, war aber trotzdem ungewöhnlich. Hier habe ich meine ersten Froschschenkel gegessen. Auch sonst gab es Speisen, die wir in Norddeutschland gar nicht kannten. „Der wilde Mann" machte mit uns Fahnenjunkern bestimmt ein gutes Geschäft.

Dann gingen wir noch in das Park-Hotel und in das Hotel Europa. Das war es dann aber auch.

Am 1. April war ein großer Tag für uns. Wir wurden planmäßig befördert zum Fahnenjunker-Feldwebel. Alle waren ganz stolz auf den

Stern auf der Schulterklappe. Wir hatten einen Riesenspaß, als einer von uns sich einen langen Degen besorgte und am darauffolgenden Sonntag damit losging.

Der lange Degen war ab Feldwebel erlaubt und war noch ein Relikt aus der Zeit des 100 000-Mann-Heeres der Reichswehr. Jedenfalls hatten wir unseren Spaß.

Es war nur noch eine Woche bis Ostern. Mit Urlaub war nichts. Die allgemeine Lage an den Fronten schien nicht allzurosig zu sein. Natürlich hatten wir im Unterricht immer auch den neuesten Wehrmachtsbericht durchgenommen. Die Stimmung war aber gut und zuversichtlich. Trotz allem Ernst waren wir oft ausgelassen. Unser Alter war allerdings sehr differenziert. Neben den Offiziersbewerbern für die aktive Laufbahn, die durchweg als Abiturienten auf die Schule gingen, waren die Fahnenjunker aus der Front in den verschiedensten Altersstufen auf diese Schule gekommen. Alle waren Offiziersbewerber gewesen mit den vorgeschriebenen Bewährungszeiten und mehrwöchigem Fronteinsatz. Ich war innerhalb dieser Regelung durch Sonderbefehl ein Außenseiter, und das wußte ich auch.

Manchmal habe ich das auch zu spüren bekommen, aber nie von den Kameraden. Ich wußte genau, daß ich bei Hauptmann M., dem Taktiklehrer, aus einem Beruf kam, der doch wohl nicht zum Offizier führen konnte. Von der Moral her bedrückte mich das keineswegs, aber der Schulalltag bot genug Anlaß, das durchblicken zu lassen. Vielleicht dachte er auch, ich sei ein Protektionskind unserer Generalität. Dabei bildete ich mir gar nichts ein, denn ich wußte, wie es kam, daß ich ohne die üblichen Formalitäten, vom Schützengraben heraus, als Obergefreiter, zur Schule kam. Alles, was ich wollte, war, zu zeigen, daß ich ein Kerl war und daß ich an der Front in der Lage war, unsere Heimat so gut, oder noch besser zu verteidigen, als unsere aktiven Offiziersanwärter.

10.04.1944

Wir hatten gewußt, daß wir Ostern keinen Urlaub bekommen können, denn der Lehrgang wurde sehr gestrafft, vermutlich wegen der allgemeinen Lage. Dennoch war es möglich, daß wir einen Ausflug nach Bad Niederbronn machten. Es war ein schöner Tag, und wir kamen voll auf unsere Kosten.

An solchen Tagen kamen wir manchmal auf unsere privaten Situationen zu sprechen. Irgendeinen Anlaß gab es immer. Dabei mußte ich feststellen, daß viele von uns aus bürgerlichen Verhältnissen, manche dagegen aus begüterten und adligen Familien kamen. Es war offensichtlich, daß das Zusammenleben auf der Schule sehr gut war.

Lediglich unser Major Blau, unser Inspektionschef, ist mit uns nie so warm geworden; weder im Dienstalltag noch bei feierlichen Anlässen, wie Paraden oder dergleichen. Immer war er hinter seiner Dienststellung verborgen.

11.–28.04.1944

Aus dieser Zeit gibt es nichts Besonderes zu berichten, es sei denn, daß wir ganz schön warm geworden sind, sei es im Gelände oder am Schulschreibtisch.

Das Tempo in der Ausbildung hat zugenommen. Auch andere Fächer als militärwissenschaftliche kamen an die Reihe. Vom Benehmen in der Öffentlichkeit, z. B. im Theater usw., bis hin zum Erlernen der verschiedenen Pferderassen. Bei letzterem Thema sind mir besonders die Haflinger in Erinnerung geblieben. Ich hatte ja an der Front viel Umgang mit Pferden und war gerade diesem Thema gegenüber sehr aufgeschlossen.

Gegen Ende des Monats wurde deutlich, daß Hanna ihre Tätigkeit aufgeben konnte, weil sich ja unser erstes Kind angemeldet hatte. Das bedeutete, daß sie mich hier in Hagenau besuchen konnte.

Am Samstag, dem

29.04.1944

bekam ich Urlaub über das Wochenende und auch noch am Montag, dem 1. Mai. Wir hatten ausgemacht, daß Hanna am Samstag nach Geislingen kommt, wir uns dort treffen und am Montag gemeinsam nach Hagenau fahren.

Das war begreiflicherweise eine große Vorfreude, denn nicht nur, daß wir ein Kind haben werden, sondern auch von der Erfahrung, daß ich mich auf der Schule ganz gut bewährt hatte und zuversichtlich sein konnte, daß ich es bis zum Leutnant schaffte.

30.04.1944

Wir sind in Geislingen sehr gut aufgenommen worden. Mama Siegle hat sich eingelebt in ihrer alten Heimat, hat aber keinen Hehl daraus gemacht, daß sie lieber in ihrer eigenen Wohnung in Weilimdorf gewohnt hätte.

Wir haben allerlei Bilder gemacht beim Gartenhaus oben.

01.05.1944

Nach herrlichen Wochenendtagen fahren wir heute nach Hagenau und zwar zusammen. Das war wirklich schön.

02.05.1944

Hanna habe ich im Hotel Europa untergebracht. Natürlich hat die ganze Stube Anteil genommen, daß wir jetzt eine werdende Mutter haben. Alle waren um Hanna besorgt, vor allem Bartels und Jakubzcyk. Immer nach Dienstschluß waren wir bei Hanna im Hotel, oder wir machten noch einen schönen Spaziergang.

03.–06.05.1944

Bis heute wohnte Hanna in einem großen Zimmer im Hotel, mit einem Balkon und Aussicht auf den Park.

Wir wurden inzwischen rückwirkend zum 1. Mai zum Oberfähnrich befördert, was natürlich entsprechend gefeiert werden mußte.

07.05.1944

Heute am Sonntag ist Hanna in einen Nebenflügel des Hotels umgezogen, da dort der Preis wesentlich günstiger war. Gerd Bartels, der Hanna geradezu verehrte, hat ihr einen ganz großen Strauß selbstgepflückter Blumen aufs Zimmer gebracht.

08.–10.05.1944

Wir haben nun ein Zimmer gefunden für Hanna bei Frau Ö. Es ist groß und luftig und wesentlich billiger als im Hotel. Da ich jetzt als Oberfähnrich Ausgang bis zum Wecken hatte, bin ich mit meiner Zahnbürste umgezogen und war ebenfalls als Untermieter bei Frau Ö. Nur, wenn Übungen auf dem Dienstplan standen, habe ich in der Kaserne geschlafen.

11.05.–27.05.1944

In der Schule geht es langsam dem Ende zu. Wir machen Übungen im großen Verband, d. h. alle Inspektionen sind beteiligt.

Eines Morgens kam ich zum Dienst, nichts ahnend, als das Kasernentor rundum mit Sandsäcken verbarrikadiert war. MG-Schützen waren hinter den Säcken und ich habe wirklich einen Augenblick gedacht, ob irgendein Umsturz im Gange sei, oder ob die Amerikaner gelandet wären.

Dann allerdings stellte sich heraus, daß die gesamte Schule im Manöver war und die Kaserne in die Übung mit einbezogen wurde. –

Ich hatte herrlich bei meiner Frau geschlafen, als die Kameraden um 4.00 Uhr schon über alle Berge marschieren mußten.

Im Schreibzimmer der Inspektion war für mich nichts hinterlassen; also konnte ich mich auf unserer Stube erneut ins Bett legen, was ich auch tat.

Der Radau und die faulen Witze waren nach Rückkehr „der Truppe" natürlich unausbleiblich. Aber – gegönnt haben sie mir das trotzdem.

In der letzten Woche wurde dann ein Termin festgesetzt, an dem wir erfahren sollten, ob wir die Prüfung zum Offizier bestanden hatten oder nicht. Das waren noch aufreibende Tage.

Als es dann soweit war, konnte ich mich mit allen Kameraden auf unserer Stube freuen, daß wir es geschafft hatten. Interessant waren die Beurteilungen jedes einzelnen. Wir hatten unter uns natürlich auch eine Meinung von jedem Kameraden und stimmten weiß Gott nicht immer überein, was der Abteilungsführer, Oblt. Reinecke, von jedem vorlas. Immerhin – von unserer Stube sind wir alle durchgekommen.

Dennoch haben es eine ganze Reihe anderer Kameraden nicht geschafft und gingen mit dem Dienstgrad Oberfeldwebel wieder zur Truppe.

28./29.05.1944

Pfingsten 1944. Wir waren alle auf einer Welle des Hochgefühls. Am Dienstag sollten wir eigene Pistolen bekommen. Am 1. Juni, zum Ende der Schule, sollten wir zum Leutnant befördert werden.

Unsere Pfingstfahrt machten wir alle zusammen nach Bad Niederbronn. Dort haben wir ein festliches Essen bestellt: Fisch als Vorspeise, Spargel und Schinken mit Buttersoße und Weißwein. Das Wetter machte auch mit, so daß wir draußen essen konnten. – Den Krieg haben wir schon halb vergessen. –

Zum Nachtisch gab es Kirschkuchen. Als wir fertig waren, hatten alle die Kirschkerne auf dem Teller liegen außer – Bartels, der hatte die Kerne mitgegessen.

Auch unser Jakubzcyk ging ganz aus sich heraus. Um ihn hatten wir uns wegen der Beförderung die meisten Sorgen gemacht. Jetzt war er locker und aufgedreht, daß es eine Lust war.

Ich selbst war auch rundum zufrieden, wenn ich auch neidlos anerkennen mußte, daß andere Kameraden noch wesentlich besser abgeschnitten hatten als ich. Nicht zuletzt war das fast ausschließlich auf die schulische Vorbildung zurückzuführen.

Hanna – das glaube ich – freute sich mit mir.

Am 2. Pfingsttag machten wir abends noch einen langen Spaziergang. Der Flieder blühte und die Luft war angefüllt von diesem herrlichen Duft. Zum Abschluß tranken wir in einer kleinen Gastwirtschaft noch ein Glas Wein. Bartels und von Stackelberg waren auch dabei, und wir hatten ein gutes Gespräch.

30.05.1944

Große Vorstellung beim General!

Alle neugebackenen Leutnante erhielten heute ihre „Weihen". Als wir fertig eingekleidet waren, mit Spiegel, Schulterstücken – statt Schulterklappen – Offiziersmützen und Stiefeln, ging es zur Parade vor dem General. Alles klappte, auch der Paradermarsch.

Später wurden wir der Reihe nach dem General vorgestellt, indem der Inspektionschef, Major Blau, den jeweiligen Leutnant aufrief, mit Vornamen und Namen.

Man mußte vortreten, grüßen und bekam dann den Glückwunsch des Generals. Mit zackiger Ehrenbezeugung konnte man wegtreten und – hatte alles hinter sich.

Manchmal fragte der General, was für einen Beruf man habe und wer der Vater sei. So auch bei Stackelberg, der sagte: „Mein Vater ist der Freiherr von Stackelberg."

Mich fragte der General nach meinem Beruf. Ich sagte: „Gelernter Schneider und vor der Einberufung Diakonenschüler in den Bodelschwingh'schen Anstalten von Bethel."

Er blickte überrascht hoch, musterte mich und erwiderte: „Ach, soweit sind wir schon, daß auch aus diesen Berufen unsere jungen Kriegsoffiziere kommen."

Das saß. Trotzdem war ich nicht beleidigt, aber betroffen, denn ich hatte im Fronteinsatz nachgewiesen, wer ich war.

Zwischen dem General und mir waren Welten, aber vielleicht hat er bis Kriegsende dazugelernt, daß die Soldaten aus den bürgerlichen Familien bestimmt nicht die schlechtesten waren.

Soldaten wie ich wollten ihre Heimat verteidigen als Kriegsoffiziere im Jahr 1944.

01.06.1944

Das Ende unserer Offiziersschule war gekommen. Es gab noch eine große Verabschiedung am Abend. Alle Ausbilder und wir ehemaligen Fahnenjunker waren ein letztes Mal beieinander. Wehmut wollte sich einschleichen. – Aber ich wußte, daß Hanna wartete.

02.06.1944

Mit Hanna zusammen und noch einer Reihe von Kameraden bestiegen wir den Zug nach Karlsruhe.

Bei Frau Ö. haben wir uns recht wohl gefühlt. Die Wochen waren wie im Flug vergangen. Jetzt aber saßen wir im Zug in Richtung Dünne bei Bünde.

03.06.1944

Ich habe Hanna nach Dünne gebracht mitsamt den Dingen, die wir in Hagenau gekauft hatten. Am Abend mußte ich in Rendsburg bei meiner Stammkompanie sein.

04.06.1944

Einkleidung vervollständigen, Vorstellen beim Batl.-Kommandeur des Ersatz-Batl., Gratulation und neuen Marschbefehl abholen. Kommandierung zu einem Offizierslehrgang in das Munsterlager. Dieser letzte Lehrgang diente der Ausbildung als Zug- und Kompanieführer.

05.06.1944

Abfahrt nach Munsterlager. Truppenübungsplatz. Wohne im festen Gebäude. Der Lehrgang umfaßt nur Infanteristen und ist vorwiegend so angelegt, daß das Zusammenwirken der verschiedenen Waffengattungen erprobt wird.

06.–17.06.1944

Ausbildung ohne großen körperlichen Schliff. Alles ist etwas lockerer als in der Fahnenjunker-Schule.

Die Wehrmachtsberichte sind ein Alptraum geworden. Wir fragen uns manchmal, was für ein Schicksal auf uns zukommt.

Die Alliierten sind in Frankreich gelandet!!

Ich hoffe, daß ich zu meiner alten Division komme, wenn möglich, zum alten Regiment.

Am Samstag, dem 17.06.1944, erfahre ich, daß ich eine Woche Urlaub bekomme nach Hause, innerhalb des Lehrgangs.

18.06.1944–25.06.1944

Eine herrliche Woche Urlaub, vom Munsterlager weg, nach Hause. Daheim in Dünne hat Hanna durch die Vermittlung ihrer Mutter für das zweite Zimmer Schlafzimmermöbel bekommen. Allerdings war das

Holz noch roh, aber das scherte uns wenig. Wir waren glücklich darüber.

Am Sonntag fuhr ich nach Munsterlager zurück mit dem Gefühl, es viel leichter zu haben als auf der Fahnenjunker-Schule.

26.–27.06.1944

Wieder voll dabei.

28.06.1944

Zum ersten Mal Offizier vom Dienst. Klappte alles zur Zufriedenheit.

29.06.–08.07.1944

Der Lehrgang läuft auf vollen Touren. Doch es ist nicht von der Hand zu weisen, daß die Landung der Alliierten und der Abwehrkampf in allen Teilen der Welt uns sehr nachdenklich machen. Es gibt überhaupt keinen Zweifel mehr, daß Deutschland einem schlimmen Opfergang entgegengeht.

Offiziell wird sich alles zum besten wenden. Neue Panzer, Tigerpanzer und die neuen Wunderwaffen, die in der Entwicklung sind, werden uns helfen.

10.07.1944

Gestern, am Sonntag, ist noch ein großes Preis-Schießen gewesen. Es ging um den Ehrenpreis des Kommandanten des Munsterlagers. Ich wußte, daß ich nicht der schlechteste Schütze war, aber ab heute weiß ich, daß ich gestern der beste Schütze aller Offiziere war. 3 Schuß liegend, 3 Schuß kniend frei, 3 Schuß stehend frei.

Ich war ordentlich stolz und gespannt, was für einen Preis es gab.

Heute abend hatten wir Abschlußabend mit gemeinsamem Essen. Nachher gab's Bier.

Zum Schluß erhielt ich aus der Hand des Kommandanten, einem Oberst, eine „Hitlerplakette" in Bronze und dazu einen schriftlichen Glückwunsch des Kommandanten.

So endete auch dieser Lehrgang für mich sehr gut.

In der Beurteilung habe ich glänzend abgeschnitten. Der General von Hagenau wird sich am Kopf kratzen müssen und vielleicht würde er auch etwas nachdenken.

Ich wurde als einziger vorgeschlagen, als Bataillons-Adjutant eingesetzt zu werden. Ich, der ich als Obergefreiter aus dem Graben zur Schule kam.

11.07.1944

Der Lehrgang im Munsterlager ist zu Ende. Als geprüfte Leutnante kehren wir zu unseren Truppenteilen zurück. Es sind mehrere Mann, die nach Rendsburg fahren. Wir dürfen ja jetzt 1. Klasse fahren, was wir auch sofort tun. Hier haben wir Platz. Alle sind wir aufgekratzt, denn wir haben den Druck des Lehrgangs hinter uns und sind erst mal wieder frei. Nachher bei der Stammkompanie wird man uns schon bald wieder in Einsatz schicken. Davor ist aber hoffentlich nochmals Einsatzurlaub.

Unterwegs steigt eine junge Dame ein in Trauerkleidung. Als der Schaffner kommt, macht sie ihre Tasche auf und holt eine Art Ausweistasche heraus, um die dort eingesteckte Fahrkarte herauszunehmen. Solange der Schaffner die Fahrkarte prüft, blättert die besagte junge Dame etwas in der Ausweistasche herum und ich sehe einen Monatsausweis für die Hamburger Hochbahn mit dem eingezeichneten Fahrweg, weiter beguckt sie nachdenklich das Bildnis eines Soldaten mit Ritterkreuz, das ebenfalls Platz in ihrer Ausweistasche hatte.

So weit, so gut.

In Hamburg stiegen wir Leutnante aus und machten ab, daß wir auf keinen Fall vorher, als mit dem letzten Zug nach Rendsburg fahren werden. Genau hieß das, daß wir um 17.30 Uhr erst wegfahren brauchten. Jetzt war es 11.20 Uhr. Fast 6 Stunden herausgeschundenen Extraurlaub.

Ich hatte vor, nach Blankenese zu Bekannten zu fahren. Leider klappte das nicht, denn es war niemand zuhause. Ich hatte damit gerechnet, daß ich dort Mittagessen bekommen würde. Nun war es aber nichts. Ich ging zur Hochbahnhaltestelle und wollte wieder in die Stadt zurück.

Vielleicht machte ich einen Bummel am Hafen oder blieb in der Stadt irgendwo zum Essen.

Mehr aus Jux, als aus einer keineswegs gegebenen Notwendigkeit, stieg ich wieder in die 1. Klasse der Hochbahn ein. Gerade als ich mich setzen wollte, sah ich mein Gegenüber an und dachte: Mensch, wer ist nur die Frau, irgendwie kenne ich die doch? Ich guckte nochmals vorsichtig hoch. Sie merkte das natürlich und lächelte mich etwas an, als wenn sie sagen wollte – na, Sie sind auch wieder da?

Es war die Frau aus dem D-Zug von Hannover nach Hamburg, die in Trauerkleidern in unser Abteil gekommen war. Jetzt erkannte ich sie. Gemerkt hatte ich das nicht sofort, weil sie nunmehr andere Kleider anhatte. Gesprochen hatten wir kein Wort miteinander und ich dachte, was ist sie spröd!

Auf einmal kam mir ein Gedanke! Wie wäre es, wenn ich am Dammtor aussteige, denn da mußte sie ja, entsprechend ihrem Ausweis von heute morgen, eigentlich auch aussteigen. Ich hatte ja nichts zu tun und mußte irgendwie meine Zeit verbringen bis zu unserer Zugfahrt. Also, ich stand so früh auf, daß kein Verdacht aufkommen konnte, daß ich „gezielt" aufgestanden bin. Dann habe ich natürlich mächtig aufgepaßt, ob das Gedankenspielchen aufgeht. Es ging auf. –

Vor der Sperre ging ich langsam und sie ging an mir vorbei, wie von mir beabsichtigt. Jetzt hieß es aber aufgepaßt, daß ich am „Mann" blieb. Sie rechts herum, über die Sperre hinüber und den Gorch-Fock-Wall hinauf, längs an Planten und Blomen. Ich hinterher. Als sie nach 200 m die Straße überqueren mußte, blieb sie plötzlich im Schwung stehen und drehte sich um. Ich, der ich ein Tempo draufhatte, konnte nicht mehr ohne aufzufallen, „bremsen", und bin dann in Gottes Namen weitergegangen.

Aber jetzt hatte ich die Rechnung ohne den Wirt gemacht. Sie sprach mich an: „Es ist doch unverkennbar, daß Sie mir nachkommen", sagte sie nicht unfreundlich. „Ich verstehe nicht, was das soll. Das mit dem Wiedersehen in der Hochbahn mag ja Zufall gewesen sein, das habe ich gleich bemerkt, doch jetzt sind Sie mir wirklich nachgegangen!"

Als ich merkte, daß der Protest nicht so ganz ernstgemeint war, sagte ich, ob ich ihr die Wahrheit sagen dürfe. „Ja", sagte sie, „wenn es die Wahrheit ist."

Es ist ja ein bißchen witzig, so an einer Straßenecke die „Wahrheit" zu hören.

Nun, ich sagte ihr dann, daß ich in Blankenese niemand angetroffen habe und ich mit meinen Kameraden abmachte, daß wir erst mit dem letzten Zug nach Rendsburg fahren würden. Jetzt hätte ich nicht gewußt, wie ich die Zeit totschlagen solle, und da sie mir zum zweiten Mal in dieser Millionenstadt in kurzer Zeit und an ganz entgegengesetzten Ecken, über den Weg gelaufen sei, hätte ich das Spiel begonnen, zumal ich heute morgen in ihrem Ausweis gesehen hätte, wo sie vermutlich aussteigen würde. – „Dann wollten Sie eigentlich nicht am Dammtor aussteigen?" – „Nein, das wollte ich eigentlich nicht, denn meine Karte geht weiter bis zum Hauptbahnhof, wo ich Mittagessen wollte. Das ist schon alles. Und wenn Sie jetzt Zeit hätten, würde ich Sie gerne einladen, mir beim Essen Gesellschaft zu leisten, dann ist der Nachmittag nicht mehr so lang."

Sie guckte mich eine Weile an, dann sagte sie: „Ich muß arbeiten. Ich arbeite übrigens dort drüben beim Post- und Telegrafenamt. Heute morgen war ich in Soltau zu einer Beerdigung. Ich habe schon einen halben Tag Urlaub verbraucht. Also werde ich jetzt raufgehen und sagen, daß mein Bruder plötzlich für ein paar Stunden auf Urlaub gekommen ist und ich möchte deswegen für den Rest des Tages frei haben." Damit war sie schon halb über der Straße und schrie zurück: „Sie müssen aber an der Ecke stehen bleiben, daß man Sie von da oben sehen kann!" – und weg war sie.

Jetzt fühlte ich mich doch etwas überrollt. Sollte ich nun zum Schmunzeln all der Postdamen da an der Ecke stehen? Was nun, wenn sie mich eine halbe Stunde lang zum Schieflachen fanden?

Lange brauchte ich diese Befürchtungen nicht in meinem Busen nähren. Die junge Dame kam schon bald wieder und sagte: „Es hat geklappt, sie haben mir den Bruder abgekauft."

So kam ich zu einem verspäteten Mittagessen im Ratskeller in Hamburg und dann auch noch zu einer Tasse Kaffee im „Haus Vaterland".

Das Schönste kam aber auf dem Hauptbahnhof am Zug. Das hatte ich mir erbeten, daß sie mich zum Zug begleiten solle und – ich wollte eine richtige Stange angeben. Auch das hat geklappt und wir haben uns wirklich über den Spaß gefreut. Ich gab ihr meine Anschrift, denn man konnte nicht wissen, ob später einmal ein Erinnern an den Spaß gegeben war.

Im Zug ging es dann los von den Kameraden. „Mensch, wie kommst Du so schnell an solch ein Weib? Du hast immer auf brav und unbescholten gemacht und nun kommst du mit so etwas Schnuckeligem an. Wir trösten uns mit Bier und du hast eine Puppe in Hamburg." Meine Glaubwürdigkeit war angekratzt.

Als Fahnenjunker-Uffz. war ich ausgezogen, als Leutnant war ich wieder in Rendsburg.

12.–14.07.1944

In Rendsburg habe ich nun immer Ausgang bis zum Wecken. Gebraucht habe ich das nicht. Es gehörte eben dazu. Gestern gab ich meine Sachen von der Schule ab. Von jetzt an muß ich alles selber kaufen. Dafür gibt es Kleidergeld. So mußte ich meine Pistole, eine Walther 7,65 auch privat bezahlen. Sie ist mein persönliches Eigentum.

Vom Adjudanten habe ich gehört, daß ich am 15.07.1944 in Einsatzurlaub fahren könne für 2 Wochen. Das war eine große Freude. In diesem Jahr bin ich schon viel auf Heimaturlaub gewesen.

15.07.1944

Heute habe ich meinen Urlaubsschein auf Leutnant ausgestellt bekommen, und ich bin ganz stolz darauf. Mit Hanna hatte ich schon ausgemacht, daß mein Kamerad Wüstefeld von der Schule, von Beruf Maler, von Gelsenkirchen kommen wird. Er will fachmännisch helfen, damit wir unser Schlafzimmer noch vor der Ankunft unseres Nachwuchses fertig lackiert bekommen.

Clemens Wüstefeld wollte zuerst nach Haue fahren, aber dann kommen und helfen.

Am Dienstag, dem 18.07.1944, kam er. Seine Braut brachte er ebenfalls mit. Wir machten uns einen schönen Nachmittag und sahen nach, was bei den Schlafzimmermöbeln zu machen war.

Am

20.07.1944

war dann plötzlich Hochspannung im ganzen Reich! Aus dem Radio hörten wir von dem Attentat auf Hitler und was das für uns bedeuten konnte. Wir waren ziemlich erschüttert, als Hitler im Radio von der Vorsehung sprach und die Niederwerfung und Bestrafung der Aufständischen bekannt gab. Wir ahnten nichts gutes, wenngleich ich deshalb keineswegs glaubte, daß wir den Krieg am Ende noch verlieren würden.

In der Kriegsschule sind wir mit den deutschen inneren Verhältnissen besser vertraut gemacht worden, allerdings aus der Sicht unserer Lehrer und Vorgesetzten, aber ich habe auf den Fahrten in den Urlaub gehört, was die Menschen dachten und manchmal sagten.

Ich war mit Hanna einmal bei Onkel Fritz im Busch, dem Bienenzüchter, Vater von Friedrich, dem Diakon, der 1940 Hanna meine Adresse gab. — Dieser Onkel Fritz hat aus seiner Meinung, daß wir den Krieg verlieren, überhaupt keinen Hehl gemacht. Erika, seine Tochter, sagte, daß ihr Vater den gefangenen Russen, als sie vorbeikamen, heimlich Brot zugesteckt hat. Aus Mitleid und weil er Hitler nicht begreifen konnte. Für ihn war er kein Mensch unserer Art mehr, weil er das Christentum bekämpfte und er sah Hitler als Werkzeug des Bösen schlechthin an. —

Ich lachte ihn damals aus und sagte ihm, daß ich fest daran glaube, daß wir den Krieg gewinnen werden, schon allein deshalb, weil etwas anderes gar nicht denkbar sei!! Bald hätten wir die weiterentwickelten Wunderwaffen nach der V2 fertig und er würde noch erleben, daß wir gewinnen werden. — Onkel Fritz winkte ab. „Junge", sagte er, „du und Friedrich seid fast gleich alt, kommt man heile wieder, auch wenn ihr den Krieg nicht gewinnt!!" — —

21. 07. 1944

Wir hatten gerade schön Kaffee getrunken, als die Frau vom Polizeiposten in Dünne ankam und nach mir fragte: „Ich habe ein dienstliches Gespräch aus Rendsburg zu überbringen. Sie sollen den Urlaub sofort abbrechen und mit dem nächsten Zug nach Rendsburg fahren." Am Telefon sei der Kompanie-Chef der Stammkompanie gewesen.

Das war ein Ding! Der erste Gedanke war, ob wohl alle Soldaten oder nur die Offiziere zurück in die Kaserne mußten? Wüstefeld sagte: „Was dann, wenn ich auch so einen Befehl bekommen habe und ich bin gar nicht an meinem Urlaubsort?"

Dieser plötzliche Anruf hat unsere kleine heile Welt ganz durcheinandergebracht. Dann aber war klar, daß ich weg mußte, in etwas Unbekanntes hinein. Wüstefeld blieb da, um weiter unsere Möbel zu streichen.

Es war ein überstürzter Urlaubsabbruch und das wahrscheinlich wegen des Attentatsversuches auf Hitler, anders konnte ich mir das nicht erklären.

Spät am Abend – wieder mit dem letzten Zug – kam ich in Rendsburg an. Unterwegs ist mir überhaupt nichts aufgefallen. Alles war ruhig und die Menschen sprachen kaum davon, wenn aber, dann fast nur so, daß nochmals alles gutgegangen sei und ihm nichts weiter passiert wäre. An der Wache wurde ich bereits erwartet. Melden beim Batl.-Kdr. in seinem Zimmer. Was sollte das nur?

Ich melde mich an und komme zum ersten Mal als Leutnant zu einem Bataillons-Kdr. des Ersatz-Batl.

„Ja, Herr Siegle, ich habe Sie auf Anordnung des Führungsstabes des Heeres vom Urlaub wegholen müssen. In Ihren Abgangspapieren aus der Fahnenjunker-Schule und aus dem Zeugnis des Offizierslehrganges in Munsterlager ist ersichtlich, daß Ihnen die Eignung als Batl.-Adjutanten zuerkannt wurde. Sie werden deshalb abgerufen, weil Sie bei einer neu aufzustellenden Einheit, einer Volksgrenadier-Division in Stablack-Süd bei Königsberg als Batl.-Adjutant eingesetzt werden sollen. Ihr Marschbefehl ist bereits fertig. Sie fahren morgen früh um 9.30 Uhr bereits ab, vorher müssen Sie sich feldmarschmäßg einkleiden lassen."

Dann wünschte er mir noch viel Glück im Einsatz. –

Wie vom Donner gerührt stand ich draußen vor der Tür. Wie kamen diese Beurteiler nur zu dem Ergebnis, daß ich, der ich als Obergefreiter aus dem Graben kam, nun als Batl.-Adjutant wieder an die Front zurück sollte?

Daß meine Beurteilung nicht schlecht war, wußte ich. Daß sie mich aber als Adjutanten für eine neu aufzustellende Einheit vorschlugen, war für mich eine Nummer zu hoch. Nach Einarbeitung vielleicht. Aber zu einer neuen Einheit?

Beim Offizier vom Dienst fragte ich nach, wo denn die beiden anderen Kameraden wären, mit denen ich versetzt sei. Die schliefen schon. – Nun, ich mußte auch erst mit meinen eigenen Gedanken und Empfindungen fertig werden.

Heute morgen noch bei Hanna in Dünne und jetzt den Marschbefehl nach Königsberg in der Tasche.

Ich ließ mich einschreiben, um 6.00 Uhr geweckt zu werden, dann ging ich in meine Stube.

Wie eine Gedankenlawine überrollten mich Begriffe wie Kriegsstärkennachweis – Sollstärke – Bewaffnung – Gliederung usw.

Ich habe nicht gut geschlafen.

22.07.1944

In der Kantine traf ich meine Begleiter. Es war Burmeister, der mit mir in Hagenau war und auch das EK I hatte und noch ein Leutnant aus Lübeck. Und genau dieser Kumpel hat uns beide eingeseift, daß wir heute unbedingt über Lübeck nach Königsberg müßten. Und zwar heute nur bis Lübeck, weil er da zuhause sei und erst morgen weiter nach Königsberg. – Bei den Luftangriffen sei eine Verzögerung um ein paar Stunden schon glaubhaft. Mir war nicht ganz wohl dabei, aber ich konnte schlecht nein sagen. –

Nach dem Einkleiden ging es ab zum Bahnhof. Wieder einmal mußte ich Rendsburg verlassen. Vielleicht das letzte Mal, denn unser Marschbefehl lautete: Grenadier-Einsatz-Bataillon 151, Stablack-Süd, Aufstellungsstab.

Am Nachmittag waren wir schon in Lübeck und niemand hat gemerkt, daß wir etwas „um die Ecke" gefahren sind.

Die Familie des Lübckers nahm uns herzlich auf und wir ließen uns gerne verwöhnen. Zugleich konnten wir Radio hören und Zeitung lesen. Es war schrecklich, was zu lesen war. Wir Soldaten an der Front hatten überhaupt nicht geahnt, daß es zwischen den höheren Offizieren Meinungsverschiedenheiten gab über die politischen Aspekte und daß es Soldaten gab, die den Frontsoldaten in den Rücken fallen wollten.

23.07.1944

Es ist Sonntag und wir sind noch in Lübeck. Ich habe die Stadt und das berühmte Holstentor angesehen und weil es mir zu weit war zu Fuß zu gehen, nahm ich die Straßenbahn.

Wie ich die Stufen hinaufsteige, grüßt mich ein Matrose mit erhobener Hand und mit „Heil Hitler". Das war mir doch zu bunt.

Nicht gerade sanft fuhr ich ihn an, was ihm denn einfalle, noch wären wir Wehrmacht und so. Da sagte der Mariner zu mir: „Sie sind heute Nacht wohl nicht in der Kaserne gewesen, denn in allen Truppenteilen der Wehrmacht kam ein Appell heraus, in dem durch Reichsmarschall Göring befohlen wird, daß ab sofort alle Soldaten der Wehrmacht nicht mehr mit dem üblichen Gruß an der Mütze eine Ehrenbezeigung zu machen haben, sondern daß mit dem deutschen Gruß ‚Heil Hitler' zu grüßen ist. – Zum Zeichen der Verbundenheit zwischen Partei und Wehrmacht!"

Ich war sichtlich betroffen und sagte ihm, daß ich unterwegs war und davon noch nichts gehört hätte.

Wenn der Marinesoldat recht hatte, das war mir ganz schnell klar, dann war damit eine Entwicklung eingeleitet, die aus der seitherigen Wehrmacht etwas anderes machte. Mir kam der Spruch vom VOMAG wieder ins Gedächtnis. Sollte unsere Generation von Offizieren jetzt die richtige sein für die Partei? – Mit Arbeitergesicht, keine Aristokraten mehr. Ob das alles zusammenpaßt?

Wie ich zurückkomme in die Wohnung, erzähle ich mein Erlebnis. Aber die anderen wußten schon Bescheid. Der nächtliche Befehl war bereits im Radio bekanntgegeben worden. – Auf dem Heimweg habe ich befürchtet, daß mir noch ein Soldat begegnet! –

Unser selbstherrlicher Umweg machte mir Sorgen. Wir mußten ja in Richtung Königsberg. Wenn wir wenigstens schon in Richtung Stettin im Zug waren, ohne aufgefallen zu sein, war der Abstecher nach Lübeck vergessen.

Es ging alles glatt. Auch das Grüßen war überall zu sehen. –

Am 25.07.1944 kamen wir vormittags in Königsberg an.

Am Nachmittag um 14.30 Uhr konnten wir nach Zinten weiterfahren. So beschlossen wir also, daß wir in Königsberg zu Mittag essen. Am Bahnhof erfuhren wir, daß man im „Blutgericht" noch gut essen könnte, allerdings mit Marken. Wir hin. Es stimmte tatsächlich.

Wir bekamen geräucherten Aal mit Kartoffeln und dazu für uns drei zusammen eine Flasche Wein. Das war natürlich ein Festessen, wußten wir doch nicht, wann wir jemals so etwas wiederbekommen würden.

Draußen war es sehr warm, als wir zum Bahnhof gingen.

Bald hatte ich ein ungutes Gefühl in der Magengegend. Das wird wohl der fette Aal sein, dachte ich, oder auch der ungewohnte Wein.

Der Zug nach Zinten stand schon da, ein alter Zug mit Holzbänken. Ich sagte zu den beiden: „Ich muß an die frische Luft, laßt mich mal draußen stehen." Endlich fuhr der Zug ab. Mir wurde nicht besser, sondern schlechter. In kürze war es soweit, daß ich auf dem Trittbrett saß und mich mit unwahrscheinlichem Nachdruck in die Gegend erbrach. Und – wie übel mir war! Der Schweiß brach aus allen Poren. Ich mußte mich ganz gut festhalten, sonst wäre ich noch vom Trittbrett abgerutscht.

Natürlich hatten die anderen das mitbekommen und hatten ehrliches Bedauern mit mir. Ich muß schon unglücklich ausgesehen haben, denn sie umsorgten mich, so gut sie konnten. Endlich konnten sie mich heraufziehen und auf die Beine stellen. Mir war das fürchterlich peinlich. Langsam beruhigten sich die Magennerven. Die anderen beiden spürten nichts von Übelkeit.

Es war ziemlich spät, als wir in Stablack-Süd ankamen. An der Haltestelle standen zwei Geländewagen, um uns abzuholen. Wie wir an den Aussteigenden sehen konnten, waren noch mehr Soldaten und Offiziere mit uns angekommen.

Die Fahrer verluden unser Gepäck und fuhren mit uns los – in den Abend hinein.

Irgendwo auf dem Truppenübungsplatz war der Aufstellungsstab, zu dem wir nun gefahren wurden. An einem Barackenlager hielt der Wagen an und setzte uns ab. Da waren wir nun.

Wir meldeten uns an und gaben unseren Marschbefehl ab. Später bekamen wir in der Baracke jeder ein sauberes Bett angewiesen und den Bescheid, daß wir in der Kantine noch essen könnten.

Morgen um 7.30 Uhr Kaffe und um 8.30 Uhr Antreten im Raum des Aufstellungsstabes.

Mir war im Augenblick alles recht, denn ich war ziemlich daneben mit meinem Wohlbefinden.

26.07.1944

Gerne hätte ich gestern abend noch in Erfahrung gebracht, was da eigentlich aufgestellt wurde. Mir spukte immer noch der Batl.-Adjutant im Kopf herum. – Heute sind wir um 8.30 Uhr in die große Baracke gegangen. Zuvor hatte ich noch ein eigenartiges Erlebnis:

Wie es meine Art ist, bin ich bald aufgestanden, um mich etwas umzusehen. Ich schlief in einer Baracke, die zu einem kleinen Barackendorf gehörte. Überall waren Gärten angelegt und man hatte, trotz Krieg, sich die Zeit genommen, die Umgebung zu pflegen. – In der Kantine gestern abend habe ich schon verschiedene, nicht deutsche Gesichter gesehen. So hat es mich heute morgen nicht verwundert, als ich im Garten der Nachbarbaracke einen Soldaten oder Offizier gesehen habe, der auf einem ausgelegten Gebetsteppich niederkniete und seine Gebete verrichtete. Wahrscheinlich ein Mohammedaner, der Art des Gebetes nach zu urteilen.

Dieses Erlebnis hat mich sehr nachdenklich gemacht. Er, wie ich, wir waren Soldaten und kämpften verzweifelt um den Erhalt des deutschen Vaterlandes. Er Muselmane und ich evangelischer Christ. Wenn wir fallen sollten in dem bevorstehenden Fronteinsatz, dann sollte er, der Muselmane, nicht in den „Himmel" kommen, weil er kein Christ war? – Noch nie wurde mir so klar, daß unsere christliche Lehre nicht den Alleingeltungsanspruch erheben konnte.

Noch nie wurde ich so deutlich gemahnt, Toleranz zu üben!

Nach dem Frühstück war Antreten der „Neuen". Ein Generalstabsoffizier verlas die Namen der angekommenen Offiziere. Er fragte, ob alle untergekommen seien. Dies wurde bejaht. Dann informierte er uns, daß die jetzt bereits aufgestellten Einheiten morgen früh in Marsch gesetzt werden und unsere Arbeit sofort danach mit einer neuen, hier zusammenzustellenden Einheit beginnt.

Entsprechend unserer Erfahrung und der seitherigen Ausbildung sollen wir mit der neuen Einheit eingesetzt werden und zum Fronteinsatz kommen.

Jetzt wußte ich mehr. Noch immer bedrückte mich der Adjutant.

Um 14.30 Uhr war erneut eine Besprechung angesetzt, doch wir mußten uns jederzeit abrufbereit im Barackenlager aufhalten.

Gott sei Dank konnten wir noch etwas Luft schnappen und den jetzt weggehenden Einheiten zusehen.

Die Besprechung brachte nichts Neues, außer daß wir erfuhren, daß alles, was irgendwie aus dem Urlaub abgefangen werden konnte und was noch rekrutiert werden konnte aus dem Zivilstand, hier zu neuen Einheiten formiert wurde — ohne große Ausbildung!

Es wurde eine sogenannte „Volksgrenadierdivision" erstellt.

Es mußte also schon fürchterlich brennen an der Front.

Wir hatten keine Kenntnisse, wo die Front verlief. Aus den Wehrmachtsberichten konnten wir wohl hören, daß Frontbegradigungen bestätigt wurden, aber einen Frontverlauf kannten wir nicht.

Nach dem Abendessen klang es durch die Lautsprecher, daß sich alle neu angekommenen Offiziere um 20.00 Uhr erneut in der großen Baracke einzufinden hätten. Wieder war alles versammelt. Der Offizier vom Dienst meldete uns angetretene Offiziere. Dann kam etwas völlig Überraschendes, das meinen weiteren Weg als Soldat wesentlich beeinflussen sollte.

Der Stabsoffizier sagte nach der Meldung, daß er durch nicht vorhersehbare Umstände gezwungen sei, aus dem neuen Offizierskader noch einige Offiziere für die bereits aufgestellte Einheit herauszunehmen, da durch Ausfälle in der abgehenden Truppe einige Offiziersstellen neu besetzt werden müßten. Der Regimentskommandeur, Oberstleutnant Dorn, werde von den anwesenden Herren einige aussuchen, die dann allerdings sofort zu den Einheiten versetzt werden, die schon auf dem Weg zum Verladebahnhof seien.

Das war ein Schlag ins Kontor. Wen wird es treffen?

Der Oberstleutnant Dorn schnappte sich zuerst den Burmeister mit EK I und dann entdeckte er mich, ebenfalls mit EK I. — Nur aufgrund der Auszeichnungen waren wir dran!! —

Für mich war das insofern ein Nachteil, als daß ich keine Möglichkeit mehr hatte, eine Truppenaufstellung mitzuerleben.

Der Kommandeur des neuen Regiments ließ sich anschließend den Werdegang sagen. Von Unterlagen, Papieren, Zeugnissen, Befähigungen — von all dem war nicht die geringste Rede. Alles, was so sorgfältig geprüft und beurteilt war, das war in 10 Minuten Gespräch für überflüssig erachtet worden. Er wollte Kerle haben, die sich den Wind schon um die Ohren haben pfeifen lassen. — Sonst nichts.

Mit dieser Art von Auslese hatte ich nicht gerechnet und fand sie auch keineswegs richtig. Eine Auszeichnung sagte nicht alles aus. Es hat mich auch geärgert, daß wir beiden Hals über Kopf noch zu dem abgehenden Regiment mußten, während die anderen Offiziere auf dem Truppenübungsplatz bleiben konnten, um sich mit den ankommenden Soldaten einzuleben.

Für Überlegungen war keine Zeit mehr. In mein Soldbuch wurde eingetragen: Ersatztruppenteil: Grenadier-Ersatz-Batl. 151, Stablack-Süd. Feldtruppenteil: Grenadier-Regiment 1144 (Ostpreußen 3) 6. Kompanie. – Ich kam also zur 6. Kompanie als Zugführer. Kompanieführer war Oberleutnant F., er kam aus dem Sudetenland. – Wegen Batl.-Adjutant brauchte ich mir keine Sorgen mehr zu machen. So war ich Hals über Kopf in einer Volksgrenadier-Division gelandet.

Der Weg in der 225. Infanteriedivision war zu Ende.

Es war ein Weg mit meinen Kameraden des Inf.-Rgt. 376 über 4$^{1}/_{2}$ Jahre hindurch. Durch dick und dünn. Ein Weg vom Diakonenschüler aus Bethel zum Leutnant der Reserve in einem mörderischen Krieg. In einem Abwehrkampf ohne Aussicht auf ein baldiges Ende.

Der Sieg im Westen war längst verdrängt. Die Not der Abwehrkämpfe im Osten waren Ansporn zum Durchhalten. Wir wußten, daß wir ein Schutzwall sein mußten vor der Grenze unseres Vaterlandes.

Jetzt wurde ich plötzlich, ohne mein Zutun, in eine schnell zusammengewürfelte „Volksgrenadier-Division" gesteckt, und die weiteren Tagebuchaufzeichnungen werden zeigen, was es mit dieser Art von Offizieren auf sich hatte.

Schon in Dozule hat Karl das „Schlachtfieber" zugunsten unserer Küche gepackt. Man beachte die rein zufällige Tarnung durch die Wagenplane an dem Gefechtswagen.

Unser Zugführer.

Zu aller Freude. Karl mit seinen Fahrern. Links mein spezieller Freund, der mich in den nächsten Tagen beim Fußballspiel toll „holzen" sollte.

Fritz' Polterabend vor seiner „Ferntrauung". Die erste in unserem Bataillon bis jetzt.

Vor der Schreibstube.

TEIL II

OPFERGANG

Dies ist der Weg des Kompanieführers Gerhard Siegle im Regiment 1144, der 562. Volksgrenadierdivision.

Aufgestellt in einer Zeit höchster Not, Juli 1944.

Vom Februar 1940 bis Juli 1944 gehörte ich zum Regiment 376 in der 225. Infanteriedivision.

Ein Werdegang vom Rekruten zum Leutnant.

Jetzt aber, in dem neuen Regiment, Kompanieführer und verantwortlich für die ihm anvertrauten Soldaten. Zunächst aber für wenige Stunden Zugführer bei der 6. Kompanie im Volksgrenadierregiment 1144.

27.07.1944

Noch in der vergangenen Nacht bin ich umgezogen zu der 6. Kompanie. Ich habe bei Oblt. F. noch ein paar Stunden schlafen können. Schon sehr früh standen wir auf und Oblt. F. gab mir eine Übersicht mit den Namen der Kompanieangehörigen und eine Einteilung in Zügen und Gruppen. Er selbst mußte noch los, damit er seine Küche heranbekam. Bis zum vergangenen Abend hatte er noch keine.

Um 9.30 Uhr begann das Verladen auf Eisenbahnwagen. Wohin es ging wußte keiner. Es hätte nach Hammerfest sein können, oder nach Griechenland.

Ich ging zu dem mir unterstellten Zug, damit ich wußte, welche Unteroffiziere und Mannschaften dort zusammengefaßt waren.

Wir hatten noch keine Feldpost-Nr. und konnten somit nicht nach Hause schreiben.

Als unsere Kompanie zum Verladen dran war, erschien auch Oblt. F. mit dem Hauptfeldwebel und einer kompletten Küche, so daß zum Schluß noch alles klappte.

Die Verladerei dauerte bis mittag. Unmittelbar darauf setzte sich der lange Eisenbahnzug in Bewegung und fuhr über Bartenstein – Korschen – nach Lötzen. Schlimme Erinnerungen kamen mir an meine Lazarettzeit dort. Weiter rollte der Zug nach Lyck und Grajewo. Längst war die Nacht vorbei und wir waren sprachlos, daß wir in kurzer Zeit bereits ausgeladen werden sollten.

28.07.1944

Alle Mannschaften mit Offizieren und Unteroffizieren wurden kurz nach Grajewo auf freier Strecke ausgeladen. Der Troß wurde zum Bahnhof zurückgefahren und dort an der Rampe abgeladen. Wir dagegen kamen sofort auf bereits dastehende Lkw und nach 20 Minuten waren wir schon unterwegs.

Ich bin ordentlich erschrocken, daß hier bereits die Ostfront sein sollte. In Rendsburg und sonst wo, wußte man das sicherlich nicht, daß der Russe schon bald an der Reichsgrenze sein wird.

Die Autos fuhren nur etwa 15 Minuten, da hörten wir bereits den Frontlärm, wie ich das schon zur Genüge kannte. Nach einer weiteren halben Stunde waren wir da, wo man uns hinhaben wollte. Kurze Rast für die Truppe. Die Offiziere zum Batl.-Kommandeur zur Einweisung.

So etwas von Einweisung habe ich noch nie miterlebt. Etwa folgendes:

„Unser Einsatz wird am Augustow-Kanal sein. Östlich vor dem Kanal sind rasch hineingeworfene Polizeieinheiten bemüht, einen Frontdurchbruch der Russen zu verhindern. Wir rücken in eine offene Frontlücke und niemand weiß genau wo die Russen sind, und wo die Polizei ihre Stellung noch halten konnte. Seit Tagen wird hinter dem Augustow-Kanal fieberhaft an einer Auffangstellung geschanzt. Die Kompanien werden eingeteilt und übernehmen die zugewiesenen Abschnitte. Weitere Befehle folgen. Der Batl.-Gefechtsstand ist da und da. Eile tut not, denn zu jeder Stunde kann es sein, daß die Russen den Kanal überqueren."

Wir wieder zu den Kompanien zurück. Alles setzte sich in Marsch. Nach nicht langer Zeit sahen wir den Augustow-Kanal und wußten, daß wir bald dasein mußten. Bei einbrechender Dunkelheit ging es dann kompanieweise in den Wald. Oblt. F. hatte die Karte, wo der zu besetzende Abschnitt eingezeichnet war.

In der kommenden Nacht trafen wir auf keinen einzigen deutschen Soldaten, aber auch keine Polizeieinheiten haben wir entdecken können. Als wir glaubten richtig zu sein, teilte Oblt. F. die Kompanie in dem riesigen Wald ein, mit der Aufforderung, eine Stellung zu bauen, sich mit dem Spaten einzugraben und unbedingt zueinander Verbindung zu halten. – Ich war bis jetzt mehr Zuschauer gewesen. Jetzt hatte ich aber die Verantwortung für einen Zug Soldaten, zusammengesetzt aus allen nur erdenkbaren Einheiten.

Wie ich im Laufe der Eisenbahnzeit hörte und wie ich auch durch Befragungen erfuhr, waren es Urlauber, die man abgefangen hatte, weil ihre Einheiten schon längst zerrieben waren. Es waren Soldaten dabei, die über 50 Jahre alt waren. – Bäcker, Veterinäre, Kfz-Schlosser, Männer von der Organisation Todt usw. Alles bunt gemischt, was irgendwie erfaßt werden konnte. Sie kamen aus Österreich, aus Luxemburg, Berlin, Westfalen und vor allem waren viele Ostpreußen dabei, vor deren Heimat wir jetzt standen.

Ich verteilte die Gruppen, bestimmte den Platz, wo der Zuggefechtsstand sein sollte. Dann suchte ich mit einem Melder Anschluß nach links zu einer vielleicht noch vorhandenen Polizeieinheit. Mehr als ein

Orientierungsunternehmen kam nicht dabei heraus. Ich mußte also annehmen, daß der Russe, wenn er Glück hatte, links an uns vorbei auf den Kanal zumarschieren konnte, ohne daß wir das merkten.

Ich ging zu Oblt. F. und sagte ihm, daß ich die Soldaten am linken Flügel nicht so dastehen lassen kann und daß ich sein Einverständnis möchte, daß ich das Ende umbiegen kann, wenn schon niemand mehr dort aushält oder überhaupt vorhanden ist. Er war damit einverstanden, verlangte aber, daß ich wenigstens einen Horchposten nach links in das Niemandsland hinausschiebe, damit wir rechtzeitig gewarnt seien, wenn der Russe dort angreifen sollte. Alles klar. –

Ich organisierte das jetzt umgebogene Ende und dabei machten wir eine interessante Entdeckung. Etwas weiter hinten war ein verlassenes Waldhaus mit einem noch vorhandenen Hühnerhof. – Für morgen, bei Tag, konnte das wohl etwas geben.

Außer, daß es bitterkalt und sternenklar wurde, war es ruhig und nicht zu glauben, daß wir in einer angeblichen Frontlücke waren.

Oblt. F. hatte eine Waldblockhütte als Gefechtsstand. Sie war in 15 Min. zu erreichen. Inzwischen habe ich auch mitbekommen, wie die anderen Zugführer hießen, aber sonst kannte ich noch kaum jemand.

29.07.1944

Bis zum Morgengrauen haben wir nichts vom Russen gehört. Gefechtslärm hörten wir natürlich, aber weiter links von uns. Es gibt einen strahlenden Tag heute – vom Wetter her gesehen.

Schon früh am Morgen fragten einige Soldaten, ob sie sich Hühner organisieren könnten aus dem verlassenen Haus. Ich stimmte dem zu, wenn sie mit mindestens 3 Mann und mit der nötigen Vorsicht zu dem Blockhaus gehen. Und – nicht länger als 20 Minuten.

Wir haben uns getarnt und Löcher ausgegraben hinter großen Bäumen. Im Grunde habe ich eigentlich gewartet, daß wir bald aus dem Wald herauskommen können hinter den Kanal, denn es war ein ungutes Gefühl, in einer Stellung zu sein, die gar keine ist und – was unsere Meinung war – auch gar keine werden wird. Zunächst aber hat sich überhaupt nichts getan.

Dann war es plötzlich soweit. Wir hörten sie. Ich hatte Befehl gegeben, daß, sobald ein Spähtrupp auftaucht, mit Nachdruck geschossen wird, damit alle anderen wissen, es ist soweit, und die Russen tasten sich vor.

Ob unsere Soldaten überhaupt schießen konnten, davon hatte ich keine Ahnung. Ich hoffte es. Oblt. F., der den Verein zusammengestellt hat, müßte ja wenigstens mal Gefechtsschießen mit dem Haufen gemacht haben.

Wie ich hörte, schossen sie ausgiebig. Bei uns gab es keine Verwundete. Wie ich das aber kannte, konnten wir bald die Granatwerfer und die Artillerie erwarten.

Von der Lage hatte ich keine Ahnung. Wo Grajewo und Augustow waren, das kannte ich besser durch den Dichter Walter Flex, als von einer Lagebesprechung.

Jetzt mußten wir auf der Hut sein, denn Iwan wird weiter abtasten, wo der Gegner sitzt und wo eine weiche Stelle ist. Durch den Melder ließ ich Oblt. F. sagen, daß wir gegen Mittag zum ersten Mal Feindberührung hatten, vermutlich sei es ein russischer Spähtrupp gewesen.

Bis zum Spätnachmittag hatten die Brüder doch glatt eine Hühnersuppe gekocht. – Von unserer eigenen Küche habe ich noch nichts gesehen. Ich wußte nur, daß sie mit auf dem Eisenbahnwagen war und bei Grajewo irgendwo an einer Rampe mit den anderen Fahrzeugen abgeladen werden sollte, um dann auf der Straße nachzukommen. Es kann gut sein, daß man die Küche gar nicht mehr erst über den Kanal bringen wollte. Aber – ich wußte von nichts, das waren nur so meine Vermutungen.

Die Hühnersuppe war gut und ich fragte nach, ob sie auch für die anderen Soldaten welche hätten. „Es wurde alles gleichmäßig verteilt" war die Antwort.

Gegen Abend wurde es unruhig. Die Granatwerfer der Russen waren in Gang gesetzt. Streufeuer – und dazu schoß sich die Artillerie ein. Getroffen war bis zum späten Abend noch niemand. Doch, ich hatte eine Nase dafür, zu glauben, daß der Russe mit einem Stoßtrupp irgendwo anklopft.

So war es dann auch. Rechts von uns ging der Rabatz los. Wir mußten jetzt verdammt aufpassen. Wenn wir Pech hatten, nagelte uns der Iwan hier im Wald fest, bevor wir hinter den Kanal durften.

Es dauerte auch nicht lange, bis ein Melder mit einem Befehl von Oblt. F. kam: Sofort Zug an Feldwebel X übergeben und zum Gefechtsstand kommen. Eilt!

Noch wußte ich nicht, was los war. Der Melder sagte, daß Oblt. F. weg müßte zum Bataillon. Das wird ja schön, in dieser Lage sitzen und F. muß weg. Es war so. Er war schon fertig zum Gehen, als ich den Gefechtsstand erreichte. Er erklärte: „Der Russe ist mit einem Stoßtrupp eingebrochen und muß im Gegenstoß wieder hinaus, sonst ist unsere geplante Absatzbewegung ganz im Eimer. Sie übernehmen die Kompanie, der Kompanie-Truppführer weist Sie in alles ein. Ich hoffe, daß ich bald wieder da bin" und – weg war er mit einem Melder.

Jetzt habe ich mich aber schnellstens informieren lassen und habe mir erstmals die Karte genau ansehen können. Ich war ehrlich erschreckt, wo der Frontverlauf herging, wir waren tatsächlich bald an der deutschen Reichsgrenze. Ich habe mir auch den Verlauf des Kanals eingeprägt, von wo wir gekommen waren und wo die Russen sein konnten.

30.07.1944

Es ist schon Sonntag. Die ganze Nacht war eine Ballerei, aber alles viel zu unklar, als daß man hätte sagen können, da oder dort ist der Gegenangriff im Gange. So wie ich das vom Wolchow oder der Newa kannte, war das nicht.

So gegen 3.00 Uhr kamen Oblt. F. und der Melder zurück. F. sprach nicht viel und ich hatte den Eindruck, daß nicht alles geklappt hatte. Er war sehr erschöpft und legte sich hin.

Ich sollte noch solange dableiben, wie er versuchte, in der Blockhütte zu schlafen.

Inzwischen bekamen wir Meldung, es war eine Telefonleitung gelegt zum Kompanie-Gefechtsstand, daß wir heute mit Essen rechnen könnten. Sie wollen es fast bis zum Gefechtsstand heranschaffen.

Mir kam bis jetzt alles vor, wie – ein bißchen Himmelfahrtskommando. Alles war nicht so wie bei den 376ern. Alles war improvisiert, wie die ganze Aufstellung des Regiments.

Als Oblt. F. wieder wach war, bin ich zu meinem Zug gegangen. Immer in der Hoffnung, daß der Russe nicht bei uns angreift, denn er weiß ja, wo wir drinsitzen.

Ich war noch nicht lange weg, vielleicht 2 Stunden, da kam wieder ein Melder mit dem gleichen Befehl. F. wurde wieder abberufen. Als ich zum Blockhaus kam, winkte er nur und sagte: „Sie wissen ja schon Bescheid".

Nun quetschte ich den Kompanie-Truppführer etwas aus, der wußte mehr. Danach war der Gegenstoß keineswegs erfolgreich verlaufen und der Kommandeur, Hauptmann Zipper, hatte jetzt befohlen, daß Oblt. F. noch einmal antreten muß, um den Russen zurückzuwerfen. Das war bitter! –

Inzwischen bekamen wir tatsächlich Essen und so hatte ich auch Kontakt zur Küche bekommen. Die Versorgung der Kompanie klappte ganz gut, und es wurde etwas besser mit unserer Grundstimmung.

Trotz der besseren Stimmung, der Iwan hat wieder versucht, bei uns einzubrechen, er wurde aber rechtzeitig abgeschmiert. Ich hatte die Vorstellung, daß er bei starkem Feuer annimmt, unsere Stellung sei gut besetzt. Dann muß er nämlich zuerst seine schweren Waffen heranholen und einschießen. Das kostet viel Zeit und damit kalkulierte ich ganz privat für mich. Wir hatten zwei Verwundete, die aber erstmal hierbleiben konnten.

Trotz aller Ausbildung in der Schule und auf dem Lehrgang wußte ich nicht genau, was ich in dieser Situation tun durfte. Konnte ich den Gefechtsstand verlassen, solange F. nicht da war? Von mir aus wäre ich sofort zu dem Abschnitt gegangen, wo der Iwan es probiert hatte. Aus dieser Ungewißheit wurde ich erlöst, als F. mit dem Melder wieder auftauchte. Wieder war er körperlich sehr erschöpft. Er sagte auch nichts, sondern legte sich hin, nachdem er etwas gegessen hatte. Ich konnte trotzdem weg.

Schnell ging ich zu meinem Zugabschnitt, wo Iwan versucht hatte, durchzukommen. Mir war nicht ganz klar, warum er es nicht weiter links probiert hatte, voranzukommen, denn wir hatten dorthin noch immer keine Verbindung zu deutschen Truppen.

Alle Soldaten waren wohlauf, machten aber überhaupt kein Hehl daraus. daß sie aus dieser Stellung, die nicht ausgebaut, sondern wirklich nur improvisiert war, heraus wollten, hinter den Kanal. Dummerweise ist durchgesickert, daß wir schnellstens in eine Lücke gestopft wurden und nur noch hinhalten sollten, bis alles fertig ausgebuddelt ist – hinter dem Augustow-Kanal.

31.07.1944

Der Russe kam gestern nicht mehr. Ich weiß jetzt auch, warum er nicht bei uns eingebrochen ist, sondern weiter rechts. Es geht um die Brücken am Kanal! Links von uns ist ein Brücke und rechts von uns kommt erst nach 4 km wieder eine Brücke. Das war also der Grund, warum der Iwan da anpackte.

Gestern abend hörte ich noch die Meinung der Soldaten, die sich im Wald, ohne Verbindungswege und Orientierung, nicht gut fühlten und unsicher waren. Mir ging es genauso.

Nach Mitternacht, also schon heute, kam der Befehl zum Absetzen. Diesen Begriff kannte ich ja von der Kriegsschule her, aber es ist das erste Mal, daß ich so etwas mitmachen muß.

Oblt. F. unterrichtete mich durch Melder, daß wir die Züge um 4.30 Uhr beim Kompanie-Gefechtsstand versammelt haben müssen. Mir erschien diese Zeit viel zu kurz, denn wie sollten die am weitesten entfernt liegenden Soldaten und der Horchposten so schnell hergeholt werden?

Daß sie flott ankommen, das glaube ich schon, aber sie müssen es zuerst wissen und auch die ganze Munition schleppen. Der Iwan soll nichts merken. Er sollte uns nicht noch in die Parade fahren. Die Melder gingen ab und suchten die Gruppen auf.

Es kam genau so, wie ich es mir dachte! Der Zeitplan konnte nicht eingehalten werden. Es dauerte endlos lange, bis Gewißheit da war, daß alle Soldaten, auch der Horchposten, am Gefechtsstand angekommen sind.

Und hier beginnt das vermeintliche Unglück.

Oblt. F. schaut immer wieder auf die Uhr. Endlich ist es soweit, daß alles da ist. Vom Troß sind 3 Gefechtswagen ganz nach vorne gezogen worden, damit wir Munition und Gepäck nicht tragen brauchen. Auch hier vergeht wieder viel Zeit. So kommt es, daß wir den Anschluß an die vor uns befindlichen Kompanien unseres Bataillons nicht mehr halten können. Allein, mit Marschsicherung, setzen wir uns in Richtung Kanalbrücke ab.

Nach etwa 45 Minuten Marschzeit, bei völliger Schweigepflicht – nur die Pferde hört man schnauben, erreichen wir eine Wegkreuzung.

Oblt. F., der in der Vorhut marschiert, wird angehalten von einem Feldwebel und 2 Mann einer fremden Einheit. Ich selbst war bei der Nachhut, damit alles mitkam und wir waren darauf gefaßt, daß uns Iwan noch bemerkt.

Aber was war da vorne los? Oblt. F. ließ mich holen und sagte mit verbissenem Zorn: „Da haben wir die Schweinerei, der Pionierfeldwebel hat die gesamte Kreuzung verminen lassen und die Minen scharf gemacht, obwohl wir noch nicht darüber sind!"

Zuerst dachte ich an einen faulen Witz, aber der Gedanke war wieder schnell aus dem Kopf, denn sie hatten so vermint, daß in keinem Fall die Fahrzeuge durchkommen konnten.

Wir überlegten fieberhaft, was wir machen sollten. Die Wagen ausladen und stehenlassen und mit den Pferden durch den Wald? Alles tragen, was wir hatten?

Die Pioniere sagten, der Zugang Richtung Kanalbrücke sei auch vermint und links und rechts vom Weg zur Brücke sei Sumpf. Dann drängte der Pionierfeldwebel, er müsse weiterfahren und die nächste Brückenauffahrt verminen, denn er müsse genau seinen Zeitplan einhalten.

Sie umgingen das Minenfeld durch den Wald und setzten sich in ihren Kübelwagen, der auf der anderen Seite des Minenfeldes stand, und fuhren weg.

Ich glaube, Oblt. F. war trotz der Nachtkühle schweißgebadet. Mir kamen da so Gedanken von der praktischen Seite. Ich redete auf ihn ein, daß wir schnellstens nach rückwärts sichern müßten, also da, wo wir herkamen, weil der Russe zu jeder Zeit auftauchen konnte. Das leuchtete ein und ein Feldwebel ging augenblicklich mit seinem Zug in etwa 150 m Entfernung längs unseres Rückzugweges in Stellung. Ich schlug F. vor, der ja schon zwei Gegenangriffe – fast hintereinander – mitgemacht hatte, daß wir keine andere Wahl hätten, als vom vorgeschriebenen Weg über den Kanal abzuweichen und rechts durch den Wald die Wagen zu bringen. Wenn wir sie abluden und eine Schneise schlugen in Wagenbreite und dann mit Hilfe aller Soldaten die Wagen durchschieben, vorher die Deichseln abnahmen, konnte das unsere Rettung sein.

Ich wußte vom Demjansker Kessel und vom Wolchow, was 20 Soldaten mit einem versackten Wagen anfangen können. Warum sollte das hier nicht klappen?

Ich merkte, daß Oblt. F. die Verantwortung fast erdrückte. Daß der Russe jeden Moment in unserem Rücken auftauchen konnte, das wog bei ihm nicht so schwer wie die Befehlsverletzung, die ich ihm vorschlug. – Ich spürte, wie er weich wurde und drang nochmals auf ihn ein, daß wir doch nicht warten könnten, bis die Russen uns schnappen und in das Minenfeld jagen.

Wir sahen schnell nach und rechneten aus, daß wir etwa 4 km an dem Kanal entlangmarschieren mußten, bis wir zur nächsten Brücke kamen. Das hieß, wir mußten parallel zu unserer Waldstellung marschieren, immer sozusagen vor der Nase der russischen Spähtrupps her, um die nächste Brücke zu erreichen.

F. gab endlich nach und sagte: „Siegle, ich komme vor ein Kriegsgericht, wenn ich dem zustimme!"

Mir war noch gut in den Ohren, daß der Pionierfeldwebel gesagt hatte, daß er keine Zeit mehr für unsere Probleme hätte, wegen seines Zeitplanes, denn die nächste Brückenanfahrt müsse auch noch vermint werden. Das konnte doch nur die Brücke sein, die wir jetzt ansteuern wollten.

Diese Gedanken behielt ich für mich. F. hatte resigniert und ließ mir völlig freie Hand. Ich war in meinem Element, obwohl ich auch schon längst schwitzte.

Die Soldaten hatten rasch mitbekommen, was los war und waren bereit, sonst etwas zu unternehmen, um nur nicht in russische Gefangenschaft zu kommen.

3 Wagen hatten wir. Das erste, was ich veranlaßte, war eine Kette von Soldaten längs des Minenfeldes aufzustellen. Sie durften keinen Schritt rückwärts tun und auch niemand durfte diese Grenze überschreiten. Dann erstmal nur einen Wagen schnell abladen, die Pferde weg, durch den Wald etwa 70 m auf den Weg treiben, der längs am Kanal herführte. Richtung nächste Brücke. Dort warten!

In fliegender Eile, bei beginnender Dämmerung, wurde der Wagen leergemacht. Ich ließ die Deichsel abnehmen, und dann haben wir mit etwa 20–25 Mann den Gefechtswagen durch den Wald bugsiert. Es ging nicht ganz ohne Lärm, denn wir mußten da und dort etwas umhauen.

Als wir merkten, daß wir den ersten Wagen durchbekamen, ging es mit noch mehr Tempo an die anderen beiden Wagen. Alle waren begeistert, daß wir eine Lösung hatten. Wir haben so alle drei Wagen durch den Wald gebracht. Dann wieder in fliegender Eile beladen, die Pferde einspannen, die aufgestellte Sicherung heranholen und zuletzt die Wache vom Minenfeld herüberholen!

Mir war auch bewußt geworden, daß wir dem Iwan aufgrund unserer Spuren gezeigt haben, wie wir es gemacht haben und wohin unser Weg führte.

Das war jetzt aber alles egal. Oblt. F. fluchte mehrmals wegen dem Kriegsgericht und ich dachte nur bei mir, hoffentlich ist der Iwan vorsichtig und es dauert noch etwas, bis er nachrückt und – unsere Pioniere werden hoffentlich die nächste Brückenanfahrt noch nicht vermint haben!

Eine Stunde hatten wir verloren. Das Bataillon war wahrscheinlich schon über dem Kanal in Sicherheit und in den neu ausgebauten Stellungen. Wir mußten jetzt mindestens eine Stunde vor dem von uns seither besetzten Wald, am Kanal entlangmarschieren, und jeden Augenblick damit rechnen, daß die Russen uns abfangen und wie die Hasen abschießen.

Im Rücken die Minen, links der Kanal, rechts der Wald mit Russen im Vormarsch und wenn wir Pech hatten, war die andere Brücke an der Auffahrt auch schon vermint oder gar gesprengt.

Wir hatten eine scharfe Gangart eingeschlagen, aber mir ging das noch zu langsam. Da entdeckte ich den Troßführer, der in der Nacht die Wagen mit den Pferden herangeführt hatte. Er war zu Pferd.

Ich ging zu F. „Hören Sie", sagte ich, „wie ist das, wenn einer von uns das Pferd nimmt und voraus zur Brücke reitet, um zu erkunden, wie wir da noch rüberkommen. Entweder Sie oder ich. Wenn der Russe dann schon da ist, haben wir Pech gehabt, aber die Kompanie ist gewarnt und kann schnell im Wald in Deckung gehen."

F. war unwahrscheinlich bedrückt und sagte, er wolle bei der Kompanie bleiben, ganz gleich, was komme, auch dann, wenn wir nicht mehr herauskommen. –

Gut, dann reite ich vor, mit 300 m Abstand vor der Kompanie und nehme eine Leuchtpistole mit. Wenn ich auf Russen stoße, dann schieße ich eine weiße Signalpatrone hoch, das wird ja noch klappen, bevor sie mich haben."

Ich wartete gar nicht ab, was F. noch sagte, sondern rannte los zum Gefechtswagen wegen der Leuchtpistole, und dann nahm ich das Pferd des Troßführers und los ging es an der Kompanie vorbei in Richtung Brücke.

Was ich da machte, war mir in seiner Tragweite gar nicht mal bewußt. Etwas war allerdings noch, an das ich dachte, daß nämlich, auch vom Pferd aus, auf der anderen Kanalseite, gar keine deutschen Truppen zu sehen waren! Alles war so still, das fiel mir dann doch auf!

Mit dem Pferd ging es ganz gut. Ich war schon ein gutes Stück von der Spitze der Kompanie weg, als ich anhielt und eine Weile horchte. Nichts war zu hören, im Wald nicht und auf der anderen Kanalseite nicht. Die Sicht war nicht so gut, weil am Wasser noch Morgennebel wallte.

Das Fernglas baumelte mir vor der Brust und ich wollte während des Trabs das Glas schon wieder in den Behälter stecken, als ich dachte, guck doch nochmals vorher durch, den Waldrand entlang, zu den Büschen in Richtung Brücke.

Ich hielt an und nahm das Glas vor die Augen. Hören konnte ich nichts, auch vom Wald her kam nichts. Wie ich in Richtung Kanalbrücke schaue, die ja nach der Karte irgendwo kommen mußte, traute ich meinen Augen nicht. Ich nahm das Glas ab und wischte über die Okulare und nahm es wieder hoch. Es war dasselbe Bild: Es waren Panzer oder Sturmgeschütze. Unverkennbar. Etwa 3–4 Stück und noch vor der Brücke. Alle standen sie, keiner fuhr.

Ich riß das Pferd herum und dann im Galopp zur ankommenden Kompanie zurück. Schon von weitem machte ich Zeichen, in Deckung zu gehen. Alle stoben sie in den Waldrand, nur die Gefechtswagen standen noch auf dem Weg. Ich sprang ab und suchte F., der von hinten kam, denn er wollte unter den letzten sein.

„Herr F., die Brücke ist von Panzern besetzt, es war wegen des Nebels nicht möglich, zu entdecken, ob das deutsche oder russische Panzer sind."

„Was machen wir?"

F. sagte: „Wir können nicht mehr rückwärts. Aus dem Wald können wir bald die russische Infanterie ankommen sehen und links ist der Kanal, an dem ich noch keinen deutschen Soldaten gesehen habe. Siegle, wir können nur noch vorwärts und hoffen, daß es noch deutsche Panzer sind, wenn sie auf unserer Seite stehen."

Das war's! Wenn es Russen gewesen wären, hätten die Panzer wahrscheinlich auf der anderen Seite gestanden als Brückenkopf, vorausgesetzt, daß die Brücke noch heil war. Wir wußten beide Bescheid. Wir mußten es einfach wagen. 50 zu 50 waren die Chancen.

Ich überlegte nicht lange und sagte: „Wir machen das weiter so: Sind es Russen, schieße ich mit der Leuchtpistole und versuche noch in den Wald zu kommen. Wenn es keine Russen sind, sind wir wahrscheinlich gerettet."

Das gleiche Spiel noch einmal. Alles wieder in Marschbewegung und los. Ich mit dem Pferd ab in Richtung Kanonenrohrmündungen der Panzer. Ich wollte, daß man mich sieht, auch wenn es der Russe war.

Jetzt sah ich die Panzer ganz deutlich. Nie in meinem Leben werde ich das vergessen. – Plötzlich brummte ein Panzer laut los und machte eine Schwenkung und da sah ich es: Das deutsche Balkenkreuz unter dem Turm! – Das war die Rettung!! –

Der Panzer schwenkte weiter und dann kam er mit Vollgas in meine Richtung auf dem Weg daher. Ich habe mich wohl wie ein Hampelmann auf dem Pferd aufgeführt, vor lauter Freude. Endlich war er bei mir. Die Luke ging auf und so ein schwarzer Panzerfahrer schrie heraus: „Seid ihr vom Regiment 1144 II. Bataillon?"

„Ja" – schrie ich aus Leibeskräften!

„Gut, dann haben wir Euch endlich! So schnell wie möglich soll die Kompanie heran, wir müssen wieder über die Brücke, bevor vermint wird. Ich decke Euren Rücken und fahre an Euch vorbei!"

Das arme Pferd mußte wieder im Galopp bis zur Kompanie zurück, die ich etwas aus den Augen verloren hatte. Schon von weitem, die Soldaten hörten das bestimmt noch nicht, schrie ich: „Wir kommen durch, es sind deutsche Panzer!!"

Dann war ich bei der Kompanie angelangt. Ich vom Pferd runter und zu F., der schon fast mit seinem Leben abgeschlossen hatte. „Herr F., es sind deutsche Panzer, wir schaffen das, nur schneller müssen wir laufen. Alles, was kann, soll rennen. Wir bleiben zurück bei denen, die nicht mitkommen."

So sind wir im Laufschritt an die Brücke gekommen. Der Panzerführer winkte uns her zu sich und fragte, ob noch weitere deutsche Soldaten dort wären, wo wir herkamen. „Nein", schrie ich hinauf, „wir sind die letzten!"

Als wirklich letzte sind wir vor den Panzern über die Kanalbrücke marschiert, nur etwa 5 km entfernt von der eigentlichen Brücke, über die das Bataillon zurückging, um in die neuen Stellungen zu kommen. –

Der Weg nach der Brückenüberquerung führte etwas nach links zu einem Dorf. Es hieß, glaube ich, Krylatka.

Bei den ersten Häusern ließ F. im Schatten der Häuser sammeln und zwar so, daß wir vom Wald und Kanal her nicht gesehen werden konnten.

Die Männer waren restlos erschöpft von der Rennerei – aber glücklich, daß sie nochmals davongekommen waren.

Die Panzer waren inzwischen, bis auf einen, verschwunden. Jetzt sah ich auch, daß die Pioniere schon dabei waren, Minen einzubauen. Der Panzer gab ihnen Feuerschutz, im Falle die Iwans zu früh kamen.

F. und ich sahen gemeinsam auf der Karte nach, wo es zu dem ausgemachten neuen Einsatz ging. Ich dachte, daß wir etwa 6 km daneben waren.

Erstmal war der Kopf noch oben und das andere wird sich finden. –

F. kannte die Kommandeure wohl besser als ich. Aber ich glaubte, daß F. keinen Fehler machte. Die Zeit war zu kurz bemessen gewesen. Jedenfalls war F. fest davon überzeugt, daß ein Nachspiel mit Kriegsgericht kommen würde. – Ich war nicht überzeugt davon. –

F. ließ fertigmachen. Als alle angetreten waren, teilte er eine Sicherung nach vorn und hinten ein und wir setzen uns in Marsch zu dem Punkt, der in der Nacht befohlen worden war. Nach der Karte zu urteilen, konnten wir marschieren, ohne daß wir vom Kanal her eingesehen werden konnten.

Immer noch war ich sprachlos, wo die deutschen Truppen waren, für die hier doch Stellungen sein mußten. Kein Schwanz war zu sehen. –

Ich sollte mich aber doch irren. Als wir nach dem Dorf etwa 2½ km weitermarschiert waren, kamen wir zu ein paar Häusern, die vielleicht am Anfang des nächsten Dorfes standen.

Da – auf einmal deutsche Soldaten und auch gleich ein Gefechtsstand dabei. Was war das? Unser eigener Batl.-Stander: II. Batl. 1144.

Nun verstanden wir überhaupt nichts mehr. Als wir näherrückten, sah ich auch den Batl.-Kommandeur, Hauptmann Zipper, und seinen Adjutanten. Wie die beiden uns sahen, rissen sie ganz unmilitärisch die Arme hoch und freuten sich. Sie winkten F. und mich zu sich her und schüttelten uns die Hände und sagten immer wieder: „Was für ein Glück, daß wir Euch wiederhaben!"

F., der sozusagen einen Strick erwartet hatte, guckte mich ganz seltsam an, dann riß er sich zusammen und meldete die Kompanie auf dem Marsch zum Sammelpunkt. Zwei Verwundete auf dem Gefechtswagen. Er wollte weitermelden, aber Hauptmann Zipper winkte ab und sagte zu uns: „Meine Herren, das hier ist das II. Bataillon – Sie, Ihre Kompanie und wir, das ist noch das II. Bataillon!"

Er wiederholte das, weil wir nicht begriffen hatten.

Dann nahm er uns zur Seite und sagte weniger militärisch: „Sie haben ein unwahrscheinliches Glück gehabt, daß die Pioniere pünktlich die Minen scharfgemacht haben. Wissen Sie, der Pionierfeldwebel war schwer im Druck, als er sah, daß Sie nicht mehr den befohlenen Rückzugweg nehmen konnten. Er hat über seine Einheit sofort Meldung gemacht, daß Sie nur noch unter Verlust der Wagen den Kanal entlang oder am Waldrand entlang zu dieser Brücke kommen könnten, wenn Sie der Russe nicht vorher abschnappt. Aus diesem Grund sind sofort die Panzer als Brückenkopf heranbefohlen worden und wie ich sehe, hat uns unsere Überlegung recht gegeben. Sie haben sogar Ihre Wagen mitgebracht. Wie Sie diese über die Minen bekommen haben, das müssen Sie mir später erzählen.

Ja, das übrige Bataillon ist, wie befohlen, marschiert und dann etwa 700 Meter vor der Brücke durch einen Sumpf gekommen, durch den ein Knüppelweg führt. Genau dort führt auch eine Parallelstraße zur Brücke und auf dieser Straße hat sich vorher eine russische Einheit in den Hinterhalt gelegt und mit einem gleich beginnenden Schlag alle 3 Kompanien brutal abgeschossen oder in den Sumpf getrieben. Die Mehrzahl der Soldaten ist tot oder verwundet, vor allem auch ertrunken; nur ganz wenige sind zufällig durch den Kugelregen gekommen bis zur Brücke. Was noch lebt, ist verwundet und weg zum Verbandsplatz. – Nur der Stab ist noch komplett. – Jetzt wissen Sie, warum mir das so zu Herzen ging, als ich Sie ankommen sah." – –

Ich war tief betroffen und wie immer, ich mußte mir das alles nochmal durch den Kopf gehen lassen. Weil wir also zu spät aus der Stellung herauskamen, waren die Minen schon scharf, und wir mußten in die Freiheit den falschen Weg gehen. Da wurden die Panzer ausgeschickt, um uns notfalls herauszuhauen.

Auf der befohlenen Straße aber gerieten inzwischen die anderen drei Kompanien in einen Hinterhalt. –

Oblt. F. war auch tief betroffen, aber die Kopfschmerzen wegen Kriegsgericht waren doch wie weggeblasen.

Das Regiment hat umdisponiert, nachdem unser Bataillon praktisch ausgefallen ist. Jetzt konnten wir uns auch erklären, warum die Kanalstellungen nicht besetzt waren!

Was mit unserer Kompanie, die außer zwei Verwundeten noch ungeschoren blieb, weiter geschehen würde, das wird sich noch zeigen müssen.

Jedenfalls sagte der Kommandeur, wir sollten bis Orzechowka weitermarschieren und dort Quartier beziehen, bis weitere Entscheidungen getroffen würden. Übrigens ist der restliche Batl.-Troß auch dort untergebracht.

01.08.1944

Wir konnten die Nacht über in den Quartieren schlafen. Am anderen Morgen kam F. und sagte, daß ein neuer Befehl eingetroffen sei, wonach unsere übriggebliebene Kompanie der „Kampfgruppe Motsch" unterstellt sei und nach dem Essen auf Lkw verladen würde. Die Kompanie wird für diese Unterstellung von mir übernommen, und er blieb im Batl.-Stab z.b.V. (zur besonderen Verwendung).

Das war die erste, echte Verantwortung, die ich tragen mußte. Ich ließ mich von F. einweisen in die Dinge, die ich von der Kompanie noch nicht kannte. Der Troß blieb mit der Küche hier. Wir sollten dort, bei der Kampfgruppe Motsch, verpflegt werden.

Als alles klar und das Essen hinter uns war, machte ich eine kleine Besprechung und sagte den Zug- und Gruppenführern, daß wir sofort mit Lkw zu einem Sondereinsatz kämen. – Wie und wo und warum, das wußte ich alles noch nicht.

Wir beluden die Lkw, die da kamen, ich meldete mich ab und es ging los.

Von dem Fahrer versuchte ich etwas herauszukriegen, was für ein Verband die Kampfgruppe Motsch war, aber er wußte nur, daß da ein saumäßiger Rabatz wäre und der Russe über den Kanal gekommen sei und der müßte unter allen Umständen wieder hinaus.

Das verhieß nichts Gutes! Ob man unsere, jetzt z. Z. meine Kompanie, auch noch verheizen mußte?

So ruhig ich sonst war, sowenig war ich es jetzt. Ich hätte gerne mehr gewußt, denn immer war ich schon einer, der mit Bedacht vorher denkt, plant und Risiken einschätzt.

Nach 2 Stunden Fahrzeit über holprige Straßen kamen wir in die Gegend der Einbruchstelle. Wir hielten vor einem ehemaligen Dorf, bekamen Quartier zugewiesen und sollten uns ausruhen.

Ein Melder brachte mich zum Kommandeur, Major Motsch. Ich meldete mich und die Stärke der Kompanie. Er war hocherfreut, eine kampfstarke Kompanie zu bekommen. Er wies mich in die Lage ein und sagte, daß er noch auf Sturmgeschütze warte – „und dann wird der Russe wieder über den Kanal zurückgeworfen!".

Vor morgen abend kämen die Sturmgeschütze aber nicht, eher könnten sie nicht hier sein. Die Soldaten sollten sich ausruhen, denn es würde hart werden.

Weiter sagte der Major, daß die Russen leider in unserem gut ausgebauten Grabensystem sitzen und nachts Nachschub über den Kanal bekommen. Sie haben einen wirklich gut ausgebauten Brückenkopf besetzt und der sollte geknackt werden. Darum auch eine Kampfgruppe aus allen möglichen greifbaren Einheiten.

„Bricht der Iwan hier durch, so ist der Weg nach Johannisburg und Lyck offen."

Recht nachdenklich machte ich mich auf den Rückweg.

02.08.–08.08.1944

Kampfgruppe Motsch! Nach den vergangenen Kampftagen will ich versuchen, aufzuzeichnen, was sich nach unserem Eintreffen und der Einweisung durch den Major Motsch abgespielt hat.

Am 02.08.1944 hatten wir nach einer Nacht voller Spannung morgens noch keinen Einsatzbefehl. Ich begab mich zu dem Gefechtsstand der Kampfgruppe, um bei Tageslicht den Brückenkopf der Russen einzusehen und vor allem den Abschnitt zu erkunden, in dem wir den Feind ausheben sollten.

Fast mühelos konnte ich zwischen den Häusern auf der Anfahrtstraße so weit vordringen, bis ich das beginnende Grabensystem erreichte. Hier war dann allerdings Schluß. Aber aus einem Haus konnte ich sehr gut übersehen, daß das Dorf, ausgehend von der Anhöhe, von der ich herkam, sich an einem leichten Abhang bis zum Kanal hinzog. Mitten zwischen den Häusern und durch die Gärten gingen 2 ausgebaute Hauptgräben, entlang der HKL, also dem Kanal. Zwischen der ersten Linie und dem zweiten Graben gab es immer wieder Verbindungsgräben und dazwischen viele ausgeworfene Ein- und Zwei-Mann-Löcher.

Von diesen Deckungslöchern wußte ich mehr von der Einweisung, als daß ich sie gesehen hätte. Die Bauernhäuser waren fast gänzlich in ihren Oberbauten zerstört. Die vergangenen Kämpfe waren wahrscheinlich mit viel schwerem Waffeneinsatz geführt worden.

Die Schießerei hielt sich in Grenzen, solange ich da am Einsehen war. Vom Feind im Brückenkopf war jetzt gar nichts zu sehen, er mußte wohl tagsüber die Nase wegstecken, denn der Nachschub konnte nur nachts kommen. Andererseits war auf der gegenüberliegenden Kanalseite auch nicht viel zu sehen, es sei denn, daß ganz deutlich die vorgetriebenen Gräben, dem Kanalufer zu, auszumachen waren. Was man nicht so gut sehen konnte, waren die Stellungen der Russen am Kanalufer selbst.

Weiter zurück, in den Wiesen und Buschflächen, waren die schweren Waffen oder Panzer der Russen versteckt. Zu jedem Zeitpunkt mußte wohl damit gerechnet werden, daß der Iwan hier mit Hilfe seines Brückenkopfes einen Durchbruch erzielen wollte.

Es wird nicht einfach sein, die Brückenkopfbesatzung so zu vernichten, daß der Kanal wieder zur Grenze wird. Wir werden, so mutmaßte ich, bei Tag angreifen müssen, um Gewißheit zu haben, daß alle Widerstandsnester ausgeräuchert werden konnten.

Ich wußte von mir selbst, daß ich eine gute Fähigkeit besaß, mich im Gelände zu orientieren, wenn ich erst mal einen Eindruck hatte. So zog ich mich wieder von meiner Beobachtungsstelle zurück.

Auf meinem zugewiesenen Kompanie-Gefechtsstand gab es inzwischen keine neuen Situationen. Wir mußten noch warten. Inzwischen ließ ich die Zug- und Gruppenführer herholen und gab ihnen einen Überblick von dem Gebiet, das ich einsehen konnte und erklärte den Männern, worauf es eigentlich ankam.

Daß es nämlich notwendig sein wird, den russischen Brückenkopf restlos zu säubern, bis wir unsere alte Stellung an der Kanalböschung wieder im Besitz haben. Dann aber, und das erschien mir am wichtigsten, mußten wir um jeden Preis verhindern, daß der Russe während der Nacht erneut im Angriff wieder über den Kanal kommt. Das war meine Ansicht von der Lage. Begeistert war keiner. Eher beeindruckt von dem, was auf uns unerbittlich zukam. „Vernünftig" waren sie alle.

Vorwiegend waren es ja Ostpreußen, die den Kern des Regiments ausmachten. Da wir unmittelbar an der Grenze zu ostpreußischem Boden waren, ergab sich für diese Soldaten eine andere Einstellung zur Abwehr der russischen Angriffe, als dies bei Rheinländern oder Westfalen der Fall sein konnte.

Für mich war es meine erste Verantwortung für eine Kompanie Soldaten, die ich schlimmerweise nicht annähernd kannte. Selbst die Unterführer kannte ich bis dahin nur vom Äußeren. Von der Qualität, im soldatischen Sinn, konnte ich mich nur auf mein Gefühl verlassen.

Jedenfalls hatte ich von der Kriegsschule her keine Lösung parat, wie wir den Gegner am besten herausbekommen. Technisch ging das nur bedingt. Fast alles kam auf den Willen an.

In meiner alten 6. Kompanie, bei Grotefendt und Miehe, oder später bei den Füsilieren bei Kuhn, da war ich viel besser dran. Da kannte ich jeden und ich wußte, daß z. B. Fridolin Brüns mich niemals im Stich gelassen hätte. Hier aber hatte ich „nur" zusammengesuchte und zusammengewürfelte Soldaten. Man hatte sie in aller Eile aus ihren alten Einheiten herausgerissen, um sie mit anderen, nie vorher gesehenen Soldaten und frisch Ausgehobenen, noch ganz jungen, in wenigen

Tagen zu einer neuen Einheit „zusammenzustellen". Nicht etwa zu schweißen, nein, zusammenzustellen. Mit diesen Menschen, deren Motivationen so unterschiedlich waren, wie es nur überhaupt ausdenkbar war, abgesehen von den Ostpreußen, mit denen sollte ich bald antreten. Es war ein Volksgrenadierregiment neuester Prägung.

Noch kam kein Befehl, aber um 15.00 Uhr war Besprechung beim Kampfgruppen-Kommandeur. Wir konnten also damit rechnen, daß der Angriff am Abend begann. Ausgerüstet waren wir gut. Wir hatten das MG 42 und die neuen Handgranaten, die man auch mit Hilfe eines Schießbechers und einer Treibpatrone aus dem Karabiner verschießen konnte. Die Zug- und Gruppenführer hatten italienische Maschinenpistolen „Beretta". Die Verpflegung durch die Küchen der anderen Einheiten klappte auch.

Die Soldaten sollten sich ausruhen, aber das konnte nicht jeder. Die Ahnung von dem Kommenden belastete den einen mehr, den anderen weniger. In den Häusern, die der Kompanie als Quartier dienten, war es einigermaßen gut und geschützt. Die russische Artillerie funkte nur wenig und brachte uns keinen Schaden. Nach der Lage der Einschläge waren es die Straßenverbindungen, die gestört werden sollten. Ich selbst hatte auch keine Ruhe. Über alles hatte ich mich informiert, was das Gelände anbetraf. Über die Truppenteile, die hier eigentlich die Stellung hätten halten sollen und die jetzt in den Trümmern des Dorfes den Iwan noch umfaßt hatten, wußte ich gar nichts. Auch nichts über die Artillerie oder Pioniere usw.

Pünktlich war ich bei der Besprechung. Alles war knapp und deutlich: Der Russe war zu vernichten und der Brückenkopf zurückzuerobern, damit der Kanal wieder zur HKL wird. Zu unserer Enttäuschung kamen keine Sturmgeschütze, da sie woanders im Einsatz gebunden waren.

Die Artillerievorbereitung sollte ab 18.45 Uhr beginnen und 15 Minuten dauern. Kurz vorher werden die noch in den Stellungen befindlichen deutschen Soldaten etwas zurückgezogen, um eigene Verluste durch unsere Artillerie zu vermeiden. Unsere Kompanie wird ganz am rechten Flügel eingesetzt. Die Gräben sollen so aufgerollt werden, daß wir wieder in den Besitz des Kanalufers kommen können. Die deutsche Artillerie verlegt das Feuer bei Angriffsbeginn auf das andere Kanalufer, damit der Russe keine Überquerung wagen kann. Schwere Maschinengewehre überschießen uns von der Dorfstraße aus. Mit vorgehenden Panzern der Russen brauchen wir nicht zu rechnen, da sie nicht über den Kanal können und unsere Pak ein Anrollen auch verhindern würde.

Das waren im wesentlichen die Gedanken des Kommandeurs. Der Befehl lag jetzt vor. An der Anwesenheit der anderen fremden Gesichter sah ich, daß man unbedingt die Einbruchstelle bereinigen wollte. Über die Bedeutung waren wir uns alle klar.

Nach einer knappen Stunde wurden wir entlassen. Ich hatte meinen Anmarsch und den Ausgangspunkt genau festgelegt bekommen. Noch hatte ich zwei Stunden Zeit.

Mit den Zugführern sprach ich in dieser Zeit alle Fragen durch, vor allem, wie wir einsickern konnten in unsere Ausgangspositionen und wie wir angreifen werden.

Um 17.45 Uhr, nachdem alles nochmals überprüft war, begannen wir in kleinen Gruppen, durch die Häuser und Häusertrümmer gedeckt, langsam einzusickern in Richtung rechten Dorfabschnitt. Ich wollte mich etwa in der Mitte des Abschnitts halten.

Eine Sache war mir noch unklar – wie wird der Angriff sich entwickeln? In den Gräben oder „oben", zwischen den Trümmern der Häuser, oder gar beides? Wie halten wir zu den angreifenden Nachbarn Verbindung? Auf der Karte war alles klar, wo die Grenzen verliefen, aber gleich nachher, wenn es soweit ist?

Ich wußte ja, daß wir noch bei hellem Tag angreifen werden, damit wir sehen konnten, wo der Feind sitzt und woher er vielleicht seinen Nachschub bekommt. Zum Grübeln war aber keine Zeit mehr.

Alles lief ab wie ein Uhrwerk. Pünktlich waren alle in Deckung, und zum ersten Mal sahen wir unsere deutschen Kameraden, die langsam aus den Stellungen zurückgerobbt kamen, soweit sie die Meldungen vom bevorstehenden Angriff erreicht hatte.

Was sich da unseren Augen bot, war alles andere als ermutigend. Sie waren ziemlich fertig und sollten sofort bei unserem Angriff wieder nachrücken und den zweiten Graben besetzen. –

So war es gedacht. – –

Anmerkung:

Diese letzten Zeilen wurden Ende Februar 1981 aus dem dritten Tagebuch niedergeschrieben.

Heute haben wir den 15. September 1981.

In den letzten Monaten habe ich oftmals daran gedacht, wie alle Einzelheiten damals abgelaufen sind. Mein Tagebuch war seit diesen Tagen, als ich in meinem noch jungen Leben erstmals für andere Menschen Verantwortung tragen mußte, nicht mehr so ausführlich beschrieben wie vorher.

Der Grund lag darin, daß die Ereignisse keine Zeit mehr ließen, alles so wie seither zu berichten und für später festzuhalten.

Trotzdem sind es eine ungeheure Fülle von Ereignissen, die ich stichwortartig festgehalten habe und die es wert sind, an spätere Generationen weitergegeben zu werden.

Ich werde von jetzt ab nichts mehr schreiben in der Gegenwartsform, so wie das Tagebuch es manchmal ermöglichte, sondern in der Erzählweise der Vergangenheitsschilderung.

Die nunmehr geschilderten Kämpfe waren so eindringlich und manchmal so grausam, daß man dieses Erleben und Durchleiden niemals vergessen kann.

Wie es deutsche Art war, pünktlich um 18.45 Uhr begann unsere Artillerie zu schießen. Am Anfang hörten wir noch die Abschüsse und auch das Gurgeln der schweren Granaten über unsere Köpfe hinweg, aber dann schwoll der Lärm immer mehr an und die Unterscheidung von einzelnen Batterien war nicht mehr möglich.

Die Einbruchstelle, das heißt der Brückenkopf der Russen, erzitterte unter den Einschlägen. Ich konnte mir nicht vorstellen, daß da noch ein Mensch dem Splitterregen entkommen kann.

Die Russen haben zweifellos nach wenigen Minuten der Artillerievorbereitung gemerkt, daß sie angegriffen werden sollten. Unter den schweren Lagen der deutschen Batterien kam aber kein Lebenszeichen oder Abwehrzeichen von ihnen aus dem Brückenkopf. Vor uns war alles nur Dreck und Staub. Fast war es dunkel über dem Dorf, in dem der Russe festsaß. Die Detonationen, manchmal unmittelbar vor uns, taten den Ohren weh.

Das Bewußtsein, daß in wenigen Augenblicken das Feuer der deutschen massierten Batterien vorverlegt wird an die jenseitige Böschung des Kanals, ließ mich angespannt sein bis in den letzten Muskel. Alles kam darauf an, den richtigen Augenblick zu erwischen, wann die Feuerwalze wanderte.

Ich blickte nochmals zu den Männern der Sturmkompanie um mich herum und dann war es soweit. Schlagartig wanderten die Einschläge der Granaten weiter vor, zur Kanalböschung, die wir allerdings schon lange nicht mehr vor lauter Dreck und Qualm sehen konnten.

Jetzt kam für mich die Stunde der Bewährung als Kompanieführer.

Urplötzlich hämmerten rund um uns herum die Maschinengewehre und die Maschinenpistolen. Detonationen von Handgranaten mischten sich ein und schnell war der Lärm der Nahkampfwaffen den großen Paukenschlägen der Artillerie angepaßt und darin aufgegangen.

Wir lagen in unserer Ausgangsstellung im zweiten Graben. Durch die Verbindungsgräben zum ersten Grabensystem versuchten wir vorzukommen. Es gab kein Hurra und kein Sprung auf marsch, marsch, wie gelernt auf freier Bahn. Dies hier war anders, ganz anders. Wir steckten in Gräben und wie sich ganz schnell zeigte, waren die Gräben vor uns von der eigenen Artillerie so zerborsten, daß es eigentlich mehr Trichter als Verbindungsgräben waren.

Mit hohem Pulsschlag hatte ich das Zeichen gegeben, in die zum Kanal führenden Gräben einzudringen.

Wir waren bei dem Angriff am rechten Flügel und kamen auch ganz gut vorwärts. Meine Soldaten waren in die anfangs noch ausgebauten Gräben eingedrungen. Dann aber waren die ausgebauten Gräben durch Einstürze und von den Granaten zerfetzten Grabenwänden so verschüttet, daß die Soldaten gezwungen waren, herauszukommen auf die Oberfläche. Das führte bald zu den ersten Opfern. Die Verwundeten und die Gefallenen blieben liegen und die anderen suchten schnell wieder Deckung in Restgräben oder Granattrichtern.

„JU 52" auf dem „Rollfeld" in Gattschina.

Wasser aus dem Ziehbrunnen für die Pferde.

Panje-Schlitten, wie wir sie jetzt dringend brauchen, beweglich und leicht.

Tschernaja im Kessel vom Demjansk. Splitterschutz vor den Fenstern durch aufgestellte Baumstämme.

Proviant wird verladen. Genüßlich auf eine gefrorene Schweinehälfte gestützt — unser Verpflegungs-Chef Bobby. In der weißen Tarnjacke der Schuhmacher der 7. Kompanie, und links, mit der Mütze zum Zuknöpfen, der Schneiderkollege von der 7. Kompanie.

Tschernaja nach dem Beschuß am Karfreitag.

Wir saßen erstmals fest. Das Abwehrfeuer der Russen kam für mich komischerweise fast aus der linken Flanke, wenn nicht gar von hinten. Es war mir rätselhaft.

Ob die anderen Sturmkompanien sich an dem Dorfmittelpunkt festgebissen hatten? An dem noch am Leben gebliebenen Feind? Anders konnte es nicht sein, denn wir bekamen jetzt Feuer fast von hinten. Für mich war das verwirrend und ich befahl: „Deckung!"

Schnell versuchte ich, mich zu orientieren, ohne den Kopf allzuweit hinauszustecken. Ohne jeden Zweifel, alles war richtig. Wir waren in dem uns zugewiesenen Abschnitt am rechten Flügel und steckten noch in den Gärten am Dorfrand, waren etwa 150 Meter vorangekommen und kurz vor den ersten Häusern am Kanal. Aber jetzt saßen wir fest. Ich spürte fast körperlich, wie unfähig ich war, die Soldaten zusammenzuhalten. Sicherlich waren sie um mich herum in Grabenstücken und Löchern, dennoch konnte ich nur die unmittelbar um mich liegenden oder kauernden Soldaten anrufen.

Dem Kompanietruppführer gab ich den Befehl, über Melder die anderen Züge, links und rechts vor mir, wieder antreten zu lassen und zwar in Einzelsprüngen und sich gegenseitig sichernd.

So hatte ich das auf der Schule gelernt. —

Inzwischen war das Infanteriefeuer keineswegs abgeflaut, sondern hatte eher zugenommen. In den Ruinen des Dorfes krachte es in der hereinbrechenden Dämmerung heftiger als zuvor. Ich war sehr bedrückt, weil meine Soldaten so gar nicht die Lebens- und Widerstandskraft zeigten, wie ich das von meiner alten Kompanie kannte. Manchmal starrte mich die nackte Angst an.

Als soviel Zeit verronnen war, daß die Melder ihre Befehle abgegeben haben konnten, gab ich für die noch bei mir liegenden Soldaten den Befehl zum Vorgehen. Mit einem kurzen Blick sah ich, daß der Befehl befolgt wurde.

Über Trümmer und Trichter kamen wir weiter. Immer wieder untertauchen und hoch in das nächste Loch oder hinter eine Mauerecke.

Irgendwann fiel mir auf, daß von meiner Kompanie nur noch wenige Soldaten zu sehen waren. abgesehen von denen, die direkt bei mir waren. Die Dunkelheit hatte sie verschluckt und der Gefechtslärm ließ alle Rufe untergehen.

Wir konnten, so glaubte ich, nicht mehr weit sein vom ersten Grabensystem. Ohne mir dessen ganz bewußt zu sein, merkte ich doch, daß mir die Führung der Kompanie aus den Händen geglitten war. Ich konnte nicht fassen, wo die Soldaten geblieben waren.

Ob es falsch war, durch die Gräben durchzudringen? Waren die Zugführer zu schwach? Ich konnte es ja selbst erleben, daß nur dann welche aufsprangen, wenn sie zu mir herankommen mußten.

Immer noch hatte ich etwa 20–30 Mann hinter mir. Weit konnte es bis zum ersten Graben nicht mehr sein. Zum Teil brannten die Häuser und gaben Konturen frei vom Gelände vor uns.

Ob wir nach links oder rechts Anschluß halten konnten, war mir in dieser Situation nicht bekannt. Ich konnte es nur hoffen. Nach den Geräuschen zu urteilen, waren wir mitten drin in unserem Angriffsstreifen.

Unter großen Mühen und körperlichen Anstrengungen erreichten wir tatsächlich den ersten Graben. Zugleich aber sahen wir das Grauen, das hier herrschte. Russen und Deutsche lagen tot durcheinander. Die Deutschen wurden wohl beim Einbruch der Russen im Nahkampf umgebracht und die Russen von unserer Artillerie. Entsetzliche Menschenknäuel lagen im oder vor dem Graben.

Ich ließ erst gar nicht etwas von Gefühlen aufkommen und befahl sofort, nach rechts und links abzusichern.

Wir hatten etwa auf einer Strecke von 40 m den Graben in unserer Hand, und darüber war ich froh.

Wieviel Opfer wir gebracht hatten bei meiner Kompanie, das wußte ich nicht. Der linke und rechte Zug war bis jetzt noch nicht in den ersten Graben vorgedrungen.

Ich habe mich schnell orientiert, wie weit es noch war bis zur Kanalböschung. Wir waren unmittelbar am Kanal!

Was wir noch hörten, waren Geräusche am anderen Ufer. Geräusche vom Russen, die darauf schließen ließen, daß welche über den Kanal gebracht oder zurückgeholt wurden. Genau war das nicht auszumachen.

Eigenartig war auch, daß wir in dem Graben keine lebenden Russen fanden, weder links noch rechts.

Mitten in meinen Überlegungen, wie wir den Graben weiter nach links aufrollen könnten – dem Dorf zu, am Kanal entlang – und wo wir ein Maschinengewehr in Stellung bringen könnten, um die Kanalüberquerung zu unterbinden, da geschah es: Schuß um Schuß! Granate nach Granate! Es waren Panzer oder „Ratsch-Bumm" am gegenüberliegenden Ufer vorgezogen worden im Schutze der Dunkelheit.

Die Granaten flogen knapp über unsere eingezogenen Köpfe und detonierten da, wo wir herkamen.

Das hätte ich mir ja denken können, daß der Russe nicht untätig bleiben würde. Wegen der Geländeeinsicht mußte er seine schweren Waffen erst in der Dunkelheit nach „vorne" bringen und – ohne Zweifel, er hatte sie jetzt vorne.

Nun mischte sich auch verstärkt russische Artillerie ein. Ich war froh, daß wir im vordersten Graben an der Kanalböschung waren. Wie in einem Käfig saßen wir in unserem Grabenabschnitt. Wir waren nicht genug Soldaten, um zum Dorf hin durchzustoßen. Im Augenblick zogen wir auch die Köpfe ein, denn die russischen Panzer oder die Pak hatten keine gurgelnden Granaten, bei deren Ankommen alte Soldaten die Einschlagsentfernung etwa einschätzen können.

Wir hatten kein Telefon und auch kein Funkgerät dabei. Wir waren ohne Zweifel isoliert und wußte auch nicht, was der Russe vorhatte. Einen Gegenangriff über den Kanal konnte ich mir nicht gut vorstellen, denn unsere Artillerie hatte starke Verwüstungen angerichtet.

Mitten in meine Gedanken hinein brach der Gegenstoß los! Plötzlich flammte es an allen Ecken und Enden auf. Was mich am meisten erregte, war die Tatsache, daß hinter uns auf unseren vorderen Graben geschossen wurde und kurze Zeit später auch aus unserer linken Flanke. Das war nicht verständlich. Sofort ließ ich nach hinten, wo wir herkamen, sichern, und nach der Dorfseite auch. Ich konnte mir das nur so erklären, daß wir in der Dorfmitte nicht durchgekommen waren und unsere Nachbarkompanie dort festlag und die Russen nun versuchten uns eingebrochene Soldaten von hinten zu kassieren.

Als ich mal wieder vom „Deckung gehen" hochblickte, war niemand mehr bei mir.

Mein Gott, das darf nicht wahr sein! Es darf nicht wahr sein!

Angestrengt lauschte ich in die unmittelbare Umgebung. Ich rief leise, umsonst! Nichts mehr von deutschen Soldaten. Es konnte doch nicht sein, daß alle Angst bekamen, als ihnen klar wurde, daß die Russen uns kassieren wollten. Das Gefühl der Niedergeschlagenheit war so groß, daß ich an Angst gar nicht dachte.

Mitternacht war längst vorbei. Dunkle Wolken waren aufgezogen und bald darauf hatte es etwas geregnet. Die Munition aus meiner Maschinenpistole war fast verschossen, Gewehrgranaten hatte ich noch.

Es konnte nicht lange dauern, bis die Russen da waren. Warum nur haben die Unseren die Nerven verloren?

Ich mußte weg aus dem Graben. Auch ich mußte weg. Das war mir klar geworden. Ich konnte die Stellung allein nicht halten.

„Wir kleine Gruppe bei dem Lt. Siegle können die Russen nicht aufhalten vor dem Graben", so dachten vielleicht die letzten, die nach hinten abgehauen waren!

Wir kleine Kompanie können den Russen nicht aufhalten! Und — wenn alle so denken?!

Der Regen hatte aufgehört. Es waren noch keine 10 Minuten vergangen, als das russische Abwehrfeuer gegen unseren Angriff wieder erneut in aller Heftigkeit aufflammte. Immer noch schossen Panzer von jenseits mit trockenem Knall ihre Granaten über mich hinweg in die 2. Linie und in die Dorfruinen.

Ich mußte weg!

Am Kanal wurde es immer unruhiger, und von der Dorfmitte her krachten die Handgranaten. Ein alter Soldat hört so etwas ganz genau.

Ich suchte den Verbindungsgraben zur 2. Linie. Über tote deutsche und russische Soldaten hinweg suchte ich den Weg, auf den Knien rutschend, und immer gewärtig, daß einer meiner Soldaten noch auftauchte.

Mit Mühe robbte ich in den Verbindungsgraben hinein, der vom Artilleriefeuer zerstört war. Ich war fest entschlossen, mich nicht greifen zu lassen. Allerdings wußte ich, daß die Lage nicht verwirrender sein konnte.

Wenn meine Soldaten sich zurückgezogen hatten, dann konnte es eigentlich nur auf dem gleichen Weg sein, den wir gekommen waren. Aber fast aus derselben Richtung sind wir vor einiger Zeit so heftig beschossen worden, und das konnten wiederum nur die Russen sein. Was taten die Russen aber dahinten, wenn wir bereits am Kanal waren?

Ich mußte auf der Hut sein. Ich hatte schlicht den Anschluß verpaßt nach „hinten".

Immer wieder blieb ich still sitzen und hörte mit offenem Mund auf die Geräusche um mich. Nichts weiter.

In einem einigermaßen heilgebliebenen Grabenstück fand ich wieder einen gefallenen deutschen Soldaten. Neben ihm sein Gewehr und ich konnte in seinem Gesicht nicht einmal erkennen, ob es einer von meiner Kompanie war. Es war noch dunkel, aber etwas mehr Helligkeit hätte auch nicht viel genützt. Ob mich noch einer erkannt hätte. Ich war verdreckt und klebrig am ganzen Körper. Auch hatte ich ein Schulterstück verloren, irgendwo beim Hinwerfen und in Deckung gehen.

Ich nahm den Karabiner des toten Kameraden und seine Patronentaschen, weil ich fast keine Munition mehr in meiner Beretta hatte. Einen Schießbecher fand ich auch bei ihm und Gewehrgranaten. Als ich das Gewehr befühlte, merkte ich, daß der Lauf an der Mündung voll Dreck war. Der Gefallene war wohl gestürzt, so daß der Gewehrlauf in die Grabenwand geriet. Jetzt suchte ich auch noch das Reinigungsgerät in seinem Brotbeutel.

Heute kann ich es kaum glauben, daß ich mit der Bürste den Lauf durchzog, in der Dämmerung mitten in einem Grabenstück hockend, und den Schießbecher aufsetzte, weil ich noch Gewehrgranaten fand mit den Patronen dazu. Einen Sinn hatte das eigentlich kaum. Ich mußte es vielleicht tun, um nicht verrückt zu werden!

Den toten Kameraden mitzunehmen, war aussichtslos. Ich wußte das auch. Mein Instinkt sagte mir, daß ich weiter mußte, zurück – bis ich wieder zu meiner verlorengegangenen Kompanie kam.

Langsam rutschte ich mit meinem Karabiner aus dem Grabenstück heraus und über Trichter wieder in ein neues Grabenstück.

Es überkam mich auf einmal, daß ich müde, zermürbt und hoffnungslos traurig war. Trotzdem hatte ich nicht das Gefühl, daß mich die Russen schnappen würden.

Ich rutschte weiter den Graben entlang und hoffte, bald zum zweiten Graben zu kommen, der eigentlich als Auffanglinie gedacht war.

Beim neuen Orientieren glaubte ich, ganz leise ein Stöhnen zu hören. Es klang weder deutsch noch russisch. Ein Mensch stöhnte da. Ich robbte noch etwas weiter. Da war es wieder. Unverkennbar rief jemand leise um Hilfe. Jetzt konnte ich es unterscheiden. Es war der Ruf nach einem Sani.

Obwohl es schon graute, schob ich mich ganz leise in die Richtung, wo die Rufe und das Wimmern herkamen, Bald konnte ich ausmachen, daß es ein Soldat war, der in einem Trichter lag.

Als ich ungefähr auf gleicher Höhe mit den Schmerzensrufen war, schob ich mich an den Grabenrand und rief leise: „Hallo, wer ist da?" Antwort: „Sani, hilf mir doch!"

Ich zurück: „Ich bin Lt. Siegle, ich versuche zu kommen."

„Helfen Sie mir, ich habe ein großes Stück weg vom Oberschenkel."

Da lag nun der Soldat. Wie es schien, war er noch ziemlich jung.

Verbandspäckchen hatte ich, das war klar. Aber wie dahin kommen? Es war nicht mehr dunkel. Ich lehnte meinen Karabiner an die Grabenwand, so daß kein Dreck in den Schießbecher fiel, daneben die Maschinenpistole. Jetzt hatte ich nur noch meine Pistole, eine 7,65 Walther. Die Patronentaschen legte ich auch weg und suchte eine Stelle, wo ich gut aus dem Graben konnte.

„Ich komme, halt aus!" rief ich leise hinüber. Dann packte ich es und kletterte über den Grabenrand. Mit einigen Sprüngen näherte ich mich dem Verwundeten. Doch bevor ich noch zum Trichter kam, preschten die ersten Kugeln an mir vorbei, als ob sie auf mich gewartet hätten.

Aber ich konnte den Jungen jetzt sehen. Er lag auf dem Bauch und hatte die Hose heruntergerissen. Da, wo sonst Hüftknochen und Gesäß zusammenkommen, hatte ihm ein Granatsplitter den Körper zerfetzt. Er hatte sich, oder noch andere Kameraden, mit Verbandspäckchen die Wunde abgebunden, so daß jetzt alles aussah wie ein riesengroßer Blut- und Fleischklumpen.

Die Tatsache, daß der Soldat so schon vielleicht Stunden gelegen hatte, machte mich fast wahnsinnig, denn der Gedanke, daß seine Kameraden ihn haben liegenlassen, war angesichts der heruntergerissenen Hose und den vollgebluteten Verbandspäckchen nicht von der Hand zu weisen.

Ich rief auf etwa 4 m Entfernung zu ihm hinüber, daß ich ihn holen lasse, sobald ich das fertigkriege, er solle noch Geduld haben. Ich schämte mich. Ganz genau wußte ich, daß ich selbst erstmal auf der Nase lag und nicht wegkonnte, weil die Russen mich inzwischen ausgemacht hatten. Auch blieb nicht aus, daß die Russen uns hören konnten.

Der Verwundete wimmerte immer wieder, ich solle ihn herausholen, sonst würde er verbluten. Das tat weh und bleibt unvergessen. Ich konnte den Jungen nicht holen, ja nicht einmal zu ihm hinkommen.

Dann rechnete ich mir meine Chancen aus, den Kameraden zu mir herunter in den Graben zu holen. Es war 1:100. Dennoch wollte ich es versuchen.

Nachdem ich nochmals eindringlich sagte, daß ich ihn nicht im Stich lassen würde und ihn spätestens bei Einbruch der Dunkelheit holen würde, wußte ich auch schon, daß jedes Wort eine unauslöschliche Lüge war. Es gab kaum einen Zweifel, daß er die Mittagssonne nicht mehr erleben würde, wenn er nicht sofort geborgen werden konnte.

– Und meine Soldaten haben ihn liegenlassen. –

Mit 2–3 Sätzen war ich wieder am Grabenrand und ich konnte mit Gewißheit sagen, daß die Russen nun wußten, wo ich war. Sie deckten mich minutenlang mit einem Geschoßhagel ein, aber da war ich schon im toten Winkel.

Ich wollte den Jungen auch hierhaben, aber wie machen?

Da kam mir der Gedanke mit dem Schießbecher! Wie wäre das, wenn ich alle Gewehrgranaten, die ich noch hatte, nacheinander aus dem Graben heraus, in Richtung Iwan, da wo die Schüsse herkamen, abfeuerte und dann, solange sie in Deckung gingen, den Jungen aus dem Trichter holte?

Es war verrückt, aber die einzige Chance für den Verwundeten.

Ich nahm die Munition aus dem Gewehr und lud nacheinander die Patronen für die Gewehrgranaten. – Es war jetzt so hell, daß ich mich gut orientieren konnte. Etwas aufgeregt und zittrig brachte ich den Karabiner in Position auf dem Boden des Grabens. Dann legte ich mir die Granaten alle nebeneinander hin.

Wie im Traum schoß ich sie nacheinander ab in Richtung Feind. Es blubbte und blubbte, bis sie alle weg waren. Den Karabiner wegwerfen und wieder auf die Grabenkante klettern, war eins.

Die Chancen waren 1:100.

Als ich oben war und eben springen wollte, krachte es los vom andern Ufer des Kanals. Sie schossen mit der Pak auf mich!

Und nicht nur das. Zu deutlich hatten sie mich inzwischen ausgemacht.

Bevor ich noch in den Graben zurückgerutscht war, kam schon der zweite Schuß der Ratsch-Bumm und diesmal ganz dicht.

Ein Glück, daß die Anleger dieser Gräben, es waren Angehörige der Organisation Todt und Einheimische, also Polen und aus Ostpreußen kommende Zivilisten, sie so tief machen mußten.

Unsere Artillerie war wach geworden. Die VB hatte wohl erkannt, daß da vorne noch Deutsche steckten und schossen Salve um Salve über den Kanal.

Der Rabatz war wieder im Gange.

Ich hockte mit bubberndem Herzen in dem Grabenstück und war der Verzweiflung nahe.

Von dem jungen verwundeten Soldaten hörte ich nichts mehr.

Den Karabiner ließ ich liegen, hängte mir die MP um den Hals und tat das, was noch nicht ganz zerbrochene Menschen tun, ich ergab mich in mein Schicksal und begann, mein eigenes Leben zu retten.

Es hatte mich am linken Fuß erwischt, aber das habe ich nicht einmal gemerkt. –

So, wie ich es an der Newa gemacht habe, so habe ich es wieder gemacht. Mit unendlicher Geduld robbte ich Stunde um Stunde aus diesem Grabenstück in das nächste, ohne daß die Russen nochmals auf mich anlegen mußten. Auch keine Pak kam meinetwegen noch zum Schuß. Wie ein Wurm kroch ich durch Schlamm und Dreck Richtung Ausgangsstellung.

Endlich, endlich stand ich in Deckung durch eine Feldscheunenwand und streckte mich.

Jetzt konnte ich auch der Blutspur nachgehen und gucken, was da weh tat.

Ich war geschafft, kaum wegen der Verwundung. Auch nicht so sehr körperlich. Nein, es war der Junge, der nicht mehr wimmerte, als ich ihn verließ und — daß mir meine Kompanie weggelaufen war, als der Russe uns im Rücken angriff und überhaupt, der ganze Scheißkrieg war zum Kotzen!

Eine Postensicherung vom 2. Zug nahm mich in Empfang. Es war nach meiner Uhr 10.30 Uhr geworden.

Sie alle glaubten, ich wäre gefallen — da im ersten Graben. Sie hätten keine Hoffnung mehr gehabt, daß die anderen Sturmkompanien noch bis in den ersten Graben am Kanal vorkommen würden. Um nicht abgeschnitten zu werden, hätten sie sich zurückgezogen in die Ausgangsstellung.

Ich mochte darauf nicht viel sagen. Unsere Verluste waren inzwischen festgestellt worden. Ich meldete mich telefonisch beim Kampfgruppenkommandeur Motsch mit der Begründung so spät, daß ich durch das Verhalten der Russen erst jetzt auf meinen Gefechtsstand zurückkehren konnte.

Ein Melder brachte mir etwas zu essen. Wieder das Telefon. Es war nochmals der Major. Er sagte, ein Melder wäre unterwegs und er bitte mich um 15.00 Uhr zur Besprechung.

Ich legte mich hin, nachdem ich mich vergewissert hatte, daß alle Verwundeten abtransportiert waren.

Auf einmal hielt ich nichts mehr von der Tapferkeit der deutschen Soldaten. — Mein Essen hat mir nicht gut geschmeckt. —

04.08.1944

Vor 14 Tagen hatte mich der Kommandeur aus Rendsburg aus dem Urlaub geholt. Vor 14 Tagen wollten sie Hitler umbringen. Und heute war um 15.00 Uhr Besprechung angesetzt, weil wir den Brückenkopf nicht genommen haben.

Die Amerikaner waren an unserer Westgrenze, die Russen nur noch wenige Kilometer von der Grenze zu Ostpreußen.

Wir sollten den Augustow-Kanal halten, am Bobr und am Narew halten.

Und meine Kompanie ist mir heute nacht weggelaufen. —

Der Kommandeur machte keine Umschweife. Wir hatten es nicht geschafft. —

„Ganz einfach — wir schaffen es deshalb — heute nacht!"

Also nochmals alles wie gehabt. Wiederum ohne eigene Panzer und Sturmgeschütze. Unsere Kompanie sollte, wie schon mal, auf dem rechten Flügel angreifen und hatte den Befehl, den Kanal wieder zur Hauptkampflinie zu machen.

„Der Russe muß hier weg, meine Herren, Johannisburg ist bereits Deutschland. Vergessen Sie nicht, das besonders Ihren ostpreußischen Soldaten zu sagen. — Wenn der Russe durchbricht, tragen wir schwerste Schuld gegenüber unserem Vaterland."

So etwa klang das. Es war ehrlich so gemeint. Ich hatte in diese Kompanie kein zu großes Vertrauen mehr. Ich war zu enttäuscht über den mangelnden Kampfwillen.

Heute weiß ich, daß diese zusammengewürfelte Soldatenschar nichts verbunden hat, außer der Uniform und der Druck der Kriegsereignisse. Sie hatten miteinander nicht so gelitten wie z. B. die Hamburger, als tagelang Bomben auf Hamburg niedergingen und die Soldaten später wochenlang Erfahrungen austauschten, über das Schicksal der gegenseitigen Angehörigen in ein und derselben Straße.

Viele meiner Soldaten wurden abgefangen an den Frontleitstellen oder in Urlaubszügen. Sie konnten nicht zu den vertrauten Gesichtern der alten Kompaniekameraden zurück. Sie fühlten sich heimatlos, was die Kompanie oder das Regiment anging. Wir Offiziere waren fremd. Durch das Attentat auf Hitler waren viele aufgeschreckt.

Was verbunden hat, war der Wille, seine Haut und Heimat so teuer wie möglich zu verkaufen.

Die Ostpreußen wußten, wovon ich später, im Quartier bei den Zügen, sprach.

Am heutigen Abend steigen wir wieder in die Gräben und Trümmer. Der Russe wird erneut versuchen, sich festzukrallen.

Ich habe dem Kommandeur gemeldet, daß ich nicht mehr durch die Gräben angreifen will, sondern oben her. Alles war ja so umgewühlt, daß von Grabensystemen nicht mehr gesprochen werden kann. Tatsächlich hoffe ich dadurch aber auch, die Kompanie straffer führen zu können.

Alles nimmt seinen Gang wie gestern abend. Bei anbrechender Dämmerung kam der Artilleriefeuerschlag auf den russischen Brückenkopf. Aus unseren Bereitstellungen greifen wir von oben her an und kommen wiederum gut voran. Ich beobachtete, wie nach links und rechts Verbindung gehalten wird. Zu spät merken wir, daß der Russe heute eine andere Taktik benutzt. — Er läßt uns auflaufen. Dazu braucht es viel Nervenstärke.

Ich hatte in Erfahrung gebracht, daß er tagsüber nicht <u>einen</u> Soldaten über den Kanal bringen konnte. Nur im Schutze der Nacht hat er, trotz der von uns eingesetzten Artillerie, Nachschub in den Brückenkopf bringen können.

Wir sind tatsächlich prompt aufgelaufen. Mit großer Disziplin hat er riskiert, daß wir ihn nach der Feuerwalze ausheben, wenn er sich nicht rechtzeitig rührt, d. h. abwehrt.

Kaum haben wir den vordersten Graben und die Kanalböschung erreicht, empfängt uns sehr starkes Abwehrfeuer von vorne und von der Seite. Die Soldaten meiner Kompanie sind fast alle bis zum Graben an der Kanalböschung vorgekommen. Jetzt aber prasselt es an allen Ecken und Enden. Wir bringen zwei MG in Stellung, um über den Kanal zu schießen. Der Kampflärm verdichtet sich zur Dorfmitte hin sehr stark. Daher entschließe ich mich, zur Entlastung meiner links von uns kämpfenden Kameraden, dort anzugreifen unter Schwächung des Kanalufers.

Ein Zug bleibt an der Böschung, Richtung Kanal, und zwei Züge verteile ich auf den Graben, der seinen Namen nicht mehr verdient. Auf etwa 50 m Breite entlang der Kanalböschung wollen wir es schaffen, direkt in das Dorf hinein.

Trotz starker Abwehr aus den Häuserruinen greifen wir an.

Die Russen haben das schnell erkannt und setzen wieder ihre Pak und Panzer ein, die unter künstlichem Nebel herangebracht worden waren.

Wir müssen wieder einmal in Deckung gehen, denn die Granaten der Panzer und Ratsch-Bumm verschonen selbst ihre eigenen Soldaten nicht, so rücksichtslos wird geschossen.

In einer kleinen Feuerpause springe ich mit dem Kompanie-Truppführer hoch, um zwischen 2 Hausruinen besser schießen zu können.

Plötzlich sehe ich es vor mir aufflammen: Ein Blitz und Knall und es war passiert. Die Panzergranate traf etwa 10 m vor mir auf den Hof und ein Splitter verwundete mich unter dem linken Auge im Ansatz der Nase.

Daß ich getroffen wurde, habe ich diesmal gemerkt. Noch im Aufblitzen riß mich der Feldwebel mit zu Boden, aber es nutzte nichts mehr. Schnell sprangen wir hinter das halbe Haus, aber ich sah wegen des Blutes nur noch wenig. Es konnte nicht viel passiert sein, denn die Schmerzen waren in der Aufregung gering. Viel schlimmer, daß ich fast nichts mehr sah.

Ich sagte ihm, daß er das Kommando übernehmen soll und ein Sani sollte versuchen, das Blut zum Stillstand zu bringen. Der herbeigerufene Sani tat sein Bestes, aber es wurde doch ein schnell durchbluteter Verband daraus.

Um mich herum waren fast alle in Deckung gegangen. Damit war der Schwung weg.

Unter dem Feuerschutz der Soldaten, die bei mir waren, führte der Sani mich zurück zum 1. Graben an der Kanalböschung, der noch immer vom zurückgelassenen Zug besetzt war. In der Hoffnung, daß wir diesmal drinbleiben und daß meine anderen Züge mindestens die Stellung im Dorf halten, bis die anderen Kompanien durchstoßen, ließ ich mich, fast nichts mehr sehend, in den 2. Graben bringen.

Unterwegs veranlaßte ich den Sani, nach dem Jungen zu suchen, den ich am Morgen nicht bergen konnte.

Der Sani fand ihn, trotz der Nacht. – Er brauchte keine Hilfe mehr. –

Wie eine Herausforderung stolperte ich mit dem Sani über dem Verbindungsgraben dem 2. Graben zu, als der Sani plötzlich die Parole rief. Er hatte zwei deutsche Soldaten im Graben entdeckt. Als wir herankamen, meldeten sie sich und sagten, daß sie sich vertan hätten und nicht wüßten, wo die anderen „weggeblieben" seien.

Mir kam ein solcher Zorn hoch, daß ich drauf und dran war, nach der Maschinenpistole zu greifen. Ich schämte mich für diese Soldaten, denn sie hatten sich offensichtlich verdrückt.

Ich befahl ihnen, genau dahin zu gehen, wo ich jetzt hergekommen sei, denn dort bei ihrem Zug würden sie dringend gebraucht.

Ich war viel zu erregt, als daß ich auf meinem Gefechtsstand bleiben wollte. Noch war nicht Mitternacht und noch war der Iwan im Dorf und nicht draußen.

Ich ließ mir den Verband abnehmen, als ich zum Doktor kam, aber der winkte ab. Der Splitter saß so unglücklich zwischen Auge und Nasenrücken, daß man ihn nicht so herausnehmen konnte, nur auf dem Verbandsplatz. Und genau da wollte ich nicht hin und meine Kompanie im Stich lassen. Zuerst wollte ich wissen, ob wir den Russen herausbeißen.

In dem Ruinendorf krachte es immer noch heftig. In meinem Angriffssektor war es etwas ruhiger, was mich hoffen ließ, daß die Stellung gehalten wurde.

Von dem Melder, der den Sani längst abgelöst hatte, wurde mir laufend berichtet, was sich vor unseren Augen tat.

Wir waren auf einer leichten Anhöhe, am hinteren Dorfrand, und er konnte die ganze Szene gut beobachten.

Wir vermuteten schon eine ganze Zeit, daß unsere Soldaten trotz geballter Ladungen nicht durchkamen.

Es kam so, wie am Tag zuvor auch. Durch zurückgebrachte Verwundete hörten wir immer wieder, daß unsere Soldaten von vorne, aber auch von hinten angegriffen worden sind.

Wir wollten nicht glauben, daß der Russe über den Kanal so viel Nachschub gebracht hatte, denn unser schweres Artilleriefeuer konnte den Übergang so abriegeln, daß nicht viel Nachschub herüberkommen konnte. Es war rätselhaft für uns.

Der Kampf flaute ab und damit kamen die entmutigten Soldaten der Sturmkompanien wieder zurück, nachdem der 2. Graben erneut zur HKL eingerichtet worden war.

Es war bedrückend für mich. Mir wurde auch klar, daß wir Sturmpanzer oder vorgezogene Pak und Pioniere mit Flammenwerfern brauchten. Durch Artilleriebeschuß allein waren die Russen nicht mehr über den Kanal zu bringen.

Langsam kamen auch meine Züge wieder zurück. Längst nicht mehr alle kamen. Ich sollte Oblt. F. eine viel kleinere Kompanie zurückbringen, als ich mitgenommen hatte.

Als alles versorgt war, Verwundete abtransportiert waren, Sicherungen eingeteilt waren, legte ich mich auch auf eine Matratze.

In der Nacht noch hatte ich meinen Bericht zur Kampfgruppe Motsch geschickt und mich telefonisch zurück- und zum zweiten Mal leicht verwundet gemeldet.

Ich war deprimiert. Wieder war der Russe dringeblieben. Das konnte doch wirklich nicht nur an unseren Soldaten gelegen haben.

05.08.1944

Ich hatte nicht gut geschlafen. Unweit war der Russe noch immer in seinem Brückenkopf und wir wurden extra dazugeholt, um eine Einbruchstelle hier nicht zur Einbruchstelle nach Ostpreußen werden zu lassen.

Ein Melder brachte Kaffee und etwas zu essen.

Inzwischen war ich um 9.00 Uhr zum Kommandanten befohlen worden. Auf dem Weg dorthin nahm ich einen Melder mit. Wir konnten fast ungestört den Weg zu dem Gefechtsstand zurücklegen.

Ich wußte nicht recht, was kommt, war aber auf allerlei gefaßt. Inzwischen kam ich in das Gerede der Soldaten, auch der außerhalb meiner Kompanie. Ich hatte in der ersten Nacht beim Angriff mein linkes Schulterstück abgerissen und verloren. In der vergangenen Nacht wurde meine verdreckte Uniform auch nicht viel besser, und das Blut am Hosenbein von der leichten Verwundung am linken Bein hat sich verbunden mit dem Blut vom linken Gesichtsteil. Ich muß wohl nicht gerade fein anzugucken gewesen sein.

Nachdem ich meine Montur etwas auf Vordermann gebracht hatte, machte ich von der rechten Schulter das noch verbliebene Schulterstück auch ab, denn wo sollte ich so ein Schulterstück jetzt herbekommen?

So bin ich denn beim Kommandeur heute morgen ohne Schulterstücke erschienen und damit war ich „der Leutnant ohne Schulterstücke". So sollte ich einige Tage noch benannt werden.

Der Kommandeur war nicht zornrot oder bissig, weil der Russe noch drin war, aber es war ihm nicht erklärlich. Er war ganz offen und sagte zu den versammelten Offizieren, daß wir hier an dieser Stelle entweder den Russen hinausbekommen, oder sterben werden und da wir nicht sterben wollen, werden wir den Brückenkopf einrennen.

Später meldete ich mich zu Wort und schilderte meine Eindrücke von den beiden langen Nächten indem ich darauf hinwies, daß durch meine Beobachtung der Russe keinen Nachschub unmittelbar während unserer Angriffe bekommen haben konnte. Weiter sei mir aufgefallen, daß unsere Kompanie 2mal die Kanaluferböschung erreicht habe und jedesmal hätten wir den Eindruck gehabt, daß wir unmittelbar nach dem Erreichen des ersten Grabens von hinten und der Seite beschossen wurden.

Diese Schilderung gab Anlaß zu einer erweiterten Diskussion in der immer mehr deutlich wurde, daß der Russe über viel mehr Kräfte im Brückenkopf verfügte, als wir den Tag über oder bei Beginn unseres Angriffs wahrnahmen.

Der Kommandeur sagte abschließend, daß heute abend kein neuer Angriff angesetzt würde, sondern erst morgen nach Eintreffen der nunmehr dringend angeforderten Sturmgeschütze und Pak.

Er nahm mich nachher zur Seite und meinte, daß ich 2mal mächtig Glück gehabt habe mit meinen Verwundungen. Im übrigen sei er trotz des Mißerfolgs seither zufrieden mit der Kompanie und mir, denn nachweislich seien wir als einzige bis zur Kanalböschung gekommen, „wenngleich ich auch geglaubt hätte, sie, am Ende allein, verteidigen zu müssen".

So wurde ich gewahr, daß sich herumgesprochen hatte, daß mir die Kompanie stiftengegangen war in der ersten Nacht.

Mit noch 2 verwundeten Soldaten und einem Sani machten wir uns auf den Weg zum Verbandsplatz der Kampfgruppe.

Zu diesem Zweck mußten wir einen Weg durch die Felder und Büsche nehmen, direkt vom Gefechtsstand weiter den leichten Hang hinauf. Bis zu einer gewissen Grenze konnten wir auch tagsüber ungesehen gehen. Dann aber mußten wir im Laufschritt den letzten Rest des Hangs nehmen, weil keine Deckungsmöglichkeit mehr gegeben war.

Wir also im Trab und auseinandergezogen den Hang hinauf. Ich hörte es zuerst: „Das Blubb" der Granatwerfer. Und sie kamen. Vorne, hinten, links und rechts, überall spritzte es plötzlich auf und wir mittendrin. Liegenbleiben hatte keinen Wert, denn wir waren in einem fertig vermessenen Sperrfeuergebiet und hatten gar keine Chance, daß es nur Zufall war. Wir rannten um unser Leben und keuchten, daß ich mich fast erbrechen mußte.

Auch hier merkte ich den Einschlag am Hinterkopf, knapp unter dem Stahlhelmrand. Ich rannte auf dem Hang wie besessen weiter nach oben, dem anderen Abhang zu, der mich in Deckung, zumindest aus der Sicht der Russen brachte.

Als ich mit der Hand unter dem Stahlhelm herfuhr, tropfte auch schon das Blut von der Hand.

Noch einmal Glück gehabt und das zum dritten Mal in 2 Tagen. Die Einschläge der Werfer waren hier vorbei und da die anderen auch angeschnauft kamen, setzten wir uns erstmal hin und verschnauften uns.

Was hatte ich nur für ein Glück!

Auf dem Verbandsplatz wurde ich beglückwünscht. Der Splitter zwischen Auge und Nase links konnte entfernt werden und der Splitter am Hinterkopf auch. Am linken Fuß fanden sie keinen mehr, nur noch die Wunde.

So wurde ich denn 3mal verbunden und verpflastert und bekam aus einem Teller ein ausgezeichnetes Essen. Inzwischen sah ich nach, ob Verwundete von meiner Kompanie noch da waren. Sie waren schon alle weg auf dem Weg nach Ostpreußen.

Da es aussichtslos war, bei Tag zurückzugehen zum Gefechtsstand, konnte ich mich auf ein Feldbett legen und den Schlaf des Gerechten schlafen.

Übrigens, auf Schulterstück-Ersatz waren sie auch nicht eingerichtet.

Als es schon gut dunkel war, ging ich zurück und meldete mich zuerst beim Kommandeur an. Unterwegs, von der Höhe aus, war es ein großartiges Schauspiel, vor mir das Trümmerdorf liegen zu sehen und zu sen, daß da drin die Russen waren und wir drum herum. Ich habe die Russen im Brückenkopf nicht beneidet. Sie haben sich ganz hervorragend bis jetzt geschlagen.

Und wir warten auf die Sturmgeschütze heute nacht.

Auf meinem eigenen Gefechtsstand nahmen sie mich mit großer Erleichterung auf. Irgendwie wurde ich jetzt ganz anders akzeptiert, als vor einigen Tagen. Man spürt so etwas an vielen Kleinigkeiten.

Diese Nacht von Samstag auf Sonntag hat der Russe Ruhe und wir auch. Aber morgen, am Sonntag, dem 6. August, sind die Sturmgeschütze da, und dann wollen wir ihn heraushaben.

Die Nacht verläuft ruhig und Verpflegungsempfang haben wir auch am Morgen.

06.08.1944

Mit meinem verbundenen Kopf zum Befehlsempfang.

In der Nacht sind 3 Sturmgeschütze gekommen und schwere Pak ist auch eingetroffen. Wir sind dankbar dafür.

Trotz der Erwartung des dritten Angriffs auf den Brückenkopf ostwärts Netta, wie es im Amtsdeutsch in meinem Soldbuch steht, habe ich mich gut ausgeruht. Die Schmerzen an den Wunden im Gesicht und Hinterkopf und am Bein sind nicht weiter schlimm. Lediglich das linke Auge ist noch nicht wieder klar.

Eigenartig, daß beide Augen in Mitleidenschaft gezogen wurden, bei den Verwundungen.

Über das Telefon kam der Befehl: „Besprechung 10.00 Uhr beim Kommandeur". Ich wusch mich sorgfältig, während meine Ordonnanz nach meiner verdreckten Hose und Jacke sah.

(Für spätere Leser erklärt, war das ein Soldat, der dem Kompanieführer alles abnahm, was von untergeordneter Bedeutung war: Beispiel: Essenholen für den Chef, Wäsche und das notwendige Waschen derselben erledigen, seine privaten Dinge einpacken, mitführen, Begleitperson bei Inspektionen usw.).

Sogar rasieren konnte ich mich. Die Schulterstücke am Rock konnten aber noch nicht ersetzt werden.

Vor der Besprechung ging ich durch die Häuser in denen die Soldaten meiner Kompanie untergebracht waren.

Heute war zum ersten Mal für mich die Möglichkeit gegeben, überhaupt einmal mit den Soldaten einen privaten Satz zu sprechen!!

Wenn ich heute nach 40 Jahren die dortige Situation vergegenwärtige, dann ist es verständlich, daß die Soldaten nicht aus Begeisterung zum Vaterland jede Nacht zum Sturmangriff antraten, sondern sie taten es aus absoluter Notwehr und mit dem Rücken an der Wand, womit ich die ostpreußische Grenze meine.

So kam es also, daß ich erfuhr, woher die Männer kamen, wer verheiratet war und Kinder hatte und wo man sie abschnappte, um in dieses schnell aufgestellte Regiment zu stecken. An ihrem Gesichtsausdruck merkte ich oftmals, daß sie Angst hatten, vor dem, was vor uns lag. Sie alle wußten, daß heute nacht klammheimlich die Sturmgeschütze kamen, auf schweren Tiefladern und auch schwere Pak dazugekommen ist. Manchmal tauten sie auch etwas auf und fragten nach dem Frontverlauf und ob ich glaubte, daß der Feind vor der Reichsgrenze aufgehalten werden könne. Ich ließ daran gar keinen Zweifel aufkommen, denn ich könnte mir selbst nicht ausdenken, was dann wäre, wenn der Feind die Grenze überschreiten würde. Dann sagten mir manche Soldaten, wo ihre Wohnung in Ostpreußen und in welchem Dorf war und vor allem, wieviel km es bis dahin nur noch wären.

Recht nachdenklich verließ ich die Quartiere und begabe mich mit einem Melder die Straße hinter dem Dorf hinauf, zum Gefechtsstand des Kommandeurs.

Die Offiziere der anderen Einheiten von Infanterie, Pak, Nachrichten, vorgeschobenen Beobachtern, Pioniere, Sturmgeschütze usw. kamen nacheinander. Auf irgendeine Weise mußte der Brückenkopf weg, das war jedem anwesenden Offizier und Feldwebel klar. Die anzuwendende Taktik beim Angriff war ausschlaggebend. Unverholen gab man zu, daß der Anlauf 2mal danebenging. Gründe: Nicht zu erklärender Widerstand der Russen, selbst dann, wenn unsere Soldaten bereits an der Kanalböschung waren. Vermutlich haben die Russen die Trümmer und Keller der Häuser so gut ausgebaut, daß sie das Trommelfeuer der Artillerie überstehen konnten.

Es wurde abgesprochen, daß nach dem Artillerieschlag die Sturmgeschütze so eingesetzt werden, daß jedes Haus und jeder Keller durchsucht wird. Deshalb wird der Angriff schon auf 16.00 Uhr festgesetzt. Die schwere Pak wird durch Handzug bis nach vorne gebracht zum Straßenkampf. –

Im stillen war ich froh, daß unsere Soldaten beeindruckt werden konnten von den mithelfenden schweren Waffen.

Ich erhielt meinen Abschnitt wieder, durfte aber nicht schneller zum Kanal vorstoßen, bis auch die Mitte mitkam und dafür mußte ich meinen rechten Flügel verstärken.

Die Besprechung war zu Ende gegangen mit dem Hinweis, daß die zusätzlich eingesetzten Verbände sich erst wieder auf ausdrücklichen Befehl zurückziehen dürfen.

Die jetzt den Brückenkopf umfassenden Truppen waren schon soweit dezimiert, daß man nichts dem Zufall überlassen wollte.

Auf meinem Gefechtsstand erneut Befehlsausgabe an Zug- und Gruppenführer. Ich machte deutlich, daß wir erst wieder herauskommen, wenn der Russe in dem Brückenkopf zerdrückt worden ist oder sich gefangen gibt. Jeder wußte, daß wir außer Artillerie schwere Waffen mitbekommen, und daß wir nicht zur Böschung vorstoßen dürfen, ohne die Mitte auch auf unserer Höhe zu haben. Es war überall verstanden worden.

Noch einmal wurden wir verpflegt und Munition wurde auch aufgefüllt. Die übrige Zeit wurde benutzt, um sich auszuruhen.

Um 15.00 Uhr sickerten wir vorsichtig wieder in unsere Bereitstellungsräume. Von den Sturmgeschützen hörten wir nichts, da dem Russen nichts verraten werden sollte, wurden sie erst bei dem Artilleriefeuerschlag angelassen. Gesehen habe ich sie schon. Als sie in voller Deckung standen, habe ich sie mir einmal genau angesehen.

Es war soweit: Der dritte und vielleicht letzte Anlauf. Der Brückenkopf war etwa 800 m tief und 1500 m breit.

Die Artillerie setzte ein und wir hatten den Eindruck, daß neue Batterien vor allem auf der östlichen Kanalseite Ziele bekämpften oder Sperrfeuer schossen. Für die Russen war das Gelände über dem Kanal ganz ungünstig und ohne Tarnmöglichkeiten für Fahrzeuge. Die russischen Infanteristen hatten allerdings jede Nacht Gräben weiter vorgetrieben gegen den Kanal. Wir konnten den frischen Auswurf jeden Morgen sehen.

Die Feuerwalze wanderte nach Osten und wir konnten die Motoren unserer Sturmgeschütze hören. Aus dem Brückenkopf gingen in rascher Folge Leuchtkugeln hoch. Der Feind war sich darüber wohl im klaren, daß es diesmal bitterernst werden würde.

Die ersten Granaten der Sturmgeschütze zerfetzten Hausreste. Der Knall war für uns eine Erlösung. Wieder waren wir von den in der Umfassung liegenden Soldaten aufgenommen worden und dann ging es im hellen Tageslicht, Sprung um Sprung vorwärts. Wir kannten uns schon ganz gut aus und so sprang ich immer von Loch zu Loch. Der Staub und Dreck in der Luft war unbeschreiblich. Bald hatten wir die Höhe erreicht, wo wir den linken Flügel mithaben mußten. Also liegenbleiben und in den Brückenkopf hineinschießen was die Gewehre hergaben. Inzwischen hatte sich die schwere Pak auch Ziele gesucht. An dem Knall und den Mauerfontänen konnte ich beobachten, was sie sich vorgenommen hatten.

Von der russischen Artillerie wurden wir weitgehend verschont, da wir zu verzahnt mit Russen waren. Jetzt aber wurde es lebendig mit Nahkampfwaffen. Deutlich hörten wir die Schußfolgen aus den Maschinenpistolen. Wir am Dorfrand sollten nun nach links drücken und die dort vorgehende Kompanie unterstützen. Ich sprang mehr rüber, zum Nachbarn an meinem linken Abschnitt und erlebe so mit, wie das für uns Unfaßbare der letzten 2 Angriffe eine Erklärung fand.

Mit den Sturmgeschützen haben sie weisungsgemäß alle Ruinen und deren Keller aufgeknackt und keinen übergangen, wenn aus dem vielleicht auch nicht geschossen wurde. Und so kam es, was dann unausbleiblich war: Die Russen hatten sich in 2 riesengroßen Kellern grundsätzlich überrollen lassen. Als sie von den Paks und Sturmgeschützen aufgeknackt wurden, waren sie voll von russischen Soldaten, die gar nicht mehr zum Schuß kamen. Wie die Ameisen quollen sie aus den Kellern. Es waren dieselben, die uns nach dem Überrollen und bisher unerkannt, von hinten her den Garaus machten. Wenn wir angriffen und sie merkten, daß sie dem Angriff nicht standhalten würden, wurde die Masse solange in den Kellern versteckt ohne sich blicken zu lassen, bis wir vorbei waren und dann heraus und uns in Rücken geschossen.

In einem weiteren Keller war ein voll ausgebauter Gefechtsstand mit allem technischen Gerät, über den wir deutschen Soldaten schon 2mal in der Nacht drüberrollten und die Russen haben die Nervenstärke gehabt, so lange nichts zu unternehmen bis sie uns im Rücken auch packen konnten.

Das war eine Sensation für alle.

Die russischen Soldaten wurden sofort entwaffnet und nacheinander abgeführt.

Inzwischen haben die Russen über dem Kanal drüben spitzbekommen, daß ihre Kommandozentrale gefunden war und die versteckten Soldaten in Gefangenschaft kamen.

Ihre Artillerie machte sich jetzt schlimm bemerkbar, denn sie nahmen keinerlei Rücksicht mehr auf ihre restlichen eigenen Soldaten und belegten den gesamten Brückenkopf mit Trommelfeuer.

Soweit bei der späteren Besprechung bekannt wurde, hat der Russe nicht einen Soldaten an diesem Abend über den Kanal gebracht, weder in den Brückenkopf noch aus ihm heraus und zurück zu den russischen Linien.

Noch bevor das russische Trommelfeuer einsetzte, war ich mit meiner Kompanie an der Kanalböschung. Und nun bekamen wir zum ersten Mal Anschluß nach links, so daß der Graben, oder besser, was noch davon übrig war, fest in unserer Hand war.

Die deutschen Soldaten, die damals von den Russen überrascht wurden und seither den Brückenkopf notdürftig umfaßt hatten, bis wir als Feuerwehr zu Hilfe kamen, waren froh, daß wir noch dablieben und die HKL mit besetzt hielten.

Es war schon dunkel, als das Artilleriefeuer abebbte. In fieberhafter Eile haben alle Soldaten den Graben wieder in Ordnung gebracht.

Ganz schlimm war es für die alte Besatzung, denn erst jetzt konnten sie ihre Kameraden, die seit Tagen schon gefallen waren, suchen und sie zur Bestattung und Registrierung aus Grabenstücken und Trichtern herausholen. Viele tote Russen wurden zur Seite gelegt, die Waffen eingesammelt und die Munitionstaschen abgenommen. Es war ein grauenhafter Betrieb im Graben. Wichtig war, daß wir schnellstens die MG-Stände wieder hergerichtet und intakt hatten. Niemand nahm sich die Zeit, die toten auf der Böschung liegenden Russen hereinzuholen. Ich glaubte nicht, daß der Russe in dieser Nacht einen neuen Übersetzversuch machen konnte. Die Verluste waren zu schlimm.

In der Dunkelheit kamen dann die Nachrichtenleute und machten eine Verbindung zum Kampfgruppengefechtsstand. Was wir an eigenen Verlusten hatten, konnte ich noch nicht genau melden, aber daß wir nach links und rechts durchgehende Verbindung haben und Herr der Lage sind.

Wir sollten zur Verstärkung und zum Ausbau noch den nächsten Tag in der Stellung bleiben. Näheres durch Melder.

Die ganze Nacht waren alle Mann fieberhaft am Ausbau der Stellung und dem Freischaufeln der Verbindungswege nach rückwärts beschäftigt. Der Russe machte auch keinen Versuch mehr, das Rad herumzuwerfen. Ich war froh, daß wir noch so gut zurechtgekommen sind. 3 Schrammen an 2 Tagen hat es mir persönlich eingebracht. Warum gerade mein Kopf immer herhalten mußte?

Mit der alten Grabenbesetzung regelten wir die Wachen und notwendigen Erdarbeiten, und am Schluß konnte ich mich in irgendeiner Grabenecke auch etwas hinlegen.

07.08.1944

In der vergangenen Nacht sind alle Verwundeten und Gefallenen auf deutscher Seite gesucht und abtransportiert worden. Darunter auch der junge Soldat, den ich nicht bergen konnte und der wohl verblutet war.

In den letzten Nächten wir ich noch mehr ein Mann geworden. Es war keine leichte Verantwortung. Ich mußte an so manche Begebenheit denken. Oft auch an Oblt. Kuhn und Major Bathe von meinem alten Regiment. Was sie wohl machen und ob sie noch leben? Ich ahnte nicht, daß sie in Kurland eingeschlossen waren. Ich war mir sehr sicher geworden, was zu tun war. Der Umgang mit den fremden Offizieren in der Kampfgruppe war immer sehr kurz und freundschaftlich. Trotzdem dachte ich bei mir manchmal, daß jeder in einer Maske steckt. Ob sie wohl alle noch an den Endsieg glauben?

Ich habe heute nacht wieder viele russische Soldaten gesehen. Die Gesichter waren sicherlich vom Schock gezeichnet. Sie kamen nicht einmal zum Schuß und waren wie in einer Sardinenbüchse eingeschlossen. Sie warteten auf den Augenblick, wo die letzten deutschen Soldatenstiefel über sie hinweg waren, um uns dann im Rücken zu packen. Ich hielt dies für eine tolle Taktik, und alle mußten die Nerven behalten.

Jetzt gingen sie in die Gefangenschaft. Sie waren uns aber fremd. Sie waren uns verschlossen und wir konnten nicht in sie hineinsehen und hineinhorchen. Ihre Gesichter waren nicht wie unsere. Sie waren uns fremd. Vielleicht haben sie, im einzelnen, auch Angst gehabt vor den Fritzen?

Der Tag dämmert herauf und wir hoffen, daß der Russe an dieser Stelle den Versuch aufgibt, unsere Front aufzubrechen. Er war ja so kurz vor der deutschen Grenze!

Ich ahnte nicht, wie berechtigt solche Gedanken waren. Während des Einsatzes der 6. Kompanie 1144 bei Netta am Augustow-Kanal hat man die Weltgeschichte etwas aus den Augen verloren. Man war mit der Verteidigung seines Lebens und der Verteidigung aller hinter uns lebenden deutschen Frauen und Kinder befaßt. Heute hier am Brückenkopf, morgen vielleicht schon wieder an einer anderen Einbruchsstelle.

Von Vormarsch, Sieg und Heldentum war schon lange keine Rede mehr hier.

Das Nächstliegende war für mich, ob der Russe hier ruhig bleibt und wann wir wieder zu unserem Regiment zurück können. Im Augenblick war es ruhig.

Als es vollends Tag wurde und die Ferngläser benutzt werden konnten, sah man das Ausmaß der Verwüstungen. Wie konnte man da nur mit dem Leben davonkommen?

Heute am 07. August 1944

waren wir am Augustow-Kanal bei Netta.

In Westfalen war Hanna kurz vor der Niederkunft und der Geburt unseres ersten Kindes. Wie und wann wird sie jemals erfahren, wie es mir erging, als ich losfuhr von Dünne nach Rendsburg. Sie hat keine Ahnung, daß ich in Polen bin, den Kopf verbunden habe und noch sehr froh bin, daß ich lebe.

So wandern die Gedanken, wenn nach einer so dramatischen „Frontbegradigung" eine „Kriegspause" für den Kopf eingetreten ist.

Der Krieg ging weiter. Scharf beobachteten wir die gegenüberliegende Kanalseite. Mit dem Fernglas hatte ich etwas Schwierigkeiten wegen der Wunde unter dem Auge.

Zu sehen war nichts da drüben, wie wenn keiner da wäre. Dabei konnte man aber deutlich sehen, daß sie weitergebuddelt hatten trotz der Beschießung durch unsere Artillerie. Ob unsere Sturmgeschütze noch da vorne waren, wußte ich auch nicht. Ich hoffte es sehr, denn ohne diese Brecher hätten wir es kaum geschafft. Wir hatten es im Vergleich zu Iwan viel besser, weil wir ein großes Grabensystem hatten, das wir in der Nacht und noch jetzt wieder hergerichtet haben. In der Tageshelligkeit haben wir noch viel Ausrüstungssachen der Russen entdeckt. Immer wieder wurde die Lage abgefragt durch das Telefon.

Dann kam der Bescheid, daß ich in der Dämmerung zum Gefechtsstand des Kommandeurs befohlen bin. Das heißt, daß meine Kompanie mindestens noch bis in den kommenden Abend hinein in der vordersten Stellung verbleiben muß.

Am Abend übergab ich dem ältesten Zugführer das Kommando und machte mich mit einem Melder auf den Weg. Nicht wie die Nächte zuvor auf allen Vieren, sondern so, wie sonst auch. Nach gut einer halben Stunde waren wir durch die Verbindungsgräben durch und kamen an den Westrand des Dorfes. Dort standen auch noch die Sturmgeschütze. Man hätte sie streicheln können. –

Auf dem Gefechtsstand war lebhafte Tätigkeit. Ich meldete mich bei dem Adjutanten und sollte noch etwas warten. Wir waren in einem Bauernhof, der nicht zerschossen und zu einem Gefechtsstand umfunktioniert war.

Nach kurzer Zeit mußte ich kommen. Zu meinem Erstaunen war da ein General im Zimmer, dem ich vorgestellt wurde mit den Worten etwa: „Lt. Siegle, Führer der Sturmkompanie 6/1144, drei Angriffe und jedesmal bis zum Kanal durchgebrochen, 3mal dabei verwundet. Blieb bei der Truppe".

Weiter:

„Der Divisionskommandeur General Behrends (er war Eichenlaubträger des Ritterkreuzes und ich hatte so ein Ding vorher nie gesehen) wollte Sie kennenlernen und Ihnen persönlich seine Anerkennung aussprechen."

So war das damals. Ich bekam lobende Worte zu hören und dann gab es nachher einen Kognak, und ich konnte mich wieder abmelden, doch nicht ohne Hinweis, daß ich mir baldmöglichst wieder meine Schulterstücke anmachen lassen sollte.

Essenausgabeplatz bei Bunker 17, zwischen Tschernaja und Bely.

Das ist „Drüben" bei Iwan im Sommer 1942 im Kessel.

Der verschwindende Schnee gibt Tiertragödien preis.

„Land unter". Trotzdem müssen wir Melder durch.

Selbst die Lattenroste schwimmen am Schluß weg.

Der Schnee verwandelt sich zu Wasser. Tauwetter. Bunker und Stellungen „saufen" ab.

Der Adjutant draußen fragte dann: „Wie war der General"? Ich sagte „So wie ich ihn erlebt habe, war er gut gelaunt". „Das war in den letzten 3 Tagen und Nächten aber anders, mein Lieber".

Ich bekam noch einen detaillierten Marsch- bzw. Ablösebefehl mit, für den Fall, daß der Russe nicht mehr angreift in der Nacht.

Dann war ich entlassen.

Mit mir selbst war ich ganz zufrieden, denn ich hatte jetzt die Anerkennung durch einen fremden Divisionskommandeur erhalten und habe bestätigt bekommen, von einem höchstdekorierten General, daß ich der Aufgabe als Kompanieführer gewachsen war.

Der Einsatz hatte zweifellos meine ganzen Kräfte herausgefordert. Ich wußte von jetzt ab, was ich zu leisten vermochte.

08.08.1944

Um 3.00 Uhr begann ich meine Kompanie herauszuziehen. Ganz leise, ohne Lärm zu machen, zogen wir uns zurück aus der Hauptkampflinie an der Kanalböschung. Alles ging glatt und so konnte ich mich um 4.00 Uhr beim Kampfgruppenkommandanten Major Motsch abmelden.

Die bereitgestellten Lkw waren schon beladen, die Mannschaften aufgesessen, und so ging die Fahrt wieder zurück zu unserem Regiment.

6 Tage Einsatz bei Netta waren zu Ende. Meine erste Aufgabe als Kompanieführer hatte ich bestanden! –

Die Fahrt war unbequem und wir wußten auch nicht genau, was wir antrafen. Wo war der Rest des Batl.? Nach dem fürchterlichen Rückzug der anderen Batl.-Einheiten war mir nicht klar, wo wir hinkamen und was für Verhältnisse dort waren.

Beim Regimentsstab angekommen, meldete ich mich und erfuhr, daß die Kompanie heute abend schon in eine Stellung geht, bis dahin aber in einem nahegelegenen Dorf in Ruhe gehen kann nach den durchgestandenen Kämpfen. Mir war das recht. Hauptmann Thomsen, der Adjutant sagte mir, daß wir uns gut geschlagen hätten.

So nahmen wir das zugewiesene Quartier gerne an. Es war in der Gegend bei Kuligi. Hier traf ich auch den Oblt. F. und übergab ihm die

Kompanie wieder. Ich mußte natürlich erzählen, wie es war und wie es uns ergangen ist. Dann sagte mir F., daß ich die Kompanie heute abend mit in die neue Stellung bringen soll, dann aber den morgigen Tag zum Troß könne, um mich auszuruhen und um die Gefallenenbenachrichtigungen an die Angehörigen zu schreiben.

In der Nacht sind wir mit der Kompanie in die Stellung gerückt und haben dort eine Polizeieinheit abgelöst. Der Kommandeur der Polizeieinheit machte auf mich einen verheerenden Eindruck. Er hatte unverhüllt Angst und war kaum zu bremsen, nach „hinten" zu kommen.

Bei all den Fragen nach der Feindlage, Geländebeschreibung, Nachbar links und rechts war nur „weiß nicht" zu hören. Es war wirklich niederschmetternd. Entweder waren diese Polizeioffiziere nicht geschult worden, oder in der Not hat die Führung auch unausgebildete Einheiten in die Lücken geworfen, die buchstäblich geopfert wurden. Jedenfalls hat mich erschreckt, wen wir da ablösten.

Nachdem wir alles übernommen und schnell Sicherungen vorgeschoben hatten, entließ mich F. zum Troß.

Mit einem Fahrzeug unserer Kompanie ging es zurück. Das Batl. hat alle Troßfahrzeuge mit den Fahrern, den Hauptfeldwebeln und den dazugehörenden Dienstgraden, Waffen und Gerät, Sanitäter, Schreibstube, Handwerker usw., in einem nahegelegenen Dorf zusammengezogen. Jetzt hatte ich das erste mal Gelegenheit, auch einmal mit dem Spieß, also dem Hauptfeldwebel, zusammen zu sein. Seit der überstürzten Kommandierung zu der 6. Kompanie im Regiment 1144 in Stablack auf dem Truppenübungsplatz, habe ich ihn nicht mehr gesehen.

Ich konnte mich waschen, rasieren und schlafen. Dann bekam ich von unserer Küche Essen und ließ mir vom Spieß sagen, wo sie seither waren, nach unserer Ausladung mitten in der Frontlücke bei Grajewo.

Anschließend mußte ich die Briefe an die Angehörigen der Gefallenen schreiben. Ich habe das zum ersten Mal in meinem Leben tun müssen. Ich versuchte zu beschreiben, daß wir Angriffe machen mußten gegen einen russischen Brückenkopf und daß dabei der Sohn oder Ehemann gefallen sei und hart an der deutschen Grenze bestattet wurde.

Ich schrieb nichts davon, daß ich nicht wußte, wer der Gefallene war, daß ich vielleicht mal mit ihm gesprochen habe, vielleicht auch nicht. Nichts davon, daß er irgendwo abgefangen war auf einer Frontleitstelle und einfach zu einem neuen Truppenteil gestopft wurde. Nichts davon, daß wir erst seit 2 Tagen eine Feldpost-Nr. haben und nichts davon, daß es vielleicht der Junge war, dem ich nicht das Leben retten konnte.

Ich schrieb aber, daß sie sofort tödlich getroffen worden waren und keine Schmerzen auszuhalten brauchten und ich schrieb auch, daß sie für Führer, Volk und Vaterland ihr Leben gegeben haben.

Es war das erste Mal, mit diesen Lügen. Und – es sollte noch viel schlimmer kommen damit.

Am Abend machte ich mich wieder auf den Weg in die Stellung. Es war abgemacht, daß F. am nächsten Tag ausspannt beim Troß, ich deshalb rechtzeitig in der Stellung sein sollte, zumal ich sie noch nicht genau kannte.

Pünktlich meldete ich mich auf dem Gefechtsstand zurück. F. war etwas wütend über die abgelösten Polizeieinheiten, denn, wie er sagte, haben sie nicht das geringste in der Stellung ausgebaut und alles in einer maßlosen Schlamperei hinterlassen. Dann beruhigte er sich aber, und nach einer Tasse Kaffee, die ein Melder machte, wollte er mich in unserem Abschnitt einweisen.

Wir hatten einen ziemlich großen Abschnitt bekommen, der von den Zivilisten ausgebaut worden war. Es gab den 1. Graben = HKL = Hauptkampflinie und einen 2. Graben und einen mächtigen Panzergraben. Wir haben wohl alle vorgesehenen MG-Stände, Granatwerferstände usw. besetzt, aber mit den Reserven für die Ablösung haperte es. Es war verhältnismäßig ruhig, geschossen wurde kaum. Etwas Neues entdeckte ich im Stellungssystem. Es waren Beton-Brunnenringe, als Einmannlöcher, die am untersten Ring an der Grabensohle ein Einschlupfloch hatten. Nirgendwo hatte ich das bisher gesehen.

F. machte sich auf den Weg zum Troß und ich ging mit einem Melder nochmals die gesamte Stellung ab, damit ich mich gut auskannte. Telefonleitungen waren zu jedem Zugunterstand gelegt. Wenn jetzt nichts Besonderes eintrat, war ich zufrieden.

10.08.1944

Der Tag verlief ruhig.

Am Abend kam F. wieder zurück und brachte für mich den Befehl mit, daß ich sofort das Kommando an der „Kaminhöhe" übernehmen müßte.

Ich machte mich augenblicklich auf den Weg, nachdem mich F. auf der Karte eingewiesen hatte. Sie grenzte an unseren Abschnitt, war aber stark exponiert und deshalb Ziel der russischen Artillerie.

11.08.1944

Kommandant der „Kaminhöhe".

Es war eigentlich nichts „dran" an der Sache, eben nur, daß man weit in das Land schauen konnte, dafür aber gut selbst, bei unvorsichtigem Benehmen, gesehen werden konnte. So wie das jetzt ausgebaut war, gefiel mir das nicht. Der Splitterschutz war zuwenig. So kam ich nach der ersten Nacht auf die Idee, den Keller auszubauen und auf dem darüber liegenden Balkon, der wie eine Terrasse zu einem Garten führte, eine MG-Stellung einzubauen. Wenn wir sie gut tarnten, konnten wir weit „hinlangen". Vielleicht konnte ich sogar ein MG mit Lafette aufbauen lassen.

In der darauffolgenden Nacht vom 11. auf

12.08.1944

ließ ich den Terrassenboden aufbrechen, damit wir eine Lafette einbauen konnten.

Zu unserem großen Erstaunen bekamen wir die schweren Steinplatten leicht hoch und siehe da: wir waren auf ein ganzes Warenlager gestoßen. Es war kaum zu fassen, was wir alles an Lebensmittel, Honig, Speck, Fleisch, das geräuchert war, ja sogar eine Nähmaschine, gefunden haben.

Jetzt brauchten wir keine Erde ausheben, dafür hatten wir die besten Sachen für die Küche. Alles staunte, wie ich dieses Lager entdeckt habe. Doch, die Wahrheit war, daß ich einen MG-Stand suchte.

Am Morgen war der Stand fertig – und – ich wurde wieder abgelöst.

13.08.1944

Unsere ganze Kompanie war in der Nacht abgelöst worden und wieder durch Polizei ersetzt. Mir war das komisch. Diese Polizei machte wirklich einen schlechten Eindruck. Warum hat man sie wiederum in die Stellung beordert? Oder hatte man mit uns etwas anderes vor?

Feststeht, wir lagen zurück im 2. Graben und hatten Ruhe.

Wie das so ist, bekamen unsere Melder eine Ente zu fassen und drehten ihr den Hals um. Es war ja Krieg. In einem aufgestöberten Putzeimer wurde die Ente gebraten und anschließend aufgegessen. Die Soldaten freuten sich über die Abwechslung. Wir waren im 2. Graben nicht in Ruhe, nur in Alarmbereitschaft.

Wie ich später von Hanna erfuhr, war der heutige Tag, der 13. August 1944, auch der Geburtstag unseres Stammhalters Gerhard-Dietrich.

Noch wußte ich aber nichts davon.

14.08.1944

Es hatte also doch etwas auf sich, daß wir schon wieder herausgezogen wurden. In der Nacht zu heute wurden wir in die Gegend von Prochnowo verlegt. Es war ein absoluter Eilmarsch, wie wir ihn selbst im Westfeldzug nicht gemacht hatten. Unermüdlich mußten wir marschieren, denn F. sagte mir, daß der Russe die „Warze" bei Prochnowo genommen hat und dabei ist, seinen Einbruch zu erweitern. Wir sollten schnellstens am Kanal einen Sperriegel aufbauen und im Gegenangriff den Russen hinauswerfen.

Warum wir den ganzen Tag marschieren mußten, weiß ich nicht mehr. Vielleicht waren keine Lkw zur Verfügung oder kein Benzin?

Jedenfalls kamen wir todmüde aber noch rechtzeitig, um aufzuhalten, was schon ins Wanken geraten war. Der Russe hatte die ganze „Warze" schon besetzt und war dabei, mächtig in die Einbruchstelle nachzusickern. Es waren Gärten, Buschgelände und einige Häuser, wo er bereits drin saß. Die Stellungstruppen waren von ihm entweder vernichtet worden, oder sie mußten sich zurückziehen.

Nach Lage der Dinge mußte schnell etwas geschehen. F. und ich waren überzeugt, daß wir angreifen müssen. Nur, das mußte mit den zuständigen Truppen koordiniert werden. Auch mußten wir bedenken, daß unsere Kompanie eine Verschnaufpause brauchte. So wurde es dann 23.00 Uhr bis alles klar war.

Ich kann mich nicht entsinnen, daß ich je körperlich so gut in Fahrt war, wie bei diesem Stoßtruppunternehmen. Trotz aller Müdigkeit haben wir den Angriff vorgetragen wie noch selten. Es klappte so, wie ich mir das ausgedacht habe. Mit großem körperlichen Einsatz rollten wir die „Warze" von der Seite her auf. Obwohl ich den Kopf immer vorne hatte, bekam ich keine Verwundung ab, nur, als wir wieder in der früheren Stellung drin waren, war ich auch am Ende. Ich glaube, wir hatten nur wenige Gefangene. Die Russen haben sich gewehrt bis zum letzten.

Wieder hatten wir es geschafft.

Noch vor Morgengrauen wurden wir herausgezogen und die alte Besatzung hielt ihre zurückeroberte Stellung allein.

Ich wußte, daß ich mein Bestes gegeben habe diesmal, aber das Glück war mir heute auch wohlgesonnen gewesen.

Vom Regiment kam ein Befehl, daß ich mich bei Oblt. F. abmelden solle und zum Regiment versetzt sei.

Was das sollte, wußte ich nicht. Es war jetzt der

15.08.1944

Schon auf dem Weg zum Regiment, den ich nach der Karte allein ging, mußte ich 2mal abprotzen. Ob das die Aufregung von heute nacht war? Es konnte ja sein.

Ich meldete mich beim Adjutanten, Hauptmann Thomsen. Freundlich wurde ich begrüßt und zwinkernd sagte er mir, daß er für mich auch 2 neue Schulterstücke hätte, damit ich beim Kommandeur auch vollständig angezogen erscheinen könne. Im übrigen, er wolle mir gratulieren zu dem Stoßtrupp heute nacht. Näheres würde ich vom Kommandeur hören. Noch wußte ich nicht, was ich eigentlich beim Regiment sollte. Vielleicht sollte ich das Verwundetenabzeichen bekommen?

Etwas später mußte ich mich melden.

Den Oberstleutnant kannte ich persönlich ja nur von dem Abend des 27. Juli, als dummerweise das EK I bei mir den Ausschlag gab, in sein Regiment noch zur Auffüllung genommen zu werden.

Den Mann mochte ich leiden von Anfang an. Er bat mich Platz zu nehmen und eröffnete mir unverhofft, daß ich in das III. Batl. versetzt würde und dort die 9. Kompanie von Lt. Marquard, der verwundet sei, übernehmen müsse. Ich hätte bewiesen, daß ich der rechte Mann sei für eine Kompanie, die allerdings nach schweren Verlusten neu aufgebaut werden müsse.

„Mit Major Busch werden Sie bestimmt gut auskommen und jetzt habe ich einen Vorschlag zu machen: Gehen Sie zum Dr. Saager in die Försterei und erholen Sie sich noch einige Tage bis der Nachschub für die Kompanie da ist. Der Spieß der 9. Kompanie kümmert sich um die noch vorhandenen 26 Soldaten. Offiziere, Unteroffiziere haben Sie nicht mehr. Sie sind alle gefallen oder verwundet."

Das war es dann.

Ich fühlte mich etwas überfahren, denn alles ging so schnell. Nachdenklich machte ich mich auf den Weg zur Försterei. Der Dr. wußte, daß ich auf dem Anmarsch war und hatte schon für mich decken lassen. Es sollen ein paar Tage Erholung sein, nicht zuletzt wegen der Verwundungen und der Strapazen.

Was für ein Gefühl, sich gehenlassen zu können. Ich bedankte mich bei dem Oberstabsarzt und bat ihn, auch nach den Splitterwunden zu sehen, im übrigen sei ich schlimm verdreckt und nicht gerade einladend.

Kommt alles der Reihe nach. Erst essen.

Ich hatte den Eindruck, daß er ganz gerne mal jemand da hatte, mit dem er plaudern konnte.

Nach dem Essen, das von Ordonnanzen gebracht wurde, konnte ich mich waschen und rasieren. Als ich wiederum zur Toilette mußte mit Durchfall, entdeckte ich Blut im Stuhlgang. Ich sagte dem Doktor, was ich für eine Entdeckung gemacht hatte. Das wird Ruhr sein, oder eine Abart davon. Am besten, wir ernähren Sie mit Wasserschleim, so kommen wir der Sache besser bei als mit Entenbraten. Damit spielte er darauf an, daß ich am Sonntag mitten im Graben einen Entenbraten bekommen hatte.

Von schönem Essen war der Traum aus, doch ich sah das ein. Also gab es am Abend einen Teller voll Haferschleim.

Wie mir der Arzt sagte, war ich nicht der einzige, der damit zu tun hatte. In seinem Revier waren mehrere Soldaten, die daran erkrankt waren. Das war wenigstens ein Trost. Er sperrte mich nicht in ein Krankenzimmer, nur, ich sollte mich schonen, solange ich fast nichts essen durfte.

So kam es, daß ich vier volle Tage Gast bei Dr. Saager war und während dieser Zeit über manches Thema mit ihm diskutierte. Er war kein Berufssoldat und auch eingezogen worden als Sanitätsoffizier der Reserve. Daß wir den Krieg noch gewinnen könnten, daran glaubten wir beide nicht. Es mußte für den Amerikaner doch einsichtig sein, daß wir uns mit ihm zusammentaten, um gegen den Bolschewismus anzukommen.

Wir waren uns einig, daß die Russen auf keinen Fall hinter unsere Reichsgrenze kommen durften und wenn unsere Regierung vernünftig genug war, sollte sie im Westen Waffenstillstand machen und dann gemeinsam mit den Amerikanern gegen Rußland antreten. Das war der Grundton unserer Gespräche in der Försterei.

Am Sonnabend, dem 19. August 1944

mußte ich lt. Reg.-Befehl die 9. Kompanie übernehmen. Ich meldete mich auf dem Batl.-Gefechtsstand des III. Batl. bei Major Busch. Es war nicht weit, um da hinzufinden. Alles war ausgeschildert und es sah so aus, als ob die Front hier etwas ruhiger wäre.

Das III. Batl. war auch hart eingesetzt worden und gerade die mir jetzt anvertraute Kompanie hatte alle Führer restlos verloren. Ganze 20 Mann waren noch vorhanden und in der Obhut des Hauptfeldwebels hinter der Frontlinie beim Troß untergebracht.

Major Busch unterschied sich von Hauptmann Zipper allein schon äußerlich. Er war etwas weniger streng im Gesicht und vielleicht auch etwas fülliger. In einem Gespräch, daß zuerst sehr dienstlich geführt wurde, sagte er mir, daß der Regimentskommandeur ihm versprochen hätte, einen guten Offizier mit viel Fronterfahrung zu schicken. Und dann fragte er mich aus.

Ich mußte ihm meinen Werdegang schildern und nicht ohne Schmunzeln vernahm er, daß ich Diakonenschüler in Bethel war und zuvor das Schneiderhandwerk erlernt hatte. Er interessierte sich auch für meinen Familienstand und als ich ihm sagte, daß wir unser erstes Kind bald erwarten, klopfte er mir auf die Schulter und meinte: „So ist das recht, nur nicht aufgeben".

„Wir werden den Russen vielleicht nicht mehr besiegen, aber hereinkommen wird er nicht. Dafür sind wir Ostpreußenregimenter geschaffen worden, daß die Heimat frei bleibt von Russen!"

Nach dem Gespräch wurde ich mit dem Adjutanten bekanntgemacht, dem Lt. Johst. Dieser unterrichtete mich über die Zusammensetzung des III. Batl.

   9. Kompanie seither Lt. Marquard, jetzt Lt. Siegle
  10. Kompanie   Lt. Kollmar
  11. Kompanie   Lt. Meyeres
  12. Kompanie   Lt. Stötter

Ordonnanzoffizier war Lt. Nölting
Pionierführer Lt. Wulf

Lt. Johst war mir zugetan. Das war gegenseitige Sympathie auf den ersten Blick. Später haben wir uns oft gegenseitig geholfen. Nicht weit vom Batl.-Gefechtsstand war der Troß der 9. Kompanie. Der Hauptfeldwebel meldete und ich stellte mich vor. Er war recht bedrückt und wußte nicht recht, wie er mir beibringen sollte, daß eigentlich gar keine Kompanie mehr da war. Ich sagte ihm, daß er mir nichts weiter erklären brauche, und daß ich von den Kommandeuren informiert worden sei. Er solle alles so erledigen, wie er es auch bei Lt. Marquard gemacht hätte und im Sinne von Marquard wolle ich auch die Gefallenenanzeigen schreiben.

19 traurige Briefe habe ich geschrieben. In allen stand die gleiche Lüge vom Heldentod und tapferem Sterben ohne Schmerzen. Keinen von den Soldaten hatte ich je gekannt. Ich wußte noch nicht einmal, wo sie gefallen und wo sie beigesetzt waren. Von manchen waren im Gepäck persönliche Sachen gefunden worden, die jetzt den Angehörigen geschickt werden konnten.

Es war eine schlimme Sache und niemand sollte über Krieg reden, der nicht auch einmal so etwas in seinem Leben machen mußte.

Übrigens – auf der Kriegsschule hat man uns das auch nicht gelehrt. Und noch etwas: Die Formel – für Führer, Volk und Vaterland – war vorgeschrieben.

Erst spät in der Nacht bin ich fertig geworden mit den Briefen. Sie ähnelten sich fast alle – vor allem in der Unwahrheit vom sofortigen schmerzfreien Tod –.

Der Spieß hatte für mich ein Bett und ich schlief der neuen Kompanie entgegen, denn morgen würden wir wieder aufgefüllt vom Ersatzbatl. Heiligenbeil Nr. 356.

So begann meine Aufgabe mit der 9. Kompanie.

20. 08. 1944

Genau ein Monat ist es her seit dem Attentat auf Hitler und daß wir Soldaten nicht mehr unseren eigenen alten Gruß hatten.

Sonntag ist heute und ich wache in einem Bett auf. Kaum habe ich das Waschen so herrlich empfunden wie hier beim Spieß. Er war älter als ich und ich merkte sehr bald, daß er mit mir auf gutem Fuß leben wollte.

Es gab einen guten Kaffee, der aus einer Mischung von Bohnenkaffee und Malzkaffee war. Er stammte übrigens aus Fronteinsatzpäckchen, die die Soldaten nach jedem Sturm oder Angriffstag bekamen. Sie enthielten meistens Zigaretten und Schinkenspeck und eine Dose Schokocola mit Kaffeepulver. So etwas bekam ich auch rechtens.

Später machte ich mich an die Arbeit und besuchte den Rest der Kompanie und ließ mir berichten, was hinter den Männern lag. Es war nicht ganz leicht, immer das rechte Wort zu finden, denn der Altersunterschied lag bei 18–60 Jahren in den Kompanien. Alles, was einigermaßen gehen konnte, wurde eingesetzt.

Nach dem Mittagessen sollte der Nachschub kommen. Zur Unterbringung hatte der Spieß schon alles vorbereitet.

Und da kamen sie, alles andere als muntere und frische Soldaten. Da keine Unterführer mehr da waren, mußte auch eine ganze Reihe von Unteroffizieren kommen.

Das Begrüßen und Einteilen dauerte bis in den späten Abend und ich konnte mir noch nicht so recht vorstellen, wie das eine Kompanie werden sollte in 24 Stunden, denn dann war der Zeitpunkt eines neuen Einsatzes schon festgelegt!

Bis zur Nacht auf den Dienstag, den 22. August 1944, hatte ich Zeit, alles so hinzubekommen, daß wir einen Frontabschnitt wieder besetzen können, ohne daß die Soldaten Feldpost-Nr. noch Kompanieführer kennen. Die Zeit drängte, aber mir war am wichtigsten, daß ich die Menschen kennenlernte, damit ich wußte, wen ich vor mir hatte.

21.08.1944

Bis heute abend hatte ich Zeit. Ich machte mir nichts vor. Ich konnte sie nur zusammenbringen, wenn ich ihnen klarmachte, daß wir nun einmal eine Schicksalsgemeinschaft wurden und gar nicht anders können, als mit dem Rücken zur Wand uns wehren zu müssen. Das verstanden die Soldaten.

Inzwischen waren die Befehle für den Einsatz gekommen und ausgegeben worden. Am Spätnachmittag wurden die Fahrzeuge mit Munition und Schanzzeug, Wolldecken und Wäschebeuteln beladen.

Ich hatte jetzt wieder 3 Züge mit je 1 Feldwebel und Unteroffiziere oder Obergefreite als Gruppenführer. Zudem hatte ich alles zu Papier gebracht, so daß ich besser zurecht kam, als bei der 6. Kompanie, wo ich anfangs gar nichts wußte.

In der Nacht lösten wir eine andere Kompanie in einer Stellung ab, die sehr versumpft war und etwas dem Einsatz in Wolchow 1943 ähnelte.

Die Stellung war ausgebaut und Unterkünfte waren auch vorhanden, so daß wir es nicht schlecht antrafen. Wir wurden auch gut in das Gelände eingewiesen und waren dankbar, daß wir nicht nochmals eine Polizeieinheit ablösen mußten.

Angriffe des Russen waren in diesem Gelände kaum zu befürchten, doch wissen konnte man das nie genau.

Zum Teil waren Palisaden und Blenden gebaut worden, damit wir uns uneingesehen bewegen konnten. Als ich zum ersten Mal nach links und rechts Verbindung aufnahm, hatte ich ein gutes Gefühl, daß wir die Stellung behaupten konnten.

In dieser Sumpfstellung blieben wir bis zum 12. September 1944.

Am 24. August 1944 gab es eine große Überraschung. Ein Melder brachte ein Telegramm von Hanna, daß wir einen gesunden Stammhalter bekommen haben. Er ist am 13. August, also an dem Sonntag, an dem ich den Entenbraten bekam, geboren. Ich war überglücklich und konnte auch am Telefon die Glückwünsche des Major Busch und des Oberstleutnant Dorn entgegennehmen. Alles freute sich mit mir. Als dann noch am Abend Post von Hanna kam, war alles gut!

Am 30. August kam dann wieder Post von Hanna und ich wußte jetzt, daß die Verbindung klappte. (Wir hatten große Schwierigkeiten, weil wir lange keine Feldpost-Nr. hatten und deshalb auch nicht angeschrieben werden konnten.)

In der Nacht vom Freitag, dem 01. September auf Sonnabend, war ein Stoßtrupp befohlen worden.

Der Russe hatte uns einen Bunker vor die Nase gesetzt, der uns sehr unangenehm werden konnte. Durch Scharfschützen haben wir schon manchen Verlust hinnehmen müssen, aber nun sollte das ein Ende haben. Zum Bunkerbeschuß konnten wir in dem sumpfigen Gelände keine Pak vorbekommen. So blieb nur der Stoßtrupp mit Pionieren übrig.

Ich habe das Unternehmen sorgfältig vorher geplant. Einer meiner Feldwebel leitete den Stoßtrupp und ich blieb in der Stellung. Auf eine Artillerie-Vorbereitung habe ich verzichtet, da mir die Überraschung mehr Wirkung versprach. Alles kam darauf an, daß wir links und rechts vom Bunker alles niederhalten konnten.

Es klappte dank der Pioniere gut. Unsere Männer waren je nach Ausbildungsstand der Sache gewachsen gewesen. Ohne nennenswerte Verwundungen kamen alle wieder gut herein.

Als der Russe Sperrfeuer schoß, war alles schon vorbei.

Ich atmete auf. Wenn ich selbst mit draußen gewesen wäre, hätte ich nicht mehr ausgestanden als im Graben, von wo aus der Stoßtrupp losging.

Am 05. September kam ein Befehl, der mich vor etwas fast Unmögliches stellte: Ich sollte einen ganzen Zug Soldaten abstellen. Von dem Graben heraus und zurück zum „Halbmond". Dies war eine Geländebeschreibung für ein Waldstück hinter uns.

Vorausgegangen war eine bestialische Geschichte im Hinterland. Ein Hauptmann mit einem Melder wollte zum Divisionsstab und zwar mit dem Pferd. Als der Hauptmann längst überfällig war beim Stab, fragte man zurück und erfuhr, daß er und der Melder pünktlich vom Troß abgeritten waren.

Man suchte sie auf dem vermutlichen Weg und fand beide Soldaten nackt, mit durchschnittener Kehle und Kopfschüssen. Die Pferde waren weg. –

Dies löste wiederum eine großangelegte Suchaktion gegen die Partisanen aus, denn um solche konnte es sich eigentlich nur handeln. –

Unser abgestellter Zug kam erst spät in der Nacht wieder zurück. Alle waren todmüde vom Durchkämmen der Wälder. Gefunden haben sie nichts.

Am 11. September bekam ich Bescheid, daß Lt. Marquard einsatzfähig zurückkommt und ich ihm morgen die Kompanie wieder abgeben muß.

Am 12. September war es dann soweit, daß der Vorgänger, der fast alles an Männern verloren hatte, seine neue, inzwischen ganz gut zusammengewachsene Kompanie wieder übernehmen konnte. Ich habe in den vergangenen Wochen mit dieser Kompanie alles gemeistert, ein gutes Verhältnis zu den Männern gehabt und ging eigentlich ungern weg. Mit guten Wünschen für ihn und die Kompanie verabschiedete ich mich bei einem Durchgang durch die Stellung. Gegen Abend war ich zur Meldung bei Major Busch auf dem Batl.-Gefechtsstand.

Er, der Major, war sehr jovial zu mir und bedankte sich für das gute Zusammenarbeiten in und mit der neu aufgebauten Kompanie. Er habe aber sofort eine neue Aufgabe für mich und zwar solle ich die 10. Kompanie von Lt. Kollmar übernehmen. Ich solle noch am Abend mit dem Hauptfeldwebel Christiansen Verbindung aufnehmen beim Troß und morgen mich von Lt. Kollmar einweisen lassen.

Nun kam ich mir doch vor wie auf einem Verschiebebahnhof.

Warum ich Lt. Kollmar ablösen sollte, wußte ich nicht. Ich sagte: „Jawohl, Herr Major!" und nahm meinen Stahlhelm unter den Arm und ging dann zum Adjutanten, dem Lt. Johst. Ich erhoffte von ihm etwas mehr Aufklärung, fand aber nur ein Achselzucken und gute Wünsche für mein neues Kommando.

Ob ich wohl wirklich geeignet war, überall einzuspringen?

13.09.1944

Vom Hauptfeldwebel Christiansen habe ich mir zeigen lassen, wie ich zur Kompanie in die Stellung komme. Zuvor hatte er aber noch eine Überraschung privater Art für mich! Es war Post für mich gekommen und sofort vom Stab zur 10. Kompanie geleitet worden. Die ersten Aufnahmen von unserem Kind hatte ich in den Händen. Das war ja wunderbar. Jetzt konnte ich ihn sehen, den wir ja schon gefeiert hatten.

Das war ein guter Anfang mit der neuen Kompanie. Hanna schrieb auch, daß der Reg.-Kommandeur ein Glückwunschtelegramm geschickt hatte. Das freute mich sehr.

Gegen mittag war ich auf dem Gefechtsstand und lernte so auch den Lt. Kollmar kennen. Wir tauschten unsere Erfahrungen aus und er sagte mir, daß er noch nicht weiß, warum er abgelöst wird.

Dann gingen wir durch die Stellung, um mich einzuweisen. Fast waren wir durch, als plötzlich ohne jede Vorwarnung eine schwere Granate bei uns einschlug. Wir beide konnten nicht schnell genug zu Boden gehen, da kam der nächste Heuler dicht daneben und eben da hatte es einen Unterstand erwischt.

Dann kam nichts mehr. Heute noch kann ich mir nicht erklären, was den Russen veranlaßte, mit einer schweren Haubitze auf uns mit zwei Granaten zu schießen. Das Unglück war aber groß. Es gab zwei Tote und vier Verwundete auf einen Schlag.

Wir taten alles, um zu helfen so schnell es ging, aber die beiden tödlich Getroffenen waren nicht mehr zu retten.

So dicht beieinander ist Leben und Sterben. Heute vormittag der Brief von Hanna mit den Bildern von unserem Erstgeborenen und hier der Tod von zwei Männern. Kollmar übernahm es, die Angehörigen der Gefallenen zu benachrichtigen.

Mit Beklemmung gingen wir zum Gefechtsstand zurück. Dann verabschiedete er sich und machte sich auf den Weg, nicht ohne mir noch gute Wünsche zu sagen.

Ich sah mich im Unterstand um, und die Ordonnanz von Kollmar meldete sich. Obergefreiter Ziemer, Melder von Herrn Leutnant Kollmar. „Wollen Sie bei mir bleiben als Ordonnanz, dann ist mir das recht." „Jawohl, Herr Leutnant." „Sie sind aber kein Ostpreuße?" „Nein, Herr Leutnant, ich bin aus Westfalen." „Nanu, wo denn da her?" „Aus Herford, Herr Leutnant, bei Bielefeld in der Nähe." „Und ob ich das kenne, meine Frau ist aus Bünde und ich wohne da, wenn der Krieg aus ist und ich nach Hause komme."

So war das Kennenlernen von Heinrich Ziemer und mir.

14.09.1944

Die vergangene Nacht war ruhig geblieben, was die zwei Granaten am vergangenen Abend noch unerklärlicher machten. Bevor es Tag wurde, ich kam gerade aus der Stellung zurück, ging die Tür auf und Lt. Kollmar stand wieder da. Ich war sprachlos. Lt. Befehl sollte er seine Kompanie wieder übernehmen und ich sollte in der Stellung auf dem Kompaniegefechtsstand bleiben.

Mir blieb fast die Spucke weg, aber Befehl war Befehl. Einen Sinn konnte ich nicht finden.

Ziemer erfaßte die Situation und sagte schnell: „Wenn Sie beide heute hierbleiben, würde ich westfälische Kartoffelpuffer machen, denn ich habe erfahren, daß Lt. Siegle nur 10 km weg von Herford wohnt, weil seine Frau da her ist."

Unsere Zustimmung hatte er.

Interessiert guckte ich ihm zu und da erklärte er mir, daß er ein ausgezeichnetes Mittel hätte, daß die Puffer schön locker werden. „Nanu, wo wollen Sie denn hier Backpulver herbekommen?" „Sehen Sie hier" und damit zog er Entgiftungstabletten heraus, die wir verwenden sollten bei Gas- oder Lost-Angriffen.

Man lernte nie aus. Auch auf diesem Gebiet nicht.

Der Tag verlief ohne Aufregung und gegen Abend kam ein Melder mit einem neuen Befehl, der besagte, daß Lt. Kollmar wiederum die Kompanie an mich abgeben muß und er zurück aus der Stellung muß, zum Batl.

Es kam aber noch dicker. Unser Abschnitt wird in der Nacht von anderen Einheiten übernommen. Wir werden ohne Vorankündigung herausgezogen und müssen umziehen. Nichts ist übler als Hals über Kopf umziehen zu müssen. Verstanden habe ich von der Sache überhaupt nichts. Erst Kollmar ablösen, dann wieder zurück, wieder ablösen und dann unmittelbar darauf die Stellung räumen?

15.09.1944

Wir sind heraus und beim Troß in der Nähe untergekommen. Ein neuer Befehl für morgen sorgt dafür, daß wir mit Sack und Pack weiter nach

Süden verlegt werden. Es geht in Richtung Lomza. Wir marschieren. In Fliegermarschtiefe geht es nach Süden.

16.09.1944

Wir sind noch auf dem Weg nach Süden. Hinter Lomza bleiben wir einen Tag in Ruhe liegen, das ist am

17.09.1944

Wir waren inzwischen ausgeruht und sollten in der Nacht zum

18.09.1944

erneut wieder in Stellung gehen. So geschah es auch. Alles klappte gut. Wir waren aus dem sumpfigen Gelände heraus und lagen jetzt etwas nordwestlich von Lomza wieder in Stellung. Alles war gut ausgebaut. Wir wurden allerdings gewarnt, daß die russischen Einheiten hier öfters mit Stoßtrupps angreifen, um weiche Stellen zu suchen.

19.09.1944

Als ich mich in der neuen Stellung einigermaßen zurechtgefunden hatte, die Nachbarn von links und rechts aufsuchte, müde, aber zufrieden in den Gefechtsstand kam, trat mir wieder Lt. Kollmar entgegen.

Ich verstand nur noch Bahnhof und Ziemer grinste über das ganze Gesicht. Befehl des Regiments: Lt. Siegle wird abgelöst und zum II. Batl. versetzt als Ordonnanzoffizier beim Kommandeur, Hauptmann Zipper.

Das war das vorläufige Ende bei der 10. Kompanie.

Von Lt. Kollmar habe ich nie erfahren, wo er war, und warum ich soviel Wechsel mit ihm machen mußte.

20.09.1944

In der Nacht machte ich mich auf den Weg zu Hauptfeldwebel Christiansen und zum Troß. Dann auf den Weg zum II. Batl. Dort meldete ich mich bei Hauptmann Zipper als neuer Ordonnanzoffizier.

21.09.1944

Wie wird man Ordonnanzoffizier?

Damit brauchte ich mich nie beschäftigen. Ab gestern war ich es eben. Jetzt hatte ich Gelegenheit, mitzuerleben, wie es bei einem Stab zugeht. Von manchen Dingen war ich überrascht. Einiges kannte ich aber auch schon von der Kriegsschule und von den Kompaniegefechtsständen von früher her. Hauptmann Zipper hatte eine unangenehme Aufgabe für mich. Da war etwas zu erledigen, was niemand gerne tat. Eine Vernehmung eines vorgeschobenen Beobachters, eines Hauptwachtmeisters. Der Unglücksrabe hatte mit seiner Batterie ausgerechnet zum Iwan rübergeschossen, als ein Spähtrupp von unserer Seite im Niemandsland unterwegs war und hatte damit das Unternehmen erheblich gefährdet.

Nun sollte ich also den besagten VB in seiner Stellung vernehmen, weil man ihn schlecht ablösen konnte.

Ich also hinmarschiert. Die Vernehmung ging auch glatt vonstatten. Ich machte einen Vernehmungsbericht und ließ ihn von dem Wachtmeister unterschreiben. Am Nachmittag war ich wieder zurück beim Kommandeur und gab ihn ab. Er war zufrieden und ich dachte bei mir, was ich wohl noch so alles machen muß in der deutschen Wehrmacht.

Gegen Abend wurde ich am Telefon verlangt. In unverfälschtem schwäbischen Akzent meldete sich ein Hauptmann Häfele, Batterie-Chef eben des besagten vernommenen VB. Als er wußte, daß ich der gesuchte Vernehmungsoffizier war, legte er los, daß mir Hören und Sehen verging: Einen blöderen Vernehmungsoffizier hätte er noch nicht erlebt. Wenn ich je in meinem Leben nochmals wagen sollte, einen seiner Wachtmeister ohne seine ausdrückliche Genehmigung und Erlaubnis zu vernehmen, dann würde er mit mir Schlitten fahren, daß ich ihn nie mehr vergessen würde.

Das müßte ich doch auch als Ordonnanzoffizier wissen, daß man ohne Erlaubnis des jeweiligen Dienstvorgesetzten, bei einer anderen Einheit, niemand vernehmen könne, usw. ...

Das hatte mir gerade noch gefehlt. Was war das nun? Dummheit von mir? Frechheit? Ich wußte es selbst nicht.

Niemals hat mich bis dahin jemand so beleidigt wie mein lieber Landsmann und Batterie-Chef Häfele!

Am 24.09.1944

kam der große Knall in meiner Ordonnanzlaufbahn.

Aber es lag gewiß nicht an mir. Hauptmann Zipper war zufrieden und ich habe so einiges gelernt.

Etwas ganz anderes beendete meine „Stabslaufbahn"!

Unser III. Batl. wurde lt. Befehl mit sofortiger Wirkung aufgelöst. Da das I. Batl. so stark ausgeblutet war, wurden alle Kompanien des III. Batl. umgetauft, so daß die 9. Kompanie von Marquard jetzt 1. Kompanie wurde; die 10. Kompanie von Kollmar wurde 2. Kompanie usw. Zugleich wurde Lt. Kollmar wieder herausgezogen und ich wurde erneut zum II., jetzt aber I. Batl., versetzt und übernahm die ehemals 10. Kompanie, jetzt aber 2. Kompanie, wiederum als Kompanieführer.

Wer das immer ausheckte war mir rätselhaft. Aber der Befehl war ergangen, und ich übernahm meinen guten Ziemer erneut als Ordonnanz. Zuvor hatte ich mich wieder bei Major Busch gemeldet, der mich erfreut aufnahm.

25.09.1944

So hatte ich also die Kompanie zum xten Mal übernommen. Lt. Kollmar war weg und heute kam schon der Spieß wegen dem Essenfahrplan für die nächsten Tage. Er kannte das von mir, daß ich wissen wollte, was gekocht wurde und ob alles ausreicht.

Alle hatten wir anfangs Schwierigkeiten, mit der Umgruppierung zurechtzukommen. Es waren ja noch Kompaniereste dagewesen vom ehemaligen I. Batl. Alles wurde in einem einzigen Tag umgestellt. Auch die Troßeinheiten mußten sich verändern, doch blieb mir fast alles erhalten, nur eben, daß wir Kompanieteile von der ehemaligen 2. Kompanie dazubekamen und jetzt wieder nahezu eine volle Kompanie wurden.

Eine Überraschung kommt selten allein. Ziemer teilte mir mit, daß er bereits morgen auf Urlaub fahren dürfe und er hoffe, daß es dabei bleiben könne. Das war mir gar nicht so recht, denn er war ja ein Vertrauter aller Vorgänge in der Kompanie, andererseits hatte ich so die ungeheure Chance, daß er Hanna aufsuchen konnte und ihr erzählen konnte, wie es mir ergeht und was ich mache und wo ich überhaupt steckte.

Deshalb konnte Heinrich Ziemer morgen ungestört fahren.

Ich selbst hatte ja auch um Urlaub gebeten, um unseren Sohn einmal zu sehen. Aber bei meiner Funktion als ZBV = zur besonderen Verwendung, hatte ich die Hoffnung längst aufgegeben.

26.09.1944

Ziemer fuhr mit meinen besten Wünschen und mit der Bitte, einen Besuch bei meiner Frau zu machen in Richtung Herford ab.

Die Urlauber wurden mit dem Essenfahrzeug zurückgebracht, kamen dann über das nahegelegene Fischborn nach Deutschland, und ab Johannisburg fuhren die Urlauberzüge.

In der Stellung war es verhältnismäßig ruhig. Auch in den nächsten Tagen. Wir lagen jetzt in der Nähe von Nowograd am Narew und hatten eine ruhige Stellung.

Am Sonnabend, dem
30.09.1944
hatten wir vor, Major Busch zum Geburtstag zu gratulieren. Mit Lt. Johst war alles abgemacht, daß wir 4 Kompanieführer zur Gratulation erscheinen dürfen, zumal ein Befehl inzwischen kam, wonach wir am Sonntag beim General zur Geburtstagsgratulation zu erscheinen hätten.

Ich freute mich schon darauf, denn es gab einmal eine Abwechslung im Krieg und zudem konnte man einen besseren Einblick in die Führung unseres Frontabschnitts gewinnen.

31.09.1944

Nachmittags ließ ich Oberfeldwebel Wieler kommen und übergab ihm das Kommando bis zu meiner Rückkehr. Der Spieß hatte mir bis kurz hinter unserer Stellung ein Pferd bringen lassen, so daß ich nach langer Zeit, wieder einmal reiten konnte. Es war ein Rappe und als ich hörte, daß es ein Beutepferd war und noch keinen Namen hatte, taufte ich es einfach aus einer Laune heraus: „Max".

Es dauerte schon etwas, bis „Max" und ich uns geeinigt hatten, wo es langging. Ich war froh, daß er nicht unbedingt in die Stellung wollte oder gar zum Überläufer wurde.

Der Spieß lachte und meinte, so ganz sei ich noch kein Reiter, aber das käme wohl noch. Mir tat der Hintern weh, aber immer noch besser, als alles marschieren.

Beim Troß sammelten wir uns: Marquard, Siegle, Meyeres und Stötter. Natürlich gab es viel zu erzählen. Für den Major Busch hatte einer der Fahrer aus Deutschland ein Geburtstagsgeschenk besorgt und wir zogen los. Jeder zu Pferd, denn es war befohlen, daß wir anderentags zum „Geländespiel am Divisionssandkasten" auch zu Pferd zu erscheinen hätten.

Alle Offiziere des Regiments. Wenn das Iwan gewußt hätte – der ganze Regimentsabschnitt ohne Offiziere – !

Pünktlich waren wir zur Stelle, gaben unsere Pferde beim Futtermeister ab und dann ging's zur Gratulation zum Kommandeur.

Lt. Johst meldete uns und dann kam der Oberleutnant Stötter zu Wort. Er war älter als wir und Chef der schweren Maschinengewehrkompanie. Sichtlich erfreut und guter Laune nahm Major Busch unsere Glückwünsche entgegen.

Das Geschenk überreichte Stötter.

Bei der anschließenden Dankansprache brachte der Major zum Ausdruck, daß er sich besonders darüber freut, daß wir alle gemeinsam uns auch einmal privat kennenlernen und 2 Tage und Nächte ohne unmittelbare Verantwortung seien, als seine, und morgen des Generals Gäste.

Anschließend ließ der Adjutant zu Tisch bitten. Es gab Spanferkel, Gemüse und Kartoffeln. Alles war fast wie in Friedenszeit. Eine große Tafel mit Geschirr und Gläsern.

So etwas hatten wir seit Juli nicht mehr gesehen.

Nach dem Essen gab es Kaffee und Zigarren und dann kam der Kognac aus dem Kommandeurfond.

Es gab eine Bombenstimmung. Je länger der Abend, desto aufgetauter die Gäste. Zuletzt kamen die unvermeidlichen Witze. Als Abschluß des Abends hatte sich Lt. Johst verpflichten müssen, seine Zähne mit Alkohol bürsten zu müssen, um den Mund wieder sauberzubekommen von den vorausgegangenen Kalauern.

Mit dem Kommandeur hatte ich ein gutes Gespräch und konnte merken, daß er von mir große Stücke hielt, auch wegen meiner Ansichten in politischen Dingen. Obwohl nicht politisiert wurde, kamen wir nicht darum herum, auch über eine eingeführte Neuerung zu sprechen, nämlich der Tatsache, daß in jedem Batl. ein sogenannter „Nationalsozialistischer Führungs-Offizier" ernannt werden mußte. Dies war bei uns Lt. Nölting, der derzeitige Ordonnanz-Offizier beim Batl. – und damit waren alle Schwierigkeiten beseitigt.

Der Kommandeur war noch vom alten Schlag und machte daraus keinen Hehl, daß er dies als noch viel schlimmer empfand, als die Einführung des „deutschen Grußes" bei der Wehrmacht. Mit Lt. Nölting hatten wir einen Mann, der noch jung war, aber all den Schmus ins Leere laufen ließ ohne deshalb seiner Aufgabenstellung nicht gerecht zu werden. Bis Kriegsende hat keiner von uns deshalb Schwierigkeiten bekommen!

Spät, aber nicht angeschlagen kam ich wieder zum Troß. Die Pferde hatten wir nicht mehr bestiegen.

01.10.1944

Zum „Sandkastenspiel" waren wir befohlen. Zum General.

Und weil der weit hinter der Front wohnen mußte, war es notwendig, daß wir mit unseren Pferden trotz des vergangenen Abends, recht bald beim Regiment eintrafen, um uns zu melden.

Meyeres, der aus Luxemburg stammte und eine fröhliche Natur war, sagte beim Aufsteigen zu mir: „Siegle, das sage ich Ihnen, wenn ich mit diesem ‚Zossen' heil bis zum Regiment komme, habe ich Glück gehabt. Aber bis zum Div.-Gefechtsstand schaffe ich das nie!"

Wie sich sehr bald herausstellte, hatte Meyeres ein ganz interessantes Pferd. Es hatte die Angewohnheit, niemals als letztes oder hinteres Pferd zu gehen. Da half kein Zügel und keine Kandare, das Pferd mußte an der Spitze gehen. Verzweifelt schaffte Meyeres einen kleinen Abstand, wenn er sich manchmal an Zweigen am Weg, oder an einen Baumstamm klammerte.

Dann aber, mit unglaublicher Zähigkeit schob sich das Pferd wieder zu den vor ihm gehenden Pferden. Wenn es wenigstens damit zufrieden gewesen wäre, nein, in seinem „Führungsanspruch" wollte es eben das erste Pferd unter anderen Pferden sein — natürlich und gerade auch gegenüber dem Kommandeurpferd.

Wir haben Tränen gelacht. Lt. Meyeres haben wir insofern zu helfen versucht, als wir uns dann absprachen, jeweils so zu reiten, daß wir den Weg sperrten.

Vom Regimentsgefechtsstand aus ritten wir geschlossen unter Führung des Oberstleutnant Dorn zur Division. Lt. Meyeres nahmen wir dazwischen und trotzdem schaffte es das Pferd auf einem breiten Weg an allen vorbeizukommen und Meyeres tauchte mit hochrotem Kopf beim Kommandeur auf und dann setzte sich das Pferd sieghaft an die Spitze vor das Kommandeurpferd.

Mit einem scharfen Ruck riß er schließlich das Pferd herum, ritt an uns allen vorbei und so weit zurück, daß er uns eben noch sehen konnte.

Auf diese Weise schaffte auch er den Weg zur Division.

Als wir auf dem Divisions-Gefechtsstand angekommen waren, sahen wir, daß allerlei Sicherheitsmaßnahmen ergriffen worden waren.

Um 10.00 Uhr war das Sandkastenspiel angesetzt und dauerte etwa bis 12.00 Uhr.

Demonstriert wurde das Zusammenwirken der schweren Waffen bei der Abriegelung eines feindlichen Einbruchs und der Einsatz von schweren Werfern mit 12-cm-Granaten, die wir bekommen sollten.

So lernte ich auch den Div.-General kennen. Mancher Offizier der da plötzlich angesprochen wurde, seine taktischen Überlegungen preiszugeben, kam ganz erheblich in Schwierigkeiten. Es ist nicht jedermanns Sache, auch bei Offizieren nicht, ungehemmt und frei seine Meinung zu sagen.

Um 13.00 Uhr war große Gratulationscour mit anschließendem Mittagessen. Es war doch eine große Menge Offiziere da. Von dem jeweiligen Regimentskommandeur wurden wir mit Nennung der Einheit vorgestellt. Als ich dran war, sagte er: „Ach, ist das nicht der Leutnant, den wir an die Kampfgruppe Motsch ausgeliehen haben? Ja, dann habe ich noch etwas für Sie. Nach dem Essen bitte beim Adjutanten melden."

So kam es, daß ich am 01.10.1944 das Verwundetenabzeichen in Schwarz und zugleich das Infanterie-Sturmabzeichen in Silber verliehen bekommen habe.

Der Regimentskommandeur sagte mir, daß die Kampfgruppe Motsch über mich und den Einsatz der Kompanie berichtet hatte und daß ich 3 Verwundungen davongetragen hätte.

Für mich war es ein ereignisreicher Tag, der in Harmonie ausklang, weil ich mich bestätigt und auch anerkannt sah.

Ich war integriert und hatte zumindest in den Abwehrkämpfen mehr Rückhalt bei der kämpfenden Truppe als mancher „Aktiver".

Spät in der Nacht kehrte ich auf meinen Gefechtsstand zurück, nachdem ich noch bei meinem Spieß einen guten Kaffee getrunken hatte.

02.10.1944

Nach dem Grabenrundgang, kaum hatte ich mich hingesetzt, ging das Telefon: Batl.-Gefechtsstand mit Tarnnamen: „Hier Johst. Siegle ich habe eine tolle Überraschung. In Kürze kommt Ablösung für Sie. Der Kommandeur hat beim General gestern für Sie um einen Sonderurlaub nachgefragt und eben ist die Genehmigung durchgekommen unter „Bombenschaden". Nur so geht es durchzuführen, sonst kommen Sie nicht durch bei den „Kettenhunden"!

Ich war vollkommen fassungslos und konnte mir das Gesicht von Johst vorstellen, von dem ich wußte, daß er mir das gerne durchsagen wollte.

Und tatsächlich tauchte ein Leutnant auf, dessen Name ich nicht mehr festgehalten habe und brachte den Reg.-Befehl mit, daß ich wegen „Bombenschaden" 14 Tage Sonderurlaub bekomme.

Ich konnte es nicht glauben.

Später rief ich den Spieß an, der aber schon Bescheid wußte. „Herr Leutnant, ich besorge Ihnen 2 Gänse für Ihre Frau. Kommen Sie vorbei, bevor Sie fahren".

Ich war wie im Fieber. Alles war unwirklich geworden. Ein Melder holte mein Soldbuch ab, für die notwendigen Eintragungen und den Urlaubsschein. Dann entschloß ich mich, nach Geislingen zu meiner

Mutter und nach Dünne zu meiner Frau zu fahren. Ich war so glücklich, weil ich nie damit gerechnet hatte, jetzt noch auf Urlaub zu kommen.

Hanna mußte ich auch noch schnell schreiben, daß ich komme und wann etwa.

Jetzt wo ich wußte, daß für mich Nägel mit Köpfen gemacht worden waren, glaubte ich auch daran, daß ich wegkomme.

Damals, an der Newa, konnte es nicht dramatischer sein. Als ich bereits schon auf dem Lkw war, um in die Schlacht bei Mga mit hineingeworfen zu werden, hat Major Bathe sein versprochenes Wort eingehalten und mich auf Urlaub geschickt.

Heute waren es nur etwa 40–50 km zur Reichsgrenze und die Strecke war besser zu bewältigen, als der weite Weg von Leningrad her.

Am Nachmittag hatte ich in der Stellung alles geregelt. Der Leutnant war eingewiesen. Feldwebel Rudek vom Kompanietrupp war zuverlässig und konnte den Leutnant unterstützen. So machte ich mich auf den Weg zum Troß. Aber siehe, der Spieß hatte mir mit einem Melder den „Max" geschickt. So ging es schneller und bequemer.

„2 herrliche Gänse habe ich für Sie, fertig gerupft und fast noch warm". Alles wurde schnell eingepackt. Ich bedankte mich herzlich beim Spieß, der mich inzwischen besser kannte.

Das muß hier einmal gesagt werden: Mit dem Spieß ging das nicht immer sooo gut am Anfang. Ich hatte den Eindruck, daß der Leutnant Kollmar das Aushängeschild war, aber Oberfeldwebel Christiansen dirigierte. Dem wurde aber bald abgeholfen, indem ich ihm, nach einer grundsätzlichen Aussprache, auf die Finger guckte vom Essenplan bis zum Uffz. Bußmann von der Schreibstube und vom Munitionsvorrat bis zur Kleiderkammer.

Da wurde das Verhältnis plötzlich besser.

So hatte er mir also heute morgen 2 frische Gänse eingepackt und mir viel Glück gewünscht, daß ich heil zurückkommen möge. Das freute mich, weil es ehrlich gemeint war.

Am Abend war ich dann bei Major Busch, der mir mein Soldbuch zurückgab mit dem eingetragenen Sonderurlaub wegen „Bombenschaden" und den Urlaubsschein. Mit dem Krad hatten sie die Unterlagen vom Regiment geschickt. Er sagte mir, daß mein Urlaub erst morgen, am

Nur Erhebungen sind noch begehbar. Gott sei Dank auch beim Iwan.

Wieder der 3. Zug. Er sitzt auf unserem neu erbauten Kompanie-Gefechtsstand 17a. Baumeister mit unwahrscheinlichem Elan und Schwung: Karl.

Vor dem Eingang unseres neuen Kompanie-Gefechtsstandes. Deutlich zu sehen: mein aufgehängter Blumenkorb.

In diesen Baumreihen saßen die Scharfschützen.

03.10.1944 anfangen würde. Übrigens hätte er sich ausgedacht, daß ich mit ihm Abendbrot essen könne und anschließend beabsichtigte er eine Dienstfahrt in Richtung deutsche Grenze, vielleicht wolle ich in der Nacht auch zufällig in Richtung deutsche Grenze, denn um 24.00 Uhr könne ich ja losfahren.

Das war natürlich ein tolles Angebot, und der Schelm guckte aus seinen Augen. Genau so, auf diese Art, hatte er den Lt. Nölting als NS-Offizier ausgesucht. Nölting sagte lediglich etwa folgendes: „Auftragsgemäß möchte ich Ihnen die und die Schriften überreichen. Verwahren Sie alles gut und wollen Sie mir bitte den Empfang abzeichnen."

So war das.

Nach dem Essen, an dem auch Johst und Nölting teilnahmen, kamen wir ins Erzählen. Ich berichtete von Major Dr. Bathe und wie ich Offizier wurde. Dann kam das Gespräch auf das uns alle bewegende Thema, ob wir für den Krieg noch ein gutes Ende erwarten könnten.

Die Meinung war einhellig — nein, wenn es nicht gelingt, im Westen Frieden bzw. Waffenstillstand zu schließen, um die frei werdenden deutschen Truppen nach dem Osten zu werfen. Wer von den Soldaten, so wie Ziemer, noch auf Urlaub gekommen war, erzählte bei der Rückkehr unglaubliche Dinge von den Bombenangriffen der Alliierten.

Wir wußten wohl, daß wir an der Front besser versorgt wurden, als die Zivilbevölkerung. Doch meine Frau und mein Kind und meine Mutter gehörten eben zur Zivilbevölkerung und das wog schwer.

Gegen Mitternacht brachen wir auf. Der Major zur Dienstfahrt in seinen Abschnitt und ich „zufällig" mit, ein Stück in Richtung deutsche Grenze.

03.10.1944

Mit einem Kübel fuhren wir los. Vorne der Fahrer und der Kommandeur und ich hinten. Nach einer halben Stunde ließ er anhalten und sagte zum Fahrer: „Wieviel Benzin haben wir noch im Tank"? „Ich habe doch vollgetankt Herr Major, so wie Sie es befohlen hatten" kam es zurück. Dann kam es: „Siegle, Sie machen mit mir eine Dienstfahrt, die von jetzt an auch außerhalb meines Abschnitts führt, sollte ich dabei erwischt werden, gnade mir Gott!"

Und so kam es, daß der Kommandeur mit seinem Fahrer, auf Schleichwegen, in Richtung deutsche Grenze fuhr und plötzlich deutsche Wegweiser auftauchten in der Nacht, und das Ziel Fischborn hieß, und ich zufällig dabei war.

In all den vielen Jahren habe ich dieses großartige Husarenstück des Majors Busch nie vergessen: Daß er mir persönlich zuliebe, ein Wagnis einging, das ihm bei harter Auslegung, wenn er erwischt worden wäre, Degradierung oder gar das Standgericht gebracht hätte, wegen unerlaubter Entfernung von der Truppe vor dem Feind.

Das war Major Busch!

Ich erwischte tatsächlich noch den Frühzug von Fischborn nach Johannisburg und von da den Zug nach Allenstein.

Überall war ein Gewimmel von Soldaten. Die Gesichter waren schmal und oft hatten sie abgewetzte Uniformen an. Auf den Bahnhöfen versorgten uns die Frauen vom Bahnhofsdienst mit Tee oder Kaffee ohne Bohnen. Ich war müde geworden nach all der Spannung in der Nacht, ob uns die Kettenhunde – gemeint ist die Feldgendarmerie, die schon von weitem an den großen, sauber geputzten Blechschildern vor der Brust, um den Hals aufgehängt –, anhalten würden. Hoffentlich kam der Kommandeur auch gut zurück.

04.10.1944

Heute kam ich bis Nürnberg durch.

05.10.1944

Ich habe es geschafft. Ich bin tatsächlich in Geislingen bei meiner Mutter. Sie freute sich unwahrscheinlich. Mama sah ihren Sohn erstmals wieder seit dem 1. Mai, als ich von der Kriegsschule 3 Tage Urlaub hatte und Hanna nach Geislingen kam. Sie war ordentlich stolz auf ihren Sohn. Dem tat es auch keinen Abbruch, daß die Gänse schon leicht anrüchig waren von der langen Fahrt. Tante Babette nahm sich dieser Viecher an.

Bis tief in die Nacht hinein mußte ich erzählen, wo ich war und was ich machte und immer wieder die bange Frage, wie lange wir dem Druck noch standhalten können und was dann auf uns zukommt.

Ich erfuhr auch, daß Margot noch auf der Kindergärtnerinnenschule in Göppingen war. Mama bat darum, daß ich sie besuchen solle, bevor ich morgen nach Hause fahre. Wir hatten nun ja ein Kind und sie hat wohl verstanden, daß ich nach Hause drängte.

06.10.1944

Ich besuchte heute früh Margot in Göppingen, wo sie im letzten Semester stand. Die Freude war groß, doch auch da die Sorge, was werden wird aus unserer Familie. Erwin hoch im Norden, August in Afrika in Gefangenschaft und jetzt in Amerika und Friedrich gefallen.

Am Nachmittag weiter, nach einem bewegten Abschied von den Schwaben, in Richtung Norden.

So ein Wehrmachtsurlauberzug ist eine wahre Gerüchteküche. Ich hielt mich sehr zurück, weil ich schon die ganze Zeit, seit Johannisburg, merkte, daß wir Frontsoldaten manchmal wirklich nicht mehr zu dem gehören, was wir hier so antreffen. Man wurde das Gefühl nicht los, daß man in einer anderen Welt war. Überall schienen die Menschen den Mut verloren zu haben oder nur zu denken, wie komme ich am besten davon. Manche Type sah ich, die ich sofort gerne dahin mitgenommen hätte, wo ich herkam. Vielleicht dachte ich auch falsch damals. Aber ich hatte nun einmal das Gefühl, daß wir Soldaten im Graben so geläutert wurden, daß wir das Faule und Stinkende schon von weitem rochen.

Ich schaffte es an diesem Tag noch bis Hagen.

07.10.1944

Mühsam komme ich weiter. Viel Zeit habe ich verloren, da durch die Fliegerangriffe die Züge keinen genauen Fahrplan mehr einhalten können. Es wird schon Nacht und ich bin noch nicht in Bünde. Unser Zug stottert sich immer weiter durch das Land, über Umwegen oder durch sonstige Störungen verursacht. Mitternacht ist schon vorbei.

08.10.1944

Inzwischen ist es Sonntag geworden, und der Zug schnauft im Wesertal in Richtung Löhne. Wir sind kurz vor Vlotho, als der Zug anhält und wieder einmal stehenbleibt. Dann kommt ein Schaffner, reißt die Tür auf und teilt mit, daß die Eisenbahnbrücke über die Weser bombardiert und getroffen sei und der Zug nicht mehr weiter kann.

Das war ein Schlag ins Kontor. Das durfte nicht wahr sein. Kurz vor dem Ziel, nachts um 4.00 Uhr, vor dem Wasser der Weser sitzen und einige km weiter wartet Hanna mit unserem Dieter auf mich!

Der Zug ruckte wieder an und fuhr noch etwas weiter, bis das Gelände es zuließ, daß man aussteigen konnte. Das war der Schluß der Eisenbahnfahrt für heute. Ich stieg aus und mit mir noch etwa 10 Menschen. Im Dunkel der Nacht tappten wir an dem Gleiskörper entlang und kamen so an die Weser.

Hier hatten inzwischen Bergungsmannschaften mit Brettern und Seilen so etwas wie eine Schwebebrücke an der zusammengestürzten Eisenbahnbrücke aufgehängt. Am Anfang dieser „Anlage" waren 2 Posten, die uns versicherten, daß man tatsächlich über die Trümmer der Schienen und Pfeiler, soweit man kräftig wäre und keine Angst hätte, über den Fluß kommen könne.

Mit einigen Männern und einer dazugekommenen Krankenschwester versuchten wir es und kamen auch durch. Etwas zittrig vor Aufregung kletterten wir zur nächsten Straße hoch, wo alles ausgebombt und menschenleer war.

Da standen wir nun. Die Krankenschwester und ich. Die Männer hatten sich in der Nacht inzwischen verlaufen.

Ich sprach sie an, wo sie noch hätte hinfahren wollen. Das sagte sie: „Ooch, gar nicht mehr so weit, nur noch bis Kirchlengern." „Ach", sagte ich, „das ist ja gut, dann wollen wir mal gemeinsam suchen, wie wir da hinkommen, denn ich will nach Dünne bei Bünde".

Es gab keinen Zweifel mehr, daß heute nach kein Mensch mehr auf die Idee kommt, uns weiterbefördern zu wollen auf unsere Fahrkarten. Ich sagte: „Schwester, kennen Sie sich ein wenig in Vlotho aus?" „Nein, das nicht gerade, aber von Vlotho geht eine Straße nach Bad Oynhausen und dann nach Herford, oder nach Bünde über Löhne."

Ja, das war es. Das konnte eine Chance sein. An die Straße mußten wir. Bald fanden wir eine solche, die so aussah, wie eine Hauptstraße. Hier wollten wir auf ein Auto warten.

Unser Wunsch ging nach etwa 1 Stunde in Erfüllung. Da schnaufte ein Lastwagen mit Holzvergaser daher. Fast hätte der Fahrer uns bei seinen abgeblendeten Lichtern nicht gesehen. Er hielt an und fragte, was los sei. Ich sagte ihm, daß wir von der anderen Seite der Weser kämen; mit einem Zug bis vor die Brücke gefahren wurden, und dann wären wir über die zerbombte Brücke geklettert.

Erst wollte er das nicht ganz glauben. Dann aber sagte er, daß er nach Melle-Osnabrück fahren müßte. Ja, das war unsere Richtung. Er nahm uns mit. Vorne war schon alles besetzt, also mußten wir zwei hinten draufklettern.

Da saßen wir nun auf dem polternden Lkw und froren, waren letztlich aber doch froh, daß wir überhaupt vorwärts kamen. Beide hatten wir nicht allzuviel Gepäck und so saßen wir direkt auf dem Pritschenboden und verspürten jeden Schlag, den die unebene Straße verursachte.

Endlich waren wir in Kirchlengern. Es war schon 8.00 Uhr geworden. Mit herzlichem Dank verabschiedete sie sich da, wo man über die Bahnschranken muß. In Bünde stieg ich ab und gab dem Fahrer etwas zu rauchen.

Dann nahm ich meinen Wäschebeutel und stapfte in den Nebel hinein in Richtung Dünner Feldweg.

Müde und übernächtigt, unrasiert und hungrig, so entdeckte mich die Oma zuerst. Zufällig hat sie aus dem Fenster gesehen, als Hanna dabei war, dem Dieter das Taufkleid anzuziehen. „Ich glaube da kommt Gerd, Hanna!", rief sie.

Für Hanna erschien das unmöglich, denn sie hatte meine Post noch nicht bekommen. Jetzt flog die Tür auf, und sie hatte mich wieder.

Zum ersten Mal sah ich unseren Sohn. Hanna hob ihn heraus, um ihn in seiner ganzen Größe zu zeigen, doch das war noch nicht so ganz der rechte Zeitpunkt, um den Vater zu begrüßen.

So kam es dann, daß ich schnell etwas heißen Kaffee trank und ein Butterbrot aß und dann, so wie ich war, unrasiert zur Kirche ging, um unser Kind taufen zu lassen.

An dem Tag gab es eine glückliche Mutter und einen glücklichen Vater.

Vom 09. bis zum 14. Oktober dauerte der Urlaub noch. Zwischendurch waren wir im Busch bei Onkel Fritz, und da entspann sich eine lebhafte Diskussion über Hitler und die Aussichtslosigkeit des Krieges. Onkel Fritz sagte immer wieder aufs neue, daß Hitler ein Werkzeug des Teufels sei. Ich sagte immer wieder zurück, daß wir den Krieg noch gewinnen können, wenn wir mit den Westmächten Frieden schließen und dann die Russen wieder zurücktreiben.

„Russen sind auch Menschen. Und wenn Gefangene vorbeikommen, bekommen sie von mir Brot, solange ich auch welches habe."

Ganz nachdrücklich vertrat er diesen Standpunkt.

In der Nacht zum 15.10.1944 mußte ich Abschied nehmen. Am 14.10.1944 brachte mich Hanna zum Zug nach Berlin. Es war arg schwer und ich wußte wirklich nicht, ob wir uns jemals wiedersehen würden.

15.10.1944

Bis hierher nach Berlin hat es mit der Bahn gut geklappt, aber jetzt saß ich fest. Auf der Bahnhofswache ließ ich mir die Verspätung bescheinigen, konnte aber nicht in die Stadt, da niemand wußte, wann ein Zug nach Ostpreußen abging.

16.10.1944

Ich bin mit 48 Stunden Verspätung wieder in Fischborn gelandet. Überall waren viele Feldgendarmen und kontrollierten eifrig die ankommenden Urlauber. Gott sei Dank kam ich ohne „Heldenklau" weg, das heißt, ich konnte zu meinem Truppenteil weiter.

Auf dem Batl.-Gefechtsstand erfuhr ich, daß meine Kompanie inzwischen umgezogen war in den Narewbogen und dort in Stellung war. Ich konnte meine alte Kompanie wieder übernehmen und der Spieß freute sich, als ich wieder da war. Er strahlte über das ganze Gesicht, als ich ihm auch den Dank der Gans-Empfänger überbrachte.

17.10.1944

Zurückkehrende Urlauber sind tatsächlich Wanderer in 2 Welten. Alles erschien so unglaubhaft. Der ganze Urlaub mußte buchstäblich verdrängt werden.

Die sofort einsetzenden Sorgen wegen der Kompanie halfen dabei etwas.

Kommende Nacht mußten wir schon wieder heraus aus der Stellung und sollten mit Lkw wegkommen. Das war noch nie etwas Gutes gewesen.

Am Abend kamen die ersten Einweiser der neuenEinheit, und ich mußte alles übergeben, obwohl ich mich noch gar nicht in dieser Stellung recht auskannte. Aber alle halfen zusammen und wir kamen geordnet aus der Stellung heraus.

Beim Troß warteten Lkw und ich ließ verladen. In solchen Fällen kam der Troß im Fußmarsch nach und oft hatten wir dann 2 Tage nichts Warmes zu essen.

So auch diesmal. Diese Autofahrt sollte ich bis heute nicht vergessen. Aber aus einem ganz anderen Grund.

Wir sind insgesamt etwa 30—40 km gefahren und kamen auf der Strecke auch einmal durch ein Dorf. Auf dem Marktplatz mußten wir um eine große Dorflinde herum rechts abbiegen. Ich saß auf dem vorletzten Lkw mit dem Kompanietrupp und zwar so, daß ich hinten heraussehen konnte.

Ohne mir etwas zu denken, sah ich plötzlich nach Durchfahren der Kurve auf und in der Dorflinde einige Puppen hängen. einer der Soldaten schrie: „Schnell, guckt mal, was haben die denn da!" Da war mir schon klar, was das für „Puppen" waren. Es waren tatsächlich öffentlich gehenkte Zivilisten, also vermutlich Polen. So etwas Grausames habe ich vorher und nachher nie wieder gesehen. Alle Soldaten, die das sahen, waren erregt und wollten von mir wissen, was das bedeuten solle. Ich sagte Ihnen, daß ich davon nicht mehr weiß als wir alle.

Der Krieg machte die Menschen oftmals brutal und grausam, so daß man sich keine Steigerung mehr denken konnte.

Am Abend haben wir eine Stellung besetzt, die sich am Narew befand und absolut dominierend war.

Auf der Höhe war der Ort Wizna angesiedelt, von Zivilisten allerdings längst geräumt.

Bei der Übernahme der Stellung sagte ich im rechten Teil des Hauptlaufgrabens, daß es mir in der Dunkelheit so vorkäme, als ob wir tief in einem Friedhof wären. Mein Einweiser bestätigte mir, daß etwa 100 m dieses Hauptgrabens wirklich durch den Friedhof ging und wir mitten drin seien zur Zeit.

Von Stunde an habe ich in diesem Teil nicht mehr die Grabenwand angefaßt.

Der Ort Wizna hat eine Zitadelle, herrlich über dem Fluß gelegen. Ich war von heute an „Zitadellen-Kommandant".

Mein Bunker war gut in die Erde eingebaut, in voller Deckung. Wir konnten oben vom Plateau, weit in das Land vor dem Narew sehen. Dort war es sumpfig und der Russe konnte seine Gräben nicht bis zum Fluß vortreiben. Ich schätzte bei Tagesanbruch, daß er etwa 1500–2000 m weg war, da eben, wo sich wieder Erhebungen und Baumgruppen fanden.

Aus vorgenanntem Grund hatte ich auf der Zitadelle auch einen Artilleriebeobachter mit einem Scherenfernrohr. Mehrere SMG-Stände waren eingebaut und eine ganze Batterie von Granatwerfern.

Kaum hatte ich mich orientiert und mir den Verlauf des Flusses eingeprägt, als sich eine kleine Gruppe von Soldaten meldete. Sie hatten einen besonderen Ausweis vom Armee-Korps.

Es war ein sogenannter Lauschtrupp. Ich mußte ihn schützen und verpflegen, aber er war vollkommen unabhängig von mir und unterstand nur dem Armee-Korps.

Es waren 2 Techniker und 2 Dolmetscher.

Das Dorf war nicht klein, ich würde eher Städtchen sagen. Trotzdem war der Troß etwa 3,5 km weit entfernt, Schön war vor allem, daß wir uns fast überall frei bewegen konnten, ohne eingesehen zu werden.

So eine Prachtstellung habe ich noch nie gehabt.

Am 19.10.1944

sind wir hier eingezogen und ich ahnte nicht, was ich hier noch erleben sollte in den 10 Wochen bis Jahresende.

Morgen hoffte ich die Küche wiederzusehen, damit wir warmes Essen bekamen. Heinrich Ziemer war vom Urlaub zurück und waltete mit sichtlichem Vergnügen seines Amtes. Er ließ mich nicht verhungern.

Gleich neben meinem Gefechtsstand hatte der Kompanietrupp unter Feldwebel Rudek seinen Bunker, und da gehörte Ziemer dazu. Letzterer war fast immer bei mir, und so gab es auch manch privates Gespräch. Er war in Herford beschäftigt und von Haus aus ein ganz ruhiger, besonnener Mann.

Zu den Meldern nebenan gehörten Stengel und Schneider, die beiden Scharfschützen und Wittulski aus Bartenstein, ein echter Ostpreuße. Er war Prokurist in einem dortigen Sägewerk. Zu diesen Männern habe ich dann noch einen ganz jungen Kerl mit knapp 18 Jahren gesteckt. Schmal und unterernährt, hatte er gerade seine Schneiderlehre beendet und mußte Soldat werden.

Als ich ihn zum ersten Mal sah, dachte ich instinktiv, den mußt du aus der Schußlinie ziehen, der Junge ist zu zart.

Deshalb gab ich ihn in die Obhut von Wittulski, dem Rückgrat der Wehrmacht, dem Obergefreiten Wittulski, da er sich als Obergefreiter am wohlsten fühle.

Unser Kommandeur wurde versetzt. Wir trauern Major Busch alle nach.

Der neue Batl.-Kommandeur hat sich angesagt. Er wollte die Zitadelle inspizieren. Lt. Johst kam mit.

Zum ersten Mal begegnete ich Major Brutzer. Er ließ sich alles zeigen und nahm sich die Zeit dazu. Auf dem Gefechtsstand sagte er mir dann, daß er wohl überlegt habe, wem er die Zitadelle anvertrauen solle. Nun sei ich es gewesen und er glaube fest daran, daß ich ihm dafür stehe, daß niemals eine rote Fahne auf der Zitadelle aufgezogen würde.

Ich erwiderte, daß ich das versprechen könne, solang ich am Leben sei. Der Major Brutzer war zufrieden mit mir.

Dann hat er sich noch nach der Abhörgruppe, dem Lauschtrupp, wie sie selber sagten, erkundigt. „Halten Sie sich mit denen immer gut, denn die haben den Draht nach oben."

Die Front war in den nächsten Tagen ruhig bei uns. Die Kompanie hat allerdings jede Nacht schwer gearbeitet und das Ufer vor den vorgeschobenen Posten mit Spanischen Reitern und Stacheldrahtrollen abgeriegelt. Durch den letzten Regimentsbefehl wurden alle Chefs darauf aufmerksam gemacht, daß der Russe vor nichts zurückscheut, um Gefangene zu machen.

So wurde in einer Stellung bei Lomza eine ganze MG-Besatzung ausgehoben mit dem Mittel, daß die russischen Soldaten sich deutsche Uniformen angezogen haben und die MG-Posten geglaubt haben, ein verirrter deutscher Spähtrupp tauchte da vor ihnen auf.

Wenn die russischen Gräben auch weit weg waren, so war doch nicht ausgeschlossen, daß Späh- oder Stoßtrupps versuchen, über den Narew zu kommen. Ich hielt es für besser, daß wir Vorsorge trafen.

Durch unseren Hauptversorgungsgraben, der eben auch, wie schon erwähnt, zum Teil durch den Friedhof führte, haben wir bis zum nächsten Nachbarn eine durchgehende Verbindung, ohne eingesehen zu werden. An diesem Hauptgraben, oder etwas davor, lagen die Unterkünfte der Soldaten. Alle waren sie tief im Boden. Von diesen Bunkern liefen dann kreuz und quer die Stichgräben am Vorderhang, bis hinunter zum Ufer.

Je nach Geländebeschaffenheit waren die Posten und MG-Stände eingebaut.

Wie recht ich hatte, alles verdrahten zu lassen, zeigte sich einige Tage später, bei unserem rechten Nachbarn, dicht an unserer Abschnittgrenze.

Ich wurde vom Oberfeldwebel Wieler angerufen, daß an unserer rechten Grenze, aber noch beim Nachbarn, ein russischer Stoßtrupp vor der Stellung ausgemacht worden sei.

Er habe Alarm gegeben, aber der Stoßtrupp sei noch vor der HKL, jedoch auf unserer Uferseite des Narew. Ich bedankte mich und sagte, daß ich sofort käme.

Ziemer war schon fertig und reichte mir die MP und das Glas. Zur Wache im Gefechtsstand kam aus dem Nachbarbunker Feldwebel Rudek. Nach wenigen Minuten waren wir an der Kompaniegrenze. Dort stand im Morgengrauen mein Zugführer und zeigte mir die Stelle, wo Iwan sein konnte.

Gesehen habe ich nichts. Gehört um so besser, denn es wurde geballert was das Zeug hält.

Bei mir selbst dachte ich, die sehen doch Gespenster. Da ist im Leben kein Russe. „Nun Ziemer, laßt uns mal rübergehen und fragen."

Beim 1. Gruppenstand des Nachbarn versicherten sie, daß wirklich der Russe da sei. Das Geballere solle ihnen den Rückweg zum Narew abschneiden. Nun sah ich die Sache etwas anders. Das konnte Sinn haben. Und so stellte sich auch heraus, daß dem Iwan durch Dauerfeuer erfolgreich der Weg abgeschnitten wurde. Jetzt waren die Kerle in der Falle. Sie mußten sich ergeben oder sich dem Feuerhagel aussetzen. Beides taten sie noch nicht. Den Wettlauf mit der Zeit haben sie dann doch verloren. Es wurde Tag und sie konnten nicht mehr zurück. Mit dem Glas habe ich dann zwei Mann entdecken können, als sie sich gerührt haben. Die anderen lagen in einem engen Graben, so daß sie im toten Winkel waren.

Wie lange sie das aushielten?

Erst gegen 9.30 Uhr gaben sie auf. Mit einem Taschentuch winkte einer und dann stand er ganz langsam auf, als unsere Soldaten das Feuer einstellten. Es war schon eine Tragödie. Wie wir von den Lauschtrupp-Dolmetschern später hörten, haben sie sich erst entschlossen aufzugeben, als abzusehen war, daß die Verwundeten unter ihnen es nicht bis zur nächsten Nacht geschafft hätten.

Auf einmal hatte der Lauschtrupp in meinem Abschnitt eine ganz andere Bedeutung bekommen.

Am nächsten Tag klopfte ich bei den Herrschaften an und fragte nach ihrem Befinden und ob sie auch etwas mitbekommen hätten von dem Stoßtrupp beim Nachbarn nebenan. Da mußten sie lachen und sagten, ich soll mal hereinkommen, dann wollten sie mir mal zeigen, was sie machen. Sie zeigten mir eine Unterlage von Gesprächen und Uhrzeiten, was die Russen drüben gesprochen haben. Einer zeigte mir, daß wir die „Fritzen" sind, die gleiche Art zu reden, wie wir „Iwan" sagen.

So ging aus den Gesprächen hervor, daß die Russen keinen Stoßtrupp machen sollten, sondern versuchen sollten, durch die Linien hindurch zu kommen in unser Hinterland. Nun hatten sie Pech und mußten aufgeben.

Die ganze Geschichte machte mich nachdenklich. Zum einen haben die Russen von drüben aus gesehen, wo bei uns nicht verdrahtet war und zum anderen war wahrscheinlich im Hinterland eine Organisation, die mit den Russen zusammenarbeitete.

Immer wieder tauchten Flugblätter auf mit dem Aufruf, den doch schon längst verlorenen Krieg zu beenden und nicht mehr den ehrgeizigen deutschen Generälen zu folgen, die ja nur ihr eigenes Leben retten wollten.

So kam ich auf den Gedanken, am 09. November auf der Zitadelle ein riesengroßes Spruchband aufstellen zu lassen mit dem Satz:

„Und wir siegen doch!"

Genau das besprach ich mit den Dolmetschern, ob sie mir in kyrillischer Schrift das Transparent malen wollten.

Ich trage ganz allein die Verantwortung, sie sollten mir nur den Satz aufmalen.

Mit Ruß machten wir eine Farbe zurecht und der Spieß organisierte ein aus Bettüchern gemachtes Transparent. Dann ließ ich zwei große Fichten fällen und entsprechend der Transparentlänge auf der Zitadelle in den Boden setzen.

Und so geschah es auch. Pünktlich am 09. November prangte das schöne Spruchband von der Zitadelle weit hinein ins Land, wo der Russe seine Gräben hatte.

Es kam, was kommen mußte. Es gab Ärger beim Russen. Wir dachten aber vorher daran und ich hatte befohlen, daß bei Tagwerden alles in den Bunker muß, was nicht zur Wache eingeteilt war.

Sie versuchten es mit einem Geschütz und versuchten es mit der Pak. Doch das Ding hielt.

Dann, nach drei Stunden gaben sie auf.

Ich hatte auch mit Ärger gerechnet, aber niemand hat mir einen Vorwurf gemacht. Vielleicht haben manche gedacht von mir, daß sie sich geirrt hätten, denn sie hätten in mir nie einen Nationalsozialisten gesehen.

Für mich war es eine Augenblickslaune, um dem Russen eine Botschaft zu schicken auf meine Art.

Schaden hatte die Schießerei nicht angerichtet, aber wir wußten, daß der Feind höllisch aufpaßte.

In diesen Tagen hatten wir auch einen unangenehmen Zwischenfall.

Soldaten des 3. Zuges haben im Städtchen einen alten Mann in einer Häuserruine aufgegriffen.

Nach dem letzten Regimentsbefehl wurde auf jeden Zivilisten innerhalb des Sicherheitsbereiches von 3 km ab HKL ohne jeden vorherigen Anruf geschossen. Eben das wollten die Soldaten schon machen, als einer auf den Gedanken kam, ihn festzuhalten und mich vorher anzurufen. Das taten sie auch.

Erst konnte ich das nicht recht glauben, denn was sollte der alte Mann am hellichten Tag hier im Sperrbezirk?

Ich befahl, ihn nicht zu erschießen und zu warten, bis ich käme.

Ich mochte vielleicht ein rauher Soldat geworden sein, aber einen alten Mann erschießen zu lassen, war nie und nimmer meine Sache.

Ich wußte wohl, daß das eine zweischneidige Sache werden konnte. Ziemer mußte Stengel holen von nebenan, von dem ich wußte, daß er perfekt polnisch konnte, denn er stammte von hier aus dem Grenzgebiet.

Inzwischen habe ich mich fertiggemacht und dabei fieberhaft überlegt, was der Batl.-Kommandeur wohl machen würde, wenn bei ihm dasselbe passiert. Ich war nun einmal Kommandant hier und mußte mich den gegebenen Befehlen beugen.

Eine Entscheidung fiel mir nicht ein. Aber erschießen lassen, das konnte und wollte ich nicht. Ich ließ es auf die Situation ankommen. Zu Stengel sagte ich, daß ich möglichst wortgetreu übersetzt haben wollte, was der Mann sagte.

Sie hatten den Mann in ein noch heiles Zimmer gesperrt und ein Soldat war bei ihm drinnen, zwei andere standen draußen vor der Tür.

Jetzt fiel mir die erste Entscheidung leichter. Ich sagte zu den zwei Soldaten draußen, sie hätten ihre Sache gut gemacht und gut aufgepaßt, doch nun sei ich mit den Scharfschützen gekommen, um den Mann abzuholen. Sie könnten wieder zu ihrem Zug zurück in die Stellung. Dann bin ich mit Stengel hinein und Ziemer blieb draußen, damit die beiden abzogen.

Drinnen machte der Soldat Meldung und ich sagte ihm auch, daß die beiden Scharfschützen den Mann holen. Zuvor mußte er mir erklären, wie und wo sie den Mann angetroffen hätten. Dabei kam heraus, daß der Mann trotz der Kälte hier in der Ruine gesessen hätte, ohne etwas zu tun.

Dann ließ ich den Mann auf Polnisch fragen, wo er herkommt. Er sagte: „Vom nächsten Dorf", wohin sie und die Familie gebracht worden seien, als die Kampfhandlungen hier begannen.

Warum er sich hierher geschlichen hätte, es wäre doch Sperrgebiet? „Herr Soldat, ich bin 81 Jahre alt und will von der Welt nicht mehr viel wissen. Ich bin hier in diesem Haus geboren und aufgewachsen und soll nun in der Fremde leben. Mein Sohn ist fort in Gefangenschaft, ich habe nichts mehr und ich will hier auch sterben."

Stengel übersetzte das Gestammel mühsam.

Währenddessen forschte ich in dem Gesicht des Alten. Es war ehrlich. Trotzdem forschte ich weiter. Da sagte er mir auf den Vorhalt, daß ich ihn erschießen lassen müßte, wenn er im Sperrgebiet aufgegriffen würde, daß er hier auch sterben wolle.

Er wolle es hinnehmen und hier sterben, wenn ich es befehle!

Der Mann hatte mich überwunden!

Den Soldaten schickte ich mit der Bemerkung weg, daß ich den Mann durch die mitgebrachten Scharfschützen abführen lasse zur Verurteilung.

Als er fort war, rief ich den Obergefreiten Ziemer herein. Zu den beiden Soldaten, die mein Vertrauen hatten, sagte ich, daß der Mann nie und nimmer erschossen wird, trotz bestehenden Befehls!

Für mich wurde es kritisch. Doch ich hoffte auf den Verstand und das Herz der beiden. Beide stimmten mir zu. Doch wohin mit dem Mann und was dann, wenn wir ihn weggebracht haben und er kommt heimlich ein zweites Mal zurück? Bei einer harten Vernehmung durch die Feldgendarmerie hätte er mich aus Not ans Messer geliefert, wenn er aussagte, daß ich ihn habe laufen lassen.

Zuletzt fiel mir etwas ein. Das konnte den alten Mann vielleicht beeinflussen und auch überzeugen.

Ich sagte Stengel: „Übersetzen Sie sorgfältig, was ich dem Mann sagen will."

Und dann übersetzte Stengel, daß ich laut Befehl gezwungen sei, ihn erschießen zu lassen. Wenn ich den Befehl verweigere, würde ich selbst vor ein Kriegsgericht kommen und erschossen werden, wenn bekannt wird, daß ich ihn habe laufen lassen! Ob er das wirklich auf sich nehmen wolle. Ich hätte auch Frau und Kind und wolle leben!

Ich mache ihm einen Vorschlag:

Wir verstecken ihn heute Nacht auf dem Verpflegungsfahrzeug und wenn wir Glück haben, kommen wir durch die Sperrgrenze glatt durch und lassen ihn wieder zu den anderen evakuierten Familien und wissen dann von nichts mehr.

Dies könne aber nur geschehen, wenn er mich nicht in Gefahr bringt, indem er nochmals zurückkehrt, gleich aus welchen Gründen.

Stengel hat ihm das wohl so deutlich beigebracht, daß der Alte den Tränen nahe war, nach meiner Hand faßte und durch Stengel sagen ließ, daß er zurückginge, weil er nicht gewußt habe, daß das für den deutschen Offizier so gefährlich sein könne.

Der Alte hatte noch gar nicht begriffen, daß wir ihn heimlich zurückschaffen mußten.

Ich ließ ihn durch die beiden Melder in ein anderes, am Stadtrand gelegenes Haus bringen, so daß es so aussah, als ob er abgeführt wurde. Dann sollte Stengel ihn bewachen und Ziemer wieder auf den Gefechtsstand kommen, um ihm etwas zu Essen zu bringen.

Der Alte hatte ja keine Ahnung, auf was ich mich da eingelassen hatte.

Später habe ich am Telefon meinen Hauptfeldwebel Christiansen gebeten, mit dem Essenwagen heute abend mitzukommen. Ohne ihn konnte ich den Mann nicht zurückbekommen. Mir war klar, daß jeder Mitwisser die Sache gefährlicher machte.

Als Christiansen sich meldete, sagte ich ihm nur die halbe Wahrheit. Ich mußte die Vorstellung aufrecht halten, daß ich durch einen Melder den aufgegriffenen alten Mann nach „hinten" zur Aburteilung bringen lassen wolle. Dazu soll Stengel mitgehen und der Mann soll gefahren werden, weil er nicht laufen könne. Ich wollte keine Scherereien mit der Feldgendarmerie, deshalb sollen sie ihn während des Transports verstecken. Mehr durfte Christiansen nicht wissen.

Er sagte nur zu mir: „Warum kommt der Idiot denn nach vorne, wenn er weiß, daß er sofort erschossen wird?" „Ja, Christiansen, es gibt auf dieser Welt noch mehr Dinge als den Verstand und die Vernunft, Kräfte und Glauben, die oft stärker sind."

Er konnte den Sinn meiner Worte nicht ganz verstehen. Ich aber wußte seitdem, daß es unwahrscheinliche Kräfte gab, die nicht zu messen und zu berechnen waren. Begonnen hat diese Dämmerung bei mir in Stablack-Süd auf dem Truppenübungsplatz, als ich den moslemischen Offizier zu Allah beten sah, niedergekniet auf seinem Gebetsteppich.

Dieser alte Pole liebte sein Land. Sein Vaterhaus bedeutete ihm mehr als die Gefahr, dort erschossen zu werden.

Ich hatte das wohl verstanden und meine beiden Melder auch, weil einer von beiden seine Heimat nur wenige Kilometer weit entfernt hatte und dort seine Familie wußte.

Die ganze Sache lief gut aus. Christiansen war mißtrauisch gewesen, weil ich den alten Mann durch Stengel begleiten – bewachen – ließ und ihn nicht einfach ihm überstellte.

Stengel brachte ihn zu seinen Angehörigen bzw. den Nachbarn zurück, von wo er losgegangen war, dem Herzen zu folgen, ohne nach den Konsequenzen zu fragen. Nur dem glücklichen Umstand, daß meine Soldaten nicht sofort schossen, hatte er sein Leben zu verdanken.

Natürlich hatte ich hinterher ein ungutes Gefühl, ob was durchsickern würde. Die späteren Ereignisse ließen dieses Gefühl aber in den Hintergrund treten.

Es war schon der 27. November 1944 geworden. Wir hatten Winterbekleidung bekommen, und es war kalt geworden.

Ich bin schon immer gern draußen in der Stellung gewesen und habe oft 30 oder mehr Minuten die russischen Stellungen beobachtet. Dann hatte ich richtiges Jagdfieber, wenn ich irgendwo ein neugebuddeltes Stück Graben beim Russen entdeckte.

So war ich auch oft am schweren Maschinengewehrstand, der in der Nähe des Art.-Beobachters war. Dort war nämlich ein Scherenfernrohr, das viel mehr brachte als mein eigenens Fernglas.

Am 27. war ich auf dem linken Flügel meines Abschnitts ind der Nähe der drei Granatwerfer. Dort war auch eine gute Beobachtung möglich.

Ich hatte schon etwa 20 Minuten das gegenüberliegende Gelände beobachtet. Da, plötzlich sah ich am Waldrand zwischen zwei Baumgruppen einen Russen springen. In großen Sätzen verschwand er hinter den Bäumen.

Jetzt suchte ich natürlich sorgfältig, ob ich einen Bunker oder so etwas entdeckte. Ich wußte von mir, daß ich bei so etwas Geduld hatte.

Meine Augen hatten sich längst so gut erholt, daß ich seit Jahren schon keine Brille mehr getragen habe.

Plötzlich sprang noch ein Iwan in der gleichen Richtung. Jetzt war es geschehen. Mein junger Melder, von dem ich schon berichtet hatte, mußte die Granatwerferbedienungen alarmieren und diese mußten sofort feuerbereit machen. Dann Kommando über Entfernung und Richtung, wo ich die beiden Russen verschwinden sah. Mit dem 1. Werfer Feuer frei, 1 Schuß.

All dies habe ich in Hamburg beim Feldwebel Sch. bis zum Überdruß getrimmt bekommen.

Der Einschlag lag ausgezeichnet und ich gab weitere 2 Schuß frei bei gleicher Einstellung.

Wieder lagen die Granaten gut – doch was jetzt zu sehen war, grenzte schon an Unglaubliches.

Plötzlich sprangen etwa 50 oder noch mehr Russen aus den Baumschatten hervor und alle hatte Kochgeschirre, wie mir schien.

Ich hatte ins „Schwarze" getroffen! Ohne Zweifel bin ich zufällig einem Essen- und Verpflegungsempfang auf die Spur gekommen. Das konnte nichts anderes heißen als: „Feuer frei für alle Werfer" bei gleicher Zielansprache. Ich hatte Gott sei Dank von unseren Vorgängern sehr viel „schwarze" Granaten übernommen und konnte ruhig ein wahres Bombardement loslassen, ohne den Verbrauch verantworten zu müssen.

Niemals werden die Russen erfahren haben, daß der Granathagel, der jetzt auf die herabprasselte, eigentlich nur zwei erkannten Soldaten und dem Zufall, daß ich gerade so viel „schwarze" Granaten hatte, zu verdanken war.

Aus jahrelanger Tätigkeit auf einem Kompaniegefechtsstand weiß ich, daß millionenfach falsche Angaben bei der Morgenmeldung an die jeweils vorgesetzte Dienststelle gemacht wurden. Ich meine jetzt die Munitionsverbrauchsmeldung.

Für jede Einheit war eine Mindestmunitionsausstattung vorgeschrieben. Der Verbrauch wurde gemeldet und entsprechend wurde er durch den Nachschub wieder ergänzt. Bei diesem Schema kann man schnell durch falsche Angaben einen höheren Verbrauch angeben als den tatsächlichen. Das war alles zu begreifen, wenn auch nie zu billigen. Welcher Hausvater sorgt nicht gut für seine Familie?

Ganz große Tücken hatte das Horten von „schwarzer" Munition beim plötzlichen Stellungswechsel. Dann war es oft nicht möglich, die gehorteten Vorräte mitzunehmen. Manche Granate wurde verfeuert, nur deshalb, um den schwarzen Bestand zu vermindern.

So geschah es auch an diesem Mittag. Ich hatte Dauerfeuer befohlen, bis ich den Eindruck hatte, daß einerseits die schwarzen Vorräte vermindert waren und der Essensempfangsplatz da drüben leergefegt war.

Es war unerbittlicher, grausamer Krieg.

In der Abendmeldung stand dann: „Erkannten feindlichen Essensempfangsplatz unter Werferfeuer genommen."

Daß wir dreimal soviel Granaten verfeuert hatten, als nachher in der Munitionsmeldung stand, war eine andere Sache.

Der Winter kündigte sich an. Damals im Kessel vom Demjansk begann es am 20. September bereits zu schneien.

Jetzt war es bei uns am Narew soweit. Sollte es dazu kommen, daß der Fluß tragfähiges Eis hatte, war ein großes Gefahrenmoment dazugekommen. Jede Nacht wurde die Stellung am Ufer noch besser ausgebaut. Pioniere hatten das ganze Ufer mit Minen gesichert. Nur wenige Gassen ließen einen Zugang zum Fluß offen. Jeder Soldat wußte das.

Vom Batl. kamen die ersten Hinweise auf die Gefahr von Späh- und Stoßtrupps von seiten des Feindes.

03.12.1944

Es hat geschneit und es friert überall.

Wir sind kurzfristig herausgezogen worden, um uns etwas aufzufrischen. Während dieser Zeit von 7 Tagen sollte das Batl. eine große Übung machen.

Alles freute sich über das Ausschlafen in festen Häusern und das Sichbewegenkönnen ohne Feindbeschuß.

Am Abend habe ich mit der Kompanie eine wunderschöne Adventsfeier gemacht.

Mit dem Spieß hatte ich alles vorbereitet, und den Soldaten ging das Herz auf, wenngleich auch jeder auf seine Art Gefühle zeigte – oder auch nicht konnte –.

Es war ja fast nie möglich, die Kompanie zusammenzuhaben, um Einfluß zu nehmen auf Stimmung und Sorgen. Immer waren es Einzelgespräche mit den Soldaten.

So waren sie heute in guter Stimmung, was nicht zuletzt auch auf die Marketenderwarenausgabe zurückzuführen war. Lt. Johst vom Batl. guckte bei uns herein und brachte genaue Ausbildungsanweisungen mit. Es fehlte buchstäblich auch nicht das Exerzieren im Zug- und Kompanieverband!

Im Hinterland waren neue Bunker gebaut worden. Ich konnte mir nicht denken für wen, denn es erschien mir undenkbar, daß wir jemals aus der Zitadelle vertrieben werden könnten und hier in diese Bunker müßten.

Am 06.12.1944 war dann die Batl.-Übung, zu der auch Oberstleutnant Dorn erschien.

Alle an mich und die Kompanie gestellten Aufgaben haben wir zur Zufriedenheit der Kommandeure geschafft. Wichtig war, daß wir Offiziere untereinander besser ins Gespräch kamen. Wochenlang hatte ich Lt. Marquard und Lt. Meyeres nicht gesehen. Oblt. Stötter von der schweren Kompanie eher, da er seine SMG-Trupps im ganzen Abschnitt verteilt hatte.

Und eben Stötter hatte uns andere Komp.-Führer auf morgen abend zu einem Hasenessen eingeladen. Er war passionierter Jäger und Gastgeber. Wegen der Räumlichkeiten waren wir zur 7. Kompanie eingeladen.

Dort sind wir gut aufgenommen worden. Es war gut gekocht und gebraten worden. Dafür hatte sich Stötter verbürgt. Alle lobten die Küche. Was er nachher noch an Zigarren und Cognac anbot, war auch nicht von der Hand zu weisen, und ich dachte an Hagenau und an manch schönen Abend, den wir dort gefeiert hatten.

Als der Wein die Zungen etwas gelockert hatte, kam auch die Kriegslage allgemein, und besonders unsere Situation vor der ostpreußischen Grenze, zur Sprache. Es war durchgesickert, daß die Amerikaner immer weiter drückten und drückten und wir noch immer auf den Einsatz der Wunderwaffen warteten, die der Propagandaminister Göbbels angekündigt hatte.

Aus den Briefen der Angehörigen war unübersehbar geworden, daß die Heimat in schrecklicher Weise zerbombt und kein Unterschied zwischen Soldaten und Zivilisten gemacht wurde.

Manchmal dachte ich schon, daß wir in unseren relativ guten Unterständen direkt an der Front bessere Überlebenschancen hatten als die Bewohner der Städte.

Es graute schon der Morgen, als wir aufbrachen. Schöne Stunden, die vor allem dem persönlichen Kennenlernen gedient hatten, lagen hinter uns.

Nachdem alle am Freitag noch ausgiebig gefaulenzt hatten, ging es am

09.12.1944

wieder in die gleiche Stellung in unserem Abschnitt in Wizna.

Jeder alte Soldat wird es uns nachfühlen können, wie froh wir waren, in der vertrauten Umgebung zu sein. Nichts ist schlimmer als wenn alle Dinge um einen herum fremd sind.

Der Fluß war in den letzten Tagen zugefroren und höchste Aufmerksamkeit war geboten.

Die Wachen wurden in der Nacht verstärkt und die Dauer der Wache von 2 Stunden auf 1 Stunde herabgesetzt. Dies brachte eine viel stärkere Belastung mit sich, aber sie war notwendig, das sah jeder ein. Nach einer Stunde im Frost draußen mußte man sich aufwärmen. Überall waren rechtzeitig kleine Bunkeröfen geliefert worden.

Was für ein Unterschied zum 1. Winter im Demjansker Kessel. Wir waren auch besser mit Lampen und Hindenburglichtern versorgt.

Ohne besondere Vorkommnisse vergingen die Tage bis zum Heiligen Abend.

24.12.1944

Es war Sonntag, und wer von uns dachte nicht an zuhause, an Frau und Kind und die Eltern. Ich war mit meinem jüngsten Melder durch die Stellung gegangen und habe allen ein schönes Weihnachtsfest gewünscht mit der Hoffnung, daß wir das nächste Mal im Frieden daheim sein könnten.

Dann aber, so hatte ich mir es einfallen lassen, wollte ich selbst um genau 17.00 Uhr, in der zerschossenen Kirche etwa 10 Minuten lang die Glocke läuten, damit die Russen wissen, daß wir Weihnachten haben und noch an Gott glauben.

Diesen Wunsch habe ich mir auch erfüllt!

Tags zuvor hatte ich schon nachgesehen, ob der Glockenstuhl noch intakt war. Die Glocke hing unbeschädigt im Glockenstuhl und das lange Seil war auch noch zu gebrauchen.

So kam es, daß ich am Weihnachtsfest 1944 ganz allein die Glocke geläutet habe — 10 Minuten lang — erst zaghaft, aber dann fest und gleichmäßig und dabei liefen mir die Tränen vom Gesicht ob dem Heimweh und der Sehnsucht, bald aus diesem verfluchten Krieg herauszukommen.

Später im Gefechtsstand freuten sie sich alle, daß die Glocke zu hören war. Die Anrufe, zum Teil besorgt, bezeugten, daß die Glocke weit zu hören gewesen ist.

25.12.1944

Seit gestern hatten wir Alarmbereitschaft, denn der Russe nutzte vielleicht unsere Festtagsstimmung aus und griff an irgendeiner Stelle an.

Es blieb aber alles bis zum Dienstag ruhig.

27.12.1944

Ich war zum Regiment befohlen. Warum wußte ich nicht. Christiansen brachte mir den Max bis nach Wizna vor.

Hpt. Thomsen sagte mir, daß der Kommandeur mich kurz sprechen wolle, dann aber brächte mich ein Kübel zur Division.

Was sollte das plötzlich? Jetzt war ich doch nicht ganz sicher, ob das mit dem alten Polen in der Sperrzone etwas zu tun hatte. Dieser Gedanke war schnell verflogen, als ich mich gemeldet hatte. Oberstleutnant Dorn war sehr freundlich, kam aber schnell auf den Grund meiner Anwesenheit zu sprechen.

„Wir haben den begründeten Verdacht, so sagte er, daß die schon lang anhaltende Ruhe in unserem Korpsabschnitt bald vorbei ist. Der Narew ist jetzt schon so stark zugefroren, daß er bald auch für schwere Waffen überquerbar werden kann. Der kommandierende General hat deshalb befohlen, daß in unserem Abschnitt ein starkes Stoßtruppunternehmen durch Vereinnahmung von Gefangenen Aufklärung bringen muß.

Nach vorausgegangenen Besprechungen ist man auf Sie gekommen, da bekannt ist, daß Sie in den früheren Unternehmungen Mut und Standfestigkeit gezeigt haben.

Bei der Division werden Sie alles weitere erfahren. Im übrigen werden wir Sie mit allen zu Gebote stehenden Mitteln und Waffen unterstützen. Wegen der Geheimhaltung findet das Unternehmen schon am 30. Dezember 1944 statt."

Das war's. Dann stand ich wieder draußen. Hpt. Thomsen wünschte mir viel Glück und brachte mich zu dem Fahrer des Kübels.

In meinem Kopf brodelte es nur so. Wie kam gerade ich zu einer solchen Aufgabe? Ich war ja noch nicht einmal Oberleutnant. Ich habe wohl schon läuten hören, daß ich zur Beförderung vorgeschlagen wurde. Nach einer halben Stunde war ich auf dem Divisionsgefechtsstand und wurde dem General gemeldet.

Kurz darauf wurde ich vorgelassen. Er kannte mich noch von der Gratulation zu seinem Geburtstag und von der Verleihung des Verwundetenabzeichens in Schwarz und des Infanteriesturmabzeichens in Silber.

Mehrere Offiziere des Stabs waren mit Karten und Unterlagen im Raum. Ohne Umschweife kam er zur Sache und erklärte mir dasselbe wie auch der Regimentskommandeur. Dann erläuterte er, daß er meinen Abschnitt und mich ausgesucht hätte, auf Vorschlag von Oberstleutnant Dorn, weil es darauf ankomme, unbedingt etwas zu erfahren durch Gefangene aus unserem Bereich. Die Aufklärung lasse Vermutungen zu, die noch erhärtet werden müßten. Ich würde jegliche Unterstützung bekommen, angefangen von Minenräumkommandos der Pioniere über Artillerie, Sprengstoffexperten für Drahthindernisse und Flammenwerfer usw.

„Alles ist vorbereitet und bereits morgen ist im Sandkasten Ihr Stellungsabschnitt, mit dem dazugehörenden Feindgelände, fertig. Es wird hier alles bis in die letzten Kleinigkeiten durchgespielt, mit allen beteiligten Waffensystemen und deren Offiziere und Unteroffiziere. Selbstverständlich verkennen wir nicht die Schwierigkeiten des langen Anmarschweges und der Tatsache, daß keine Deckungsmöglichkeiten vorhanden sind. Aber auch daran haben wir gedacht."

Ich merkte, daß ich etwas ins Schwimmen geriet, denn das, was in der letzten halben Stunde auf mich zurollte an Verantwortung, konnte ich in seiner Tragweite noch nicht ganz erfassen.

Doch da kam schon wieder die Stimme des Generals durch den Nebel:

„Sie werden sofort nach Rückkehr in die Stellung, noch bei Tageslicht, mit dem zuständigen Artilleriebeobachter alles einsehen und ganz genau festlegen, wo der Übergang über den Narew erfolgt. Dann wird im Verlauf des nächsten Tages ein Mörser, in dem Sektor, den Sie vor dem Angriff erreicht haben müssen, so viele Trichter gestreut schießen, daß Sie mit den Soldaten in Deckung vor dem russ. Infanteriefeuer liegen können.

Weiter werden Sie heute nacht noch mit dem Pionieroffizier über dem Narew drüben erkunden, wo der Russe auf unserem Annäherungsweg evtl. Minenfelder hat, damit in dieser, noch in der darauffolgenden Nacht, Gassen gemacht werden können.

Beim Unternehmen, das der Regiments-Kommandeur selbst in Wizna überwachen wird, kommen zu Ihnen noch Spezialisten, die Sie morgen kennenlernen werden."

Zuletzt: „Haben Sie den Eindruck, daß Sie das schaffen können?" Antwort: „Jawohl Herr General."

In Wirklichkeit wußte ich noch nicht, zu was ich da „jawohl" gesagt hatte!!

Im einzelnen wurde dann festgelegt, daß morgen alle beteiligten Offiziere und Unteroffiziere um 13.00 Uhr antreten, um am Sandkasten minuziös das Unternehmen durchzuspielen.

Aus meiner Kompanie gingen 60 Mann mit und dazu kamen an Pionieren und anderen beteiligten Spezialisten noch 41 Mann. Zusammen 101 Mann.

Mit deutscher Gründlichkeit war alles vorbereitet worden, nur ich wußte seither nichts davon.

Jetzt durfte ich keine Zeit mehr verlieren. Der Kübel brachte mich eiligst zurück zum Regiments-Gefechtsstand. Der Kommandeur machte es kurz und befahl, mir das Gelände beim Feind so gut einzuprägen, daß ich mich auch nachts im Niemandsland gut zurechtfinde. Das war notwendig wegen dem Zurückführen der Kampfgruppe in die eigene Stellung, da ja noch vorher der Narew zu überqueren war.

Inzwischen brachten sie den „Max" wieder, und in vollem Galopp ging es zum Batl. und Troß.

In mir war Fieber ausgebrochen, angeheizt durch die Tatsache, daß das ganze Unternehmen vom Armee-Korps befohlen und Druck hinter der Sache war.

Verladerampe in Tulebja. Letzte Aufnahme von einem unserer Jüngsten.

Ankunft in Bol Ushin am Ilmensee.

Bahnhof in Dno, wo ich im November 1942 in die Augenklinik kam.

Blücherlager am Wolchow.

Der Feldwebel bei einer Besprechung im Blücherlager.

Warum war es so schnell so wichtig, von der Situation drüben Genaueres zu erfahren? Was wußte man schon, und was sollte bestätigt werden?

Gewiß, der Lauschtrupp bei mir hätte einige Antworten geben können.

In Wizna angekommen, lief die ganze Maschinerie bereits an. Jeder Telefonverkehr über die bevorstehende Aktion war strikt verboten. Alles mußte ebenso laufen wie sonst auch jeden Tag.

Ich ließ Oberfeldwebel Wieler und Feldwebel Rudek kommen und sagte ihnen, was plötzlich in Gang gekommen war. Wieler vertrat mich in Abwesenheit und Rudek wußte sowieso immer über alles Bescheid.

Zuerst mußte die gesamte Kompanie informiert werden, daß wir heute abend einen Spähtrupp mit Pionieren im Niemandsland haben, und daß sich keiner auch nur das Geringste auf Wache erlaubt, was den Russen zum Feuern reizt.

Wieler mußte 2 Gruppen zur Sicherung am Fluß auf unserem Ufer und auf dem jenseitigen Ufer, sozusagen Geleitschutz für die Pioniere, bereitstellen.

Die Angehörigen der fremden Einheiten mußten ebenfalls unterrichtet werden. Unsere Melder flitzten los mit den notwendigen Befehlen.

Jetzt erst konnte ich etwas verschnaufen und nachdenken. Aber ich hatte keine Ruhe, mich trieb es zum Scherenfernrohr.

Dort war ich jeden Tag und habe mir immer wieder die Veränderungen „drüben" angesehen. Im Kopf hatte ich alles eingeordnet, was ich wissen mußte. Nur eine Sache war mir noch ganz unbekannt. Es war die genaue Entfernung bis zum russischen Graben und wie weit wir mit über 100 Soldaten auf dieser topfebenen Fläche ohne jeden Schutz im Gelände herankommen können.

Diese große Unbekannte mußte noch geknackt werden, und dazu wollte ich den Spähtrupp heute nacht benutzen. Wieviel Zeit brauchten wir, und wo werde ich mit dem Mörser morgen bei Tageslicht hinschießen müssen, damit wir für den Ausgang wenigstens einige große Trichter haben.

Ich wußte, noch vor dem Schneefall hatte ich das beobachtet, daß der Russe drüben alles verdrahtet hatte und davor mußten wir nochmals mit einem Minengürtel rechnen.

Das hatte mir schon der General angedeutet, daß dafür Sprengspezialisten mitgehen. Mit dem VB, den ich nun schon lange kannte, sprach ich alles durch und beobachtete lange durch das Scherenfernrohr die weiße Schneelandschaft mit den darin verlaufenden Gräben, die sich auch jetzt noch deutlich abhoben von der übrigen Schneedecke.

Wo sie ihren Unterstand hatten, konnte ich weder früher noch jetzt ausmachen. Wenn sie vor dem deckenden Wald einen Unterstand hatten, dann war er jedenfalls vortrefflich getarnt. Überhaupt waren die Russen in der Tarnung ganz große Meister.

Inzwischen war es dunkel geworden als ich durch den „Friedhofsweg" zu meinem Gefechtsstand ging. In mir war das untrügliche Gefühl, daß etwas ganz Großes und Belastendes mir aufgeladen wurde. Angst hatte ich keine. Doch inzwischen war mir bewußt geworden, daß man von höchster Stelle das große Stoßtruppunternehmen haben wollte, oder besser, unbedingt Gefangenenaussagen haben mußte. Ich war auch nur ein Mensch, nur einer für mich allein. Sicher konnte ich ein gutes Beispiel geben für die anderen Soldaten, aber gab es nicht noch tausend Kleinigkeiten, an denen oft so ein Gelingen scheitern konnte?

Am liebsten wäre ich mit 2–3 Mann hinüber, aber das war wegen der weiten Entfernung durch die Minenfelder und Stacheldrahtverhaue in einer Nacht undurchführbar. Wer weiß, ob der Russe nicht vielleicht auf seine eigenen Soldaten, die in Gefangenschaft geführt würden, auf der langen Strecke direkt schießen würde?

Solche und noch mehr Gedanken gingen mir durch den Kopf als ich zum Gefechtsstand zurückging.

Oberstleutnant Dorn hatte mich überfahren. Das ist mir klar geworden. Schon einmal in Stablack war für ihn ausschlaggebend, daß ich schon lange Frontsoldat war und als Obergefreiter das EK I erhielt. Für mich gab es keinen Zweifel, daß er mir ganz und gar vertraute. Das konnte auch belasten.

Ziemer hatte mitbekommen, was sich tat und versorgte mich rührend. Viel hatten wir ja nie, und ein spartanisches Leben war ich gewöhnt. Alkohol habe ich lieber verschenkt, aber zu einer guten Zigarre habe ich noch nie nein gesagt. Und eben eine solche brachte mir Ziemer jetzt nach dem Essen.

Um 20.00 Uhr wollte das Pionierkommando eintreffen. So hatte ich noch etwas Zeit. Ich ließ Wittulski aus dem Melderbunker herüberrufen. Ihn mochte ich am meisten, weil er ein gestandener Mann war, intelligent und sehr sachlich. Er war von Bartenstein und leitete dort ein Sägewerk als Betriebsleiter und Prokurist. Er hatte ähnliche Ansichten wie ich, und er erwartete kein gutes Ende für seine ostpreußische Heimat. Er glaubte wohl, daß wir standhalten werden, aber er machte auch kein Hehl daraus, daß unter den Soldaten viele Angst haben vor den Russen.

Vieles ist für die Männer nicht mehr so, wie in den ersten Jahren. Sie empfinden alle, daß wir mit dem Rücken zur Wand stehen. Wir werden uns wehren und uns verkrallen in unsere ostpreußische Erde. Aber die anderen? Lt. Meyeres ist aus den Ardennen, davor sitzen die Amerikaner und Engländer! Er aber, er sitzt hier und hat die 3. Kompanie an der ostpreußischen Grenze und denkt dabei mehr an zuhause. Wie sollten die Soldaten das aushalten?

Wittulski war ernst, als wir über die Chancen sprachen, das Unternehmen am Sonnabend zu bestehen. Er meinte, wegen der großen Entfernung würde der Russe überrascht werden können, aber dann, so meinte er nachdenklich, wird es eine Sache der schweren Waffen werden. Es wird viel davon abhängen, ob wir im Schutz der Artillerie den Weg wieder zurückfinden werden durch die Minenfelder.

Er hatte recht. Wir brauchten unbedingt jemanden, der uns absolut zuverlässig an der Minengasse hereinlotste und nicht 1 m abwich.

Das Gespräch mit Wittulski war gut für mich. Ich empfand das ganz stark. Er war nüchtern, ehrlich und machte sich nichts vor.

Übrigens war es Zeit geworden sich fertigzumachen für den Spähtrupp und für die Pioniere.

Pünktlich meldete sich ein Leutnant und Pionierzugführer zum Minenräumen. Er sagte mir, daß seine Männer im rechten Kompanieabschnitt warteten, denn dort wollten wir aus unserem Graben. Ich nahm Ziemer als Melder mit. Wir hatten uns warm angezogen, hatten Filzstiefel und unseren Tarnanzug an und jeder nahm nur die Maschinenpistole mit und für den Notfall eine Leuchtpistole mit weißen und roten Patronen für den Art.-Beobachter.

Dann gingen wir los. Der Pionierleutnant hatte auch einen Melder dabei. Zum Batl.-Gefechtsstand hatte ich kurz davor noch das verabredete Kennwort für die Beginn des Spähtrupps durchgegeben.

Nach meinem Kalender war der Mond heute schon um 16.07 Uhr aufgegangen, aber wir sahen nichts von ihm und das war gut so.

Durch den Hauptversorgungsgraben, wieder durch die Gräber im Friedhof, kamen wir zu Oberfeldwebel Wieler, der leise mit den Pionieren sprach. Dann ging es in engen, immer wieder umbiegenden Wegen, langsam in dem engen Graben hinab zu einem vorgeschobenen Horchposten, vorne am Ufer.

Der Schnee knirschte etwas, aber sonst war nichts zu hören. Ganz leise und nicht einmal geduckt, glitten wir auf das Eis, das auch mit einer Schneedecke versehen war. Wir waren hier vom Russen nicht einzusehen, es sei denn, daß er mit einem Spähtrupp zufällig bis an das andere Ufer vorgedrungen wäre.

Ich wollte aber nichts aufs Spiel setzen, und so ging erst die Sicherungsgruppe von Wieler bis an das andere Ufer vor, das von uns noch nicht zu sehen war. Wenn alles klar war, sollte Wieler zu uns einmal mit der Taschenlampe blinken. Das war das Zeichen, daß sie unbehelligt drüben angekommen waren. Als die Taschenlampe aufblinkte, schien endlos viel Zeit vergangen zu sein. Jetzt rutschten wir auf das Eis und brauchten nur den Fußstapfen nachzugehen.

Hinter mir war Ziemer und dann kamen die Pioniere. Sie hatten überhaupt nicht viel Aufhebens gemacht. Lediglich der Pionierleutnant sagte mir, daß sie hofften, auf Zugminen zu stoßen im Schnee, denn die anderen Minen in der gefrorenen Erde würden wahrscheinlich nicht mehr auf Druck reagieren. Sicher war aber nichts.

Am Ufer angekommen, schob sich die eine Gruppe nach rechts, die andere nach links und auf keinen Fall die Böschung hinauf, bis die Pioniere die Böschung untersucht hatten.

Wir lagen solange mit der Nase im Schnee, und die Männer begannen mit ihren Sonden zu untersuchen.

Von der Kriegsschule wußte ich noch, wie die Minen funktionieren, zumindest diejenigen, die bis dahin vom Feind zur Verwendung gekommen waren. Als ich das jetzt aber sah, bekam ich doch einen gewaltigen Respekt vor den Soldaten, mit welcher Ruhe und äußerer Gelassenheit sie zu Werke gingen.

Alles ging planmäßig.

Am Ufer und in der Böschung waren keine.

Die Sicherungen konnten sich jetzt bis an den Rand der Böschung hochschieben und Einblick nehmen in Richtung russische Gräben, von denen man aber nicht einmal etwas erahnte in der Nacht.

Die Pioniere begannen, einen Weg in etwa 8 m Breite, auf den Feind zu, zu untersuchen und benutzten dazu links und rechts Trassenband. Sie legten es auf den Schnee, immer so weit wie sie gekommen waren.

Ziemer und ich beobachteten sie mit Spannung. Nach Erreichen der Oberkante der Böschung war das Markieren mit dem Trassenband zu Ende, wegen der Einsichtmöglichkeit bei Tag durch die Russen.

Dann aber hörte ich deutlich: Herr Leutnant wir haben etwas. Es galt dem Pionierleutnant. Der schob sich bis dahin und dann dauerte es lange, bis er wieder zurückkam.

Sie hatten die erste Mine gefunden. Es dauerte deshalb so lange, bis sie den Typ und Bauweise bestimmt hatten, und danach richtete sich die Art der Unschädlichmachung, das heißt Entschärfung oder Ausbau.

Sie wurden ausgebaut.

Es war eisig kalt und die Zeit verstrich unwahrscheinlich langsam. Die Pioniere waren bei der lebensgefährlichen Arbeit schweißnaß, aber wir Zuschauer froren erbärmlich.

Die halbe Nacht mochte vergangen sein. Alles blieb ruhig. Unheimlich ruhig. Dann kamen sie angerutscht und hatten in einem Akja alles voll Holzminen. Der Leutnant sagte, daß seine Männer jetzt aufhören müßten wegen der Erfrierungsgefahr für die Hände. Das konnte ich gut verstehen, mußten sie doch fast alles erfühlen. Leise und langsam rutschten die Pioniere die Böschung hinunter, und dann konnten sie auf dem Eis des Narew wieder aufrecht stehen.

So wie wir gekommen waren, gingen wir zurück zu unserem Horchposten, dort konnten wir wieder in den Graben einsteigen.

Oben im Hauptgraben sagte mir der Pionierleutnant, daß der Minengürtel morgen nacht vollends durchbrochen werden kann, vorausgesetzt, daß es nicht stark schneit.

Inzwischen hatten seine Männer den Akja durch und über die Gräben nach oben gebracht. In einem inzwischen freigemachten Muni-Bunker haben sie die Teufelsdinger abgestellt.

Nach der nächtlichen Anspannung und der Bewegungslosigkeit war ich dankbar, daß wir wieder in Richtung Gefechtsstand gehen konnten. Ziemer sagte fast nichts, nur so viel verstand ich, daß er niemals hätte Pionier werden wollen.

28.12.1944

Um 13.00 Uhr war Sandkastenübung beim Divisionsstab befohlen.

Unser Unternehmen sollte mit allen beteiligten Einheitsführern, meinen Zugführern und Gruppenführern meiner Kompanie, in allen seinen Abläufen ausgearbeitet und am Geländemodell erprobt werden.

Geschlafen hatte ich nicht lange. Ich war viel zu unruhig. Die Tatsache, daß so viele Einheiten an der Sache beteiligt wurden, war für mich eher bedrückend als hilfreich. Sicherlich bezog sich das mehr auf die schweren Waffen. Aber auch die Pioniere, die die Minengassen sprengen sollten, kannte ich nicht. Ich hatte in den Zeiten als Gefreiter und Obergefreiter viel zuviel erlebt, hauptsächlich auf den Gefechtsständen, als daß ich mich auf andere bedingungslos verlassen hätte.

Sobald es draußen hell war, nahm ich mit dem VB telefonisch Verbindung auf. Wir vereinbarten für heute mit dem Mörser etwa 6–8 Schuß und morgen den Rest.

Die Zeit war knapp, wegen der Sandkastenübung bei der Division. Die Zug- und Gruppenführer waren um 12.00 Uhr zum Troß befohlen. Ich wurde mit dem Kübel von Wizna aus abgeholt.

Auf dem Beobachterstand traf ich den VB. Wir besprachen nochmals, daß wir wegen der Unauffälligkeit, auch mal 2 Schuß ganz nach hinten in die Stellung setzen, damit der Russe nicht auf die Idee kommt, daß ein bestimmter Zweck darin bestehen kann, ausgerechnet immer vor seine Stellung zu schießen.

So kam es auch. Ein Geschütz, eben ein Mörser, wuchtete seine Granate mit Verzögerungszünder hinüber ins Niemandsland. Erst nach dem Einschlag detonierte die Granate und riß ein erheblich großes Loch in den hartgefrorenen Boden. Die Entfernung hatten wir vorher genau ausgemacht. Es waren etwa 160–200 m vor den vordersten Gräben der Russen und noch vor den Stacheldrähten und dem vermuteten Minengürtel.

Nachdem der VB 8 Schuß heraus hatte, hörten wir auf und überließen es den Russen, zu denken, wir hätten gründlich daneben geschossen. Mit dem Scherenfernrohr konnte ich recht gut die großen dunklen Krater in dem sonst makellosen weißen Schnee sehen. Ich brauchte die Krater auf einer Breite von etwa 80 m. So wie sie jetzt lagen, war das gut.

Mit Dank verabredete ich für morgen eine neue Zeit.

Feldwebel Rudek hatte inzwischen wegen der Herauslösung der Zug- und Gruppenführer alles organisiert, so daß ich pünktlich zum Abholplatz gekommen bin. Ich nahm Ziemer mit.

Schon immer ging mir im Kopf herum, wer richtiger war an der Minengasse, Ziemer oder Wittulski. Dann entschied ich mich für Ziemer. Ich wußte, daß er eisern an dem Minengürtel wachen würde, damit wir die Gasse wiederfinden konnten, wenn wir nach dem Unternehmen zurück wollten. Wittulski war wegen seiner Fähigkeiten als Vertretung im Gefechtsstand der richtige Mann.

Auf dem Divisions-Gefechtsstand war großer Bahnhof. Mir war das alles zuviel. Der IA erklärte nochmals den notwendigen Zweck des Unternehmens und erklärte, wie das Zusammenspiel der Waffen ausgearbeitet worden war. Vom 1. Schuß der Artillerie, bis hin zu Bereitstellung der Sanitätseinheit für den Notfall.

Der Plan war so ausgearbeitet:

Ohne jede Artillerievorbereitung geht die Kampfgruppe Siegle von dem Abschnitt Wizna aus, über den Narew, durch die dort vorher geschaffene Minengasse im Niemandsland, vermutlich beginnend an der jenseitigen Uferböschung.

Nach Passieren der Minengasse werden dort Posten stationiert, sobald der Weg durch Trassenband, kenntlich für die nachfolgenden Gruppen, abgegrenzt worden ist.

Die Gruppen und Züge entfalten sich nach links und rechts und robben durch den Schnee so lange auf den Feind zu, bis sie die großen Granattrichter erreichen. In der Mitte arbeiten sich die Pioniere vor, mit den auf Skiern montierten schweren Sprengladungen und anschließend kommen die Stoßtrupps mit mir. Später die Sanitäter bis zum Ende der Minengasse.

Ausgerüstet werden wir mit allen verfügbaren Maschinenpistolen, Leuchtpistolen bei jedem Zug und beim Kompanietrupp. Je Zug 2 leichte Maschinengewehre, Handgranaten für jeden Soldaten. 1 Fernsprechleitung wird von Nachrichtenleuten sofort mit Feldtelefon mitgeführt. 1 Funkgerät wird ebenfalls mitgeführt. Beide Nachrichtenverbindungen sind beim Kompanieführer.

Der Feuerplan der Artillerie tritt erst dann in Kraft, wenn ich mit Hilfe der gelegten Fernsprechleitung, über den Apparat 3mal lang gekurbelt habe. Für den Notfall sollte das Funkgerät benutzt werden.

Leuchtkugel rot hieß: Feuer vorverlegen außerhalb des Feuerplans.

Der Feuerplan sah vor:

Nach der umfangreichen Artillerievorbereitung wird das Feuer hinter die feindlichen Linien verlegt und in demselben Augenblick springen die Pioniergruppen hoch, um mit den mitgeführten Sprengladungen eine Gasse durch ein etwaiges Minenfeld zu bahnen und um den Rest Stacheldraht aufzuschneiden.

Hinter den Pionieren springen der Kompanieführer und seine ausgesuchten Männer in die gesprengten Gassen, auf die russischen Gräben zu und machen dort Gefangene.

Waren wir wieder in Höhe der Ausgangsstellung bei den vorbereiteten Trichtern zurück, dann lasse ich die Farbe „grün" schießen, und damit konnten die schweren Waffen das Feuer zur Verhinderung eines Gegenangriffs, zwischen uns und die russischen Gräben legen.

So erläuterte der IA. −

Dann ging es an den Sandkasten.

Ich war überrascht, wieviel Mühe man sich gemacht hatte. Unsere und die Feindstellung waren gut dargestellt.

Alle beteiligten Batterien waren da, die VB-Stellen, die schweren Maschinengewehrstände in unserer HKL und die Granatwerferstände.

Mit großer Geduld wurde alles nochmals verhackstückt, vom Anfang bis zum Ende.

Am Schluß der Besprechung wurde ich gefragt, ob ich noch etwas zum ganzen Ablauf sagen wolle. Ich bejahte. Dann sagte ich zu den Artillerieoffizieren, daß wir Sturmsoldaten und vor allem die eingesetzten Pioniere absolut abhängig wären von dem Feuerleitplan.

Ich wäre überzeugt, daß wir unseren Teil, den infanteristischen Teil, bis zum Vorkommen in Höhe der Trichter schaffen werden, ohne daß der Russe etwas merkt, es sei denn, der Zufall will es so, daß auch der Russe einen Spähtrupp unterwegs hat und uns aufspüren sollte.

Die Feuervorverlegung der Artillerie hinter die russischen Gräben muß absolut genau klappen, damit die Pioniere und wir den Überraschungseffekt voll ausnützen können!

Im übrigen wolle ich nicht die Ohren verschließen, als ich bedenkliche Meinungen gehört habe wegen der großen Entfernung von unserer Stellung bis zur Einbruchstelle im russischen Graben. Es sind immerhin etwa 2 km. Ich möchte hier mit allem Nachdruck sagen, daß kein verwundeter oder gefallener Soldat im Niemandsland liegenbleibt, solange ich selbst lebe und für mein Versprechen einstehen kann.

Ich hatte den Eindruck, daß alle Angesprochenen angepackt waren von dem Ernst meiner Worte, vor allen Dingen, daß ich ausgesprochen hatte, was so kursierte bei den Soldaten, die Samstagnacht antreten mußten.

Damit war das Üben am Sandkasten beendet. Mit dem Wunsch, für ein glückliches Gelingen, wurden wir verabschiedet.

Zusammen mit den Zug- und Gruppenführern fuhr ich mit dem Lkw zurück nach Wizna.

Es war übrigens das erste Mal, daß ich während meiner seitherigen Soldatenzeit, ausgenommen die Kriegsschule, eine Sandkastenübung für ein bevorstehendes Unternehmen gemacht habe.

Nach ein paar Stunden kamen schon die Pioniere, um die Gasse zu Ende zu bringen. Diesmal nahm ich Wittulski mit, damit er auch eine Vorstellung hatte, wo wir die Gasse machen und wo evtl. etwas im Notfall zu organisieren wäre. Er sollte am Sonnabend auf dem Gefechtsstand bleiben, wenn der Kommandeur kommt.

Wieder zogen wir uns warm an, und es lief alles ab wie in der Nacht zuvor. Lautlos arbeiteten die Pioniere und wir hielten Wache.

Stunde um Stunde verrann. Schon eine ganze Zeit lang merkte ich, daß ich entweder eine zu volle Blase hatte, oder, was wahrscheinlicher war, mich so stark unterkühlt hatte, daß ich einfach unabdingbar pinkeln mußte. Aufstehen ging nicht, ich hätte uns alle in Gefahr gebracht. So fing ich also an, einen Handschuh auszuziehen, mich etwas auf den Rücken zu legen, um herauszufinden, wie ich mit der eiskalten Hand, zwischen dem Kampfanzug, Unterhose und Unterhemd, das bißchen Etwas fand, das mich des Gefühls entledigen konnte, platzen zu müssen. Nach vielen Nöten war es dann soweit, daß alles durch die Klamotten hindurch gefummelt war und ich sicher war, daß ich den Blaseninhalt in den Schnee bekomme, statt in die Buxen.

Das war eine unbeschreibliche Erleichterung, als ich mich wieder zur Seite rollte und „es" laufen lassen konnte. Der „Rückzug" war dann leichter, aber ich merkte, wie kalt ich geworden bin.

Von den Pionieren hörte ich kaum etwas. Alles ging unendlich langsam vor sich. Je weiter wir vordrangen und schon eine Gasse hatten, die etwa 30 m lang war, desto ruhiger wurde man bei dem Gedanken, daß man zwischen Minen lag. Es ist unwahrscheinlich, an was sich Menschen gewöhnen können!

Als ich überlegte, wie lange sie noch suchen werden, kam Bewegung in die Gestalten. Sie waren durch.

Ich kroch nach und noch ein Stück vor, um zu sehen, was ich vielleicht als Orientierung mir merken könnte. Aber alles war milchig. Man konnte vielleicht 50 m weit sehen. Genau das war für uns gut. Wenn dann der Mond auch noch wegblieb, war alles sehr günstig.

Der Pionierleutnant machte nochmals Markierungen, die nicht eingesehen werden konnten. Dann erschienen wie Gespenster die Pioniere mit ihrem Akja und der höllischen Fracht darauf.

Sehr müde kamen Wittulski und ich wieder auf dem Gefechtsstand an. Gott sei Dank war alles ruhig geblieben. Wir machten noch einen Grabendurchgang und dann legte ich mich hin, während Ziemer am Telefon Wache hielt.

29.12.1944

Das Jahr ging langsam seinem Ende zu. Mir war das gar nicht so deutlich zum Bewußtsein gekommen.

Die Vorbereitungen zu dem Unternehmen, vom Korps befohlen, hatten mich voll und ganz in Anspruch genommen. Heute sollte nichts mehr geschehen, außer, daß wir unser „Trichterfeld" vergrößern. Am Vormittag war ich wieder bei meinem VB am Scherenfernrohr und besah mir die Stelle, wo wir die Minengasse gemacht hatten. Von unserer Seite war ganz deutlich der „Patt" zu erkennen, der durch das 2malige Hinüber und Herüber über den Narew schon entstanden war. Der Russe konnte aber diese Stelle wegen des toten Winkels nicht einsehen. So konnte er den markierten Einstieg in die Minengasse auch nicht entdecken.

Wieder hörten wir den Abschuß, und dann gurgelte die schwere Mörsergranate über uns hinweg und senkte sich auf das Niemandsland. Mit einem gewaltigen Krach schlug sie dann ein, um ein großes Loch in den gefrorenen Boden zu reißen. Ab und zu schickte der VB eine Granate auch woanders hin. Iwan sollte glauben, daß wir das schwere Ding für Sperrfeuerzwecke einschießen.

Als ich mein „Schachbrett" fertig hatte, bedankte ich mich bei dem VB und war guter Dinge, denn bis jetzt hatte alles geklappt.

Auf dem Rückweg machte ich einen Besuch bei dem Lauschtrupp. Ich wußte wohl, daß sie mir nichts sagen durften, aber es juckte mich doch, sie zu fragen, ob sie aus den abgehörten Nachrichten etwas von den Russen gehört hätten, das auf Mißtrauen schließen ließ — wegen des Mörserschießens. Sie verneinten und sagten, daß sie nichts gehört hätten, was darauf schließen lasse.

Das war auch gut.

Am Nachmittag suchte ich mit Oberfeldwebel Wieler die Männer aus, die mit mir, als eigentlichem Stoßtrupp, einbrechen sollten, um Gefangene zu holen.

Vom Kompanietrupp blieb Wittulski in meinem Gefechtsstand. Alle anderen wollten mit mir. Davon wurde Ziemer und noch ein Melder abgezweigt für die Minengasse. Die MG-Schützen wurden eingeteilt, ebenso die Leuchtpistolenträger mit der entsprechenden Munitionsfarbe.

Sorgfältig wurde alles abgesprochen, denn bis zum Losschlagen der Artillerie, das heißt, bis wir in den Trichtern lagen, die ja hauptsächlich wegen des Splitterschutzes vor unseren eigenen Granaten notwendig waren, durfte nicht die geringste Silbe gesprochen werden. Alles, was geklappert hätte, mußte in der Stellung bleiben. Unsere Tarnanzüge waren komplett, so daß auch von daher nichts passieren dürfte. Ich befahl, als wir alle Soldaten aufgeschrieben hatten, daß sie zu einem Appell morgen im hinteren Teil von Wizna, antreten sollten, denn ich wollte nochmals die Bedeutung des Unternehmens klarmachen. Daß ich inzwischen das absolute Vertrauen der Männer besaß, wußte ich. Aber sie sollten wissen, daß ich keinerlei Heldenmut gelten lassen wollte, sondern nur das Ziel, Gefangene zu machen, war ausschlaggebend. Alles andere war Mittel zum Zweck.

Der Rest des Abends war dann: „Keine besonderen Vorkommnisse". (So hieß die tausendfach benutzte Formel am Telefon, wann bei der telefonischen Mittags- oder Abendmeldung berichtet werden sollte, daß nichts Besonderes im Abschnitt passiert war. Kürzel: K. b. V.)

Nach dem ersten Abenddurchgang durch die Stellung, gönnte ich mir dann Ruhe. Ich sagte Ziemer, daß er mich so lange schlafen lassen sollte, bis ich selbst aufwachen würde.

30. 12. 1944

Alles diente heute dem Kräftesammeln für die kommende Nacht. Hauptfeldwebel Christiansen brachte das Essen früher, weil ich aus eigener Erfahrung wußte, daß es bei vollem Bauch nicht gut ist, irgendwo verwundet zu werden oder sich großen körperlichen Anstrengungen zu unterziehen.

Schon am Spätnachmittag kamen die eingeteilten Pioniere und brachten ihre Werkzeuge und den Sprengstoff mit. Hinter der Stellung haben sie insgesamt 6 Skier fertiggemacht, vollgepackt mit Sprengstoffpaketen und Zündschnüren.

Um 20.30 Uhr wollten wir antreten. Ich rechnete mit 1 Stunde, bis wir vor die russischen Stellungen gekommen sein konnten. Das bedeutete, mindestens 1 Stunde unter äußerster Konzentration im Schnee zu robben.

Im Verlauf des Vormittags hatte ich das SMG mit Hilfe von Leuchtspurkugeln so festlegen lassen, daß es uns nachts während unseres Anmarsches überschießen und uns damit die Richtung zeigen konnte. Wie glücklich dieser Einfall war, sollte sich später zeigen. —

Die Wettersituation war gut. Der Mond schien nicht durch. Die Sicht war etwas diesig und ging nicht über 50—60 m. Alles war günstig. Wieler meldete die Kompanie.

Die Züge waren fertig, die Wachen und Sicherungen, die zurückblieben, waren eingeteilt und informiert.

Langsam ging es im Hauptgraben, und später durch den Stichgraben, zu unserem Horchposten, vor dem die Drahthindernisse weggeräumt waren. So schob sich eine Gruppe nach der anderen auf das Nareweis hinaus und strebte auf das andere Ufer zu. Sofort bezogen 2 Mann links und rechts Stellung an der Minenfeldgasse. Die Pioniere begannen ebenfalls links und rechts gelbes Trassenband an Stöckchen zu befestigen, die sie in den Schnee steckten. Durch diese Gasse schoben wir uns, Ziemer und ich und noch ein eingeteilter Melder, hindurch. Am Ende der Gasse blieb ein Pionier und Ziemer auf der einen Seite und auf der anderen Seite ein weiterer Melder von meinem Kompanietrupp als Posten im Schnee liegen.

Hinter mir schoben sich Rudek mit dem restlichen Kompanietrupp sowie die Nachrichter mit der Kabelrolle und dem Telefon durch den Schnee. Lautlos glitten nun Mann für Mann an mir vorbei. Die einen links, die anderen rechts abschwenkend. Schwer bepackt kamen die Funker mit dem Gerät, dann die Pioniere zum Gassensprengen, mit ihrem Sprengstoff und den großen Drahtscheren. Auf Flammenwerfer habe ich verzichtet, weil ich mir mehr Möglichkeiten versprach, aussagefähige Gefangene zu bekommen, wenn wir ohne diese grausamen Mittel operieren.

Nach etwa 20 Minuten waren alle Soldaten durch die Gasse. Ich klopfte Ziemer nochmals auf die Schulter und kroch dann, mit den Nachrichtensoldaten und einem Melder, den Pionieren hinterher.

Pünktlich, wie ausgemacht, ratterte das schwere Maschinengewehr mit der Leuchtspurmunition los. Nur wenige Stöße und anhand der Flugbahn konnte ich genau verfolgen, daß unsere Richtung gut war. Bald hatten wir zu den Pionieren aufgeholt, und ich übernahm nunmehr die Spitze bei unserer Annäherung.

Wir bewegten uns jetzt schon etwa 600 m weit wie eine Geisterkompanie lautlos durch den Schnee.

101 Menschen mit Tod und Verderben bei sich.

Immer öfter hörte ich in die Nacht hinaus, wenn ich mein Herzklopfen etwas unter Kontrolle hatte. Man konnte nur bei geöffnetem Mund atmen. Manchmal hörte ich das unterdrückte Keuchen der Pioniere mit ihren Lasten. Immer weiter, behutsam den Schnee durchpflügend, ging es voran. Ich mußte damit rechnen, daß nachts ein russischer Horchposten, noch vor das Minenfeld und dem Drahtverhau, vorgeschoben war. Genau das durfte nicht passieren, daß wir da aufliefen und Alarm auslösen.

In den deutschen Stellungen war inzwischen eine Ringleitung für alle Batterien geschaltet, so daß sie einem Kommando unterstanden.

Die Bedienungen der Geschütze hatten geladen, und die Hand war an der Zugleine zum Abziehen.

Es mußte eine ungeheure Spannung in der Luft sein, und der Russe merkte anscheinend nichts. Nicht einmal eine weiße Leuchtkugel ging hoch. Hätte er sie hochgeschossen, was wäre ein Erschrecken über ihn gekommen. Aber noch waren wir nicht so weit. Ich schätzte, daß wir noch 200 m bis zu den Trichtern haben werden. Die Verschnaufpausen wurden immer länger, und es war schwierig, zu erkennen, ob die Flügel auch mitkamen.

Ich hatte ein gutes Gefühl, daß wir es schaffen werden. Der Regimentskommandeur wird inzwischen auf meinem Gefechtsstand eingetroffen sein. Selbst wenn nicht alles klappt, konnte er zu jeder Zeit eingreifen. Doch was sollte sein? Alles klappte!

Endlich, endlich entdeckte ich die ersten dunklen Erdbrocken im Schnee. Wie eine Erlösung deutete ich meinem Melder an, daß wir bald da wären.

Links und rechts war alles mitgekommen. Durch Handzeichen haben wir uns, von Nachbar zu Nachbar, verständigt. Hochhalten hieß warten und nach vorne den Arm senken hieß – weiter.

Jetzt galt es nur noch, die Trichter ohne Geräusch zu besetzen. Diese Phase, unmittelbar vor der Nase der Russen, hat mich schwer geschlaucht.

Erst als ich überzeugt war, daß alle in den Trichtern verschwunden waren, fragte ich leise, ob der Telefonapparat angeschlossen und klar war. Der Uffz. nickte und ich robbte etwas zu ihm hinüber. Dann nahm er den Apparat auf den Schoß und hielt ihn fest. Ich kurbelte jetzt 3mal fest durch, und dann war zunächst eine fürchterliche Ruhe.

Es war getan.

Sekunden später brach die Hölle vor uns auf. Erst hörte ich noch die Abschüsse in meinem Rücken, aus allen nur erdenklichen Ecken kamen die Granaten an. Dicht vor uns und weiter weg. Das Chaos war losgebrochen auf dieses Stück Stellung der Russen.

Wir duckten uns in den Trichtern, und über uns rauschten Granaten über Granaten in den Schnee. Nur noch Qualm und sausende Splitter und was nicht bedacht worden war: hartgefrorene Eisbrocken in Massen.

Der Feuerschlag aus allen Rohren, sollte genau nur 2 Minuten dauern, um dem Russen nicht zu lange Zeit zu lassen, sich zu orientieren, was passieren wird.

Genau 2 Minuten später sprang das Inferno plötzlich zurück auf den Raum hinter den russischen Stellungen.

Es war soweit!

Der Nachrichten-Uffz. hatte inzwischen in das Telefon hineingerufen, daß das Feuer gut liegen würde.

Jetzt schrie er in die Muschel: „Wir springen!", als ich den Arm hochhob. Ich stand auf und sah wie die Pioniere in breiter Front mit ihren Sprengladungen losstürzten, während unsere Maschinengewehre auf den Flügeln zu schießen begannen, um die Flanken niederzuhalten.

Es war jetzt für uns Zeit, hinter den Pionieren aufzuschließen und die Sprengungen abzuwarten.

Im Vorwärtsspringen hörte ich sie kommen. Unfaßbar und ungeheuer. Mitten unter die voranstürzenden Pioniere schlugen 3 Granaten unserer eigenen Artillerie ein, und dann nochmals 3 Granaten und nochmals 3 Granaten!

Ich hörte sie selber auf uns zukommen, und nur deshalb, weil wir etwas versetzt hinter den Pionieren hochsprangen, erwischte es uns noch nicht sofort. Dann aber, in die nächsten 2 Lagen, sind wir voll hineingelaufen.

Ich hatte noch nicht begriffen, was das bedeutete in seinen Ausmaßen. Ich dachte nur noch, irgendwer hat zu kurz geschossen oder den Feuerplan nicht wie alle anderen genau eingehalten.

Ich schrie aus Leibeskräften in das Telefon: „Feuer vorverlegen!! Feuer vorverlegen!! Ihr habt zu kurz geschossen!!"

Bis ich in meiner Erregung merkte, daß die Leitung in tausend Stücke war. „Leuchtpistole rot!!" und nochmals: „Leuchtpistole rot!!" Jetzt endlich ging die Rakete hoch. Blutrot stand sie in der Winternacht.

Dies war das Zeichen, daß das Artilleriefeuer weiter nach der russischen Seite zu verlegt werden sollte, und wir im russischen Graben waren.

Tatsächlich wurden die Einschläge noch weiter in das feindliche Hinterland verlegt, und wir waren damit dem feindlichen Infanteriefeuer der überlebenden Grabenbesatzungen ausgeliefert. Eine Tragödie ohnegleichen!

Um mich herum war alles niedergewalzt. Kein Telefon mehr und kein Funker mehr am Leben.

Nur noch Schreie nach Sanitätern erfüllten die Luft. Ohne Rücksicht auf das einsetzende Infanteriefeuer von der russischen Seite her, nahm niemand mehr Deckung, sondern versuchte sein Heil in der Flucht. So sah ich es zunächst.

Ich war vor Entsetzen ob dem Unglück bemüht, mit dem Funkgerät zurechtzukommen. Aber der Funker war tot und der zweite Mann brachte vor Panik keine Verbindung zustande. Ich wußte jetzt, daß eine bittere Niederlage für die ganze Kampfgruppe kam, wenn es mir nicht gelang, die noch lebenden Soldaten zusammenzuhalten und den Russen zu zwingen, im Graben zu bleiben.

Ganz rechts war ein eigenes MG zu hören. In der Mitte, wo die Pioniere gefallen waren, und jetzt nur noch ungezündeter Sprengstoff lag, soweit er nicht schon explodiert war, da schoß in gleichmäßigem Stakkado ein russisches MG mit Leuchtspur. Es ist mir unvergessen, wie der russische Schütze im Schein zahlloser Leuchtkugeln und Leuchtfallschirme, mit seinem MG regelrecht „mähte". Durch die Leuchtspurgeschosse wirkte das wie ein Riesenhalbkreis. Wehe, wer gerade nicht am Boden lag, wenn die Garbe an ihm heran war.

Links von mir waren beide MG ausgefallen. Entweder war die Mannschaft verwundet oder tot.

Von den Meldern war nur noch einer zu sehen. Und genau dies war unser Benjamin, unser Nesthäkchen im Kompanietrupp.

Er schrie mich an: „Wir müssen doch zurückschießen!" „Ich hole das MG!" und weg war er.

Ich selbst hatte schon 2 Magazine verschossen, aber bis in die russische Stellung hinein kam ich nicht mehr.

Der Stacheldraht und die Minen waren nicht gesprengt, und ich war nur noch von ein paar Mann umgeben. In mir brach alle Zuversicht zusammen.

Zu allem Unglück kamen jetzt die russische Artillerie und die Granatwerfer in Gang. Sie schossen Sperrfeuer hinter uns und in uns hinein.

Nun war die Hölle auch zu uns gekommen. Wer noch jammerte, wurde bald still.

In dem Inferno habe ich das Einsetzen des russischen Sperrfeuers gar nicht so schnell wahrgenommen. Es krachte rundum mit einer Heftigkeit, bis auch ich getroffen war und in einem Hagel von gefrorenen Erdbrocken zu Boden ging.

Die Sinne wollten mir schwinden. Die Ewigkeit dauerte aber nicht lange. Ich hörte die helle Stimme meines jüngsten Melders: „Herr Leutnant, wo sind Sie? Wo sind Sie geblieben?"

Ein Wunder! Ich probierte es und schrie: „Hier! und nochmals Hier!"

Er kam herangesprungen, fand mich und räumte augenblicklich die gefrorenen Eisbrocken über mir weg. „Da sind Sie ja! Sind Sie getroffen?" „Ich glaub es geht." „Ich hab das MG geholt", schrie er, und auch Munition. „Ich halte sie nieder, dann können Sie zurück!" Und schon ratterte er los, und ich hatte nie gewußt, daß er mit dem Ding überhaupt umgehen konnte.

Starke Schmerzen machten sich im Rücken bemerkbar, denn dort war ich getroffen worden, doch konnte ich jetzt hochkommen, da die Feuerwalze der Russen mehr zum Narew wanderte. Das konnte russischen Gegenangriff bedeuten!

Inzwischen merkte ich, daß doch noch eigene Soldaten da waren, die in Zeltbahnen die gefallenen Pioniere, Mann um Mann, eiligst durch den Schnee in Richtung Minengasse schleppten.

Jetzt galt es nur noch, so lange Widerstand zu leisten, bis alle Soldaten der Kampfgruppe geborgen waren.

Der junge Melder schoß immer noch, und auch vom rechten Flügel hörten wir noch ein eigenes MG.

Wo Soldaten zu sehen waren, schafften sie Tote und Verwundete weg! Immer weniger wurden es. Zuletzt kam Wieler, der rechts gelegen hatte, in Sprüngen herüber, um mich zu suchen.

Als er mich sah, schrie er: „Wie war das nur möglich! Ich bring die Schweine um!!" Damit meinte er unsere eigene Artillerie. Jetzt kamen noch einige Soldaten auf uns zu und so bildeten wir eine kleine Linie und schossen, solange wir noch Munition hatten, bis unsere Soldaten die rettende Minengasse und den Narew erreicht hatten.

Soweit ich in dem Gelichter von Leuchtkugeln sehen konnte, war jetzt niemand mehr vor dem russischen Stacheldraht von unseren eigenen Leuten. Nach hinten, dem Narew zu, wurde es ruhiger, lediglich die russische Artillerie schoß noch nervös und gestreut, da sie vermutlich nicht wissen konnte, wie wir uns zurückgezogen hatten.

Unter gegenseitigem Feuerschutz der beiden MG setzten wir uns als letzte in Richtung Minengasse ab.

Dort war es immer noch sehr lebhaft, trotz des russischen Artillerie-Feuers. Mein erstes Rufen galt Ziemer. Ich fand ihn nicht an der Minengasse. – Wie konnte er mir das antun und seine Aufgabe nicht erfüllen?! Keiner hatte Ziemer gesehen. – Das war nicht faßbar! Mit Wieler rutschte ich die Uferböschung hinab.

Jetzt erst sah ich, daß das Eis auf dem Narew weitgehend zerschossen war und plötzlich tauchten auch Sanitätssoldaten auf, die ich noch nie vorher gesehen hatte. Dann kamen Soldaten von meiner eigenen Kompanie, die mich suchen sollten und so wußte ich, daß wir nicht abgeschrieben waren.

Jetzt, das rettende Ufer vor Augen, wurde ich etwas schlapp. Ich hatte Zeit und Raum vergessen, ja meine eigene Verwundung war mir bis jetzt kaum ins Bewußtsein gedrungen. Ich hatte auf einmal Nerven.

Nur 2 Gedanken beherrschten mich bis jetzt: Einmal, wir hatten keine Gefangene gebracht, worauf doch so gewartet wurde beim Korps. Und zum anderen: Sind alle Soldaten geborgen worden?

Als ich am Ufer bei unserem Horchposten einsteigen wollte, da merkte ich, daß längst über die Laufgräben hinweg ein Weg gebahnt war. Das ganze Ausmaß der Katastrophe hatte ich bis dahin noch gar nicht begriffen. –

Ich fragte immer wieder nach Ziemer, und da hörte ich von einem Sani-Uffz., der Ziemer zufällig als Melder kannte, daß Ziemer ziemlich schwer an beiden Beinen, durch das russische Artillerie-Sperrfeuer, verwundet wurde. Es gab für mich kein Halten mehr. Entgegen aller militärischen Ordnung suchte ich beim vorgezogenen Verbandsplatz, der in Wizna eingerichtet worden war, nach Heinrich Ziemer.

Ich fand ihn auf einer Trage und schon verbunden, beim Abtransport zum „Sanka". Er war bei Bewußtsein, und ich konnte ihm nur noch die Hand drücken. Die Verzweiflung und die Not schnürten mir die Kehle zu.

Dann sah ich mich um. Es war entsetzlich, was für Menschenfetzen da angeliefert wurden.

Später habe ich dann erfahren, daß meine eigene Kompanie 11 Tote und die Pioniere 18 Tote hatten.

35 Soldaten, ohne mich dazugezählt, wurden bei dem Stoßtrupp verwundet. In diesem, so unglücklich entstandenen Hexenkessel, haben also 37 Überlebende, 64 Tote und Verwundete zurück zum Narew gebracht. Vom Sperrfeuer der russischen Artillerie und zum Teil vom russischen Infanteriefeuer, waren die meisten verwundet worden. Fast alle Toten waren von der eigenen Artillerie getroffen worden.

Als ich vor Heinrich Ziemers Trage stand, wußte ich das alles noch nicht.

Der Regimentskommandeur hatte von den zuerst eintreffenden verwundeten Soldaten gehört, was er nicht glauben wollte und konnte. Als aber immer mehr Verwundete, die zum Teil tote Kameraden auf Zeltbahnen mit sich zogen, am Narew eintrafen, mußte er erkennen, daß etwas nicht richtig lief. Unsere rote Leuchtkugeln besagten für ihn zwar, daß wir im russischen Graben wären, aber niemals, daß eine ganze Batterie 3 Lagen mit 9 Schuß zu kurz schoß und damit auf einen

Schlag alle Stoßtrupp-Pioniere außer Gefecht setzte und uns Stoßtrupp-Infanteristen voll ins eigene Granatfeuer laufen ließ.

Von Minute zu Minute hat sich dann das Ausmaß der Katastrophe abgezeichnet.

Der Kommandeur beorderte schnellstens Sanitätswagen und Ärzte her und leitete eine Entsatzaktion ein, im Falle wir abgeschnitten worden wären.

Genau diese Soldaten kamen uns am jenseitigen Narewufer entgegen. Sie waren froh, daß wir die letzten waren und sie nicht auch noch hinüber vor den Stacheldraht mußten, denn die russischen Gräben waren etwa 2 km weit drüben.

Ich ging mit Wieler zu meinem Gefechtsstand, um mich beim Kommandeur zu melden.

Wieler mußte mit den übriggebliebenen Soldaten den Grabendienst aufrecht erhalten.

Oberstleutnant Dorn kam mir entgegen und fragte mich: „Mensch Siegle, was war nun wirklich passiert?"

Ich meldete dann, daß bis zu dem Augenblick, als das Feuer von unserer Artillerie genau nach Feuerplan vorverlegt wurde, ich den Arm hochhob, als ich sicher war, daß nach der Zeit auf meiner Uhr und der Tatsache, daß das Feuer tatsächlich hinter die russische Linie verlegt war, alles wie geplant ablief.

Die Pioniere sind auch planmäßig zu den Drahthindernissen vorgelaufen, als eine Lage Granaten, deutlich zu hören, daß sie von hinten kamen, mitten in die vorwärtslaufenden Pioniere einschlug. Die nächsten 2 Lagen trafen dann uns, die wir uns zum Durchstoßen hinter die Pioniere gesetzt hatten.

Damit war in wenigen Sekunden die gesamte Stoßtruppelite ausgelöscht.

Unsere hochgeschossene Leuchtkugel in roter Farbe bewirkte, daß keine deutschen Granaten mehr in uns hineindetonierten. Das weitere Vorverlegen des deutschen Artilleriefeuers hatte die noch lebenden Grabenbesatzungen bei den Russen sofort aufatmen lassen und damit begann zusätzlich der Beschuß unserer schwer angeschlagenen Soldaten durch Infanteriewaffen der Russen.

Es kam dann das erwartete Sperrfeuer der russischen Artillerie.

Oberstleutnant Dorn sagte mir, daß er von allen zurückgekommenen Soldaten die gleiche Version gehört habe, aber auf keinen Fall begreifen könne, daß eine Batterie noch 9 Schuß abfeuert, wenn das Zeichen „vorverlegen" über Telefon durchgesagt wird.

„Ich kann Ihnen versichern, daß es eine kriegsgerichtliche Untersuchung geben wird."

„Sorgen Sie sich jetzt um Ihre Kompanie und passen Sie höllisch auf, daß bis zum Tagesanbruch der Russe nicht an den Narew kommt. Im übrigen sollten Sie nach Ihrem Rücken sehen lassen, bevor die Ärzte ihre Arbeit draußen fertig haben."

Damit verließ er den Gefechtsstand, und ich war im Augenblick mit Wittulski allein.

In mir war eine unbegreifliche Leere. Es war alles nicht zu begreifen. Warum nur, warum das alles?

Wieviel mochten wohl gefallen sein? Was wird Ziemer machen? Wird er durchkommen?

Ich mußte noch vor dem Aufsuchen des Arztes durch den Graben; nach den Männern sehen, die davongekommen waren.

Von Zug zu Zug und Unterstand zu Unterstand bin ich bei Tagesanbruch gegangen. Stengel, der Dolmetscher-Scharfschütze begleitete mich. Er war auch heil durchgekommen.

Unser jüngster Melder, der mich ausbuddelte, als ich zugedeckt wurde vom Einschlag, und ein anderer Melder, waren noch nicht aufgetaucht.

Wittulski mußte die Verlustliste zusammentragen. Jetzt erst merkte ich, daß Rudek auch noch nicht aufgetaucht war. Vielleicht sind sie alle auf der Verwundetenliste. – Ich muß es abwarten. – Die Männer waren immer noch erregt und deprimiert zugleich. Alles hätte so gut geklappt, warum nur hat so ein Wahnsinniger nicht aufgepaßt?

Mit einem Stock schleppte ich mich erneut zum Verbandsplatz, wo inzwischen versucht wurde, die Toten zu identifizieren.

Dr. Redmer untersuchte mich. „Ihr Rückgrat ist heil geblieben, hat aber eine sehr starke Prellung abbekommen, die noch lange schmerzen wird. Im übrigen werden Sie grün und blau werden, aber was soll's, bis Sie Ihre Frau wiedersieht, ist das weg."

Woher so Ärzte nur den Nerv haben, einen aufzumuntern?

Es war bereits Tagesanbruch, als ich in den Gefechtsstand zurückkam. An Ruhe war nicht zu denken.

31.12.1944

Wittulski, der Feldwebel Rudek bisher vertreten hat, war fieberhaft bemüht, die Verlustliste zusammenzubekommen. Von allen Gruppen haben wir inzwischen die fehlenden Soldaten gemeldet bekommen. Jetzt mußte er abhaken, wer vom Batl.-Arzt Dr. Redmer als verwundet gemeldet — und wer gefallen war.

Endlich war Wittulski soweit.

Es war eine schreckliche Bilanz. Meine Kompanie hatte 10 Tote und 1 Soldat, nämlich ein Melder von meinem Kompanietrupp war vermißt. An Verwundeten hatte meine Kompanie mit mir 35 Soldaten. Mit anderen Worten, ich hatte die Hälfte der Kompanie verloren und dazu noch die Toten der Pioniere, die allesamt schrecklich zugerichtet waren.

Jetzt erst fing ich an zu begreifen, was sich da abgespielt hat, von dem Ort der Katastrophe bis zum Narewufer. Was haben die Männer, die noch lebten, geleistet an Opferbereitschaft für die Verwundeten und Gefallenen. Fast 2 km mußten sie die Getroffenen zurückschleppen zur Minengasse. Gerade dort aber hatte der Russe sein Sperrfeuer geschossen. Erst später liefen die Hilfsmaßnahmen an, veranlaßt durch den Regimentskommandeur.

Insgesamt dauerte es fast 4 Stunden, bis ich von meiner Verwundung an, zur Minengasse gelangt war und glaubte, ich hätte alle Soldaten wieder heraus und zurück, so wie ich es versprochen hatte. Jedes Zeitgefühl war abhanden gekommen. Und nun sagte mir Wittulski, daß als einziger der Melder vom Bunker nebenan noch fehlt.

Ich konnte mich entsinnen, daß er beim Sturm neben mir aufgesprungen war. Die Melder waren ja mit mir bereit, nach den Pionieren, in die entstehenden Gassen zu springen. Wo konnte er geblieben sein?

Ich wußte, daß nur das Scherenfernrohr des VB mir Aufschluß geben konnte. Ja, das war's. Nur durch Absuchen des Weges, vom Narew bis vor zum russischen Stacheldraht, konnte Aufschluß geben über seinen

Verbleib. Stengel mußte sich fertigmachen, denn er sollte evtl. den K. identifizieren helfen, im Fall wir ihn irgendwo sehen sollten.

Es war inzwischen taghell geworden, als wir auf der VB-Stelle eintrafen. Ich ging mit einem Stock, denn der Rücken schmerzte ziemlich mies.

Dort bekam ich den VB zu Gesicht und fragte ihn aus, wie das in der Nacht abgelaufen war. Er bestätigte mir, daß er die roten Leuchtkugeln sofort gesehen habe und das Signal weitergegeben habe, an die Ringleitung. Zu dem Zeitpunkt wäre er aber noch der Meinung gewesen, wir wären überraschend schon in den russischen Gräben gewesen. Auf diese Entfernung könnte er die Einschläge in der Nacht nicht so genau beurteilen. Daß 9 Granaten zu kurz geschossen wurden, hatte er bei dem massierten Feuerüberfall nicht bemerkt. Erst als die ersten Verwundeten erzählten, daß sie nach dem Wandern der Feuerwalze, nachher noch, von eigenen Granaten getroffen worden seien, kam eine Ahnung auf, was sich ereignet haben könnte. Von diesem Ausmaß hatte aber anfangs niemand etwas gewußt.

„Übrigens sind nicht alle Soldaten geborgen worden, ich sehe einen liegen, kurz vor dem russischen Stacheldraht"!

So berichtete der VB.

„Stellen Sie das Gerät einmal genau ein auf den draußen liegenden Soldaten, sagte ich, dann brauch ich nicht zu suchen."

Der VB stellte das Scherenfernrohr ein, und ich mußte lediglich die Sehschärfe nach meinen eigenen Augen korrigieren. Es gab keinen Zweifel, das war unser K. Sein Gesicht war im Schnee, aber der Stahlhelmform nach war es ein Deutscher und der Bekleidung nach auch.

„Ob er sich irgendeinmal bewegt hätte?", fragte ich den VB. „Nein, das war für mich auch sofort der erste Gedanke. Aber solange ich schon das Gelände absuche, hat er sich nicht gerührt." Das war bitter, denn dann war er auch tot. Selbst bei einer Verwundung hätte er bei 20 Grad minus nicht mehr überlebt.

Die Bitterkeit in mir wuchs grenzenlos, daß nun doch ein Kamerad draußen beim Russen im Niemandsland lag und ich hatte versprochen, daß ich keinen liegenlasse, solange ich lebe.

Beim weiteren Absuchen des Geländes, entdeckte ich, daß wir ganz genau vor den vorgesehenen Drahtverhauen der russischen Gräben hingelangt waren. Das gab mir wenigstens eine gewisse Genugtuung. Die Lage von K. bewies das eindeutig.

Ohne auch eine Sekunde verstreichen zu lassen, war mir klar, daß ich meinen Melder nach Hause holte. Wie und mit was, das wußte ich noch nicht. Aber, daß ich mein verpfändetes Wort einlöste, war unverrückbar. Der K. sollte bei uns begraben werden, und der Russe sollte ihn nicht haben!

Stengel sah, wie ich immer aufs neue das Gelände absuchte, obwohl uns nur 1 Soldat als vermißt gemeldet worden war.

Trotzdem war ich schon wie im Fieber, auf der Suche nach Möglichkeiten, an den toten Melder heranzukommen. Immer wieder suchte ich das Gelände ab, ob bei Tag ein Anschleichen möglich wäre. – Es war aussichtslos.

Auf dem Rückweg fragte ich Stengel, ob er es wage, freiwillig mit mir den Versuch zu machen K., seinen Melderkameraden, in der kommenden Nacht zu holen.

„Wenn Sie das glauben, daß eine Möglichkeit besteht, gehe ich sofort mit." So viel Vertrauen beschämte mich. Ich wußte ja noch gar nicht, wie das evtl. zu bewerkstelligen sei und was die Kommandeure, vom Batl. über Regiment bis zur Division, dazu sagen würden.

In aller Eile, aber mit Besonnenheit, wollte ich mir einen Plan zurechtlegen.

Im Gefechtsstand fragte ich Wittulski, ob er für Ziemer einen Mann weiß, der sich um meine Sachen kümmern könne. Er sagte, daß er einen älteren ostpreußischen Mann hätte, der dazu passen könnte, allerdings schon über 50 Jahre. Das war mir gar nicht unrecht, im Gegenteil.

Dann kam ich auf K. zu sprechen, der vor der russischen Stellung geblieben war. Später auch auf den kleinen Melder, unseren Jüngsten unter den Meldern, der heute nacht mit seinem MG Feuerschutz gegeben hatte. In einer unglaublichen Anstrengung und aus militärischer Sicht fast naiv, war er, über alle anderen hinausgewachsen. Er hatte mich schnell losgebuddelt, als er merkte, daß ich noch lebte und er hat das MG geholt von der gefallenen Besatzung, samt Munition und hat so lange Feuerschutz gegeben, bis ich wieder voll da war und den Rückzug organisieren konnte.

Der Verfasser als:
Rekrut in Hamburg,
Fahnenjunker in Hagenau,
Leutnant im Osten.

Hauptmann König, mein letzter
Batl.-Kommandeur,
gefallen am 11. Februar 1945.

Obergefreiter Wittulski,
Kompanie-Truppführer 2/1144,
gefallen am 2. Februar 1945 bei den
Abwehrkämpfen in Kobbelbude.

Ich will ihn vorweg unbedingt für das EK vorschlagen, denn er hat Mut gezeigt und Willen, uns anderen zu helfen, in einer Lage, in der seine Kameraden verzweifelt waren und wie gelähmt liegenblieben.

Mit Wittulski habe ich dann lange überlegt. Wir kamen zu dem Ergebnis, daß militärisch die Bergung von K. nicht zu rechtfertigen wäre, wegen dem erneuten Einsatz von Menschenleben. Von meiner Verpflichtung her, ja. Es war meine ureigene Sache, mein Wort einzulösen. Dies zu tun, war ich auch bereit.

Nach langem Nachdenken, war mein Entschluß gefaßt.

Ich mußte den Russen zuvorkommen. Alles kam darauf an, vor den Russen, unseren Kameraden dort wegzubekommen. Daß sie ihn sich holen wollten, lag auf der Hand, schon allein wegen des Soldbuches und der darin enthaltenen Informationen.

Es gab keinen anderen Weg, als den der Gewaltlosigkeit. Alles kam darauf an, so früh wie möglich den Narew zu überqueren und nur mit 1 oder 2 Mann, in der Dämmerung, vor die russische Stellung zu kommen, bevor sie selbst aus dem Graben kamen, um den deutschen Soldaten zu holen.

Immer deutlicher wurde mir die Idee, daß ich nur selbst das Wagnis eingehen konnte, kein Zweiter, weil ich wegen des militärischen Wertes, nirgendwo Rückhalt bekommen konnte.

Ich ging in den Meldebunker nebenan und fragte, wer freiwillig mitgeht, um unseren Kameraden K. zu bergen, der wohl tot sei, aber nicht den Russen in die Hände fallen solle.

Sofort meldeten sich Stengel und Schneider. Gut, sagte ich, erst muß ich die Erlaubnis beim Batl. und Regiment einholen, denn, wenn es glücken kann, dann nur sofort heute nachmittag. –

So begann ein Kampf, wie er wohl nicht alltäglich, auch im Krieg nicht, vorkommen konnte.

Gegen 12.00 Uhr rief ich Leutnant Johst an und sagte ihm, daß anhand der Verlustmeldungen noch 1 Mann fehlte, den ich aber inzwischen durch das Scherenfernrohr des VB, vor dem russischen Stacheldraht entdeckt hätte. Dann wies ich darauf hin, daß ich bei der Divisions-Sandkastenbesprechung mein Wort gegeben hätte usw.

Johst hörte sich das geduldig an. Als ich mit meiner Schilderung fertig war, bat ich ihn, bei Major Brutzer vorstellig zu werden, beim Regiment die Erlaubnis zu erwirken, daß bei angehender Dämmerung, etwa gegen 16.45 Uhr, nicht mehr vor dem Abschnitt geschossen werden darf. Ich will dann den Versuch unternehmen, meinen toten Melder direkt vor dem russischen Stacheldraht wegzuholen.

Wie gesagt, Johst hörte sich das an. Dann erwiderte er mir etwa folgendermaßen: „Siegle, wir kennen uns nun schon lange. Was Sie sich da aber ausgedacht haben, ist heller Wahnsinn. Nie und nimmer wird das Regiment, oder die Division, das genehmigen. Der Mann ist doch tot! Er kann Ihnen doch nichts mehr geben! Warum wollen Sie sich denn opfern? Die Chancen, nach dem Angriff der vergangenen Nacht, den Mann vor der Nase der Russen wegzuschnappen, ist gleich Null!! Nicht einmal 1:100 möchte ich wetten, daß Ihnen das gelingen kann. Haben Sie schon einmal daran gedacht, daß der Mann bei einer Verwundung Blut verloren hat und deshalb in 12 Stunden bis 20 Grad minus, am Boden festgefroren ist? Haben Sie daran gedacht, daß die Russen ihn vermint haben könnten, wenn sie, die Russen, Ihre Gedanken erraten würden? Nein, mein Lieber, dafür opfert das Regiment keinen Offizier wie Sie. Das müßten Sie eigentlich einsehen und kein Soldat Ihrer Kompanie würde das so ansehen, als ob Sie Ihr gegebenes Wort nicht eingelöst hätten. Im übrigen weiß ich, daß Sie selbst doch auch verwundet wurden, und deshalb wird es jeder verstehen können!"

Johst konnte mich trotzdem nicht überzeugen. Ich sah mich in der Pflicht und wollte es dem toten Kameraden zuliebe tun. Johst sollte fragen. „Na gut, ich will mein Bestes versuchen, um dem Kommandeur das klarzumachen."

Seit diesem ersten Gespräch setzte ein Kampf am Telefon ein, der mich langsam, aber sicher zermürbte.

Es blieb nicht beim Batl. und auch nicht beim Regiment. Hauptmann Thomsen, der die Sache mit dem IA der Division verhandelte, sagte mir sehr viel später, daß an dieser meiner Vorstellung, von der Treue zum gegebenen Wort, sich fast alle Offiziere in den Stäben, angesprochen sahen. Die Frage lautete immer wieder: Wie würde man sich in der gleichen Lage selbst verhalten.

Gegen 14.00 Uhr, nach über 2 Stunden Wartezeit, rief der IA der Division selbst an und wollte von mir nochmals meine Gründe hören. Als ich fertig war, sagte er mir im Auftrag des Div. Generals, daß militärische Gründe keinesfalls meine Absicht begründen können. Der

General wüßte genau, daß ich die Männer hätte überzeugt und daß sie mir vertrauen. Wenn ich mich deshalb in die Pflicht genommen sehe, jetzt, würde er das Unternehmen erlauben, mit dem Wunsch, daß ich nicht verlorengehe und der Division erhalten bleibe. Die notwendigen Befehle gingen sofort dafür hinaus.

Ich rief Johst an und sagte, daß ich ab 16.30 Uhr unterwegs wäre.

Mir war inzwischen wieder das SMG eingefallen. Das konnte uns helfen. Ich ging zu Stengel und Schneider rüber und besprach mit Ihnen meine Absicht:

Mit Hilfe des SMG wollte ich genau, mit Leuchtspur 1:3, unseren Anmarschweg überschießen, so dicht über K. hinweg, daß wir auf keinen Fall in der Nähe der Liegestätte von K. stehen konnten. Das konnte ich aber nur noch bei Tageslicht und mit Hilfe des Scherenfernrohrs einschießen lassen.

Beide sollten mitkommen, um zu sehen, wie gefährlich das sein wird. Diese Taktik sollte die Russen davon abhalten, zu früh aus dem eigenen Graben zu kommen und die Ansicht bei ihnen verstärken, daß wir nicht im Niemandsland sind, wenn unser deutsches MG in diese Gegend schießt.

Beide, Stengel und Schneider waren zuversichtlich, daß das klappt, nachdem wir Probeschießen gemacht haben und sichergestellt wurde, daß das MG auf seiner Lafette genau und unverändert in dieser Position bleibt.

Wir haben ganz genau über K. hinweg geschossen und so hoch eingestellt, daß darunter, gemeint war die Flugbahn, noch etwa 1,50 m „Platz" war. Die Kugeln schlugen dann in der russischen Stellung ein.

So konnte das gehen, und ich versprach mir viel davon. –

Es war Sonntag heute, der letzte Tag des Jahres.

1944 war zweifellos für mich persönlich ein Jahr des Umbruchs. Obwohl ich mich noch immer als „Offizier mit Arbeitergesicht" fühlte, hatte ich schon längst keine Gefühle für Zweitklassigkeit mehr. Ich war voll integriert in das Offizierskorps und fand dort eine Menge ähnlich gesinnter Menschen. Die Offiziere mit „Halsschmerzen" (Ritterkreuz-Süchtige) waren bei uns nicht zuhause. Jedem Kompanieführer war der Ernst ins Gesicht geschrieben.

Die eilig aufgebotenen Regimenter und Divisionen, zusammengestellt aus neu rekrutierten Zivilisten, Versprengten, Resten aus aufgeriebenen Einheiten, gaben keinen Glanz ab. Und die Vorstellung von einem Parademarsch, war uns so fremd geworden, wie uns der Einfluß parteipolitischer Propaganda fremd geblieben ist, soweit sie überhaupt Zugang bis zu uns in die HKL fand.

Aus den Angriffsregimentern ist etwas geworden, was man jahrelang nicht kannte: „Einheiten ohne Schwung, Einheiten mit keiner gewaltigen Dynamik, aber mit verbissenem Festhaltewillen, den Feind nicht in das Vaterland hineinkommen zu lassen".

An der Wende des Jahres waren wir froh, daß wir noch den Glauben haben konnten, daß wir es schaffen, den Russen aufzuhalten. Doch alle wußten, daß das nur ging, wenn wir im Westen den Rücken frei bekämen, um dann im Osten die nötige Stärke wiederzubekommen. –

Ich hatte befohlen, um 15.45 Uhr fertig zu sein.

Alles war informiert, jeder Posten wußte Bescheid, aber es war mir nicht verborgen geblieben, daß kaum einer glaubte, mich lebendig wiederzusehen. Sie waren eher der Meinung, daß ich den Tod suchte, weil ich mein Wort einlösen wollte, um nicht weiterleben zu müssen mit dem Wissen, daß so viele Männer in einer tragischen und sinnlosen Weise ihr Leben lassen mußten.

Was sollte da noch ein Kriegsgericht, um den Schuldigen herauszufinden?

Als Christiansen die 10 Toten heute morgen zurückbrachte und von den vielen Verwundeten hörte, war er, der nie um eine Antwort verlegen war, recht einsilbig. Er glaubte auch nicht daran, daß wir den 11. Toten mitbestatten konnten am 1. Januar 1945. –

Der gleiche Weg lag vor uns, wie in der vergangenen Nacht. Nur, unter welchen anderen Vorzeichen. Schneider hat eine Maschinenpistole mitgenommen und ich nur meine eigene Pistole und dazu ein langes Seil. Stengel hatte auch nur eine Pistole und ein Messer.

Es war unter normalen Umständen verrückt, bei der noch bestehenden Helligkeit über den Narew zu gehen, obwohl wir perfekt weiß getarnt waren. In großen Zeitabständen rutschten wir um die Löcher im Eis langsam hinüber.

Mit Schneider hatte ich ausgemacht, daß wir erst genau hintereinander robben, er aber, auf ein Zeichen von mir, nach links versetzt kriecht, um uns Flankenschutz zu geben für den Notfall. Aber genau dieser Notfall durfte auf keinen Fall eintreten.

Trotz der sich wieder stärker bemerkbar machenden Schmerzen, ich hatte vom Arzt wohl eine Spritze vorher bekommen, die längst nicht mehr wirkte, kamen wir gut vorwärts. Diesmal wußte ich den Weg durch die Minengasse blind, denn die Spuren der Einschläge und die Schleifspuren durch die Zeltbahnen mit den Toten und Verwundeten waren unübersehbar.

Die Sicht war immer noch etwas zu weit, so daß ich das Tempo nicht aufrechterhalten brauchte. Trotz aller Vorsicht mußten wir die ersten sein.

Alle drei, waren wir wohl schon seit einiger Zeit schweißgebadet. Immer mehr mußten wir mit dem offenen Mund atmen und dabei war ein Geräusch nicht zu vermeiden.

Ich winkte mit der Hand, daß wir liegenbleiben sollten. Eigentlich wollte ich, daß wir einen Moment verschnaufen, doch gerade in dem Augenblick fing unser SMG an, mit dichter Leuchtspur über uns hinwegzuschießen. Unwillkürlich zuckten wir zusammen und ich war erinnert, wie ich im Sennelager bei einer Stoßtruppübung, das erste Mal, scharf geschossene Kugeln über mich hinwegpfeifen hörte. Das war 1940 im Januar.

Ich bemerkte, daß die Geschosse noch etwas von der Seite kamen, denn unser Anschleichweg deckte sich nicht genau mit der Flugbahn der Kugeln aus dem SMG. Je näher wir aber herankamen, desto gefährlicher konnte es für uns werden. Genau das war aber unsere Chance.

Wir waren soweit, daß Schneider sich von uns lösen konnte. Ganz langsam schob er sich neben mich und ich deutete halb links vor mich hin. Er sollte etwa 30–40 m schräg neben uns liegen und dann langsam mit uns weiterrobben.

Stengel guckte mich an und ich nickte. Wir wußten, daß jetzt alles auf des Messers Schneide stand. Ich betastete meine Bluse, unter der das Seil war. Es mußte unbedingt beweglich bleiben und durfte nicht gefroren sein. Mit ihm wollten wir versuchen, den Körper von K. vom Eis loszuziehen. Dazu mußten wir das Seil irgendwo anbinden, am Koppel oder den Beinen.

Davor, und da hatte mich ja Leutnant Johst gewarnt, mußte ich nachsehen, ob er vermint war.

Ich wußte wohl, daß noch manches glücken mußte.

Unser unregelmäßig schießendes MG wurde für mich immer mehr zum Garant unseres Gelingens.

Wir waren bei den großen, riesengroßen Mörsertrichtern angekommen. Jetzt durften es vielleicht noch 30–50 m sein zu der Stelle, wo K. lag. Als Orientierung hatten wir nur die Leuchtspurgeschosse, die genau über ihn und uns hinwegpfiffen.

So verhielten wir uns auch und brachten unsere Körper genau unter die Flugbahn. Es war schon eine schlimme Anspannung. Aber die konsequente Durchführung des ausgedachten Planes war vielleicht unsere einzige Chance und dadurch würde die Bergung möglich sein.

Unendlich langsam robbte ich auf den zerfetzten Stacheldraht zu. Davor war K. deutlich als Erhöhung im Schnee jetzt sichtbar. Stengel unmittelbar hinter mir her. Mit der Hand deutete ich nach vorne, aber er sah noch nichts. Dann kam er etwas seitlich und nickte.

Wir waren fast dran.

Noch 10 m, noch 5 m und jetzt waren wir unmittelbar vor ihm. Ich konnte erkennen, daß er etwas zur Seite lag und die Beine angezogen hatte. Das Gewehr war ihm wohl weggefallen, denn ich konnte es im Schnee nicht sehen, da wir am Boden festgenagelt waren von unserem eigenen MG.

Stengel robbte seitlich an mir vorbei und wir suchten vorsichtig nach Drähten am Körper, entdeckten aber nichts. Ich glaubte auch nicht so recht an die Verminung.

Als wir rundherum alles abgesucht hatten, mußten wir ganz vorsichtig versuchen, den Stahlhelm abzumachen. Stengel hatte dafür ein Messer mitgenommen und jetzt den Riemen durchgeschnitten. Ganz langsam lösten wir den Helm ab vom Kopf. Wir wollten oder mußten das nach meiner Meinung tun, weil der Helm evtl. geklappert hätte bei den vielen gefrorenen Erdbrocken, die von den Granateinschlägen herumlagen.

An was wir überhaupt nicht gedacht hatten, war das dunkle Haar, das plötzlich zum Vorschein kam. Schnell schob ich Schnee über das Haar, daß es wenigstens hundert Meter weit nicht als dunkler Fleck auffiel.

Jetzt kam das Schwierigste. Wir mußten den Körper etwas auf den Rücken drehen, damit wir das Seil an die Beine binden konnten. Das ging aber nicht, weil beide Beine nicht auf der gleichen Höhe waren. Der Körper war genau in der gleichen Lage gefroren, wie er zu Fall kam.

Stengel und ich konnten kein Wort miteinander sprechen, aber wir verstanden uns. Wir befestigten das Seil an dem tiefer liegenden Bein am Knöchel. Gerade als wir fertig waren und vorsichtig anruckten und merkten, wie das Seil sich straffte, hörten wir beide unabhängig voneinander, deutlich russische Stimmen aus der Richtung russischer Graben.

Unwillkürlich ließen wir das Seil wieder locker und lauschten. Wir hatten uns nicht geirrt.

Ganz deutlich hörten wir sie sprechen und den Begleitgeräuschen nach, schien es, daß sie aus ihrem Graben stiegen.

Jetzt kam alles auf die nächsten Sekunden an. Wenn es gelang Ks. Körper loszureißen, und wir viel Glück hatten, schafften wir es noch.

Das andere wagte ich nicht auszudenken.

Wir strafften wieder das Seil und stemmten uns am Boden fest. Dann legten wir uns beide auf den Bauch und versuchten es nochmals. Jetzt gab es einen regelrechten Ruck und K. fiel in eine andere Lage, mehr auf den Rücken.

Erlöst atmete ich auf und bedeutete Stengel sofort, daß wir nach links wegziehen müssen, damit wir aus der Flugbahn der MG-Geschosse kommen. Es kam alles darauf an, daß wir uns bald aufrichten konnten, um schneller voranzukommen.

Mit äußerster Vorsicht zogen wir immer mehr zur Seite, so daß wir ungefährdet waren, wenn wir in der Not knien oder aufstehen mußten.

Immer, wenn wir anhielten, um uns zu erholen, hörten wir ganz deutlich die Russen. Den Stimmen nach waren es vielleicht 8–10 Mann. Der Entfernung und den Geräuschen nach, waren sie dabei, den Drahtverhau zu untersuchen. Vielleicht suchten sie auch einen Weg durch das eigene Minenfeld. Durch die Einschläge der Granaten war an dieser Stelle alles verwüstet. Es konnte unser Glück sein, wenn sie lange suchten. Daß sie so ungezwungen redeten, gab mir die Gewißheit, daß sie keine Ahnung hatten, daß die Deutschen bereits schon wieder an ihrem

Stacheldraht waren, doch nur zum Zweck, ihren toten Kameraden heimzuholen.

Jetzt hatten wir K. schon so weit gezogen, daß wir Schneider sehen konnten. Er hob die Hand hoch, daß er uns entdeckt hatte. Dann kam er auf uns zugekrochen.

Beide, Stengel und ich waren sehr erschöpft, aber die Russen im Genick, blieb nichts anderes übrig, als weiterzurobben. Schneider löste einmal Stengel ab und dann mich und so wechselte auch immer die Maschinenpistole. Als ich erkennen konnte, daß wir weit genug seitab waren von der Flugbahn unseres MG, und ich die Russen nicht mehr hörte, winkte ich den beiden, aufzustehen und ich stand zugleich auch auf. Beide Melder zogen vorne am Strick und ich hielt Ks. Fuß, um ihn in der Balance auf dem Rücken zu halten.

Nie in meinem Leben werde ich die Gefühle vergessen, die mich bewegten. Es tat mir körperlich weh, wenn Ks. Hinterkopf ab und zu an einer Unebenheit aufschlug. Ich konnte das nicht verhindern, doch ich stand darum tausend Schmerzen aus.

Langsam, je näher wir dem Narew kamen, stieg eine unendliche Befriedigung in mir auf, wenn wir es schaffen sollten.

Anscheinend hatte der General am meisten Verständnis für mich gehabt, während die anderen Offiziere nur eine Sinnlosigkeit darin sahen.

Es sollte kein leeres Geschwätz bleiben: Treue um Treue.!!

Zum ersten Mal machte ich st – st, so daß es beide hören konnten. Wir hielten an und ich glaubte an ihren Gesichtern in der Dunkelheit dankbare Freude zu erkennen, daß wir es gemeinsam geschafft hatten.

Ich nickte mit dem Kopf in Richtung Leuchtspurbahn und wir schwenkten ein in Richtung Minengasse.

Dort war die Flugbahn schon so hoch, daß wir nicht mehr gefährdet werden konnten.

Wir kamen an die Stelle, wo Ziemer Wache stand, bis ihn eine Granate traf und ihm schwere Wunden an den Beinen verursachte.

Noch 50 m zum Narew und dann konnten wir sprechen. Immer noch zogen wir den Körper von K. auf die gleiche Art und Weise. Die Böschung kullerten wir mehr hinab als daß wir bedächtig waren.

Hier stießen wir auf unsere ersten Soldaten, die vorsichtshalber als Sicherung auf das andere Narewufer geschickt waren. Noch mußten wir über die wundgeschossene Eisdecke, hinüber zu unserer Stellung und auf einmal kam mir das ungeheuer brutal vor, was wir da machten mit unserem toten Kameraden. Am Strick ziehen, wie einen Gegenstand.

Weiter kam ich nicht zum Denken. Dann war Wieler da und stammelte nur: „Das ist nicht wahr, das ist nicht wahr! Wie haben Sie das nur gemacht!!"

Schnell hatten sie eine Zeltbahn da. Stengel knüpfte das Seil los, und die Kameraden begleiteten die Heimkehr des toten Kameraden den Graben hinauf.

Wir waren „zuhause".

Wie ein Lauffeuer ging es durch die Stellung: Sie haben K.! Es ist geglückt!

Ich war am Ende meiner Kraft. Die vielen Stunden im Schnee. Die körperlichen Anstrengungen und die Verantwortung – ich war geschafft. Mein Rücken hatte jetzt plötzlich Schmerzen.

Da meldete sich ein Leutnant Maurer, der Kompanie zugeteilt als Zugführer. Das war gut, da hatte jemand im Stab ein Einsehen. Ich schickte ihn mit Stengel und Schneider zum Gefechtsstand voraus, denn ich hatte noch 2 Dinge zu erledigen.

Ich wollte meinen Melder K. nochmals sehen. Ich wollte ihm in das Gesicht sehen, denn durch ihn habe ich etwas durchgemacht und erlebt, was ich bis an mein Lebensende nicht vergessen sollte.

– Ich hatte ihn, wie versprochen, heimgeholt. –

Und dann bin ich zum SMG-Stand gegangen und habe dem Schützen gedankt für seine Nervenstärke und die präzise Einhaltung der Richtung und Höhe während der Schußabgabe, denn ohne ihn wäre das Wagnis nicht gelungen.

Im Gefechtsstand wartete Leutnant Maurer. Zuerst aber meldete ich mich zurück beim Batl. und meldete, daß der tote Melder, Obergefreiter K., morgen mit den anderen 10 Toten zusammen, bestattet werden kann auf deutscher Seite.

Johst war sehr froh und gratulierte mir. Kurz danach meldete sich Major Brutzer und gratulierte mir ebenfalls mit der Bemerkung, daß die Meldung unverzüglich zum Regiment und zur Division abgesetzt würde. Nun hätte der General mit seiner Entscheidung, daß ich raus dürfe, doch recht behalten. Hauptmann Thomsen, der später anrief, sagte, der Kommandeur wollte mich nach der Beisetzung meiner Soldaten morgen, anschließend sprechen.

Dann kam ich endlich dazu, einen heißen Kaffee zu trinken und mir den Leutnant Maurer anzuhören.

Übrigens sagte mir Thomsen, der Regiments-Kommandeur hätte mir den Leutnant Maurer geschickt als Ersatz für einen Zugführer, und übermorgen würde ich neue Leute zugeschickt bekommen. Ich bat den Leutnant Maurer, Verständnis dafür zu haben, daß ich mich etwas ausruhen wolle, aber er solle mir trotzdem sagen, wo er herkommt und wie es aussieht, wo er herkommt.

Maurer berichtete und mitten hinein brachte ein Batl.-Melder einen Befehl, der mir bis heute noch nicht ganz erklärlich ist.

Da stand nichts mehr und nichts weniger, als daß genau um 0.00 Uhr, zu Beginn des kommenden Jahres, sämtliche an der Nordfront befindlichen Waffen aller Art 3 Minuten lang auf die gegnerischen Stellungen zu schießen hätten.

— An der Nordfront, da war das Armeekorps mindestens gemeint, wenn nicht sogar die gesamte Nordarmee bis rauf zur Ostsee.

Das war unglaublich.

Was sollte diese Nachtdemonstration?

Was wollte man sich davon versprechen? Ein Glück, daß ich wieder zurück war mit meinen Meldern.

Kein Mensch hatte davon eine Ahnung, als ich um 16.00 Uhr über den Narew ging. Selbst der General konnte das vorher nicht gewußt haben, wie hätte er sonst die Genehmigung erteilt?

(Bis auf den heutigen Tag im Jahre 1981 ist mir noch nicht erklärlich, was dieser Feuerzauber wirklich sollte!)

Es gab dann auch einen gewaltigen Feuerzauber. Tausende und Abertausende Granaten flogen hinüber. Gespenstisch schienen die

Abschußblitze an den Wolken wieder. Ein ungeheurer Lärm entstand und beeindruckte mich, der ich mit Maurer auf der Zitadelle stand und weit hinein ins Land das Aufzucken der Mündungsfeuer sehen konnte. Der Verlauf der Front wurde geradezu an den Himmel gezaubert.

Dann, nach drei Minuten, fiel aller Spektakel in sich zusammen und es wurde geradezu unheimlich still.

Ich dachte, nur noch Nero konnte so etwas empfunden haben, als er auf das brennende Rom herabgeschaut hatte.

Das war die Begrüßung des Jahres 1945!

Leutnant Maurer wurde von Oberfeldwebel Wieler eingewiesen und ich versuchte zu schlafen, was dann auch gelang. Wittulski paßte solange auf im Gefechtsstand.

01.01.1945

Der Nachfolger von Heinrich Ziemer war ein umgänglicher Mann. Er versorgte mich wie eine Mutter. Er hatte meine Filzstiefel schon am Ofen getrocknet und hatte etwas zu essen fertig gemacht. Erst dann hat er mich geweckt.

Inzwischen war der Spieß gekommen wegen der Bestattung unserer Toten.

Ein großes gemeinsames Grab hatte er schon ausheben lassen. Ich bedankte mich, daß er alles überwacht hatte und K. auch in der Nacht zu den anderen gebracht hatte. Er machte mich darauf aufmerksam, daß ich jetzt die Briefe an die Angehörigen schreiben müßte. Er hätte alle Unterlagen mitgebracht und dann wäre da noch etwas: „Morgen kommt Ersatz für uns." Ob er sie gleich in die Stellung bringen sollte. Ich konnte mich nicht recht entscheiden, denn in meinem Kopf war noch nicht viel Platz für so nüchterne Dinge.

„Ich werde Ihnen das später sagen, wenn ich vom Regiment zurückkomme."

Dann wollte ich eine Gruppe zusammengestellt wissen, zum Salut schießen für die Gefallenen. Es war durchaus nicht üblich 1945, daß man auf diese Weise Abschied nimmt von Gefallenen. Christiansen meinte, wir hätten keine Platzpatronen, da sagte ich etwas hart: „Dann nehmen wir eben scharfe Patronen."

Ich hielt es für angebracht, daß die Soldaten mit militärischen Ehren begraben wurden.

Um 11.00 Uhr meldete sich dann die Gruppe mit einem Uffz. und mit Gewehren. Ich fragte sie, ob sie wüßten, was das bedeutet.

„Herr Leutnant, wir wissen, daß wir als letzten Gruß Salut schießen müssen."

„Jawohl, das müßt ihr" – und ich kannte mich kaum wieder.

Leutnant Maurer übernahm die Vertretung, und ich machte mich mit der Gruppe auf den Weg.

Christiansen hatte alles vorbereitet. In einem großen Grab hatten alle 11 nebeneinander Platz gefunden. Alle waren sie in Papiersäcke gehüllt.

Die Soldaten nahmen Aufstellung mit dem Hauptfeldwebel.

Mir war es schwer ums Herz, und ich brachte nur mühsam heraus was ich sagen wollte. Sie waren ja alle durch deutsche Granaten gefallen. Das unterschied den Sinn des Todes, der darin liegen sollte, für das Vaterland gefallen zu sein.

Wie von ganz allein war in mir das Gefühl durchgebrochen, daß Salut geschossen werden mußte, damit klar demonstriert war, daß ihr Tod auch dem Vaterland galt und daß ihr Einsatz geehrt wurde. So hallten dann die Salven mit scharfen Patronen, und unsere Kameraden lagen so unter der Erde, wie die vom Feind getroffenen. Wer mochte mir verdenken, diesen Befehl zum Salutschießen gegeben zu haben?

Nach der Beerdigung ritt ich mit Max zum Regiment. Hauptmann Thomsen sagte mir, daß er nie geglaubt hätte, daß ich den Melder vor den Augen der Russen zurückbringen könnte. Für ihn sei das noch immer nicht zu begreifen, denn der VB hatte gemeldet, daß der Melder unmittelbar vor den Drahtverhauen liegen würde.

Beim Kommandeur mußte ich dann in weniger militärischer Haltung den ganzen Vorgang schildern. Er machte keinen Hehl daraus, daß er ebenfalls nur dem Befehl des Generals gehorcht hätte, als ich die Erlaubnis bekam, mein Leben aufs Spiel zu setzen. Für ihn wäre das Versagen der Artillerie und der damit verbundenen Verluste schlimm genug gewesen, ganz abgesehen davon, daß wir keinen Gefangenen machen konnten.

Da jetzt aber mein Hiersein beweise, daß ich lebendig wieder zurück wäre, könne er mir nur herzlich gratulieren.

Später begleitete mich Hauptmann Thomsen hinaus zu dem Pferdestall, in dem der Max unterstand.

Ich möchte Ihnen noch etwas sagen, bitte aber um Verständnis, daß es unter uns bleibt: „Es wird keine kriegsgerichtliche Untersuchung mehr geben. Der verantwortliche Batterieoffizier hat sich erschossen, nachdem bekannt wurde, was mit dem Versehen angerichtet wurde. Es hatte sich durch Zeugen bestätigt, daß nach der Feuervorverlegung der Offizier noch drei Lagen nach den ersten Richtwerten schießen ließ.

Der Kommandeur hält es für eine Tragödie und wünscht nicht, daß es noch weitere Kreise zieht."

Ich war nun doch sehr betroffen, denn kein Soldat hätte sich einen solchen Ausgang gewünscht, wenngleich schon nicht wiederzugebende Ausdrücke wegen den Artilleristen gefallen waren.

So kam ich am Spätnachmittag nochmals zu Christiansen, um die Briefe an die Angehörigen zu schreiben.

Es war eine bittere Arbeit und eine verlogene dazu. Nicht nur wegen dem Spruch „für Führer, Volk und Vaterland", nein, weil ich natürlich geschrieben habe, daß bei einem Stoßtrupp durch feindliche Einwirkung usw.

Bevor ich zur Stellung zurückritt, kam mir ein Brief in den Kopf, in dem eine Mutter eines ertrunkenen Soldaten einen bitterbösen Anklagebrief an Leutnant Kollmar schrieb, an die Adresse des Kompaniechefs, und der war ich zur Zeit des Briefeingangs: „Wie konnten Sie nur zulassen, daß mein Sohn, ohne schwimmen zu können, in einem Boot über einen Fluß fahren muß? (Gemeint war der Narew) Wie kann man so etwas verantworten?"

Ja, wenn die Mütter manchmal wüßten, was Soldaten machen müssen, gäbe es vielleicht gar keinen Krieg mehr!!

Der Spieß gab mir einen Melder mit Pferd mit, damit dieser den Max wieder zurückbringen konnte.

Wegen des Mannschaftsnachschubes entschied ich, daß sie sofort mit dem Essenwagen in die Stellung nach Wizna gebracht würden. Ausschlaggebend war die Tatsache, daß ich nicht mehr genug Soldaten hatte, um die Stellung vernünftig besetzen zu können.

Lt. Maurer blieb die kommende Nacht auf dem Gefechtsstand, denn ich mußte notwendigerweise etwas schlafen, trotz der Schmerzen im Rükken, die durch das Reiten nicht besser geworden waren.

Das war Neujahr 1945.

02.01.1945

Unser Ersatz ist eingetroffen. Wieder die unterschiedlichsten Altersgruppen. Ein Soldat war Deutschamerikaner namens Hesse und dann war einer dabei, der war Doktor und Archäologe. Es war Dr. Pfeifer.

Später hatte ich mit beiden noch interessante Gespräche. Oberfeldwebel Wieler teilte sie den verschiedensten Gruppe zu, je nach den Ausfällen, die wir hatten. So waren wir eigentlich ganz schnell wieder aufgefüllt worden. Der Spieß hatte Frontkämpferpäckchen mitgebracht, die immer gerne gesehen wurden.

Bis Donnerstag, den 04. Januar, geschah nichts Besonderes. Die Soldaten hatten sich mit den Neuen zusammengerauft. In der Stellung war es überraschend ruhig, dagegen hörten wir von weiter unten, Lomza und in Richtung Warschau, daß dort lebhafte Abwehrkämpfe im Gang wären.

Am 05.01.1945

kam dann die Bombe in Form eines Melders vom Regiment. Es war sonst keineswegs üblich, daß ein Melder vom Regiment bis in die Stellung vorkommt.

Er brachte mir ein persönliches Schreiben des kommandierenden Generals unseres Armeekorps und einen Tagesbefehl, in dem der Einsatz der 2. Kompanie zusammen mit einem Pionierzug gewürdigt wurde.

„Trotz sehr starker eigener Verluste wurden dem Feind außerordentliche Verluste zugefügt usw. usw. usw."

Ich wußte überhaupt nicht mehr, was ich sagen sollte.

Persönliche Anerkennung ja, aber so wie der Text abgefaßt war, ist dem General glaubhaft gemacht worden, daß wir wie die Berserker in den russischen Stellungen herumgewütet haben und dabei, so wie die Russen, fürchterliche Verluste erlitten haben. Daß wir keine Gefangenen mitbrachten, lag daran, daß die Russen bis zum letzten Mann sich gewehrt haben. —

„Darum mußte unser heldenhaftes Kämpfen öffentlich belobigt werden durch einen Korps-Tagesbefehl."

Ich war entsetzt ob so viel Verfälschung. Wenn auch nur eine solche falsche Meldung am Tag so einen Kommandierenden General erreicht, dann konnte es mit unserer Wehrmacht nicht mehr weit her sein!

Es war wirklich eine Bombe, die da hochging. Zuinnerst war ich aufgewühlt. Ich wußte wohl, daß von mir alles mustergültig organisiert war, soweit die Dinge meiner Befehlsgewalt unterstanden. Ich wußte auch, daß der Einsatz zur Bergung des Melders in den Stäben sehr umstritten war und es Stunden dauerte, bis die höchste Spitze meine Ansicht um ein Treueversprechen anerkannte. Ich wußte auch, daß meine beiden Melder und ich eine sogenannte „Bravourleistung" erbracht hatten.

Sicherlich verdiente das auch Anerkennung. Aber was ich aus dem Tagesbefehl heraus las, war eine glatte Lüge, mit der der Kommandierende General getäuscht wurde, und da brach die Welt des guten Glaubens in mir zusammen. Über all diese Gefühle war ich mir damals nicht sofort im klaren, wie etwas später, als ich vom Korps-General in ein Korps-Erholungsheim für Offiziere nach Liebenberg, schon auf ostpreußischem Boden, eingeladen wurde. Dort in der Ruhe und Stille wurde mir das schrecklich bewußt.

Am 09.01.1945

bin ich im Korps-Erholungsheim eingetroffen, um meine Rückenprellungen und Blutergüsse auszukurieren und mich etwas zu erholen. Zuvor, am 05. Januar, erhielt ich von Major Brutzer das Verwundetenabzeichen in Silber verliehen.

Die Tage nach dem Kommandounternehmen waren ruhig in unserem Abschnitt, doch immer wieder hörten wir Gerüchte, wonach südlich von uns eine schwere Durchbruchschlacht entbrannt wäre. Genaueres wußte auch Lt. Johst vom Batl.-Stab nicht.

Lt. Maurer übernahm für die Zeit meines Erholungsaufenthaltes von 10 Tagen die Kompanie. Ich verabschiedete mich noch vom Spieß, bis ein Kübelwagen mich über die ostpreußische Grenze nach Liebenberg brachte.

Viertes Tagebuch

10.01.1945

Es kommt mir vor, als ob Weihnachten erst noch käme. Ausschlafen, baden, sich pflegen, auch etwas gehenlassen. Ich wußte gar nicht, daß es so etwas überhaupt noch gibt.

Alles war sauber, gepflegt und ruhig. Eine völlig andere Welt. Ich wollte aber nicht zum Nachdenken kommen. Soviel ich verkraftete, schrieb ich Briefe und Karten, und hatte trotz Krieg Freude daran, in dem Städtchen einen Spaziergang zu machen. Alles was mir so an Annehmlichkeiten bewußt wurde, nahm ich dankbar auf. Im Casinoraum wurde gegessen. Es war interessant, mit den anderen, etwa 12 Offizieren zu plaudern und niemand brauchte dienstlich zu sein. Das Baden tat meinem Rücken sichtlich gut, und ich war ein eifriger Besucher dieser Einrichtung. Es war fast unglaublich, daß man sich zum Schlafen in ein Bett legen konnte und sich dabei sogar seiner wirklich dreckigen Klamotten entledigen konnte.

Die Feststellung blieb mir nicht verborgen, daß man sich sehr rasch an Gutes und Normales wieder gewöhnen kann. Alles, was hinter mir lag, erschien mir wie ein unglaublicher Traum. Schon war alles so weit entfernt, daß man das ganze Erlebte nicht mehr richtig fassen konnte und Zweifel aufkamen, ob das denn alles so wirklich geschehen war.

Wenn ich dann aber das „Anerkennungsschreiben" des Generals und den Korps-Tagesbefehl aus meiner Meldetasche herausfingerte, dann mußte ja alles wahr sein.

So gingen die wenigen Tage dahin, in einer Welle von Wohlgefühl, einmal bedient zu werden und sich zu freuen, daß es so etwas noch gibt. Ich wußte genau, daß ich das dem „Kommandierenden" zu verdanken hatte.

Natürlich haben wir an den frühen Winterabenden im Casino auch die „Lage" besprochen. Überall war Skepsis wegen der angekündigten neuen Wunderwaffen, die die Kriegsentscheidung bringen sollten. Ich selbst hatte, was unsere Narewstellung bei Wizna betrifft, keine Furcht. Was aber die anderen Offiziere erzählten, war weniger ermutigend.

Mich persönlich hatte das Erlebte mit der Verfälschung unseres Einsatzes so stark beeindruckt, daß ich trotz des offensichtlichen Wohlwollens und der Wertschätzung mir gegenüber, von den vorgesetzten Offizieren nur noch wenig hielt. Die eigene Existenz schien ihnen immer wichtiger geworden zu sein. Wehe dann, wenn die Front mal brechen sollte. Dann wird wahrscheinlich sich jeder nur selbst noch kennen.

Wie recht ich hatte, ahnte ich in diesen Tagen noch keineswegs. Überhaupt nicht dachte ich daran, daß die Katastrophe schon über uns hereingebrochen war! Trotz Christbaum, der da noch in der Ecke stand und trotz des guten Kaffees und trotz der Zigarren, die, in Ruhe geraucht, ein Wohlempfinden auslösten, das gar nicht mehr gekannt war.

Die Katastrophe und damit der Anfang vom Ende war schon über uns hereingebrochen. Irgendwie hatte das Schicksal uns vergessen!! — uns, in unserem Korps-Erholungsheim.

Am späten Abend des
14.01.1945

war Alarm! Ein Anruf des Korps besagte, daß sofort alle Offiziere zu ihren Einheiten zurückbefohlen werden. Soweit die Einheiten nicht mehr in ihren Stellungen sind, werden die Richtungen und Straßen angegeben, wo sie zu finden sind.

Das war ja unglaublich! Was war da los?

Die Zivilbevölkerung hatte die ganzen Tage schon davon gesprochen, daß die Front vor Ostpreußen ins Wackeln käme, aber ich, der ich doch direkt aus der Stellung kam, nahm das nicht ernst.

Ich konnte in unserer Abgeschiedenheit ja nicht ahnen, was weiter südlich schon über unsere Front hereingebrochen war.

Noch in der Nacht
zum 15.01.1945

erhielt ich die Nachricht, daß mein Regiment auf der Straße von Wizna — Maly — Plock — Kolno — Porky, Richtung Myzynice — Krysiaky — Friedrichshof unterwegs wäre.

Das Wort Friedrichshof elektrisierte mich besonders, denn das hieß mit anderen Worten, daß das Regiment über die deutsche Reichsgrenze zurückmarschierte. Das schien mir unglaublich, denn in unserem Frontabschnitt war es doch verhältnismäßig ruhig gewesen. Der Russe mußte das doch irgendwie bewerkstelligt haben, daß wir uns absetzten auf deutsches Gebiet.

Meine Sachen hatte ich schon fertig gepackt, viel hatte ich nicht. Ich verabschiedete mich wie die anderen Offiziere. Im Morgengrauen suchte ich die Straße in Richtung Friedrichshof. Unterwegs nahm mich ein Fahrer mit, so daß ich gegen 9.30 Uhr an der Straße von Myzynice nach Friedrichshof war.

Was ich da sah, verschlug mir die Sprache. In langen Schlitten- und Wagenkolonnen zogen unsere deutschen Soldaten in Richtung deutsche Grenze an mir vorbei. Alles, aber auch alles, war im Aufbruch, wie ich sah. Endlos lange Fahrzeugkolonnen wechselten mit Troßeinheiten, die pferdebespannt waren, ab. Das sah wirklich nach Rückzug aus. Einen Rückzug hatte ich aber noch nie erlebt, es sei denn im Westfeldzug, allerdings den unserer Feinde. Im Kessel von Demjansk war ich durch meine Verwundung noch vor der Räumung ins Lazarett, außerhalb des Kessels gekommen. Was ich da mit eigenen Augen sah und nicht begriff, war für mich neu und wie ein Schlag ins Gesicht.

Ihre Gesichter waren wegen der Kälte vermummt und keiner lachte. Allen stand die Sorge im Gesicht, was jetzt werden wird.

Ich suchte die Straße entlang nach einem Meldekopf. Vermutet hatte ich richtig, denn am Anfang des Städtchens fand ich ein taktisches Schild mit der Aufschrift:

Grenadier-Division Ostpreußen II

Das waren meine Leute. Ich meldete mich in dem Haus und zeigte meinen Marschbefehl nach Liebenberg in das Korps-Erholungsheim vor. Der anwesende Schreiber kannte mich nicht, obwohl ich bei der Division weiß Gott kein Unbekannter mehr war. Er sagte mir, daß unser Regimentsstab in Kürze eintreffen bzw. den Meldekopf passieren würde. Ich sollte draußen den Stab abwarten und mich dort melden.

Innerhalb von 12 Stunden war alles auf den Kopf gestellt. Daß Männer wie der Regimentskommandeur und Major Brutzer dem Feind den Rücken gekehrt haben sollten, war für mich noch immer nicht zu fassen. Doch vor meinen Augen, ich war inzwischen wieder auf die Straße getreten, vollzog sich weiter das Schauspiel der Niederlage, des Rückzugs.

Endlich, schon gegen Mittag, sah ich in der endlosen Kolonne den Stander des Regiments. Schnell sprang ich vom Bürgersteig zum Kübelwagen hin, der anhielt und meldete mich. Oberstleutnant Dorn freute sich und sagte ganz unmilitärisch: „Mensch, Siegle, gut, daß Sie da sind, wir brauchen Sie dringend!"

Der Wagen fuhr aus der Kolonne heraus zur Seite. Dann sagte Dorn zu mir: „Ihren Batl.-Kommandeur mußten wir leider, leider, nach dem Einbruch der Russen sofort an ein Sturmregiment abgeben. Melden Sie sich jetzt bei Hauptmann X., dem neuen Batl.-Führer. Ihr Batl. kommt bald. Der Troß wurde vorgezogen." − Das war alles! −

Was sollte das heißen − nach Einbruch? Also mußte der Russe irgendwo durchgebrochen sein, weil wir hier die Front zurücknahmen?!

Nach etwa 30 Minuten erkannte ich Troßeinheiten vom Regiment. Alle Wagen waren hochbepackt, und die Pferde hatten schwer zu ziehen. Dann kamen der Sanitätszug und die Kompanien mit verladenem MG. Jetzt entdeckte ich auch Lt. Maurer mit meiner 2. Kompanie. Die Freude war allenthalben groß, als sie mich wiedersahen. Christiansen, der Spieß, ritt den Max und meldete: „2. Kompanie auf dem Marsch in die neue Stellung." Mehr nicht. Ich merkte, daß irgendwie dicke Luft war, nur wußte ich noch nicht, warum. Dann fragte ich nach dem Batl.-Kommandeur. „Der neue Batl.-Führer ist nach der schweren Kompanie eingeschoben." Es blieb mir nicht verborgen, daß er „Führer" sagte, statt Kommandeur.

Ich wartete dann noch etwas und bald schob sich auch der Kübel des „Führers" des I. Batl. heran. Eine stramme Meldung, kurze Musterung gegenseitig und der Hinweis, ich solle meine Kompanie wieder übernehmen und mich von Lt. Maurer über alle Befehle und Vorgänge der letzten Tage informieren lassen. Lt. Johst, jetzt sah ich, daß er Oberleutnant geworden war, zuckte von hinten etwas mit den Schultern, als ob er sagen wollte: „Den mußt Du halt so nehmen, wie er ist."

Die ganze Sache war unbefriedigend mit dem Hauptmann. Vielleicht hatte er den Kopf auch voll, wenn er gerade das Batl. übernehmen mußte, mitten im Aufbruch und Absetzen vom Feind.

Ich machte mich schnellstens auf die Socken. Meinen Wäschebeutel mit meinen paar Sachen hatte ich vorher schon einem unserer Fahrer in die Hand gedrückt. Nacheinander holte ich entlang der Marschkolonne auf und war mir gar nicht bewußt, daß ich jetzt selber auch von der Grenze wegmarschierte in eine unbekannte Zukunft.

Bei der Kompanie angekommen, begrüßte ich alle Unteroffiziere mit Handschlag, bis ich vorne bei Lt. Maurer ankam. Ich sagte ihm, daß ich die Verantwortung wieder übernehme, denn längst war ich Kompanie-Chef geworden, zum Unterschied am Anfang meiner Kompaniezeit, wo ich „nur" Kompanieführer war.

Maurer mußte mir dann Stück um Stück erzählen, was sich ereignet hatte während der letzten 5 Tage.

Im Grunde genommen tat sich in Wizna selbst gar nichts. Aber südlich von uns sind die Russen durchgebrochen und sind in einem einzigen Sturmlauf in Richtung Elbing durchgestoßen und haben uns vom übrigen Reich abgeschnitten.

Plötzlich war unser Unternehmen vor einigen Tagen, vom Korps mit großer Dringlichkeit plötzlich angeordnet, in neuem Licht zu sehen.

Ob wir vom Mutterland schon ganz abgeschnitten waren, wußte Lt. Maurer nicht, aber es blieb gar nichts anderes übrig, als unser Gebiet um Wizna schnellstens kampflos zu räumen, damit wir nicht abgeschnürt werden konnten und die Masse der Soldaten für einen neuen Frontaufbau, auch nach dem Westen zu, vorhanden war.

Das waren niederschmetternde Nachrichten.

Wie waren die letzten Befehle?

„Geordneter Rückzug bis zur nächsten Auffanglinie in der Gegend von Ortelsburg, schon mitten in Ostpreußen." „Haben Sie schon Karten?" Ja, er hatte sie, und gemeinsam suchten wir die Straße nach Ortelsburg.

Ohne Rast ging es immer weiter nach Norden.

An den Straßenrändern standen fassungslos die Einwohner, soweit sie nicht schnell die Flucht ergriffen hatten und fragten immer wieder: „Kommen jetzt die Russen?"

Kaum ein Soldat gab Antwort, denn jeder schämte sich, einzugestehen, daß wir vor den Russen wegliefen.

Maurer wußte nicht, wer die Nachhut bildet. Ob es unsere eigene Division war oder andere Einheiten. Mir ließ das keine Ruhe, einfach so dahinzumarschieren, nicht einmal in Fliegermarschtiefe, und keiner wußte recht Bescheid. Vielleicht wußte Christiansen etwas mehr, denn der Troß war meistens nicht weit vom Stab, und dort war man besser mit Informationen versehen als vorne in der Stellung.

So ließ ich mich, entlang der Kompanie, etwas zurückfallen zu Christiansen. Diesmal war er freundlicher gestimmt. Er bot mir den Max an, aber ich wollte nicht reiten bei der Kälte. Er stieg ab und gab das Pferd dem Troßführer.

So fragte ich ihn buchstäblich der Reihe nach aus wegen der Ursache seiner schlechten Laune. – Die kam also wegen dem neuen Hauptmann zustande. „Bei Major Brutzer wäre das alles besser gelaufen. Man kommt sich ja vor wie der erste Mensch." Warum denn, fragte ich. „Ja, das hätten Sie mal erleben sollen, wie da herumkommandiert wurde. Jeder Dreck mußte mit. Die Wagen sind total überladen und die Schlitten auch. Das halten die Pferde nicht mehr lange aus." Ich forschte nicht weiter in der Richtung. „Haben wir denn genug Munition mitbekommen?" „Ja, das haben wir, aber in der Stellung haben sie noch herausgejagt, was das Zeug hielt. Alles schwarze Muni. Jetzt sind wir sie los."

„Wie sind die Neuen?" „Ja, Herr Leutnant, da weiß ich fast nichts, aber Soldaten haben wir da kaum bekommen. In Uniform gesteckte Zivilisten vielleicht."

So ging es noch eine ganze Weile hin und her. Wo wir in Stellung gehen sollen, wußte Christiansen auch nicht. Alles war überstürzt geschehen.

Plötzlich kamen mir unsere Gefallenen der letzten Tage in den Sinn. Sie lagen in polnischer Erde, vor unserer Grenze, die wir doch niemals aufgeben wollten.

Wohin führte unser Weg?

Nachdem ein Weilchen Stille eingetreten war, sagte ich zu Christiansen, daß mir das mit den überladenen Schlitten und Wagen nicht gefällt. Wenn wir irgendwo Halt machen sollten, in einem Dorf, solle er ohne großen Rabatz nach Pferden und Wagen gucken. Vielleicht glückt es. Wenn der Russe hinterherkomme, woran nicht zu zweifeln war, bekam er doch alles in die Finger.

Ich ging wieder an der Kompanie vorbei zu Lt. Maurer. Wenn jetzt nicht bald ein Melder kommt mit einem Marschbefehl oder dem Befehl, da oder da Stellung zu beziehen, dann werde ich verrückt. Wir können doch nicht einfach stundenlang durch den Schnee stapfen, durch Ostpreußen bis an die Ostsee?!

Gegen 16.00 Uhr kam ein Melder, der einen entsprechenden Befehl brachte.

Danach zieht sich das gesamte Regiment im Zuge der notwendigen Absetzbewegung bis hinter Ortelsburg zurück.

Heute geht das II. Batl. vor Ortelsburg mit anderen Einheiten in Stellung und hält den Feind solange auf, bis die Trosse der Division, alle Nachschubeinheiten, durch die Stadt durch sind. Das I. Batl. bleibt in Reserve, ebenfalls noch vor Ortelsburg, der Troß jedoch marschiert durch die Stadt und macht am jenseitigen Stadtrand Quartier.

Das war doch wenigstens einmal etwas Handfestes. Nach den genaueren Angaben konnten wir in einem Dorf Quartier machen, blieben aber in Alarmbereitschaft.

Es war schon dunkel geworden, als uns Melder von der Straße abholten und in den Bereitstellungsraum einwiesen.

Die Bauern in den Höfen wußten gar nicht, was los war. Als sie hörten, daß vor uns die Infanterie in Stellung gegangen war, um den verfolgenden Russen aufzufangen, brach tiefe Niedergeschlagenheit aus. Es war bitter für diese Menschen, zu erfahren, daß hinter uns, die Front auf sie zukommt. Manchmal zuckte jäh die Meinung auf, noch zu fliehen und viele haben das auch getan, andere mußten Rücksicht nehmen auf Großeltern und kleine Kinder.

Alles kam so schnell und brutal für sie. Sie hatten ja kaum eine Ahnung, daß westlich von uns, der Weg ins Reich, schon weitgehend abgeschnitten war.

Ein Kübel kam auf den Hof gefahren, den ich als Gefechtsstand gewählt hatte. Oblt. Johst kam. Ich gratulierte zu dem „Ober", aber er hatte keinen Sinn dafür. „Es ist alles eine unglaubliche Scheiße", sagte er. „Mensch, Siegle, Sie wissen nicht, was ich schon hinter mir habe, seit Major Brutzer auf die schnelle weggeholt wurde. Der neue Hauptmann hat nur noch ‚Rette sich, wer kann' im Kopf. Noch haben wir keine Feindberührung gehabt, aber bis jetzt übersieht er die Lage nicht. Wir müssen sehr aufpassen und das tun, was wir verantworten können und müssen. Nach der Lage der Dinge geht es noch weiter zurück, so schnell ist der Einbruch der Russen ausgeweitet worden. Halten Sie die Ohren steif!" – und weg war er wieder.

Ich hatte deutlich herausgehört, was er eigentlich wollte!

Christiansen kam und sagte, er habe einen Schlitten und 2 Pferde aufgegabelt. Mehr wäre beim besten Willen nicht zu machen gewesen. Ob ich dem Bauern eine Quittung ausschreiben wolle? Und ob ich das wollte. Also bestätigte ich, daß wir am 15.01.1945 1 Schlitten und 2 Pferde für die Wehrmacht erhalten hätten. Feldpost-Nr., Stempel und Unterschrift. Vielleicht hatte schon übermorgen der Iwan den Zettel und bereits heraus, wer hinter der Feldpost-Nr. steckte.

„Jetzt werden auf den Schlitten ein Teil der Munition verladen, zusammen mit 2 MG. Der Rest des Platzes ist für Marschkranke und evtl. Verwundete, die nur auf ausdrückliche Erlaubnis von mir oder Lt. Maurer aufsitzen dürfen".

Dem Spieß war das recht, konnte er so doch seine anderen Wagen entlasten, und für den Notfall hatten wir noch ein Gespann.

Unsere Posten hatten in der Nacht von Abwehrkämpfen des II. Batl. unter Hauptmann Zipper noch nichts gemerkt. Wahrscheinlich war der Russe vorsichtig, oder wir hatten noch einen kleinen Vorsprung zum Verfolger.

16.01.1945

Heute hat meine Mutter Geburtstag.

Wir haben alles fertig zum Abmarsch. Den Bauern, die nicht geflohen sind, stehen die Tränen in den Augen und angstvoll fragen sie uns, was werden wird, wenn wir uns zurückziehen. Wir kommen uns vor unseren Landsleuten unwahrscheinlich feige vor. Vielleicht nicht alle Soldaten, aber wir hier doch.

Mehr als die Schultern zucken können wir nicht.

Als wir uns auf der Hauptstraße wieder einfädeln wollen, versperren uns überall Flüchtlingswagen den Weg. Auf die Frage nach dem „Wohin" kommt meistens die Antwort: „Nur weg, nur weg".

Sie wußten nicht einmal, wohin sie wollten, nur weg vor den Russen wollten sie.

Im Augenblick marschierten wir allein von unserem Batl. in Richtung Ortelsburg weiter. Bald sahen wir den Batl.-Stander am Straßenrand,

Biwak in Tulebja.

„Nicht in Betrieb" befindliche Kirche.

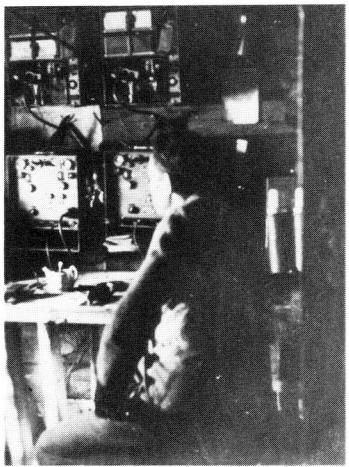

Ein Funkunterstand.

und Lt. Prowe, der Ordonnanzoffizier, übergab uns den Befehl zum weiteren Rückmarsch. Wir waren flankiert, hinten und vorne, von Flüchtlingswagen, bis kurz vor Ortelsburg die aufgestellte Feldgendarmerie die Flüchtlingswagen hart abdrängte in Seitenstraßen, damit die Hauptstraße frei blieb. Vor uns waren jetzt wieder Einheiten des eigenen Regiments, und was nach uns kam, konnte ich noch nicht entdecken.

Wir marschierten in guter Disziplin und gut aufgeschlossen, aber ein feindlicher Bomber oder eine „Rata" durfte nicht kommen!

Der Durchmarsch durch Ortelsburg war traurig. Viele Frauen und Kinder standen an den Straßen. Niemand winkte, niemand lachte. Nur grenzenlose Enttäuschung und Bitterkeit.

Wieder kam ich mir vor, als ob wir unser Fell retten wollten. War es denn nicht so?

Am Nachmittag wurde es zur Gewißheit, daß der Russe uns vom übrigen Reich abgeschnitten hatte.

Wieder war ich und all die Divisionen und Regimenter in einem Kessel! Die Nachricht ging wie durch ein Lauffeuer um. Wir hatten sie von Zivilisten aus dem Radio.

Lt. Prowe war gekommen. Nach einer Rast hinter Ortelsburg ging der Rückzug sofort weiter, nach Norden, in Richtung Mensguth. Dort sollten wir an einem Flüßchen, dem Zulauf zum Schobensee, in Stellung gehen.

Endlich, endlich ein Halt!

Unsere Soldaten und auch die Pferde, zeigten erhebliche Ermüdungserscheinungen. Der zusätzliche Schlitten bewährte sich gut. Immer wieder ließ ich andere Soldaten, jeweils ½ Stunde, aufsitzen, und sie waren mir dankbar dafür.

Am Abend gab es Essen während einer Rast. Niemand brachte eine Panikstimmung auf, aber unverkennbar tauchten bei den Ostpreußen unter uns Gespräche auf, ob wir den Russen vor ihrer eigenen Heimat noch stoppen können, was die Eltern wohl machen werden, ob sie fliehen oder nicht usw.

Oberfeldwebel Wieler, der aus Cottbus stammt, war auch nachdenklich geworden, als er hörte, die Russen wären fast schon bis Elbing durchgestoßen. Noch war das Westpreußen, der frühere polnische Korridor, aber wer weiß, was noch werden wird?

Überall, wo ich hinkam, sagte ich, daß wir morgen in Stellung gehen, und der Rückzug damit vielleicht ein Ende haben kann. Ich sagte das so, als ob ich davon überzeugt wäre. In Wirklichkeit wußte ich gar nichts. Johst hatte recht. Bei Major Brutzer wäre das anders gewesen. –

17.01.1945

Vergangene Nacht haben wir, nach der Rast, den Rückmarsch wieder aufgenommen.

Jetzt waren wir von Wizna, von der Zitadelle mit dem Glockenturm und dem Graben mitten im Friedhof, schon fast 100 km weg! Bei Schnee und Eis auf der Flucht, in einem Kessel, der ein Stück Deutschland und damit Heimat war.

Wir haben die Russen noch nicht wieder zu Gesicht bekommen. Allerdings war das Grollen des Gefechtslärms nähergekommen.

Mensguth war unser nächstes Ziel. Trotz der begreiflichen Müdigkeit mußten wir lt. Absetzplan weitermarschieren. Am Abend erst erreichten wir Mensguth. Von Pause war keine Rede.

Der Troß mußte noch etwas weiter nach Norden, in Richtung Bischofsburg, fahren. Die Kompanien dagegen gingen an einem Flußufer in Stellung.

Vom Russen war noch nichts zu sehen. Die Soldaten waren todmüde, und es fing zu allem Unglück auch noch an zu regnen. Ich hatte alles eingeteilt, die MG in Stellung bringen lassen, aber leider das Gelände hinter dem jenseitigen Ufer nicht mehr einsehen können. Es war bereits zu dunkel. Hier war keinerlei Stellung ausgebaut. Alles war vollkommen unvorbereitet. Lediglich eine Polizei-Einheit, die früher hier stationiert war, hatte man als Sicherung am Fluß plaziert. Über diese „Pfeifen" habe ich mich schon einmal geärgert, und hier war es nicht anders. Ich glaube, daß sie mehr Wert auf geputzte Stiefel gelegt haben, als einen MG-Stand zu bauen, trotzdem der Russe im Anmarsch war. Nach unserem Eintreffen waren die Angsthasen im Handumdrehen verschwunden.

Es regnete in Strömen. Längst hatte ich die Zeltbahn um, ebenso wie die Soldaten. In die Erde war nicht hineinzukommen bei dem Frost, so mußten wir Schutz hinter Bäumen und in Erdvertiefungen an der Böschung suchen. Als die gesamte Kompanie in Stellung war, suchte ich den Anschluß an Marquards und auf der anderen Seite an Meyeres Stellung (Meyeres war in Urlaub).

Auf dem Rückweg mit Feldwebel Macziosek, machte ich eine fast nicht glaubhafte Entdeckung: Über die Hälfte der Soldaten war in dem strömenden Regen unter den übergezogenen Zeltplanen buchstäblich eingeschlafen.

Erst wollte ich loslegen, aber dann kam mir die Erkenntnis, daß der lange Weg durch Schnee und Eis, und der plötzliche Wettersturz auch schuld haben könnten.

Es half nichts. Wir mußten sie wecken, Nest um Nest. Einmal lag ein Soldat von Uffz. Birkefelds Gruppe so im Wasser, daß er buchstäblich zu ertrinken drohte. Der Junge war restlos erschöpft, so daß er nichts mehr merkte.

(Ich weiß heute nicht mehr, wo ich selbst die Kraft herholte, um diese Strapazen zu überstehen.)

Es war hoch an der Zeit, daß alles wach war. Unverkennbar hörten wir die Russen ankommen! Ohne einen Schuß. Fast arglos sprachen sie, so daß man die Laute ganz gut hören konnte. Das hätte ich allerdings nicht gedacht, daß sie schon da wären.

Jetzt, als es soweit war, daß wir uns stellten, hatte ich fast ein besseres Gefühl als auf dem Rückmarsch.

Hoffentlich behielt alles die Nerven und paßte gut auf. Wir waren vor kaum 1½ Stunden am Fluß eingetroffen. Die Russen waren uns schon ganz schön nahe gekommen, ohne Artillerie und ohne schwere Waffen. Was hatten die verdammten Polizisten für ein Schwein, daß sie vorher abhauen konnten. Sie werden uns herbeigebetet haben!

Den Geräuschen nach, war der Russe noch etwa 60 m vom Fluß entfernt. Bei uns war alles still, nur der Regen rann immerzu. Jetzt war es ostpreußische Erde, die wir unter uns hatten, doch sie war steinhart gefroren. Unsere Deckungsmöglichkeiten waren nicht sehr gut.

Es war Zeit. Wir wollten ihnen Halt gebieten.

Meine MP ratterte los, und damit begann ein Höllenkonzert an Infanteriewaffen. Es war ausgemacht, daß wir sie anständig empfangen wollten. Viel mehr zeigen, als wir eigentlich konnten. So prasselte es jetzt auch entsprechend los.

Anscheinend waren sie total überrascht, denn von der Gegenseite fiel fast kein Schuß. Dann war es wieder ruhig, bis auf die Geräusche, die darauf schließen ließen, daß sie sich erstmal zurückzogen. Sicherlich hatten sie auch Karten und wußten, daß sie an einem Flußlauf angekommen waren.

Ich hatte die Hoffnung, daß sie bei uns keinen Übersetzversuch machen. Das war ja der Sinn unserer Schießerei, daß sie sich erstmal zurückzogen.

Wie das bei solchen Abwehrhandlungen ist, hatte ich keine Ahnung, was links und rechts von uns geschah. Wir mußten auf alles gefaßt sein. Meine Hoffnung trog nicht. Es blieb bis zum Morgen ruhig. Bevor noch der Tag graute, wurden wir, ohne Sicherungen dazulassen, abgezogen und weiter nach Norden in Marsch gesetzt, die Russen unmittelbar hinter uns.

18.01.1945

Der Troß mit Christiansen war schon weg, aber die Feldküche hatte uns noch beim Abrücken heißen Kaffee dagelassen. Niemand wollte mehr lange Kaffeepause machen, denn trotz der Anstrengungen gestern und der schlaflosen Nacht, den Russen gegenüberliegend, hatte jeder einen Druck im Nacken, ausgelöst durch das Bewußtsein, daß spätestens zu dieser Stunde der Russe einen Spähtrupp gegen den Fluß vorgeschickt haben konnte. Lange dauerte es dann meistens nicht mehr, bis er merkte, daß wir weg waren. Wir wußten auch nicht, wie sich der Feind gegenüber der Zivilbevölkerung verhielt. Vielleicht wurde sie erpreßt, über Einheiten, Anzahl und Wegrichtung auszusagen!

Wir marschierten jetzt mit eingeteilter Nachhut, der auch eine leichte Pak zugeteilt war. Von anderen deutschen Einheiten, von Artillerie oder Sturmgeschützen, hörten und sahen wir nichts mehr. Es war klar, wir waren im Augenblick die letzten. Und wehe uns, wenn sie uns packten!

Von unserem Batl.-Führer sahen wir nichts. Wir wußten nur, daß wir in Richtung Bischofsburg mußten. Wer links und rechts von uns floh, war unbekannt. Es gab auch für uns als Nachhut keine Verbindung nach links und rechts.

Marquard marschierte in Fliegermarschtiefe und gefechtsbereit vorweg, in der Mitte Meyeres Kompanie und als Rest am Schluß, meine Kompanie. Alles war gefaßt, daß wir irgendwo gepackt werden konnten oder in eine Falle liefen. Alle MG waren frei, jedoch auf Wagen und Schlitten gelegt. So habe ich das einteilen lassen, daß wir jederzeit auseinanderflitzen konnten.

Vor Bischofsburg wurden wir von Lt. Prowe in Empfang genommen, der uns Karten mit eingezeichneten Riegelstellungen übergab. Wir mußten von der Hauptstraße ab und einschwenken. Das Gelände war so ausgewählt, daß wir gutes Schußfeld hatten und sofort eine Feldwache hinausschieben konnten. Wir selbst waren im Wald, so daß man von hinten her den Nachschub gut organisieren konnte. Aus der Karte war nur ersichtlich, daß es Riegelstellungen waren, also keineswegs eine durchgezogene HKL.

Es war günstig, daß wir vor Einbruch der Dunkelheit in Stellung gehen konnten. So war es möglich, sich vorher das Gelände einzuprägen und nach hinten Versorgungswege zu erkunden. Sogar ein Strippentrupp war da und brachte Anschluß zum Batl.-Gefechtsstand. Langsam scheint man sich auf dem Batl. gefangenzuhaben. Ich war etwas gefaßter als gestern, denn heute spürte ich wieder etwas von Führung im Batl. und Regiment. Nun wußte ich, daß sich doch noch jemand um uns kümmerte.

19.01.1945

Der Russe hatte uns in der Nacht nicht angegriffen. Wir hatten mächtig Glück und konnten uns in aller Ruhe heute morgen absetzen. In der Nacht verpflegte uns Christiansen mit der Küche. In einem Gespräch sagte er mir, daß er eine Schlittenkutsche aufgetrieben hätte. Er wolle den Max einspannen, dann könnte ich mich ab und zu fahren lassen, wenn ich nicht reiten wolle. Er dachte wohl dabei an meine geprellte Wirbelsäule. Das freute mich sehr, denn ich war nicht so erholt von Liebenberg weggerufen worden, wie das wünschenswert gewesen wäre.

Das Essen in der Nacht war sehr gut. Christiansen sagte, daß er im Augenblick gar nicht alles verladen kann, was angeboten wurde. Im Moment war ich stutzig, aber dann klärte er mich schnell auf, daß die ganzen Heeresbestände in Ostpreußen in dem Gebiet, das wir aufgeben, sofort an die Truppe und dann an die Zivilbevölkerung ausgegeben werden.

An so etwas zu denken, hatte ich noch gar keine Zeit.

Heute hatte die Kompanie von Marquard die Nachhut. Unser Batl.-Führer, Hauptmann X, stand im Wagen, als wir auf die Hauptstraße, in Richtung Bischofsburg, einbogen. Ich machte Meldung und er dankte. Das war alles. (Gesehen habe ich ihn dann erst später wieder in der Kaserne in Heilsberg, dem Quartier der Division.)

Unser Marsch ging weiter. Allerdings hatte sich eine regelrechte Schlittenkutsche eingereiht, ohne daß von irgend jemand Protest gekommen wäre. 3 Mann hatten Platz, und ich ließ sie immer besetzen, soweit ich nicht selbst auch mal kutschierte. Der Max ging ganz gut im Geschirr.

Wir kamen durch Bischofsburg. Längst hatte die Bevölkerung erkannt, daß es keine Frontbegradigung mehr gab, sondern daß wir auf der Flucht waren.

Niemand von uns hatte allerdings gewußt, was rund um uns her vorging. Niemand hatte Gelegenheit, den Wehrmachtsbericht zu hören. Alles, was wir wußten, bekamen wir von der Bevölkerung zugesteckt, und das war nur das Schlimmste.

Bischofsburg hatten wir bereits hinter uns. Die Bevölkerung fragte immer wieder, ob der Russe käme und immer wieder gaben wir ausweichende Antworten. Sollten wir sagen, daß hinter uns Niemandsland war? Es drückte auf das Gemüt. Niemand konnte uns sagen, bis hierher und nicht weiter!

Die Soldaten waren fertig. Trotz gutem Essen. Es waren die Märsche am Tag, in Stellung gehen in der Nacht, Wache schieben, hinter jedem Busch einen Russen sehen, die Zivilbevölkerung weinen sehen, all das zusammen war grausam und zersetzend.

Immer mehr dachte man an das Überleben, aber wie? Der Horizont wurde kleiner. Nur noch Christiansen und Lt. Maurer, weiter hinaus ging nichts mehr.

Wie schon geübt: In Stellung! Herunter von der Straße. Riegelstellung wie gestern.

Wo der Russe bleibt? Warum ist er nicht rascher da?

Daß wir Panzer und eine Luftwaffe haben, diese Gedanken sind uns abhanden gekommen.

In der Gegend um Bischofsburg riegeln wir ab. Der Russe kam nicht. Warum sollte er. Wir hauten morgen ja doch ab! Wie lange noch? Ohne einen Schuß schleppten wir uns weiter, Tag um Tag, mit Pferd und Wagen.

21.01.1945

noch in Stellung vor Rothfließ. Kein russischer Angriff.

22.01.1945

Im Morgengrauen Aufgabe der Riegelstellung an der Hauptstraße. Wir werden vorgezogen und als Nachhut abgelöst.

Unwahrscheinliches Glück hatten wir seit Tagen. Keine Verluste, nur Marschkranke.

Ich sitze im Schlitten und halte den Max am Zügel. Einer unserer Jüngsten, knapp 18 Jahre, kommt mit seinem Gewehr an meinen Schlitten heran und hat sichtlich Mühe, etwas zu sagen.

Ich steige aus und gehe neben ihm her, um ihm sein Vorhaben etwas zu erleichtern.

„Herr Leutnant, dürfte ich vielleicht ein paar Minuten weg von der Kompanie und dort drüben in das Haus laufen?"

„Was willst Du denn dort in dem Haus?"

„Herr Leutnant, dort wohnen meine Eltern und ich bin hier geboren, ich wollte nur eben, daß sie sehen, daß es mir gutgeht und sie keine Angst haben um mich."

Mir fuhr es wie ein heißer Stahl in die Brust. Mein Gott, der Junge, war hier vor seinem Elternhaus und wollte „nur eben mal" den Eltern sagen, daß es ihm gutgehe.

Ich holte tief Atem und nahm mich zusammen. Dann sagte ich zu ihm: „Leg dein Gewehr hier in den Schlitten und hau ab und sage Deinen Eltern viele Grüße." Und weiter gedacht habe ich: „Wenn du doch bloß nicht wiederkommst!!"

Was ich dachte, wagte ich ihm nicht zu sagen, denn ich war nicht allein am Schlitten. Darin saßen noch 2 Soldaten.

Mein Gott, wie grausam ist das alles. Laß ihm doch durch die Mutter die Uniform vom Leib reißen und in Zivilkleider stecken. Was soll so ein Junge den Weg gehen müssen, den wir gehen werden, weil wir noch halbwegs glauben, daß wir ihn gehen müssen!

Gott hat kein Wunder getan.

Mit hochrotem Kopf kam er eine halbe Stunde später angelaufen, meldete sich zurück und brachte mir mit vielen Grüßen von seiner Mutter einen Schuhkarton. Dann erbat er sich wieder sein Gewehr und verschwand. Ich war wie erstarrt. So sehr hatte ich gehofft, daß der Junge nicht mehr kommt. Was tut die Mutter? Sie schickt dem Kompanie-Chef einen Schuhkarton.

Ich mache ihn auf. Es waren herrliche Weihnachtsplätzchen drin! –

Nie konnte ich diesen Jungen und seine Mutter vergessen!!

In der Nacht können wir in deutschen Quartieren schlafen, allerdings in Alarmbereitschaft. Jedermann war froh.

23.01.1945

Sehr früh spannen wir an. In der Morgendämmerung sind wir schon unterwegs. Wir haben Rothfließ verlassen, und immer noch geht der Rückzug nach Norden. Für uns unerklärlich, warum wir ohne Kampfhandlungen immer höher hinaus, dem Meer zu, müssen. Irgendwann hat das doch einmal ein Ende. Auch müssen sich Veränderungen ergeben haben in den eigenen Truppenbewegungen, denn wir sind nicht mehr Nachhut. Auf einmal tauchen nämlich wieder andere Einheiten auf. Auch Feldgendarmerie zeigt sich wieder, und Hinweisschilder mit taktischen Zeichen sind an Kreuzungen angebracht. Verunsichert sind wir aber trotzdem, denn kein Regiment oder Batl. klärt uns über die Lage auf. Ob die Stäbe selbst nicht wissen, wie die Fronten verlaufen?

Wir Kompanie-Chefs haben bis jetzt allerdings immer noch einen Marschbefehl zur rechten Zeit bekommen. Auch Karten mit eingezeichneten Riegelstellungen für eine Nacht. Aber von einer zusammenhängenden Front konnte überhaupt keine Rede sein. Im Augenblick merkten wir nur deutlich, daß wir hinter uns nicht sofort den Russen hatten, sondern daß da noch andere deutsche Truppen eingeschoben waren. Es war für alle ungeheuer beruhigend, das Gefühl zu haben, nicht unmittelbar zu jeder Minute schießen zu müssen.

In unserem Batl. hielten wir die Kompanien und die Trosse immer gut zusammen. Mit Marquard kam ich sehr gut zurecht und Meyeres war in Urlaub, aber seine Kompanie wurde auch gut geführt. Von unserem Hauptmann sahen wir schon lange nichts mehr.

Der letzte Regimentsbefehl besagte, daß das Regiment sich auf der Straße von Bischofsburg über Rothfließ, Seeburg, bis zum sogenannten Festungsdreieck in Marsch setzen soll.

Angaben über einen Aufbau einer Abwehrfront fehlten ganz, so daß ich für mich daraus entnahm, daß bis zum Heilsberger Festungsdreieck, was immer das auch sein konnte, das Land aufgegeben werden mußte.

Eine ungeheuerliche und unfaßliche Tatsache.

Immer noch nicht konnte ich es fassen, daß wir die Bewohner in all den Dörfern und Städten, soweit sie nicht geflohen waren, kampflos den Russen überlassen mußten. Hätten wir doch mehr gewußt von den Vorgängen um uns herum.

Gegen 11.00 Uhr erreichten wir Seeburg. In der Stadt war viel Betrieb. Alle möglichen Einheiten waren im Aufbruch oder zogen durch. Bei einer Stockung wurde ich plötzlich gefragt, ob ich eingefrorene Schweinehälften haben wollte. Es war ein Wehrmachtsbeamter den Schulterstücken nach.

Und ob ich wollte. „Ja, dann kommen Sie mit einem Fahrzeug schnell hier in diese Straße." Ich ließ den Schlitten mit dem Proviant vorfahren und sagte dem Uffz. X, er solle sich einige Schweinehälften für die Küche geben lassen, dort von dem Beamten. Dann solle er nachkommen, wenn wir schon weg wären, in Richtung Heilsberg. Tatsächlich kam er mit 6 Schweinehälften auf dem Schlitten an. Christiansen wird sich freuen, wenn er bedenkenlos ein gutes Essen machen kann. Der Troß war zur Zeit direkt bei der Kompanie und damit auch die Küche.

Hinter dem nächsten Dorf mußten wir wieder in Stellung für die Nacht, das wußte ich schon. Ich war froh, daß wir bei Helligkeit dort einrücken konnten. Als wir von der Straße abbogen, kam auf einmal Oblt. Johst vom Batl. auf mich zu. „Mensch Siegle", sagte er, „gut, daß ich Sie hier finde. Ich gehe ein Stück mit." Das war etwas ungewöhnlich, denn ich sah, daß er niemand vom Stab bei sich hatte und der Hauptmann auch nicht zu sehen war.

Er platzte auch gleich heraus. „Siegle, ich komme noch vors Kriegsgericht." „Da werden Sie zur Zeit nicht viel Glück damit haben, denn hier tagt kein Kriegsgericht, wo alles am Laufen ist. Hier rettet doch jeder nur noch seine eigene Haut." „Genau das ist es ja. Ich werde noch verrückt. Unser Hauptmann hat nur noch Quartiermachen im Hinterland im Kopf. Immer ist er nach rückwärts mit dem Wagen unterwegs, um angeblich neue Stellungen auszukundschaften und Quartiersmöglichkeiten für das Batl. zu suchen. Dabei besagen die Regimentsbefehle klar, wo wir in Stellung müssen und wo andere Einheiten uns vorbeilassen und weitere Einheiten Riegelstellungen beziehen."

„Wo ist denn jetzt der Stab und der Hauptmann?" „Wo der Hauptmann ist, weiß ich nicht, er ist nach hinten. Der Stab ist im nächsten Dorf. Wiederholt habe ich dem Regiments-Adjutanten schon vorgelogen, unser Batl.-Führer wäre zu den Kompanien und dergleichen, dabei ist er auf ‚Erkundung' in Richtung rückwärts."

Ich hatte so etwas, oder Ähnliches, schon lange geahnt, aber nie gewußt. Ich kannte den Mann auch nicht, und zweifellos fehlte ihm die Nervenkraft für einen solchen Rückzug. Dabei war es bis jetzt noch zu keiner Panik gekommen, denn die Soldaten vertrauten uns.

Dem Johst konnte ich nicht helfen. Ich versprach ihm aber, im Notfall zu bezeugen, daß er selber sich nicht abgesetzt hatte und im übrigen wolle ich schweigen. Keineswegs hatte ich den Eindruck, daß Johst ein Alibi suchte, im Gegenteil, er wußte nicht mehr, was er machen sollte bei einem solchen Hauptmann.

Ich sagte ihm, was ich dachte. Etwas erleichtert war er schon. Dann bot ich ihm meine Schlittenkutsche mit Fahrer an, die ihn zurückbringen sollte zum Stab.

So war das mit Johst und seinem Hauptmann. –

Wir waren inzwischen in unserem Abschnitt angekommen und richteten uns in den am Rand liegenden Häusern des Dorfes ein. Von der Rollbahn waren wir etwa 2 km entfernt. An der Straße war im Schutz der ersten Häuser Pak in Stellung gegangen. Vor uns war eine weite, ganz leicht ansteigende Fläche. Am Horizont waren einzelne Bäume und etwas Kusseln. Weithin alles im Schnee.

Ich wußte, daß wir die Stellung als Riegel sperren und halten mußten, bis in der Nacht der gesamte Troß und alle Einheiten abgezogen und an uns vorbei waren.

Vermutlich konnten wir, wenn überhaupt, uns erst morgen nacht weiter zurückziehen. Ich fürchtete aber, daß dann der Russe vielleicht schon Seeburg genommen haben könnte und uns berannte. Hinter uns dürfte jetzt auch eigene Artillerie in Stellung gegangen sein. Zu meiner Freude meldete sich von Oblt. Stötter eine Gruppe mit einem SMG. Das war schon eine lange Zeit her, daß ich das SMG in Wizna so gut gebrauchen konnte.

Mir war die Gruppe herzlich willkommen.

Nachdem ich meinen Abschnitt in der langsam verschwindenden Sonne abgegangen war, dem Oberfeldwebel Wieler, dem Feldwebel Maczieosek und dem Feldwebel Schulze deutlich gemacht habe, daß wir aushalten müssen, bis sämtliche deutsche Truppen durch Seeburg durch waren und wahrscheinlich auch noch morgen abriegeln müssen, je nachdem, was sich vor uns tut, ging ich mit Wittulski in das inzwischen vorbereitete Quartier.

Der Hauptfeldwebel schickte von dem hinter dem nördlichen Dorfrand liegenden Troß einen Melder und ließ anfragen, ob der Schlitten mit den Schweinehälften und dem Vorrat für die Küche, versehentlich in die Stellung gefahren war? Da ich selber den Schlitten nicht gesehen hatte, mußte sich Wittulski auf die Socken machen.

Nach 20 Minuten kam er wieder und hatte noch keinen Schlitten gefunden. Aber etwas anderes wußte er zu berichten. Kurz nach Seeburg, der Uffz. hatte selbst den Schlitten gefahren, hat er seitlich angehalten und sagte zum nächsten Fahrer des hinter ihm fahrenden Gespanns, daß er gleich nachkomme, weil er etwas umpacken müßte, die Schweinehälften wären verrutscht. Seitdem war der Schlitten nicht mehr gesehen. Dann kam Wittulski noch mit etwas anderem heraus.

Er fing von hintenherum an: „Herr Leutnant, Sie wissen doch, daß ich aus Bartenstein komme." „Sicher, das haben Sie mir schon früher mal erzählt." – Ich konnte mit diesem Hinweis noch nicht das Verschwinden unseres Proviantschlittens mit 6 Schweinehälften in Zusammenhang bringen. „Was wollen Sie damit denn sagen?" „Ja wissen Sie", – und jetzt kam er tatsächlich etwas ins Stottern – „von hier nach Zuhause von mir, sind es noch 20 km. Vielleicht dauert es noch 1 oder 2 Tage und dann haben die Russen auch meine Frau und mein Kind. Und deswegen der Hinweis auf mein Zuhause."

Der Uffz. wohnt nämlich im Dorf vor Seeburg, wo wir durchgekommen sind. Die Kameraden wußten es alle, daß er fast wahnsinnig war, als wir am Dorf vorbeigezogen sind. Sie wußten, daß er in der Nacht abhauen wollte, wenn die Russen uns noch nicht erreicht hätten. – So ist er auf diese Weise samt Schlitten und Proviant und Schweinehälften weg zu seiner Familie. –

An so etwas hatte ich überhaupt nicht gedacht. Mir war das noch gar nicht so zum Bewußtsein gekommen, daß nicht nur der Junge hier wohnte, der „eben mal" noch zu seinen Eltern wollte, sondern daß etwas mehr als die Hälfte der Soldaten in meiner Kompanie aus Ostpreußen war, und sicherlich sind wir durch Landstriche gekommen, in denen sie Frau und Kinder, vielleicht Eltern zurücklassen mußten.

Dieser Gedanke, zu dem ich in seiner Furchtbarkeit noch gar nicht gekommen war, warf mich fast um und bereitete mir körperliche Schmerzen. „Mensch, Wittulski", sagte ich, „das kann doch keine Fahnenflucht mehr sein"?! Schwer ließ ich mich auf einen Stuhl nieder und dachte nach, was ich jetzt zu tun hätte.

Ich konnte so schnell nicht zu einem Entschluß kommen. Deshalb sagte ich zu Wittulski etwas später: „Glauben Sie, daß wir den Schlitten in der Nacht noch suchen sollten?" „Laufen wir dabei nicht Gefahr, vor die Mündungen der anrückenden russischen Soldaten zu geraten?"

„Mir scheint das Risiko zu groß!"

Damit hatte ich mein Gewissen beruhigt und genau meinen eigenen Prinzipien widersprochen, die ich am Narew noch vor 3 Wochen dem Regiments-Kommandeur und Divisionsgeneral gegenüber so nachdrücklich verteidigt habe.

Ich gab vor, das Risiko sei zu hoch und log mir selbst etwas dabei in die Tasche, denn in Wahrheit sagte mir Herz und Verstand, daß wir in dieser ungeheuren Tragödie nicht einen Mann der Fahnenflucht bezichtigen können, der seinen Grund und Boden gar nicht mehr verteidigen konnte, sondern der nur noch das Schicksal seiner Familie teilen wollte.

„Das Risiko ist nicht gerechtfertigt", hörte ich mich sagen.

„Geben Sie dem Spieß durch, daß er sich von den anderen Küchen etwas ausborgen soll, bis wir morgen irgendwo etwas Eßbares auftreiben können."

Einsatz und Nutzen hatte ich nach außen abgewägt, so wie die Kommandeure vor 3 Wochen, und ich habe meine Gedanken für mich behalten, denn sie waren eigentlich unhaltbar.

Wittulski hatte wohl begriffen, was in mir vorging; er guckte durch mich hindurch und wußte, daß ich litt.

Wo sollte das hinführen? Waren es schon Auflösungserscheinungen? Was wird geschehen, wenn wir uns noch weiter zurückziehen? Halb Ostpreußen haben wir ja schon aufgegeben!

Später als vorgesehen, bekamen wir trotzdem etwas zu essen. Christiansen war auf die Suche gegangen.

24.01.1945

Während der ganzen Nacht hörten wir das Rollen von der Straße her. Immer nordwärts, ununterbrochen. Wo gestern mittag noch Hinweisschilder standen zu Lazaretten, Intendanturen, Befehlsständen, waren heute wahrscheinlich nur noch Scherben von den Schildern vorhanden, und Feldgendarmen schleusten die Nachhuten in die Rückzugstraße. Bald werden die Feldgendarmen auch verschwunden sein und Pioniere mußten ihr Handwerk ausüben und Druckminen verlegen. Sie werden dann dahinter stehen und eventuellen Nachzüglern noch zeigen, wo sie ein Loch gelassen haben, damit die letzten ihr Leben retten konnten.

Ich hatte an diesem Morgen das alles in Gedanken so vor mir, als ich mich wusch und mein Melder Kaffee brachte.

Die Bewohner der Häuser hatten sich mitten im Dorf bei Bekannten und Verwandten ein Nachtquartier suchen müssen – wegen des zu erwartenden Beschusses. Wieder kam die Sonne hoch und ich hoffte sehr, daß der Russe noch nicht so schnell da sein möge.

Von der Rückzugstraße hörten wir jetzt weniger Lärm, aber das konnte davon kommen, daß man in der Nacht besser hört. Unsere Soldaten hatten neben dem Wachdienst etwas schlafen können, zum Teil sogar auf Matratzen.

Mit Wittulski ging ich die Stellung ab und schärfte jedem ein, ganz genau Ausschau zu halten. Es konnte ja sein, daß sie Seeburg umgingen und seitwärts auf uns zukamen, um in den Besitz der Rückzugstraße zu kommen.

Bis 12.00 Uhr war alles noch ruhig. Von der Straße kein Lärm mehr. Die Sonne schien etwas und gab eine gute Sicht.

Ein Melder vom Regiment kam und brachte einen Befehl, der besagte, daß das Batl. bis 18.00 Uhr die Stellung halten müsse, damit die hinter uns liegenden Einheiten mit ihren Trossen noch rechtzeitig das Festungsdreieck erreichen können. –

Jetzt konnten wir nur hoffen.

Die Soldaten hatten sich etwas erholt. Natürlich hatte sich herumgesprochen, daß der Uffz. samt Verpflegungsschlitten verschwunden war. Von Panik war aber nichts zu spüren.

Wir haben heute den

24. 01. 1945

Um 15.00 Uhr war es noch ruhig.

Um 15.30 Uhr waren sie da!

Plötzlich kam MG-Feuer auf, von unserem rechten Flügel her und auch Einzelfeuer. Wir mußten aufpassen. Mit Wittulski rannte ich zu einem etwas vorliegenden Haus, das, dem Feind abgewandt, eine Terrasse hatte. Und genau dort traf ich etwas an, was ich schon lange befürchtet hatte.

Einer unserer vor 3 Wochen dazugekommenen Soldaten, eben 18 Jahre, hatte die Russen in ihren Schneehemden springen sehen. Vielleicht zum ersten Mal in seinem Leben. Er verlor die Nerven und warf sein

Gewehr weg, auf den Boden der Terrasse. Dann nahm er seinen Stahlhelm ab und schrie immerzu: „Sie kommen, sie kommen, sie werden uns erschießen, es hat keinen Wert mehr!"

Blitzschnell hatte ich die Situation erfaßt. Gerade noch zur rechten Zeit kamen wir dazu. Ich weiß auch nicht, was in mich gefahren war, aber ich langte aus und haute dem Jungen an die Wangen, daß er taumelte und zu weinen anfing. Damit war der Bann gebrochen. Er mußte sein Gewehr hochnehmen und mit zittrigen Händen seinen Stahlhelm aufsetzen und dann sagte ich ihm ziemlich energisch:

„So, jetzt hör zu, Dir geschieht gar nichts, wir passen auf Dich auf, daß Du hier heil herauskommst. Ich schicke Dich auf meinen Gefechtsstand, und Du paßt dort auf, während wir den Russen zurücktreiben. Obergefreiter Wittulski wird Dich mitnehmen!"

Ich winkte Wittulski mit dem Kopf, und der Junge ging anstandslos mit. So, wie ich Wittulski kannte, wird er ihm Mut machen in seiner Verzweiflung.

Inzwischen brauchte ich kein Glas mehr, um sie springen zu sehen. Im Einzelsprung versuchten sie, sich aus den Bäumen und Kusseln zu lösen. Wir hatten sie aber gut im Visier und legten ganz schön los. Sie mußten merken, das war meine Absicht, daß hier eine feste Abriegelung war, die man nicht mit Späh- oder Stoßtrupps einrennen konnte. Diese Erkenntnis bedeutete, daß wir Zeit gewannen, bis sie schwere Waffen oder Panzer herbeiholten und so, so glaubte ich, wären wir vielleicht schon wieder auf der Flucht.

Es war pervers, so zu denken, aber solche Gedanken gingen auch mir schon durch den Kopf.

Pervers deshalb, weil das natürlich gar keine Lösung darstellen konnte, denn, wenn <u>wir</u> sie nicht aufhielten, mußten es <u>andere</u> tun. Wo waren wir also? – Andere für mich, damit ich mich retten konnte?

Von Moral konnte jetzt keine Rede sein, denn ich sprang von der Terrasse wieder zurück und machte alles mobil. Wir wollten um jeden Preis so hinlangen und eine solche Feuerkraft herauskehren, daß wir noch die uns verbleibende Stunde Luft bekamen, bis wir abrücken konnten.

So war es dann auch. Etwas an der Sache war nicht gut. Wenn wir das lebhafte Feuer einstellten, mußte der Russe ja merken, daß wir abhauten, oder aber, daß wir eine Teufelei im Schilde führen wollten. Nach den Erfahrungen, die die Russen mit uns in den letzten Tagen machten, brauchten sie mit dem letzteren weniger zu rechnen.

Der Troß machte sich 30 Minuten vor uns, in der Dunkelheit, schon auf den Weg nach dem Festungsdreieck.

In den Kompanien wurde der Rabatz gerade in dem Augenblick eingestellt, als die russische Artillerie Ziele suchte. Alles paßte. Wir hatten keine Verluste. —

Ganz leise und mit großer Behutsamkeit, schlichen wir durch die Dorfgassen, um zu unseren Gefechtswagen zu kommen, die am Nordrand des Dorfes, fertig angespannt, auf uns gewartet hatten. In den Kellern der Dorfmitte saßen derweilen die verängstigten Frauen und Kinder und ein paar ältere Männer und warteten voll Furcht auf das Schicksal, das vor ihnen schon ein halbes Land getroffen hat. Halb Ostpreußen war schon verloren, und wir gaben immer noch mehr deutschen Boden auf!

Wir fädelten uns in die befohlene Marschordnung ein.

25.01.1945

Bis zur Morgendämmerung machte die Kompanie Marquard die Nachhut, dann kamen zwei 5-cm-Pak, dann meine Kompanie und vor uns die anderen beiden Kompanien. Vom Batl.-Stab war nichts zu sehen.

Hinter unserem Rücken hörten wir jetzt vermehrt Granateinschläge. Der Russe wird wohl im Morgengrauen angreifen wollen, wenn er nicht schon vorher merkt, daß wir weg sind.

Wieder marschierten wir unter harten Winterverhältnissen. In der Anspannung merkten wir das oft gar nicht. Die MG lagen auf den Schlitten und konnten sofort heruntergenommen werden.

Wir wußten, daß wir wieder einmal die letzten waren. Die Straße war ganz frei von Pulverschnee, denn die vielen Fahrzeuge, die tags zuvor durchgezogen waren, haben ihre Spuren hinterlassen und von jungfräulichem Schnee konnte keine Rede sein. Trotz aller Not und aller Verzweiflung hatten wir noch keine Wahrnehmungen gemacht, die auf Plünderungen oder dergleichen schließen ließen. Sicherlich lag da und dort ein zusammengebrochener Schlitten oder ein Auto ohne Benzin, aber von Panik konnte man keineswegs reden.

Unseren Jungen, der angesichts der ersten Russen, die er gesehen hat, die Nerven verlor, hatte ich unter Wittulskis Obhut im Kompanietrupp gelassen.

Nach einem strammen Marsch wurde vorne gehalten, für eine kurze Verschnaufpause. Auch die Pferde waren dankbar. Dem Einfall mit der kleinen Schlittenkutsche verdankte ich manche Erleichterung, und oft fand sich einer, der es notwendig hatte, mitzufahren. Immer dann, wenn wir hielten, schob ich sofort eine Sicherung den Russen entgegen, für alle Fälle. Man konnte nie wissen, wie schnell sie kommen.

Gott sei Dank hatten wir noch nichts von ihren T 34 oder schweren Panzern zu spüren bekommen. Aber was sollten sie sich anstrengen? In Haufen marschierten wir immer weiter nordwärts, und bald waren wir am Ufer bei Königsberg und fragten uns, wo wir jetzt hinwollen. Einmal mußten wir uns doch stellen! Unser Verband war durchaus intakt, abgesehen davon, daß manche Soldaten, und vielleicht auch Offiziere, die von uns Nicht-Ostpreußen nur nachempfundene Belastung, nicht aushielten und zusammenbrachen oder gar flüchteten – Fahnenflucht!

Weil sie an ihren Familien vorbeimarschieren mußten und ihre Häuser und alles was ihnen lieb und teuer war, dem nachrückenden Feind überlassen mußten. Das war unmenschlich und grausam!!

Es ist 11.00 Uhr geworden, als wir an ein großes Waldstück kommen. Nach Eintritt in den Wald machte die Straße eine leichte Biegung und jetzt lag sie etwa 3 km lang, schnurgerade vor uns. Links und rechts waren Tannen und Laubbäume, voll von glitzerndem Schnee, und dichtes Unterholz säumte die Ränder.

Bald gewahrte ich von weitem eine von der Straße nach links und rechts verlaufende Schneise, etwa 80 m tief ausgeschlagen. Schräg nach oben stand, weit zu sehen, ein rotweißer Schlagbaum über der Rollbahn.

Das mußte das im letzten Befehl genannte Festungsdreieck sein.

Schon einige Zeit lang waren wir keine Nachhut mehr in unserem Verband. Wie vorgesehen waren wir in der Mitte.

Alles kam zum Halten und ich fühlte, daß hier in irgendeiner Weise unser Rückzug beendet werden sollte.

Am Schlagbaum an der Schneise war Bewegung, und alsbald suchte mich ein Melder vom Regiment. Ich soll nach vorne zum Schlagbaum kommen.

Wen sah ich da? Es war Oberstleutnant Dorn, den ich fast schon nicht mehr kannte, denn seit Tagen war er unsichtbar gewesen. Er nahm uns Offiziere zur Seite und übergab uns einen schriftlich abgefaßten Befehl, den er sofort erläuterte:

„Dies ist ein noch aus Friedenszeit erhaltener Festungsgürtel mit einer durchgehenden Betonbunker-Bestückung, tiefem HKL-Graben, ausgebauten Maschinengewehrständen und in der Schneise ein 40 m breiter Stacheldrahtverhau. Schußfeld durchweg 80–100 m.

Nach rückwärts, in 300 m Entfernung an der Rollbahn, stehen in Betonbunkern 2 eingebaute französische schwere Paks und danach zieht sich ein neu ausgebauter, riesiger Panzergraben mit einer Tiefe von über 3 m nach links und rechts, entlang der neuen HKL. Praktisch ist die Stellung nicht einzunehmen. Lediglich die Straße bildet eine gewisse Gefahr. Sie wird aber jetzt sofort vermint, wenn alles hinter dem Schlagbaum ist.

Unsere Regimentsgrenze ist hier an der Straße. Die Straße selbst gehört aber mit zum Abschnitt des Leutnant Siegle und seiner 2. Kompanie. Links davon Oblt. Marquard mit der 1. Kompanie und anschließend die 3. Kompanie von Oblt. Meyeres. Weiter nach Osten schließt sich das II. Batl. an. Nach Westen dagegen kommt direkt das Regiment von Major Büssemeier, ab Straßenrand.

Lt. Siegle sind unterstellt: ein SMG auf der rechten Straßenseite, eine Panzerfaust- und eine Ofenrohrgruppe zur Panzerbekämpfung auf der rechten Straßenseite, Teile unserer Nachrichtenleute, ein Pionierzug und ein Fahrradzug im rückwärtigen Kompaniebereich. Die Trosse werden zurückgezogen. Die Versorgung auf der Straße ist nur bis zum Knick im Straßenverlauf möglich, wegen direkter Beschußmöglichkeit. Von der HKL gehen Annäherungswege nach hinten zum Panzergraben, der nicht vermint wird."

Oberstleutnant Dorn brachte seine Einweisung hastig hervor.

„Alles verstanden, meine Herren?!" „Jawohl, Herr Oberstleutnant!" – „Siegle, kommen Sie mal her!" Dorn nahm mich auf die Seite und sagte: „Sie haben gesehen, wie die HKL besetzt wird. Sie haben mich noch nie enttäuscht, und ich erwarte von Ihnen und der Kompanie, daß an dieser Stelle die Front gehalten wird um jeden Preis. Kein Panzer darf hier durchkommen und keine Infanterie. Alles ist gut ausgebaut. Ich verlasse mich auf Sie!"

Inzwischen waren die Troßfahrzeuge sofort weitergefahren. Ordonnanzoffiziere erledigten das. Die Gefechtswagen waren entladen, die Munition abgestellt, und die Straße sah danach aus wie ein Heerlager.

Aber nicht lange, denn die bereitgestellten Pioniere maulten schon, daß es nicht schneller ging. – Sie wollten ihre Minen verlegen –.

An mir vorbei zogen die beiden anderen Kompanien. Direkt von der Straße konnten sie über eine kleine Treppe in den HKL-Graben steigen und im Zickzack, immer der Schneise entlang, so weit gehen, bis sie auf ihren Nachbarn zur Linken stießen. Das dortige Batl. war schon viel eher angekommen und längst in der Stellung. Es war wirklich alles gut geplant, doch plötzlich fiel mir auf, daß unser Batl.-Kommandeur gar nicht da war. Wie dem auch sei, wir mußten schnell die Stellung besetzen und auskundschaften, wie und wo Weg und Steg war und wo die SMG- und LMG-Stände waren usw.

Dann hatte ich auch noch die Verbindung über die Straße zum Nachbarregiment aufzunehmen, zu den Ofenrohrleuten, den Nachrichtern, den Pionieren, der Pakbedienung, einem Teil des Fahrradzugs – eine Regimentseinheit, die ich noch kaum kannte –.

Wittulski half mir und ich war froh, daß er sich so gut durchsetzte, obwohl er kein Uffz. oder Feldwebel war. In seinen Fähigkeiten war er weit über dem Durchschnitt.

Ich bestimmte einen Bunker als Gefechtsstand und einen weiteren Bunker für die Funker. Die Strippenzieher begannen eine Leitung zu den Nachbarkompanien zu bauen. Nach hinten zum Batl. gab es nichts, und zum Regimentsgefechtsstand wurde Funk befohlen. Zur Pak hatte ich sofort Fernsprechkontakt.

Die Betonbunker waren seit Jahren nicht mehr benutzt und waren deshalb feucht und unwahrscheinlich kalt. Die Stahlblechtüren klemmten und schlossen nicht ab. Trotzdem waren wir überglücklich, daß wir einen gewissen Schutz hatten.

Mein Hauptanliegen war die Rollbahn. Dorn hatte mich besonders verpflichten wollen, aber dessen bedurfte es nicht.!

Mit Stengel, so oft mein treuer Begleiter, sprang ich über die Straße zu dem in dem Straßengraben eingebauten SMG-Stand.

Oblt. Stötter hatte mir dort seine beste Gruppe gegeben. Der Gewehrführer, ein Obergefreiter, hatte das EK I und war bekannt als sehr selbstbewußter Mann. Ich machte ihm zur Auflage, daß er auf keinen Fall vorher schießen durfte, wenn die Russen auftauchten, bis ich selbst das Zeichen dazu gab und im Falle, daß zuerst Panzer kämen, bis die Paks die ersten Schüsse abfeuern. Er versprach mir das. Den etwas dahinterliegenden Ofenrohr- und Panzerfaustleuten sprach ich auch Mut zu und ermahnte sie, sich ganz und gar so zu tarnen, daß man sie auf keinen Fall sieht.

Dann wieder zurück zum Telefon und mit den Pak-Bedienungen sprechen. Ich befahl, daß sie nur schießen dürfen, wenn Panzer auf Abschußentfernung heran wären, oder wenn unsere SMG auf der Straße ankommende Russen unter Feuer nehmen. Die Funker machten Verständigungsprobe mit dem Regiment, was auch unten im Bunker klappte. Das war ganz wichtig. Im Graben war in diesem Abschnitt zuerst Oberfeldwebel Wieler eingesetzt, dann Lt. Maurer und daneben Feldwebel Maczieosek.

Nachdem ich mich überzeugt hatte, daß alles funktionierte, Munition genug da war, die Wachen eingeteilt waren, kam ich dazu, nach den Pionieren zu sehen, die die Minen verlegen sollten. Sie waren nahezu fertig, und ich ließ mir von dem Zugführer die Anordnung erklären.

Wir kamen auch noch auf das schlimme Ende meines Stoßtrupps von Wizna zu sprechen. Alles schien schon so weit zurückzuliegen. Die ganze Welt war auf den Kopf gestellt. 180 km Luftlinie waren wir von Wizna weg. Fast $2/3$ Ostpreußen haben wir aufgegeben, aber nun gab es endlich einen Halt.

Ich wußte, daß Wittulski sich daran klammerte, daß wir hier die Stellung halten, dann wäre sein Zuhause vom Feind nicht besetzt, und Major Brutzer, der aus Braunsberg war, dachte genauso, wäre er noch unser Batl.-Kommandeur.

Die Pioniere waren fertig. Von kräftigen Männern ließ ich jetzt den schweren, etwa 15 cm im Durchmesser starken Schlagbaum nieder und in seiner Verankerung mit dem vorgesehenen Schloß einrasten. Dann schlug ich mit einem Gewehrkolben die Scheibe des Verwahrkästchens ein, um den Schlüssel zu bekommen für das Schloß.

In dem Kästchen war ein Aushang, in dem stand: „Im Notfall ist die Scheibe einzuschlagen." Mit dem Schlüssel drehte ich das Schloß zu, nahm den Schlüssel heraus und warf ihn im weiten Bogen in den Wald, wo er im Schnee versank.

All dies hatte für mich mehr Symbolcharakter. Der Notfall war da!

Ein Stück Rückzug war zu Ende. Wir mußten, so oder so, mit den von uns jetzt noch nicht begriffenen Tatsachen fertig werden: Daß wir nämlich laufen mußten wie die Hasen und nur zweimal bis jetzt mit dem Verfolger aufeinanderprallten.

Jetzt war hier eine stählerne Schranke. Ich hatte sie herabgelassen, und niemand konnte diesen Halt mehr ändern, denn der Schlüssel wurde im „Notfall" gebraucht und wird nie wieder in das Schloß kommen.

Fast war es feierlich! –

Um 15.00 Uhr sahen wir sie kommen.

Auf der Straße.

Mit Troß und Wagen, ohne Fliegermarschtiefe, ohne Sicherung oder Spähtrupp, einfach so, wie bei einem Übungsmarsch.

Wer hätte so etwas gedacht. Nacheinander, Kompanie nach Kompanie! Wie an der Schnur gezogen kamen sie in 1500 m Entfernung um die Ecke, ahnungslos und siegesgewiß.

Die Art, wie sie in aufgeschlossenen Formationen auf der Straße daherkamen, dem Tod absolut sicher und ohne Arg in die Arme liefen, ließ darauf schließen, daß sie uns schon weit entfernt auf der Flucht sahen.

Ich stand direkt am Schlagbaum in einem ausgebauten MG-Stand und konnte bald die einzelnen Gestalten erkennen. Sie hatten nicht die geringste Ahnung, was sie erwartete. Immer noch nicht hatten sie den quer über die Straße hängenden Schlagbaum entdeckt. Da keine Panzer oder Spähwagen aufklärten, wußte ich jetzt, daß ich mein Zeichen dem SMG über der Straße geben mußte. – Wenn die Jungs bloß die Nerven behielten, bis es soweit war!

Beim Erkennen des Schlagbaums durch die Russen wollte ich Feuerbefehl geben. Aber immer noch kamen sie ahnungslos näher. Alles hielt im Graben den Atem an, denn das Gemetzel dürfte fürchterlich werden. Wir konnten ihre Ahnungslosigkeit nicht fassen. Mehrmals mußte ich die Okulare abwischen, so waren die Gläser angelaufen von meiner Erregung.

Jetzt war es soweit. Noch 400 m und ich glaubte, daß sie plötzlich diskutierten wegen des Schlagbaums.

Es war zu spät! Sie kamen nicht mehr davon!

Ich hob den Arm und nickte. Das SMG bellte los, die Spannung war gebrochen.

Unmittelbar, mit hartem Knall, kamen die ersten Panzergranaten von den Paks hinter uns. Und dann MG-Dauerfeuer, Gurt um Gurt, ohne einen Schuß Erwiderung.

Die Überrumpelung war total geglückt.

Schuß um Schuß fetzten die Paks heraus. Alles, was von uns Einsicht hatte auf die Straße, schoß, was die Läufe hergaben.

Ein Inferno hatte angehoben, von einer Sekunde zur anderen.

Was ich in meinem Glas sah, kann man fast nicht beschreiben. Mit einem Paukenschlag veränderte sich das Bild. Menschen und Tiere, Wagen und Schlitten wirbelten auf einer Strecke von 200–300 m durcheinander. Die Soldaten starben, wie sie standen oder marschierten. Die Verwundeten schrien entsetzlich und dazwischen die zerfetzten oder verwundeten Pferde.

Ob getroffen oder nicht getroffen, sie gingen durch und rasten auf uns zu, wurden erbarmungslos von den Gewehrgarben erfasst und blieben verendend liegen. Andere Fahrzeuge wurden von den Fahrern mit Wucht in den Graben getrieben und blieben ebenfalls hängen. Die noch lebenden Soldaten warfen sich hin und versuchten, in das Gehölz einzudringen. Die MG setzten ihre Tötungsmechanismen fort.

Von der ersten und zweiten auf uns zu marschierenden Kompanie ist kaum jemand davongekommen. Sie wurden im wahrsten Sinne des Wortes vernichtet.

Das Schreien und Befehlen konnte man jetzt ganz deutlich unterscheiden. Entsetzlich schrill und überzogen kamen Befehle, ja, Trillerpfeifen glaubte ich zu hören.

Die hinteren Teile des Heerzuges, bis an den Straßenknick zurück, waren nun im Wald verschwunden, und nur die Wagen und Schlitten standen noch mit den armen Pferden da, die alle ein Opfer der Paks wurden. Sie wurden buchstäblich zerfetzt.

In wenigen Minuten war das Schicksal von Menschen besiegelt, die vielleicht vom Ural gekommen waren, um hier vor Heilsberg sterben zu müssen.

Immer wieder sah ich auf der Straße noch eine Gestalt aufspringen, um in den Wald zu kommen, aber im Nu war sie weggefegt vom losbellenden SMG.

Von der Pak kam kein Schuß mehr. Die „Arbeit" war getan. – Vorerst. –

Im Wald vor uns schrien immer noch Kommissare oder Offiziere, um den Rest ihrer Leute zu sammeln. Es war nicht nur Panik, die sie überfallen hat, nein, es war die Vernichtung schlechthin.

Wir wußten, daß jetzt etwas auf uns zukam.

Der Russe mußte sich erst entwickeln und die Verluste ausgleichen. Dann die Verhältnisse aufklären. Jedenfalls konnten wir bis heute abend noch mit einem Angriff rechnen.

Nach etwa 2 Stunden kamen die ersten Feuerstöße vom jenseitigen Waldrand zu uns herüber. Sie hatten sich also gefangen und waren auf der Suche, wo sie neben der Straße ein Loch finden können.

Es gab aber kein Loch.

Um 19.00 Uhr probierten sie es dann mit einem regelrechten Infanterieangriff aus dem Wald.

Wir waren darauf gefaßt und haben augenblicklich zurückgezahlt. Aber der Russe war zäh. Er war bis in den Stacheldraht gekommen, hatte auch versucht, in der Dunkelheit Handgranaten bis zu uns zu werfen, aber so weit konnten sie nicht werfen.

Nach einer halben Stunde flaute der Angriff ab, aber ich traute nicht. Es wird bei ihnen ein Spähtrupp befohlen werden. Warum sollte es bei ihnen anders sein als bei uns? Vielleicht probieren sie es auf der anderen Seite der Straße, beim Regiment 1146?

Wir mußten auf der Hut sein.

Vom Funkbunker ließ ich laufend über die Entwicklung zum Regiment berichten. Auch den Hinweis, daß ich Späh- oder Stoßtrupps erwarte.

Oder im Morgengrauen Panzer. Daß unsere Paks erkannt waren, mußten wir in Kauf nehmen. Da sie aber fast unverwundbar waren in ihren dicken Betonbunkern, machte uns das nicht viel aus. Sie konnte nur durch Scharten schießen und waren fest eingebaut.

Bei Anbruch der Nacht ging ich den ganzen Graben entlang, zu jedem Bunker, und machte Mut, daß wir uns jetzt endlich zur Wehr setzen könnten usw. Nirgendwo tauchte große Zustimmung auf, denn der lange Fluchtweg war keineswegs weggewischt.

Die Spannung allerdings, daß draußen, 80 m vor uns, der Russe im Wald auf der gefrorenen Erde liegt und uns ausheben will, hielt sie munter und wach.

Wittulski und ich wechselten uns bei der Telefonwache im Gefechtsstand ab. Die Verbindung klappte zu allen Zügen gut. Bis Mitternacht war es ruhig, abgesehen von den Geräuschen auf der Feindseite drüben.

26.01.1945

Um 6.00 Uhr werde ich hochgeschreckt. Im linken Kompanieabschnitt rattert ununterbrochen ein MG und dann hört sich das an wie Handgranaten. Ein Anruf beim Zug Maczieosek bringt keine Klarheit. Sie wissen noch nicht, was los ist.

Oberfeldwebel Wieler und ich rennen los. Es ist noch dunkel, aber doch schon so, daß wir den Weg durch den Graben gut finden. „Was war los?", fragte ich, nachdem wir in der Gegend waren, wo der Rabatz plötzlich losging. „Ich glaube, wir haben vor unserem MG-Stand einen russischen Spähtrupp voll erwischt."

Wie sich später herausstellte, hatte der MG-Schütze auf Wache mit seinem zweiten Schützen unwahrscheinliche Nerven bewiesen.

Beide merkten schon seit einiger Zeit, daß vor Ihnen im Stacheldraht etwas im Gang war. Sollten die russischen Pioniere etwa eine Gasse in das Drahtverhau schneiden? Jedenfalls ließen die beiden die Russen ganz dicht herankommen, und als sie noch etwa 10 m vor dem Graben waren, haben sie den ganzen Spähtrupp erledigt, bevor die Russen zum Schuß gekommen waren. Einige Handgranaten besorgten den Rest.

Bei Tageshelle haben wir 7 Mann gezählt. Jetzt lagen sie still und ruhig im Niemandsland. Diese Nervenbeherrschung hätte ich mir selbst

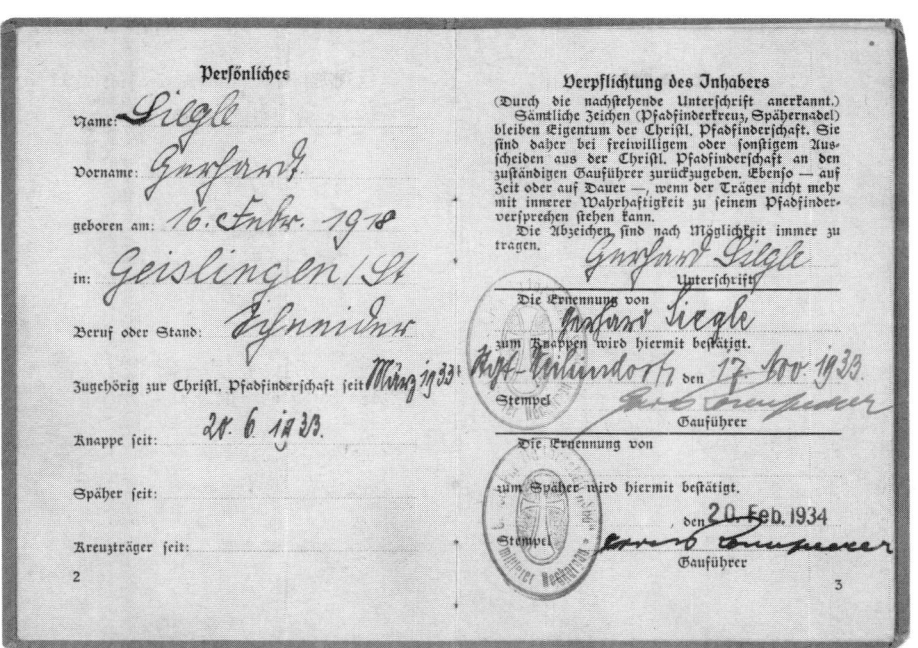

JUGEND · HOFFNUNG · GLAUBE — ENTTÄUSCHUNG · UNTERGANG

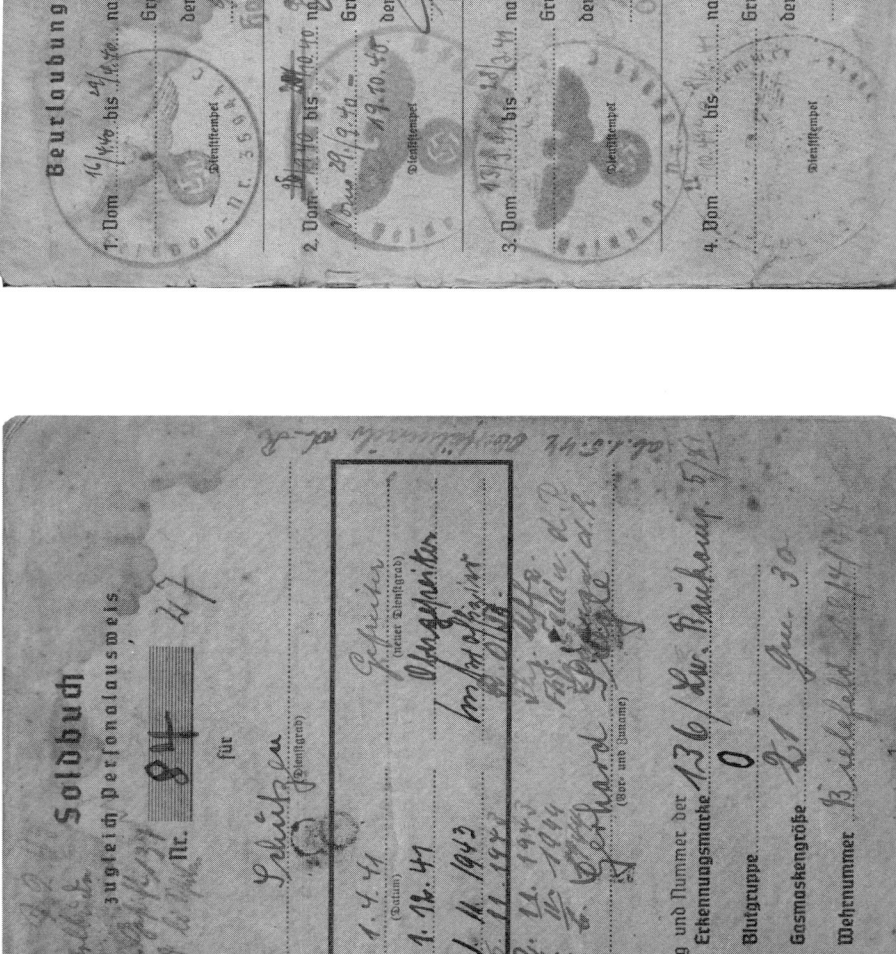

nicht zugetraut. Ich nahm mir vor, die beiden zur Auszeichnung vorzuschlagen.

Der Feind drüben wird enttäuscht sein, denn ich glaube nicht, daß auch nur einer von dem russischen Trupp zurückkehren konnte.

Es wurde Tag, etwa 8.00 Uhr war es, als wir deutlich vom Russen her einen Abschuß aus einem Geschütz hörten. Bald darauf schlug es weit hinter uns in der Nähe der Straße ein. Ich war im Bunker unten und spürte ganz deutlich die Resonanz des erfolgten Einschlages. Zu Wittulski sagte ich: „Genau so, wie ich es mir dachte. Sie schießen die Geschütze ein. Sie werden heute noch bei Tag angreifen, und zwar massiert. Wir sind ihrem Vormarsch im Weg."

„Wahrscheinlich sind wir ein Pfahl im Fleisch bei ihnen. Sie haben geglaubt, in Marschordnung unser Land erobern zu können. So leichtsinnig, wie die waren, kann man nur werden, wenn man glaubt, unsere Moral wäre restlos zum Teufel und wir würden nur noch laufen. Jetzt stehen sie vor dem Schlagbaum, den wir abgeschlossen haben. Sie müssen schon angreifen und ihre Geschütze holen und sie müssen versuchen, über uns hinwegzukommen, denn hier ist endlich Schluß mit dem Zurückweichen!"

Ich merkte, daß ich eigentlich mehr zu mir selbst sprach, als zu Wittulski.

Die nächste Granate kam. Schon war der Einschlag etwas näher. Irgendwo am Straßenrand, im Unterholz, mußten sie eine VB-Stelle aufgebaut haben.

Wieder war ich im Graben bei Wieler und nachher bei den anderen Zügen. Ich erklärte ihnen, was geschehen wird.

„Überall werden die Russen die neue Front abklopfen und versuchen, eine schwache Stelle zu finden. Natürlich sind sie am meisten an der Rollbahn interessiert, haben aber gemerkt, daß bei uns besonders gut aufgepaßt wird und unsere Waffen konzentriert sind."

Nach meinem Eindruck haben unsere Männer das verstanden, als ich ihnen prophezeit habe, daß wir dann einen Angriff bekommen, wenn genug schwere Waffen der Russen eingeschossen werden.

Auf dem Rückweg war deutlich zu merken, daß Batterie um Batterie eingeschossen wurde, denn zweimal mußte ich in Deckung gehen.

Meine Ahnung sollte nicht trügen.

Um 11.00 Uhr begann die Beschießung durch schwere und mittlere Artillerie. Zuerst gar nicht überfallartig, aber immer mit zunehmender Tendenz. Alle Soldaten hatten von mir Weisung, während des Artilleriefeuers in die Betonbunker zu gehen, damit wir keine vermeidbaren Verluste bekommen. Nur die notwendigsten Wachen mußten in den Gräben allerdings voll in Deckung gehen.

Es war erstaunlich, was der Russe an Artillerie zusammengezogen hatte. Überall detonierte und splitterte es. Rauch und Gestank sammelte sich im Bunker und unsere Leitung zu den Zügen war bereits zerfetzt. Über Funk meldete ich, daß wir eine schwere Artillerievorbereitung zu überstehen hätten und unmittelbar vor einem Angriff stünden.

Das Granatengewitter hatte die ersten Wirkungen.

„Sanitäter!" hinten und vorne. Es war aber nicht möglich, jetzt einen Bergungsversuch zu unternehmen. Für meine Einschätzung dauerte die Wucht und Massierung des Artilleriefeuers viel zulange für einen gedachten Einbruch an einer Stelle. Demnach war zu schließen, daß ein Großangriff kam.

Immer dringender kamen die Hilferufe von draußen und bald wurden auch die ersten Verwundeten in den Gefechtsstand hereingebracht. Im Nu konnten wir uns kaum bewegen vor Enge. Mit Wittulski stand ich am Eingang. Beide hatten wir Maschinenpistolen und Handgranaten dabei. Währenddessen fiel ein Getroffener die Betontreppen herab, und das Blut durchfärbte schnell die Schneereste.

Es war soweit.

Das Feuer brach jäh ab.

Mit lauten Anfeuerungsrufen kamen sie aus dem gegenüberliegenden Waldrand.

Doch genauso schnell haben auch unsere anderen Soldaten im Abschnitt den Zeitpunkt erfaßt und den Graben wieder voll besetzt. Trotz des feindlichen Feuers schlug vor allem von unseren Maschinengewehren den Russen ein starkes Abwehrfeuer entgegen. Sie blieben voll in den Stacheldrahtverhauen liegen, verwundet oder tot und hatten nicht wissen können, daß wir in unseren Betonbunkern die Artillerie gut überstanden hatten. Auch auf der Straße kamen sie hinter den

Wracks und den toten Pferden hervor und versuchten, gegen uns anzurennen.

Unsere flankierend eingesetzten MG machten den Frontalangriff auf der Straße aber schnell zunichte. Zurück blieben nur weitere Tote und Verwundete. Gegenüber von unserem Abschnitt hörten wir die lauten Befehle und Kommandos der Kommissare und Offiziere.

Die erste Welle war vernichtet. Die zweite und dritte Welle griff jetzt an.

Wieder blieben sie im Stacheldraht hängen. Die Tiefe von 40–50 m war trotz der vielen Granateinschläge noch nicht zu überwinden, da die russischen VB das Feuer nicht so weit an die eigenen Linien heranholten, wie ich das an der Newa damals gewagt hatte. Dadurch blieb drüben der breite Stacheldrahtstreifen fast unbeschädigt. Lediglich da, wo der Spähtrupp sich durchgeschnitten hatte, war vielleicht eine Gasse.

Es dauerte bis gegen Mittag, als die vergebliche Anrennerei aufhörte und die Infanterie wieder in den Wald zurückgezogen wurde. Ich war froh über die Feuerpause, doch glaubte ich nicht, daß sie aufgeben. Vielleicht auf breiter Front werden die aufgeben, aber nicht mit Schwerpunkten.

Schnell wurden unsere Verwundeten versorgt. Wegbringen konnten wir sie nicht, da wir bei Tag, wegen der schnurgeraden Straße, keine Möglichkeit hatten, mit Fahrzeugen bis an den hinter uns liegenden Panzergraben zu kommen.

Über Funk ließ ich Oberstleutnant Dorn wissen, daß wir bei geringen Verlusten dank der Betonbunker die Angriffe bis jetzt glatt abgeschlagen haben.

Die eingekehrte Abflauung dauerte nicht lange. Die Kommissare drüben mußten sich eine andere Taktik einfallen lassen, um uns zu knakken. Bald sollten wir merken, wie sie es machen wollten.

Das Artilleriefeuer schwoll wieder an, und zwar wieder Trommelfeuer auf dem ganzen Abschnitt links und rechts der Straße. Bei uns zog sich alles in die Bunker zurück, und der Graben dürfte wohl fast leer sein, so schätzte ich. Nach etwa einer halben Stunde wurde das Feuer schwächer auf unsere Stellung und wir wußten nicht recht, sollen wir schon hinaus oder nicht. Mein Mißtrauen war stärker als die Furcht, getroffen zu werden.

Alles war klar: Die Russen versuchten anzugreifen unter dem Schutz der noch schießenden Batterien, selbst auf die Gefahr hin, daß sie von eigenen Granaten getroffen werden konnten. Meine Ahnung war richtig. Mit dem ersten Feuerstoß aus meiner Maschinenpistole wachte auch der ganze Abschnitt auf und war gerade noch rechtzeitig zur Abwehr übergegangen, als die ersten Russen sich mitten im Stacheldraht niederwarfen und mit einem MG ganz schön in uns hineinfunkten. Mit zusätzlich herbeigeschafften Granatwerfern leichter Art machten sie uns jetzt allerdings zur Schnecke. Überall prasselten die kleinen Granaten, und Gott sei Dank landeten nur wenige im Graben selbst.

Unser Sicherheitsgefühl war aber plötzlich weitgehend beeinträchtigt.

Unser SMG an der anderen Straßenseite, das zwar sehr gut getarnt in einem Betonunterstand mit Schießscharte stand, aber nach dem ununterbrochenen Einsatz doch ausgemacht und unter starkem Beschuß war, befreite uns direkt vor unserem Abschnitt von den bereits mitten im Stacheldraht liegenden Russen. Das feindliche MG hatte bald keine lebende Besatzung mehr.

Immer wieder fragte das Regiment inzwischen nach der Lage, und ich gab immer wieder eine sachliche Meldung ab.

Mich beunruhigte die Tatsache, daß wir in den Bunkern jetzt überall Verwundete hatten und sie nicht außer Schußweite bringen konnten.

Die Angriffe halten unvermindert an. Wo hatte der Russe nur die Menschen her? Es brodelte jetzt an allen Stellen, links und rechts der Straße und so weit das Auge reichte.

Bei uns war alles zuversichtlich, trotz der Ausfälle. Da kam ein Funker in den Graben und sagte: „Meldung vom Regiment: Oblt. Marquard schwer verwundet, nach links deshalb gute Verbindung halten."

Ich schickte daraufhin Lt. Maurer hinüber, um zu erkunden, wie es aussah und wer die Kompanie jetzt führt. Dann ging ich zur Straßenecke, um zu sehen, was eigentlich der Ofenrohrzug macht, denn noch war nicht abzusehen, wann der Russe seine Panzer zum Einsatz bringt. Mit Sicherheit hat die Führung drüben unsere eingebauten Pak inzwischen erkannt und konnte sich denken, daß die Straße vermint war.

So weit ich mit dem Glas sah, war noch alles intakt am Straßenrand, obwohl immer wieder neue Granaten dort einschlugen.

Seit Stunden versuchte der Russe nun schon, in ununterbrochener Folge einen Einbruch zu erzwingen. Er schaffte es nicht.

Unsere Munivorräte waren schon stark zurückgegangen, aber wir hatten noch genug, und wie ich auch hörte, wurden schon leere Gurte nachgefüllt.

Lt. Maurer meldete sich zurück: „Oblt. Marquard hat vermutlich einen Lungendurchschuß und liegt verbunden in seinem Gefechtsstand. Bei Einbruch der Dunkelheit wollen ihn die Sanis wegbringen. Er war bei Bewußtsein, und ich habe ihm gesagt, daß wir über Funk vom Regiment her Bescheid wissen und draußen noch alles standhält."

Ein Feldwebel, den ich von meiner Zeit, als ich Marquards Kompanie führte, gut kannte, führte jetzt die Kompanie, so daß kein Durcheinander befürchtet werden mußte.

Ich war froh, denn es kam jetzt darauf an, daß alle Glieder der Kette hielten.

Gegen 14.00 Uhr hatte ich den Eindruck, daß bei uns der Druck etwas nachließ, aber über der Straße der Rabatz sich weiter steigerte. Vielleicht täuschte ich mich auch. Ich befahl Wieler, auch mit hinüberzusehen, ob dort was im Gange ist.

Es war tatsächlich etwas im Gange. Direkt vor unseren Augen konnten wir sehen, wie die Russen in etwa 250 m Entfernung durch den Stacheldraht durch waren und in den Wald und damit in den Graben unserer Nachbarn eindrangen.

Augenblicklich ließ ich durch Wieler unsere Reservegruppe herausholen und direkt an der Straße hinter uns am Waldrand Stellung beziehen. Wenn sie wirklich weiter einbrachen, war auch für uns höchste Gefahr und vor allem für unser SMG, das nach hinten nicht geschützt war, auch für unsere Ofenrohrleute, die fast schutzlos am Waldrand zum jenseitigen Straßengraben hin versteckt waren.

Inzwischen konnte ich immer mehr Russen entdecken, die an dieser Stelle einsickerten. Unsere beiden ersten MG ließ ich jetzt ganz knapp vor unserem eigenen Abschnitt her hinüberschießen, aber es zeigte sich, daß dafür die dazwischenliegende Straße etwas zu hoch lag. So schossen sie darüber hinweg in die Luft oder in die Straßenböschung.

Funkspruch vom Regiment: Gegenstoß machen mit Lt. Maurer als Führer, von der Flanke aus, in Zugstärke. Reservekompanie zur Einbruchstelle unterwegs. Flüchtende eigene Soldaten kommen sofort vor ein Standgericht.

Das waren Befehle, die ich bei dem Regimentskommandeur noch nie gehört habe. Befehle hart, ja, aber Standgericht?!

Es gab keinen Zweifel mehr. Wieler war kaum zur Flankensicherung weg, da kamen schon die ersten Garben in unseren Abschnitt von schräg hinten. Also waren sie durchgebrochen!!

Auf Wieler konnte ich mich verlassen, aber dort gab es keine ausgebauten Gräben mehr.

Zwischendurch ganz neue Geräusche. Abschüsse aus deutschen Geschützen. Gott sei Dank gab es das noch. Einen VB hatte ich noch nicht entdecken können, aber unsere deutschen Meßtischblätter aus dieser Gegend waren so gut, daß man auf den Meter genau schießen konnte.

So kam es, daß sich langsam ein Abriegelungseffekt einstellte. An dem Springen der Russen konnten wir aber gut erkennen, daß sie bald den Straßenrand erreicht haben werden und dort auf den versteckten Ofenrohrzug stoßen müssen.

Lt. Maurer, dem ich den Befehl weitergegeben hatte, war mit etwa 20 Mann inzwischen im Graben. Ich wies in ein und machte aus, daß wir da, wo die Russen schon Fuß gefaßt haben, mit den 2 Paks rücksichtslos in die eigenen Linien hineinschießen. Mit Funk klappte das. Ausgemacht war 15.30 Uhr genau.

Vorher mit allen Waffen hineinschießen und dann auf Pfiff alle in einem Satz über die Straße springen zu unseren Ofenrohrleuten und mit denen zusammen den Einbruch abriegeln zur Rollbahn hin und nach hinten.

Auch mitten im Kampf war mir klar, daß das notwendiges Befehlen war, wie ich das gelernt hatte. Nichts war falsch an meinem Befehl. Aber nur ganz allein für mich kam doch der „menschliche Schweinehund" zum Vorschein, als ich dachte: „Gott sei Dank, daß Maurer den Stoßtrupp machen muß und nicht ich selber."

Es war soweit. Wieler hatte alle verfügbaren Soldaten zusammengeholt und an den Straßengraben gebracht. Mit etwa 35 Mann schossen wir in die Flanke unseres Nachbarn hinein, knapp an den Ofenrohrleuten vorbei, dazwischen krachten die Granaten der zwei Pak vom Panzergraben her.

Trillerpfeife laut und durchdringend, und dann sprangen sie alle auf einmal über die Straße. Keiner blieb liegen und keiner wurde erwischt vom Feuer. Alle waren sie im Wald. Unser SMG hatte schon längst gemerkt, was los war. Der Schütze 1 schrie herüber, ob er sein MG ausbauen und als LMG verwenden könne. „Ja klar", schrie ich, „macht schnell!"

So kam es, daß das MG sich etwas seitlich drehte und nunmehr überraschend vor der Stellung her in den Zugang der Einbruchstelle hineinhalten konnte. Schnell zeigte sich, daß das eine gute Entlastung war.

In die Flanke beim Nachbarn konnten wir aus unserer Stellung nun nicht mehr hineinschießen, sonst hätten wir den Stoßtrupp von Lt. Maurer getroffen. Unsere Pak, die feste mit draufgehalten hatte, schoß jetzt erneut los in die vordere rechte Waldspitze beim Russen drüben, damit sie nicht noch den Versuch machten, auf der Straße auch anzugreifen, obwohl da noch unsere Minen waren. Wahrscheinlich waren die meisten schon durch den Beschuß hochgegangen.

Das Regiment meldete sich. Ob der Stoßtrupp gelungen sei über die Straße hinweg. Ich konnte bejahen, aber weiter nichts melden, denn nach den Geräuschen ging es drüben furchtbar her. Wer die Oberhand gewinnt, war nicht abzusehen. Wir bemühten uns so viel wie wir konnten auf die Einbruchstelle zu schießen.

Unsere eigenen Reihen waren inzwischen außerordentlich geschwächt. Ein ganzer Zug war mit Lt. Maurer herausgezogen und dazu nicht wenige Verwundete. Ich selbst bin in diesem Stahlgewitter ohne Schrammen bis jetzt abgekommen. Dorn fragte immer wieder an, ob wir trotz der Schwächung die Stellung halten können. Ich ließ zurückfunken, daß bei uns noch kein Russe näher kam als bis auf Handgranatenwurfweite und wir uns behaupten werden.

Noch vor Einbruch der Dunkelheit war die Reservekompanie von hinten her im Angriff. Vom Krach her konnten wir das wahrnehmen.

Und dann dauerte es nicht mehr lange. Der Lärm flaute ab, und schließlich schossen nur noch die Geschütze von uns auf die Einbruchstelle und zuletzt wieder auf die Feindseite.

Der Gegenangriff brachte den Russen die totale Niederlage. Unsere HKL war wieder voll in unserem Besitz. Kein Iwan kam wieder zurück in seine eigene Stellung. Auch auf unsere Stellung ging nicht mehr so viel herunter und ich hoffte sehr, daß der Russe erst mal genug hat. Zweifellos hatte er hohe Verluste.

Oberstleutnant Dorn befahl, daß der abgestellte Zug unter Lt. Maurer noch bis auf weiteres zur Verstärkung beim Nachbarregiment unterstellt wird. Weiter war unverzüglich mit dem Abtransport der Gefallenen und Verwundeten bis in den Panzergraben zu beginnen, allerdings ohne den Graben so zu entblößen, daß eine Schweinerei passiert.

Wegen der Verwundeten war mir der Befehl recht, aber daß Lt. Maurer und der Zug weg waren, das war für uns ganz schlecht. – Zum Schluß stand noch auf dem Funkspruchzettel: „Melder mit weiteren Befehlen unterwegs."

Zuerst hatte ich mir nichts dabei gedacht.

Als aber der Melder eintraf und ich den Empfang auch noch quittieren mußte, da sagte mir mein Gefühl, daß etwas nicht stimmt! Was sollte das. Noch nie mußte ich etwas Derartiges quittieren.

Wittulski hatte das alles beobachtet und guckte mich mit fragendem Blick an.

Ich machte das Schriftstück auf und las: „Ab 00.05 Uhr ist das restliche Batl. als Nachhut aus der Stellung herauszuziehen und in Marsch zu setzen auf die Straße nach Heilsberg. Batl.-Troß wird zur Stellung vorgezogen bis 1 km vor Straßenbiegung. Die Gefechtswagen noch weiter vor bis zur Straßenbiegung.

Die Pak werden von den Ihnen unterstellten Pionieren um 23.50 Uhr gesprengt.

Alle eingesetzten Teile des Batl. werden Ihnen für die Zeit bis Eintreffen in Heilsberg unterstellt, einschließlich aller im Batl.-Bereich befindlichen seither unterstellten Einheiten. Das Loslösen vom Feind hat unter äußerster Ruhe zu geschehen. Funkverkehr untersagt. Dorn, Regimentskommandeur."

Ich war wie vom Donner gerührt.

Nicht wegen Kompetenzen, die mir auferlegt wurden, sondern ich konnte es einfach nicht begreifen, daß wir nach diesen äußerst harten

Abwehrkämpfen und nach Bereinigung des russischen Einbruchs trotzdem weiter zurück mußten in Richtung Heilsberg.

Mein Gott, was war da woanders wohl passiert?

Trotz unserer eigenen Verluste hätten wir die Stellung bei unserer Kampfmoral noch lange gehalten.

Wittulski brachte mich zur Besinnung, daß nämlich der Melder noch wartete.

„Sagen Sie dem Kommandeur, daß er sich auf mich verlassen kann!"

Dann war der Melder weg.

Ich war außer mir und sprudelte zu Wittulski heraus, was los war. Ich machte auch keinen Hehl daraus, daß ich den Argwohn hatte, daß der Wille zum Durchhalten und zum Widerstand gebrochen sein mußte. Heute nachmittag der Hinweis auf Standgericht bei Flucht, das mußte doch irgendwo seine Begründung haben!

Ich überlegte mit Wittulski. Viel Zeit hatten wir nicht mehr jetzt. Dann ließ ich meine alten bewährten Melder Stengel und Schneider kommen. Für jeden Zug einen. Ich schärfte ihnen ein, daß sie den Befehl nur mündlich weitergeben durften.

Ich legte darin fest, wie die Grabenbesatzungen herauszulösen waren, daß weiter noch in unregelmäßigen Abständen geschossen wurde und daß zuletzt die Melder der Züge immer noch mal aus verschiedenen Grabenabschnitten herausschießen sollten, auch wenn schon fast alles leer war.

Sofort mit Eile die Verwundeten in den Panzergraben bringen lassen, soweit sie nicht schon weg waren und keinesfalls sich von den Einheiten absplittern lassen, damit in der Nacht keiner verlorengeht.

Niemand durfte vor 00.05 Uhr den Graben verlassen!

Das war es.

Die Melder wiederholten, wie gelernt, und schon waren sie unterwegs.

Sammelpunkt aller Einheiten, die mir unterstanden, war der Schnittpunkt Panzergraben – Rollbahn, Richtung Heilsberg.

Jetzt mußten noch die SMG-Gruppe und die Ofenrohrgruppe, auch der Radfahrzug benachrichtigt werden. Auch hier schickte ich einen

Melder hinüber. Er sollte aber weit zurück am Pakbunker die Straße überqueren.

Lt. Maurer mit seinen Männern war ich erst mal los. Hoffentlich klappte bei denen die Absetzbewegung aus der Stellung genau wie bei uns.

Oberfeldwebel Wieler kam. Er wollte es nicht glauben. Er machte seinem Zorn ganz unmilitärisch Luft. „Vor 20 Minuten haben wir unsere Stellung mit Gefahr für Leib und Leben gehalten, und jetzt war das alles sinnlos?"

Ich ließ ihn; er war aus Cottbus, wußte aber auch nicht, was dort wohl schon passiert war.

Ganz anders bei Wittulski, der aus Bartenstein war. Er war ruhig und ernst und kümmerte sich um die Bestätigungsmeldung, daß alle Verwundeten weg waren. Vielleicht waren sie schon in Sicherheit! Wie konnte man bloß diese toll ausgebaute Stellung aufgeben? An dem Panzergraben haben sicherlich Tausende von Ostpreußen monatelang geschaufelt. Nicht einmal 48 Stunden haben wir hier Widerstand geleistet. Wo war da noch ein Sinn?

Ich mußte hinaus und sagte Wieler, daß ich den Abschnitt abgehen wolle. Ich hätte sonst keine Ruhe. Stengel nahm ich mit. Er sprach kaum ein Wort und hatte schon immer sofort erkannt, wo es darauf ankam, ohne lange zu quatschen.

Es war inzwischen kurz nach 23.00 Uhr. Die Schießerei war fast ganz abgeklungen. In den Ständen wußten die Soldaten schon Bescheid. Wir mußten die Wachen wohl etwas weiter auseinanderziehen, wegen dem Ausfall von Lt. Maurers Zug, aber jetzt war mir das doch auf einmal unheimlich. Ich hielt Stengel an und sagte leise zu ihm: „Hier ist kein Schwanz zu sehen, ob Iwan da ist?" Wir entsicherten die Maschinenpistolen und sahen nach, ob wir noch Handgranaten dabeihatten, dann vorsichtig weiter, Ecke um Ecke und Stand um Stand – nichts –.

Erst kurz vor der Kompanie-Abschnittsgrenze stießen wir auf die letzte Gruppe unserer Kompanie. Uffz. Birkefeld meldete sich leise. Er hatte überhaupt nicht bemerkt, daß seine Nachbargruppe rechts von ihm samt dem Zugfeldwebel den Graben bereits verlassen hatte.

Schnell verteilten wir seine Gruppe etwas zur Mitte des Abschnitts hin, damit das entstandene Loch ausgefüllt war.

Ich wollte es nicht wahrhaben, daß der Feldwebel nicht die Nerven hatte, zu warten bis 00.05 Uhr und mitsamt seinen Soldaten schon nach hinten abgehauen ist! Jetzt war mein Vertrauen doch stark angeschlagen. Wer stand denn jetzt noch, wenn Feldwebel meiner eigenen Kompanie abhauen?

(Ich habe von diesen etwa 10 Mann niemals wieder etwas gesehen noch gehört in meinem Leben.)

Um 23.50 Uhr detonierten mit ungeheurem Knall die Sprengladungen an den Pak.

Trotz der Detonationen blieb der Russe ruhig. Auch im Nachbarabschnitt über der Straße war es ruhig.

Es war überhaupt alles unheimlich.

Auf dem Rückweg durch den Graben standen sie schon alle, vollbepackt mit Munition und warteten auf das Zeichen zum Verlassen des Grabens in Richtung Norden.

Jeder hoffte, daß nur ja nichts mehr kommt und der Russe stillbleibt.

Im Gefechtsstand war alles bereit. Worüber ich noch mit niemand gesprochen habe, war die Tatsache, daß wir ab Panzergraben noch etwa 500 m auf der schnurgeraden Straße unsere Lasten schleppen mußten, bis wir zur Biegung der Straße kamen, die uns dann den Blicken und auch der Schußlinie der Russen entzog. Wenn wir durch irgendeinen Zufall Pech hatten und er merkte, daß Kompanie um Kompanie sich auf der schnurgeraden Straße befand, ereilte uns das gleiche Schicksal, das wir ihm gestern oder vorgestern bereitet haben.

Der Wettergott war mit uns. Seit einer Stunde schneite es leicht. Es konnte nicht besser für uns sein.

Mit einem Blick auf den immer noch unzerstörten Schlagbaum nahm ich Abschied von der Stellung, von der ich geglaubt habe, daß wir sie nie aufgeben würden.

Am Panzergraben mußten wir heraus zur Straße. Der Pionier-Zugführer tippte mir auf die Schulter und bat mich, die vorgeschriebene Bescheinigung, daß die beiden Panzerabwehrkanonen befehlsgemäß um 23.50 Uhr gesprengt worden waren, zu bestätigen.

Auch das war neu, so eine Bitte. Doch der Mann hatte wahrscheinlich schon mehr Erfahrungen in dieser Hinsicht als ich.

Das große Wagnis begann!

500 m lang – im Rücken die russischen MG und aufrecht, voll mit Munition, auf leisen Sohlen, ohne ein Wort.

Jeder wußte, daß, wenn nur einer auffiel, dies ein Blutbad auslösen konnte.

Es glückte.

Als wir, Wieler, Wittulski und ich, als letzte um die Biegung kamen, atmeten wir auf. Es ging unter die Haut.

Das Verladen der Munition ging schnell. Vom Troß sahen wir noch nichts. Er wartete etwa 1 km weiter auf uns. Leise marschierten wir im Schneetreiben los und hofften, daß der Russe noch lange nichts merkt.

Das Tempo war beachtlich, trotz des frischen Schnees. Bald waren die Schlitten und Fahrzeuge des Trosses zu erkennen, und ich ließ die Kompanien immer hinter den Fahrzeugen gehen. Pioniere, Teile Radfahrzug, Ofenrohrzug, SMG, alles war da, wie ich feststellte. Wer nicht da war und auch nicht bei Christiansen aufgetaucht war, das war meine Gruppe mit dem Feldwebel. Warten oder Suchen war sinnlos.

Alle anderen deutschen Truppenteile konnten vor uns abrücken.

Wir mußten die Rollbahn halten bis 00.05 Uhr, damit ein geordneter Rückzug für die anderen gewährleistet war. Hinter uns war jetzt Niemandsland. Wir waren wieder einmal die letzten am Feind.

27.01.1945

Von der Spitze kam ein Melder zurück: „Herr Leutnant, die Vorhut weiß nicht, ob rechts oder links. Es liegen wohl viele Hinweise im Schnee herum, aber sie wurden vorher alle abgerissen und zerstört."

Trotz Karte konnte ich mich über unseren augenblicklichen Standort nicht sofort entscheiden, denn die verlassene Stellung war in meiner

Karte nicht eingezeichnet, wie das sonst der Fall war, da sie ja schon viele Jahre bekannt war.

In meinem kleinen Kutschenschlitten fuhr ich schnell vor und stand wie die anderen im Schneetreiben vor einer Gabelung, an der nichts weiter zu erkennen war, als daß nach links weg der Weg ausgefahrener erschien als nach der rechten Seite zu. Ich entschied deshalb nach links.

Jede Minute war kostbar. Denn wir waren mit Sicherheit die allerletzten. Je schneller Abstand gewonnen wurde, desto mehr Ruhe und Entfaltungsmöglichkeiten waren gegeben für den Notfall, wenn wir angegriffen werden sollten. Nach etwa 10 Minuten sagte ich zu Christiansen, so etwa in Höhe unserer Küche: „Verdammt noch mal, die Straße geht ja immer noch nach Westen. So fahren wir geradezu der verlassenen Front entlang. Wir müssen unbedingt nach Norden abbiegen."

Abbiegen war aber nicht möglich, ohne Straße und in dem Schnee. Jetzt wird die Sache langsam brenzlig. Wenn wir noch lange so fahren, können wir jeden Moment auf den nachstoßenden Russen treffen. Ich kam ins Schwitzen. Wir fuhren gefährlich in dieser Marschrichtung.

Immer noch nach Westen, fast 3 km schon.

Meine ganze Hoffnung war das nächste Dorf. Dann konnten wir am Dorfschild sehen, wo wir waren und konnten sofort feststellen, wie wir weitermarschieren mußten, um uns mehr vom Feind zu lösen. Ohne jemand verrückt zu machen, fuhren wir an der langen Kolonne von Soldaten und Fahrzeugen vorbei und hatten verdammt nochmal Glück. Die ersten Häuser kamen und wir waren keinen Augenblick lang schwankend, daß sofort das Ortsschild käme. Aber es kam keines. Keine Bewohner, nicht ein Mensch, alles geflohen.

Plötzlich kam mir ein Gedanke. Wir müssen das Rathaus oder ein Geschäft suchen, wo Formulare zu finden sind! Ja, das war's. Auf einem kleinen Platz, wo ein stattliches Haus als Rathaus gelten konnte, brachen wir mit aller Kraft die Tür auf. Nach dem Hausflur fanden wir so etwas, im Schein der Taschenlampen, das wie ein Büro aussah. In einem Schrank, den ich aufriß, waren Formulare und schön und deutlich stand der Dorfname. An einem Quittungsbuch überzeugte ich mich nochmals, ob wir keinem Irrtum aufsitzen. Ja, es stimmte, so war der Ortsname.

Mit eiligen Bewegungen hatte ich die Karte auf dem Tisch und Christiansen leuchtete, so lange ich suchte. Da, ich hatte den Ort und verglich die zuführenden Straßen und abgehenden Straßen. Es gab gar keinen Zweifel mehr: Wir waren an der Gabelung in dem Schneetreiben auf die falsche Straße geraten.

Mit Schrecken sah ich, daß wir noch keine 2 km Luftlinie Abstand von unserer letzten Stellung weg waren, und wir waren schon $1^1/_2$ Stunden unterwegs. Das war meine Schuld, wenngleich ich es auch nicht besser gewußt hatte.

Wenn wir viel Glück hatten, entwischten wir den Russen noch.

Die ganze Kolonne stand draußen und wartete geduldig. Ich sprang hinaus und Gott sei Dank standen alle Fahrzeuge in der richtigen Richtung. Alles setzte sich in Gang und ich sagte nochmals zu Christiansen: „Wenn wir Glück haben, schaffen wir es, wegzukommen."

Wir hatten aber kein Glück heute nacht!

Noch vor den letzten Häusern peitschten die ersten Schüsse hinter uns her.

Erst bin ich buchstäblich erschrocken, dann aber schrie ich laut: „Stellung – Feuer frei!!"

Jeder von uns hatte erfaßt, daß sie uns schnappen wollten. Die griffbereiten Waffen, die wir immer bei der Nachhut auf dem Schlitten hatten, ermöglichten eine gute Feuerkraft. Genau von den letzten Häusern her konnten wir schießen. Ungezielt – nur in die Richtung.

Für so einen Fall hatten wir vereinbart, daß die Kompanien so schnell wie möglich mit den Fahrzeugen abhauen sollten und wir Nachhut so mit einem Feuerschlag loslegen, daß mindestens die Möglichkeit gegeben war, daß bis auf die Nachhut, alle anderen sich absetzen können.

Jetzt war die Stunde der Bewährung gekommen. Anlaß war meine falsche Entscheidung wegen der Straße. Aber dazu hatte ich keine Zeit, mir Gedanken zu machen. Nach der ersten Abwehr durch unser heftiges Feuer war es wieder ruhiger. Die letzten Fahrzeuge konnten wir schon nicht mehr sehen, die Schießerei hatte allen Beine gemacht.

Ich sagte zu Wieler, daß wir während einem neuen Rabatz, den wir machen wollten, den Schlitten, der hinter dem letzten Haus in Dekkung gegangen war und seither unsere Waffen trug, auf die Straße bringen mußten. Die MG – wir hatten zwei – mit Munition da drauf und ab. Wir schossen solange mit den MP, bis die Magazine leer waren und dann rannten wir auch hinterher. Immerhin war es noch Nacht und sie konnten sowenig zielen wie wir.

So lief die Sache dann auch ab, und wir konnten das Weite suchen, ohne daß noch jemand verwundet wurde.

Nach dieser Panne, die hätte schlimm ausgehen können, war nur die Geschwindigkeit unserer Flucht, der Vorsprung, den wir gewinnen mußten, unsere Rettung. Alle wußten das und nahmen klaglos das Rennen in Kauf. Wenn es das Gelände erlaubte, ließ ich Soldaten auf den Schlitten klettern, beim Ansteigen schoben wir den Schlitten mit, denn ohne Zweifel konnten wir ohne die Pferde nicht entkommen.

Nach einer Stunde Marsch, unter äußerst bedrückenden Gefühlen und körperlich schwer erschöpft, machten wir eine kurze Rast hinter einem Wäldchen. Wir hatten die anderen Kompanien gerade eingeholt und so paßte es. Ich wußte, daß wir noch immer einen Wettlauf im Niemandsland machten und unser größter Schutz die Nacht war. Plötzlich ging mir durch den Kopf, daß viele Soldaten schon an der Grenze ihrer Kräfte waren und wir einen Schlitten suchen sollten für diejenigen, die keine Kraft mehr hatten und sich vielleicht aufgeben wollten in ihrer Schwäche.

So ging es vielleicht: Christiansen mußte den Max mit der Schlittenkutsche nehmen und bis zum nächsten Dorf vorfahren und nach einem weiteren Schlitten suchen. Vielleicht fand er noch „zufällig" 2 Pferde dafür. Sofort war er bereit zu suchen, denn das leuchtete ein: Wieso sollten wir Waffen und Munition zu einem noch unbekannten Ziel hinbringen, gefahren auf Wagen und Schlitten, und die Menschen, um die es ja eigentlich ging, blieben am Wegrand liegen und zeigten damit den Russen den Weg.

Nach der Karte konnte es nicht mehr weit sein, und meine ganze Hoffnung war, daß uns der Russe in der Nacht nicht schon überholt hatte.

Die Rast war beendet und wir brachen wieder auf. Es waren eigentlich nur wenige Minuten gewesen, denn die Nerven hielten sonst den Druck nicht aus.

Wir waren vielleicht 1 km marschiert, ich ging wieder hinten bei der Nachhut, da glaubte ich, im Straßengraben etwas zu hören. Ich ließ den Schlitten halten und alle waren mäuschenstill. Wieder war da was. Es klang aber nicht wie Russisch, sondern eher Deutsch.

Wir suchten und fanden einen deutschen Soldaten im Straßengraben, verwundet und am Ende seiner Kräfte, aber nicht wegen der Verwundung. Er war von unserem II. Batl., von der 7. Kompanie. Weil er nicht mehr gehen konnte, haben sie ihn in den Graben gelegt und liegenlassen.

Daß deutsche Soldaten so etwas fertigbekommen, brachte mich dem Wahnsinn nahe. Was mußten sie in Panik gewesen sein auf der Flucht, daß so etwas möglich war.

Der Mann hatte ein unwahrscheinliches Glück, daß ich den Weg falsch entschieden hatte, denn sonst wären wir nie und nimmer hier vorbeigekommen.

Ob Gott das so wollte? Ob derselbe Gott auch wollte, daß die Russen vor dem Festungsgraben so in einen Hinterhalt marschierten? –

Ich ließ den Mann in eine Decke packen und auf unseren Nachhutschlitten legen. Einer der Melder gab ihm etwas zu trinken und tröstete ihn, daß wir ihn bei der nächsten Verwundetenstelle zum Arzt brächten.

Welcher Hohn und welcher Sarkasmus. Der Verwundete glaubt das vielleicht, aber wir wußten, daß das Wettrennen aus dem Niemandsland noch nicht gewonnen war.

Oberstleutnant Dorn ließ mich in seinem letzten Befehl wissen, daß wir als Nachhut den geordneten Rückzug der ganzen Division decken mußten. Jetzt aber fragten sich täglich und stündlich mehr Soldaten, was wir noch decken sollten, und für was wir den Russen hinhalten sollten? Wo war unser nächster Graben und wo war die nächste Stellung? Ostpreußischer Boden war bald ganz in russischer Hand! Sollte das Ende das Ostsee-Eis sein? Die Kurische Nehrung? Der Weg ins Reich war abgesperrt! In Elbing war dicht! Wir wußten das inzwischen. –

Es hatte schon zu dämmern begonnen, als wir die ersten Häuser des nächsten Dorfes entdeckten. Fast alle unsere Einheiten waren schon durch, als ich meinen Spieß mit einem Schlitten entdeckte, Schnell zeigte er mir, woher er ihn hatte. Von einem Bauernhof, sagte er. Nur die Pferde, die waren alle weg, wie auch die Bewohner alle geflohen waren.

Schnell hängten wir den Schlitten an den vorletzten Wagen. Wir wollten ihn in Reserve haben für Notfälle. Für die Pferde war das allerdings eine weitere Belastung.

Daß uns der Russe von der Seite packen konnte, war jetzt weniger wahrscheinlich, es sei denn, daß wir in einen Hinterhalt geraten würden. Ich ließ die Nachhut etwas zurückfallen und setzte mich an die Spitze des zusammengewürfelten Batl. Irgendwo mußten wir auf deutsche Truppen stoßen, die uns auffingen, damit wir etwas Luft holen konnten. An Essen fehlte es uns nicht, da die Küche ja mitten unter uns war. Allerdings war kein Offizier mehr da außer mir, und ich wunderte mich, daß trotzdem alles so gut ging. Ich erklärte mir das auch aus den Umständen. Für alle gab es nur ein Ziel: „Weit weg vom Russen, nicht einholen lassen und endlich eine Auffangstellung."

War es Zufall oder was auch immer – im Dunst sah ich Bewegungen im Gelände, direkt aus der Richtung, in die wir mußten. Alle hatten sofort kapiert, was kommen könnte. Da das Ding, was auf uns zukam, nicht als Panzer auszumachen war, ging noch niemand in Stellung, nur daß alles regungslos verharrte. Das „Ding" entpuppte sich als riesengroßer Leiterwagen. Und jetzt konnte ich auch Zivilisten erkennen. Der Wagen kam uns direkt auf der Straße entgegen.

Die Menschen hatten uns auch entdeckt, aber keine Anzeichen der Freude gemacht. Das war seltsam. Mitten im Niemandsland, eine Begegnung zwischen der Nachhut, die vielleicht wegen des Irrweges schon abgeschrieben war und einem riesengroßen Leiterwagen, voll- und hoch hinauf bepackt und davor 4 Pferde, gezogen in Richtung Russen. Was war das wohl?

Ich ließ die Vorhut wieder antreten und hielt den Wagen an, um dem Bauern zu sagen, daß er Platz machen solle, was er auch gleich machte. Dann kamen angstvoll die Frauen um den Wagen herum und guckten mich an. Ich fragte den Bauern, was er denn vorhabe und wo er herkäme. Er hätte, wie alle Bauern aus seinem Dorf, flüchten wollen und sei auch bis Heilsberg gekommen. Dann aber hätte er gesehen, daß da kein Durchkommen mehr sei. Die Stadt wäre total verstopft mit Flüchtlingen und deutschen Truppen, und niemand glaubte mehr, daß weitere Flucht die Rettung brächte.

Da hätten seine Frau und Kinder gebettelt, er solle wieder umkehren und zum Dorf zurück auf den Hof. Vielleicht käme der Russe doch nicht so weit und sicherlich hätten sie es in ihrem heimatlichen Hof besser als in der Fremde.

Ich mußte den Mann und die Frauen bitter enttäuschen. „Es wird keine Stunde dauern, bis der Russe da ist, denn wir sind hier die letzten deutschen Soldaten. Drehen Sie um, wir nehmen Sie in die Mitte."

Langsam schüttelte der Bauer den Kopf. Er sah mich dabei nicht an und sagte, daß er nicht mehr glaube, daß wir gewinnen werden. So wie seine Familie wolle er auch zurück in das Heimatdorf, das nur noch 2 km weit weg sei und woher wir gerade gekommen seien.

„Dann wissen Sie, daß Sie den Russen direkt vor die Mündungen laufen."

„Was sollen wir noch? Es ist doch zu Ende!"

„Gut", sagte ich, „es ist Ihre Entscheidung. Wir Soldaten haben Befehle, von denen wir uns nicht freimachen können, und mir sind alle Soldaten anvertraut, die hier schon vorbeizogen, und es sind auch fast alles Ostpreußen, die eine Heimat haben, die zum Teil schon verloren ist."
„Pferde ausspannen!", befahl ich laut, und Christiansen und andere Soldaten von der Nachhut waren behende dabei, die Pferde von dem Wagen loszumachen.

Als wir an die Pferde gingen, sprang die Bäuerin vor, warf sich nieder und umklammerte meine Knie und schrie laut weinend: „Nein – nein –, das dürfen Sie nicht!" Erschüttert standen alle da. –

Dann sagte ich zu dem Bauern: „Nehmen Sie bitte Ihre Frau zu sich. In einer Stunde hätte der Russe die Pferde sowieso, und ich brauche die Pferde dringend für Verwundete und Kranke!"

Ich fand mich selbst brutal, aber ich konnte nicht anders. Die Bauernfamilie konnte direkt beim Wagen auf den Russen warten oder so zu ihrem Hof gehen. Aber ich hatte überladene Wagen und einen Verwundeten und viele Fußkranke mit leichten Erfrierungen.

Alles hatte sich schnell abgespielt, und für einen Augenblick hatte ich vergessen, daß es Menschen wie ich waren. Doch ich mußte an die vielen müden und verzweifelten Soldaten denken, die sich weiterschleppten, immer das Gefühl habend, daß irgendwann, zu jeder Minute, neue Schüsse von Spähtrupps in uns hineinpeitschen konnten.

Es sollte sich auch bald zeigen, wie segensreich die vier Pferde waren. In aller Eile ließ ich von unserem schweren Munitionswagen die 2 Pferde abspannen und vor den von Christiansen „besorgten" leichten Schlitten spannen. Das Vierergespann kam vor den schweren Munitionswagen, damit es zusammenblieb.

Inzwischen war durch den Zwischenfall reichlich Zeit vergangen. Zurück blieb die weinende Bauersfamilie und der Wagen im Niemandsland, und es tat mir schmerzlich weh in der Brust.

Wir mußten ganz schnell aufholen. Der neue Schlitten war jetzt randvoll mit müden Soldaten, und ich sagte Wieler, daß er streng darauf achten sollte, daß sich alle ablösen und jeder mal fahren sollte.

Ich war mit mir selber zufrieden, als ich sah, wie dankbar mir die Soldaten auf dem Schlitten waren.

Mit Hilfe des Max setzte ich mich wieder an die Spitze, da wir in absehbarer Zeit ein Städtchen vor Heilsberg erreichen mußten. Längst waren wir inzwischen auf die ursprünglich vorgesehene Straße eingeschwenkt, so daß es keinen Zweifel gab, wo wir waren. Wir wußten nur nicht, wo noch deutsche Truppen waren und wann wir wieder auf die ersten Deutschen stoßen würden.

Es war unverkennbar, daß auch ich selber den Anstrengungen nicht mehr in gleicher Weise standhalten konnte wie bis jetzt. Die Abwehrkämpfe und der Geschwindmarsch vom Absetzen bis jetzt hatten meine Kräfte verbraucht. Deshalb war ich ganz froh über meinen Max und die Schlittenkutsche.

Im hellen Morgenlicht sah ich das Städtchen. Es war wohl Kiwitten. Nirgendwo sah man Bewegung im Gelände. Alles war gefroren und im Schnee. Doch ganz in der Ferne, über den Dächern, stieg eine große Rauchwolke auf. Mit dem Feldwebel der 3. Kompanie, der die Vorhut führte, rätselten wir, was wohl auf uns zukäme. Die Rauchwolke konnte allerlei bedeuten, von Kämpfen, von Bränden, was wußten wir?

Ich entschloß mich, die Vorhut etwas weiter vorzuziehen, damit wir einen kleinen Spielraum zur Entfaltung hatten. Doch wenn es die Russen da vorn waren, konnten wir uns höchstens mit unseren Trossen im Schnee einigeln, bis sie uns von hinten und vorne zerrieben.

Ich hatte mir aber vorgenommen, es dazu nicht kommen zu lassen. Dann war unser Schicksal eben erfüllt und wir gingen in Gefangenschaft. Aber in dieser Situation konnte es kein Sterben geben wegen des Eides.

Als wir näherkamen, schickte ich einen Uffz. mit einem Spähtrupp vor. Wir verhielten, so wie wir waren, auf der Straße. Alle waren viel zu müde. Kaum war der Spähtrupp hinter den ersten Häusern verschwunden, kam er auch schon wieder zurück. Sie winkten unmißverständlich, daß wir kommen sollten, und ein Mann kam zu mir zurück.

Als er angekeucht kam, sagte er, daß irgendwelche deutschen Soldaten dasein müßten mit Motorfahrzeugen, denn die Straße wäre voll von deutschen Fahrzeugen und sie hätten auch Posten gesehen.

Das war eine gute Nachricht. Demnach hatten wir endlich Anschluß an deutsche Truppen gefunden. Ich fuhr mit Max und einem Melder vorweg und gelangte an den abgestellten Wagen vorbei auf einen Marktplatz. Dort brannte lichterloh ein Haus, und darum standen 20—30 Soldaten. Sie wärmten sich auf.

Ein fast nicht erkennbarer Offizier trat auf mich zu und fragte: „Sind Sie vom I. Batl. 1144?" „Jawohl", sagte ich überrascht, und sofort merkte ich, daß ich erwartet worden war. Also gab es doch noch so etwas wie Führung.

„Wir haben schon lange auf Sie oder den Russen gewartet. Einer mußte ja schließlich kommen. Wir sind ein Pionierkommando und wollen verminen. Wenn Sie alles durchhaben, sagen Sie Bescheid. Wie Sie sehen, haben wir uns inzwischen etwas aufgewärmt."

An der ganzen Art, wie sich die Soldaten gaben und wie sie ausgerüstet waren, merkte ich, daß es nicht Wehrmachtsangehörige waren. Erst später wußte ich dann, daß ich zum ersten Mal auf eine Waffen-SS-Einheit gestoßen war. Sie waren in ihrer Winterkleidung kaum von Wehrmachtsangehörigen zu unterscheiden.

Als wir mir unserer großen Kolonne durch waren, sagte ich dem Offizier Bescheid, daß hinter uns kein deutscher Soldat mehr sei. Dann fragte ich, wo wohl die nächsten Einheiten zu finden seien. Er erwiderte, das sei vermutlich vor Heilsberg, wenn wir uns beeilen.

Mehr nicht. —

Auch hier waren keine Ortsschilder mehr zu finden. Die taktischen Zeichen waren alle am Boden und zum Teil zugeschneit. Aber diesmal blieben wir weiter auf der richtigen Straße.

Als wir ein Waldstück passierten, ließ ich halten. Wir mußten etwas ausruhen und vor allem essen. Nicht weniger als 12 Stunden waren wir seit dem Absetzen aus der Stellung um unser Leben gelaufen!! Hinter uns waren jetzt statt der Russen die Pioniere, und die Gelegenheit war günstig.

Alles war froh, daß das Schlimmste überstanden war. Selbst der Verwundete aus der 7. Kompanie aus dem Straßengraben wurde munter.

Das Wetter war trocken und kalt, ja, die Sonne kam sogar heraus. Ich hatte befohlen, daß wir nur 45 Minuten Rast machen. Es gab kalte Verpflegung, aber die Küchen konnten für den Abend ein warmes Essen vorbereiten.

Nach allen Seiten hatte ich Sicherungen aufstellen lassen. Wir waren noch nicht ganz fertig, als von hinten her ein Brummen von Motoren aufkam und durch den Wald die Pionierkolonne ankam. Der Pionierführer hielt kurz an und sagte zu mir: „Wenn Sie lange hier Rast machen, kriegt der Russe Sie noch beim Arsch."

Erst war ich beleidigt, denn diese Knaben auf ihren Autos hatten ja keine Ahnung, was hinter uns lag, dann aber winkte ich etwas verlegen, was heißen sollte: „Hast ja recht, aber gerannt sind wir schon genug!"

Christiansen hatte das Gespräch bzw. den Zuruf mitbekommen und ließ nacheinander die Wagen fertigmachen. Die Gulaschkanone war versorgt, das Feuer war voll im Gange, und so konnte es weitergehen, wenn die anderen Abteilungen und Kompanien auch fertig waren.

Ich ließ unsere 2. Kompanie nun vorziehen, denn lang genug hatten wir die Nachhut gemacht, und die 1. Komapnie vom verwundeten Lt. Marquard übernahm jetzt die Nachhut. Sie machten es dann so wie bei meiner Kompanie, daß sie zuletzt einen Schlitten nur mit den Waffen hatten.

Zur festgelegten Zeit brachen wir auf, mit dem Wunsch, der Russe sollte uns nicht überraschen!

Noch knapp 2 Stunden hatten wir zu überstehen, bis es dunkel wurde. Alles kam etwas schwerfällig in Gang. Die Knochen taten weh, und durchfroren waren wir auch inzwischen.

Ich fuhr mit Max im Schlitten, und Christiansen war bei mir. Er sagte mir, daß die Pferde unbedingt Wasser brauchten. Sobald wir einen Brunnen entdeckten, mußten wir unbedingt die Pferde tränken. Ich wußte, das mußte sein. Die Pferde haben das Äußerste hergegeben. Lediglich die Vierspänner waren gut im Futter. Unsere Pferde waren nicht rund und glatt, sondern nichts als struppig. Vielleicht war es dem Max etwas besser ergangen als den anderen.

Nach 1 Stunde Marsch sahen wir ein Dorf. Als wir näherkamen, konnten wir im Glas erkennen, daß alles voll Soldaten war. Das konnten eigentlich nur deutsche sein, denn wenn es Russen waren, dann wären die Pioniere doch auf sie gestoßen, und wir hätten die Schießerei gehört. Ich sagte zu Christiansen, daß ich keinen Zweifel hätte, daß es deutsche Einheiten seien. Kaum hatte ich das heraus, sah ich einen versteckt gewesenen Panzerspähwagen mit unserem Balkenkreuz.

Er kam bis an die Straße herangefahren, der Kommandant sprang herab und kam zu unserer Vorhut. Inzwischen war ich heran und gab unsere Einheit an und daß wir die Nachhut der Grenadier-Division Ostpreußen II wären. Wir kämen aus dem Niemandsland und hätten um 3.00 Uhr etwa die letzten Schießereien mit dem vorfühlenden Feind gehabt. Auf der Karte zeigte ich ihm den fast verhängnisvollen Weg aus der Festungsstellung heraus.

Er bedankte sich und sagte, daß jetzt alle Einheiten der Division durch wären und seine Einheiten hier eine Auffang- und Riegelstellung bezogen hätten. Nach dem Durchzug durchs nächste Dorf könnten wir vielleicht im übernächsten Dorf noch Platz finden.

Das war Balsam auf unsere Seele und auf unser Gemüt. Endlich wieder ein Zeichen von Führung und keine Auflösung. Wir waren buchstäblich aufgefangen worden. Wie ein Lauffeuer ging es durch die Reihen der schwankenden Gestalten. Wir hatten wieder einen Lichtblick und merkten, daß wir nicht abgeschrieben waren. Jetzt galt es nur noch, ins übernächste Dorf zu kommen. Immer mehr gepanzerte Fahrzeuge entdeckten wir. Auch schwere Pak und Sturmgeschütze waren darunter.

Endlich waren wir in der Zone, die man HKL nennen konnte, oder was man darunter versteht. Wir sahen schon sehr arg nach einem verkommenen Verein aus, gegenüber den anderen Soldaten und ihren Fahrzeugen. Es war keine Infanteriedivision, die hier auf den Feind wartete, sondern eine ganz und gar gepanzerte Division oder Einheiten davon.

Von Wasser für die Pferde war gar nicht mehr die Rede. Die Aussicht, in Quartiere zu kommen, unter dem Schutz der Panzer, war so verlockend, daß wir den Pferden und uns das Letzte abverlangten.

Mit den letzten Sonnenstrahlen kamen wir in das Dorf, und sofort haben uns Feldgendarmen eingewiesen. Wir konnten etwas abseits der Hauptstraße Quartier nehmen.

Mit den Einheitsführern teilte ich alles ein, Wachen, Sicherungen und was so sein mußte. Daß die Pferde versorgt wurden, und daß alle Männer Essen bekommen usw.

Es war fast wie Weihnachten. Zum Teil war die Bevölkerung dageblieben und so hatten wir Hilfe.

Zum ersten Mal kam mir zum Bewußtsein, daß meine zweite Ordonnanz in der Festungsstellung auch verwundet wurde und Christiansen oder Wittulkski mich seither versorgten. Alles war so Hand in Hand gegangen, daß ich das gar nicht merkte.

Jetzt, wo ich in einer Stube saß und mich etwas gehenlassen konnte, spürte ich die Anstrengungen der letzten Tage deutlich. Oft hatte ich unter dem Frost zu leiden, weil ich bei der Kommandierung vor 18 Tagen in das Erholungsheim, meine Filzstiefel in dem Gefechtsstand gelassen hatte und seitdem meine Reitstiefel trug. Ich bin auch noch nicht einmal dazugekommen, die Stiefel auszuziehen. Heute abend noch wollte ich das tun. Meine Katzenfellweste, die ich seit dem Gelenkrheuma trug, leistete mir gute Dienste.

Christiansen sagte mir, daß bei dem letzten Nachschub auch ein Gefreiter dabei war, der aus Österreich oder dem Sudetenland wäre. Er wußte es nicht mehr so genau, aber er könnte sich denken, daß ich ihn in den Kompanietrupp nehmen wollte und er Melder und Ordonnanz sein könnte, damit jemand für meine persönlichen Sachen da wäre.

Ich sagte zu, daß ich mir den Mann morgen ansehen wolle.

Später gab es heißes Essen und das war gut. Entspannung kam auf. Bevor ich meine Stiefel vom Fuß nehmen wollte, ging ich mit Wittulski durch die Quartiere der Kompanie und dann zu den anderen Einheiten. Es war ganz erstaunlich, was ein Dach über dem Kopf und warmes Essen aus den Menschen machte. Sie waren kaum wiederzuerkennen, so sind sie aufgelebt.

Hoffentlich konnten wir die ganze Nacht schlafen.

Ich gab Befehl, daß, wenn kein Alarm kommt, um 8.00 Uhr Wecken wäre. Zugleich hoffte ich, daß das Regiment uns nicht sucht.

Wir werden vermutlich jetzt im Schutz der gepanzerten Einheiten wieder zusammengeführt und aufgebaut, oder es ist in der oberen Führung alles vor die Hunde gegangen.

Jedenfalls, in dem Durcheinander von: „Rette sich, wer kann" und den Nachhuten, die bis zur Selbstverleugnung den Kopf hinhielten, war es gut für uns, daß wir uns ausruhen konnten.

28.01.1945

Unwahrscheinlich gut hatte ich geschlafen. Die Welt sah wieder anders aus. Meine übel zugerichteten Füße sahen besser aus. Wittulski, der einen unvergleichlichen trockenen Humor hatte, war schon auf den Beinen.

Draußen war alles unglaublich ruhig, wie wenn das von gestern und vorgestern nur fürchterliche Alpträume gewesen wären.

Ich schickte Melder los, mit dem Befehl, um 10.00 Uhr abmarschbereit zu sein. Das war ungewöhnlich, so viel Zeit vom Wecken bis Abmarsch. Aber zur Zeit hatte ich das einmal in meinem Leben für kurze Zeit selber in der Hand, für ein ganzes Batl. einen Befehl zu geben und damit die Freude bereiten zu können, auch mal in Ruhe und ohne Hetze, alles fertigmachen zu lassen. Ich hatte auch gar keine Eile, nach dem Regiment oder der Division zu suchen. An der Rollbahn hatten uns Feldgendarmen eingewiesen, also hätten sie uns im Notfall finden können. Trotz allem Elend des Rückzuges war ich heute wieder etwas besser in Form. Unsere Küche hatte rechtzeitig heißen Kaffee fertig, und pünktlich um 10.00 Uhr war alles angespannt, und die Meldungen gingen nacheinander ein.

Ich befahl, ohne Fliegermarschtiefe zu fahren und begab mich an die Spitze, wegen dem Einbiegen in die Rollbahn. Man konnte ja nie wissen, was sich in der Nacht ereignet hatte.

Alles ging gut. Die Straße war frei, und wir zogen weiter in Richtung Heilsberg. Allen Einheiten hatte die Nacht gutgetan.

Ltn. Siegle

Nachkampftage	Tag	Ort nach Regimentsbefehl	Bescheinigung des Kompanieführers
1	3.8.44	Kampfgr. Metsch Nor. v. 6.8.44 ostw. Netta	
2	4.8.	ostw. Netta	Major u. Kdr.
3	6.8.	ostw. Netta	
4	3.4.42	27.V.42 Feldstellung vor Sshewastopol	Hptm. u. Kdr.
5	7.11.43	J.R.213 Feil-Don-u.s Brückenkopf Newelskaja	
6	14.8.44 Bef. S. 39/44	Pschenowo	

In das Lazarett mitgegeben:

Geld, geldwerthabende Papiere, Wertgegenstände u. dergl.

Rendsburg, 28.1.1943

Hauptm. u. Komp.-Führer

Rendsburg, 1. Dez. 1942

2.9.44

15

EHRENPREIS
des
Kommandanten
des Tr. Üb. Pl. Munster-Lager
beim Preisschießen
des Oberfähnrichlehrganges am 10. VII. 1944.

Palm

Oberst u. Kommandant des Tr. Üb. Pl.

Das Tempo war ruhig, und ich hatte auch gar keinen Grund, zur Eile anzutreiben, denn an der Kreuzung sagte mir ein Posten, daß es an der Front, vor dem Dorf dort, wo wir gestern auf die Panzerspähwagen getroffen waren, in der Nacht und heute morgen ruhig geblieben war. Das konnte uns nur recht sein.

Weit dürfte es nicht mehr sein, denn es tauchten am Straßenrand plötzlich wieder Hinweisschilder an den Telefonmasten auf, mit den taktischen Zeichen der Einheiten. Das war schon besser.

Gegen 14.30 Uhr konnten wir die Stadt sehen. Der Verkehr der Militärfahrzeuge wurde lebhaft, und wir mußten etwas dichter aufschließen.

An der ersten Kreuzung im Stadtbereich entdeckte ich den Regimentsstander. Das war eine freudige Überraschung! Ich ließ rechts ranfahren und halten, und schon hatte mich ein Melder entdeckt. Er solle mich zum Kommandeur auf den Gefechtsstand bringen. Auf das war ich nicht gefaßt gewesen. Aber, der Krieg hatte so seine Gesetze. Ich gab Wieler den Befehl, zu warten, bis ich vom „Meldekopf" zurück wäre.

Einige Häuser weiter war der Gefechtsstand. Als ich Meldung machte, konnte Oberstleutnant Dorn seine Freude nicht verbergen, mich wiederzusehen.

Nicht ganz ohne Stolz meldete ich, daß außer den, bei den Abwehrkämpfen Gefallenen und Verwundeten und außer einer vermißten Gruppe mit einem Feldwebel, alle Einheiten des Batl. und der unterstellten Einheiten, unversehrt stehen.

Dorn drückte mir die Hand und sagte, daß der Divisionsgeneral mich sprechen wolle, wenn wir in Heilsberg Quartier bezogen hätten. Das Regiment bliebe jetzt zusammen. Alle weiteren Befehle würde ich mitbekommen, und die unterstellten Einheiten werden morgen zu ihren Stammeinheiten zurückversetzt.

Das war wenigstens klar und deutlich und hörte sich nicht an wie Zusammenbruch.

Ich salutierte, und ein Melder, der bereitstand, sollte uns in das Stadtviertel bringen, das für uns zugeteilt war, um unterzukommen.

Es war das letzte Zusammentreffen mit Oberstleutnant Dorn.

Der Melder und ich setzten uns an die Spitze, und nach einer guten halben Stunde waren wir in den zugeteilten Quartieren.

Fast die gesamte Bevölkerung war noch da und so kamen wir gut zurecht. Ich hatte Befehl gegeben, daß alle Einheitsführer ½ Stunde später auf meinem Gefechtsstand sich melden mußten. Inzwischen hatte ich die mitgegebenen Befehle gelesen und wußte, daß wir nur eine Nacht hierbleiben konnten und die Division weiter nach Norden verlegt wurde. Es folgte eine ganz genaue Beschreibung und Marschfolge der Einheiten innerhalb des Regiments auf dem Weg bis nach Landsberg.

Wieder war ich bitter enttäuscht. Wenn das Ganze auch nach anderer Verwendung aussah, so glaubte ich jetzt nicht mehr an eigenes Wollen, sondern an Zugzwang durch den Feind und das war schrecklich. Was sollten wir denn noch weiter im Norden?

Diese Frage hatten wir uns doch schon so oft gestellt! Bei der Befehlsausgabe erläuterte ich knapp, daß wir nur 1 Nacht hierbleiben könnten und daß morgen das Regiment geschlossen auf den Marsch geht und die unterstellten Einheiten morgen um 6.00 Uhr, nach dem Antreten, wieder zu ihren Einheiten entlassen werden. Ich bedankte mich bei den Feldwebeln und Uffz. über die gute Zusammenarbeit während des Einsatzes im Festungsdreieck und während des Rückzuges bis Heilsberg.

Dann zum Divisionsgeneral.

Ich nahm Wittulski mit. Man konnte nie wissen, was kommt. Der Gefechtsstand sollte in der Nähe sein und zwar in einer Kaserne. Ich fand ohne Schwierigkeiten hin und meldete mich auf der Wache an. – Warten. –

Nach ¼ Stunde wurde ich geholt. Wittulski blieb auf der Wache. Der Adjutant begrüßte mich und fragte, ob der Rückzug vom Festungsdreieck gutgegangen sei und wieviel Verluste wir gehabt hätten.

Dann beim General. – Als ich Meldung gemacht hatte, begrüßte er mich mit Handschlag und sagte, daß wir uns ausgezeichnet geschlagen hätten im Festungsdreieck, übrigens auch beim Abriegeln und Gegenstoß beim Einbruch der Russen. Dorn hätte ja wohl gewußt, wen er an die Rollbahn genommen hätte. Er wolle mich beglückwünschen, daß ich das Batl. ohne weitere Verluste herausgeführt hätte.

Jetzt aber noch etwas anderes. Dabei brauche ich noch einige Herren. Er ging zur Tür und rief hinaus: „Die Herren sollen kommen." Mir war das alles etwas unheimlich. 3 Offiziere, die ich nicht kannte, traten ein und der General sagte zu mir: „Lt. Siegle, das ist jetzt ein Verhör."

Zweifellos wurde ich etwas blaß, denn ich hatte keine Ahnung, was da kommen könnte.

Wieder hörte ich die Stimme des Generals: „Sie werden zu zwei Fragen als Zeuge vernommen!"

Erste Frage: „Wann haben Sie Hauptmann X zum letzten Mal gesehen? Überlegen Sie genau und dann antworten Sie."

Ich war glatt überfragt.

Dann stand ich stramm und sagte: „Herr General, ich weiß es nicht mehr genau, aber seit dem Einsatz am Festungsdreieck bestimmt nicht."

„Vor dem Einsatz oder nach dem Einsatz?" „Schon seit vor dem Einsatz nicht mehr."

„Kennen Sie den Hauptmann X?", wieder der General.

„Jawohl Herr General. Nach dem Alarm im Korps-Erholungsheim habe ich mich bei dem Hauptmann X gemeldet, als Oblt. Johst, der Adjutant mir sagte, daß der seitherige Batl.-Kommandeur versetzt worden sei und der neue Führer des Batl. Hauptmann X sei."

„Es gibt also keinen Zweifel, daß Sie den Hauptmann X kennen." „Es gibt keinen Zweifel, Herr General."

„Lt. Siegle, Sie führen das Batl. noch weiter, bis heute nacht ein Hauptmann König bei Ihnen eintrifft. Dem haben Sie das Batl. zu übergeben und dann treten Sie zu Ihrer Kompanie zurück."

Ich war entlassen.

Mir war schlecht. Furchtbar übel.

Wittulski sagte draußen: „Herr Leutnant, wollen wir etwas stehenbleiben?" „Nein, Wittulski, nein, nur weg von hier."

Ich habe den Hauptmann nie wiedergesehen, und ich habe den General nie wiedergesehen! —

Unterwegs erzählte ich Wittulski, was passiert war und daß mir der Hauptmann trotzdem leid tut. Er hatte keine Chance mehr. —

In meinem Quartier hatten die Wirtsleute mich zum Abendessen eingeladen, aber mir schmeckte nichts den Abend.

Ich sagte, daß im Laufe der Nacht noch ein Hauptmann käme, sie möchten bitte das zweite Bett in meinem Zimmer auch herrichten. Mit Wittulski ging ich dann zu den Quartieren der Soldaten. Alle waren bedrückt wegen dem erneuten Rückmarsch morgen.

Wittulski ging es wie mir. Er mußte etwas reden, etwas anderes tun, um nur nicht nachzudenken. Nur – seine Gründe waren ganz anderer Art. Der weitere Rückzug war es. Seine Familie war auch verloren, wenn wir uns weiter zurückzogen. Er wohnte in Bartenstein, und das lag etwa auf gleicher Höhe wie Heilsberg.

Ich tröstete ihn so gut ich konnte. Nur etwa 30 km waren es, bis zu seiner Wohnung. Aber wir beide hatten keine Möglichkeit, der Belastung dieses mörderischen Krieges auszuweichen.

Um 22.00 Uhr kam Hauptmann König.

Er hatte einen Wäschebeutel prall voll, sonst nichts weiter.

Zuerst waren wir etwas förmlich zueinander. Wie sollte es auch anders ein. Ich wußte auch nicht, was ihm gesagt wurde bei seiner Kommandierung. Wir haben deshalb das Thema gar nicht erst angeschnitten. Ich sagte lediglich, daß er das Batl. mit seiner Ankunft zu übernehmen habe, und ich ihn einweisen und danach wieder meine eigene Kompanie übernehmen solle. Das deckte sich genau mit dem, was in seiner Kommandierung stand.

Bei den Quartiersgastgebern erbat ich mir für den Hauptmann noch etwas Tee oder Kaffee.

Dann wurde das Gespräch lockerer.

Hauptmann König strahlte sofort etwas von Sauberkeit aus. Er hatte ein sehr gut geschnittenes Gesicht und war gepflegt. Ich mochte ihn auf Anhieb, vor allem, weil ich sah, daß er auch einige Bücher bei sich hatte. Ich sah an den Umschlägen, daß es Klassiker waren.

Dann mußte ich ihm berichten, wie die letzten Rückzugstage verlaufen waren, wer die Kompanie-Chefs waren. Er war dann doch etwas betroffen, als er hörte, daß ich der einzige Offizier bei dem Restbatl. war. Ich übergab ihm den letzten Regiments-Befehl und sagte ihm, daß ich mit Oblt. Johst befreundet wäre, dem Batl.-Adjutanten.

Und jetzt fiel mir wieder ein, wie Johst mir damals Andeutung machte, wegen seinem Hauptmann X.

Gegen 1.00 Uhr löschten wir das Licht, und ich war dankbar, daß ich noch einige Stunden Schlaf fand.

29.01.1945

Um 5.00 Uhr wurden wir geweckt. Die Quartiersleute ließen es sich nicht nehmen, uns noch Kaffee zu machen. Pünktlich um 6.00 Uhr war alles angetreten. Ich ließ alle Unterführer der Einheiten kommen und stellte Hauptmann König als neuen Batl.-Führer vor. Dann waren die unterstellten Einheiten entlassen und konnten mit Hilfe der eingetroffenen Melder zu ihren Kompanien zurückmarschieren. Hauptmann König ging an die Spitze des Batl. und traf an der Rollbahn auf seinen Stab, den ich seit langer Zeit nicht mehr gesehen hatte.

An diesem Morgen mußten wohl viele Einheiten aufgebrochen sein. Überall sah man in der Dunkelheit Gespanne und Autos mit Soldaten stehen. Ob wir Heilsberg aufgeben mußten?

Unsere Quartiersleute waren ein älteres Rentnerpaar, Oberstudienrat war der Mann. Bedrückt fragte er heute morgen, ob die Russen wohl Heilsberg erobern würden? – Was log ich auf solche Fragen –. Ich wußte es selbst nicht. Auch glauben wollte ich nichts mehr. Für mich war all das Geschehen unfaßbar. Jede genaue Lagebeschreibung fehlte, und ich war eigentlich nur auf den nächsten Befehl angewiesen – und genau da tat sich in den letzten Tagen fast überhaupt nichts mehr. Hoffentlich wurde es jetzt besser, nachdem Hauptmann König da war.

Wir standen mit unserem Rest-Batl. vor der Ausfallstraße von Heilsberg nach Norden in Richtung Landsberg. Es schien mir, daß fast zur gleichen Zeit, die gesamten Verbände auf der Rückzugstraße waren. Wir hatten Mühe, uns einzufädeln und alles zusammenzuhalten.

An diesem Morgen ritt ich den Max. Immer hat er treu und brav die kleine Kutsche gezogen, die ich heute morgen aber anhängen ließ. Es war bitterkalt, und ich glaube, daß wir über 20 Grad minus hatten. Die Männer waren einigermaßen ausgeruht, aber innerlich waren sie alle zermürbt und betroffen, vor allem die Ostpreußen – und das waren ja die meisten der Soldaten. Mit jedem Meter in Richtung Norden gaben sie ein Stück Heimat auf.

Wir waren vielleicht 1 knappe Stunde marschiert in dem endlos langen Zug, als der Uffz. Birkefeld sich meldete. Er, der sonst sehr frisch und aufgeweckt war, druckste herum, um dann endlich damit herauszurükken, daß er für 2 Tage beurlaubt werden wollte. Er sah wohl mein ungläubiges Gesicht, aber dann hatte er es heraus: „Ich möchte noch einmal meine Braut sehen. Im Nachbarort wohnt sie, und wir geben das Land auf — es ist alles aus, es ist alles verloren."

Er schrie es nicht laut heraus. Er war einfach verzweifelt. Ich spürte, was der Mann da empfand und suchte nach einem Ausweg.

Wenn ich nur das Schicksal dieses Uffz. hätte wenden können. Und da fiel mir etwas ein. „Birkefeld, hören Sie", und dabei stieg ich ab vom Pferd und führte es am Zügel, „ich mach Ihnen einen Vorschlag: Hauen Sie ab zu Ihrer Braut. Einen Urlaubsschein oder so etwas können Sie nicht bekommen. Alles geht auf Ihre eigene Kappe. Sie können sich höchstens herausreden, wenn die Feldgendarmerie oder eine SS-Streife Sie schnappt, daß Sie uns suchen, weil Sie versprengt waren oder so etwas. Im übrigen bringen Sie Ihre Braut mit, ich spreche mit Christiansen, daß er dringend eine Küchenfrau benötigen wird und dann seid Ihr zusammen."

Das war mehr, als er erhofft hatte, und entgegen aller sonstigen militärischen Gepflogenheiten, strahlte er mich an und bedankte sich, ohne zu vergessen, mir sein Wiederkommen zu versichern. Ich stieg wieder auf den Max und dachte mir, daß es nicht mehr als recht und billig ist, wenn ich seine Braut beim Troß verstecke. Daß er wiederkommt, war für mich ohne Zweifel. Gewünscht hätte ich mir, daß er bei seiner Braut bleibt. Nun — die nächsten Tage werden es zeigen.

Max mußte etwas kurztreten, und ich ließ die Kompanie vorbei, bis ich den Zugführer hatte, bei dem Birkefeld eingeteilt war. Ich sagte ihm, daß Birkefeld etwas von daheim herbesorgen sollte, daher wäre er für 2 Tage weg. Mir war klar, daß der Feldwebel Schulze aus Berlin Bescheid wußte, aber ich wollte für „alle Fälle" einen Zeugen haben, daß der Uffz. Birkefeld für die Kompanie etwas besorgen sollte.

Noch am Vormittag stand plötzlich Hauptmann König mit Stab an der Straße und ließ das Batl. an sich vorbeiziehen. So etwas war bei seinem Vorgänger kaum passiert, da dieser nie zu sehen war. Ich war froh darum, damit auch die Soldaten ihren Batl.-Kdr. sahen.

Was mich an diesem Morgen wunderte, war der Umstand, daß ohne jede Fliegermarschtiefe und ohne jede Abwehrbereitschaft marschiert wurde. Gerade wie in Frankreich nach dem Waffenstillstand.

Ob wir die Russen so weit abgeschlagen hatten? Es gab auch keine Möglichkeit, mit jemandem zu sprechen oder Auskunft zu erhalten. Hauptmann König konnte ja nicht viel wissen.

Gegen Mittag scherten wir in einem Dorf aus der Heerschlange aus, und Menschen und Tiere bekamen etwas zur Stärkung. Die Pferde litten sehr unter der Kälte, hatten sie doch auch viel zuwenig zu fressen. Die Truppe war gut dran, denn Fleisch gab es reichlich.

Noch am Nachmittag erhielten wir einen Befehl, wonach alle Tiere, die dem Feind in die Hände fallen würden, vorher abgeschossen werden sollten. Das war von der Überlegung her, dem Feind Schaden zuzufügen verständlich, aber für unsere Soldaten war das schlecht begreiflich. Jeder Schuß auf eine Kuh war doch das Eingeständnis, daß wir auf der Flucht waren.

Unaufhaltsam zogen während der Mittagspause die Kolonnen an uns vorbei. Es gab keine zuversichtlichen oder gar fröhlichen Gesichter.

Später haben wir uns wieder eingefädelt und erreichten noch am Abend die Stadt Landsberg. In der Stadt konnten wir Quartiere bekommen, und alles war froh, etwas Warmes vorzufinden.

Die Menschen in der Stadt waren, ebenso wie in Heilsberg, sehr bedrückt. Wir sollten eine Antwort geben auf die Frage: „Was wird werden?" Niemand wußte es. Wir waren noch nicht einmal in der Lage, zu sagen, wer noch zwischen den nachrückenden Russen und uns selber ist.

Meine neue Ordonnanz kümmerte sich um ein Essen, und ich ging mit Wittulski durch die Quartiere. Der Mann litt unbeschreibliche Not, aber kein Laut der Klage kam über seine Lippen. Nur noch etwa 24 km war er von seiner Familie entfernt, und er wußte nicht, ob sie geflüchtet waren, oder ob der Russe schon da war. Er tat seine Pflicht. Er sorgte sich mit mir, ob alles gut untergekommen war und ob die Tiere einen Stall gefunden hatten.

Der Chef ließ uns zu sich rufen, gemeint waren die Kompanie-Führer und sagte uns, daß wir nicht bleiben könnten, auch keine Stellungen gebaut würden, sondern die militärische Lage erfordere es, daß wir uns bis Zinten zurückziehen müßten. Zur Abwehr der Russen wären bei uns noch genug Kräfte, aber links und rechts wären die Russen weit eingebrochen, im Westen längst schon bis Elbing und im Osten vor und um

Königsberg, und östlich davon ist Kurland, abgeschnitten. Das waren bittere Wahrheiten, aber nun wußte ich doch, daß ich wieder einmal im Kessel war und es dürfte wohl der letzte sein.

Wir mußten damit rechnen, daß uns der Russe von allen Seiten angreift. Seither hatten wir immer den Eindruck, daß wir von Süden nach Norden getrieben werden. Jetzt waren wir nur noch 45 km von der Ostsee entfernt und sollten noch weiter dem Meer zu zurückgehen. Große Worte wurden nicht mehr gemacht, aber etwas war plötzlich im Raum an diesem Abend − Rettung und Ausbruch erschien aussichtslos. Tod oder Gefangenschaft stand uns bevor. Nur noch Kräftebinden konnte Sinn für unseren Widerstand sein.

Auf dem Weg zum Quartier wurde mir etwas von dem bewußt, was man mit „Untergang" bezeichnet. Übrigens, an das Wort „Kapitulation" dachte kein Mensch. Der Druck der Vorstellungskraft, was sich hinter „der Russe oder Iwan" verbarg, war so groß und stark, daß kaum ein Soldat daran gedacht haben mochte, sich auf Gnade und Barmherzigkeit dem Feind zu ergeben.

30. 01. 1945

Ein kalter Morgen weckte uns rechtzeitig. Ich hatte schlecht geschlafen und ging früh durch den Kompanieabschnitt. Man hörte kein Grollen von der Front oder den Lärm, wie bei der Schlacht um Mga oder Sawkino. Landsberg war nicht sehr groß, konnte aber doch viele Soldaten unterbringen. Es war buchstäblich vollgestopft von den Resten unserer Division und auch noch anderer Einheiten.

Mit dem ersten Tageslicht fädelten wir uns wieder ein, auf die Straße nach Zinten. Zunächst waren wir auf der Straße nach Kanditten.

Wieder wurde dicht auf marschiert. Hpt. König mit Oblt. Johst standen wiederum am Straßenrand bei Gut Paustern und kontrollierten das Batl. Alles war jedoch in guter Verfassung, was den Körper anging. Die Bemerkungen, die unsere Soldaten von sich gaben, waren jedoch sehr sarkastisch und verbittert. Gegen 11.00 Uhr erreichten wir Kanditten. Außer, immer mal wieder anzutreffende alte Schlitten oder Wagen am Straßenrand, deutete nichts auf Krieg hin. Überall war viel Schnee, und bitterkalt war es dazu.

Die Bevölkerung sah uns zu, aber es gab kaum Zwischenfälle oder Ausbrüche der Verzweiflung. Wir waren jetzt südlich des Truppenübungsplatzes Stablack, von wo wir im Juli 1944 auszogen und mit dem Zug bis nach Grajewo gebracht wurden, mitten hinein in eine Frontlücke. Durch eben diesen Truppenübungsplatz kamen die Erinnerungen; an den Willen, ostpreußisches Land vom Feind freizuhalten. Jetzt zogen wir bei bitterer Kälte, geschlagen und gejagt, einem unerbittlichen Ende zu. Wie das aussehen wird, ließ sich nicht einmal erahnen.

Wir überquerten ein 2. Mal die Eisenbahnstrecke und kamen nach Sangnitten und Augam. Auch hier war die Bevölkerung ruhig, doch schien es, daß mancher Hof leer war und die Bewohner noch rechtzeitig flüchten konnten.

Das Regiment, das jetzt ganz geschlossen war auf dem Rückzug, hielt an und es wurde verpflegt. Dabei kam ich mit anderen Offizieren ins Gespräch, und es wurde mir erneut deutlich, daß kaum mehr einer dabei Vorstellungen hatte, wir könnten es nochmals überleben. Das Gefühl ließ mich nicht los, als ob mancher darüber nachdachte, wie er seine Haut noch retten könnte. Andererseits waren wir durchaus schlagkräftig und konnten nicht verstehen, warum wir immer weiter dem Meer zu sollten. Ob wir gar über die Ostsee evakuiert werden konnten? Laut gesagt hat das allerdings keiner.

Am Abend erreichten wir Zinten. Dort war der Bahnhof, an dem ich sterbenselend ausgestiegen war im Juli 1944, nachdem ich in Königsberg im „Blutgericht" einen fetten Aal gegessen hatte. Jetzt war ich wieder Kompanieführer und 6 Monate ausschließlich Verteidigung, Rückzug und Elend, ganz zu schweigen von den Gefallenen und Verwundeten unserer Kompanie.

Noch am Abend ließ ich Christiansen in mein Quartier holen und sagte ihm die Wahrheit über die Lage. Dann befahl ich, daß am anderen Morgen alles Entbehrliche an Wäsche und Vorräten an die Zivilbevölkerung ausgegeben wurde. Vor allem Wäsche. Ich wollte unser Gepäck so leicht wie möglich machen. Es ging mir nämlich nicht in meinen Kopf, daß wir geradewegs ins Meer hineinmarschieren sollten. Einmal mußten wir uns doch umdrehen und Widerstand leisten und uns wehren, so wie am Heilsberger Dreieck. Deshalb mußte alles entbehrliche Zeug an die Zivilbevölkerung verschenkt werden. Die Menschen konnten das nötig gebrauchen.

31.01.1945

So kam es dann auch, daß wir mitten in Zinten, auf der Straße, die ganze Wehrmachtswäsche verschenkten. Spätestens da hat auch der letzte meiner Soldaten gemerkt, daß wir bald mit dem Rücken an der Wand bzw. am Meer oder Eis stehen. Morgens war es noch so wie in Landsberg. Alles machte sich zum Abmarsch fertig, aber es wurde 9.00 Uhr und war schon hell, als immer noch kein Befehl da war. Bis zur Küste waren es bis Ludwigsort noch etwa 17 km. Also, wohin? Nach Westen oder Osten oder doch noch auf das Eis?

Dann ging es aber auf einmal Schlag auf Schlag! Der Troß wurde vom Batl. zusammengezogen. Die Kompanien mit Gefechtswagen auf die Straße 126 in Richtung Korschellen vorgezogen und plötzlich war der Bann gebrochen.

Alles atmete auf, denn die Befehle ließen darauf schließen, daß wir zum Einsatz kamen und damit war der Rückzug abgebrochen und wir stellten uns wieder.

Mitten in diesen Aufbruch hinein meldete sich Uffz. Birkefeld. Allein, ohne Braut. Erst dachte ich, er hat sie schamvoll versteckt beim Troß. Aber nein, er kam allein zurück. Sie wollte ihre Mutter in der Stunde der Not und des Zusammenbruchs nicht allein lassen. Er kam wieder —.

In dieser Minute war ich froh, daß er da war, aber er hatte meine ganze Hochachtung und seine Braut auch.

Unterwegs hat er sich wirklich nur durch seine Ortskenntnisse bis zu seiner Einheit durchschleichen können. Wie ich von ihm erfuhr, sind die Russen dicht auf gewesen. Das sollte sich bald als nur zu wahr herausstellen.

Wir waren wieder angetreten und das war wichtig.

Nach knapp 2 km bogen wir plötzlich links von der Hauptstraße ab, und weiter ging es über Feldwege, durch Schnee und Eis. Vom Russen hörten und sahen wir noch nichts. An einer Waldschneise, wir mußten durch ein Gatter, stand plötzlich ein großer deutscher Tigerpanzer. Zum ersten Mal sah ich den neuen Panzer in seiner ganzen Größe. Daneben stand ein Panzersoldat. Ich fragte ihn, warum der Panzer offensichtlich nicht besetzt sei, da sagte er mir, daß sie keinen Treibstoff mehr hätten und er eben an dieser Stelle stehengeblieben sei. Seine

Kameraden suchten Treibstoff. Das ging nun wieder in meinen Kopf nicht hinein. Was waren das nur für Zustände?

Weiter ging es, und wir kamen in etwa 4 km Entfernung in die Gegend von Nemritten. Hier schon waren wir nach Südosten etwas abgedeckt vom Wald.

Dann war Einsatzbesprechung.

Wir sollten entlang der Straße 126 zwischen Wilmsdorf und Sollnicken einen Gegenangriff vortragen, da an dieser Stelle die Front, soweit es so etwas überhaupt gab, aufgebrochen war.

Die Befehle waren überall durchgegeben worden, und um 13.00 Uhr sollten wir unsere Ausgangsstellung an der Straße, in Höhe etwa von Wangnicken, erreicht haben. Eile tat not, denn wir hatten Schwierigkeiten mit dem tiefen Schnee auf den Wegen.

Bei Gut Hollstädt sickerten wir in den Wald ein, nachdem die Gefechtswagen entladen waren.

Nicht die leiseste Ahnung hatten wir, wo der Russe war. Bei Angriffsbeginn sollte die Straße überquert werden, das war alles was ich wußte.

Noch im Wald ließ ich die Kompanie in breiter Front ausschwärmen und befand mich dann fast in der Mitte der Kompanie. Noch etwas vor der vereinbarten Zeit erreichten wir, aus dem Kusselgelände heraus, die Straße.

Auf meinen Befehl hin, ging alles im Straßengraben in Stellung. Nach etwa 10 Minuten, ich hatte schon kalte Füße, sah ich, daß hinter uns leichte Infanteriegeschütze abgeprotzt wurden. Das war ja ganz neu. Direkt 140 m hinter uns. Es sollte noch interessanter werden. Jede Menge Munition wurde herangefahren und abgeladen. – Irgendwo wurden da fleißig die Fäden gezogen –.

Inzwischen hatte ich, wie eigentlich schon immer im Krieg, mein Fernglas vor den Augen und suchte das Gelände ab. Noch hatte ich nichts entdeckt, was mich aufhorchen ließ oder mußtrauisch machte. Ich sah wohl, daß vor mir, etwa 100 m oder noch weniger, eine Scheune war. Doch plötzlich geschah etwas Unglaubliches: Die Scheunentore flogen zu mir hin mit einem großen Krach auf. In demselben Augenblick sprang ein Automotor an, mit Vollgas, und direkt auf uns zu, rollte ein deutscher Geländewagen mit einer angehängten schweren Pak. Wir konnten so schnell gar nicht begreifen, was sich da tat. Mit hochaufheulendem Motor kam der Geländewagen zur Straße her, bog dann links ab in die Straße und fuhr mit der schleudernden Kanone weg in Richtung Zinten.

„Ich werd' verrückt", war alles, was ich zunächst herausbrachte. Mein Melder, der neben mir lag, meinte, daß das nicht mit rechten Dingen zu geht, vor der zum Sturm angetretenen Infanterie ist eine große Pak in einer Scheune. „Da ist doch etwas faul, Herr Leutnant!"

In der Tat, da war etwas dran, aber was?

Fast durch puren Zufall entdeckte ich noch mehr. Im Fernglas sah ich etwa 300 m entfernt, in einer Art von Steinbruch, unzweifelhaft einen Panzer ohne Balkenkreuz, also einen russischen. Nun wurde ich buchstäblich fiebrig. Ich merkte plötzlich nichts mehr von kalten Füßen. Nachdem das Glas etwas beschlagen war, setzte ich es ab und putzte mit dem Taschentuch das Ding sauber. Wieder vor die Augen und wieder fand ich den Panzer. Als ich das Glas etwas genauer einstellte, gab es eine ganz dicke Überraschung. Ohne Deckung und Tarnung fand ich plötzlich noch 4 Panzer vom Typ T 34 und dahinter, mit einem Riesenrohr auf einer Stütze, auch noch einen Stalinpanzer. Das war des Guten zuviel.

Ich dachte blitzschnell weniger an mich und die Kompanie, vielmehr an die armen Kerle an ihren Infanteriegeschützen. Die würden im Nu nur so weggepustet von dem Stalinpanzer, samt ihren Geschützen. Auch im direkten Schuß konnten sie nicht gegen die Panzermeute ankommen.

So, wie ich die Situation einschätzte, hatte nur die Pak in der Scheune die Panzer entdeckt. Vielleicht hatte die Pak den Absprung nicht rechtzeitig geschafft, als der Russe hier einbrach und es jetzt riskiert, als wir Infanteristen am Straßenrand in Stellung gingen. Jedenfalls waren die erst mal in relativer Sicherheit bei ihrem „Husarenausbruch" direkt vor den Russen, aus dem Niemandsland.

Im Handumdrehen schickte ich einen Melder los, zu den Infanteriegeschützen hinter uns, sie sollten sofort Panzermunition laden, denn halbrechts vor uns in etwa 300 m wären 5 T 34 und 1 Stalinpanzer in Bereitschaftsstellung in einer Senke versteckt.

Melder Stengel rannte in großen Sprüngen los zu den Geschützen. Die Bedienungen waren tatsächlich ahnungslos gewesen.

Es dauerte keine Minute, bis sie die Panzer auch ausgemacht hatten, und ehe Stengel wieder bei mir war, hörte ich die Befehle herüber, und Hals über Kopf waren die Geschütze gewendet und im Handzug hinter den Kusseln verschwunden. Lediglich die Munitionskörbe lagen noch da. So ganz ohne Lärm ging das in der Aufregung nicht ganz ab. Deshalb war es auch zu erwarten gewesen, daß plötzlich die Kugeln eines russischen MG durch die Gegend pfiffen. Im Moment war ich überrascht, denn die Geschosse kamen fast parallel zur Straße. Das war ganz mies und von daher unerwartet. Irgendwo mußten die Russen ganz lautlos auf der Lauer gelegen haben, ebenso wie sie ihre Panzer im Versteck hielten.

Was tun? Der Angriffsbefehl war noch nicht da, die Geschütze hinter uns waren weg, einen VB hatten wir nicht bei uns, der etwas hätte wissen oder erfahren können. Also, erst mal die Köpfe in den Graben.

Doch für meinen Melder, der direkt neben mir lag, kam diese Aufforderung zu spät. Ich hatte den Kugelhagel buchstäblich verspürt, wurde aber nicht getroffen, doch meinen Melder neben mir hat es erwischt. Durch die Patronentasche in den Bauch. Ich zog ihn blitzschnell tiefer in den Graben und suchte nach der Einschußstelle. Er wimmerte in seinem sudetendeutschen Dialekt, weil er vor Schreck noch gar nicht wußte, was los war. Ich machte das Koppel ab, und da färbte sich der Schnee auch schon rot vom Blut. Schnell war der Sanitäter Langer da und fand auch die Einschußstelle.

Er mußte heraus aus dem Graben. Ich ließ 2 MG in Stellung gehen und befahl, mit kurzen Feuerstößen in Richtung vermuteten Feind, solange zu schießen, bis wir den Verwundeten in Deckung hatten. Das gelang auch ganz gut ohne weitere Verluste.

Doch nun war der Russe wach geworden. Gott sei Dank waren wir einigermaßen gedeckt. Lange durfte das aber nicht mehr so gehen, sonst schmorten wir zugrunde. Wir mußten raus aus dem erkannten Graben: Wir mußten schleunigst angreifen. Es war recht ungemütlich geworden.

Hinter uns waren Nachrichtenleute mit Strippen aufgetaucht, aber sie kamen nicht bis zu mir vor. Was sollte der Quatsch denn? Warum kamen sie nicht mit dem Apparat? Doch, jetzt kam einer gelaufen. Mit Schwung sauste er ohne Gerät in den Graben, wo sie eben den Melder geborgen hatten: „Herr Leutnant, der Angriff ist abgeblasen, sofort zurückziehen und hinter dem Wald die Kompanie sammeln!"

Das war unfaßlich. Nun liegen wir hier seit einer Stunde mit kaltem Hintern; dem Melder neben mir wird ein Bauchschuß verpaßt, die Geschütze hauen wieder ab, die Pak nimmt Reißaus, und jetzt sollen wir uns auch absetzen.

Wir mußten. Später habe ich erfahren, daß die Lage sich so verändert hatte, daß wir eingekesselt worden wären.

Langsam robbten wir aus dem unvergessenen Straßengraben in das etwas dichtere Unterholz, und ich bekam auch die ganze Kompanie ohne Verluste zusammen. Wo mein verwundeter Melder abgeblieben war, konnte ich nicht herausfinden. Jedenfalls — er war weg.

Und das war jetzt der dritte Melder an meiner Seite, in 32 Tagen, der verwundet wurde. Wann wird es für mich soweit sein?

Der Kommandeur tauchte auf: „Siegle, wir müssen schnellstens hier heraus." Das klang alarmierend. Doch was macht der Russe jetzt? Er weiß doch, daß wir die Straße besetzt hatten. Drückt er nach?

Es blieb keine Zeit.

„Es ist eine neue Frontlücke in dem Katz-und-Maus-Spiel eingetreten. Wir müssen schnellstens eine Umgehung riskieren und dort eine Einheit der ‚Brandenburger' ablösen." Es war inzwischen schon dämmerig geworden, als wir im Gänsemarsch das Gut Amalienwalde erreichten. Hier ging es über die Bahn und dann in Richtung Norden, etwa der Eisenbahn entlang.

Es war eigenartig. Erst die langen Rückzugsmärsche und dann endlich irgendwo nordöstlich von Zinten in Stellung, um den Kampf aufzunehmen, dann die Spannung bis zum Äußersten vor einem Infanterieangriff und dann dieses jetzt.

Eine gewisse Ermattung machte sich bemerkbar. Alles trottete in Reihe den Weg entlang. Keiner wußte, was nun kam und warum das alles. Plötzlich in der Dämmerung Bewegung. Da kamen uns welche entgegen. Soldaten —. Ich sprach einen an: „Wir sind Brandenburger und machen Stellungswechsel." Das war alles.

Sie waren gut bewaffnet und es waren kräftige Männer. Durchweg hatten sie viel bessere Uniformen und Schneehemden an. Sie sahen mehr nach Landsknechten aus. Ich schätzte, daß etwa 200 Mann so gegenläufig an uns vorbeizogen. Dann machten wir irgendwann Halt, es war wohl in der Gegend um Sollecken. Wir konnten uns etwas ausruhen. Alle unsere Waffen mußten bis jetzt getragen werden.

Ich hatte keine Ahnung, wo unser Troß war, auch wußte ich nicht, ob die Gefechtsfahrzeuge in Sicherheit gebracht waren.

Hauptmann König traute ich allerdings zu, daß er die Sache im Griff hatte, soweit er das übersehen konnte.

Es ist Nacht geworden. Von anderen Einheiten konnten wir im Augenblick nichts entdecken.

Durch das Aufgeben der Landstraße war es mit der Orientierung längst vorbei. Wer uns den Weg gewiesen hatte, wußte ich auch nicht. Doch, da mußte ja irgendwo eine Befehlsstelle sein, die uns vom Angriff abhielt und nun in der Nacht, im Eiltempo, woanders hinhaben wollte. Die ganze Sache war reichlich beschissen. Was wir sollten, wußte keiner. Wo ein Batl.- oder Regiments-Gefechtsstand war, wußte keiner. Und doch – irgendwo wurden die Befehle erteilt, denn immerhin wurde der geplante Angriff abgebrochen und wir sollten schnellstens irgendwo mit eingreifen oder ablösen, damit wieder einmal eine Lücke geschlossen werden konnte.

Wir kamen wieder in Bewegung. Vor uns war nun das II. Batl. In einer endlos langen Schlange stapften wir weiter durch Schnee und Eis, immer hellhörig, ob wir irgendwo den Lärm eines Gefechtes wahrnehmen konnten. Doch wir konnten nichts hören.

01.02.1945

Deutlich zu erkennen, wir kamen an der Eisenbahnstrecke vorbei. Schemenhaft sahen wir im kalten Winternachtlicht die zugefrorenen Güterwagen stehen. Unheimlich ruhig war alles. Es wollte nicht in meinen Kopf, diese Gespenstergeschichte gestern, mit der Pak, vor uns aus dem Niemandsland, dann der Feuerüberfall, genau auf mich und den Melder, der ihm den Bauchschuß einbrachte und jetzt wieder die Ruhe. Unheimlich das alles.

Gegen 4.00 Uhr ging urplötzlich der Rabatz los. Gar nicht weit von uns. So überrascht ich war, fast erstaunt, hatte es insofern etwas Gutes, daß ich wenigstens wußte, daß da irgendwo noch deutsche Truppen waren und daß der Russe noch nicht überall um uns herum war. Es war endlich eine gewisse Orientierung.

Hauptmann König ließ mich durch einen Melder rufen. Ich arbeitete mich, so schnell es ging, an den Soldaten vorbei, bis ich auf den Stab stieß.

Es lagen neue Befehle vor.

Der Regiments-Kommandeur hatte entschieden, daß ich bei der Ablösung, der von uns jetzt im Gefecht befindlichen Soldaten der Division Großdeutschland, deren Batl.-Gefechtsstand übernehmen solle und unter allen Umständen halten müsse. Mein Kompanie-Gefechtsstand wird dorthin verlegt und der Batl.-Gefechtsstand von Hauptmann König wird etwas zurückverlegt, nach dem Dorf Barsen.

Jetzt hatten wir doch endlich mal einen Befehl, der aussagte, daß wir uns stellen und nicht in das Meer getrieben werden.

Zurück zur Kompanie, die immer noch durch den Schnee stampfte. Ich informierte die Zug- und Gruppenführer, so gut es machbar war. Etwas später hörte ich dann, daß meine alte 6. Kompanie unter Oblt. F. mein linker Nachbar wäre und rechts die Kompanie von Oblt. Meyeres anschloß, der selbst aber immer noch nicht aus dem Urlaub da war.

Nach etwa ½ Stunde war es soweit, daß mir ein Melder der abzulösenden Einheit zugeteilt wurde. Es mußte wohl ein Soldat der Einheit von Großdeutschland sein.

Vor uns wurde die Schießerei immer lauter, und ich stellte mir ernsthaft die Frage, wie wir denn mitten in einem laufenden Gefecht ablösen können? Ich konnte mir denken, daß es keine Gräben gab und keine Palisaden und nur dann und wann Scheunen oder Ställe.

Zunächst machte ich den Versuch, den Melder etwas auszufragen, aber der war wortkarg, und ich hatte den Eindruck, daß er und seine Kameraden froh waren, noch vor Anbruch des Tages hier herauszukommen.

Es dauerte auch nicht mehr lange, bis wir bei dem Gefechtsstand angelangt waren.

Wir bogen in einen sehr großen Hof ein. Im Hintergrund sah ich nebeneinander mehrere Gebäude, und rückwärts des Eingangs war ein leicht ansteigendes Gelände, mit Tannen bewachsen. Vor mir ein großes

Gebäude mit einer Tür auf der linken Seite. Auf diese steuerte der Melder zu. Ich sagte Feldwebel Wieler, die Kompanie sollte hinter dem Gebäude in Deckung gehen, bis ich mit dem abzulösenden Stab alles klar habe.

Etwas mulmig war mir schon, denn ich hatte in meinem ganzen Leben noch nie Soldaten oder Offiziere der Einheit „Großdeutschland" gesehen. Was mir noch vor der Tür auffiel, war eine Vierlingsflak auf Selbstfahrlafette, die wohl zum Schutz des Stabes aufgestellt war.

Ich machte die Tür auf. Sofort führte eine Treppe zum Keller hinunter. Die Treppe machte in halber Tiefe einen Schwenk nach rechts, und dort war am Ende der Treppe Licht. Es war der Kommandeurstand. Alles war im Aufbruch. Jetzt sah ich den Komanndeur, umgeben von anderen Offizieren, unmittelbar vor mir.

Ich grüßte, sagte Dienstgrad, Namen und Einheit. Alles war etwas unwirklich. Die Begrüßung war sehr kühl, und im Handumdrehen wußte ich, wie das weiterlaufen würde.

Mein Anliegen brachte ich sogleich als mein Verständnis von der Situation vor: „Es wird sehr schwierig werden, Ihre Männer bei dem laufenden Gefecht herauszulösen, denn wir haben keinerlei Kenntnisse und Informationen von der Gefechtslage, vom Gelände, den Nachbarn usw."

„Alles kein Problem, Herr Leutnant. Von jedem Zuggefechtsstand haben wir Melder da, und unsere Männer wissen Bescheid. Wir haben keine Zeit zu verlieren, denn vor der Dämmerung müssen wir weg sein."

Sein Ton war bestimmend und ich habe mir gedacht, daß er in seiner Wirkung etwas hochgeschraubt war, weil ein Leutnant den Befehlsstand übernimmt und kein höherer Offizier.

Ich ließ mich nicht beirren und bat um Karten und Feindlageskizzen. Mein Gegenüber lachte kurz auf und sagte: „Sobald der Tag heraufkommt, werden Sie sehen, was vor Ihnen und um Sie herumliegt."

Damit war die „Einweisung" beendet.

Ich grüßte wieder, zum Zeichen, daß ich die Einweisung und Übergabe für beendet ansah. Von einem Ordonnanzoffizier wurde ich wieder nach draußen begleitet.

Die Einweiser der abzulösenden Einheiten waren schon bei meiner Kompanie und hatten mit den Unseren gesprochen. Ich teilte die Züge ein, von links nach rechts, und so verließen sie mit den Einweisern die Deckung hinter den Gebäuden.

Bei mir blieb noch der Kompanietrupp, Sanitäter und 2 SMG-Trupps, die ich von Oberleutnant Stötter zur Verfügung bekomen hatte. Den beiden SMG-Führern gab ich den Befehl, sich nach geeigneten Punkten für die Aufstellung der SMG umzusehen bzw. bei den Soldaten der abzulösenden Einheit. Dort war schon alles fast fertig zum Abfahren.

Marschieren war nicht vorgesehen, so wie bei uns.

Fast überstürzt hat sich die seitherige Besatzung des Gefechtsstandes verabschiedet. Lediglich die Telefonverbindung überließen sie mir. Mit der Bemerkung, daß alles klappen wird, waren sie die Treppe hoch.

Draußen heulten nach einiger Zeit die Motoren auf und weg waren sie.

Währenddessen ging die Schießerei vor uns unentwegt weiter, wenn auch nicht mehr so heftig.

Wittulski gab inzwischen auf der bestehenden Leitung durch, daß wir den Gefechtsstand übernommen hätten und alles wie vorgesehen abläuft. Natürlich ging das verschlüsselt, aber es sollte mich nicht wundern, wenn der Russe das sehr bald merkt. Wie die Soldaten der abzulösenden Einheiten herausgezogen wurden, habe ich wegen der Übernahme des Gefechtsstandes gar nicht genau mitbekommen.

Zusammen mit Wittulski habe ich augenblicklich den Gefechtsstand untersucht. Bei zunehmender Helligkeit machten wir entsetzliche Entdeckungen. Sobald wir etwas sehen konnten, stießen wir auf Russenleichen, rund um das Gebäude. Überall lagen sie, die toten Gestalten. Es war mir unbegreiflich, daß ich in der Dunkelheit nicht schon darüber gestolpert bin. Links neben dem Gefechtsstand war ein Transformatorenhäuschen, etwa 5 Meter entfernt. Den Spuren nach war dort wohl ein MG-Stand gewesen, den Patronenhülsen nach zu urteilen. Rechts war das Gebäude etwa 30 Meter lang. Im Anschluß daran war ein Kartoffelbunker zu sehen. Etwas weiter weg kamen noch mehr Gebäude, dazwischen einige Bäume.

Sehr viel später habe ich in meinem Soldbuch unseren Standort entdeckt, er war von einem Sanitäter mit dem Namen „Koppelbude" eingetragen. Es handelte sich also um den Ort Koppelbude, den wir besetzt hatten. Davor aber in einer weiten Schneelandschaft waren die Soldaten unserer Kompanien.

Nach rechts suchte ich Verbindung zu der Nachbarkompanie. Als es etwas heller wurde, entdeckte ich mitten auf dem Hof einen Lkw-Pritschenwagen, der voll und hochauf beladen war mit toten deutschen Soldaten. Sie waren alle steifgefroren und lagen etwa 2 Meter übereinander. In den sich überschlagenden Ereignissen sind sie von den lebenden Kameraden schlicht vergessen worden. Das konnte kein Zufall oder Mißverständnis sein.

Ich war allerlei gewohnt. Der Krieg hat mir schon oft sein grausamstes Antlitz gezeigt, aber daß man seinen toten Kameraden zu Haufen karrt und dann unbeerdigt liegenläßt, das war auch für den abgebrühtesten Soldaten einfach undenkbar.

Solange ich lebe, wird dieser Anblick der Toten auf dem Lkw, vergessen oder hinderlich, nicht aus meinem Gedächtnis zu löschen sein. Unsere Vorgänger mögen noch so tapfer gekämpft haben, aber ihre toten Kameraden so zurücklassen, das war für mich nicht verständlich. In mir bäumte sich etwas auf. Es waren doch keine Landsknechte oder Legionäre. Diese Toten, unbarmherzig im Nahkampf gefallen, sollten ein Recht haben, in deutscher Erde begraben zu werden. – Das waren meine Gedanken beim Anblick der Opfer, gefallen für Deutschland.

Ich machte aus meinem Herzen auch keine Mördergrube, und Wittulski hörte einmal spontan von mir, was ich dachte.

Wie war das vereinbar: Deutsche Soldaten hier und da. Ich, am 31. Dezember, holte meinen Melder unter absoluter Lebensgefahr 2 km vor den eigenen Stellungen direkt am russischen Stacheldrahtverhau weg, obwohl er tot war. – Hier „nutzten" die toten Kameraden nichts mehr und man hat sie elendiglich liegenlassen. Es war zum Kotzen! Und – es waren auch Deutsche!

Wittulski und ich waren ziemlich weit, entlang der Häuser, bis zur Nachbarkompanie gegangen, als es hell wurde. Wir mußten umkehren und haben fast gar nicht gemerkt, daß die Schießerei immer weniger wurde. Als wir in die Nähe meines Gefechtsstandes kamen, war unverkennbar eine Ansammlung von Soldaten hinter den Gebäuden. Mir schwante nichts Gutes, also nichts wie zurück.

Es waren meine Soldaten von der 2. Kompanie und Oblt. F. mit fast seiner ganzen 6. Kompanie. Warum die ihren Abschnitt nicht mehr besetzt hatten, war mir zunächst unklar.

Ich nahm F. mit in den Keller, den Gefechtsstand, und fragte ihn, ob ein neuer Befehl da wäre, wegen Umgruppierung? Nein, da wäre nichts Neues, aber er sei mit seiner Kompanie nach rechts ausgewichen, um in den Schutz der Häuser zu kommen. Draußen wären nur Schneelöcher und nirgendwo Deckung, auch keine Bäume und Sträucher oder Scheunen, und wo der Russe eigentlich sitzen würde, hätte er noch nicht ausmachen können.

Ich mußte eine scharfe Reaktion buchstäblich unterdrücken. Das war in meinen Augen buchstäblich: „Davonlaufen." Ich fragte ihn dann, was er tun wolle, ob er dem Batl. berichtet hätte, daß seine Stellung nicht mehr besetzt sei.

„Um Gottes willen, was denken Sie? Natürlich gehen wir wieder hinaus, nur, die Männer müssen sich etwas aufwärmen."

Ich sagte dazu nichts mehr, aber es war unbegreiflich. Ob ich etwas dagegen hätte, wenn die Männer in dem vorderen linken Haus sich aufhielten? Wenn etwas wäre, könnten sie ja sofort hinaus in ihren Abschnitt.

Ich hatte natürlich nichts dagegen.

Nun zu meinen Soldaten. Wo kamen die auf einmal her?

Feldwebel Wieler kam ins Stottern. Dann kam es Stück für Stück heraus, daß praktisch alle Soldaten, bei Morgengrauen, sich vom eingenommenen Platz im Schnee, wo seither die GD-Männer gelegen hatten, wieder abgesetzt hatten, so daß jetzt vor der Häuserfront keine eigenen Truppen mehr waren.

Ich war dem Überlaufen nahe.

Natürlich konnte ich verstehen, daß es bei 20 Grad Kälte nicht verlockte, im Schnee zu liegen, ohne Deckung. Aber, was mußte der Russe? Dem ging es genauso! Wir hatten nur noch 9 km bis an die Küste vom Haff, also konnten wir auch nicht einen Meter Boden aufgeben. Ich ließ meinem Zorn freien Lauf, und sie duckten alle die Köpfe, denn jeder wußte, daß es so war.

Daraufhin nahm ich die Unterführer zusammen und zeigte ihnen den Hof und rekonstruierte, was da vor uns passiert sein mochte. Sie alle sahen jetzt die etwa 40–50 Toten auf dem Lkw und sahen die toten Russen überall herumliegen. Es wurde immer deutlicher, daß die Russen im Nahkampf, Mann gegen Mann, wieder hinausgetrieben oder getötet wurden. Die Blutlachen waren noch ganz frisch, und das mochte 12 oder 24 Stunden vorher gewesen sein. Dann haben die Kameraden die eingedrungenen Russen im Nahkampf und Gegenangriff wieder in die Felder hinausgedrängt, so weit, wie sie den Kräften nach das vermochten. Mitten in den neuen Gegenangriff der Russen hinein, sind wir zur Ablösung gekommen, und die GD-Leute waren heilfroh, daß wir sie ablösten, um dem Druck eines neuen Angriffs zu entgehen.

In weniger als 5 Minuten hatten das alle verstanden.

Ich mußte handeln. Es war klar, daß wir jetzt bei Helligkeit keinen Meter Boden gewinnen konnten. Selbst Oblt. F. sah es für aussichtslos an, da draußen zu überleben, ohne Verbindungsmöglichkeit zur Versorgung mit Munition und Essen. Von Verwundetentransport konnte überhaupt keine Rede sein.

Nach kurzem Überlegen befahl ich, die Kompanie neu zu gliedern, und zwar die in unserem Abschnitt liegenden Häuser schnellstens so auszubauen, daß wir gutes Schußfeld und genug Deckung hatten.

Im stillen tat ich F. jetzt etwas Abbitte, weil er seinen Abschnitt preisgegeben hatte. Nicht aber war zu verzeihen, daß eine Lücke dadurch entstanden ist, und er mit dem Kommandeur nicht gesprochen hat.

Mit Wittulski sprach ich über die Situation im Keller. Mitten hinein platzten die beiden Gewehrführer der SMG. Sie hatten eine gute Idee und baten mich, mitzukommen.

Ich bin mit ihnen die Treppe hoch und dann links herum im Flur, und schon waren wir in einem sehr großen Stall voller Kühe und Rinder. Etwa 30 m lang bzw. tief war der Rinderstall, mit dem Fußboden ebenerdig mit draußen. Das Vieh brüllte unablässig, alle waren sie angekettet und schon lange nicht mehr gemolken und gefüttert worden.

An der Stirnseite hatten die SMG-Leute die Lafette stehen. Sie hatten einen Plan ausgedacht. Wenn sie jetzt noch schnellstens, bevor das Licht besser wird, eine Backsteinfront mit einer Steindicke auf 1 m herauslösen, hatten sie eine tolle Schießscharte, und die Soldaten sind im Trocknen und Warmen. Wir können genug Munition lagern und vor allem, sie können flankierend schießen, denn das gleiche wollten sie an der Grenze des Abschnitts auch machen, so daß sie das gesamte Gelände vor den Häusern voll bestreichen können.

Sofort hatte ich begriffen, daß uns das viel Unterstützung bringen könnte. Ich freute mich, daß die beiden so aufmerksam waren und gab Befehl, sofort damit anzufangen, denn Eile tat not.

Bei dieser Gelegenheit erfuhr ich auch, daß noch Zivilisten im Ort in einem Keller waren, es kam aber nicht mehr dazu, daß ich diese aufsuchte.

In meinem Kopf waren die abgelaufenen Vorgänge zwischen dem Feind und dem Erobern des Gefechtsstandes, der Rückeroberung und dem Hinaustreiben in das Gelände, so deutlich, als wäre ich dabeigewesen.

Für mich hieß das, daß die Russen neue Kräfte sammeln und im Augenblick vielleicht infanteristisch sich erholen und auffrischen werden, aber sie werden wiederkommen, absolut sicher war ich da.

Genauso werden sie das tun, was wir auch täten, nämlich schwere Waffen anfordern, oder Panzer und Flugzeugunterstützung erbitten. Das uns noch ein „dicker Hund" bevorstand, war außer Zweifel.

Ich vermutete, daß sie uns bald mit Artillerie eindecken werden. Dann ist es gut, wenn die Keller halten. Vielleicht geht es bis mittag los und wenn wir Glück haben, erst am Nachmittag.

Inzwischen bekamen wir einen Funker vom Nachrichtenzug. Das war schon viel wert. Unsere Leitung funktionierte auch, und eben durch dieselbe Leitung meldete sich Hauptmann König und fragte nach der Lage.

Ich sagte ihm ungeschminkt die Wahrheit, daß wir vor den Häusern keine deutschen Soldaten mehr haben, aber alles dabeisei, die Häuser auszubauen zur Verteidigung. Am Drahtende war es etwas lange ruhig und dann kam die Frage, ob wir Anschluß nach rechts und links hätten. Ich bejahte beides.

Das entsprach der Wahrheit, aber für den Kommandeur war das nicht ganz korrekt.

— Ich konnte F. nicht in die Pfanne hauen. —

Obwohl ich fast ununterbrochen das Gelände vor mir beobachtete, habe ich von den russischen Soldaten nichts Auffallendes gesehen. Gegen 10.00 Uhr kamen die ersten Granaten angeheult. Der Art nach schossen sich die Batterien ein. Das bestätigte meine Befürchtungen, daß wir mit unserem Gefechtsstand ein Eckpfeiler waren, der herausgebrochen werden mußte.

Im Stall waren die Männer nahezu fertig. Außer der Scharte machten sie außerdem noch einige Gucklöcher durch die Mauer. Übrigens war der Gewehrführer in dem Stall bei meinem Gefechtsstand, ein Obergefreiter mit EK I. Er war mir, ob seinem Auftreten, schon am Festungsdreieck Heilsberg aufgefallen.

Ich konnte nur hoffen, daß wir keinen Volltreffer bekommen. Von den Russen schoß kein MG, auch sonst war es ruhig, nur die Granaten suchten ihren Weg. Wahrscheinlich beschossen sie auch Kreuzungen oder andere Ortschaften.

Jedenfalls hatten wir wieder eine Front und eine Stellung, wenngleich ich mir keine Illusionen mehr machte, daß der Krieg verloren war. Eine russische Gefangenschaft konnte und wollte ich mir nicht vorstellen.

Am Nachmittag nahm das Artilleriefeuer zu. Wir mußten auf der Hut sein. Aber da tat sich noch etwas auf unserer Seite. Es waren 12-cm-Werfer in Stellung gegangen und begannen sich einzuschießen, noch kurz vor der Dämmerung. Die Stellungen mußten ungefähr 100 m hinter dem Wäldchen sein, das nach hinten im Hof begann.

In der Dämmerung waren die Russen nicht gekommen, also werden sie es nachts versuchen. Es wird dann keinen Großangriff geben, sondern eher sogenannte Kommandounternehmen. Soweit kannten wir unseren Gegner schon ganz genau.

Mit F. war ich einig, daß er sofort bei Einbruch der Dunkelheit, Spähtrupps losschickt in seinen Abschnitt. Es war für alle lebensgefährlich, wenn der Russe in der Nacht dort einsickern sollte.

Für meinen Abschnitt befahl ich, daß nach Einbruch der Dunkelheit, sofort Feldwachen mit häufiger Ablösung vorgeschoben werden. Es war notwendig, daß wir so früh wie möglich, jede beabsichtigte Aktion sofort aufs Korn nehmen konnten.

Überraschenderweise blieb es ruhig. Die Vorsichtsmaßnahmen waren gerechtfertigt, aber es herrschte Ruhe. Es war überhaupt eigenartig, wie Angriffe sich mit völligem Ermatten der Kämpfe abwechselten.

02.02.1945

In der Nacht machten sie kein Kommandounternehmen. Alles war unheimlich ruhig. War es die Ruhe vor dem Sturm?

Ich traute dem Frieden nicht und suchte mit dem Glas immer wieder das schneebedeckte Gelände ab. Und – wie so manchesmal, wenn man nur ausdauernd genug sucht, da war etwas.

Ja es war etwas ganz entscheidend Wichtiges.

Was ich nicht glauben wollte und was ich zuerst für eine Fata-Morgana hielt – es war Tatsache:

Ich sah beim Russen einen Lkw quer zu unserer Stellung fahren, noch im Nebel, etwa 500–600 m weg, und von diesem Lkw luden die Russen alle 40–50 m Sachen ab. Vermutlich Munition und Lebensmittel. Ich kann fast heute noch nachempfinden, wie mich das elektrisierte. Als ich erst wußte, daß ich mich nicht irrte, war der erste Gedanke: „Alarm."

Denn jetzt war klar erkenntlich, daß die Russen sich bis an eine Ausgangsstellung in der Nacht herangearbeitet hatten, einen Weg vermutlich, der es zuließ, daß sie mit einem Lkw dort die Munition hinfahren konnten.

Verdammt nochmal – niemand hatte das bemerkt bisher.

Auf dem schnellsten Weg ließ ich F. informieren, der mitsamt seiner Kompanie wieder bei mir in dem vorderen Haus war und dann den Kommandeur.

Ich machte deutlich, daß es meiner Ansicht nach um einen bevorstehenden Großangriff gehen würde, denn wieso würde der Russe mit einem Lkw die ausgeschwärmten, in ihren Ausgangsstellungen liegenden Soldaten, so versorgen?

Ob der Kommandeur mich für nervös hielt, glaubte ich nicht, aber zweifellos war er nicht so beeindruckt, wie ich es, mit meinem Fernglas direkt sehend, war. So etwas spürt man einfach. Bei uns war alles hellwach. Natürlich sahen jetzt auch die anderen, die Gläser hatten, den Lkw wegfahren und die Stellen, wo abgeladen wurde, waren noch deutlicher erkennbar, denn sie waren noch nicht getarnt.

Dem SMG-Führer bläute ich ein, daß er nur schießen darf, wenn wir sie einwandfrei packen können, dann aber gründlich.

Die Minuten wurden fast zu Stunden. Alles war in Spannung, was die nächsten Augenblicke bringen werden.

Nachweisung über etwaige Aufnahme in ein...

Lazarett	Tag und Monat	Jahr	Krankheit
Kriegslaz. 2/612	5.11.	40.	Luftschutz-aufnahme-Luft.
Kriegslazarett 1/591 (mot.)	12.12.26	27	
Kr. Laz. – 1. Städt. Kr. H. F.P. Nr. 45998 St.	18.12.	42	Verletzg. R. Arm
Lazarett 436...	1.1.	43	Rheuma
Truppenarzt Wrangelrevier Rendsburg	–8. Mai 1943		Untersuchung Kriegsverwendung Tropendienst
Luftwaffe 4.8.1944 193289	4.8.44	44.	gran. Spells Nase
verblieb bis ...	5.8.44		fran. gelten hascht ...

In das Lazarett mitgegeben:
Geld, geldwerthabende Papiere, Wertgegenstände u. dergl.

Tg.R.144 / 27.12.44
...

Dann, schon bald überfällig, brach das Gewitter los. Der Russe schoß mit so viel Artillerie, daß wir überrascht waren. Ringsum uns her gingen die Granaten nieder und erzeugten ein totales Chaos draußen. Die toten Soldaten von „Großdeutschland" wurden ein zweites Mal getötet. Die Hand war draußen vermutlich kaum vor Augen zu sehen vor Fontänen von Schnee und Dreck. Keinem war bisher aufgefallen, daß alles beschossen wurde, nur unser Gefechtsstand nicht.

Ich saß zu der Zeit mit dem Kompanie-Trupp im Keller und ließ funken, daß der Artillerieschlag eingesetzt hätte und wir auf den Angriffsschrei der Russen warten.

Sie kamen wie erwartet, und wir konnten aus unseren Gucklöchern durch die Frontmauer, sehr gut sehen, daß sie tatsächlich von da aus, wo der Lkw in der Dämmerung herumgefahren war, aufsprangen und in breiter Front angriffen.

Im ersten Sturmlauf waren fast alle auf einmal aufgesprungen, und als ich oben im Stall war, konnte man sie Mann für Mann sehen.

Es war die Stunde der beiden SMG. Mit unglaublicher Präzision mähten sie in flankierendem Einsatz die russischen Soldaten ab. Ein furchtbarer Augenblick, als beide fast zur selben Zeit anfingen zu schießen.

Die Chancen für die Angreifer waren trotz der Artillerie-Vorbereitung ungleich schlechter.

Im Stall brach bei den Tieren zuerst eine Panik aus. Und so waren unsere Soldaten auch wieder. Sie konnten das nicht mit ansehen und beschlossen trotz des Artillerie-Feuers, auf den Boden zu klettern, um Futter herunterzuwerfen, zur Beruhigung der Tiere. Gedacht, getan. 3 Mann kletterten die angebrachten Leitern hoch und kamen gar nicht erst dazu, Heu herunterzuwerfen, denn als sie das erste Heu losrissen, entdeckten sie da einen russischen Offizier mit einem Funkgerät, der bei seiner Entdeckung prompt die Hände hochnahm.

Das war eine tolle Überraschung. Sie brachten ihn in den Gefechtsstand herunter und ich besah mir den Mann. Er war groß, aufrecht, etwa 36 Jahre alt und hatte ein gut geschnittenes Gesicht. Eine Waffe hatte er nicht bei sich.

Ich lachte ihn an und fragte, ob einer der Soldaten vom Kompanie-Trupp Zigaretten hätte. Schnell steckten sie mir welche zu, und ich bot dem Russen eine Zigarette an. Jetzt war _er_ überrascht, griff dann zu, und ich gab ihm Feuer. Ich bedeutete ihm, Platz zu nehmen. Mit tiefen Zügen rauchte er. Angst hatte er äußerlich nicht gezeigt, aber er war unsicher, weil er noch nicht traute, ob das ehrlich gemeint war.

Zweifellos war er bei dem gestrigen Nahkampf mit seinem Funkgerät unbemerkt in den Dachboden des Stalls gekommen und hat den Truppenwechsel heute nacht mitbekommen. Auch wurde verständlich, warum die russische Artillerie unseren Gefechtsstand verschont hatte bisher! Wenn der Funkverkehr jetzt abgebrochen war, dann wußten seine Empfänger drüben, daß er entdeckt wurde. Das heißt, wenn wir seither verschont geblieben sind, dann wird das in Kürze bestimmt nicht mehr der Fall sein.

Inzwischen habe ich einen Funkspruch absetzen lassen: Russischer Funkoffizier gefangen über dem Gefechtsstand, bitte abholen.

Der russische Kollege hat das, was wir taten, natürlich mitbekommen.

Als die Zigarette zu Ende geraucht war, befahl ich, daß 3 Melder den Gefangenen, den ich nicht fesseln ließ, auf den Weg zum Batl.-Gefechtsstand bringen, und dort an die entgegenkommenden Soldaten übergeben. (Über Funk habe ich später erfahren, daß er gut übergekommen ist, trotz der russischen Granaten, und daß es ein Hauptmann war.)

Inzwischen ist die erste Welle der Angreifer brutal niedergewalzt worden. Sie sind keine 100 m weit vorangekommen und lagen nun tot oder verwundet draußen im Schnee. Die noch Lebenden lagen auf der Nase und warteten ab.

Im Unterbewußtsein gab es keinen Zweifel für mich, daß jetzt alles eine Frage der Zeit war. Sicherlich wird der Angriff fortgesetzt werden, sobald mehr schwere Waffen drüben zur Verfügung stehen.

Bei unserem SMG wurde mit allen Mannen gegurtet, das heißt, neue Patronen in die Gurte eingeschoben.

Das Artilleriefeuer flammte wieder auf. Mit aller Heftigkeit wurden wir eingedeckt, und es war unverkennbar, daß unser Gefechtsstand jetzt mit einbezogen wurde.

Die Ereignisse überschlugen sich jetzt geradezu.

Ich will versuchen, nacheinander zu schildern, was oft zur gleichen Zeit geschah:

Immer noch war die Kompanie von Oblt. F. in meinem Abschnitt am linken Flügel, und unser Kommandeur hat das noch nicht bemerkt. Weil mir das bei dem neuen, bevorstehenden Angriff, als große Gefahr für uns alle erschien, befahl ich, ein LMG am äußersten linken Flügel, hinter dem Transformatorenhaus, in Stellung zu bringen. Damit konnten wir im spitzen Winkel vor der Front, in den unbesetzten Abschnitt der 6. Kompanie schießen.

Als nun der Angriff der russischen Infanterie so gegen 11.00 Uhr erneut begann, stürmten natürlich vor der leeren Front der 6. Kompanie die Russen ebenfalls, aber bis dahin reichte unser MG allein nicht aus.

Plötzlich kam ein Melder mit einem Funkspruch hoch, wo die 6. Kompanie wäre, der VB unserer Artillerie hätte gemeldet, daß vor ihm keine deutsche Infanterie mehr wäre.

Ich ließ zurückfunken: 6. Kompanie an meinem linken Flügel, sucht Schutz vor Artillerie.

Das stimmte auch wieder nicht ganz genau, hatte jedoch das Todesurteil für die Kompanie und den Oblt. F. selbst zur Folge.

Der nächste Funkspruch des Kommandeurs lautete unmittelbar darauf: F. und Kompanie augenblicklich befohlenen Abschnitt besetzen!!

Durch Melder ließ ich Oblt. F. den Funkspruch überbringen und habe nunmehr den Wahnsinn erlebt, daß die gesamte Kompanie, fast geschlossen, aus der Deckung unseres vorgelagerten Haupthauses, hinausrannte in den Schnee, ohne Deckung und Feuerschutz, um den befohlenen Abschnitt zu besetzen.

Wir haben zusehen müssen, wie die Russen unsere Kameraden erbarmungslos abschossen.

Fast die gesamte Kompanie einschließlich des Oberleutnant sind in wenigen Minuten gefallen.

Es ist schon eine große Tragik, zwischen Befehl und Gehorsam.

Zur gleichen Zeit schossen wir mit allen Waffen zur Unterstützung der 6. Kompanie, konnten aber nur bedingt vor ihnen herschießen, um sie nicht zu gefährden.

Unser linkes MG am Transformatorenhaus schoß so lange, bis die Gurte leer waren.

Wittulski schnappte sich einige Munikästen und rannte los, um die etwa 5 m zum Transformatorenhaus zu überwinden. 1 m vor dem rettenden Häuschen erwischte ihn eine Granate und riß ihm ein Bein ab.

Schnell zogen sie ihn vollends hinter die Mauer des Häuschens, und lauthals, in dem Krachen und Bersten, schrien sie vereint nach dem Sanitäter.

Zu der Zeit, wie das gerade geschah, war ich in den Gefechtsstand hinuntergestürzt, um den Batl.-Gefechtsstand über Funk zu warnen, daß die Russen dabei sind, evtl. in den Abschnitt der 6. Kompanie einzubrechen, weil die gesamte 6. Kompanie in Ausführung des letzten Befehls in den Tod gesprungen ist.

Die aufgeregten Stimmen ließen mich wieder die Treppe hochrennen, und da höre ich auch die Stimme Wittulskis in höchster Erregung: „Herr Leutnant, schießen Sie den Sani tot, das feige Schwein, Herr Leutnant...", und so wiederholte er sich immer wieder und immer wieder!

Mit einem Blick sah ich, was los war. Der Sani schrie, man kann da doch nicht hinüber, er ist ja auch dabei verwundet worden!

Ohne auch nur 1 Sekunde zu zögern, nahm ich einen Anlauf und sprang mit großen Sätzen durch die teuflische Lücke, die unentwegt von den Russen beschossen wurde.

Ich muß hier erklären, daß es für mich absolut selbstverständlich war, den Sprung durch den Granat- und Kugelhagel zu wagen. Ich schätzte Wittulski wegen seiner Lauterkeit und Ehrlichkeit sehr und deshalb gab es gar nichts zu bedenken.

Ich kniete neben ihm hin und nahm seinen Kopf in meine beiden Hände und redete auf ihn beruhigend ein, währenddem einer der Soldaten das Hosenbein auftrennte. Was da zum Vorschein kam, war grauenhaft. Er hatte, so glaubte ich, kaum noch eine Chance.

Ich richtete mich auf und schrie nun selbst nach dem Sanitäter und einer Tragbahre. Und siehe da, er wagte es mit Tragbahre und kein Haar wurde ihm gekrümmt.

Der Sani band ihm den Oberschenkel ab, und dann legten wir ihn auf die Tragbahre. Ich legte das ganz verdrehte Bein dazu, und nun bekam ich es doch noch mit den Nerven. Ich streichelte ihm über die Wangen, und er sah mich nur ganz groß an. Kein Schmerzenslaut kam über seine Lippen.

Um uns herum tobte alles. Der Russe wollte es wissen. Ich aber wollte Wittulski retten und deshalb mußte er hier heraus. Wir schafften es mit der Tragbahre, wenn wir auch einen kleinen Anlauf nehmen mußten.

So kam es dann, daß wir Wittulski bis zur Tür vor dem Gefechtsstand brachten. Er wird nicht mehr viel gespürt haben, denn die Schmerzen müssen furchtbar gewesen sein.

4 Soldaten mußten ihn im Laufschritt in den angrenzenden Wald tragen. Vielleicht fanden sie so etwas wie eine Verwundetensammelstelle.

Ich war noch gar nicht ganz zur Besinnung gekommen, als ich ganz andere Geräusche hörte. Plötzlich detonierten Bomben bei unseren Häusern, und ich konnte gerade noch hochziehende Jagdbomber der Russen sehen, als wir außerdem mit einem Kugelhagel überrascht wurden.

Die Brüder schossen beim Hochziehen, nach hinten, aus Bordwaffen in unsere Stellungen.

Das war ganz neu für mich. Russische Flugzeuge zur direkten Angriffsunterstützung habe ich noch nie erlebt.

Wieder kam ein Melder die Treppe hoch. Ein neuer Funkspruch war da. Gerade war ich wieder nach unten gegangen, da zitterte der ganze Keller von einem Einschlag in unmittelbarer Nähe.

Er hörte sich etwas eigenartig an, aber ich wollte doch sehen, ob die Männer am SMG im Stall noch da waren.

Ich traute meinen Augen nicht. Mitten auf dem Treppenabsatz, 2 m vor der Tür, lag eine lange, russische Granate – ein Blindgänger –. In der Hauswand klaffte ein großes Loch! Panzergranate! – Die Russen wußten also jetzt genau unseren Gefechtsstand!!

Das war ein Ding. – Sollte ich räumen lassen? Dann mußten wir alle über den Blindgänger weg.

Wie ich noch am Überlegen war, kam der Obergefreite vom SMG und wollte mir sagen, daß der Russe erheblich nähergekommen sei und sie bald keine Munition mehr fertig gegurtet hätten.

Ich rief ihm zu, er soll stehenbleiben, eben wäre ein Blindgänger durch die Mauer eingeschlagen und auf den Treppenabsatz gerollt.

„Ja soll der da liegenbleiben?", rief er. „Ja, was sonst, wir müssen wahrscheinlich hier raus!", schrie ich zurück.

„Warum das, ich leg das Ding einfach draußen hin!"

Nahm die schwere Granate ruhig auf den Arm und stieg die Treppe hinauf und legte sie 3 m neben der Tür ab in den Schnee.

Die toten Russen lagen immer noch vor der Tür. Niemand hatte Zeit, alle sind über sie hinweggestiegen.

Was der Gewehrführer da eben machte, war Wahnsinn und keine Tapferkeit. Trotzdem klopfte ich ihm auf die Schulter und sagte ihm, daß ich sofort wegen der Munition etwas machen wolle.

Die Flieger warfen immer noch Bomben und schossen mit Bordwaffen. Es war jetzt sogar sicher, daß die Russen uns als Eckpfeiler genau ausgemacht haben und uns neuerlich zusätzlich mit der Ratsch-Bumm beschossen. Die hinaufgetragene Granate hatte etwa das Kaliber 7,62 und war eine Panzergranate, nur – daß sie nicht losgegangen war.

Wieder ein Funkspruch: Wer kann für die Werferbatterie beobachten und neu einschießen? VB ausgefallen, Mannschaft neu. „Fragen Sie zurück, was für Werfer, wenn Granatwerfer, so kann ich das", ließ ich funken.

Das hatte gerade noch gefehlt, daß die Werfer ausfielen. Sie haben uns bis jetzt in hervorragender Weise unterstützt. Die russische Infanterie war fast bis auf 150 m herangekommen. Seit etwa 6 Stunden rennen sie gegen uns an. Immer noch können wir sie unten im Schnee halten, aber wehe, wenn irgendwo ein MG ausfällt. Gerade jetzt waren die Werfer eine große Hilfe.

Die Werfergruppe war etwa in Höhe des Kartoffelkellers in Stellung. Immer den nächsten Einschlag abwartend, rannte ich los zum Kartoffelkeller, denn von dort konnte ich frei beobachten und auch die Ruferkette zusammenbekommen.

Uffz. Birkefeld, der dort die Stellung hielt, richtete die Ruferkette ein, trotz Artillerie und trotz der Schlachtflieger. Etwa eine halbe Stunde schon machten sie uns das Leben schwer. Immer wieder mußte man in Deckung springen, weniger wegen der Bomben, mehr wegen der Bordwaffen. Jetzt schossen sie von vorne und von hinten. Die Ruferkette war fertig. Wir probierten sie aus. Alles klappte.

Dann gab ich die ersten Kommandos und sie schossen ab. Zu kurz. Ich gab die Korrekturen durch und sah in meinem Fernglas, daß im Hintergrund an einer Scheune plötzlich die Tore aufgesperrt wurden und eine schwere Pak sichtbar wurde. Kaum wurde mir das bewußt, als auch schon der erste Schuß heraus war. Das war wirklich ein Bravourstück. Mit dem MG konnten wir da wohl hinlangen, aber wer sah das so schnell?

Die eigenen Werfer legten wieder los, und ich hatte das Glas vor den Augen, um die Einschläge zu überprüfen, da gab es einen infernalischen Knall neben mir und ich wußte, ich war getroffen. –

Wo die Granate eingeschlagen war, habe ich nicht gesehen. Sehr viel später sah ich an meinem Gesicht und den Händen, daß die Haut voll Pulver oder Verbrennungsrückstände war. Der Einschlag war wohl unmittelbar neben mir.

Vom Schlag ging ich zu Boden – in die Knie. Sekundenlang hockte ich so im Schnee, an der Tür zum Kartoffelbunker. Bewußtlos wurde ich keinen Augenblick. Zu sehr hatte ich die anstürmenden Russen noch vor mir, als ich das Fernglas vor meinen Augen hatte.

Dann aber packten mich die Fäuste vom Uffz. Birkefeld, und er zog mich blitzschnell hinter die rettende Mauer in den Keller. Irgendwer nahm mir den Stahlhelm ab und ich merkte, daß ich wegen des Blutes nichts mehr sah. Dann haben sie mir mit Verbandspäckchen die Augen etwas ausgewischt und ich hörte nur: „Mein Gott, mein Gott!"

Wochen später konnte ich selbst die Wunden sehen. Vermutlich ist die Granate buchstäblich auf den Mann geschossen worden. Sie muß direkt vor mir an der Mauer explodiert sein, denn die Splitter haben wahrscheinlich meinen Stahlhelm demoliert, dann das Fernglas zerfetzt, dabei zugleich meine rechte Hand getroffen, den rechten Zeigefinger kupiert. Weitere Splitter sind in die rechte Nasenseite eingedrungen, haben die Oberlippe in drei Teile gefetzt, die Unterlippe bis tief herunter zerteilt und im rechten Oberkiefer einige Zähne zerschlagen. Innen wurde die Zunge verletzt, der Rest ging in das Kinn und an den unteren Rand des Kinns. Die linke Schulter im Bereich des Gelenks wurde von weiteren 4 Splittern getroffen.

Schnell wurde den helfenden Soldaten klar, daß man da mit Verbandspäckchen nicht viel machen konnte. Sie legten mich auf eine Tragbahre, und ich versuchte, mich verständlich zu machen, aber das Blut lief mir immerzu aus dem Mund. Zuletzt nickte der Uffz. Birkefeld und hatte verstanden: Er sollte die Kompanie übernehmen. Er wiederholte, was er verstanden hatte und damit wußte ich, daß der energische Mann sich um die Soldaten kümmerte.

Von 4 Soldaten wurde meine Tragbahre hochgenommen und mit einem Ruck aus der Tür und hinter das Gebäude gebracht. Dort stand der Sani, der kurz vorher noch nicht den Mut hatte, wegen seines Kameraden Wittulski sein Leben zu wagen und nahm sich meiner an.

In einer kleinen Feuerpause nahmen sie die Tragbahre wieder hoch und rannten über den Hof zu dem Wäldchen, hinter dem die Werfer standen. Sie wollten mich zum Batl.-Arzt bringen. Aber keiner von uns wußte, wo er war und ob es ihn überhaupt noch gab.

Als die Soldaten mich eben aus dem Wäldchen hinaustragen wollten, kamen wieder die Schlachtflieger und flogen uns im Tiefflug an. Nichts passierte – die Bordwaffen waren auf meinen Gefechtsstand gerichtet gewesen! Eben da hin, wo wir herkamen.

Die Soldaten, die sich hingeworfen hatten, mit der Trage und mir, verschnauften etwas, aber dann sahen sich mich an und – nahmen die Tragbahre wieder auf.

Ich wog zur Zeit der Verwundung etwa noch 115 Pfund, mehr nicht. Der stetige Blutverlust hatte mich sehr geschwächt, aber im Gehirn war alles klar.

So vernahm ich bald darauf, daß ein Wagen mit 2 Pferden und Gummireifen im Galopp auf uns zukam. Mein erster Gedanke war, daß die Pferde irgendwo durchgegangen waren und direkt in die Hauptkampflinie rasen wollten. Bald wurde ich eines Besseren belehrt.

Es war ein Bauernkutschwagen, mit Stroh ausgepolstert und mit Decken versehen, den mir Hauptmann König entgegenschickte, obwohl uns die russischen Schlachtflieger buchstäblich auf den Hacken waren.

Der Kutscher, ein Soldat, wendete den Wagen im Schnee, und schnellstens wurde ich mit aller Vorsicht in das Stroh gelegt und zugedeckt. Gerade war ich versorgt, als wieder eine Rotte Schlachtflieger über uns herdonnerte und mein Kopf mir nur noch sagte: Sie kriegen dich also doch noch.

Bis heute habe ich nicht begriffen, warum sie uns mit Bordwaffen nicht ins Jenseits befördert haben.

Der Fahrer des Wagens rief herüber, daß er so vorsichtig fahren würde, wie es ginge, aber wir müßten traben, sonst würden uns die Flieger doch noch erwischen.

Übrigens hätte mein Funker durchgegeben, daß ich schwer verwundet und auf dem Weg zum Bataillon sei. Diese Meldung sei zu Oberstleutnant Dorn gegangen und der habe befohlen, mich sofort zu bergen. Hauptmann König hätte gemeint, man solle es mit Pferd und Wagen versuchen, bis an die Russen heranzukommen und so sei er eben sofort losgefahren. – Ich war tief beglückt, trotz meines schlimmen Zustandes, daß der Kommandeur sich so um mich sorgte.

Eigenartigerweise denkt man in solchen Situationen immer an das Nächste, was auf einen zukommen wird.

Vor den Fliegern hatte ich immer noch Befürchtungen. Der Grund, daß sie uns nicht wegputzten, konnte nur der unbedingte Einsatz zur Eroberung unserer Stellung und meines Gefechtsstandes sein. Mein Gefechtsstand hatte es ihnen nun einmal angetan.

Nach etwa 20 Minuten, unter starken Schmerzen, rollte ich mit Hilfe der Kutsche in das Dorf ein. Vermutlich war es der Ort Barsen.

Hauptmann König erwartete mich vor dem Gefechtsstand und klopfte mir etwas verlegen auf die Decke, denn weder die rechte noch die linke Hand konnte ich gebrauchen. Sprechen konnte ich auch nicht mehr und trotzdem brannte es mir auf der Zunge: „Sofort nach rechts sichern mit MG, der Russe ist an unserer linken Flanke neben uns durch." Ob er es verstanden hatte, konnte ich nicht wahrnehmen.

Vorsichtig nahmen mich Soldaten vom Fahrzeug herunter und trugen mich in ein Zimmer, in dem es warm war. Dort war unser Batl.-Arzt und besah sich den Jammer. Dann sagte er zu mir – und das war vernünftig –: „Ich gebe Ihnen jetzt eine Morphiumspritze, die reicht bis zum Verbandsplatz. Wenn sonst keine Komplikationen eintreten, schaffen Sie es. Sie haben eine Fellweste an, aus der immer noch Blut kommt, aber es hat wenig Sinn, Sie zu quälen, denn ich kann hier nicht operieren."

Oberstleutnant Dorn hat noch weiter für mich gesorgt damals. Er hat sofort einen Sanka in Marsch gesetzt, der mich beim Batl.-Gefechtsstand abholen und zu dem Hauptverbandsplatz der Division „Großdeutschland" bringen sollte. Hauptmann König sagte mir das.

Jetzt, der Arzt hatte mir den Mund gesäubert und Zahnstücke und Knochenstückchen herausgenommen, saß ich in einem Sessel und konnte mich besser verständlich machen. Endlich hatte der Hauptmann König auch verstanden, was ich schon immer sagen wollte, daß nämlich die Russen im Raum der 6. Kompanie, neben unserem Gefechtsstand, Gelände gewonnen haben und so von der Seite den Batl.-Gefechtsstand erreichen können. Als er das wiederholte und ich nickte, kam auch schon der Alarmbefehl von ihm an Oblt. Johst und an Lt. Nölting. – Jetzt war mir besser. –

Wie vorausgesagt, kam in kurzer Zeit ein Sanka. Hauptmann König nahm Abschied. Er trug mir viele Grüße an seine Eltern in Kolberg auf, sollte ich je den Kessel verlassen können. Oblt. Johst blieb bis zuletzt bei mir und tröstete mich.

Der Krankenwagen fuhr los und dann wußte ich lange nichts mehr. Im Unterbewußtsein merkte ich, daß wir fuhren, die Spritze tat ihre Wirkung.

Viele Jahre später konnte ich in Erfahrung bringen, wie das Schicksal all dieser Männer und Offiziere, die bis zum 2. Februar 1945 mit mir unser Deutschland verteidigt haben, verlaufen ist. Ich zitiere aus einem Brief des damaligen Regiments-Adjutanten Günter Hollmann vom 2. Januar 1956:

„Sie wollen von mir hören, wie es nach dem 2. 2. 1945 ohne Sie weiterging. Nun, das ist nicht so ganz einfach zu schildern, denn, wie Sie sich denken können, ist recht viel passiert in der verhältnismäßig kurzen Zeit. Und der weitere Rückzug war kein Spaziergang. Nehmen Sie nur einmal die personelle Besetzung Ihrer 2. Kompanie:

Lt. Bechstedt	von der 8. Kompanie	verwundet am 03. 02. 1945
Lt. Maurer	von der 4. Kompanie	verwundet am 17. 02. 1945
Lt. Hauk		gefallen am 28. 02. 1945
Lt. Zimmer		verwundet am 11. 03. 1945
Lt. Knorr		vermißt am 14. 03. 1945
Oblt. Meyeres		vermißt am 14. 03. 1945

Und so sah es nicht etwa nur in Ihrer 2. Kompanie aus, sondern im gesamten Regiment.

Hauptmann König	gefallen am 11. 02. 1945
Lt. Wulf, Pionier-Zugführer	gefallen am 11. 02. 1945
Oblt. Stötter	gefallen am 09. 02. 1945

Lt. Nölting	gefallen am 15.02.1945
Oblt. Johst	gefallen am 28.02.1945
Oblt. Hoppe	verwundet am 11.02.1945
Lt. Prove	gefallen am 02.03.1945
Hauptmann Thomsen	gefallen
Oberstleutnant Dorn, Rgt.-Kommandeur kurz vor dem „Schluß"".	gefallen vor Halbinsel Balga

Zitatende aus dem Brief des damaligen Regiments-Adjutanten, Hauptmann Günter Hollmann.

Als ich aus dem Sanka ausgeladen wurde, wachte ich auf und habe alles wieder wahrgenommen. Die Sanis brachten mich in ein großes Haus, das geheizt war. Jemand nahm mir mein Soldbuch aus der Brusttasche und brachte es später wieder zurück. Ich wurde in einen Vorbereitungsraum gebracht und dort vorsichtig ausgezogen. Am schlimmsten war das Ausziehen meiner Reitstiefel.

Ich habe sie später nie wiedergesehen. –

Ein Arzt kam und stellte sich vor. Er sagte mir, daß ich jetzt auf dem Hauptverbandsplatz der Division Großdeutschland wäre und je nach den Umständen der gefundenen Verwundungen sofort operiert würde. Danach aber würde ich unverzüglich weitergeleitet in ein Lazarett. Fragen konnte ich nichts, und so grunzte ich etwas mit dem Kehlkopf, was heißen sollte, ich habe verstanden.

Dann wurde ich gewaschen und in einen großen Operationsraum geschoben. Daß es so etwas kurz hinter der Front gibt, wußte ich gar nicht. Oder es hing vielleicht damit zusammen, daß die Division Großdeutschland eben eine besondere Elitedivision war.

Ein Arzt aus Stuttgart, übrigens für mich sehr aufmunternd, sagte mir, daß er meine Lippen wieder zusammennähen wolle. Innen, an Zunge und Kiefer, könnten sie hier nichts machen.

Es wurde örtlich betäubt und die Näherei ging los. Ich konnte alles mitverfolgen. Als er fertig war, sagte er: „Herr Kamerad, ich glaube, daß es gut geklappt hat. Lassen Sie sich später mal einen Schnurrbart wachsen, dann sieht kein Mensch mehr was davon." Anschließend nähten sie meine rechte Nasenseite zusammen, das Kinn und die Schulter.

Meine rechte Hand sah schlimm aus, mit dem linken Auge konnte ich gerade noch sehen, wie weiß der Knochen aus dem Zeigefinger herausguckte, bevor sie anfingen, die Kuppe vollends abzutrennen, den Knochen zu kürzen und den Reststumpf am Ende zusammenzunähen.

Als alles vorbei war, fuhren sie mich aus dem OP in ein Wartezimmer, in dem noch mehrere Verwundete auf den Tragen lagen. Nach einiger Zeit kam wieder der Stuttgarter Arzt mit einem Sani-Dienstgrad. Der Arzt sagte mir, daß es wegen des Mangels an Betäubungsmitteln verboten sei, mir eine Spritze gegen die jetzt einsetzenden Schmerzen zu geben. Aber, so sagte er weiter, sie hätten ein anderes gutes Mittel bei „Großdeutschland".

Der Sanitäter würde mir jetzt einen schweren Rotwein bringen. Er hätte ganz links an meinem Kopfverband ein kleines Stück an der Lippe offengelassen, um einen Schlauch hineinzuschieben. – Ich solle so lange an dem Schlauch saugen, bis ich nichts mehr weiß – Dabei lachte er mich an, als ob der Krieg noch lange nicht verloren sei.

So geschah es auch. Zuerst legten sie mir wieder eine Jacke über die Schultern. Vorne wurde ein Aushängeschild befestigt mit Namen, Truppenteil und Verwundungsart. Dann zogen sie mir mein Koppel mit Pistole und Kartentasche unter dem Rücken her, schnallten es am Bauch zu, und nun brachte der Sanitäter einen großen Krug mit Wein. Er steckte einen Schlauch hinein, zog mit dem Mund daran, bis der Wein kam, kniffte den Schlauch ab und steckte mir das Ende in den linken Mundwinkel unter dem Verband. Jetzt munterte der Mann mich auf, zu ziehen und zu nuckeln, und siehe da – es klappte.

Da ich fast nie Alkohol trank, war mir der schwere Wein ungewohnt. Es wird nicht allzulange gedauert haben, bis ich – weg – war.

Aufgewacht bin ich erst wieder vom Poltern und Schaukeln des Sanka. Nur ganz langsam dämmerte es mir, was eigentlich los war. Das ganze Zeitgefühl war mir verlorengegangen. Ich merkte, daß ich nicht allein in dem Auto war, denn das Stöhnen und Ächzen der anderen Soldaten war unverkennbar. Unter und neben mir lagen Verwundete.

Ich war noch buchstäblich betrunken.

Je mehr ich meinen Zustand erfaßte, desto heftiger wurde die Erinnerung wach, was sich heute morgen rund um meinen Gefechtsstand abgespielt hatte. Ich sah vor mir die aufspringenden Russen im Schnee, die immer aufs Neue von unseren schweren Maschinengewehren niedergehalten wurden.

Ich wurde das aufkommende Gefühl nicht los, daß ich mich, allerdings ungewollt, davongeschlichen hatte.

Ob der Uffz. Birkefeld, der ohne Braut wiederkam, den Gefechtsstand halten konnte?

Ich merkte, daß ich Fieber hatte. Je mehr ich wach wurde, desto mehr war ich wieder in die letzten Abwehrkämpfe verwickelt.

Hauptmann König würde sich wohl wehren, wenn er nur rechtzeitig erfuhr, daß die 6. Kompanie buchstäblich abgeknallt wurde bei der wahnsinnigen Befolgung eines Befehls, der nie hätte gegeben werden dürfen, wären die Soldaten gleich draußen geblieben und hätten sich Schneewälle gebaut, so wie die Russen das vor ihrem Angriff heute morgen getan hatten.

Sie sprangen befehlsgetreu – wie die Irren in die Wiesen, um ihren Abschnitt zu besetzen, zu einem Zeitpunkt, da der Tod als sichere Quittung kommen mußte. Eine Tragik ohnegleichen.

Ob Wittulski noch am Leben war? Noch vor einigen Stunden waren wir auf meinem Gefechtsstand und sahen die Lage so an, daß wir den Iwan mindestens so lange aufhalten könnten, bis er schwere Pak oder Panzer zum Einsatz brächte. Mit den Schlachtfliegern hatten wir allerdings nicht gerechnet.

Der Sanka fuhr vermutlich über Bladiau direkt nach Heiligenbeil. Auf meiner Trage liegend hatte ich aber damals nicht die geringste Ahnung, wo wir hinfuhren.

Die Schmerzen setzten voll ein, und ich war froh, als der Sanka das erste Mal hielt und der Fahrer anscheinend nach dem Weg fragte. Das konnte bedeuten, daß wir bald am Ziel waren, nämlich in einem deutschen Lazarett.

Das ganze Denken galt eigentlich dem Augenblick, zu erleben, daß hilfsbereite Menschen uns in Empfang nahmen, in Betten brachten und ein Arzt kam, um zu bestimmen, was geschehen sollte, damit man überleben konnte. Ich lebte von dieser Hoffnung, denn noch hatte ich keine Ahnung, was wirklich alles verletzt war und wie schlimm die Wunden waren.

Noch einmal hielt der Wagen und dann blieb er endgültig stehen.

Nach einer Weile hörten wir Stimmen herankommen, die Türen wurden aufgemacht, und ein kalter Wind fegte herein. Behutsam wurde ich herausgehoben. Irgend jemand las den Verwundetenzettel auf meiner Uniformjacke. Die Sanitäter wurden nun zu einem Gebäude dirigiert, das, wie sich später herausstellte, eine ehemalige Turnhalle war.

Nachdem wir in die Halle kamen, schwenkten die Sanitäter links um, gingen einige Meter weiter und setzten die Trage ab. Jetzt konnte ich erkennen, daß meine Trage in einem Gang stand und daß links und rechts davon Stroh auf dem Fußboden lag.

Genau auf dieses Strohlager legten sie mich vorsichtig ab. Mit dem Kopf gegen die Wand und den Füßen zum Gang hin.

Nach kurzer Zeit wurde neben mir der Platz auch belegt, und dann kamen noch zwei weitere Verwundete daneben.

Vom Sanitätspersonal kam ein Soldat und legte eine Decke über mich, ohne mich anzusprechen oder etwas zu erklären, wie es weiterginge.

Zuerst habe ich mir gar nichts dabei gedacht. Schon seit Jahren wußte ich, daß die Organisation bei der deutschen Wehrmacht klappte, und so war ich auch jetzt hoffnungsvoll, wenngleich ich mir ein Bett gewünscht hätte, statt Stroh auf dem Fußboden.

Es war sicher nur vorübergehend, bis der Arzt kam und entschied, was werden wird.

Wenn ich mich vorsichtig zur Seite wälzte, konnte ich unter meinem Kopfverband her, die Halle etwas besser überblicken. Da ließ sich feststellen, daß rundum, an allen Wänden, Soldaten mit Verbänden auf das Stroh gelegt waren. In der Mitte des Raumes war dann nochmals Stroh und auch darauf lagen Soldaten mit Verbänden.

Manche konnten sich selbst aufrichten und ich sah an den Uniformen, daß es Soldaten von allen Waffengattungen waren und auch alle nur denkbaren Rangstufen vertreten waren. Eines hatten wohl alle gemeinsam mit mir: Sie konnten nicht mehr allein gehen.

Ich mochte schon etwa eine Stunde dagelegen haben, als mir erstmals der Gedanke kam, ob hier alles mit rechten Dingen zuginge. Nur einmal hatte ich bis jetzt einen Sani gesehen, der aber lediglich einen großen Ofen nachheizte, der in der Halle stand. Das einsetzende Wundfieber ließ mich langsam wegdämmern in dem Bewußtsein, daß ich erstmal geborgen war.

03.02.1945

In der Nacht bin ich mehrmals wach geworden. Mein linker Nachbar war sehr unruhig und warf sich immerzu im Fieber hin und her und stieß mich dabei auch manchmal an. Ich selbst merkte jetzt mit der Zunge die Fäden in den Lippen oben und unten und hatte das Gefühl, daß alles zugeschwollen war. Das rechte Auge war nicht bewegbar, aber mit dem linken Auge konnte ich etwas wahrnehmen.

Am Ausgang brannte nur ein schwaches Licht. Verdunkelt hat am Abend niemand, vielleicht war das nicht für nötig erachtet worden.

Ich war inzwischen wieder voll bei Bewußtsein, obgleich ich Fieber hatte. Ganz deutlich konnte ich auch in der Dunkelheit Einzelheiten vernehmen. Auch Unterhaltungen hörte ich, aber vor allem drang Stöhnen an mein Ohr. Daß ich in Heiligenbeil war, wußte ich noch nicht. Es war mir aber doch klar, daß ich von der Front so weit weg war, daß man keinen Geschützdonner hören konnte.

Zum ersten Mal versuchte ich, meine Beine zu bewegen, und sie gehorchten auch. Die Verbände waren vermutlich durchblutet, aber es war so warm in der Halle, daß nichts gefrieren konnte.

Als die Morgendämmerung einsetzte, war ich schon soweit, daß ich mit Ausnahme der linken Schulter und der rechten Hand, alles durchprobiert hatte.

Es mag vielleicht 7.00 Uhr gewesen sein, als die Tür aufging und ein Wagen hereingeschoben wurde. 4 Sanitäter begannen, mit dem Wagen in den Gang einzufahren und suchten mit Hilfe einer Taschenlampe Platz um Platz ab, auf der Strohschütte. Diejenigen, die noch lebten, konnten liegenbleiben, und die leblosen und kalt gewordenen Soldaten hoben sie heraus und legten sie auf den Wagen.

Wenn der Wagen voll war, fuhren sie hinaus und kamen kurz darauf mit einem leeren Wagen wieder. So kam es, daß auch der Platz zu meiner Linken leer wurde, denn der Nachbar war schon seit einiger Zeit still geworden.

Ich vertraute immer noch der deutschen Ordnungsliebe und der guten Organisation und war ohne ernstlichen Argwohn.

Aber es sollte schlimmer kommen an diesem Tag.

Nach einer weiteren Stunde etwa, ging wieder die Tür auf und der Ofen wurde nachgesehen. Mit einer gewissen Befriedigung nahm ich wahr, daß auch hier in diesem Frontlazarett ein Plan da war, der zum Inhalt die Sorge für uns Verwundeten hatte. Tatsächlich kam etwas später wieder ein Sani herein mit frischem Kaffee. Es erschien mir allerdings recht primitiv, was sich da meinem noch offenen Auge bot: Der Sani schenkte da Kaffee aus, wo sich ihm ein Feldbecher anbot. Als er in meine Reihe kam, beguckte er mich, schüttelte den Kopf und ging weiter. Ich konnte weder protestieren noch sonst etwas machen, er war weg.

Er und alle anderen Sanis waren weg – weggetreten – für uns einfach nicht mehr da!

Ich hatte keine Ahnung, ob der Ablauf sonst anders war, jedenfalls war nach etwa 2 Stunden noch immer kein Arzt da, auch hatte niemand etwas zu essen bekommen.

Mir dämmerte so leise, daß ich mich hier auf einem Abstellgleis befand. Auf dem Abstellgleis zwischen Leben und dem Tod.

An diesem Vormittag spielten sich furchtbare Szenen ab. Unvergeßlich ist mir ein Generalstabsoffizier geblieben, der immerzu, noch mit fester Stimme, glaubte, daß er durch Befehle, mit dem Generalobersten Lindemann verbunden werden müsse.

„Ich bringe Sie vor ein Kriegsgericht!" schrie er immer wieder. „Lassen uns verrecken wie die Schweine!" – Und so ging es immer weiter. „Warum kommt denn keiner, warum bekommen wir kein Essen?"

Dann in einem Wutanfall: „Sani, ich befehle Ihnen, sofort zu erscheinen!"

„Wenn das der Generaloberst wüßte, daß man uns so verrecken lassen will!"

Mir ging das unter die Haut. Immer mehr wurde deutlich, daß kein Sani nach uns sah, kein Arzt kam, kein Essen für uns kam. –

Wenigstens die Toten hatten sie hinausgebracht. –

Mitten in dem Gewoge, zwischen schwindender Hoffnung und der Gewißheit, daß ich in einer Sterbehalle lag, brüllten plötzlich Flugabwehrkanonen auf, und zwar jede Menge. Die Luft war voll von Alarmsirenen. Wir hörten draußen Befehle und Geschrei, und schon krachten die ersten Bomben, gar nicht unweit von unserem Gebäude.

Alles zitterte, die Fensterscheiben zerbarsten und der Fluglärm der angreifenden Flugzeuge, vermischt mit dem Einsetzen der Bordwaffen, wirkte so unmittelbar auf uns, daß augenblicklich die Rufe und das Stöhnen aufhörten und alle noch etwas wahrnehmenden Soldaten auf das bevorstehende Ende warteten.

Eine neue Welle griff an. Wir hörten das an dem Anschwellen der Motorengeräusche und dem erneut massiv einsetzenden Abwehrfeuer unserer Soldaten. Wieder dröhnte der Boden, und alles zitterte vom Detonieren der abgeworfenen Bomben.

Wir waren uns auch hier so selbst überlassen wie schon den ganzen Morgen. Unwillkürlich hielt ich die Luft an und starrte an die Decke, wann wohl das Dach vollends herunterkäme.

Es fiel nicht herunter, aber nebenan fielen jede Menge Glassplitter von den geborstenen Fenstern herab.

Der Lärm draußen ebbte ab, und im gleichen Maße, wie das Verebben des plötzlichen Luftangriffs, schwoll der Lärm der Entrüstung der Verwundeten, die hier hilflos lagen, immer mehr an.

Tatsächlich ging die Tür auf, aus der „nur" die Scheiben herausgeflogen waren und einige Sanitätssoldaten guckten herein. sofort wurden sie mit einem Hagel von Vorwürfen empfangen. Schleunigst zogen sie sich zurück und – sie blieben auch weg.

Bald war es eisigkalt in der Halle, und das Stöhnen und Ächzen, Schimpfen und die Verzweiflungsausbrüche nahmen immer mehr zu. Es war zur Gewißheit geworden, daß auch ich zu denen gerechnet wurde, die man nur noch bis zum Tod aufbewahren mußte. Ich spürte, daß ich noch nicht sterben brauchte, es sei denn, man ließe mich verhungern.

Es war etwa 14.00 Uhr, als ich mich aufraffte, dem Schicksal in dieser Todeshalle zu entgehen. Ich hatte noch den festen Willen, weder zu erfrieren noch zu verhungern.

Systematisch, wie es schon immer meine Art war, begann ich mit den Füßen, den Versuch zu machen, mich etwas anzuschieben gegen die Wand zu. Immer ein kleines Stückchen weiter kam ich mit dem Kopf zur Wand, und endlich spürte ich hinten Widerstand.

Das war erstmal geschafft, wenngleich mich diese kleine Bemühung schon arg schlauchte.

Ich hatte ja keine Stiefel an, und so rutschte ich im Stroh immer etwas weg beim Drücken. Mein Koppel mit der Kartentasche und der Pistole war mir noch so um den Leib geschnallt, wie sie das auf dem Verbandsplatz bei Großdeutschland gemacht hatten. Eine Mütze hatte ich nicht mehr. Meine Jacke war vorn mit 2 Knöpfen zugemacht und daran baumelte mein Zettel mit den Verwundetendaten.

Jetzt galt es, den Versuch zu machen, auf die Beine zu kommen. Obwohl ich seit 2 Tagen, außer dem Rotwein gestern, nichts zu essen und zu trinken gehabt hatte, obwohl das Fieber da war, glaubte ich fest daran, daß ich es schaffen könnte, auf die Beine zu kommen, um dann aus dieser Sterbehalle zu entkommen.

Bald hatte ich heraus, daß ich im rechten Winkel zur Wand, mit dem Kopf nicht hochkam. Das Stroh war zu glatt. Ich drehte mich etwas zur Seite und kam von schräg auf die Wand zu – da ging es besser. Nach einigen Anläufen schaffte ich es, daß ich richtig saß und zum ersten Mal den Raum ganz übersehen konnte. So entdeckte ich an den roten Hosenbiesen auch den Generalstäbler, der mit dem Kriegsgericht drohte, wenn nicht bald eine Verbindung zu dem Generaloberst Lindemann hergestellt würde.

Als ich alles übersehen konnte, war mein Entschluß noch fester geworden, daß ich hier auf eigene Faust ausbrechen wollte, ungeachtet von Befehl und Ordnung.

Nach einer kurzen Zeit des Ausruhens, kam der Versuch, mich aufrecht hinzustellen.

Es ging nicht, ich war zu schwach. Langsam, mit etwas Schwungholen, schaffte ich es, mich so zu wenden, daß ich auf die Knie kam. Jetzt war es nicht mehr so schlimm. Mit der dickverbundenen Hand drückte ich gegen die Wand und zog das eine Knie hoch, so daß ich mich hochstemmen konnte und bald darauf mit dem Gesicht zur Wand, aufrecht stand. Mit zitternden Knien und einem zerrenden Koppel um den mageren Leib, stand ich da und brauchte noch Minuten, bis ich die Kehrtwende schaffte.

Damit hatte ich auch ungewollt einen Überblick über die grausame Tragik dieses Raumes. Vollgefüllt mit „Abgeschossenen, für den Krieg wertlos gewordenen, vollgefüllt mit Opfern, die nichts mehr brachten, keinen Sieg mehr bringen konnten".

Ich mußte hier raus!! Es mußte hier doch noch etwas geben von der Wehrmacht, oder war der Russe bereits da?

Daß man uns nicht vergessen hatte, war dadurch bewiesen, daß vor einer Stunde noch nachgesehen wurde, ob nicht auch bei uns eine Bombe eingeschlagen hatte. Da dies nicht der Fall war, konnte unsere Halle ihre zugedachte Aufgabe auch weiterhin erfüllen, Dach und Schutz zu sein für die letzten Stunden vor dem zu erwartenden Tod. – Daß jetzt die Fenster fehlten, war bestimmt nicht gewollt. Wir hatten eben etwas Pech. Doch – mit dem Sterben konnte es nun schneller gehen! –

Wie ein Seiltänzer rutschte ich über das Stroh zum Gang. Dort war der Untergrund fester und ich wankte rechts herum, der Tür zu. Niemand fragte mich, was ich wolle, keiner regte sich auf. Ich konnte nicht sprechen, der Mund und das Gesicht waren so perfekt verschwollen und die Schmerzen waren so dominierend, daß ich auch gar nicht den Versuch machte, etwas Verständliches zustande zu bringen.

Die Eingangstür war zu. Mit dem rechten Ellbogen drückte ich die Klinke herunter, die Tür öffnete sich und ich konnte sie mit dem Körper aufdrücken.

Was würde mich jetzt erwarten? – Draußen war strahlende Helle und die Sonne schien. Dann ein Blick auf den vor mir liegenden Hof und das gegenüberliegende Haus. Es war ein Backsteinhaus und eine Treppe führte zum hochgelegenen Erdgeschoß.

Mit dem Rücken drückte ich die Tür hinter mir zu und es war mir, als wenn ich einem Untergrund entgangen wäre, einer Gruft!

Das helle Licht machte mir plötzlich deutlich, daß noch nicht alles vorbei sein konnte.

Ich war ohne meine Stiefel, nur in Socken. Trotzdem trat ich von der Tür weg, hinaus in den Schnee, und versuchte, quer über den Hof, zu der Treppe zu gelangen. Soldaten sah ich keine. Alles war beklemmend leer und kalt. Obwohl ich schnell kalte Füße in dem Schnee hatte, schaffte ich die 30 m zu der gegenüberliegenden Treppe. Dort verschnaufte ich etwas, und dann begann der Aufstieg, etwa 15 Stufen hoch. Auch das brachte ich fertig. Ich wußte, daß ich schnellstens in einen warmen Raum kommen mußte.

Nach vergeblichem Versuchen, die Tür aufzubekommen, sah mich jemand von innen und machte mir auf.

Etwas verwundert fragte mich der Jemand, nachdem er mich ungläubig gemustert hatte, wo ich denn herkäme. Mit dem Sprechen war es nichts, also drehte ich den Kopf etwas und bedeutete, daß ich von der Halle da drüben herkomme. Es sah, daß ich nur Socken anhatte, nahm mich bei meinem anhängenden Rock und sagte, ich solle mitkommen.

Langsam tatterte ich neben ihm her, den Flur entlang. Er machte eine Tür auf und ließ mich hineingehen. Dann konnte ich mich in dem geheizten Raum hinsetzen und er verschwand wieder, nicht ohne sich meinen Verwundetenzettel vorher anzusehen. Das gab mir etwas Hoffnung. Es gab also noch deutsche Soldaten hier.

Nach kurzer Zeit kam ein Arzt, besah meine Verwundetenzettel, hatte offenbar meine Schulterstücke gesehen und sprach mich an: „Wissen Sie, wo Sie hier sind?" Ich schüttelte den Kopf. „Sie sind hier in Heiligenbeil. Wir hatten vorhin einen plötzlichen Luftangriff auf den Feldflughafen und mußten zuerst die Verwundeten bergen. Bald sind wir soweit, dann werden wir Ihnen helfen. Haben Sie noch etwas Geduld."

Damit war er auch schon im Nebenzimmer verschwunden. Ich konnte gerade noch sehen, daß dies so etwas wie ein Verbands- oder Operationszimmer war.

Merkwürdig, daß keiner nach der Turnhalle fragte, wo ich herkam. Jetzt glaubte ich fest, daß in der Todeshalle nur hoffnungslose Fälle lagen. Wie richtig, daß ich es gewagt hatte, dort zu entfliehen.

– Das Zimmer sah nicht nach Kaserne aus, sondern eher nach Schule. Die Tür ging wieder auf und ein Mensch mit Gummischürze kam herein. Der Mann war über und über mit Blut verschmiert und winkte mir, zu kommen. Allein nur das Aufstehen bereitete mir Schmerzen. Meine Knie zitterten immer noch.

Im Türrahmen übersah ich schon den Raum. Mehrere große Tische standen da und darauf lagen die Soldaten und wurden operiert. Mit großen Lampen war die Szenerie beleuchtet und überall ging es in großer Eile zu.

Ich war vollkommen überrascht, denn nach dem bisherigen Eindruck hätte ich eher geglaubt, alle deutschen Soldaten wären nach dem Luftangriff verschwunden gewesen.

Der Arzt im weißen Kittel winkte mir zu und sagte, er wolle mich zwischendurch ansehen. Daraus entnahm ich, daß ich gar nicht ordentlich auf einer Liste gestanden habe, sondern buchstäblich als Sonderfall dazwischenkam.

Schnell wurden die Verbände abgemacht. „Alles gut genäht", hörte ich ihn sagen. „Die Schulter können wir hier nicht so schnell machen, wir werden sie Ihnen festlegen. Die Hand ist auch gut genäht." – So kam es, daß ich in kurzer Zeit beurteilt war und der Arzt mich den Sanis zum Verbinden überließ.

Als ich mich einmal umschaute, sah ich gerade, wie ein Arzt auf dem Nachbartisch einem entblößten Soldaten mit dem Messer einen tiefen Schnitt in die Hüftgegend machte und eine Kugel suchte. Mit Haken haben die Sanis die Wundränder auseinandergezogen, und der Arzt suchte im Schußkanal nach der Kugel. Er fand sie nicht sofort und mußte weiterschneiden. – Alles auf einem harten, normalen Alltags-Schultisch. – Ich sah weg. –

Bei mir machten sie neue Verbände, und dabei ließen sie mir mit Geschick Platz für mein linkes Auge und meinen linken Mundwinkel, obwohl kurz darauf der Verband noch etwas rutschte und der Mund wieder unter der Binde war.

Meinen ganzen linken Arm legten sie am Körper an und dann wurde er mit großen breiten Binden fest um den Körper herum zugebunden. Die rechte Hand, die restlos schwarz war, vermutlich vom Pulversmog, wurde zugebunden bis zum Unterarm und dann in eine Schlinge gelegt.

Als alles fertig war, zog mir einer die Jacke um die Schultern, machte vorne 2 Knöpfe zu und hing einen neuen Verwundetenzettel an den Knopf. Später schnallten sie mir über der Hose das Koppel mit Kartentasche und Pistole um und fertig war ich.

Eine große Erleichterung überkam mich, denn ich glaubte, daß ich soweit zurechtgemacht war, daß ich vorläufig überleben würde – von der Verwundung her gesehen.

Wieder stand ich nur in Socken da. – Im Hinausführen sah ich, wie dem Kameraden auf dem Tisch neben mir, die geöffnete, halbe Hüfte wieder zusammengenäht wurde.

Ein Sani brachte mich auf dem Flur weiter, und ich war dankbar, daß alles noch so gut verlaufen war. Schon erschien mir die vergangene Nacht und der frühe Morgen wie ein unglaubwürdiger Alptraum.

Ich kam in eine Art Dienstzimmer und von da in einen Kabinenraum, in dem noch mehr Soldaten waren. Der Sani wies mir einen Platz am Tisch zu und sagte, man würde sich nun um mich kümmern.

Plötzlich hatte das Wehrmachtsgetriebe mich wieder aufgenommen und es schien, daß ich der Abfallhalde des Krieges entkommen war. Die Soldaten um mich herum waren alle verwundet und ich sah mit Erstaunen, daß die Zettel am Rock verschiedene Farben hatten. Dann wurde ich auch auf die Gespräche aufmerksam, denn fast alle waren in einem transportfähigen Zustand. Immer wieder hörte ich sie davon sprechen, daß man über das Frische Haff kommen müsse, dann auf die Frische Nehrung und dann nach Deutschland, hinter Danzig wieder rein.

Ich hatte keine genaue Vorstellung, wovon sie sprachen, aber es wurde deutlich, daß von hier aus anscheinend die Verwundeten abtransportiert wurden.

Da ich noch nichts herausbrachte, auch sonst stocksteif dasaß, konnte ich nicht fragen. Der Gedanke, vielleicht aus dem Kessel herauszukommen, ließ mich von jetzt ab nicht mehr los.

Der Zufall kam mir zu Hilfe.

Plötzlich ging die Tür auf und ein Hauptfeldwebel der Sanis, erkenntlich an den Kolbenringen, kam mit einer Liste herein.

Seit ich Christiansen, meinen eigenen Spieß, nicht mehr gesehen hatte, war ich so einem Spieß nicht mehr begegnet.

Auf seiner Liste standen Namen von Verwundeten, die mit einem Omnibus abtransportiert werden sollten. Er rief sie nacheinander auf und dann konnten sie durch eine Tür weggehen zum Bus. Fast alle waren weg. Dann wandte er sich an mich, las meinen Zettel und fragte, ob ich ihn verstehen könne. Ich nickte. „Können Sie sprechen?" Ich schüttelte den Kopf. „Gut, dann passen Sie auf, Herr Leutnant. Von hier aus versuchen wir, die Verwundeten auf Schiffe zu bringen, die sie in Lazarette in der Heimat bringen sollen. Heute geht es mit Ihnen nicht mehr. Sie müssen warten, denn nur eine bestimmte Anzahl kann befördert werden. Halten Sie noch etwas aus bis zum nächsten Transport."

So viel Hoffnung hatte ich nicht gehabt. Ich traute auch noch nicht. Still sank ich auf meinen Platz zurück und begann nachzudenken. –

Wenn der Spieß das selbst glaubte, was er sagte, dann konnte es tatsächlich sein, daß ich meine Familie und meine Mutter noch einmal sah.

Innerlich hatte ich damals schon den Glauben aufgegeben, daß ich Ostpreußen lebend verlassen könnte.

Auch konnte ich mir schon gar nicht mehr vorstellen, daß ich hier auf einem Stuhl saß und meine Kompanie und das Bataillon, gar nicht weit von hier, um jeden Meter kämpften.

Ich hatte plötzlich Hunger. An dieses Problem hatte ich noch gar nicht gedacht! Wie sollte ich etwas essen können?

Die Lippen waren noch toll geschwollen und vom Verband verdeckt. Mit der Zunge konnte ich die Verknotungen der Fäden wahrnehmen. Sagen konnte ich nichts, schreiben nicht, was sollte ich machen?

Mitten in diese Überlegungen hinein kam ein Sani und steuerte schnurstracks auf mich zu.

„Herr Leutnant, kommen Sie mit, der Spieß schickt mich." So schnell war ich seit dem Morgen nicht aufgestanden. Mit wackligen Knien, auf meinen Socken, ging es durch einen weiteren Gang zu einem anderen Ausgang, und da stand ein Krankenwagen und der Spieß dahinter.

„Sie haben Glück – ein anderer ist ausgefallen, schon verstorben, ein Platz ist noch frei bis Rosenberg – Sie können mit!" –

Alles ging so schnell, daß ich es gar nicht begreifen konnte. Ich wurde fast hineingeschoben. Der Spieß rief noch hinterher, er hoffe, daß wir rüber kämen und wir sollten die Heimat grüßen.

Der Wagen fuhr ab, ich konnte etwas aus dem Fenster sehen. Zum Abschied, so schien es, sollte ich nochmals das Symbol unseres grandiosen Untergangs sehen: – Ein großer Berg gefrorener Soldatenleichen, alle hoch übereinandergestapelt – niemand hatte Zeit, sie zu bestatten. – Totenhaus und Totenberg, das war Heiligenbeil. –

Nach 3,5 km waren wir am Haff, an der Küste. Wir waren in Rosenberg. Der Fahrer sollte uns zu einem Treck von verwundeten Soldaten bringen, die über das Eis hinweg, versuchen sollten, Pillau zu erreichen.

Wir waren aber zu spät dran. Diese Soldaten waren bereits losgezogen, wahrscheinlich unter Führung eines Sanitätsdienstgrades.

Jedenfalls wurde es schon dunkel, und wir konnten sie nicht mehr sehen. Was machen? Zurück wollte keiner mehr. So fuhr uns der Fahrer etwa 200 m in das Dorf und lud uns bei einer Krankensammelstelle aus.

Mir war das recht. Ich kletterte aus dem Wagen. Wir waren jetzt zu dritt. Ich immer noch in Socken.

Es waren 2 Räume und eine kleine Küche. Betreut wurde die Sammelstelle von einer Rotkreuzschwester und einem Sanitäts-Feldwebel.

Ich hörte nun, daß die anderen schon vor einer Stunde auf das Eis hinaus sind, um Pillau zu erreichen. Luftlinie sind das 16 km und sie werden sich schwertun, den Marsch in der Nacht zu bewältigen.

Die Schwester nahm sich meiner an und machte mir auf der Pritsche mit Wolldecken ein Lager, so daß ich mich hinlegen konnte.

Ein unbeschreibliches Gefühl war in mir, daß auf einmal jemand da war, der einem helfen wollte. Der Feldwebel kümmerte sich um Soldbuch, Verwundetenzettel, und sagte dann, daß sie jeden Tag versuchen würden, nach Pillau Verwundete zu schicken.

Günstig wäre es, wenn ein Versorgungsschiff gekommen sei und die Benzinfässer durch einen Prahm über die offene Pillauer Rinne, bis etwa 4 km in das Haff hinein, befördert werden konnten. Dann könnten sich die Verwundeten einen Teil des Weges sparen, denn der Prahm nähme sie dann auf und brächte sie nach Pillau.

Die Schwester besah sich meine Verbände und sagte, ich hätte ja die Verbände auch über Mund und Kinn, ob ich denn etwas gegessen hätte? – Sie konnte ja nicht wissen, daß ich seit 2 Tagen, außer dem Wein, nichts mehr zu mir nehmen konnte. –

Ich schüttelte den Kopf. Ob ich Hunger hätte? Ich nickte und gurgelte etwas, was man nicht verstehen konnte. Sie hatte sich über mich gebeugt, war dann kopfschüttelnd wieder hochgekommen und holte den Feldwebel. – „Der Leutnant hat wahrscheinlich seit seiner Verwundung nichts mehr gegessen, ob man den Mund so weit freibekommt, daß ich einen dünnen Brei hineinbekomme?"

Der Feldwebel war ein praktischer Mann. Er holte aus der Küche einen kleinen Löffel und eine Taschenlampe. Dann kniete er sich nieder und sagte zu mir, daß er versuchen wolle, den Verband so weit zu verschieben, um festzustellen, ob ich ohne Gefahr etwas schlucken könne. –

Die Prozedur begann. Ganz langsam drückte er den Verband über den Lippen zur Seite, bis der linke Mundwinkel hervorguckte. Dann fragte

Bezugsscheine
ausgegeben für

1 Feldmütze	1 Paar Lederhandschuhe
1 Feldbluse	1 P. hohe Stiefel
1 Stiefel- oder Berghose	1 Offz. Koppel
1 Tuchhose lg.	1 Mantel- oder Wäschesack
1 Mantel	1 Leutnantskoffer
1 Wettermantel	3 Handtücher
1 woll. Schlupf- od. Unterjacke	

25.5.44

Schule IX f. Fahnenjunker d. Infanterie

2./Füs.Batl. 225   Im Felde, den 18. Mai 1944

Bescheinigung über anerkannte Sturm- und Nahkampftage.

Der Fhj.-Feldw. Gerhard S i e g l e hat an folgenden Kampftagen teilgenommen :

a) 3. 4.1942 : Stosstruppunternehmen auf Feldscheune vor Tschernaja genehmigt laut Batl. v.Hassel (II./G.R.376) mit Schreiben vom 27.4.42 - Ziffer 14 - durch I.R. 27

b) 7.11.1943 : Stosstruppunternehmen "Wanze" - Newabogen (Otradnoje) - genehmigt laut Btl.-Befehl Nr. 14/43 des Füs.Btl.225 vom 9.11.1943

Vorstehende Kampfhandlungen sind als Sturm- und Nahkampftage anerkannt.

...leutnant und stellv.Komp.Führer

er, ob ich etwas nachhelfen könne beim Aufmachen der Zähne. Auch das ging, weil er schnell den Löffelstiel nachschob.

Soweit waren wir schon. – Die Schwester guckte interessiert zu, und als der Löffelstiel zwischen den Zähnen steckte, sagte sie: „Gott sei Dank – und jetzt mache ich Ihnen einen ganz dünnen Grießbrei und den befördere ich hinein, solange Sie das aushalten können."

Ich war überglücklich, denn ich hatte mir schon Gedanken gemacht, wie ich bei Kräften bleiben wollte, um über das gefrorene Haff zu kommen.

Überhaupt war durch das einfache Dasein dieser Schwester wieder etwas von der Umwelt zurückgekehrt, die ich seit geraumer Zeit verlassen hatte.

Der Feldwebel zog den Löffel wieder heraus und verpflasterte den Verband so, daß der Mundwinkel frei blieb. „So, das hätten wir", sagte er.

Inzwischen hörte ich die Schwester in der kleinen Küche hantieren. Es war schon spät geworden. Der Feldwebel sagte, wenn wir Glück hätten, könnte es sein, daß morgen früh erneut Benzinfässer kämen und uns der Prahm aufnähme, damit wir nicht so weit laufen müßten auf dem Eis.

Die Schwester kam nun mit dem Brei. Mein Kopf wurde so hoch gebettet, daß ich fast sitzen konnte und dann ging das Füttern los. In winzigsten Portionen schob sie den Brei durch meine Zähne, und ich sog den Brei durch bis zum Schlund. Die ganze Geschichte schlauchte mich sehr und sie war auch schmerzhaft. Mit einer endlosen Geduld versorgte sie mich, etwa volle 2 Stunden, bis der Teller leer war.

Niemals würde ich das vergessen, denn nachdem, was hinter mir lag, hatte ich nicht geglaubt, daß in diesem Untergang auch noch Selbstlosigkeit möglich war! Später, als ich wieder lag und das Licht ausgemacht war, merkte ich, daß sie mir ihr Bett zur Verfügung gestellt hatte.

Nicht einmal danken konnte ich ihr und nicht einmal etwas aufschreiben konnte ich für sie.

Sie wird wohl mit den letzten später fliehen müssen, wenn nicht der Russe schneller ist. –

04.02.1945

Nach einer fiebrigen und unruhigen Nacht, aber doch voll von Dankbarkeit, wurde ich schon bald geweckt. Die Schwester hatte Milch warm gemacht und versuchte, mich aus der Tasse schlürfen zu lassen. Das ging schneller, aber nicht gut. Die meiste Milch landete auf meiner Hose. Aber es war herrlich, daß sie an mich gedacht hatte.

Der Feldwebel war inzwischen am Hafen gewesen. Er kam mit der Nachricht zurück, daß um 7.00 Uhr wieder ein Bus mit 20 Verwundeten aus Heiligenbeil da wäre. Wir könnten heute mit diesen Verwundeten zusammen unser Glück versuchen, den Hafen Pillau zu erreichen.

Das Schlimmste im Augenblick war, daß ich keine Schuhe oder Stiefel hatte. Die Schwester wußte auch hier Rat. Sie kam mit einem alten Paar Schuhe an, die schon lange herumlagen und aus früheren Tagen jemand hatte liegenlassen.

Es waren viel zu große Quadrat-Latschen, aber das sollte mir nur recht sein. Der Feldwebel zog sie mir an, und dann zog ich los, nicht ohne nochmals zurück zu der Schwester zu schauen, die, mit ihrer Geduld und Hilfe, etwas Entscheidendes zu meinem Überleben beigetragen hatte.

Der Weg zum Hafen war nicht weit. Es war fast Tag geworden. Am Hafen standen Lastautos und am Pier warteten Soldaten und mitten drin ein General oder Generalstabsoffizier, jedenfalls hatte er große rote Biesen an der Hose, und unverkennbar verteilte er das angekommene kostbare Benzin.

Soweit waren wir, daß ein General her mußte, um zu entscheiden, wer wieviel Benzin bekam!

Bei einer Kette von Feldgendarmerie wurden wir gefilzt, aber durchgelassen, und dann konnten wir uns mit den Verwundeten aus dem Bus vereinigen, der heute morgen schon von Heiligenbeil gekommen war. Wir verließen ostpreußisches Festland und rutschten auf das Eis.

Unzählige Spuren wiesen den Weg. Ein Sanitäts-Dienstgrad von Heiligenbeil ging mit.

Ich wußte wohl, daß ich sehr geschwächt war. Wenn die anderen Verwundeten nicht zu schnell gingen, hoffte ich, mitzukommen.

Nach kurzer Zeit hatte ich mir die Himmelsrichtung gemerkt und hoffte, daß ich auch evtl. allein zur Nehrung finden würde. Größere Besorgnis hatte ich wegen der Flieger.

Das Tempo war aber langsam und ich kam gut mit. Manche hatten einen Stock mitgebracht, doch ich hatte weder links noch rechts die Möglichkeit, etwas anzufassen. Mit meinen großen Schuhen konnte ich schlurfen, und so ging alles ganz gut.

Immer wieder traf unser Trüppchen auf Zeugen vergangener Tragödien der letzten Tage. Große Bombentrichter-Öffnungen klafften im Eis. Wir sahen zerschossene Wagen und Schlitten und da und dort auch vereiste Pferdekadaver. Es war ein schauerlicher Weg durch das Eis. Vom Festland hinter uns, sahen wir im Dunst nichts mehr. Bald spürte ich, daß ich einmal etwas anhalten müßte, um zu verschnaufen. Ich war einfach zu schwach.

Als ich dann doch etwas hinterherhinkte, merkten das die anderen und warteten, bis ich da war. Dann gab mir einer seinen Stock, so daß ich mich mit meinem rechten Arm etwas aufstützen konnte, solange wir eine Pause machten. Keiner maulte, alle waren solidarisch und vernünftig.

Es ging weiter. Dem Sonnenstand nach war Mittag schon lange vorbei, als einer in der Ferne etwas auf dem Eis sah. Jetzt hatten wir plötzlich ein Ziel vor Augen.

Als wir näherkamen, sahen wir, daß es eine Fähre war, die bis hierher Benzinfässer gebracht hatte. Es war also eine Wasserrinne vorhanden, nur sehr schmal, so daß ein Prahm darin schwimmen konnte. Das war unser Ziel!!

Entweder hatte man uns über Funk gemeldet, oder man hatte uns im Eis gesehen, jedenfalls waren wir überglücklich, daß der Prahm uns aufnahm. Auf dem Ding, ganz flach gebaut, war alles aus Eisen. Unsere Füße, vom Marschieren auf dem Eis, warm, waren im Handumdrehen eiskalt. Wir, etwa 20 Mann, gingen gerade auf die Plattform. Das Ding tuckerte los – in Richtung Pillau.

Jetzt erst, nachdem die Spannung etwas nachließ, merkte ich, wie erschöpft ich war, total erschöpft.

Etwa um 16.00 Uhr erreichte der Prahm den Hafen von Pillau.

Mit einer grenzenlosen Erleichterung kletterten wir von dem Eisending herunter und standen an der Kaimauer. Das war geschafft!

Nicht weit entfernt standen wieder die Kettenhunde. Alle wurden geprüft, wobei ich nur meinen Zettel anbieten mußte.

Der Weg vom Kai stieg etwas an. Wir gingen als loser Haufen hinter einem Feldgendarmen her, den Berg hinauf. Wie herbeigezaubert stand da plötzlich eine Gruppe von Parteimenschen in braunen Gala-Uniformen, mit goldenen Tressen und Mützenbändern – etwa 12–15 Mann. (Später vermutete ich, daß es Gauleiter Koch mit seinem Stab war.)

Die Herrschaften sahen uns zerschossenen und zerlumpten Soldaten fast hilflos zu, und wie wir einer Konfrontation nicht mehr ausweichen konnten, traten sie etwas beiseite und ließen uns unter stummem Köpfeschütteln vorbei.

Beide Haufen waren überrascht, aber wir kamen von der Front und die Herrschaften vermutlich aus weichen Betten.

Auch das war Deutschland.

Der Frontoffizier, geschlagen, kraftlos, war gewandelt: Er hatte ein verstümmeltes Gesicht, ein zusammengeflicktes Gesicht, ein blutleeres Gesicht!

Der nationalsozialistische Staat hat ihm alles abverlangt:

Hoffnung, Jugend, Gesundheit, Glauben, Gerechtigkeitssinn.

Es war ein bitteres Ende! –

Der Weg führte zu einem Barackenlager. In der beginnenden Dunkelheit konnte ich nur erahnen, wie groß es war. Überall waren Feldgendarmerie- und SS-Streifen. Es schien hier eine Stadt von Verwundeten zu geben. Dennoch – es schien auch eine Organisation zu geben.

Ich kam in eine Baracke, zur Aufnahme neuer Verwundeten vorgesehen. Hier wurden die Neuangekommenen registriert und vermutlich nach Art und Schwere der Verwundung eingestuft.

Nachdem ich wieder stumm meinen Zettel am Rock präsentiert und mit der rechten Hand etwas herumgefuchtelt hatte, kam ich mit Hilfe eines

Sanis in eine andere Baracke, in der Zimmer abgeteilt waren mit je 2 Betten. Dort fand ich einen Obergefreiten vor.

Müde, ja total erschöpft, ließ ich mich auf ein Bett fallen.

Der Obergefreite half mir, mein Koppel zu öffnen und so konnte ich mich entspannt hinlegen.

Ich mußte zuerst etwas zur Besinnung kommen. Der Kontrast zwischen uns Verwundeten und dem uns begegnenden Haufen brauner Größen, machte mir immer noch zu schaffen.

Ich kam auf die Idee, mich in diese Männer hineinzudenken. Was wollten sie wohl dort am Kai? Aus einem Land, das Ostpreußen hieß und an dessen Ende die letzten Reste deutscher Macht und deutscher Größe unerbittlich zerquetscht wurden. Divisionen wie: Brandenburg, Großdeutschland, Hermann Göring und noch viele andere Einheiten!

Jetzt kamen mir auch die eben erlebten Bilder in den Kopf. Wie war doch auch der Untergang bei uns so trefflich organisiert.

Alles hatte seine Ordnung:

„In dem schmalen Küstenstreifen, von Königsberg westwärts, wurden die Reste unserer Division aufgerieben. Die Toten kamen auf zusammengetragene Leichenberge, die Verwundeten, die auch wertlos wurden und nur noch Ballast waren, wurden pünktlich mit Bussen an das Haff gebracht, dort am Eis losgeschickt, um vielleicht die Nehrung zu erreichen.

Die noch Lebenden aber wußten schon jetzt um ihren Opfertod.

Siehe Hauptmann König und andere...

Nur, wofür konnte dies Opfer noch dargebracht werden? Wo war noch ein Sinn im Weitermachen?"

Wenn ich die Frage gegen mich selbst richtete, dann mußte ich bekennen, daß ich noch bis vor wenigen Tagen mein persönliches Opfer für Deutschland gebracht habe. Für das Land, in dem ich geboren wurde, wo meine Frau lebte und unser Kind.

Spätestens aber mit dem Anrennen der Russen vor meinem Gefechtsstand in Kobbelbude, war im gegenwärtigen Denken nur noch Selbsterhaltungstrieb vorhanden.

Alles das, was ich vom russischen Land und seinen Bewohnern gesehen habe, hat mir den nicht auszulöschenden Eindruck eingeprägt, daß wir andere Menschen sind. Nicht bessere Menschen, nach Hitlers und Rosenbergs Theorien, nein, wir waren einfach – anders.

Die Gesichter, der Ausdruck der Gesichter von Gefangenen und Toten, war so unterschiedlich von uns, für mich so fremdartig, daß mich nichts verbinden konnte.

Gewiß hatte mich die tiefe Frömmigkeit und die Trauer der russischen Frau im Kessel von Demjansk tief beeindruckt, als ich im Akja den toten Gibbesch in das Dorf Ikandowo zum Hauptfeldwebel Schiller brachte. – Ich habe den Ausdruck der Mutter gesehen, die in dem toten deutschen Soldaten auch den Sohn einer Mutter sah. Natürlich verband mich das menschlich sehr stark!

Aber – was jetzt übrigblieb an Empfindungen, war nur das: „Nicht-in-Gefangenschaft-kommen-Wollen" – nicht bei den Russen!

Jetzt stand ich am Rande, buchstäblich am Rande der Kriegsmaschinerie, war entkräftet und nicht mehr handlungsfähig in meinen körperlichen Funktionen. Was wird werden?

Der Obergefreite scheuchte mich aus meinem Grübeln auf:

„Herr Leutnant, soll ich Ihnen eine Suppe mitbringen?", hörte ich ihn fragen. „Ich habe gesehen, daß Sie gar kein Kochgeschirr dabeihaben. Ich bringe Ihnen etwas mit." Damit war er draußen. Ich war allein. Wo ich mich befand, konnte ich nicht ausmachen. Da es schon dunkel war, erschien mir alles wie ein Labyrinth. Überall Baracken und Verwundete, wo man hinsah.

Wie war es möglich, dem zu entkommen? Ich mußte an Heiligenbeil denken.

Der Soldat kam mit einem Kochgeschirr voll warmer Suppe. Er schüttete mir etwas in den Deckel und erst dann merkte er, daß ich den Deckel gar nicht anfassen konnte. Was blieb über, er stellte ihn auf den Boden und fragte, ob ich einen Löffel hätte. Ich schüttelte den Kopf. – „Da geht ja gar nichts." – Er hatte ja recht. Weil er aber ein Obergefreiter war, wußte er sich zu helfen. „Ich werde etwas organisieren", sagte er.

Wie er verwundet war, hatte ich noch nicht erfahren. Jedenfalls, gehen konnte er. Nach einiger Zeit kam er mit einer Dose Schokacola wieder zurück, die er also „organisiert" hatte. Er setzte sich auf meine Pritsche, machte den Deckel auf und brach von der ersten Scheibe ein Stück ab. Mit dem „In-den-Mund-Schieben" klappte es aber nicht. Durch die strammen Verbände bekam ich nicht aus eigener Kraft die Kiefer auseinander. Zuletzt meinte der Obergefreite, daß er mir einen Kakao aus Wasser und Schokacola machen würde. „Ich könne doch nicht krepieren und er daneben seine Suppe löffeln."

In aller Ruhe schüttete er den Deckel voll Suppe zurück in das Essengeschirr zur anderen Suppe und holte, mit dem Deckel irgendwo draußen, frisches Wasser. Als er wieder da war, schätzte er die Wassermenge ab, nahm die Hälfte aus der Schokacolabüchse, brach alles in kleine Stücke und gab das Zerbröckelte hinein in das Wasser im Deckel, in der Hoffnung, daß sich das auflösen sollte.

Es löste sich nichts auf. – Er kam von selbst auf den Gedanken, daß man die Geschichte erhitzen müßte, damit die Schokolade zum Schmelzen käme.

Was ich selbst nie riskiert hätte, machte der Obergefreite ohne Zögern. Mit der Bemerkung, daß man mich nicht verhungern lassen könne, zog er sein Seitengewehr heraus und schlug damit die Spindtür ein. Dann machte er in aller Ruhe von der Tür Kleinholz. Mit einer Gründlichkeit spaltete er das Holz in schmale, lange Stückchen, wie ich das mit einem Seitengewehr niemals fertiggebracht hätte. Im Spind fand er etwas Papier zum Anzünden. Ohne mit der Wimper zu zucken, nahm er ein Feuerzeug aus der Tasche, zündete mitten im Raum das Papier an und legte das feinzersplittete Holz darauf.

Kurze Zeit später brannte das Kleinholz auf dem Holzfußboden ganz schön, worauf er den Kochgeschirrdeckel mitten in die Flamme stellte. Was mich aber sofort von meiner Pritsche hochbrachte, war der scharfe, beizende Qualm, der sich ausbreitete, vermutlich von der Holzlasur. Er riß das Fenster auf, nachdem er das Licht wegen der Verdunkelung ausgemacht hatte, und ich stellte mich neben das offene Fenster. Der Obergefreite war wirklich ein alter Hase und ein Könner dazu. Mit dem Löffel begann er unablässig zu rühren, solange, bis er einen dünnen Brei hinbekam.

Ich war derweilen in Sorge geraten, daß man den Brandgeruch merken würde und dann konnte es böse Folgen geben. Durch das geöffnete Fenster zog der Qualm aber gut ab.

Als er sein Werk fertig hatte, drückte er mit dem Fuß die Flammen aus und stellte sein abgekühltes Kochgeschirr in die Glut. Die Verdunkelung zog er wieder herab und machte Licht. Anschließend fütterte mich der Mann mit unwahrscheinlicher Geduld mit der süßen, flüssig gemachten Schokolade.

Ich glaubte zuerst, daß es gar nicht ginge, denn die Lippen waren immer noch dick aufgeschwollen und gebuttert hat die Geschichte auch inzwischen. Mit großer Beharrlichkeit zog und lutschte ich die Schokolade aus Lippen und Zähnen, und am Schluß hatte ich es doch geschafft, den Brei herunterzusaugen. Die Zunge tat mir dabei sehr weh, aber ich zwang mich, denn ich mußte jede Möglichkeit, zu Kräften zu kommen, wahrnehmen.

Nach dem mühseligen Fütterungsgeschäft hatte ich mich wieder hingelegt, und der Soldat aß seine warmgehaltene Suppe. Dann holte er Wasser im Kochgeschirr und löschte damit die letzten Reste im verbrannten Fußboden. Den Spind drehte er so, daß die herausgerissene Türöffnung zur Wand zeigte und auf den verbrannten Fußboden schob er einen anderen Spind. Dann schloß er das Fenster wieder, denn es war empfindlich kalt geworden.

Ich schlief etwas ein und hatte gar nicht gemerkt, daß der Soldat fortgegangen war.

Irgendwann später weckte er mich abrupt auf und sagte, er hätte herausgefunden, daß gleich einige Baracken von Verwundeten geräumt würden, aber noch nicht unsere. Er meinte, wenn wir sofort versuchen, in der Nacht noch dorthin zu kommen, wo geräumt würde, kämen wir vielleicht mit auf ein Schiff –.

Das elektrisierte mich wirklich, und ich war im Handumdrehen ganz wach und hellhörig.

Schnell schnallte er mir mein Koppel um, mehr hatte ich ja nicht mehr dabei, und leise drückte er die Türklinke zum Flur auf. Draußen war es kalt, und gleich darauf waren wir ganz heraus aus der Baracke. Im Schein einer trüben Notbeleuchtung schlichen wir durch mehrere Baracken, in denen es ziemlich ruhig war, bis wir in eine Baracke kamen, in der alles durcheinanderwirbelte.

Genau dieser Wirbel machte es möglich, daß wir unerkannt zwischen die zum Abmarsch fertigen Verwundeten gelangen konnten. Es war wie eine ganz genau geplante Generalprobe.

Wir waren noch nicht bis zum Anfang der Baracke vorgedrungen, als dort die Tür aufging und ein Kommando „Heraustreten" erklang. In der allgemeinen Aufregung habe ich den Obergefreiten aus den Augen verloren.

Am Ausgang mußten alle durch ein Spalier Feldgendarmerie oder Sanitätssoldaten und wurden abgezählt. Ich tat so, als sei das „Dabeisein" die selbstverständlichste Sache von der Welt. Mir klopfte das Herz bis zum Hals.

Aus den Bemerkungen der Soldaten um mich herum, hörte ich, daß wir zum Hafen gebracht würden, um auf ein Schiff zu kommen.

Die frische Luft und die aufgenommene Schokolade machten es möglich, daß ich den Trott der anderen Verwundeten mithalten konnte. Was ich nicht begriff, war die unübersehbare Tatsache, daß uns Feldgendarmerie eskortierte.

(Erst im Frühjahr 1981 habe ich im „Readers Digest" einen Artikel gelesen, in dem die Lage in Pillau vom Februar–April 1945 beschrieben wurde und bekam nachträglich die Bestätigung, daß zigtausend Verwundete und Flüchtlinge dort, im ehemaligen Heimathafen für U-Boote, den Weg in das Überleben gesucht hatten.)

Wir mußten gar nicht allzulange gehen, bis wir zu den Hafenanlagen kamen. Die Gerüchte bewahrheiteten sich tatsächlich.

Der Obergefreite machte der sonstigen Beurteilung eines Obergefreiten, daß er das Rückgrat der Armee sei, in diesem Punkt, was Findigkeit anbetraf, alle Ehre.

Bald gab es einen Stau am Kai, und ich konnte mich in der Dunkelheit etwas umsehen. Längs am Kai lagen Kriegsschiffe. Sie waren mit dunkelgrauer Tarnfarbe angestrichen, und eigentlich wunderte ich mich, daß es hier noch Schiffe gab, wo doch nur wenige km weiter die russische Luftwaffe operierte, wie wir leider am eigenen Leibe verspürt hatten.

Plötzlich tauchte in der Dunkelheit Oblt. Marquard von der Nachbarkompanie auf, der im Heilsberger Dreieck einen Lungendurchschuß abbekam. Er erkannte mich nicht, aber ich ihn. Ich stieß ihn an. Er sagte, er glaube, daß er durchkomme und wolle auf ein Schiff. Er hatte ein eingefallenes Gesicht. Einen Uniformrock trug er nicht, dafür hatten sie ihm um Schultern und Arme eine Wolldecke umgelegt wie ein Dreieckstuch und vorne mit Sicherheitsnadeln zugemacht.

Ich konnte nicht antworten und bevor ich mich versah, war ich durch andere, vorandrängende Soldaten von ihm getrennt worden.

Es ging weiter. Im Gänsemarsch strebten wir dem Fallreep zu. Dann, für mich fast ein geschichtlicher Schritt, den Fuß aufs Fallreep und Ostpreußen lag hinter mir.

Nicht weniger als sechsmal haben mich russissche Granaten verwundet. Allein fünfmal vor und in Ostpreußen. Der Schritt war getan. – Die Planken eines Schiffes hatten mich wieder einmal.

Zum Denken über die Vergangenheit war nicht viel Zeit jetzt.

Auf dem Deck waren die großen Luken aufgedeckt und es roch nach Benzin oder Diesel. Vor einer offenen Luke konnte man bis zur Schiffswelle hinabsehen, und unten sah man bei schwacher Beleuchtung auf etwa 2 m Breite, Verwundete kauern, zum Teil in Decken gehüllt und eng aneinandergedrückt. Jetzt fiel mein Blick auf die gegenüberliegende Schiffswand und dort sah ich Soldaten an dicken Tauen festgebunden – wie in einer Affenschaukel – frei hängend.

Das durfte doch nicht wahr sein, daß dieses Schiff, das Benzin gebracht hatte, auf diese Art und Weise Verwundete transportieren wollte! Innerlich war ich empört, aber ich hatte damals noch gar nicht begriffen, daß der Führung jedes Mittel recht war, die Menschen von Pillau wegzubringen und damit in die Freiheit zu retten.

Langes Überlegen war nicht möglich. – Schon hatte mich ein Matrose beim Rock erwischt und fragte, ob ich die Strickleiter hinunterklettern könnte. Ich schüttelte den Kopf, und im Handumdrehen legten sie mir ein Tau um Oberkörper und Oberschenkel, zogen an und schon schwebte ich hinab zu den Kameraden auf der Schiffswelle. Unten angekommen, machte ein Matrose die Seile los und ich konnte zu den anderen hintorkeln.

Die Verkleidung der Welle war gewölbt, so daß man nicht gut stehen konnte. Diejenigen, die schon einen Platz erobert hatten, machten keine Anstalten, zur Seite zu rücken. Ich ließ mich gegen die Bordwand fallen, mit dem Rücken zuerst, und rutschte langsam auf die Knie, drehte mich etwas zur Seite und saß mit dem Hintern auf der eiskalten Stahlblechverkleidung der Schiffswelle. Dann rückte ich etwas näher an die dort Einquartierten heran und überlegte, ob das alles so sein mußte, oder ob es eine bessere Möglichkeit gegeben hätte, auf dem Schiff unterzukommen.

Währenddessen gab es ununterbrochen einen weiteren Zuzug von Verwundeten. Wie ich gleich danach verfolgen konnte, kamen sie über eine Strickleiter herunter. Alles geschah hastig und aufgeregt, denn das Schiff bedeutete für fast alle: Die Heimat wiedersehen.

Bald war die Möglichkeit, auf der Wellenverkleidung des Schiffes noch Platz zu finden, aussichtslos geworden. Die ersten Schimpfereien gingen los, als weitere Soldaten herunterkamen, obwohl dies sinnlos war. Sie traten den unten sitzenden Kameraden auf jedes Körperteil, das da war, wie sollte es anders gehen. – Zuletzt lagen die Soldaten buchstäblich aufeinander, und das Gewühle nahm kein Ende.

Auch an den Wänden hingen die Soldaten schon gestaffelt an ihren Seilen. Es war gespenstisch! Unter anderen Voraussetzungen hätte ich gesagt, sie frieren sich an der nackten Bordwand zu Tode, aber der Wille, mit herauszukommen aus dem Kessel, gab vielen den Mut, unmögliche Dinge zu tun.

Das Schiff war etwa 5000 Bruttoregister-Tonnen groß. Es war ein Massenstückgutfrachter und war für den Menschentransport überhaupt nicht eingerichtet.

Dann hörte ich über mir jemand rufen, eine Frauenstimme war es und sie kam von oben. Ich drehte meinen Kopf langsam in Richtung und entdeckte eine Frau, die immer wieder rief: „Ja, den da, den meine ich!"

Zuerst wußte ich nicht, was das bedeutete. Ob man entdeckt hatte, daß ich sozusagen blinder Passagier war? Blitzschnell ging mir das durch den Kopf. Aber eigentlich war das unmöglich. Ich drehte meinen Kopf wieder herunter, als ob nichts wäre, wie wenn mich das alles gar nichts anginge.

Ich hatte mich aber geirrt. An der Unruhe der Soldaten um mich herum merkte ich, daß sich an der Bordwand über mir doch etwas tat. Zwei Matrosen waren dabei, an dieser Stelle eine Strickleiter herunterzulassen. Bald erreichte sie meine Sitzhöhe und blieb so hängen. Jetzt war das nicht mehr zu ignorieren. Nun konnte ich einen Matrosen wahrnehmen, der über die Bordwand herunterkletterte, direkt auf mich zu. So etwa 1 m über mir ging er in die Hocke und beugte sich etwas herunter und sagte: „Herr Leutnant, Sie sollen nach oben kommen, ich soll Ihnen dabei helfen, Frau Doktor möchte Sie oben haben."

Der letzte Satz war Erlösung von der Spannung und zugleich Hoffnung, daß wieder jemand da war – zur rechten Zeit.

Noch vor Minuten hatte ich fast keinen Mut mehr, denn so wie die Zustände und Umstände waren, konnte ich ohne Nahrungsaufnahme und ohne Medikamente die Belastung nicht lange aushalten. Vor allem die entsetzliche Kälte in dem Schiffsbauch machte mir zu schaffen.

Es war mir überhaupt nicht erinnerlich, wann ich zuletzt Wasser aus der Blase ablassen mußte, ganz zu schweigen vom Stuhlgang. Da tat sich seit Tagen schon nichts mehr.

Der Satz „Frau Doktor möchte Sie oben haben" war wunderbarer Engelsgesang in meinen Ohren.

Ich streckte dem Matrosen meinen verbundenen rechten Arm hin und dabei sah er, daß der linke Arm unter Verbänden verschwunden war. „Augenblick", rief er und dann noch oben: „Laßt ein Tau herab, wir müssen ihn raufziehen."

So kam es, daß mir nach Seemannsart ein Tau umgeschlungen wurde und ich, wie auf einer Schaukel sitzend, langsam, Zug um Zug, die Bordwand hinaufgezogen wurde. Oben angekommen, habe ich wohl einen kleinen Schwächeanfall bekommen, denn die Matrosen trugen mich entlang der Bordwand in die Kajüte des Kapitäns.

Nur einmal noch habe ich die Ärztin später wiedergesehen, auch weiß ich ihren Namen nicht. Ohne Zweifel wäre ich ohne sie, bei dem, was noch auf uns zukam, nicht am Leben geblieben.

Die Kajüte war nicht sehr groß. Sie war innerhalb der Schiffsaufbauten zur rechten Hand, mit Fenster zum Vorschiff und Mitteldeck. Ringsum an der Wand war eine Bank und darauf saßen fast nur Frauen. Es waren, wie ich später hörte, Flüchtlingsfrauen. Dazwischen noch einige schwerverwundete Soldaten. Am vorletzten Platz am Fenster zum Vorschiff hin, rückten die Frauen etwas, so daß ich zwischen zwei Frauen noch Platz bekam.

Ich war überglücklich, denn der Raum war gewärmt, und die Menschen darin heizten noch zusätzlich auf.

Bis auf den heutigen Tag weiß ich nicht, was die Ärztin bewogen hat, mich aus der eiskalten Gruft herausholen zu lassen. Ich verdanke ihr viel.

Meine Nachbarin sprach mich an, weil meine Kartentasche und die Pistole beim Sitzen hinderlich waren. Sie merkte schnell, daß ich mich nicht verständlich machen konnte und half mir, mein Koppel abzuschnallen. – Es war nicht zu übersehen, daß sie hochschwanger war und wie sie später sagte, war sie nur 4 Wochen vor der bevorstehenden Geburt.

Die Nacht wich dem heraufkommenden Tag. Von meinem Platz aus konnte ich die Konturen anderer Schiffe und auch das Leben auf dem Schiffsdeck besser erkennen.

05.02.1945

Auf dem Deck waren Bohlen über die Luken gedeckt worden und jetzt sah ich, daß das ganze Schiff noch voll Zivilisten, ausnahmslos Frauen und Kinder, war. Vermutlich hat man sie nach den Verwundeten auf das Schiff gelassen.

Die letzten Nachtschleier gingen hoch, als die Maschine in Gang gesetzt wurde. Man konnte über die Lautsprecher die Ablegebefehle hören, und das Schiff begann zu zittern. Die letzten Verbindungen zu dem Land Ostpreußen lösten sich, und fast unmerklich wurde der Abstand zu den Dingen an Land verändert.

Wir fuhren mit kleiner Fahrt voraus – in Richtung Hafenausfahrt. Im Morgengrauen zogen die letzten Signaleinrichtungen an uns vorüber, und die Hafeneinfahrt blieb schließlich hinter uns.

Wir fuhren nach Westen.

Wohin wir wirklich fuhren, wußte von uns niemand. Lediglich, daß das Schiff unter Land fuhr, und rechts die offene See blieb, waren Anzeichen der Westrichtung.

Die Lampen waren alle abgeschaltet und ich war, wie die anderen auch, darauf angewiesen, darauf zu warten, bis das Tageslicht genug Helligkeit brachte, um draußen etwas zu sehen.

In den ersten Gesprächen der Frauen klang unsagbare Trauer durch, daß sie ihre Heimat mit dem Ablegen des Schiffes verlassen hatten. Die Soldaten dagegen sagten fast nichts. Sie waren zu zerschlagen und zermürbt und hatten noch keine rechte Einstellung zu der neuen Situation. –

Unter unserem Tisch lag ein Soldat, der wohl hohes Fieber hatte, denn er sagte manchmal etwas, was man nicht verstehen konnte. Oft wälzte er sich unruhig hin und her.

In die äußerliche Ruhe hinein begann plötzlich ein Lautsprecher zu quaken. Der Kapitän sprach zu uns. Er wolle uns sagen, daß er versuchen würde, Hela anzulaufen, um dort Treibstoff und auch Lebensmittel für die Soldaten und Flüchtlinge zu bekommen. – Es wäre möglich, ab 10.00 Uhr, beginnend beim Vorschiff, Kaffee auszugeben. Ende der Durchsage.

Plötzlich sprang die Unterhaltung an. Jedes Wort des Kapitäns wurde auf die berühmte Goldwaage gelegt. „Was will er damit sagen, daß er ‚versuchen' will, die Halbinsel Hela zu erreichen?" usw. Alle tauten auf, nur ich war stumm wie ein Fisch im Wasser.

Die schwangere Frau neben mir erkundigte sich, ob ich auch Kaffee wolle, wenn sie damit kämen, ob ich einen Trinkbecher hätte und so fort. Ich zuckte mit meiner rechten Schulter und so blieb der Monolog ein Monolog. Aber – sie war eine Frau, und dem Alter nach war es vermutlich nicht das erste Kind, das sie erwartete. So hatte sie plötzlich jemanden, um den sie sich kümmern konnte, und vielleicht war das in ihrem Schmerz eine gewisse Ablenkung.

Bald hatte sie auch heraus, daß es schon einmal einen Versuch gegeben hatte, mich zu füttern, denn die Schokoladenspuren an dem Verband waren wohl zu deutlich.

Selbst hatte ich mich noch nicht betrachten können, aber denken konnte ich mir schon, wie ich aussah. Seit Tagen wuchsen mir die Bartstoppeln im Gesicht, seit Tagen nicht gewaschen, ich muß wohl nicht gerade gut ausgesehen haben.

Als durch einen Matrosen eine Kanne Kaffee hereingereicht wurde, kramte sie aus ihrer Tasche eine Tasse und füllte sie auf. Dann sagte sie zu mir, daß der Kaffee noch zu heiß wäre und ob sie nachher mal probieren dürfe, ob ich etwas davon trinken könne. Ich nickte und sie war zufrieden.

Mir kam der Gedanke, ob der Verband nicht ein bißchen verschiebbar wäre, so wie der Feldwebel es vorgestern nacht auch probiert hatte. Ich wandte mich ihr zu und bedeutete mir der rechten Hand, ob sie den Verband nicht etwas verschieben könnte. Sie hatte schnell begriffen, worauf es ankam.

Was ich nicht wußte, war die Tatsache, daß die genähten Wunden der Lippen vereitert waren.

Vorsichtig schob sie mir den Verband zur Seite und lüftete ihn dabei auch etwas. Ein Kopfschütteln sagte mir, daß die Sache nicht ganz gut aussah. Dann überlegte sie und sagte: „Unter dem Verband ist alles verschwollen und voll Blut und Eiter, ich weiß nicht, wie ich das machen soll." „Wissen sie was", sagte sie bald darauf, „ich nehme meine Tasse für Sie und Sie behalten sie. Ich werde schon etwas zu trinken bekommen."

Dann nahm sie aus ihrer Tasche ein Taschentuch und säuberte mir mit aller Vorsicht den Mundwinkel und auch bis zur 1. Naht die Lippen. Natürlich haben die anderen Frauen Anteil an dem Bemühen genommen und gesehen, daß sie aus derselben Tasse nicht trinken wollte und schnell war man sich einig, daß sie von ihrer Nachbarin den Kaffee mittrinken konnte.

Jetzt begann die Prozedur mit dem Trinken. Es ging viel besser als ich dachte, wenngleich es ohne Schmerzen nicht abging. Ich kam bald auf die Idee, den Kaffee in meinem Mund etwas zum Ausspülen zu benutzen, wobei ich den „Spülkaffee" natürlich trinken mußte. Auf einmal ging es auch mit der Zunge besser, ich konnte sie besser bewegen und vermochte mich jetzt etwas verständlich zu machen. Das war schon ein großer Fortschritt.

Die Frau freute sich mit mir, daß sie mich besser „deuten" konnte. Langsam, aber sicher bekam ich die Tasse leer und war sehr glücklich darüber.

Indessen schaukelte das Schiff mit seiner Ladung in mäßiger Fahrt, aber gleichmäßig und monoton, dem Ziel zu.

Draußen mußte es sehr kalt sein, denn die Matrosen waren dick angezogen und nur selten war einer zu sehen. Das Wetter war gut, und die Eisschollen haben sich nicht zu einer Blockade verdichtet.

Gegen Spätnachmittag liefen wir mit langsamer Fahrt im Hafen von Hela ein. Wir hatten also ohne Zwischenfälle die Danziger Bucht überquert.

Gleich nach dem Anlegemanöver ging ein lebhaftes Treiben los. In der Abenddämmerung sah ich, daß zahlreiche Frauen, zum Teil mit Kindern, an Bord genommen wurden. Immer wieder griffen die Matrosen ein und schoben die Menschen auf dem Deck vor sich her. Alle nur denkbaren Ecken wurden belegt, bis zu den Rettungsbooten. Zuletzt war das Deck buchstäblich übersät von Menschen, von denen einige viel Gepäck mit sich führten.

In die Kajüte kam niemand. Vielleicht war ein Posten davor oder ein Verbotsschild.

Ich machte mir wegen der Kälte Gedanken, wußte doch von uns kein Mensch, wohin die Fahrt weitergehen würde. In den Vermutungen der Frauen, wenn sie sich überhaupt äußerten, war die Rede von Dänemark, Schweden und natürlich auch von Schleswig-Holstein.

Ich konnte nicht mitreden, aber mir war es wirklich gleich. Nur nicht mehr den Russen in die Hände fallen. Nach meinem Wissensstand konnte der Russe gar nicht mehr so weit weg sein. Vielleicht hatte er Danzig schon erobert.

Einmal öffnete ein Matrose die Tür, ob noch jemand unterzubringen wäre, sah aber, daß das nicht ging und wollte wieder gehen.

Da nahm sich einer des unter dem Tisch liegenden Soldaten an und sagte dem Matrosen, daß der Soldat schon lange ohne Bewußtsein wäre und nur im Fieber etwas Unverständliches sagen würde.

Ja, er wolle Bescheid sagen. Dabei blieb es. –

(Am anderen Morgen, wie es hell wurde, machte eine Blutlache wieder auf den Soldaten aufmerksam, aber – da war er schon tot.)

Spät in der Nacht legte das Schiff ab, über und über mit Flüchtlingen beladen.

06. 02. 1945

Das Schiff war vollkommen abgedunkelt. Wir konnten nur ahnen, wohin es ging. Draußen an Deck wurde es mit der Zeit ruhiger. Das Gespräch in der Kajüte drehte sich nur um das Thema, wo wir wieder an Land kommen werden. Schließlich waren alle eingeschlafen oder versuchten wenigstens zu schlafen.

Der Soldat unter dem Tisch war noch unruhiger geworden. Die Luft in der Kajüte wurde immer schlechter, aber alle wollten die Tür geschlossenhalten wegen der feuchten Kälte.

Wie lange es schon gedauert hatte, wußte ich nicht, aber die schwangere Frau war so unruhig hin und her gerutscht, daß ich wach wurde. Als sie merkte, daß ich wach war, sagte sie ganz leise, daß sie nicht mehr sitzen könne. Die Füße täten ihr so weh und sie hätte sich die Schuhe ausgezogen, weil die Füße so spannten. Nach einer Weile war ich wieder eingedämmert.

Beim Morgengrauen wachte ich auf. An der ganzen Situation hatte sich nichts geändert, außer daß auch ich merkte, daß ich langsam geschwollene Beine bekam. Das war nicht gut, ließ sich aber kaum ändern. Viel wichtiger war die Tatsache, daß wir in einer geschlossenen Kabine waren und die Motoren des Schiffes gleichmäßig brummten.

Das zunehmende Tageslicht ließ draußen auf Deck die Konturen etwas deutlicher werden. Ich sah zu meinem Erstaunen, daß die Flüchtlinge überall kleine Schlafstellen eingerichtet hatten. Mit Decken hatten sie so etwas wie kleine Zelte gebaut und waren darunter verschwunden.

Um 9.00 Uhr war der tote Soldat festgestellt worden unter dem Tisch. Jemand sagte durch die Tür einem Matrosen Bescheid. Doch, wo sollten sie mit dem Mann hin, der wahrscheinlich einer Verblutung erlegen war.

Etwas später kam ein Matrose und winkte mir, ich solle kommen. „Frau Doktor will nach Ihnen sehen."

Das war wieder ungewöhnlich. An so etwas habe ich überhaupt nicht gedacht.

Der Versuch, von der Bank aufzustehen, scheiterte zunächst kläglich. Meine Beine trugen mich einfach nicht. Erst mit Hilfe des Matrosen gelang es mir, aufzustehen. Ich war so versteift und schwach wie nie zuvor.

Zuerst gingen wir einige Stufen hinab zum Deck und dann, durch ein Menschengewirr hindurch, wieder einige Stufen hoch zur Kommandobrücke. Dort mußte ich warten, da vor mir ein anderer Verwundeter drin war.

Als die Tür aufging, kam zu meiner größten Überraschung ein Soldat heraus, der niemand anderes war als mein Melder, der vor 6 Tagen einen Bauchschuß neben mir erhielt. Ich traute meine Augen nicht. Wie konnte das sein? Er merkte, daß ich ihn unverwandt anstarrte, aber er erkannte mich nicht sofort. Erst, als ich versuchte, seinen Namen zu sagen, begriff er und schrie laut hinaus: „Mein Gott, ist das wahr, sind Sie es, Herr Leutnant?" Er konnte es nicht glauben und ich konnte nicht verstehen, daß man nach einem Bauchschuß schon nach einer knappen Woche wieder auf den Beinen stehen konnte. Er sah mir wohl an, daß ich ihn noch immer ungläubig anguckte. Da sagte er ganz vertraulich – und damit war er wieder ein richtiger Landser –: „Wissen Sie, hatte unverschämtes Glück, der Schuß prallte an meiner Patronentasche so ab, daß er mir nur seitlich die Bauchdecke aufgeschlitzt hat und die haben sie schnell wieder zugenäht und was das Schlimme ist, die Wunde eitert nicht einmal und wächst viel zu schnell wieder zu!" –

Als er merkte, daß ich noch nicht richtig sprechen konnte, fragte er mich, ob ich wüßte, wo wir hinfahren. Ich schüttelte den Kopf, worauf er sagte, daß er auf Dänemark tippe.

Inzwischen kam noch ein Soldat heraus, und nun konnte ich zu der Ärztin hinein.

Zuerst musterte sie mich kritisch, dann nahm mir ein Sanidienstgrad den Rock ab und ich mußte mich hinsetzen. Sie prüfte den Puls und dann beschäftigte sie sich mit dem Kopf. Zwischendurch hatte sie meinen Verwundetenzettel gelesen. Gesagt hatte sie bis dahin noch gar nichts. Jetzt war also der Kopf dran. Sie fragte, ob ich sie höre, ich nickte. Dann schob sie vorsichtig den Verband am Mund zur Seite und sah die vereiterten Nähte an den Lippen. Ein Sani mußte ihr eine Schale mit Tupfern reichen, und dann reinigte sie vorsichtig die Lippen von außen. Nach innen kam sie nicht hinein, denn der Verband hielt alles zu fest zusammen. Durch das nachgelaufene Blut war auch alles verkrustet. Dann gab sie mir eine Spritze und sagte, daß sie hoffe, mich bald in ein Lazarett geben zu können. Das war's. – Ich machte eine Andeutung von Verneigung, denn sicherlich war sie eine Zivilärztin.

Im Innern hatte ich einen Riesenrespekt vor ihr. Einmal hatte sie mich aus dem Schiffsbauch holen lassen und später erinnerte sie sich meiner, daß ich in der Kapitänskajüte saß.

Ich ging allein zurück, die Bewegung tat mir offensichtlich gut. Die Beine gingen etwas besser, wenngleich ich noch immer unglaublich schlapp war. Zur Kajütentür schob mich einer hoch und schloß die Tür hinter mir. – Mit einem Blick sah ich, daß der Soldat unter dem Tisch weggeholt war. –

Als ich zu meinem Platz auf der Bank kam, zeigte mir meine schwangere Nachbarsfrau ihre dicken Beine, sie waren prall und dick geschwollen. Während meiner Abwesenheit hatte sie die Beine auf meinen Platz gelegt, damit sie hoch lagen.

Ich war aber froh, daß ich wieder sitzen konnte. Draußen war es empfindlich kalt und frisch gewesen. Die Luft in der Kajüte war zum Schneiden dick und es roch schlecht von den Ausdünstungen.

Etwas später brachte ein Matrose wieder eine Kanne Kaffee in die Kajüte.

Ich dachte immer noch an den Melder mit seinem zu schnell heilenden Bauchschuß, der richtiger ein Bauch-Streifschuß genannt werden mußte.

Aber es gab ja Kaffee. „Meine Tasse" war auch gefüllt worden.

Meine „Betreuerin" zog aus ihrer Tasche ein Stück weißes Kaffeebrot und tauchte es in die Tasse, um es aufzuweichen — und dann probierte sie es mit mir. Es war ein Geduldspiel ohnegleichen. Ich gab mir Mühe, denn ich wußte, daß ich nicht tagelang ohne Essen sein konnte. Aber das eingeweichte Brot hineinzubekommen, war schrecklich. Trinken ging viel besser und so blieb es letztlich beim Trinken.

Draußen war das Wetter diesig geworden. Ich hatte fast kein Zeitgefühl mehr. An meine Uhr am linken Arm konnte ich nicht dran, da der Arm unter dem Verband verschwunden war. Gott sei Dank hatte ich nicht das Problem mit dem Pinkeln gehabt seither. —

Plötzlich quakte der Lautsprecher. Der Kapitän: „Wir werden voraussichtlich bei Einbruch der Dunkelheit in der Höhe von Kolberg sein und im Laufe der Nacht noch Swinemünde anlaufen." Er bäte um Verständnis, daß nur noch einmal Kaffee ausgegeben werden könne. Die Wasservorräte seinen fast erschöpft, da nicht mit der Aufnahme so vieler Menschen gerechnet worden sei. —

Wer es selbst nicht mitgemacht hat, kann kaum begreifen, was eine solche Durchsage auslösen kann. —

Im Handumdrehen war auf dem ganzen Schiff eine Diskussion im Gange über die Aussichten, wann wir in der kommenden Nacht in Swinemünde landen könnten. Von drinnen konnte ich das nur erahnen, aber die Menschen draußen waren alle wie aufgewacht. In unserer Kajüte ging es genauso lebhaft zu. Selbst die sonst so schweigsamen Soldaten lebten nun auf.

Prognosen wurden aufgestellt, wie weit der Russe schon sein könnte. Daß Ostpreußen verloren war, der Iwan in Westpreußen eingebrochen und fast vor Danzig war, das wußten alle. Doch — wie weit er in Pommern vorgedrungen sein könnte, das war unbekannt. Wenn wir aber in Swinemünde landen können, dann ist Stettin bestimmt noch frei, und der Russe war nun endgültig aufgehalten worden. Andere wieder überlegten, ob man noch nach Schlesien könnte und so fort.

Ich meinerseits, der nichts dazu sagen konnte, wäre froh gewesen, wenn ich schon am Kai ein Lazarett gefunden hätte, um endlich den Verband herunter zu bekommen.

Der Tag ging zur Neige. Wie versprochen, gab es am Abend nochmals Kaffee, der auch von mir wieder brav getrunken wurde, buchstäblich durch die Zahnlücken durch. Ein Glück, daß die schwangere Frau, trotz ihrer sehr großen Beschwerden, so viel Geduld mit mir aufbrachte.

Als es dämmerte, wurde das Schiff wieder total abgedunkelt. Nur schwache Positionslampen waren zu sehen.

Alle hatten vermutlich Angst wegen der U-Boote. Ausgesprochen hat es keiner, aber daran gedacht haben wir alle.

Als nun die letzten paar Stunden anbrachen, war alles froh, daß nichts passiert war.

Um so mehr schreckte uns etwa um 21.30 Uhr der Bordlautsprecher auf, als der Sprecher sagte, daß Fliegeralarm wäre und auf gar keinen Fall auch nur der geringste Lichtschein verursacht werden dürfe. Das Schiff würde stoppen und alle Lichter würden gelöscht. Unsere Chance bestehe nur im „Nicht-gesehen-Werden".

Das war ein harter Schlag gegen unsere Zuversicht!

Tatsächlich stoppte die Maschine, und das Schiff begann in der Dünung etwas zu dümpeln. Alle waren gespannt, niemand konnte schlafen. Draußen hörte man die Menschen im Dunkeln lebhaft sprechen.

Dann hörten wir wieder den Lautsprecher: „Bitte um äußerste Ruhe und Disziplin, auf keinen Fall auch nur den geringsten Lichtschimmer. Die feindlichen Flugzeuge befinden sich auf dem Anflug zur Pommerschen Bucht, also geradewegs auf uns zu."

Jetzt wurde es aber wirklich kritisch. Der Höhenflug unserer Gefühlssituation, daß wir schon bald in Swinemünde einlaufen konnte, war jäh gestoppt worden.

Alle verhielten sich still und die meisten starrten zum Himmel. Lange brauchten die Gucker auch nicht warten. Selbst von unserer Kajüte aus konnten wir erleben, wie vermutlich über Swinemünde oder Stettin die ersten Lichterbäume gesetzt wurden. So etwas kannte ich überhaupt noch nicht. Dann aber hörten wir die Flugzeuge deutlich. Dazwischen war auch leichter Donner zu hören, vermutlich von der Flak vom Festland.

Wie gebannt machten wir dies Schauspiel mit, immer noch unentdeckt. Es mag wohl eine Stunde gedauert haben, als sich heller Lichtschein in den Wolken reflektierte. Später haben wir gehört, daß Stettin brannte und den Lichtschein über 30 km hinweg sichtbar gegen den Himmel warf.

Dann wurde es ruhiger vor uns und schließlich wunderten wir uns, daß das Schiff trotzdem keine Fahrt aufnahm. Es war doch alles vorbei. Wir waren nicht entdeckt und konnten doch versuchen, noch in der Nacht zu landen.

Der Lautsprecher quakte wieder los: „Die Flugzeuge haben Stettin bombardiert, haben aber zur gleichen Zeit durch englische Lancesterbomber die ganze Pommersche Bucht vermint. Damit ist die ganze Einfahrt nach Swinemünde blockiert!"

Der Kapitän sagte weiter, daß wir vor Anker gehen und warten müssen, bis alarmierte deutsche Minensuchboote eintreffen, um für uns eine Fahrrinne freizumachen. Er bitte um Ruhe und Verständnis. Leider sei kein Trinkwasser mehr an Bord. Für kleine Kinder und Säuglinge könne vom Maschinenraum noch etwas Wasser abgegeben werden. —Zum Schluß noch: „Die angeforderten Minenräumboote können nicht vor 8—9 Stunden da sein."

Das war eine schlimme Nachricht. Alle Hoffnung und Zuversicht, daß wir um diese Zeit schon an Land hätten sein können, war dahin. Noch war es dunkle Nacht. Nur der Feuerschein am Himmel war zu sehen. Niemand konnte wissen, ob die Flugzeuge noch weiter verminten und ob sie uns bei Tagesanbruch entdeckten. Ich hatte auf dem ganzen Weg noch kein Begleitfahrzeug gesehen, und Flak hatte ich bis jetzt auch noch nicht auf dem Schiff entdeckt.

Ich schätzte die Lage des Schiffes im Augenblick recht belämmert ein, doch was blieb uns anderes übrig, als versteckt in der Dunkelheit zu warten, bis Hilfe kam. Es war eine Nervensäge ohnegleichen. Die Diskussionen, Vermutungen, U-Boote — alles, was uns verhängnisvoll werden konnte, wurde beschworen.

Ich, für meinen Teil, hatte auf das Glück der Marine gesetzt. Wohl konnten die Engländer noch mehr verminen, aber ich hoffte, daß die Minenräumboote rechtzeitig da wären. Es war eben nur ganz wichtig, daß uns kein Aufklärungsflugzeug ortete.

Das Schiff schaukelte in der Dünung. Die hochschwangere Frau litt darunter. Zuletzt wurde ihr so schlecht, daß sie hinaus mußte. In meinem Leben hatte ich bis dahin noch keine solchen Beine gesehen. Alles voll Wasser und die Haut an den Knöcheln so straff, daß man befürchten mochte, die Füße konnten aufplatzen.

Es war schwierig, bis andere Flüchtlingsfrauen die Schwangere herausbekamen an die frische Luft. Durch die offene Tür hörten wir die Gespräche der Flüchtlinge draußen. Die undenkbarsten Vorschläge wurden gemacht.

Als die Frauen später wieder hereinkamen, berichteten sie, daß viele Flüchtlinge im Begriff wären, die Nerven zu verlieren. Zwei Nächte und einen Tag waren sie bei 20 Grad Kälte draußen auf dem Deck. Sie sahen den Feuerschein von Stettin und meinten, daß man noch weiter an die Küste fahren sollte, bis das Schiff strandete. Von da aus sollte das Land erreicht werden, das sei doch um vieles sicherer, als den Untergang durch eine Mine abzuwarten.

Ich machte mir jetzt doch Sorgen, ob die Hunderte, vielleicht Tausende von Flüchtlingen auf dem Schiff, nicht die Besatzung bedrohen und den Kapitän zwingen, das Schiff an Land aufzusetzen.

Daß die Lage ernst war, ergab eine neue Durchsage aus dem Lautsprecher. Der Kapitän sagte unter anderem, daß die Minenräumboote mit Sicherheit Kurs auf unser Schiff genommen hätten und er ließe bei Tagesanbruch abstimmen, ob die Mehrzahl dafür wäre, im Abstand von 400 m mit unserem Schiff sofort hinterher zu fahren, auch auf die Gefahr hin, daß wir noch auf eine Mine auflaufen können. Ein Aufsetzen wäre bei der Art der Küste unmöglich, doch wäre nichts verloren, und die Menschen sollten auch an die verwundeten Soldaten denken, die sich nicht mehr selbst retten könnten.

Ich war mit der Erklärung des Kapitäns vollkommen einig, nicht aber die Menschen auf dem eiskalten Deck. Die Wogen der Erregung haben sie vielleicht vor manchem Frostschaden bewahrt.

Ganz schlimm wurde es aber erst, als der Tag anbrach, und die Minenräumboote noch nicht da waren.

07.02.1945

Eine Spannung ohnegleichen war auf dem Schiff. Es hat sich kein Matrose gezeigt auf dem Deck. In der Kajüte hörten wir, daß man dem Kapitän sogar ein Ultimatum stellen wollte. Sie beabsichtigten, sich der Rettungsboote zu bemächtigen, um an Land zu kommen, trotz Minen. –

Buchstäblich in allerletzter Minute tauchten aus dem Dunst die zwei Minenräumboote auf.

Als sie sichtbar wurden, gerieten die Menschen draußen rein aus dem Häuschen. Über den Lautsprecher kam die Frage, ob die Mehrzahl damit einverstanden sei, im notwendigen Abstand hinter den Booten herzufahren. Sofort erhob sich ein unwahrscheinliches Gebrüll mit „Ja!!" – Wirklich, kurz vor Ausbruch einer Panik, brach alle Spannung in dem Augenblick zusammen, als die Maschine anlief und die Ankerketten hochgezogen wurden.

Jetzt war alles nur noch ein faszinierender Anblick, wie unser Schiff langsam in die Mitte der durchgepflügten Wasserbahnen hineinglitt. Von einem der Minensuchboote klapperte einige Male noch die Morselampe für unseren Kapitän.

Vergessen war aller Druck, aller Ärger, daß seit gestern abend kein Brot und kein Wasser mehr da war. Nur noch die grauen, niedrigen Räumboote waren wichtig.

Von meinem Platz aus konnte ich das rechts laufende Boot immer beobachten. Sie hatten das Geschirr ausgefahren, und in mäßiger Geschwindigkeit fuhren die Boote parallel nebeneinander. Den Abstand zwischen den Booten schätzte ich etwa auf 80–100 m.

Nach 1½ Stunden drehten die beiden Boote bei und ließen uns an sich vorbeifahren. Wir waren unmittelbar vor dem Hafen in Swinemünde!

Mit langsamer Fahrt, es war vielleicht 10.00 Uhr geworden, fuhren wir in den Hafen und legten an einem Pier an, an dessen anderer Seite bereits ein Lazarettzug stand.

Ich konnte von meinem Platz aus das Landemanöver verfolgen und sah den deutschen Lazarettzug nun vor mir. Man kann schlecht beschreiben, was man in solch einem Augenblick empfindet.

Lazarettzug bedeutet, daß jemand da ist, der sich darum kümmert, daß man etwas zu essen und zu trinken hat, bedeutet Arzt und Hilfe und nicht zuletzt auch Heimat.

Eben wurden die 2 Fallreeps angelegt und schon waren auch die Kettenhunde sichtbar. Dann kam Sanitätspersonal auf das Schiff und sperrte das Deck so ab, daß zuerst die Soldaten herausgebracht werden konnten.

Unsere Kajütentür wurde aufgestoßen und die Ärztin erschien im Türrahmen und zeigte auf mich. An ihr vorbei kamen 2 Sanitäter, schoben sich bis zur Bank und hoben mich kurzerhand heraus.

Ich konnte mich nicht deutlich machen, nicht verabschieden, sie hoben mich einfach heraus und legten mich draußen auf eine Trage. Mein Koppel mit Kartentasche, in der auch mein letztes Tagebuch steckte – ohne das ich heute nichts mehr aufschreiben könnte, wurden mit auf die Trage gelegt, und so wurde ich von Bord getragen.

Ein dramatischer Teil meiner Heimkehr war zu Ende.

Statt mich in den Lazarettzug zu bringen, schoben sie mich zu meiner größten Überraschung in einen Sanitätskrankenwagen. Das hatte ich zuletzt erwartet. Oben lag schon einer, und ich war der zweite, der überhaupt vom Schiff kam. Ich war todunglücklich, denn Krankenwagen neben Lazarettzug, das konnte nur heißen, daß man mich nicht mehr für transportfähig hielt.

Damals war ich bitter enttäuscht, war aber viel zu geschwächt, um mich dagegen zu wehren.

Als der dritte und vierte Verwundete verladen war, klappte die Tür zu, und die Fahrt ging los.

Alles verlief so schnell und ohne Worte, daß ich mich regelrecht überrumpelt fühlte. –

Heute weiß ich, daß diese, mir unbekannte Zivilärztin, zweifellos mein Leben gerettet hat!! Nie hätte ich die Strapazen eines Lazarettzugtransportes durchgestanden. Ich habe ja nicht gewußt, wie im Februar 1945 ein Lazarettzug ausgestattet war. –

Nach etwa 25 Minuten Fahrt hielt der Wagen an. Wir wurden ausgeladen und einer der mit mir einliegenden Soldaten fragte, wo wir wären. So hörte ich, daß ich im Marinelazarett in Heringsdorf gelandet war. Jetzt fiel die Spannung der letzten Nacht von mir ab und ich war demütig dankbar, daß ich in die Obhut von Ärzten kam.

Ärztliche Benachrichtigung

Bamberg, den 19. 3. 1945

(Dienststelle)

Truppen-teil / Dienst-grad	Ruf- und Zuname / Religion	Geburt a) Tag, Monat, Jahr b) Ort / c) Tag, Monat, Jahr des Diensteintritts	Krankheits-bezeichnung und Krankheitsnummer	Von welchem Dienst beitreil (Bei Lazarett-kranken nicht ausfüllen)	Wo in Behandlung von	bis	Krankenrevier, Heereslazarett, außerhalb der Wehrmacht	Abgang am	dig. dutg. geh. sonstiger*) verlegt nach	Behandlungstage
Gefreiter Rgt. 1140 Reuten	Anton Singer rk	16.13.18 Geiselhöring 24.4.40	Granatsplitter Gesicht, li. Schulter li. Zeigefinge, ganz zahlreich sind		20/2	19/3		19/3	A7 L6 led. kv. 2 Monate	27

*) Erläuterung des sonstigen Abganges.

An H. Reiter

Chirurg. frei genannte Offiz. Bamberg

Anmerkung: Für einen Kranken ist ein Viertelbogen zu verwenden. Mehrere Kranken von einer Dienststelle sind auf einem halben Bogen untereinander aufzuführen.

Joh. Fruhauf, Bamberg

der Landesschutzpflicht belehrt.

Gültig für freie Urlaubsreisen auf kleinen Wehrmachtfahrschein

Kriegsurlaubsschein

Der Fahr. d. R. _Erhard Einzle_ (Vor- und Zuname)

von Reservelazarett II Bamberg
Teillaz. Fischereischule
(Truppenteil bzw. Feldpostnummer)

ist vom _19. März_ 194_5_ bis einschl. _5. April_ 1945 _3.07_ Uhr beurlaubt

nach _Kleine Stoßf._ nächster Bahnhof _Bünde Stoßf._

nach _—_ nächster Bahnhof _—_

Er reist auf kleinen Wehrmachtfahrschein. Es darf nur der verkehrsübliche Reiseweg benutzt werden. Fahrten über größere Umwege sowie Zickzack- und Rundreisen sind verboten. Die Inanspruchnahme von Wehrmachtfahrkarten oder Fahrkarten des öffentlichen Verkehrs für die im Wehrmachtfahrschein bezeichnete Strecke ist verboten.

Über die umstehenden Befehle ist er belehrt worden.

(Dienststempel) Lebensmittelmarken ausgegeben
vom _—_
bis _—_
Bahnhofs-Gültigkeits-Stempel

Ausgefertigt am _19. März_ 1945
Reservelazarett II Bamberg
Teillaz. Fischereischule
(Truppenteil bzw. Feldpostnummer)

[Unterschrift]
(Unterschrift, Dienstgrad, Dienststellung)

Oberfeldarzt u. Chefarzt

675/II Wehrkreisdruckerei XIII Nürnberg

Zuerst brachten sie mich in die Aufnahme. Mein berühmter Zettel wurde vom Rock entfernt und meine Kartentasche, Koppel und Pistole wurden abgenommen. Eine Schwester kam und sah mich an, merkte, daß ich nicht sprechen konnte, beugte sich herunter und sagte etwa folgendes: „Sie sind mit dem Schiff gekommen und konnten mit dem Lazarettzug nicht mitgenommen werden, weil Sie dringend zum Arzt müssen. Haben Sie noch etwas Geduld. Sie sind hier in Heringsdorf in einem ehemaligen Erholungsheim für Kinder. Ich werde veranlassen, daß man Sie badet, soweit das möglich ist und dann wird der Arzt Sie aufsuchen. Glauben Sie, daß Sie ein warmes Bad aushalten?" — Ich nickte und war bald den Tränen nahe.

Ich hatte den Kontrast zwischen dem Gefechtsstand Kobbelbude und all dem, was bis zur Minute passiert war, noch nicht verkraftet. Diese Horrorbilder von den Kämpfen um meinen Gefechtsstand, Wittulski — und jetzt dieses Schwesterngesicht.

Sie brachten mich zu einem Bad, in dem schon das warme Wasser in die Wanne eingelassen wurde. Zwei kräftige Sanitäter legten mich auf einen Tisch, und vorsichtig begannen sie, mich auszuziehen. Zuerst die Stoffhose. Meine Jacke hatten sie mir schon vorher abgehängt. Sie fragten, ob ich unten an den Beinen auch verwundet sei. Ich schüttelte den Kopf.

Jetzt kamen zwei Schwestern und begannen meine Verbände abzumachen. Ein Soldat hielt meinen Oberkörper senkrecht und eine Schwester fing an, die Binden um den Körper abzuwickeln. Ich spürte immer deutlicher, wie ich Luft bekam und den linken Arm und die Hand besser spürte. Als die großen breiten Binden ab waren, entfernten sie den auf die Schulterwunden aufgelegten Mull. Das tat noch anständig weh, denn das verkrustete Blut verklebte alles. Dann legten sie mich wieder flach. Nun kam der Kopf dran und die rechte Hand. Ich war überglücklich, als der Kopfverband gelockert wurde und ich meine Kiefer etwas bewegen konnte. Auch den Mund konnte ich etwas öffnen, nur ging alles schwer und es schmerzte auch.

Mein rechtes Auge war inzwischen so weit offen, daß ich etwas sah und das erfreute mich am meisten.

Noch hatte ich von den Verletzungen nichts sehen können, aber als die letzten Mulltücher von der Hand weggenommen wurden, sah ich zum ersten Mal meinen zusammengenähten Zeigefinger ohne Endglied und

Nagel. — Er sah aus wie eine abgebundene frische Blut- oder Leberwurst. — Überrascht war ich, daß meine ganze rechte Hand total verbrannt war. Die Haut war stellenweise abgegangen und saß voll von dunklen Ruß- oder Pulverteilchen.

Nachdem meine verdreckte Wäsche vom Körper herunter war, wurde ich vorsichtig in das warme Wasser gehoben.

Es war wie Weihnachten und Ostern auf einen Tag!!

Sie ließen mich aufweichen! — — Ich wurde gewaschen und gesäubert, wo es ging, währenddessen ich an der rechten Schulter und am rechten Arm festgehalten wurde.

Als alles vorbei war, legten sie mich nackt auf ein hereingefahrenes Bett, das oben mit einem Gazetuch ausgestattet war. Eine der Schwestern sagte mir, ich müßte noch etwas warten, bis der Arzt käme, denn sie hätten in bestimmten Zeiten Stromsperren.

Das war für uns Frontsoldaten etwas Neues.

Es dauerte auch nicht lange, bis ich in ein Verbandszimmer gefahren wurde. Der Arzt war nicht so jung und das war mir recht.

Er besah sich eingehend alle Wunden und leuchtete mit einer Lampe in meinen Mund hinein. — Ich war so froh, daß einer da war, der nach mir sah. —

Jetzt wurden noch Herz und Puls, Augen und Gliedmaßen untersucht und dann deckte er mich zu. Auf meiner Bettkante sitzend sprach er ganz offen zu mir, daß die Verwundungen alle wieder auszuheilen wären, abgesehen von dem rechten Zeigefinger. Auch den Kiefer und die Zähne könne man wieder herrichten. Soweit er das sähe, wären die Nähte an den beiden Lippen äußerst gut gemacht worden. Die Pulververbrennungen im Gesicht und an der rechten Hand würden ebenfalls abheilen. Dann sagte er: „Ihre linke Schulter ist allerdings erheblich getroffen und wir kommen nicht darum herum, Ihnen einen sogenannten Stuka anzulegen. Das Gelenk muß während des Heilprozesses unbedingt in der richtigen Stellung gehalten werden. Schon aus diesem Grund war es notwendig, Sie sofort hier einzuweisen."

Während er aufstand, fügte er hinzu: „Übrigens sind Sie außerordentlich abgemagert, da müssen wir schleunigst nachhelfen."

Dann tippte er mir auf die heile Schulter und verschwand.

Nach einer Weile kam er mit einer Oberschwester zurück und gab seine Anordnungen wegen mir. Zuerst kam der Mund dran; ich bekam eine Mundsperre eingesetzt, so daß die Kiefer offenblieben. Das tat weh. Mit Desinfektionsmittel und Tupfer machte er die Wunden an den Lippen und innen die Schleimhäute sauber. Das war eine Wohltat.

Die Schwester brachte inzwischen in einer Schnabeltasse eine gut warme Fleischbrühe und der Doktor trichterte sie mir höchstpersönlich ein.

Dann konnte ich mich endlich wieder zurücklegen und die Schwester meinte, ich solle mich vor dem Verbinden noch etwas ausruhen.

Mir war wohl anzusehen, daß ich am Ende meiner Kräfte war.

Ich ließ mich in einen Zustand der Schwerelosigkeit fallen.

Alles hatte bis jetzt ein gutes Ende genommen. Ja, ich fing an, Selbstgespräche zu führen. Mit Genugtuung merkte ich, daß die Zunge wieder gehorchte, ich die Kiefer etwas bewegen konnte und nun auch verständliche Laute herausbrachte. Allerdings blieb mir nicht verborgen, daß im Oberkiefer Zahnlücken und offene Knochenpartien waren.

Ich hatte wohl so eine Stunde gedöst, als sie mich in den OP schoben. Alles war für mich vorbereitet, ich durfte sogar in einem Spiegel meinen Kopf ansehen. Schön war das nicht, vor allem die verbrannte Haut war für mich überraschend. Daß die Lippen zusammengenäht waren, konnte ich ganz gut erkennen.

Die größten Schmerzen verursachte das „In-die-richtige-Lage-Bringen" des linken Armes. Als der „Stuka" fertig war, kamen der Kopf und die Hand dran. Gott sei Dank wurde der Kopf so verbunden, daß ich Spielraum für den Mund und die Öffnung der Kiefer hatte. Jetzt war ich viel freier und konnte mich auch ganz gut verständlich machen.

Ich wurde auf ein Zimmer mit mehreren Betten geschoben und konnte mich mit anderen Soldaten noch etwas bereden, bis ich einschlief.

Am Abend weckte mich eine Schwester, weil es etwas zu essen gab. Da ich ja meine Hände nicht gebrauchen konnte, wurde ich gefüttert. Zum ersten Mal nach langer Zeit bekam ich etwas wirklich Nahrhaftes und ein gut zubereitetes Essen. Alles war kleingemacht, so daß ich nichts mehr beißen brauchte. Ich erhielt viel Lob für mein Mitmachen. Dann gab es Medikamente und ich schlief bald wieder ein, trotz der ungewohnten Stuka-Situation.

08.02.1945

Ich mußte zum Kaffee wieder geweckt werden, aber ich hatte mich nun spürbar erholt. Nur – mein unrasiertes Gesicht störte mich noch. Sonst fand ich mich schon ganz toll wieder auf Draht, vor allem deswegen, weil ich leidlich sprechen konnte. So etwas weiß man nur, wenn man in seinem Leben mal 8 Tage weder sprechen noch schreiben konnte.

Die Visite war auch hier Brauch. Ich hörte zu, was die anderen Zimmerkameraden gefragt wurden und wie ihre Antworten lauteten.

Der „Chef" ließ sich berichten und fragte mich, ob ich jetzt etwas besser sprechen könne. Ich nickte nicht mehr, sondern sagte deutlich „Ja".

Wieder schlief ich bis zum Essen weiter. Ich wurde gefüttert und – konnte weiterschlafen. Das war für mich die beste Medizin.

Am Nachmittag wurden die Verbände am Kopf und an der Hand gewechselt.

Dann kam es endlich zu einem Informationsgespräch mit den Kameraden. Sie erzählten, daß dies Erholungsheim der Firma Siemens u. Halske in Berlin gehört hätte, bis es Lazarett wurde. Ein großer Mist sei, daß es immer wieder Stromsperren gäbe.

Im übrigen sei der Russe weiter auf dem Vormarsch. In Ostpreußen würde um Königsberg herum immer noch gekämpft. –

08.–12.02.1945

Ich habe mich schon ganz gut herausgemacht, konnte auch schon mal das Bett verlassen. Essen kann ich auch besser, aber mit der Hand ging es noch nicht. Die verbrannte Haut schält sich allmählich ab, und so verschwinden die Pulverpünktchen aus dem Gesicht und von der Hand.

Morgen sollen die Fäden gezogen werden an den Lippen. Mit der Zunge kann ich mit den Fadenenden schon herumspielen.

Der Stuka muß wohl noch eine ganze Weile dranbleiben.

Ich habe der Oberin gesagt, daß ich heute Hochzeitstag hätte. Daraufhin versprach sie mir, vorausgesetzt der Arzt hätte nichts dagegen, eine kleine Flasche Sekt zu spendieren. Dies hat mich sehr gefreut.

Richtig sauber haben sie mir inzwischen meine linke Gesichtshälfte rasiert. Auf der anderen Seite geht das noch nicht so, wegen der Stecksplitter und der verbrannten Haut. Am Abend, nach dem Essen, bekam ich dann meinen Sekt. Der Stationsarzt kam auch mit, und so haben wir auf Hanna und den Hochzeitstag angestoßen.

13.02.1945

Die Fäden sind weg und die arge Spannung der Lippen hat nachgelassen. Heute habe ich einen Vorstoß unternommen wegen des Lazarettzuges. Mit Händen und Füßen habe ich erläutert, wie kräftig ich schon geworden sei und wie gut alles heilen würde — und sonst noch was.

Der Arzt guckte mich lange an und lachte zuletzt. „Sagen wir mal so, Sie wollen mehr in die Nähe Ihrer Frau!"

Daran hatte ich natürlich grundsätzlich gedacht. Aber im Moment hatte das einen besonderen Grund, der seine Ursache in einem kurzen Gespräch mit der diensthabenden Schwester hatte.

Das kam so, daß ich nach meinem Koppel mit der Pistole und Kartentasche fragte.

„Ja, das habe ich alles in dem Schrank dort aufbewahrt."

— „Und wo haben Sie meine Hose und meinen Rock?"

„Beides wurde desinfiziert und ist gebügelt und hängt auch im Schrank."

„Wo sind wohl die alten Latschen geblieben, die sie mir in Rosenberg gegeben haben?"

„Die brauchen Sie doch noch nicht. Sollten Sie noch mit einem Lazarettzug weg können, werden Sie doch liegend transportiert."

Jetzt war ich plötzlich ganz hellwach.

„Was heißt: Sollten sie _noch_ mit einem Lazarettzug usw. — Wollen Sie damit sagen, das ginge nicht mehr?"

Die arme Schwester bekam einen roten Kopf und sagte: „Es ist uns verboten, darüber mit den Soldaten zu reden, aber die Wahrheit ist, daß der Russe vor Stettin steht und dort die Lazarettzüge normalerweise durchmüssen. Es gibt nur noch eine Nebenstrecke hier oben herum über Usedom—Ducherow—Greifswald—Stralsund und dann Berlin oder Rostock. — Sagen Sie aber bitte nicht, woher Sie das wissen." —

„Ja, und was machen Sie dann?" – Sie zuckte die Schultern, drehte sich um, weil ihr die Tränen kamen und ging fort.

So war die Situation, die wir nicht wissen sollten, um uns nicht nervös zu machen. Ich kämpfte mit dem Arzt also in Wirklichkeit um meine Freiheit, mußte aber so tun, als ob das Heimweh nach Frau und Kind im Vordergrund stünden.

Natürlich stand das Heimweh im Vordergrund. Wenn ich aber übermorgen, oder noch einige Tage später, den Russen in in diesem Lazarett übergeben wurde, konnte ich erst recht nicht zu Frau und Kind kommen.

Endlich kam er damit heraus, daß am Sonntag, dem 18. Februar 1945, wieder (er sagte nicht: Noch einer) ein Lazarettzug bereitgestellt würde. Wenn ich mich die nächsten 5 Tage weiter so gut mache und noch etwas Gewicht zulegen könne, wolle er mich damit fahren lassen.

Ich habe weiß Gott dafür gesorgt, daß ich immer alles aufaß und zu Kräften kam.

17.02.1945

Gestern hatte ich Geburtstag. Einen Brief an Hanna habe ich auch zurechtbekommen. Wenn er noch durchkam, dann wußte sie wenigstens jetzt, daß ich noch lebte und aus dem Ostpreußen-Kessel entkommen war.

Daß ich erneut in größter Not bin, bei dem Russen doch noch in Gefangenschaft zu kommen, das verschwieg ich lieber.

Wenn jetzt alles gut geht, darf ich morgen weg. Ich werde dann zurück zum Pier gebracht nach Swinemünde und dort vorweg verladen.

18.02.1945

Es hat geklappt. Früh hat mich der Sanka nach Swinemünde gebracht. Von den Ärzten und Schwestern hatte ich mich herzlich verabschiedet. Sie alle dort wußten, daß sie ihre Stellung im Lazarett nur noch Stunden und Tage halten konnte, je nachdem die deutschen Truppen in der Lage waren, die Russen aufzuhalten.

Es war gut, daß die Schwester mir die Wahrheit sagte.

Auf der Tragbahre lag mein Koppel und mein Rock. Mütze und Schuhe hatte ich nicht und brauchte ich auch noch nicht. Wichtig waren meine Kartentasche mit Kompaß und Tagebuch. Der Stuka war beim Liegen sehr hinderlich.

Zu meiner Überraschung war der Lazarettzug schon voll, aber für mich war ein Bett reserviert worden, sogar an einem Fenster. So ging alles schnell über die Bühne. Mein Verwundetenzettel war wieder die Eintrittskarte.

Der Abschied ist mir nicht allzu schwer gefallen. — Vermutlich war der Zugang zum Hafen Swindemünde nicht mehr länger zu halten. Das Schicksal der Ärzte und Schwestern war ungewiß. Noch konnten sie sich retten, aber sie taten es nicht. Sie werden bleiben, solange noch ein Marinefahrzeug die Opfer des Krieges im Osten hier anlandet. Schlimm Verwundete, nicht mehr transportfähige Menschen, werden aufgefangen, die anderen in Lazarettzügen schnell in den Westen weitergeleitet.

Was dann, wenn in diesem Westen auch kein freier Raum mehr ist?

Endlich fuhr der Zug ab und bald bestätigte sich, was die Schwester sagte: „Über Stettin geht nichts mehr, Pommern ist nicht mehr frei!" — Der Zug fuhr über Usedom — Greifswald. Die meisten verwundeten Soldaten werden sich gar keine Gedanken gemacht haben, oder sie wußten es gar nicht, daß Pommern schon fest erobert war und wir sozusagen durch die Hintertür ins Restdeutschland gefahren wurden.

Endlos lange sind wir heute gefahren. Es ging über Rostock — Schwerin — Magdeburg. Immer wieder Haltepausen. Ausgeladen wurde heute noch niemand. Meine ganze Hoffnung war der Süden oder Westfalen.

Die Betreuung war nicht mehr so wie früher. Überall wurde gespart. Das Essen war für alle einheitlich Eintopfsuppe, aber niemand hat gemault. Die Soldaten aus den Frontgebieten kannten Entbehrungen schon lange. Ich verschenkte meine Rauchwaren, denn einmal konnte ich ja nicht rauchen und zum anderen gab es nur Zigaretten.

19.02.1945

In der Nacht hatten wir einen großen Aufruhr im Lazarettzug.

Es war noch vor 24.00 Uhr, als der Zug auf einem Nebengleis abgestellt wurde, weil die Küche für heute keine Lebensmittel mehr hatte. Die

Stadt, in der wir hielten, war Garnisonsstadt, und der verantwortliche Beamte des Lazarettzuges begab sich zu der Kaserne, um dort Lebensmittel für den Zug zu erhalten.

Das war an sich schon ungewöhnlich, aber wir waren eigentlich auf der Flucht vor dem Russen gewesen, und da war es für mich schon verständlich, daß wir woanders etwas zu essen holen oder beschaffen mußten. Darüber regte sich zunächst auch niemand auf.

Als aber nach 2 Stunden der Zug immer noch auf dem Abstellgleis stand und durch den Lautsprecher eine Erklärung dafür gegeben wurde, daß die Intendantur sich außerstande sähe, am Sonntag die Lebensmittel zum Zug zu schaffen, da brach buchstäblich der Volkszorn los.

Wenn die Landser den verantwortlichen Beamten zu fassen bekommen hätten, dann wäre wirklich ein Unglück passiert!

Hier stießen 2 Welten aufeinander, die es nur in einem Krieg geben konnte. Der Aufstand hielt lange an, und die Soldaten konnten sich nicht beruhigen. Daß die Sonntagsruhe wichtiger war, als die Versorgung eines Lazarettzuges, der den Russen gerade noch entwischte, das verstand niemand. Ich auch nicht.

Natürlich haben wir letztlich etwas bekommen, aber ein Skandal war es trotzdem.

In der vergangenen Nacht sind wir kaum vorangekommen. Fast immer Fliegeralarm. Wenn es möglich war, sind wir in Tunnels oder Waldgebieten stehengeblieben, alles wurde abgedunkelt.

Es war vieles anders, als 1943 von Dno nach Riga. – Die Schrecken des totalen Krieges griffen gierig auf alle Teile Deutschlands über.

Daß wir heute morgen dann doch Kaffee und Brot bekamen, versöhnte uns wieder etwas.

Von Magdeburg ging es nach Halle – Weißenfels – Jena. Ab hier hielt der Zug oft an, und in Lazarettstädten wurde immer wieder ein Teil der Verwundeten ausgeladen.

Ich war noch in meinem Bett, rechnete aber damit, daß ich bald dran bin, je weiter nach dem Süden, desto lieber wäre es mir gewesen, wenn es schon unmöglich war, mich in Ostwestfalen zu lassen.

Es ging wieder in die Nacht hinein und bald war der Zug halbleer. Dann passierten wir Saalfeld – Probstzella – Lichtenfels. Immer weniger Verwundete lagen noch im Zug.

20.02.1945

Etwa um 3.00 Uhr morgens erreichten wir Bamberg. Es war vermutlich die letzte Station des Zuges. Alles war kalt und unfreundlich. Am Bahnhof standen mehrere Sanitätskraftwagen bereit. Ich wurde auf einer Trage zu einem Krankenwagen gebracht. Im Schein weniger Lampen sah ich das Stationsschild von Bamberg.

Wo ich genau war, d.h. wo Bamberg lag, das wußte ich damals noch nicht. Dagegen war mir der „Bamberger Reiter" doch sehr geläufig aus der Zeit, als wir Pfadfinder in die Hitlerjugend eingegliedert wurden. Dort im Unterricht war die Rede vom Bamberger Reiter.

Die Fahrt mit dem Krankenwagen dauerte etwa 15 Minuten, dann waren wir da. Beim Ausladen konnte ich erkennen, daß sie uns mitten in die Stadt vor ein großes Gebäude mit mehreren Stockwerken gebracht hatten. Die Sanitäter trugen mich hinein und brachten mich und noch drei andere Verwundete in ein ehemaliges Klassenzimmer einer Schule. Darin waren an der Fensterseite 6 Betten und an der Seite zum Flur 4 Betten aufgestellt, dazu noch einige Spinde. Ich bekam ein Bett zur Seite zum Flur hin.

Nachdem die aufgestörten Soldaten in dem Zimmer vernommen hatten, daß wir vom Lazarettzug kamen, gaben sie sich friedlich und schliefen weiter.

Ich dagegen, lag in meinem Bett und dachte an Riga und Lötzen und war mir sicher, daß das Lazarett in Riga noch das beste gewesen war. So ganz zufrieden war ich jetzt nicht. Ich war weder in Süddeutschland noch in Westfalen – das mag es wohl gewesen sein.

Morgens wurde es dann lebhaft. Die Tagesschicht begann und ich konnte mich etwas in dem Raum umsehen.

Wir Neuangekommenen wurden zuerst gar nicht weiter beachtet.

Bei den „Alten" war schon alles eingelaufen. Lediglich eine Küchenschwester fragte uns, ob wir alle etwas essen dürften, dann ging sie wieder.

Später gab es Kaffee und einige mit Margarine und Marmelade bestrichene Brote. Ich mühte mich ehrlich daran herum, dann gab ich auf.

— Irgendwie war der Wurm drin. Ich empfand zu deutlich die nackte Armut eines Teillazaretts im Februar 1945, ohne mir bewußt zu sein, daß mitten im Heimatland sehr große Opfer für die Front gebracht wurden. Das kannte ich nicht und wußte das auch nicht recht einzuschätzen. An der Front war ich immer den härtesten Bedingungen ausgesetzt, wußte darum und nahm das als selbstverständlich hin. Hier und heute empfand ich den Mangel deutlich und vergaß, daß ich nicht Kompanie-Chef war, sondern einer von Tausenden und lediglich eine Nummer.

Und genau das war ich eigentlich noch nie in meinem Leben — eben nur 'ne Nummer. —

So viel wußte ich damals noch nicht von mir selbst. —

Nach dem Frühstück räumten die Soldaten, die aufstehen konnten, alles ab. Einer war dankbar, weil er den Rest meines Brotes noch aufessen konnte.

Dann kam die Visite. Der Chefarzt kam mit seinem Ärztestab und so wurden wir „Neuen" auch gewürdigt — mit dem Vermerk, daß wir etwas später untersucht würden. So geschah es auch. Einer der Ärzte machte die notwendigen Ermittlungen. Unsere Begleitpapiere waren schon da und die Sache ging glatt ab.

Der Arzt war freundlich und ließ durchblicken, daß ich nach der Untersuchung und nach dem Neuanlegen der Verbände selbstverständlich auf ein anderes Zimmer, zu Offizierkameraden, verlegt würde. Er stellte noch fest, daß ich breiiges Essen brauchte, sonst aber damit rechnen könne, daß ich wieder zurechtkäme. Ich solle etwas Mut und Zuversicht haben — an der Heimatfront könnte man verwundete Offiziere auch noch einsetzen! — So war das also. —

Später kam ich mitsamt meinem Bett in ein großes Verbandszimmer. Von einem Bad war nicht die Rede. In der Schule gab es lediglich im Keller eine Dusche, und da war nur selten warmes Wasser vorhanden.

Nacheinander wurden die Verbände abgenommen, die Wunden gesäubert und begutachtet. Dann wurde ich erneut verbunden und zurückgebracht. Eigentlich war ich mit dem Verlauf der Heilung ganz zufrieden. Die Granatsplitterwunde zwischen Nase und rechtem Auge war nicht genäht worden, wie ich geglaubt hatte, und in Bamberg war es dafür wohl schon zu spät.

Auf dem Rücktransport kam ich in ein anderes Zimmer. Es war kleiner, hatte 6 Betten und war mit Offizieren belegt. Mit „Hallo" wurde ich begrüßt und war schon wieder der „Neue". Außer mir waren es noch 4 weitere Kameraden, ein Bett war leer. Alle konnten sie aufstehen, wenn auch nicht nach draußen gehen.

Ich mußte berichten und erzählen. Sie waren gespannt, wie es an der Front aussah, denn ihr Informationsstand war der der Wehrmachtsberichte. Begierig hörten sie zu und ich erzählte von dem Untergang der Divisionen in Ostpreußen. Sehr bedenklich fanden sie, daß bereits Stettin den Russen in diesen Tagen in die Hände fallen würde.

Sie ihrerseits erzählten von der Lage im Westen und daß niemand mehr glaubte, daß wir den Krieg noch gewinnen könnten. Für alle war es ein ungeheures Rätsel, wie wir mit den Amerikanern zu einem Waffenstillstand kommen könnten, um dann als Verbündete den Russen wieder in seine Grenzen zurückzuweisen.

Durch den Volksempfänger, der im Raum stand, kam von außen her auch eine gewisse Information über die Lage, aber jeder wußte, daß nur selten genaue Angaben über Städte und Landstriche durchgegeben wurden.

Zum Mittagessen bekam ich schon zerkleinertes Essen. Die Portionen waren für mich knapp ausreichend, aber für die anderen Kameraden, die aufstehen durften, waren sie viel zu klein, vor allem war das Brot sehr knapp.

21.02.1945

Durch Vermittlung eines Zimmernachbarn, der heute erstmals Ausgang bekam, wurde ich mit einem Rasierapparat, Seife und Pinsel versorgt. Selbst rasieren ging nicht, also haben sie mich unters Messer genommen und etwas freundlicher gemacht. So etwas brachte eine gewisse Abwechslung.

Ich machte mir ernsthaft Gedanken, wie ich an Schnürschuhe komme. Irgendwann mußte ich ja einmal aus dem Bett und dann hatte ich weder Schuhe noch Stiefel noch Mütze. Ich bedauerte sehr, daß meine schönen Reitstiefel beim Hauptverbandsplatz „Großdeutschland" geblieben waren.

Auch kam mir immer mehr in Erinnerung, unter welchen Umständen ich meinen Gefechtsstand verlassen mußte. Jetzt, von meinem warmen Bett aus, kam ich mir wie ein Fahnenflüchtiger vor!

Wenn ich die Wahl gehabt hätte, durch eine Versetzung aus dem ostpreußischen Kessel herauszukommen – ich wäre immer bei meinen Kameraden geblieben! Das hat rein gar nichts mit dem gesunden Menschenverstand zu tun, sondern mit dem Empfinden, daß man sich gegenseitig in der Not aufeinander verlassen konnte.

An dieser Bürde, weggekommen zu sein in der Stunde der höchsten Not, als nämlich gerade unsere Werfer mit den Einschlägen richtig lagen – denn die russische Infanterie war schon bedenklich nahe und war dabei, unsere schweren Maschinengewehre zu unterlaufen –, an dieser Bürde würde ich noch lange kranken.

Vielleicht sind die Wunden längst verheilt, wenn ich die Männer wie Wittulski, Birkefeld, Wieler, Johst – noch lange nicht vergessen haben werde. Die jüngste Vergangenheit hat mich noch oft in den Stunden der Ruhe im Bamberger Lazarett wieder eingeholt.

Der Leutnant, der mir heute das Rasierzeug besorgte, war ein Ausbund von Munterkeit. Er war noch arg jung und immer, mit Spaß und guter Laune, hinter den Weiberröcken her. Er erzählte uns von der Stadt und wie das Leben und Treiben draußen ist.

Wir sind ein Teillazarett in der Oberschule in Bamberg. Das Hauptlazarett war etwa 1 km von hier an der Regnitz gelegen.

22.02.1945

Nach dem Verbandswechsel heute, haben sie mir die rechte Hand so verbunden, daß ich den Mittel-, Ring- und kleinen Finger für sich verbunden hatte und den Zeigefinger und Daumen auch für sich. So entstand eine kleine Ritze und ich konnte das Schreiben schon probieren.

23.02.1945

Meine Bemühungen um ein Paar Schuhe hatten heute Erfolg. Der blonde Leutnant probierte mir die Schuhe an, natürlich unter dem Spaß der Zuschauer.

Das Essen war sehr knapp und ich merkte jetzt, daß es schwer war, etwas an Gewicht zuzunehmen. Trotzdem ich wegen meiner Verwundungen ganz zuversichtlich war, hätte ich doch gern das Hungergefühl losgehabt. Den Kameraden ging es nicht anders.

24.02.1945

Heute bin ich das erste Mal etwas aufgestanden. Eine Schwester zog mich an und dann ging es auf Socken durch den Raum. Der Stuka war doch recht unangenehm hinderlich.

25.–28.02.1945

Jeden Tag habe ich Aufsteh- und Gehübungen gemacht. Es ging schon ganz gut. Auch die Treppe bin ich schon hinuntergegangen, zur Schreibstube und wieder zurück. Ich mußte mein Soldbuch abgeben, denn die kommende Verleihung des Verwundetenabzeichens in Gold mußte dort eingetragen werden.

Meine Kartentasche mit dem Tagebuch hütete ich sehr, denn – ein Tagebuch war verboten.

01.–02.03.1945

Am heutigen Samstag war die Verleihung des „Verwundetenabzeichens in Gold". Verliehen nach mindestens 5maliger Verwundung.

Eigentlich war ich 6mal verwundet worden, aber 2 Verwundungen am selben Tag gelten als eine Verwundung. – So wurde ich belehrt. – Ich war ordentlich stolz darauf, weniger wegen der Auszeichnung, vielmehr wegen der Deutlichmachung, daß ich ein Frontsoldat war und keiner von der Heimatfront.

Des öfteren kam ich jetzt mit Soldaten zusammen, die noch kaum etwas, oder überhaupt nichts von der Front, gemeint ist die Hauptkampflinie, gesehen hatten.

Zunehmend erlebte ich die „Heimatfront".

03.03.1945

Heute war der große Tag. Ich durfte ins Freie. Eine Schwester hängte mir den Rock um, unter dem Stuka mit einer Sicherheitsnadel zusammengehalten, neuerstandenes Käppi auf und ab ging es, zusammen mit dem blonden Leutnant.

Zuerst machten wir einen Orientierungsspaziergang, denn es interessierte mich, wo unsere Schule eigentlich war. Sie lag also mitten in der Stadt. Wir sahen alte, wunderschöne Häuser, vor allem an der Regnitz gibt es wunderbare Partien.

Reichlich müde, aber mit dem guten Gefühl, daß es körperlich wieder aufwärts ging, kehrte ich zu unserer Schule zurück. Ich war dem Kameraden, der mich begleitete, recht dankbar, daß er sich die Zeit mit mir genommen hatte.

04.03.1945

Heute ist Sonntag. Die Visite war kurz. Verbände wurden nicht gewechselt und so nahm ich mir vor, nachmittags zum Kloster auf den Michelsberg zu gehen.

Nach dem Essen schlief ich noch etwas, dann half man mir beim Anziehen und ich konnte losgehen. Vom Hörensagen wußte ich, daß oben auf dem Michelsberg ein Café ist, bescheiden zwar, aber mit einem herrlichen Ausblick auf die Stadt. Dort wollte ich hin.

Da ich ja in Lazarettverpflegung war und somit keine Brotmarken besaß, konnte es keinen Kuchen geben, aber ich würde dort oben eine Tasse Kaffee trinken.

Es kam zu einem denkwürdigen Nachmittag.

Nach dem Besuch des Klosters trat ich an eine Aussichtsplattform, um hinunter zu schauen auf Bamberg und die Flüsse. Zum ersten Mal sah ich so einen großen Teil der Stadt und entdeckte auch die Fischerei-Oberschule, unser Lazarett. Jetzt wußte ich also, wo ich war.

Unvermittelt und mit starker Intensität, hörte ich plötzlich ein scharfes Geräusch, ähnlich dem, einer fallenden Bombe. (Nur zu gut hatte ich da meine Erfahrungen am Ilmensee, später in Staraja Russa und zuletzt in

Ostpreußen gemacht.) Ich duckte mich unwillkürlich und wollte in Deckung springen, da war das Geräusch auch schon vorbei – ohne folgende Detonation. Dafür sah ich, über mich hinweg sausend, ein Flugzeug.

Es war die „Wunderwaffe" gewesen, eines der ersten Strahltrieb-Flugzeuge der Welt. Damals wußte ich das noch nicht, ich war fast etwas geschockt.

Später suchte ich dann das Café auf. Ich erspähte in einem ausgebauten Erker, mit Aussicht auf das Tal und die Stadt, noch einen leeren Platz. Als die Kellnerin kam, bestellte ich mir eine Tasse Kaffee. Obwohl ich nicht recht wußte, wie ich den trinken sollte, denn es war ja keine Schnabeltasse wie im Lazarett. Aber bestellen mußte ich ja mindestens etwas in dem Lokal.

Mir gegenüber saß bereits schon ein Mädchen oder eine junge Frau. Sie trank Kaffee und aß dazu ein Stück Kuchen. Ich hatte höflich gefragt, ob der Platz noch frei wäre und sie nickte und sagte: „Bitte." Es blieb mir nicht verborgen, wie sie mich in meinem Aufzug musterte. Sie beobachtete amüsiert, wie ich mit meiner verbundenen Hand mein Käppi-Schiffchen vom Kopf bugsierte. Natürlich fiel es dabei zu Boden. Sie hob es auf und legte es auf den Tisch. Ich entschuldigte mich und wollte gerade erklären, daß ich aus dem Lazarett käme, da fiel sie mir ins Wort und sagte: „Ich denke, Sie kommen vom Lazarett?" – „Ja, so ist es", antwortete ich und wir kamen ins Gespräch.

Als dann der Kaffee kam, tat sie mir Milch und Zucker hinein und rührte ihn um. Fast selbstverständlich machte sie das und ich war in meiner Hilflosigkeit etwas verlegen. Dann fragte sie etwas Dummes: „Wollen Sie denn kein Stück Kuchen?" Sie fügte noch an, daß sie öfter hier wäre, und am Sonntag könne man auf Marken auch noch ein Stück Kuchen bekommen, aber nur hier oben.

Ich schüttelte den Kopf und sagte, daß ich keinerlei Marken hätte, und daß ich heute erst zum zweiten Mal das Lazarett verlassen konnte und ganz stolz wäre, bis auf den Berg gekommen zu sein.

Da stand sie auf, sagte gar nichts und verschwand. Nach kurzer Zeit kam sie mit einem Stück Kuchen zurück. „So, das kann ja nicht sein, daß ich hier allein Kuchen bekomme und Sie wegen der Marken nicht – wegen der Brotmarken ist alles erledigt", sagte sie.

Mir war das durchaus nicht unangenehm, aber doch war ich bedrückt, daß ich mir auf solch eine Art und Weise etwas schenken lassen mußte.–

Nach einer Weile sah sie mich nachdenklich an und fragte: „Habe ich das nicht richtig gemacht, sie essen ja gar nichts?"

Jetzt mußte ich doch lachen und sagte: „Ich würde schon gerne, aber wie?" Sie begriff sofort, was los war. „Das werden wir gleich haben." Resolut stand sie auf, setzte sich an das Tischende, machte den Kuchen klein und begann mich zu füttern.

So lernte ich das Mädchen aus Berlin kennen.

An diesem Nachmittag ging das Gespräch hin und her, und als wir gemeinsam den Michelsberg hinabgingen, war es schon fast dunkel, und ich wußte schon viel von ihr.

Ich hatte etwas gehört, was mir zunächst unverständlich war. Sie war im Auftrag oberster Reichsbehörden tätig. Sie hatte Vollmachten, hatte Geld, viele Essensmarken, gute Kleidung, war geschminkt und – gescheit. Sie erzählte bzw. erkärte mir den Sinn ihres Tuns. Zuerst konnte ich ihre Schilderung kaum glauben. In den nächsten Tagen hatte ich aber Gelegenheit, den Wahrheitsbeweis zu erfahren.

Sie war vom „Amt Rosenberg" beauftragt worden, alle historischen Bauten in Deutschland zu fotografieren, damit anhand der Bilder eine Rekonstruktion maßgetreu möglich war. Das geschah in der Weise, daß planmäßig alle Details dieser Bauten, zusammen mit aufgestellten und angebrachten Meßlatten, so fotografiert wurden, daß nach einer Zerstörung durch den Krieg, spätere Generationen alles maßstabgerecht und naturgetreu wieder aufbauen können.

Die Aufgabenstellung war zweifellos erdrückend, sowohl von der Quantität als auch von der Qualität her.

Viele historische Gebäude, Schlösser und dergleichen, hatte sie schon vermessen und fotografiert. Nun war sie z. Z. beim Bamberger Dom. Alle Unterlagen wurden zusammen mit der jeweilig zuständigen Behörde erstellt und dem „Amt Rosenberg" und der Dienststelle „Albert Speer" zur Vergügung gestellt.

Nie und nimmer hätte ich gedacht, daß Rosenberg und Speer so viel von Kirchen hielten, daß sie z. B. alle Details des Bamberger Doms für wiederaufbauwürdig hielten.

Wie sie mir sagte, hatte sie zuvor schon andere berühmte Bauten „verarbeitet". Zum Teil wurden für Einzelheiten extra Gerüste gebaut, um Kapitellen und andere Feinheiten zu erfassen.

Was war das für eine ganz andere Welt, in die ich plötzlich hineinsehen konnte. Was mich fast umschmiß, war die Gedankenwelt unserer obersten Führung.

Auf meine Frage, wie gerade sie in eine solche verantwortungsvolle Aufgabe hineingekommen sei, erzählte sie mir, daß sie an der Kamera ausgebildet sei und entsprechende Spezialkenntnisse hätte. Überdies sei ihr Vater ein bedeutender Chemiker im Dritten Reich und hätte sich große Verdienste erworben, weil es ihm gelungen sei, entscheidende Erfindungen zu machen.

Sie sagte das alles, ohne den Eindruck zu machen, eine Größe zu sein. Für mich war das eine unbekannte Welt. —

Vor dem Lazarett fragte sie, wann ich wieder heraus könnte, denn sie wollte mir und den Kameraden auf der Stube, etwas Eßbares verschaffen, sie hätte die Möglichkeit dazu. Ich vereinbarte den Mittwochabend. Etwa um 16.30 Uhr wollte ich am Lazarettor sein.

Sie war in Zeitnot mit ihrer Arbeit und wollte das Tageslicht voll nützen, deshalb wählten wir diesen Zeitpunkt.

Mit einem ganz anderen Gefühl ging ich die Lazarett-Treppe hoch zum dritten Stock. Es war etwas viel und ganz anderes, was da plötzlich an mich herankam.

Auf der Stube hatten sie sich schon Gedanken gemacht, weil ich gleich beim zweiten Ausgang so lange weggeblieben war. Ich schwieg mich aber aus und sagte nur, daß es ein ganz wunderbarer Nachmittag gewesen wäre.

— Wie eine Ernüchterung kam es über mich: Der Raum mit den paar Betten, den Zigaretten, dem Skatspielen und Warten auf das nächste Essen.

— Der Gedankenflug an andere Dinge war zurückgebracht auf die Wirklichkeit.

Dennoch war ich nachher im Bett am Nachdenken: Unwahrscheinlich, daß man für spätere Generationen die unersetzlichen Werte an einer Kirche bewahren und hinüberretten wollte. Hinüber, in eine Zeit vielleicht ohne Hitler, ohne „Großdeutschland"? Ich fand die Aufgabenstellung wegen der Verantwortung toll. –

05.03.1945

Die Nachrichten aus dem Volksempfänger wurden immer düsterer. Die Nachtluftangriffe auf das Reichsgebiet nahmen ein unerhörtes Ausmaß an. Auch Tagesangriffe wurden immer mehr gemeldet.

Bamberg war eine sogenannte Lazarettstadt und wir glaubten, daß wir deshalb von den Engländern und Amerikanern nicht angegriffen würden. Wir waren uns dessen fast sicher.

Am Nachmittag gab ein Luftalarm Anlaß zu Ärger für mich. Das Anziehen und In-den-Keller-Rennen, war für mich sehr unbequem. Dennoch, es mußte sein. Schon einmal wurde die ganze Stube vom Chefarzt verwarnt, weil „die Herren Offiziere es nicht nötig hatten", so schnell wie die anderen den Keller aufzusuchen.

Heute war es nicht anders, also hinterher noch Krach! Dies wiederum löste intern auf dem Zimmer unter den Kameraden eine ungute Stimmung aus. Ohne Scheu wurde über den bevorstehenden Zusammenbruch gesprochen. Dagegen standen die Reden von Goebbels über die Wunderwaffen, V 1 und V 2. – Jeder wollte gerne daran glauben, aber die tägliche Wirklichkeit ergab ein ganz anderes Bild. So waren wir heute ziemlich deutlich geworden. Alle waren der Ansicht, daß unser Land den Kampf nicht mehr gewinnen konnte. Es war im Lazarett das erste Mal, daß so ungeschminkt unter den Offizieren darüber gesprochen wurde.

06.03.1945

Ausgang in die Stadt. Nachdem mein Daumen aus dem „Gesamtverband" entlassen wurde, konnte ich mir viel besser helfen. Die Haut war noch nicht abgeheilt, aber der Verband konnte so gemacht werden, daß ich mit dem Daumen etwas greifen konnte und damit war ich sozusagen aus dem Schneider.

Auf dem Nachhauseweg passierte etwas Schlimmes: Der blonde Leutnant und ich gingen auf dem Bürgersteig, als uns zwei SS-Männer im Offiziersrang entgegenkamen. Als wir auf gleicher Höhe waren, grüßten wir wie üblich – seit dem Attentat auf Hitler – mit dem Gruß „Heil Hitler".

Die SS-Offiziere grüßten nicht zurück, weil sie offensichtlich so im Gespräch vertieft waren, daß sie uns gar nicht beachtet hatten. Mich aber kränkte das. Seitdem ich das Verwundetenabzeichen in Gold am Rock hatte, den Arm dazu noch im Stuka, glaubte ich, ein Anrecht auf einen Gruß zu haben.

Spontan drehte ich mich um und rief den beiden laut nach: „Heil Hitler!" Das war zuviel Heil Hitler gewesen. Ich fühlte das sofort, denn beide drehten sich auf dem Absatz um und kamen zurück. Wir merkten das natürlich und blieben stehen.

Jetzt waren sie da, gingen um uns herum und versperrten den Weg. Ich ahnte nichts Gutes, wollte mich aber auch nicht ducken.

„Was sollte das eben" – schrie der eine mit dem Verdienstkreuzband im Knopfloch. Ich erwiderte darauf: „Ich habe Sie zum zweiten Mal mit Heil Hitler gegrüßt, weil Sie auf unseren Gruß hin nicht wiedergegrüßt haben, und das konnten wir Verwundeten doch erwarten."

Das war für sie provozierend. Im Handumdrehen waren wir in einem Wortgefecht und erregten die Neugier der Straßenpassanten.

Es kam dann soweit, daß sie unbedingt meine Personalien haben wollten, denn sie sahen in der Art, wie ich mein „Heil Hitler" gebrüllt hätte, als eine Beleidigung des Führers an.

Ich dagegen betonte, daß mir an einer Führerbeleidigung überhaupt nichts liege. Im Gegenteil, wir wären es an der Front immer gewöhnt, daß auf den Gruß „Heil Hitler" der andere Offizier selbstverständlich auch mit „Heil Hitler" grüße und da mir aufgefallen sei, daß das in der Heimat anscheinend nicht mehr so sei, hätte ich laut und vernehmlich nochmals „Heil Hitler" gerufen.

Offensichtlich merkten sie, daß ich sie nicht ganz ernst nahm. Doch machen ließ sich nichts gegen mich, da ich sonst nichts anderes gerufen hatte. Allerdings – mit meinem Hinweis auf die Front hatte ich ins Schwarze getroffen.

Nachdem sie uns beiden noch ein Verfahren angekündigt hatten, zogen sie ab. Die angesammelte Bevölkerung machte keinen Hehl daraus, auf wessen Seite sie stand, und das merkten die beiden tapferen Heimatkämpfer und gaben auf.

Mir jedenfalls war wieder deutlich geworden, daß wir Frontsoldaten mit diesen Menschentypen nichts gemein hatten. Belastet hat mich das Ganze aber doch und geärgert dazu.

07.03.1945

Ich mußte mich heute so einrichten, daß ich zu dem vereinbarten Treff am Portal nicht zu spät kam. Ganz stolz war ich, daß ich mit meiner rechten Hand schon etwas greifen konnte. Sogar schreiben konnte ich. Jeden Tag würde es bessergehen.

Pünktlich war ich vor der Tür, als sie kam. Ich machte aber keine „Heil-Hitler"-Prozedur, sondern sagte einfach: „Guten Tag".

Wir nahmen Kurs zur Hauptstraße und dabei erwähnte sie, daß sie mich gern in den Bamberger Dom führen möchte, wenn ich das wolle, aber zuvor sollte ich mit zu einem Bäcker gehen, wo sie schönes Kaffeebrot entdeckt hätte. Der Laden war nicht weit weg, und sie kaufte zu meiner Überraschung ein großes Weißbrot und dazu noch Kleingebäck aller Art. Die Brotmarken lieferte sie auch dafür ab. Alles ging so selbstverständlich, als ob das alltäglich wäre. Dann sagte sie, daß ich die Tasche nachher mitnehmen und später wieder zurückgeben könne. Jetzt wäre aber gerade noch Zeit, den Dom anzusehen.

So kam es, daß ich von sachkundiger Hand alles Wissenswerte über den Bamberger Dom erfuhr.

Sie erläuterte, wie wichtig es sei, die Aufnahmen ohne perspektivische Verzerrung zu machen. Genau maßstäblich würde das nur, wenn man im rechten Winkel arbeite.

Das bedeutete, daß man manchmal in großer Höhe eine Plattform aufstellen mußte, damit sie, darauf liegend oder sitzend, etwas im Maßstab aufnehmen konnte.

Das leuchtete mir ein, und ich bekam nun doch etwas Respekt vor der Tätigkeit.

„Wer macht Ihnen denn die Einrichtung und wer baut die Gerüste", fragte ich. – „Das macht jeweils die zuständige Behörde. Ich habe die Möglichkeit, daß mir alle notwendigen Hilfsmittel zur Verfügung gestellt werden." – „Im übrigen", fuhr sie fort, „bin ich am Sonntag bei dem Behördenleiter privat zum Essen eingeladen. Ich bin dort fast immer sonntags zum Essen. Ich habe heute morgen schon gefragt, ob ich einen

Gast aus dem Lazarett mitbringen darf. Sie sind also herzlich eingeladen, sich einmal richtig satt zu essen. Es sind ganz liebe Leute, die gerne für mich etwas tun." – Schon wieder war ich überrumpelt und habe das gar nicht so ungern gehabt, denn die Aussicht, nach fast 8 Monaten an einem richtigen privaten Mittagstisch zu essen, war schon für sich allein verlockend genug, um ja zu sagen.

Vor dem Lazarett nahm ich dankend das Brot und die Brötchen in Empfang und versprach, am Sonntag, um 12.00 Uhr wieder vor der Türe unseres Lazaretts zu sein.

Auf der Stube angekommen, packte ich meine schönen Sachen aus und verblüffte meine Kameraden mit einer Erzählung von Tausendundeiner Nacht! Sie wollten mir das alles nicht ganz abkaufen. Aber das Brot und die Brötchen waren Tatsachen – und – hatten hohen Stellenwert. – Am Sonntag wollten sie mich aber überwachen, ob das stimmt, mit der jungen Dame. Jedenfalls wollten sie sich bedanken.

08.03.1945

Heute mußte ich zu der Verwaltung im Hauptlazarett. Es war leicht zu finden, denn auf den Dächern und an den Wänden waren riesengroße rote Kreuze aufgemalt, für Flugzeuge unübersehbar.

Ich ging mit einem Hauptmann von meiner Stube, der dort einen ihm bekannten Offizier besuchen wollte. Zuerst erledigte ich meine Sachen und ging dann zu dem bezeichneten Zimmer, wo der Besuch stattfinden sollte.

In dem Raum, der allerdings freundlicher war, als unser Zimmer in der Fischereischule, lagen 6–8 Mann. Darunter waren zwei höhere SS-Offiziere und zwei russische Offiziere aus der Wlassow-Armee. Ich platzte gerade herein, als die Geschichte mit dem „Heil-Hitler" zum besten gegeben wurde. Mir war das überhaupt nicht recht, denn ich wollte mich nicht mit den Mächtigen im Staat anlegen, sondern wieder gesund werden, mindestens aber wieder genug bewegungsfähig werden.

Aber – es kam ganz anders. Die SS-Führer wollten unbedingt wissen von mir, welche „Idioten" das waren. Sie wußten, daß irgendwo eine SS-Schule in der Nähe war und die „Blödmänner" sicher von der Heimatfront wären! Jedenfalls – sollte auch nur das Geringste kommen, sollte ich sie sofort informieren. Dann wollten sie dafür sorgen, daß die beiden augenblicklich an die Front kämen.

„Das hat uns gerade noch gefehlt, daß die Jungen, alte, verwundete Wehrmachtsfrontsoldaten anmeckern!"

==Mir tat das sichtlich gut und ich hatte gelernt, daß auch SS-Militärs nicht alle gleich waren.==

Etwas, was mich bei dem Besuch noch arg beeindruckte, war ein Offizier der Wlassow-Armee, der in einem der Betten lag. Ihm hatte eine Handgranate, die er zurückwerfen wollte, beide Hände abgerissen, auch seine Beine waren von Splittern verwundet worden. Mir tat der Mann zutiefst leid, zumal er in eine aussichtslose Situation geriet, wenn wir den Krieg verlieren sollten. – Dann war ihm nur noch eine Kugel sicher.

09.03.1945

Noch ganz unter dem Eindruck des gestern im Hauptlazarett Erlebten, stand ich nicht so bald auf. Gegen 10.00 Uhr gab es wieder einmal Luftalarm. Gelassen zog ich etwas an, wobei mir eine Schwester half, als plötzlich schwere und leichte Flak zu schießen anfingen. Sie schossen wie die Irren. Nur Sekunden dauerte es danach noch, bis die erste Bombe heulte und detonierte. Sie detonierte ganz in der Nähe und weitere Bomben folgten ihr unmittelbar. Ich war noch im Zimmer und konnte sehen, wie es zunehmend dunkler und zuletzt pechschwarze Nacht wurde.

Nur halb angezogen, stürzte ich auf den Gang hinaus, sah aber nichts mehr, da das Licht ausgegangen war. Am Handlauf konnte ich die Treppe ertasten und lief so die 3 Stockwerke hinunter in den Keller. Immer noch setzte sich das Bombardement fort, und die Flak schoß weiterhin aus allen Rohren. Es krachte und stank nach Brand und Feuer. Die Sanitäter und Schwestern kamen auch zu uns herunter, und allen stand das Entsetzen im Gesicht. Im Keller waren Notlampen angemacht worden, doch konnte man wegen des eindringenden Staubes fast nichts mehr sehen.

Endlich – nach 20 Minuten wurde es ruhiger. Jetzt aber hörte man überall die Feuerwehr.

Die ersten Meldungen kamen herein. Danach haben die feindlichen Flugzeuge, zum ersten Mal in diesem Krieg, Bamberg angegriffen. Sie legten einen gewaltigen Bombenteppich quer durch die Stadt. Die Einschläge ließen die Erde dröhnen und das ganze Haus wackeln. Licht und Luft war jetzt das Wichtigste. Vermutlich haben die wenigsten Soldaten einen Luftangriff in einem Keller erlebt. Auch ich war sehr betroffen von der Gewalt der Bomben und der Ausweglosigkeit in einem Keller.

Dann kam die Entwarnung und wir konnten den Keller verlassen. Viele Fensterscheiben waren zersprungen, auch war jede Menge Staub und Dreck eingedrungen. Alles, was anfassen konnte, half mit, das Haus zu säubern. Von der Straße hörte man, durch die zersprungenen Fenster, das Tuten der Feuerwehr und der Krankenwagen.

Niemand in der Stadt war auf einen tatsächlichen Angriff vorbereitet. Immer herrschte die Meinung vor, daß eine Lazarettstadt nicht angegriffen würde – laut Genfer oder Haager Konvention.

Am Abend war das Haus einigermaßen sauber, und die meisten Fenster waren schon wieder verglast oder mit Pappe und Holz dichtgemacht.

Ich mußte an die Fotografin denken, die in einem Hotel in der Stadt wohnte. Ob sie betroffen war?

10.03.1945

Heute kam wieder Kaffee und Brot zum Frühstück, während es gestern nur so eine Art Notverpflegung gab.

Nach der Visite wußte ich, daß heute mein Stuka versuchsweise entfernt wurde. Es dauerte auch nicht lange, bis sie mich in das Verbandszimmer holten. Ich hatte mir die ganze Sache etwas einfacher vorgestellt. Als das Gestell weg war und der Arm vorsichtig „herabgelassen" wurde, tat das ganz schön weh, ja es zog so schmerzhaft, daß ich den Arm lieber wieder „oben" behalten wollte. Das Personal spottete auch noch, denn ich wollte ihn wirklich „oben" lassen. Ich wurde massiert und unter meinem Gestöhne wurde der Arm so langsam beweglich, daß er in einem Armtragetuch aufgehangen werden konnte. Erstmal war ich bedient. Mit meinem Gesicht wurde es von Tag zu Tag besser. Die großen Verbände wurden weggelassen, und die Luft tat der Haut gut.

Am späten Nachmittag gingen wir von der Stube noch in die Stadt, um das angerichtete Unheil zu sehen. Ganze Straßen waren noch abgesperrt und es lag ein schlechter Geruch in der Luft. Wir mußten richtig herummarschieren um die zerbombte „Teppichstrecke". Viele Menschen werden umgekommen sein. Überall wurde noch nach Überlebenden gesucht. Ich wußte nicht, wo die Fotografin wohnte, sonst hätten wir nachgesucht.

Die Einwohner waren arg verschreckt, denn sie glaubten sich unter dem Schutz des Roten Kreuzes sicher. Wie wir hörten, hatten sie nie an einen Angriff geglaubt und noch am wenigsten am hellichten Tag, der allerdings zur Nacht geworden war.

11.03.1945

Alle beneideten sie mich um meine Einladung. Immer wieder wollten sie wissen, wie ich das gemacht hätte, daß ich an eine solche Frau geraten bin. Sie trauten mir sonst etwas zu, aber die Wahrheit war doch so einfach.

Pünktlich war ich vor dem Lazarett und pünktlich kam sie. Ich war froh, daß ihr nichts passiert war und sagte das auch. Sie ihrerseits hatte sofort am Freitag abend nachgesehen, ob unser Lazarett getroffen war. — Das war nett. Wir mußten eine ganze Zeit gehen und ich war froh, daß der Stuka weg war. Sie hatte das gleich gemerkt und meinte, daß ich jetzt nur noch eine halbe Portion sei, gegenüber vorher. Ich habe jetzt nämlich meinen Rock wieder richtig zu, den Arm im Ärmel und dann in einem Tragetuch.

Natürlich tat das Gelenk noch ganz mies weh, aber ich ertrug das gerne, Hauptsache war, daß ich mir immer besser helfen konnte.

Der Gastgeber war nicht mehr der Jüngste, er mochte etwa 60 Jahre alt sein und seine Frau ebenso. Ich bedankte mich herzlich für die Einladung, die ich ja eigentlich nur meiner Begleiterin verdankte.

Während des Essens erfuhr ich dann, daß sie hier häufig zu Gast war und schon einige Wochen in Bamberg arbeitete. Außerdem erfuhr ich, daß auch die Schlösser Banz und Vierzehnheiligen vermessen und fotografiert waren.

Nach dem guten Essen holte der Hausherr einen französischen Kognak, und ich versuchte mich an einer Zigarre, gab das Rauchen aber

Ich befehl mich am 5. April 45 z. D 7 Uhr bei
Lehrgang f. genes. Offiziere, Bamberg zu melden

1. Dieser Urlaubsschein ist nur den Kontrollorganen der Wehrmacht vorzuzeigen.
2. Jeder Urlauber hat sich am Urlaubsort — sofern der Aufenthalt länger als 48 Stunden dauert — **innerhalb der ersten 48 Stunden** bei der Standortkommandantur (Standortältesten) oder in Orten, die nicht Standort sind, bei der Ortspolizei (Gemeindeamt) zu melden. Die Meldung hat er sich hierunter bescheinigen zu lassen.
3. Verschwiegenheit und Zurückhaltung bei Gesprächen ist Pflicht.
4. Bei Erkrankung sofort den nächsten Wehrmachtarzt (Standortarzt, Lazarett; Zivilarzt nur in Notfällen) aufsuchen.
5. Bei Zweifel über Rückreiseziel Auskunft nicht bei Zivilbehörden, sondern nur bei Wehrmachtdienststellen einholen.
6. Ist Inhaber Selbstverpfleger mit Lebensmittelkarten für Normalverbraucher der Zivilbevölkerung? ja — nein —*).
7. Abgefunden mit: **Gebühnissen** bis einschl. 30.4.45 , Verpflegung in Geld bis einschl. 4.4.45
   Verpflegung in Natur: **Brot** bis einschl. 10.3.45 , **Mundverpflegung** bis einschl. 13.3.45
   Reichsurlauberkarten (Reise- und Gaststättenmarken) — bei Urlaub bis zu 3 Tagen — bis einschl. 24.3. , **Rasierseife** bis einschl.
   Feinseife bis einschl. 4.4.45
8. Hat als Teilnehmer an der Wehrmachtverpflegung während des Aufenthalts am Urlaubsort vom
   bis einschl. Anspruch auf Reichsurlauberkarten von der zuständigen Kartenausgabestelle.

   Die Aushändigung hat die Kartenausgabestelle hierunter zu bescheinigen.
9. Inhaber besitzt eine Kontrollkarte „M" oder Inhaber hat Anspruch auf einer Kontrollkarte für den Einkauf von **Tabakwaren** für die Zeit vom bis 30.4.45 Tage*).
10. Dieser Urlaubsschein ist nach Rückkehr vom Urlaub der Wehrmachtdienststelle abzugeben.
11. Besondere Vermerke über das Tragen bürgerlicher Kleidung am Urlaubsort u. a.):

(Einträge zu Ziffe. 11 sind hier durch Unterschrift des Einheitsführers besonders zu bescheinigen.)

Bescheinigung über Meldung am Urlaubsort:

gemeldet am ....
(Ort, Datum, Stempel oder Unterschrift)

*) Nichtzutreffendes streichen.

Bescheinigung der Kartenausgabestelle:

Reichsurlauberkarten sind ausgehändigt für die Zeit
von 24.3.45 bis 4.4.45 einschl.

Wehrmeldeamt Bernstein für 12.Tg (M)
(Ort, Datum, Stempel oder Unterschrift)

(Unterschrift des Einheitsführers zu Ziffer 6-9.)

Vormerke

AOK 7
Sammellager 3   O.U. den 7.4.45

Marschbefehl

Herr Leutnant **S i e g l e** Bernhard hat
sich heute bei o.a. Dienststelle gemeldet
und wurde weitergeleitet nach
                  C e l l e
zum Lehrgang für genesende Offiziere des Wehrkreises I

i.E.u.D.
O.Leutnant   O.Leutnant u. Lagerführer

12.IV.45.

gemeldet b.
Wehrmachtspolizei.

bald auf, da meine Lippen den Rauch nicht vertrugen. Selbstverständlich mußte ich noch zum Kaffee bleiben. Es gab Bohnenkaffee und Kuchen. Es war mir ein sichtliches Vergnügen, mit meiner rechten Hand den Löffel zu halten, und daß das so gut klappte.

In der geselligen Runde kam natürlich das Gespräch auch auf den Bombenangriff. Der Hausherr war vorsichtig, ließ aber keinen Zweifel daran, daß wir der Übermacht nicht mehr gewachsen wären. Seine Meinung war, daß jeder Tag, den unsere Führung noch weiterkämpfen ließ in dem Bewußtsein, daß nichts mehr zu gewinnen ist, ein Verbrechen an den jetzt noch Lebenden wäre.

Wie wahr ist es gewesen!

Gegen Abend verabschiedeten wir uns herzlich, nicht ohne uns sehr zu bedanken. Es waren alte Menschen, die uns Jungen bedauerten!

Während des Kaffees hörte ich, daß meine Begleiterin für mich im Hotel auch ein Abendbrot bestellt hatte, damit ich nicht im Lazarett essen brauchte.

So kamen wir zu dem Hotel, in dem sie wohnte. Ich nahm im Speisezimmer Platz, bekam ein Glas Wein, und sie ging auf ihr Zimmer, um sich umzuziehen. Nach einer halben Stunde war sie wieder da und ich beobachtete, daß sie mit der Wirtin hinter der Theke lange sprach. Als sie sich dann zu mir setzte, sagte sie, daß die Wirtin uns etwas Warmes zum Abendbrot machen würde. Das war für mich schön, denn für etwas Warmes am Abend war ich immer zu haben.

Im Lazarett gab es selten mal eine Milchsuppe, bei sonst sowieso kleinen Portionen. – Gestern war ich tatsächlich mit meinem leeren Teller bis in die Küche gegangen, um noch einen zweiten Schlag zu erbitten. Ich schaffte das auch nur, weil ich auf „Mitleid" machte und sagte, daß ich sonst heute nicht in die Stadt könnte. Die Schwester lachte und gab mir noch etwas. In Wirklichkeit wurden wir sehr knappgehalten. Im Vergleich zu den früheren Lazaretten gab es nur die Hälfte.

Deshalb, der Gedanke an warmes Essen, war geradezu provozierend für meinen Magen. Sie freute sich, weil ich meine Erwartung nicht verbergen konnte. Ich hatte ja gar keine Ahnung, was im Heimatland tatsächlich gespart werden mußte.

Es dauerte noch, aber dann kam das Abendbrot. Mit ungehemmter Freude habe ich gegessen, fast des Guten zuviel.

Während des Essens fragte mich meine Gastgeberin, ob ich Interesse hätte an ihren fotografischen Arbeiten. Sie hätte vorher einige Alben hergerichtet, woran ich gut erkennen könne, wie solche fotografischen Vermessungen gemacht würden. Wenn ich Lust hätte, mir das anzusehen, würde sie die Wirtin fragen, ob ich mit auf das Zimmer könne.

Selbstverständlich war ich interessiert, denn im Lazarett war es doch langweiliger. Nach dem Essen fragte sie die Wirtin und ich konnte mitgehen. Im 1. Stock hatte sie ein geräumiges Zimmer, und auf einem Tisch lagen viele Fotoausrüstungen und auf einem anderen Tisch einige Alben.

Sie hatte noch nicht einmal verdunkelt, als die Sirenen losheulten. Das hatte gerade noch gefehlt. Zum Lazarett war es zu weit, also mußte ich mit in den Hotelkeller. Die Gäste und das Personal hatten kaum Platz. Wir saßen auf Hockern zwischen den Weinfässern und warteten auf die Bomben. — 1½ Stunden dauerte der Alarm, dann war Entwarnung. Ich wußte nicht, ob es statthaft war, nochmals mit raufzugehen. Doch da es erst nach 9.00 Uhr war, ging ich dann doch mit. Die Gäste und das Personal verliefen sich im großen Haus.

Nachdem die Verdunkelung nochmals geprüft war, machte sie Licht und wir kamen endlich an die Alben. Zwischendurch erläuterte sie mir die verschiedenen Kameras und Objektive.

Von den Bildern verstand ich nicht sehr viel, doch immerhin waren fast immer deutliche Meßstäbe so mitfotografiert, daß man Größe und Breite, in cm angegeben, ablesen konnte. Alles war gut geordnet und ich merkte dabei erst jetzt, daß sie auch viele Aufnahmen von Berlin hatte. Wie sie sagte, wurden die Originale alle in Berlin aufbewahrt. Bei einem Überrollen, durch Amerikaner oder Russen, hoffte man, die Meßunterlagen zu retten — in eine andere Zeit.

So schilderte sie das Geschehen. Es war fast makaber, daran zu denken, jetzt schon Vorsorge zu treffen, für die Zeit nach dem Untergang der nationalsozialistischen Idee und des Staates, der auf dieser Idee aufgebaut worden war.

Es war inzwischen 22.00 Uhr geworden und ich brach auf. Sie begleitete mich noch hinunter zur Haustür. Als ich sie öffnen wollte, merkte ich, daß sie schon abgeschlossen war. Der ganze Restaurationsbetrieb war schon dicht. „Das ist doch sonst nie gewesen", sagte sie. Ich hatte aber eine plausible Erklärung: Sonst waren die Bomber nur nach

Schweinfurt oder Nürnberg gekommen, vorgestern aber nach Bamberg!

Das war's. Niemand hatte mehr Lust, im Restaurant zu sitzen, wenn Gefahr bestand, daß Bomben herabregnen.

Was machen. „Na, dann kommen Sie eben wieder mit rauf, vielleicht gibt es bald wieder Alarm, dann werden die Wirtsleute schon aufstehen." Wir gingen wieder zurück. –

An diesem Abend hat sich das Gespräch dann dort fortgesetzt, wo wir es abgebrochen hatten: Ich nahm Einblick in ein Leben, das gelebt und gestaltet worden war in einer Aristokratenschicht der Nationalsozialisten. Sie erzählte aus der Zeit, als sie noch bei ihren Eltern wohnte und alles aufsteigender Glanz war. Sie kannte die Großen des Staates, ihr Vater hatte Beziehungen, und sie genoß es, als Tochter des berühmten Vaters, alles zu haben, was das Herz begehrte.

Wovon ich nicht einmal träumen konnte, weil ich von diesem Luxus und Reichtum nichts wußte, das hatte sie schon hinter sich.

Es wurde fast eine Beichte und dann wurde es Verzweiflung!

Sie hatte durch die zufällige Begegnung mit mir, Dinge von der Wirklichkeit, der Frontwirklichkeit erfahren, die sie nicht kannte. Plötzlich war da etwas, was nichts mit Reichtum zu tun hatte. Sie sah, daß erbärmlichste Armut in den Gräben der Abwehrfronten, wahre Edelsteine sein konnten – gegenüber dem Leben in Glanz und Luxus. Sie sah auf einmal Werte, wie Vaterlandsliebe, Opferbereitschaft, Aufgebenmüssen der Heimat, wie bei Wittulski, von Haus und Hof vertrieben werden – das alles erfuhr sie ungewollt durch mich, und in meiner Ahnungslosigkeit wußte ich gar nicht, was ich verursacht hatte.

Es war schon sehr spät geworden. Ich saß in einem Sessel am Fenster und sie saß an der anderen Seite des Tisches, auf dem noch die Alben lagen.

Ich dachte nach über die Dinge, die ich gehört hatte. Dann aber kam mir der Gedanke, daß das, was sie von Berlin erzählt hatte, nicht eine Erzählung aus der Vergangenheit war, sondern daß die Russen bald vor Berlin sein werden und daß alles platzte, ungeheuer platzte, bis zur Existenzvernichtung!

Ich gab meinen Gedanken Ausdruck und fragte sie geradeheraus, ob sie schon daran gedacht hätte, wie ihre Eltern zu retten wären? „Ja, tausendmal ja, aber es gibt für unsere Familie keinen Ausweg mehr! Meine Eltern haben dem Dritten Reich alles zu verdanken. Sie werden mit dem Reich untergehen! Ich weiß mit Gewißheit, daß meine Eltern und meine Verwandten bereits Zyankalikapseln für das Ende besitzen!"

Sie schrie es heraus und war sehr verzweifelt.

„Haben Sie denn auch so etwas?"

„Nein – und ich will auch noch nicht sterben, ich muß noch viel fotografieren und – ich muß eine andere Lebensauffassung bekommen! Das Leben meiner Verwandten und Ihr Leben z. B. sind im Staat doch ganz anders eingesetzt. Die Lasten und Opfer für Sie als Deutscher sind doch himmelhoch größer!"

Dann schwieg sie lange und sagte: „Ich fange an, mich zu schämen, weil ich das alles gar nicht begriffen habe und nicht gewußt habe. Sollte ich das Ende des Krieges überleben, will ich wieder hier nach Bamberg kommen." Ich war erschüttert. Sie legte sich auf ihr Bett und weinte.

Was hat nur dieser wahnsinnige Krieg alles sonst noch gebracht – außer Bomben und Granaten!

Später schlief sie ein und ich saß weiter regungslos in meinem Sessel am Fenster und dachte nach, was aus mir noch werden wird, wenn ich aus dem Lazarett entlassen wurde.

Dann machte ich die Tür etwas auf, damit ich hören konnte, wann jemand aufsteht im Haus. Gegen 7.00 Uhr hörte ich etwas unten, weckte sie auf und sagte, daß jetzt jemand da wäre und ich herauskönnte.

Ich hatte als Offizier wohl Ausgang bis zum Wecken, aber – um 7.00 Uhr war Wecken im Lazarett und diese Zeit würde ich nicht mehr einhalten können.

Wir verabredeten, daß ich zuerst meine Zahn- und Kieferoperation hinter mich bringen wollte und dann würde ich im Hotel Bescheid sagen, wann ich wieder Ausgang hätte.

Nach einem Händedruck war ich die Treppe hinunter. Unten fand ich aber niemand. Daß schon jemand auf war, sah ich an den aufgestellten Stühlen im Restaurant. Mir brannte die Uhrzeit auf den Fingernägeln, denn ich wollte im Lazarett kein Theater haben. Ich konnte sowieso nicht gut angeben, wo ich herkam um diese Zeit.

Da sah ich die offenen Fenster, sie waren zum Lüften geöffnet worden. Ich ging zum nächsten Fenster hin, holte einen Stuhl, stieg auf das Fensterbrett und dann mit einem Sprung etwa 2 m hinunter auf den Bürgersteig. —

Das war die schnellste Lösung gewesen, denn die Haustür war immer noch verschlossen, und es hätte noch lange gedauert, bis ich erklärt hätte, warum ich zu dieser Stunde hinaus wollte.

Als ich meine heruntergefallene Mütze wieder aufhatte, sah ich mich rasch um, ob ich Aufsehen erregt hatte, aber — nichts war.

Ich hatte mir einmal mehr ein „Stückchen" erlaubt.

Im Eiltempo ging's zum Lazarett. —

12.03.1945

Ich hatte mir vorgenommen, an der Pforte einfach durchzugehen, denn es war inzwischen schon längst Tagbetrieb. — So machte ich es auch. Dann schnell die Treppen hinauf und in die Toilette. Jetzt kam alles darauf an, daß ich es richtig machte. Ich zog mühsam mein Koppel los mit der Pistole dran und hängte es auf einen Nagel, samt Mütze, darüber hing ich meinen Rock, so daß das Koppel mit der Pistole nicht mehr zu sehen war. Das Tragetuch wieder um, den Arm hinein und dann dem Zimmer zu. Auf dem Flur guckte mich niemand besonders an, so daß ich glaubte, es könnte bis zum Zimmer glücken.

Es glückte auch. Ich machte die Zimmertür auf und war auf einen Fragesturm gefaßt. Aber — oh meine Güte, mitten in der Stube stand schon die Visite!! Ausgerechnet heute waren sie besonders früh dran.

Mit einem Blick sah ich, daß sie an meinem Bett noch nicht vorbei waren. Ich machte deshalb das Vernünftigste, was ich tun konnte: Ich machte keine Meldung und gar nichts und ging zu meinem Bett, als ob ich nur eben mal draußen zur Toilette gewesen wäre. —

Lediglich mein roter Kopf zeigte etwas von dem, was in mir los war. Den Kameraden blieb die Spucke weg. Das war ja der Gipfel!

Als der Chefarzt mit seinem Stab an mein Bett kam, hätte er mir wirklich nicht den Puls messen dürfen. Er sagte mir, daß ich heute nachmittag einen Überweisungsschein bekäme zur Zahn- und Kieferklinik, da die Abheilung der Wunden jetzt eine Untersuchung des Kiefers zuließe. „Jawohl" – und die Sache war geritzt.

Die Ärzte hatten den Raum kaum verlassen, da platzte alles los: „Das hat ja noch keiner gewagt, die ganze Nacht sich um die Ohren hauen und dann während der Visite hereinkommen, als ob man eben auf dem Klo gewesen wäre!" – So ging es etwa durcheinander. Sie wollten sich fast totlachen ob dem Witz, denn weder Ärzte noch Schwestern hatten etwas gemerkt.

Als die Tagesschicht nach mir gefragt hatte, haben sie vereint gelogen, ich sei wohl gerade zur Toilette gegangen. Jetzt wollten sie natürlich alle wissen, wo ich solange war.

„Ich erzähle das gleich", sagte ich – „aber zuerst muß ich mein Koppel, meinen Rock und Mütze vom Klo holen, sonst ist das Zeug weg". Einer stand unter der Zimmertür „Schmiere", als ich die Klotür aufmachte, die Sachen unter dem Arm. Dann winkte er, daß die Luft sauber sei und ich rannte los. Es klappte.

Als die Sachen im Spind waren, mußte ich erzählen: Von der Einladung, Kaffee, Abendessen, Fliegeralarm und dessen Folgen. Letzteres wollten sie mir nicht ganz glauben. Daß die Dinge ernst und von trauriger Natur gewesen waren, hätten sie ja doch nicht verstehen können.

Jedenfalls hielten sie mit ihrer Meinung nicht hinter dem Berg zurück, daß ich ein ganz toller Knabe sei.

Nach dem Mittagessen machte ich mich auf den Weg zur „Heereszahnklinik Bamberg". Ich mußte fast ¾ Stunde zu Fuß gehen, bis ich in die Kaserne kam, in der die Klinik untergebracht war.

Nach dem üblichen Warten kam ich zu einem Arzt, der bestimmt kein aktiver Wehrmachtsarzt mehr war. Er sah sich eingehend die Zähne und die Kiefer an. Als er seine Lampe wieder ausgeknipst hatte, zog er sich einen Hocker heran und sagte: „Herr Siegle, das sieht darin nicht so schön aus. Ich schlage Ihnen vor, morgen abend nach Dienstschluß zu kommen. Ich kann dann in Ruhe arbeiten, und für Sie wird es besser sein, wenn ich nicht unter Zeitdruck arbeiten muß. Es wird keine sehr angenehme Sache werden. Nach der Behandlung wird man die Kiefer ausheilen lassen müssen, und dann werden wir Ihnen später einen Ersatz einarbeiten."

Der Arzt gefiel mir, weil ich das sehr vernünftig fand, was er sagte. Ich bedankte mich und sagte zu, morgen um 18.00 Uhr wieder da zu sein.

Ich war andererseits froh, nochmals Aufschub um 24 Stunden zu haben, aber noch mehr hat mir die ehrliche Einstellung des Arztes gefallen.

Zurückgekommen, sagte ich den neuen Termin auf der Station an, weil ich dann vorher unbedingt noch etwas essen wollte.

13.03.1945

Am Tag gab es schon zweimal Fliegeralarm, aber angegriffen wurde Bamberg nicht. Am Abend, nachdem ich noch gegessen hatte, marschierte ich so zur Zahnklinik, daß ich pünktlich um 18.00 Uhr da war. Der Arzt wartete schon auf mich und eine Schwester war auch da. Obwohl er vorher die rechte Hälfte des Mundes mit einer Spritze taub gemacht hatte, ging die „Räumung des Kiefers von Trümmern" recht schmerzhaft vor sich. Der Arzt mußte erhebliche Kraft aufwenden, um die noch ganz gesunden Wurzeln auszuheben. Dann mußte er meißeln und nähen, so daß ich mir recht jämmerlich vorkam.

Ich hatte mir das so nicht vorgestellt und gab bestimmt keinen „Helden" dabei ab. Die Prozedur dauerte fast zwei Stunden und ich war ziemlich erledigt.

Nachdem die Schwester mir das Gesicht gewaschen hatte, bekam ich für die Nacht noch 2 Gelonida gegen Wundschmerzen, und dann konnte ich mit etwas weichen Knien den Heimweg antreten.

Im Lazarett ging ich gleich zu Bett und zog mir die Decke über den Kopf. –

14.03.1945

Lag fast den ganzen Tag im Bett und hatte große Schmerzen. Nichts gegessen.

15.03.1945

Heute war es etwas besser mit den Schmerzen. Am Nachmittag Fußmarsch in die Zahnklinik. Mit geschlossenem Mund und wieder etwas angeschwollenen Lippen bin ich dort angekommen. Der Arzt war zufrieden und sagte mir, daß ich nach etwa 4 Wochen wiederkommen sollte, damit dann der Zahnersatz angefertigt werden könnte.

(Was ahnten wir damals schon? Fast gar nichts wußten wir, was in 4 Wochen, am 15. April, sein wird!)

Ich ging zurück ins Lazarett und war froh, daß die schlimmsten Wundschmerzen vorbei waren und daß der Arzt glaubte, in 4 Wochen einen Zahnersatz machen zu können.

Als ich an der Wache vorbeikam, sagte mir eine Schwester, es sei ein Telefonanruf für mich gekommen, ich sollte heute abend noch zurückrufen. Im Moment mußte ich zuerst etwas schalten, aber dann dachte ich, daß es wegen der Fotografin sein könnte. Unser Gespräch war in der Nacht, am Sonntag, nicht so ausgegangen, wie es wünschenswert gewesen wäre.

Die nackte Angst und Verzweiflung hatten durchgeblickt durch das sonst so sichere Auftreten der Frau. Ich hatte das Gefühl, daß allein ein tröstender Händedruck sicherlich keine vorhandenen Ängste wegschafft. Zugleich war ich aber mit meiner gesundheitlichen Rehabilitation so in Anspruch genommen, daß ich mich nicht auch noch öffnen wollte für die Not und Verzweiflung dieses Menschen, der mir so zufällig über den Weg lief. – Ich ahnte nichts Gutes. –

Unsere Gastgeberin vom Sonntag war am Telefon. Sie sagte, daß die Fotografin da gewesen wäre und einige Sachen dienstlicher Art geholt hätte. Dabei habe sie darum gebeten, mir zu sagen, daß sie ein Telegramm aus Berlin erhalten hätte. Ihre Eltern hätten einen schweren Bombenangriff gehabt und sie wolle versuchen, noch einige private Dinge zu retten. Wenn es ihr glückte, wäre sie in einer Woche wieder zurück.

Falls ich es gesundheitlich könnte, würde sie sich freuen, mich morgen am Zug um 14.23 Uhr nochmals zu sehen, sonst – viele Grüße.

Da stand ich nun am Telefon und war ziemlich geknickt. Ich war mit mir selbst ratlos, aber ich wollte selbstverständlich am Bahnsteig sein, wenn ihr Zug abfuhr.

16.03.1945

Ich war mit mir selbst uneins. Das Telefongespräch hatte mich plötzlich aus dem Gleichgewicht gebracht. Ich dachte daran, daß mir die Fotografin viel von daheim erzählt hatte, wie glanzvoll immer alles gewesen war, und nun kam sie vielleicht zu einem Schutthaufen.

Sie hatte ehrlich gesagt, daß sie jetzt weiß, daß das Leben ihrer Eltern und Verwandten abläuft unter der Hitler und Goebbels etwas später geäußerten Ansicht: „Dann waren wir es nicht wert und müssen untergehen!"

Plötzlich wußte ich, daß ich dem Mädchen etwas schuldig geblieben war. Sie war hilflos und hoffnungslos. Ich hatte ihr am Morgen die Hand gedrückt, das war alles. Es war zuwenig, um einen Menschen wieder an die Zukunft glauben zu lassen.

Ich hatte aber nicht den Willen und auch nicht die Kraft, an dem unabänderlichen Verlauf dieses Schicksals etwas zu ändern. Ich wußte, daß ich ihr nicht helfen konnte.

Pünktlich war ich auf dem Bahnhof. Sie war wieder ganz „Dame". Sie hatte ein Abteil 1. Klasse für sich allein.

Kurierabteil. Nichts, außer ihren Augen, verriet, in welcher Stimmung sie war. Der Zug kam, wir verabschiedeten uns förmlich, aber aus ihren Augen strahlte etwas, was man ausdeuten konnte: „Du hast mir die Augen geöffnet" oder aber: „Hilf mir, ich habe Angst, was kommt in Berlin und nachher."

Am Fenster winkte sie mir ein letztes Lebewohl zu und noch ein: „Vielen, vielen Dank!"

Ich habe sie nie wiedergesehen. —

17.03.1945

Chefvisite: „Herr Siegle, nach den Unterlagen der Zahnklinik kann man es verantworten, daß Sie in Genesendenurlaub können, reichen Sie bitte auf der Schreibstube Urlaub ein!"

Die restlichen Verbände im Gesicht wurden entfernt. Die rechte Hand wurde so verbunden, daß nur noch der Zeigefinger und der Handrücken betroffen waren. Die Schulter wurde mit Gaze und Pflaster abgedeckt — „und daß Sie viel üben!".

Ich reichte sofort Urlaub nach Dünne ein. Am Montag morgen konnte ich fahren. Es war alles sehr schnell gegangen.

— Und — ich hatte nichts begriffen! —

18.03.1945

Ich bin noch einmal zum Klostercafé auf den Michelsberg gegangen, habe im gleichen Erker wie vor 14 Tagen gesessen und die vergangenen Tage an mir vorüberziehen lassen.

Es waren 14 Tage eines Erlebnisses, das ich gar nicht für möglich gehalten hätte.

Als ich im C.V.J.M. war, mit 15–16 Jahren, wurden wir damals in die HJ „übergeführt". Dort war ich einige Zeit im Spielmannszug als Trommler, später „Pressereferent" für Weilimdorf – wenige Monate. Ich bekam keinen Einblick in die Partei, SA oder SS. Ich bin genau nach meinem 18. Geburtstag als Diakonenschüler in die Bodelschwinghschen Anstalten eingetreten, als manche der Menschen es für möglich hielten, Behinderte und Kranke auszusortieren, gegen ihren Willen in Krankenhäusern sterilisieren zu lassen und eine gute, „Germanische Rasse" zu züchten. – Ich hielt es aber mit den Schwachen, Kranken.

Ich hatte keinen Zugang mehr zu Partei und ihren Gliederungen. Ich wollte auch keinen, obwohl ich, mit allen mir zu Gebote stehenden Sinnen, ein Deutscher war, und deutsch, entsprechend meinem Verständnis, sein wollte.

Und nun hatte ich durch diese Frau plötzlich einen Einblick in die privilegierten Schichten im Dritten Reich bekommen. Diese, der Partei und dem Staat so verhafteten Menschen, mußten in der Vorahnung des Untergangs alles aufgeben. Abgesehen von der physischen Vernichtung, hatten sie plötzlich nichts mehr, woran sie glauben konnten. Die Brücke war nicht da.

Ich aber, ich sah „das Brückensuchen" und tat nichts, ihr zu helfen. Ich war zu klein, kein Strahlemann, der zu neuen Ufern verhalf.

Ich hatte mit mir selbst zu tun, das Heraufkommende zu begreifen und auch ich wußte von mir noch nicht, ob ich vor meinen Ansprüchen an mein Deutschtum bestehen konnte.

Wir hatten uns nur wenige Male gesehen, aber es waren so ganz verschiedene Welten. Doch hatten wir deutsche Herzen, so wie die SS-Offiziere auf der Straße und die SS-Offiziere im Lazarett.

19.03.1945

Meinen Urlaubsschein hatte ich — Genesendenurlaub vom 19.03.–05.04.45 — zum Dienst 7.00 Uhr. Anschließend melden beim Lehrgang für genesende Offiziere in Bamberg. —

Während der Zeit des Lehrgangs konnte dann der Zahnersatz für mich angefertigt werden. Lebensmittelmarken bekam ich bis einschließlich 23.03. für die Reise. Abschied aus der Fischerei-Oberschule. Gegen 9.30 Uhr fuhr mein Zug, Gepäck hatte ich nicht weiter, außer meiner Kartentasche und der Pistole.

Mit gemischten Gefühlen ging ich zum Bahnhof. Daß es mit den Zugverbindungen nicht mehr so einfach war, hatte ich ja mit dem Lazarettzug erlebt. Aber diese Fahrt nach Bünde übertraf alles.

20.–22.03.1945

Heute morgen, am 22. März, traf ich mit dem ersten Zug in Bünde ein. 3 Tage und 3 Nächte war ich von Bamberg unterwegs. Es war eine Irrfahrt zwischen den Fronten. Von einem geregelten Zugverkehr konnte nicht die Rede sein. Ich war übermüdet, unrasiert und nur von dem Wunsch beseelt, bald daheim zu sein. Hanna hatte keine Ahnung, daß ich unterwegs war. Der Chefarzt kam erst am Sonnabend damit heraus, daß ich schon am Montag fahren konnte.

Schnell hatte sich das herumgesprochen im Dorf: Hannas Mann ist aus dem Lazarett gekommen.

Später wurde der arme Lazaretturlauber mit Frühstück versorgt. Unser Dieter hatte noch keine rechte Beziehung zu dem Mann, der da aufgetaucht war. — Am Vormittag habe ich mich auf dem Amt gemeldet und meine Lebensmittelmarken abgeholt.

Dann erst, als die Lebensmittelmarken da waren und die Anmeldung erfolgt war, konnte ich mich entspannen und beginnen, zu erzählen. Es gab viel zu erzählen und ich durfte annehmen, daß die Menschen zuhause oft gar nicht erfassen konnten, von was ich erzählte.

23.–31.03.1945

Am Donnerstag war ich gekommen – und schon sind die Tage wie im Flug vorbei.

In den letzten 9 Tagen hatten wir das unwahrscheinliche Glück, daß wir zusammensein konnten, doch unser ganzes Leben stand schon unter den Vorläufen dessen, was kommen würde.

Jeden Tag haben wir die Nachrichten von Stunde zu Stunde abgehört.

Die Bombenschwärme der Engländer und Amerikaner flogen ohne Geleitschutz am hellen Tag über uns hinweg. Fast mit Gleichmut wurde das von der Bevölkerung hingenommen.

Mein Urlaub ging am 4. April zu Ende. Am 5. April mußte ich um 7.00 Uhr zum Dienst in Bamberg sein.

Heute hatten wir Samstag, den 31. März. Für morgen, am Ostertag, hatten wir Hannas Jugendfreundin eingeladen. Sie wird morgen zum Kaffee kommen. Ihr Mann war auch im Krieg als Leutnant.

In der vergangenen Woche haben wir eine Aufnahme von uns und unserem Sprößling machen lassen. — Es wurde ein schönes Bild. Der Fotograf hat bei meinem Gesicht etwas nachgeholfen, so daß praktisch nichts mehr von den Verwundungen zu sehen war.

Seit gestern hatten wir hinten am Zimmer eine Leiter stehen, für den Fall, daß der Feind des Nachts überraschend auftaucht.

Mit meinem jungen Schwager habe ich noch im Garten Pistolenschießen mit scharfer Munition geübt. Ich überließ ihm meine belgische Pistole — für alle Fälle.

Mit Hanna war ich übereingekommen, daß ich freiwillig keinesfalls in Gefangenschaft gehe. Ich wollte solange wie möglich meinen Urlaub ausnützen, wenn nötig, mich aber vorher zu den kämpfenden deutschen Truppen durchschlagen.

01. 04. 1945

Heute war Ostern. Es war sehr traurig, trotzdem ich daheim war. Niemand wußte genau, wo die Alliierten standen. Manche sagten, bald sind sie da, andere meinten, am Teutoburger Wald werde der Amerikaner aufgehalten. — Der Alltag war bis jetzt weitergegangen. —

Heute war nun Osterfest, und unser Gerhard-Dietrich bekam zum ersten Mal in seinem jungen Leben ein großes Osterei. Es war aus Pappe — innen gefüllt — und leuchtete in den herrlichsten Farben. Die Oma brachte es.

Am Nachmittag kam Hannas Freundin zum Kaffeeklatsch. Hanna und ich brachten sie am Abend noch bis zur Molkerei nach Bünde.

Dort sahen wir neuerrichtete Sperren über die Straße erstellt und ich mußte sagen, daß dies großer Unsinn war. Hier hatten Ortsgruppenleiter und vielleicht der Volkssturm etwas erreichen wollen. Aber – militärisch gesehen war das Quatsch. –

02.04.1945

Hanna war gerade beim Pfannkuchenbacken und ich rauchte eine Zigarre, als ihre Mutter eilig die Treppe zu uns heraufkam und aufgeregt sagte: „Du Gerd, da hinter dem Wald, da ist was, da rattert es so!"
– Ich sprang auf und öffnete das Fenster, um genauer hinzuhören. Nicht zum Verwechseln, es waren Panzerketten, die solchen Lärm machten. Vermutlich fuhren die Panzer auf der Holzhauserstraße von Ennigloh her bereits seitlich an uns vorbei.

Für mich war klar, daß dies die Sekunde war, wo ich flüchten mußte, wenn ich nicht in Gefangenschaft geraten wollte.

Schnell zog ich meinen Rock an, Koppel um mit Pistole, Mütze auf und über den Uniformrock eine graue Windbluse, damit man nicht schon von weitem sehen konnte, daß ein Soldat kommt.

Im Schlafzimmer ging ich schnell noch an das Bettchen unseres Sohnes. Er hatte ganz rote Bäckchen und schlief friedlich. –

Hanna und ich verabschiedeten uns in aller Eile. Das Herz wollte uns zerspringen! –

Dann schwangen mein junger Schwager und ich uns auf die Fahrräder und fuhren, so schnell wir konnten, dem nahegelegenen Wald des Wiehengebirges zu.

Für meine Hand und die Schulter war das eine böse Tortur, aber das war jetzt nicht wichtig.

Am Wald angekommen, zog ich die Windbluse aus und gab sie dem Schwager mit, der nun mit zwei Fahrrädern zurückfuhr.

Ich nahm meinen Weg in eine aussichtslose Zukunft auf. –

Der Ami hätte mich bald noch erwischt, denn er war kurz nach unserem Wegfahren während des Gottesdienstes in der Kirche eingedrungen.

Dies hörte ich viel später von Hannas Schwester, die damals im Gottesdienst war.

Wieder auf der Flucht, doch diesmal vor den Amerikanern!

Ich mußte sehen, daß ich schnell in den Wald hineinkam. Es war das Wiehengebirge, das als letzter Riegel vor dem norddeutschen Flachland liegt.

Nach kurzer Zeit war ich im Wald untergetaucht. Jetzt mußte mich mein Weg auf dem sogenannten Wittekindsweg hinüberführen nach Horsthöhe. Dann, so hoffte ich, kam ich nach Lübbecke, das hoffentlich noch nicht von Amerikanern besetzt war.

Oben auf dem Wittekindsweg, hatte ich eine gute Aussicht auf das Gebiet zwischen Teutoburger Wald und dem Wiehengebirge. Wo ich auch hinblickte, überall waren die Panzerkolonnen der Alliierten auf dem Vormarsch. Von deutschen Soldaten war überhaupt nichts zu sehen, weder hier im Wald noch unten in der welligen Mulde zwischen den beiden Gebirgszügen.

Ich mußte mich beeilen, um genug Abstand zu den Panzerspitzen zu bekommen.

Horsthöhe war ein Paß, der vor mir lag, das wußte ich, vielleicht kam ich noch rechtzeitig darüber hinweg?

Es glückte. Im Laufschritt ging es die Straße hinab, an der Brauerei vorbei und atemlos kam ich zu dem kleinen Marktplatz in Lübbecke.

Dort war zu meiner Überraschung ein Volksauflauf. Wie ich schnell erkannte, standen die Bürger den Parteileuten gegenüber. Die Bürger wollten augenblicklich die Straßensperren an den Straßenzuführungen zum Städtchen wieder abbauen, mit der Begründung, daß die Amerikaner sofort Flugzeuge einsetzen würden, wenn bei der Annäherung Widerstand geleistet würde. Die Parteileute beriefen sich dagegen auf den Befehl, daß jeder Meter Boden verteidigt werden müßte. Sie ahnten nicht, daß die Amerikaner bereits im Anmarsch waren!

Im Hintergrund sah ich 2 Luftwaffen-Lkw und einen Gelände-Kübelwagen stehen. Es waren die ersten deutschen Soldaten zwischen dem Ami und mir. Ich lief zu ihnen hinüber und fand dort einen Luftwaffen-Major. Ich trat an den Wagen und grüßte.

„Woher kommen Sie?", fragte er. Ich meldete ihm, daß ich auf Genesendenurlaub sei, von den Amis überrascht wurde und nun zurück zum Lazarett wolle nach Bamberg, wo ich mich hätte sowieso zurückmelden müssen bis zum 5. April.

Ich zeigte ihm meinen Urlaubsschein und er war befriedigt. „Steigen Sie ein, wir fahren sofort los!"

Ich kletterte in den Kübel, die Kelle ging hoch, die Motoren brummten auf – und die Lübbecker waren mit ihrem Problem allein.

„Wir fahren heute noch bis an die Weser, setzen bei Petershagen mit der Fähre über, weil an der Porta bei Hausberge die Brücke schon gesprengt ist. Soweit sich die Lage nicht wesentlich verändert, machen wir in Wiedensahl Quartier, so daß wir für alle Fälle über die Weser hinweg sind."

Der Major ergänzte, daß sie Nachrichtenleute der Luftwaffe wären und sich zunächst bis Hannover zurückziehen sollten. Bis dahin könne er mich morgen mitnehmen, dann müßte ich für mich selbst sorgen.

Inzwischen hörte er immer neue Meldungen ab, die er über ein großes Funkgerät, mit einer hohen Antenne, hereinbekam.

„Sie haben eben Bad Oeynhausen besetzt, ich hoffe, daß die Fähre bei Petershagen noch intakt ist." –

Meine Gedanken gingen zurück nach Dünne, denn dort wird jetzt der Ami auch schon einmarschiert sein.

Am Spätnachmittag kamen wir in Petershagen an die Fähre. Längst schon vor der Fähre begann ein großer Stau. Wir waren jetzt nur ein kleines Glied in der Kette der Wartenden.

Die meisten Befürchtungen hatten wir wegen der feindlichen Flieger.

Hätten sie die kleine Fähre und den ungeheuren Stau entdeckt, wäre kein Fahrzeug mehr an das andere Ufer gekommen.

Es war schon nach 20.00 Uhr, als wir in der Dämmerung übersetzen konnten. Die Fährleute leisteten Übermenschliches.

Nach dem Motto: „Rette sich, wer kann", versuchten die noch westlich der Weser operierenden deutschen Soldaten, jenseits der Weser zu kommen.

Einquartiert hat sich der Major in der Mühle in Wiedensahl. Er nahm mich mit in das gleiche Quartier. Die Müllersleute machten uns ein Abendbrot, bestehend aus Bratkartoffeln, Spiegeleiern mit Schinkenspeck und Milch. Dann konnten wir auf Betten schlafen. Ausgezogen hatte sich keiner von uns. Niemand war sicher, daß eine Panzerspitze der Amerikaner uns nicht doch vielleicht schon den Weg abschnitt und wir ausreißen mußten.

03. 04. 1945

Ohne Feindeinwirkung sind wir, nach einem ausgiebigen Frühstück, in die Wagen geklettert und in Richtung Hannover aufgebrochen. Die Müllersleute waren wie benommen, als sie sich verabschiedeten. Sie wußten, daß man die Stunden und Minuten zählen konnte, bis der Ami da war, denn der Fährverkehr ist kurz vor unserer Abfahr eingestellt worden. Es war die letzte Meldung vom Funkgerät.

Auf Nebenstraßen erreichten wir ohne Zwischenfälle Hannover, wo mich der Major am Stadtrand absetzte.

Ich bedankte mich für die Mitnahme und wünschte eine gute Heimkehr. In der Stadt verlief der Verkehr noch ohne Störungen. Viele Häuser waren wohl zerbombt, aber die Straßenbahn brachte mich ohne Schwierigkeiten zum Hauptbahnhof.

Es war inzwischen Nachmittag geworden, als ich auf der Bahnhofskommandantur eintraf.

Überall waren Feldgendarmeriestreifen zu sehen und es war gut, einen einwandfreien Marschbefehl oder Urlaubsschein zu haben.

Endlich war ich in der langen Reihe, die vor dem Schalter für Militärfahrscheine stand, auch dran, und erhielt aufgrund meines Urlaubsscheines eine Fahrkarte nach Bamberg.

Wann ein Zug abfuhr, das war ganz ungewiß. Aber am besten wäre es, wenn ich zunächst in Richtung Osten fahren würde und dann versuchte, nach Süden zu kommen.

Die Auskünfte wurden gegeben, als ob es sich um eine geplante Touristentour handelte, aber sie waren in Wirklichkeit nur noch Gewohnheit und Eingeständnis, daß wir am Ende waren.

04.04.1945

Ich fuhr über Braunschweig – Magdeburg – Erfurt.

05.04.1945

Weiter über Grimmenthal – Lichtenfels – Bamberg.

Im Bamberger Bahnhof erkundigte ich mich, wo der Lehrgang für genesende Offiziere wäre, im Lazarett oder in einer Kaserne?

„Weder – noch! Das Lazarett ist schon geräumt, die Kasernen von den Soldaten verlassen und wir sind nur noch hier, um die letzten Soldaten weiterzubefördern, solange die Züge noch durchkommen können. Wir geben Ihnen zunächst für heute bis einschließlich Sonntag Lebensmittelmarken. Versuchen Sie, daß Sie damit etwas zu essen bekommen. Dann melden Sie sich bitte bei dem eingerichteten Meldekopf des AOK 7, bei dem alle Soldaten aufgefangen werden, um zur Verteidigung wieder eingesetzt zu werden."

Ich bedankte mich, grüßte – und draußen war ich. Die Lage war für mich mehr als trüb. Was sollte ich machen ohne Lazarett, ohne Zahnersatz, ohne Heilungsüberwachung der Schulter und meines Zeigefingers, der immer noch einen Schutzverband hatte.

Ich mußte nachdenken über meine Lage. Jetzt kam alles darauf an, daß ich nicht so einem Volkssturmhaufen zugeteilt wurde, um vielleicht mit ihm in Gefangenschaft zu kommen. Dann hätte ich ja in Bünde in Gefangenschaft gehen können. –

Ich mußte unbedingt meine Freiheit bewahren und mich umhören, wie weit der Feind noch weg war. Es war eine gefährliche Situation, da mein Urlaubsschein schon heute abgelaufen war. Wenn mich eine Streife aufgriff, konnte ich höchstens sagen, ich suchte den Lehrgang für genesende Offiziere.

In der Dämmerung machte ich mich auf den Weg zur Fischerei-Schule, dem Lazarett. Dabei war ich noch vor wenigen Tagen hier. Es war einfach nicht zu fassen!

Mir kam jetzt auch der Gedanke, warum der Chefarzt mich so plötzlich in Urlaub fahren ließ. Sicherlich wollte er mir die Freiheit geben, und ich Esel kam wieder zurück! Ich war zu ehrlich und naiv, um „durchgeblickt" zu haben.

Was sollte ich tun? Dann dachte ich an das Ehepaar, das mich zum Mittagessen eingeladen hatte. Ob ich dort wohl unterkommen konnte, um morgen bei Tageslicht die Zahnklinik zu suchen?

Der Gedanke schien mir realisierbar. Ich fand das Haus draußen am Rand von Bamberg und eröffnete den erstaunten Leuten, daß ich vor 2 Stunden hier in Bamberg mit dem Zug angekommen sei.

Freundlich wurde ich hereingebeten. Dann fragten sie, was ich zu tun gedenke, ob ich mich, der ich doch noch nicht wieder ganz hergestellt sei, wirklich bei dem Sammellager des AOK 7 stellen wolle? Der Krieg ginge doch nur noch kurze Zeit. Es wäre heller Wahnsinn, sich jetzt für irgendwelche Generale opfern zu wollen.

Inzwischen machte mir die Hausfrau etwas zu trinken und ich fragte den Mann, ob die Fotografin von Berlin zurückgekommen sei nach Bamberg? Er antwortete, daß sie, seit dem letzten Telefongespräch vor ihrer Abfahrt, kein Lebenszeichen mehr von ihr erhalten hätten.

Der Mann bearbeitete mich hart, ich solle meine Uniform ausziehen und mich verbergen. Er wollte mir Zivilklamotten beschaffen, ich sollte doch einsehen, daß wir den Krieg verloren hätten. Ich nahm sein Angebot gerne an, die Nacht dort zu schlafen, aber jetzt aufgeben, Zivil anziehen und mich überrollen lassen, wo mir doch jeder von weitem ansah, allein wegen der Verwundungen, daß ich Soldat war?

Nein, aufgeben wollte ich noch nicht.

06.04.1945

Sie konnten mich nicht umstimmen. Was sollte ich in Bamberg? – Ich wollte auf die Suche nach der Zahnklinik gehen, den Weg dorthin kannte ich ja.

Ich zog los in der Hoffnung, daß noch eine Möglichkeit bestände, meinen Zahnersatz zu bekommen, denn vor meinem Urlaubsantritt hatten sie noch einen Abdruck gemacht. Die Hoffnung, noch etwas zu erreichen, beflügelte mich. Doch – die Heereszahnklinik war auch weg. Dafür kam ein Kettenhund und fragte, was ich hier wolle. Ich legte ihm meinen Urlausschein vor, machte meinen Mund auf und zeigte ihm meine Zahnlücken. Da meinte er in aller Einfalt, daß er mir nicht mitteilen könne, wohin die Lazarettabteilung verlegt sei. Er führe mich eben in die Stadt – zum Meldekopf, die wüßten mit Sicherheit, wie und wo ich meine Zähne kriegen könne.

Ich hatte mich mit meinem Optimismus selbst gefangen.

Was blieb mir übrig – ich fuhr mit und landete haargenau in dem Sammellager des AOK 7!

07.04.1945

Gestern abend wurde mir versprochen, daß ich spätestens heute morgen erfahren könne, wohin ich mich wenden müßte. Ich bekam gestern noch zu essen und in einer Baracke auch ein Bett. Alles war abgeriegelt, kein Soldat konnte aus dem Lager heraus. Die schlimmsten Gerüchte über Wehrwolf, Volkssturm usw. tauchten auf. Kein Soldat war mehr zu überzeugen, daß noch etwas gewonnen würde. Immer noch, die schon alte Litanei: „Mit den Amerikanern gegen die Russen." –

Nachdem ich mich gewaschen und rasiert hatte, rechnete ich damit, daß ich mit der Behandlung meines Falles bald an die Reihe kam. Um 10.00 Uhr war es dann soweit. Ich kam in eine Schreibstube mit mehreren Offizieren. Mein Urlaubsschein kam auf den Tisch und ich wurde befragt. Es war kein Verhör, aber wohl war mir dennoch nicht. Mich erinnerte das stark an die Heilsberger Kaserne und den General!

Das Ergebnis war ein neuer Marschbefehl: Herr Leutnant Siegle hat sich heute bei der OA-Dienststelle gemeldet und wurde weitergeleitet nach Celle zum Lehrgang für genesende Offiziere des Wehrkreises I.

Innerlich hätte ich jubeln können, denn nun kam ich legal in die Nähe von Westfalen. Es bedeutete auch meine Freiheit, denn ich war damit – Allein-Kommandierter.

Mit einem neuen Marschbefehl meldete ich mich wieder bei der Bahnhofskommandantur in Bamberg – wegen der Fahrmöglichkeit in den Norden.

„Heute abend wird voraussichtlich ein Zug in Richtung Lichtenfels fahren, kommen sie um 17.00 Uhr wieder."

Ich ließ mir für den 9. April noch Lebensmittelkarten geben und suchte mir ein stilles Plätzchen, um einen Kaffee zu trinken und eine Zigarre zu rauchen.

Pünktlich um 17.00 Uhr war ich wieder am Bahnhof. Es dauerte nicht lange, da fuhr der Zug herein. Ich stieg ein und wartete die Dinge, die da kommen sollten. —

Nach 20 Minuten Wartezeit gingen plötzlich die Sirenen. Das hatte gerade noch gefehlt. Mit den anderen Menschen verließ ich den Zug — ohne jede Eile, als schon die Flak loslegte und jetzt plötzlich Eile not tat.

Alle rannten den Bahnsteig entlang zur Unterführung. Die Flugzeuge konnte man bereits hören, aber heute überflogen sie Bamberg nicht wie sonst. Bomben über Bomben fielen und es nahm kein Ende. Vor allem wurde der Bahnhof mit Bordwaffen beschossen. Ein Inferno ohnegleichen.

Wir lagen in der Unterführung auf dem Boden an der Wand. Der Luftzug und die Druckwellen waren das Schlimmste, was ich bis jetzt erlebt hatte. Es war gar nicht zu begreifen, daß wir nicht getroffen wurden. Die Erde schwankte und zitterte. Rauch, Gestank, Dreck, alles zog durch die Unterführung. Wir lagen so bis tief in die Nacht hinein in der Unterführung, weil keine Entwarnung mehr gegeben wurde. — Auch die Sirenen waren zerstört. —

Ich war schwer geschockt, denn an eine solche Eskalation des Krieges in der Heimat hätte ich nicht geglaubt.

Die meisten Menschen blieben in der Unterführung liegen, so ich auch. Draußen dürfte nichts mehr heil sein. Dem Lichter- und Feuerschein nach, brannte die Stadt an allen Ecken und Enden.

Als wir Gewißheit hatten, daß auch die Sirenen ihren Dienst nicht mehr tun konnten, stieg ich über verbogene Geländer die Treppe hinauf, auf das, was noch übrig war vom Bahnsteig. Ich sah unseren Zug lichterloh brennen und die Lokomotive war nur noch ein Schrotthaufen. Nachdem, was sich hier in der Nacht dem Auge bot, war es erstaunlich, daß man noch lebte.

Vom Sammellager 3, AOK 7 dürfte nichts mehr übriggeblieben sein. Sie sind vermutlich untergegangen, allesamt.

08.04.1945

Ich wollte heraus, unbedingt heraus. Man wußte nicht, wann die Amis kamen und wie sie sich verhalten würden gegenüber der Zivilbevölkerung und den Verwundeten.

Ich wußte, ich mußte schnellstens wieder in Richtung Osten, wo zwischen Amerikanern und Russen noch etwas Freiraum war, wo vielleicht noch einige Tage eine Überlebenschance war.

Gepäck hatte ich praktisch nicht, so kam mir der Gedanke, aus der Stadt hinauszufliehen, in unbewohnte Gegenden. Vorsichtig suchte ich in der brennenden Stadt. Buchstäblich hinausgetastet habe ich mich aus der zerbombten Stadt. Wenn ich in all dieser Zerstörung einen Menschen antraf, fragte ich immer nach dem nächsten Bahnhof im Osten.

Stück um Stück weitergeleitet, kam ich auf die Straße von Bamberg nach Memmelsdorf, in Richtung Bayreuth. In Bayreuth sollte noch alles intakt sein, auch der Bahnhof, weil dort auch eine Lazarettstadt wäre.

Das wußte ich inzwischen besser, wie die Feinde mit Lazarettstädten umgehen.

Im ersten erreichten Dorf fiel mir gleich auf, daß die Türen mancher Häuser bekränzt waren. Ich fragte. „Heute ist Konfirmation." An so etwas hatte ich gar nicht mehr gedacht. Ich kam mir wie auf einem anderen Stern vor. Daß da noch vor einigen Stunden in Bamberg totaler Tod und Vernichtung vom Himmel kamen und hier – 10 km weiter, die Menschen Konfirmation feierten. – Was für eine Welt! – Als ich das Dorf passiert hatte, hörte ich von hinten eine Autokolonne. Schon dachte ich: Das ist der Ami!

Doch dann erkannte ich, daß es eine deutsche Wehrmachtskolonne war. Voraus fuhr eine Sicherung mit Flieger-MG und dann kam ein Kübel mit Stander, dahinter etwa 20–30 Lkw.

Woher kamen die wohl noch?

Neben mir hielt der Kommandeur an. Ein Oberstleutnant beugte sich etwas heraus und ich grüßte mit „Heil Hitler". Ich war mir der eigenartigen Situation sofort bewußt, marschierte ich doch wie ein Landstreicher durch das Frankenland.

Der Oberstleutnant brachte mit seiner Aufmerksamkeit für mich die gesamte Kolonne zum Stehen. Ich meldete: „Leutnant Siegle auf dem Marsch zum nächsten Bahnhof nach Bayreuth."

„Kommen Sie herein, ich nehme sie mit bis Bayreuth." Ich stieg ein und die gesamte Kolonne setzte sich wieder in Bewegung.

Dann erfuhr ich, daß mich der Kommandant von Würzburg unter seine Fittiche genommen hatte.

Er fragte mich aus und als ich ihm meinen Marschbefehl zeigte vom AOK 7, fragte er geradeheraus, ob ich wirklich heute von Bamberg komme? Ich bejahte das und erzählte ihm von dem schweren Bombenangriff gestern abend und heute nacht und wie es kam, daß ich überlebte.

Sie hätten Bamberg weiträumig umfahren, sagte er, denn nach den letzten Meldungen war die gesamte Stadt noch in Brand und es gab keine Möglichkeit, mit einer Kolonne durchzukommen.

Kurz vor Bayreuth, noch auf der Höhe, bogen wir links ab. Hier sollte die Einheit Halt machen, bis neue Befehle kamen.

Der Oberstleutnant bat mich, noch etwas zu warten, bevor ich nach Bayreuth hinabginge. Er wolle mich darum bitten, einen Brief für seine Frau mitzunehmen. Er selbst glaube nicht mehr daran, daß er seine Frau und seine Kinder nochmals wiedersehen würde.

Er war sichtlich bewegt, als er das sagte und ging dann in ein Haus, um den Brief zu schreiben. Als er zurückkam und mir den Brief gab, sagte er, daß er glaube, daß ich als Verwundeter eher aus der Gefangenschaft freikäme. Ich solle seiner Frau schildern, unter welchen Umständen wir uns getroffen hätten und daß es ihm bis dahin noch immer gutgegangen sei.

Ich verwahrte den Brief, der wohl ein Abschiedsbrief war. (Später – 1947 – war ich 6 Wochen Gast in seinem Haus.) Ich grüßte und nahm die Straße nach Bayreuth unter meine Füße. Bei den ersten Häusern fragte ich nach dem Bahnhof. Es war etwa 15.00 Uhr. Mitten im Zentrum der Stadt heulten die Sirenen los, Alarm! Die Menschen flohen alle in die Keller. Ich stand offenbar vor dem Rathaus und unvermittelt wurde ich von einem Menschen in brauner Uniform hart angegangen. Er beschimpfte mich nach Strich und Faden und schrie, ob ich noch nie Belehrung über Luftschutz bekommen hätte? –

Das war mir dann doch zuviel und ich gab ihm eine entsprechende Antwort. So kam es, daß wir mitten im Sirenengeheul gegeneinander anschrien. Als dann noch einige braune Luftschutzhüter auftauchten, mußte ich klein beigeben und landete so unfreiwillig im Bayreuther Rathaus, allerdings im Keller.

Es waren die letzten Parteifunktionäre, die ich in brauner Uniform gesehen habe.

Als wir nach 2 Stunden wieder den Keller verlassen konnten, war es der Lazarettstadt Bayreuth nicht anders ergangen als Bamberg. Überall brannte es und der Bahnhof war einmal ein — Bahnhof.

Ich setzte mich irgendwo hin, erschöpft und mutlos, währenddem die Feuerwehren und Krankenwagen unterwegs waren.

Ob ich den Wettlauf mit den Amis noch gewinne? Jedenfalls war ich nicht mehr hoffnungsvoll — wegen der Eisenbahn. Noch mehr nach Osten ging nicht, wegen der Russen! Ich mußte umgehend den noch offenen Korridor nach Norden erwischen, sonst war ich wirklich in der Falle zwischen Ost und West, zwischen Amerikanern und Russen!!

Mit einem wahren Jagdhundinstinkt fand ich in dem zerstörten und brennenden Bayreuth eine Ausfallstraße in Richtung Norden.

„Nach Hof" — stand da.

Ich stellte mich an die Straßenecke und wartete geduldig, bis ein Fahrzeug kam. Tatsächlich hielt ein Lkw auf mein Winken hin an. Der Fahrer guckte aus dem Fenster und ich schrie hinauf: „Wohin fahren Sie?" Er antwortete: „In Richtung Berlin."

Das war natürlich überhaupt nicht meine Richtung, aber etwas nach dem Norden konnte er mich vielleicht mitnehmen. Es klappte.

So kam ich auf den Beifahrerplatz des „Bedfort", eines „Beutefahrzeuges".

Als wir die Stadt hinter uns gelassen hatten, fragte ich ihn, was er um Gottes willen denn in Berlin wolle, denn soviel ich gehört hätte, wäre Berlin bereits umkämpft.

„Ja wissen Sie, verstehen tue ich das auch nicht mehr. Ich habe auf der Ladefläche Flugzeugmotoren. Ich bin von der Waffen-SS und fahre für die Luftwaffe. Die Motoren habe ich aus der Gegend von Forchheim geholt und sie sollen nach Berlin, also bringe ich sie nach Berlin."

Mit welcher Selbstverständlichkeit der Mann das sagte.

Als wir auf die Autobahn in Richtung Hof kamen, meinte er, daß wir verdammt aufpassen müßten wegen der Jabos (Jagdbomber). Auf der Herfahrt habe er schon jede Menge Wraks am Straßenrand gesehen. In der Nacht wäre das Fahren nicht mehr möglich, weil es zu viele Bombentrichter auf der Fahrbahn gäbe und man nicht einmal mit abgeblendeten Lichtern fahren könne. Auf der Landstraße wäre das besser, aber es gäbe fast kein Durchkommen mehr.

Wir fuhren, bis die einbrechende Dunkelheit der Fahrt ein Ende machte. In einer Parkbucht konnten wir den Wagen unter Bäumen abstellen. Für die Nacht hatte der Fahrer einige Decken dabei, die er mit mir teilte. In Bamberg hatte ich mir auf meine Marken etwas gekauft, so daß ich auch mit dem Essen zurechtkam.

Was war das für ein Wahnsinn! Zwischen Ost und West saßen wir auf dem Lkw und keiner von uns beiden wußte, wer uns zuerst schnappen würde. Waren es die Amerikaner, die unaufhaltsam vorrückten, oder waren es die Russen, die, von der Tschechoslowakei her, uns den Weg abschnitten?

Die Augen fielen zu und machten dem Bewußtsein von der Tragödie vorerst ein Ende.

09.04.1945

Als die Sonne herauskam, waren wir wieder auf der Autobahn. Nur mühsam kamen wir vorwärts, obwohl uns nur wenige Fahrzeuge begegneten. Die Fahrbahnverhältnisse waren schlimm. Jede Brücke war gesprengt oder bombardiert und wir mußten Umleitungen fahren. Viele ausgebrannte Wraks standen wieder an der Straße.

In der Höhe von Gera mußten wir auf die Landstraße ausweichen. Die Straße führte auf einem Bergrücken entlang und war eingesäumt mit Bäumen.

Der Fahrer hörte sie zuerst. Er steuerte den Wagen hart an den Straßengraben, unter einen Baum und hielt knapp an. „Raus!!" schrie er, „die Jabos kommen", – und schon war er fortgerannt zu einem Deckungsloch am Straßenrand. Ich schnell hinterher und auch in ein Loch.

Ich hörte sie deutlich, aber sie flogen nicht unseren Lkw an, sondern hatten irgendwo ein anderes Ziel. Es waren drei Stück und drehten immer Kurven. Ich konnte sie gut sehen. Dann hörten wir die Bomben und die Bordkanonen. Wem sie galten, sahen wir noch nicht. Als sie dann wieder einmal zu einer Kurve ansetzten und uns immer noch

nicht entdeckt hatten, sprang der Fahrer aus seinem Loch und dann hinter einen Baum.

„Sehen Sie sich das an, Herr Leutnant, sie schießen auf einen Zug!"

Inzwischen war ich auch aus meinem Loch geklettert und stand ebenfalls hinter einem Baum.

So wurde ich Zeuge eines der schmutzigen Verbrechen, die im Krieg passiert sind. – Das Züglein fuhr noch, schwer qualmend, als ich es zuerst erblickte. Nachdem die Jagdbomber erneut angriffen, blieb der Zug stehen, vielleicht war schon die Lokomotive getroffen.

Die Menschen, es waren ausnahmslos Zivilisten, rissen die Türen auf, sprangen den Bahndamm hinab und rannten in die Wiesen.

Jetzt drehten die Bomber wieder um und flogen erneut den Zug an. Sie schossen dabei solange auf die flüchtenden Menschen, bis die Masse leblos liegenblieb. Sie zogen hoch, machten eine Kurve, kamen hintereinander wieder und dann feuerten sie erneut auf die noch Laufenden, bis sie alle niedergemäht waren!

Ein Massaker ohnegleichen auf die wehrlosen Zivilisten. –

Der Zug, mit der noch immer qualmenden Lokomotive, stand auf dem Bahndamm, und rundherum war ein einziges Leichentuch ausgebreitet in wenigen Minuten.

Die Jabos zogen ab. Wir waren noch einmal davongekommen, aber das Herz krampfte sich zusammen beim Anblick der vielen niedergeschossenen Menschen.

Helfen konnten wir nicht mehr.

Jetzt mußten wir noch mehr aufpassen. Wir waren gewarnt.

Wir kamen auf die Autobahn zurück und konnten eigentlich gut durchfahren, wenngleich wir immer wieder Umfahrten machen mußten. Am Abend erreichten wir dann die Gegend von Dessau. Der Fahrer hielt an und wir besorgten uns etwas zu essen.

Nach dem Kartenstudium stand fest, daß ich noch bis zur Abfahrt Roßlau mitfahre und dann aussteige, weil von jetzt ab die Fahrstrecke nach Berlin stark nach Osten abbog und dahin wollte ich keinesfalls.

Soweit ich je wieder auf deutsche Wehrmacht treffe, in punkto Kontrolle oder Streife, mußte ich in allgemeiner Richtung „Celle" sein, wegen meines Marschbefehls.

Als ich in der Dämmerung an der Abfahrt ausstieg, bedankte ich mich bei dem Fahrer und wünschte ihm noch eine gute Fahrt mit seinen Flugzeugmotoren hinten drauf.

Ich war wieder ein Wanderer zwischen West und Ost. Leutnant des Großdeutschen Reiches auf Schusters Rappen — auf dem Weg zum Bahnhof Roßlau.

2½ Stunden bin ich in der Nacht marschiert, bis ich nach Roßlau kam. Der Bahnhof war noch intakt, und ich konnte bei der Bahnhofsmission den Rest der Nacht verbringen.

10.04.1945

Ich bekam Kaffee und die Auskunft, daß gegen 11.00 Uhr ein Zug nach Magdeburg führe. So hatte ich also genug Zeit, mich zu waschen und zu rasieren. Von Bahnhofskommandantur war nichts zu sehen und ich fragte auch nicht danach.

Gegen 11.00 Uhr kam tatsächlich der Zug. Wie normal lief alles ab und man hätte das kommende Ende fast vergessen können.

Die Strecke war knapp 70 km lang. Ohne Behelligung durch Alarm und Flieger lief der Zug in Magdeburg ein.

Ich meldete mich mit meinem Marschbefehl auf der Bahnhofskommandantur. Nach einigem Hin und Her stand fest, daß sich die genesenden Offiziere nicht mehr in Celle halten konnten und inzwischen nach Salzwedel verlegt waren. So bekam ich eine neue Fahrkarte über Stendal nach Salzwedel. Dies war jetzt die 3. Ortsverlegung, immer entsprechend der Situation in dem Restdeutschland, das noch nicht besetzt war. — Aber es mußte alles seine Ordnung haben. —

Am Schalter bekam ich auf meinen Urlaubsschein hin nochmals Reiseverpflegungsmarken für den 10. und 11. April, weil ich dann ja am Ziel meiner Irrfahrt sein sollte. —

Alles wurde fein säuberlich abgestempelt und eingetragen. Um 16.00 Uhr sollte der Zug nach Stendal abfahren. Ich hatte noch etwas Zeit und besah mir die Gegend um den Bahnhof herum. Auffallend war, daß die Menschen alle zielstrebig eilig waren. Auch fielen die vermehrten Streifen auf, und die Bahnhofswache war ebenfalls stark besetzt.

Ich befürchtete allerdings nicht, daß ich kassiert werden würde, mein Gefühl sagte mir das einfach.

Um 16.00 Uhr ging ich auf den Bahnsteig. Der Zug ließ auf sich warten. Es wurde immer später und später und zuletzt fragte ich nach, wann denn endlich der Zug eingesetzt würde.

Der Obergefreite am Wehrmachtsschalter sagte leise zu mir: „Herr Leutnant, von hier fährt kein Zug mehr in den Westen. Seit einer Stunde werden die Brücken über die Elbe zur Sprengung vorbereitet. Wenn Sie noch nach drüben über die Elbe wollen, müssen Sie ganz schnell versuchen, über die Flußbrücke für den Fahrzeugverkehr zu kommen! Auch diese Elbbrücke wird seit einer Stunde verbarrikadiert."

Ich fragte dumm, aber wirklich unwissend: „Wegen der Amerikaner oder wegen der Russen?"

„Die Russen sind nicht mehr weit, sie haben Berlin schon umgangen, niemand weiß, wann sie hier sind."

— Die Falle, die große Falle wurde immer enger. Irgendwo mußte sie mal zuschnappen. —

Der Landser hatte mir hinter der vorgehaltenen Hand eine ganz wichtige Information gegeben.

Ich spurte los in Richtung Elbbrücke, aber er — was wird in Tagen oder Stunden aus ihm geworden sein? —

Ich hatte mich schnell durchgefragt. Schon von weitem sah ich quergestellte Straßenbahnwagen vor der Brückenauffahrt. Zivilisten machten aus Pflastersteinen einen meterhohen Wall um die Wagen, so daß nur noch eine kleine Gasse für Fußgänger frei war.

Ich mußte hinüber und ich wußte auch, was not tat! Wie im Einsatz benahm ich mich. Vielleicht tat auch meine Uniform etwas dazu, jedenfalls ging ich forsch, als wenn ich dazugehörte, durch die Lücke und auf die Brücke hinauf.

Mitten auf der Fahrbahn lagen plötzlich große, schwere Fliegerbomben, von denen ein Pionier-Sprengkommando gerade die Sprengkammern in dem Mittelpfeiler füllte. Ich kletterte zwischen den Soldaten darum herum und kam unangefochten auf der anderen Seite an.

Wehe, wenn irgendeine Streife mich noch schnappte, um mich zur Verteidigung einzusetzen. Ich hätte glatt fragen müssen: „Nach Westen verteidigen oder nach Osten?"

Ich ahnte mehr als ich wußte, daß nur noch wenige km die Amerikaner von den Russen trennten und wir alle dazwischen zerquetscht werden würden.

Jedenfalls, wenn ich ungeschoren blieb, konnte ich es schaffen, bei den Amerikanern zu landen.

Ich fragte den nächstbesten Zivilisten nach einem Bahnhof auf der Westseite der Elbe. Es gab tatsächlich einen. Nach einigem Suchen fand ich ihn auch. Ja, es war kaum zu glauben, ein Zug stand auf dem Bahnhofsgleis. Im Bahnhof traf ich viele ratlose Menschen. Sie konnten nicht mehr in den Osten, über die Elbe hinüber. Sie waren aus dem Westen dem Amerikaner davongelaufen. Jetzt saßen sie mit mir in dem Zug und versuchten nach Norden zu flüchten. Der Zug fuhr wirklich nach Norden – wenn er noch da ankam.

An diesem Abend wurde es nichts mehr. Immer wieder wurde die Abfahrt wegen Fliegeralarm verschoben.

11. 04. 1945

Ich räumte meinen Platz im Zug nicht, trotz der furchtbaren Erfahrungen in Bamberg. Endlich, gegen 5.00 Uhr morgens fuhr er an. Nicht weit, dann blieb er wieder stehen. Wieder ging es ein Stück weiter. – Alarm! –

So tuckerten wir mit dem vollgefüllten Zug in den Morgen hinein. Ich war mir sicher, daß es nicht mehr lange gutgehen wird. Dem Schicksal wollte ich etwas nachhelfen. Das war mein fester Entschluß.

Als es hell wurde, fragte ich den Zugschaffner, wieviel Stationen es noch bis Stendal wären. „Noch drei, dann sind wir da." –

Das genügte. Spätestens an der übernächsten Station wollte ich aussteigen und auf die Amis warten. Wie und was, das hatte ich noch nicht klar in meinem Kopf.

Gedacht – getan! Ich stieg aus, vermutlich bei Lüderitz. Ein kleiner Bahnhof und kein Militär. Das paßte. Im Dorf habe ich mir noch etwas zu essen gekauft und dann bin ich langsam und mir wohl bewußt, was ich tat, dem Dorfausgang zugegangen, nicht ohne vorher zu fragen, ob am Abend noch ein Zug nach Stendal führe. „Ja", sagte der Bahnbeamte — „kurz vor 20.00 Uhr geht der letzte."

Auf diese Art und Weise konnte ich 8 Stunden kostbare Zeit gewinnen. Zeit — um zu überleben und Zeit, um mit mir selbst ins reine zu kommen! Das Aussteigen aus dem Zug, war mit meinem Marschbefehl eigentlich nicht mehr identisch. Ich wußte das wohl und wollte das auch.

Durch das Dorf führte eine Straße hinaus in Wiesen und Felder. Etwa 300 m vom Dorfrand weg, legte ich mich auf einer Wiese ins Gras und sah in den schönen, blauen Himmel.

Ich spürte, daß die Entscheidung bald dasein mußte. Obwohl ringsum alles ruhig war, hörte ich doch die Sirenen heulen, die neue feindliche Luftverbände ankündigten. Das Dröhnen in der Luft schwoll nun zu einem Riesengebrumme an. Dann hatte ich sie auch entdeckt. Fast ausschließlich viermotorige Bomber zogen als glitzernde Todesvögel in der gleißenden Mittagssonne über mich hinweg. Es nahm kein Ende, so schien es.

Was ich noch nie beobachtete hatte: Seit einigen Minuten kehrten sie, nachdem sie ihre tödliche Bombenlast abgeworfen hatten, wieder zurück. Die Abwurfstellen konnten nicht allzu weit sein, es war der Raum zwischen mir und der Elbe oder weiter bis Berlin.

Etwas über 2 Stunden schon waren die Bomber am Himmel. Die dicken Schwärme wurden nicht einmal von der Flak, oder von unseren deutschen Jagdfliegern, unter Beschuß genommen.

Nirgendwo zeigten sich deutsche Abwehrkräfte.

Ich war müde. In der Mittagsonne schlief ich ein, trotz der vielen Viermotorigen am Himmel.

Später suchte ich in meinen Taschen, was ich noch zu essen hatte, denn heute wollte ich noch bis Stendal kommen. Von dort aus würde ich das letzte Stück morgen früh bis Salzwedel schaffen. Vielleicht auch nicht mehr. — Es wurde ein Lotteriespiel. So mußte ich mich mehr auf meinen Instinkt verlassen.

Als die Sonne sich tiefer neigte, schlenderte ich den Weg zurück. Ich wollte es bis Salzwedel durchstehen, denn noch war nichts von Kapitulation oder dergleichen an meine Ohren gedrungen.

Im Bahnhofslokal trank ich eine Tasse Kaffee und wartete auf den Zug. Inzwischen war Entwarnung gegeben worden. Von mir nahm kaum jemand Notiz. Mir war das ganz lieb, denn ich hätte schlecht erklären können, was ich in diesem Nest, kurz vor Stendal, zu suchen gehabt hätte.

Es war dunkel geworden, als der Zug endlich eintraf. Alle Abteile waren voll und so quetschte ich mich einfach mit hinein. Die Fenster waren sowieso verdunkelt und so bin ich nicht aufgefallen.

Ohne weitere Verzögerung kam ich in Stendal an. Schon beim Einlaufen sah ich, daß ich wieder einmal eine Bahnhofskammandantur vor mir hatte. Es war mir jetzt fast gleichgültig. Sollten sie machen, was sie wollten. Ich würde darauf bestehen, nach Salzwedel zu kommen. Zum Schalter waren es nur wenige Meter. Ein Feldgendarm, mit seinem Schild um den Hals, forderte meinen Marschbefehl. Als er ihn studiert hatte, sagte er zu meiner großen Befriedigung, daß ich Pech hätte und heute abend nicht mehr bis Salzwedel käme, denn vor morgen früh um 8.12 Uhr würde kein Zug mehr dorthin fahren.

Der Mann hatte mir mit seiner Auskunft eine große Freude bereitet, ohne es zu ahnen.

„Sie müssen vielleicht im Bahnhofshotel nach einer Übernachtungsmöglichkeit suchen, wir haben hier kein Quartier im Bahnhofsbereich."

Wieder war mir das sehr recht.

Trotzdem konnte ich nicht ahnen, daß diese Auskunft und der Hinweis auf die Quartiersituation das letzte Gespräch mit einem Feldgendarmen sein würde.

Mit wenigen Schritten war ich im Bahnhofshotel. Ich fragte nach einem Zimmer und als mir zugesagt wurde, daß ich im 2. Stock noch ein Einzelzimmer haben könne, fragte ich auch noch nach einem warmen Abendessen. So viel Glück auf einmal, denn ich konnte etwas Warmes bekommen.

Das Zimmer ging zur Straße hin und das Bett war gut.

Ich habe mir nur die Hände etwas gewaschen, das Essen war mir zu wichtig, als lange Toilette zu machen. Noch viel wichtiger war aber, von der Wirtin oder den noch vorhandenen Gästen, etwas über die Lage rundum zu erfahren.

Daß die Russen an Berlin schon längst vorbeigestoßen sind, habe ich an den Abwehrvorbereitungen beiderseits der Elbe gesehen. Keinem war sicher bekannt, ob der Amerikaner oder der Russe zuerst an der Elbe sein wird.

So war auch die Meinung der Menschen im Eßzimmer des Bahnhofshotels. Die Wirtin sagte, daß man in der Stadt damit rechnen würde, daß die amerikanischen Truppen einen Durchbruch zur Elbe versuchen. Andererseits wären aber in Stendal noch keinerlei Vorkehrungen getroffen zu einer Verteidigung. So dringend wäre das noch lange nicht. −

Nachdem ich mein Essen bekommen hatte, sagte ich, daß ich morgen den Zug nach Salzwedel erreichen wolle. Um 7.00 Uhr soll sie mich wecken, um 8.12 Uhr müsse ich fahren.

Sie nickte und schrieb meinen Wecktermin auf.

Ich war müde. Das innere Zerrissensein, was die nächsten Stunden jeweils bringen würden, haben mich mehr genervt, als körperliche Anstrengung.

Bald war ich eingeschlafen.

12.04.1945

Heftige Schläge an meine Zimmertür schreckten mich hoch. Draußen heulten wieder die Sirenen. Am liebsten wäre ich liegengeblieben. Widerwillig, aber eilig, zog ich mich an und stieg hinab in den Keller des Bahnhofshotels. In wie vielen Kellern habe ich schon in den letzten Monaten dieses Jahres 1945 gesessen. −

Es fielen keine Bomben, aber es war unruhig draußen. Nach Stunden war endlich Entwarung und ich legte mich wieder ins Bett.

Heller Tag sah schon durch die Fensterscheiben, als ich die Verdunkelung hochmachte. Draußen herrschte ein Lärm, ein Gehen und Kommen mit kleinen Handwagen, und die Frauen eilten, als ob es etwas umsonst geben würde. Der Lärm hatte mich wach gemacht. Als ich auf meine Uhr sah, war es schon 8.00 Uhr und mir wurde klar, daß die Wirtin mich glatt vergessen hatte. Schon um 7.00 Uhr sollte sie mich wecken. Ich war ärgerlich, denn ich wollte nicht noch in letzter Minute mit der Bahnhofswache anecken.

Schnell zog ich mich an und ging hinunter in den Speiseraum.

Als die Wirtin mich sah, schlug sie buchstäblich die Hände über dem Kopf zusammen. Ich faßte das zunächst als ein Zeichen der eigenen Anklage auf, weil doch jetzt mein Zug weg war. Aber nein – ganz anders war das gemeint. Wörtlich rief sie laut: „Mein Gott, Herr Leutnant, was machen Sie denn noch hier?" Und nach einer Weile: „Sind Sie denn nicht fort heute nacht? Die Amerikaner sind doch da! Ganz Stendal ist eingeschlossen. Heute nacht um 3.00 Uhr sind alle deutschen Soldaten fluchtartig abgerückt, um der Einschließung zu entgehen!"

Die Falle war jetzt tatsächlich und endgültig zu! Ich, der ich seit Tagen, immer zwischen den Russen und Amerikanern hin und her pendelte, ich saß mitten drin und das noch am hellichten Tag! –

Im Moment mußte ich Luft holen, um das zu begreifen.

Aber es gab gar keinen Zweifel. Draußen rannten die Frauen seit dem Morgen, um die von den Soldaten geöffneten Wehrmachtsvorratslager zu leeren, daher das Gerenne und die Unruhe. Von Soldaten der deutschen Wehrmacht sah man keine Spur.

Ich wollte das sicher wissen und rannte zur Tür hinaus, über die Straße, hinüber zum Bahnhof.

Es gab plötzlich keine Bahnhofskommandantur mehr. Es gab auch heute morgen keinen Zug mehr nach Salzwedel, es gab nur noch gähnende Leere, verstreute Akten und eilig verlassene Bahnhofsräume.

In meinem Kopf ging es zu wie in einem Irrenhaus. Tausend Gedanken kamen mir und tausendmal verwarf ich sie wieder. Ich rannte zurück zum Hotel, denn ich wollte mit meiner Uniform von der Straße weg sein.

Die Wirtin nahm mich in Empfang und redete heftig auf mich ein. Sie hätte doch gesehen, daß ich verwundet sei und da ich nicht mehr fliehen könne, wäre es für mich das Beste, wenn ich in einem Lazarett in Gefangenschaft käme. Ich solle doch um Himmelswillen die Chance nutzen. 100 m weiter an dieser Straße wäre ein großes Lazarett, da könnte ich mich doch bestimmt noch hineinretten, denn sie glaube, daß die Verwundeten geblieben seien.

Das war nicht schlecht – und sicher auch gut gemeint. Mein erster Schreck war vorbei. Ich begann etwas nüchterner zu denken. Ja – das war die Lösung. Verwundete würden zweifellos besser wegkommen, zumal sie in einem Lazarett übergeben würden.

Was geschähe, wenn ich, bewaffnet, so aufgegriffen würde? —

Ich bedankte mich bei der Wirtin für den klugen Einfall und rannte im Laufschritt los — zuvor holte ich aber noch schnell mein Waschzeug, meine Kartentasche und die Pistole.

Sie hatte recht, das Lazarett war noch in Betrieb und ich konnte ungehindert hinein. Ich fragte mich durch, wo der Chefarzt zu finden sei. Es ging 2 Treppen hoch und dort fand ich ihn, in voller Uniform — in Erwartung der ersten amerikanischen Soldaten. —

Als er mich sah, war er doch perplex, dann aber faßte er sich rasch.

Ich machte zum vorletzten Mal den „Deutschen Gruß" und meldete: „Leutnant Siegle auf dem Weg zum Lehrgang für genesende Offiziere in Salzwedel, heute früh von der Einschließung durch die Amerikaner überrascht, bittet um Aufnahme in das Lazarett."

Statt einer langatmigen Erwiderung sagte der Chefarzt: „Mensch, kommen Sie weg von der Bildfläche mit Ihrer Uniform, kommen Sie hier herein."

Damit zeigte er auf sein Ordinationszimmer. Drinnen sagte er, daß er nicht viel Zeit hätte, alles wäre schon vorbereitet zur Übergabe an den Amerikaner. Wenn ich wolle, würde er meinen Namen noch mit auf die Übergabeliste setzen lassen. — Andererseits wäre noch die theoretische Möglichkeit, zu den abgezogenen deutschen Truppen zu gelangen, wenn ich mich bis zur Nacht vor den Amerikanern verstecken würde.

Er winkte mich an eine Wandkarte heran und zeigte mir auf der Karte, wo der Ami heute nacht vorgestoßen ist und wohin die restlichen Soldatenverbände unserer Wehrmacht sich zurückgezogen haben. „Unsere Soldaten sind nach Norden in den Raum Uelzen und Lüneburg ausgewichen und der Amerikaner hat heute morgen, nach Umgehung der Stadt Stendal — Tangermünde und Magdeburg erreicht, das heißt — er hat die Elbe erreicht. In 5 Minuten müssen Sie sich entschieden haben — ich komme gleich wieder!"

Das war die Entscheidung!

In diesen 5 Minuten nahm ich Abschied von all dem, was ich empfunden habe als Soldat, der für seine Heimat, für Frau und Kind, gekämpft hat. Abschied vom Vertrauen in unsere militärische Führung, die auch jetzt noch Menschen opfern wollte, wo der Krieg militärisch schon längst verloren war.

Es war auch für mich ein bitteres Ende.

Nie habe ich mein Herz an den militärischen Eindruck gehängt. Seit dem Ausbruch des Krieges ging es mir nur um das Wohl und Wehe meiner Heimat.

Daß ich einmal Offizier werden sollte, war mir an der Wiege sicherlich nicht gesungen worden. Daß ich es wurde, haben die Umstände gebracht. Daß ich nie ein „Militär" sein würde, wußte ich. Daß ich aber alles hergab, mit meinem Willen, für die Bewahrung unserer Heimat, das war mir wohl bewußt.

Doch jetzt war die Minute der Entscheidung gekommen.

Keinen Augenblick brauchte ich, um mich für die Freiheit zu entscheiden.

„Ich versuche es, mich zu den deutschen Verbänden durchzuschlagen, Herr Oberfeldarzt. Würden Sie mir dann bitte noch bestätigen, daß ich mich heute hier gemeldet habe?!"

So bekam ich die letzte Amtshandlung eines Wehrmachtsarztes auf meinem Marschbefehl.

Zum letzten Mal den deutschen Gruß, von Hermann Göring verordnet, und ich war in die Freiheit entlassen.

Freiheit, konnte allerdings auch Tod und Verderben bedeuten. –

Meine Gedanken waren mit dem Verlassen des Portals nur noch danach ausgerichtet, den Amis nicht in die Finger zu fallen. Es gab für mich überhaupt keinen Zweifel, daß ich solange in den Westen gehen würde, bis ich zu Frau und Kind kam. Dann werde ich daheim sein, geborgen sein. Der Krieg wird endlich ein Ende haben.

Ich hatte keine Ahnung, wo ich mich in der Stadt befand. Auf der Straße fragte ich sofort einen alten Mann, wie der nächste Ort im Westen hieße. Er sagte, es wäre Gardelegen, aber was ich denn da wolle, da wäre doch schon der Amerikaner. Ich konnte ihn beruhigen, daß ich nicht zu den Amis wollte, sondern an den westlichen Stadtrand. Er zeigte mir die allgemeine Richtung und verstand überhaupt nicht, was ich ausgerechnet da wolle, wo es doch besser gewesen wäre, meine Uniform auszuziehen.

Zielstrebig ging ich an den hastenden Menschen vorbei, die Straße entlang. Manchmal wurde ich angesprochen, ich solle doch schnell meine Uniform ausziehen, bevor sie mich schnappen würden. Immer weiter kam ich durch die Stadt. Uniformen sah ich keine mehr, weder graue noch braune, aber ich sah auf einmal viele weiße Tücher aus den Fenstern hängen. Weiße Bettlaken und Handtücher, und das war ein schrecklicher Anblick.

Über die Stadt unablässig die großen Bomber und man konnte jetzt auch Detonationen hören. Sie kamen vom Osten und waren wahrscheinlich durch das Sprengen oder Bombardieren der Elbbrücken bei Tangermünde entstanden.

Das Stadtbild veränderte sich und ich merkte, daß es jetzt besonders aufzupassen galt. Zweifellos näherte ich mich langsam der Stadtgrenze von Stendal. Aufgrund der Uhrzeit und des Sonnenstandes hatte ich die Westrichtung schon ganz gut ausgemacht. Auch der Lärm von Fahrzeugen war jetzt deutlich zu vernehmen. Es wurde Zeit, daß ich in volle Deckung ging. Mir war es gerade recht, daß die Häuserfronten etwas aufgelockert waren und manchmal sah ich auch schon ein Gartenhaus.

Endlich glaubte ich, daß ich das entdeckt hatte, was einem Versteck dienlich war. In einer regelrechten Gartenlaube, die nach allen Seiten abgedeckt war, aber noch die Möglichkeit zur Flucht bot, ließ ich mich häuslich nieder. Die Häuser waren schon etwas weiter weg und dies alles sah nach Schrebergärten aus.

Als ich mich verschnaufte, wurde mir bewußt, daß ich nicht einmal Kaffee getrunken hatte, vom Essen ganz zu schweigen, ich hatte nicht mal eine Scheibe Brot dabei.

Auf keinen Fall wollte ich aber etwas aufs Spiel setzen, denn ich fand das Versteck gut und war nicht sicher, ob die Amis schon in den ersten Straßenzügen waren. Also, warten bis es Nacht wurde, ich mußte Geduld haben.

Ob mein Vorhaben glücken konnte, wußte ich nicht. Auch nicht, wie weit ich weg war von Bünde und was alles zu überwinden wäre. Ich war erstmal froh, meine Handlungsfreiheit zu haben und nicht im Lazarett in die sichere Gefangenschaft zu gehen.

Jedes Geräusch nahm ich wahr, als wenn ich die Dinge sehen würde. Am Himmel war es lebhaft und irgendwie war ich sogar froh, daß ich auf der amerikanischen Seite war und nicht russische Soldaten erwarten mußte. —

Ungestört habe ich in dem Versteck gelegen — bis in die Nacht. Aber nun war es Zeit für den Versuch, mich den Amerikanern zu nähern und auch nach etwas Eßbarem zu gucken.

12. auf 13. 04. 1945

Wesentlich für den Ablauf meiner Flucht aus Stendal wurden die Nächte.

In dieser Nacht, das wußte ich, mußte ich mehr Glück als Verstand haben. Bei allem Scharf- und Spürsinn, der Zufall durfte mir keinen Streich spielen.

Ich verließ so gegen 21.00 Uhr mein Versteck; immer wieder anhaltend und hörend, nahm ich die Richtung nach Westen auf, die ich mir bei Tag gemerkt hatte. Ganz deutlich konnte ich hören, daß unentwegt Kolonnen unterwegs waren. Fast vor mir, aber irgendwie tiefer, in einer Senke, oder im Tal, mußte sich die Straße befinden.

Ich wollte wissen, ob ich an irgend etwas die Anwesenheit der Amerikaner merken konnte. Immer weiter schlich ich auf meinem Weg, der in einen Wald führte, dem Geräuschpegel entgegen. Deutlich, ganz deutlich hörte ich jetzt vor mir, aber etwas weiter unten, Kettenfahrzeuge und andere Fahrzeuge in langer Schlange vorbeifahren.

Mitten im Überlegen, wie die Fahrzeugschlange besser zu sehen wäre, kam urplötzlich ein Flugzeuggeräusch auf. Es verstärkte sich rasch — es waren mehrere Flugzeuge. Gar nicht schnell genug konnte ich mich hinwerfen, als die Geschosse der Bordkanonen um mich herum einschlugen.

Beim zweiten Anflug war ich mir sicher, daß es deutsche Jagdflugzeuge waren, die im Tiefflug die amerikanischen Nachschubkolonnen angriffen. Unglücklicherweise war ich genau im Anflugwinkel der Flugzeuge, und immer dann, wenn sie ihre Maschinen hochzogen und dabei noch schossen, ging der Kugelhagel in meine Richtung und schlug massiv um mich herum ein.

661

Ich konnte nicht vom Fleck, denn ich wußte nicht, wie weit die Streuung ging.

Endlich drehten sie nach 6- oder 7maligem Anfliegen ab. Unten auf der Straße war ein Höllenlärm losgebrochen. Anscheinend hatten die deutschen Flugzeuge Schlimmes angerichtet.

Nach kurzem Überlegen hoffte ich, die Straße zu umgehen, oder ihr ausweichen zu können. Meine alte Richtung mußte ich verlassen, um tiefer in den Wald hinein zu kommen.

Schreie glaubte ich zu hören, ja ganz deutlich. Verzweifelte Schreie von Frauen: „Hilfe, Hilfe!!"

Mich schauderte und ich wußte wirklich nicht, was ich machen sollte. Was diese Schreie besagten, konnte ich mir denken, denn als dazu auch noch Hundegebell kam, wußte ich, daß wahrscheinlich ein Gehöft in der Nähe war. Die Frauen schrien entsetzlich, dann wurde es ruhig. —

Langsam schlich ich weiter in der Richtung, von der ich glaubte, daß sie nach Westen führt. Im Wald ging es abwärts und immer wieder lauschte ich in die Nacht hinaus. Das Gebrummel von der Straße klang jetzt nur noch ganz leise herüber. Am Ende des Waldes kam ich an einen Weg. Das Gelände stieg jetzt leicht an und ging über die Wiesen. Vielleicht war ich 100 m auf der Wiese gegangen, als ich in der Nacht plötzlich ein hochaufgerichtetes Geschütz stehen sah. Das kam so schnell, daß ich mich nur noch zu Boden werfen konnte. Lautlos blieb ich liegen und horchte.

Zum ersten Mal hörte ich in einiger Entfernung amerikanische Soldaten sprechen, halbrechts von mir.

Also — nach links herum ausweichen.

In weitem Kreis robbte ich auf der Wiese vorsichtig um das Geschütz herum, dabei wahrnehmend, daß das Gespräch der Soldaten leiser wurde. Doch plötzlich tauchten „Berge" auf, vor meinen Augen. Als ich etwas näher herangerobbt war, sah ich, daß es Munitionskörbe mit Granaten waren.

Also war ich mitten in eine amerikanische Batterie hineingeraten! —

Zurück konnte ich nicht mehr gut, weil ich den Anfang der Batterieaufstellung nicht bemerkt hatte, vielleicht stand das erste Geschütz am Waldesrand? Ich hatte es jedenfalls nicht bemerkt und ich wußte auch gar nicht, wieviel Geschütze die Amis hier aufgestellt hatten. – Ich mußte hier vollends durch. –

Ich hatte keine Sekunde zu verlieren. Immer wieder lauschte ich angespannt. Jetzt hörte ich sie in einer anderen Ecke sprechen. Allmählich konnte ich mir vorstellen, wo ich durchkriechen mußte. Alles durfte passieren, nur jetzt kein Alarm. Dann wären sie buchstäblich über mich gestolpert.

Immer mit offenem Mund atmend, kroch ich mühselig weiter und weiter, bis die Stimmen leiser wurden und ich glaubte der Richtung nach durch die Batterie durchzukommen.

Es dauerte dann auch nicht lange, bis ich wieder einen Streifen Wald ausmachen konnte.

Erst von da ab habe ich gewagt, mich langsam auf die Knie aufzurichten. Die Anstrengung und die Spannung hatten mir zugesetzt. Ausgerechnet jetzt erst merkte ich, daß ich einen ganz schönen Hunger hatte, denn seit dem Abendessen gestern im Bahnhofshotel hatte ich nichts mehr gegessen.

Langsam richtete ich mich ganz auf und tauchte auf leisen Sohlen im Wald unter.

Es galt jetzt, herauszufinden, wie tief die Amerikaner hier gestaffelt waren. Noch war ich keineswegs in Sicherheit. Ich wußte, daß ich durch die Front durchgeschlüpft war!

Irgendwo mußte ich ja an eine Straße kommen, ein Wegweiser wäre noch das Beste gewesen. Es tat sich aber nichts dergleichen.

13.04.1945

Als es dämmerte, war ich immer noch im Wald, aber durch die Schwierigkeiten, durch die Front zu kommen, hatte ich die Orientierung verloren. Wegweiser sah ich keinen. So würde ich froh sein, zu sehen, wo die Sonne aufging, um dann mit Hilfe meiner Uhr die Richtung auszumachen.

Ich blieb im Wald. Auch als es heller wurde, ging ich weiter. Das wäre mir bald zum Verhängnis geworden, denn plötzlich hörte ich erneut Stimmen. Schnell schlug ich mich in die Büsche und sprang hinter einen großen Holzstoß.

Keinen Augenblick zu früh. Leise machte ich meine Pistolentasche auf, holte das Ding heraus und lud durch.

Da kamen sie an. Menschen in eigenartiger Kleidung, wie ich erspähen konnte. Keiner sprach deutsch, aber es war auch kein Englisch und Soldaten waren es auch nicht. Es waren etwa 20 Männer. Sie sprachen laut und hatten dem zeilstrebigen Vorwärtseilen nach auch vor, irgendwo hinzukommen. Meiner Ansicht nach liefen sie aber direkt in die Front hinein. –

Ich kam überhaupt nicht auf den Gedanken, daß es befreite Ausländer waren, denn mit diesen Dingen war ich noch nie konfrontiert worden. Später dann, als ich schon daheim war, sah und hörte ich mehr davon. –

Was wäre geworden, wenn sie mich entdeckt hätten? Ich wäre sofort als Soldat erkannt gewesen. Das mußte etwas anders kommen.

Ich zog meine Jacke aus, nahm die Schulterstücke ab, dann die Auszeichnungen und stopfte alles sorgfältig in meine Brusttaschen zum Soldbuch. Mein Koppel und die Pistolentasche steckte ich zwischen die Holzscheite, nachdem ich vorher das Reservemagazin herausgenommen hatte. Dieses steckte ich in die rechte Jackentasche und die Pistole, die ich wieder entspannt und gesichert hatte, in die Hosentasche.

Zuerst war ich noch unschlüssig, was ich mit meinem Käppi machen sollte, aber dann habe ich es wegen der Litzen und Kokarde auch zwischen die Stämme geschoben.

Jetzt konnte man mir von weitem nicht mehr so schnell ansehen, was ich für eine Uniform trug.

Es war zu hell geworden, um noch weiter zu gehen, so mußte ich abwarten bis zur erneuten Dunkelheit. In einem Unterholz machte ich mir eine Kuhle und deckte mich mit Zweigen und Laub zu.

Bis in den Spätnachmittag habe ich hier geschlafen, von Fahrzeuggeräuschen, oder von Menschen merkte ich nichts. Ringsum war es eigenartig ruhig, und erst in der Dämmerung wagte ich mich hinaus, um die Suche nach einem Weg aufzunehmen.

13. auf 14.04.1945

Irgendwann stieß ich auf einen Waldweg und ging in die Richtung, die mir, vom gestrigen Sonnenstand her, als die richtige erschien.

Der Weg führte aus dem Wald hinaus auf eine Straße. Zum ersten Mal schritt ich etwas kräftiger aus, obwohl oder weil ich einen anständigen Hunger hatte. Natürlich ging ich nicht direkt auf der Straße entlang, sondern immer im Abstand von 30—50 m, damit ich beim Näherkommen von Fahrzeugen oder Menschen, noch schnell genug in Deckung gehen konnte.

Nach etwa einer Stunde sah ich die Umrisse eines Dorfes. Es mußte sich jetzt zeigen, ob Amerikaner oder Deutsche da waren. Denn dann wußte ich, ob ich durch den Einschließungsring von Stendal hindurch war.

Mit großer Vorsicht kam ich an das Dorf heran. Bellende Hunde waren immer schlecht und so hoffte ich, daß ich unbemerkt an eines der Häuser kommen konnte, ohne vorher gesehen zu werden.

Ich hatte Glück. Am Dorfrand fand ich den Weg zu den Häusern. Etwas Verdächtiges konnte ich nicht entdecken. Also klopfte ich leise an ein Fenster, das auch nach kurzer Zeit einen Spaltweit geöffnet wurde.

„Wer ist da?" — „Ein deutscher Soldat", sagte ich, und als die Stimme fragte: „Was wollen Sie?", klang es zum Fenster hinauf: „Etwas zu essen."

(Später habe ich mir selbst die Frage gestellt, warum ich nicht zuerst nach den Amerikanern gefragt hatte.)

Ich bekam durch den Fensterspalt einige Scheiben Brot und — zu war das Fenster. —

Na, erst mal überhaupt etwas. Als ich es gegessen hatte, dachte ich, daß es nicht reicht für die Nacht und was da noch kommen mochte. So beschloß ich, noch etwas weiter in das Dorf hineinzugehen, um an weitere Lebensmittel zu kommen.

Als ich glaubte, die Situation wäre richtig, klopfte ich wieder an ein Fenster. Gewiß hat mich nicht der Teufel geritten, aber ich sagte der jahrelangen Übung wegen, ganz arglos: „Heil Hitler, ich bin ein deutscher Soldat, hätten Sie für mich etwas zu essen?"

Die Frau am Fenster fiel aus allen Wolken und machte mir mit eindringlichsten Worten klar, daß es kein „Heil Hitler" mehr gebe und daß der Ami im Dorf wäre. Ob ich den wahnsinnig sei, während der Ausgangssperre draußen herumzulaufen. Sie flüsterte alles vor Aufregung, sagte aber dann doch: „Warten Sie, ich hole Ihnen etwas", und brachte mir 2 Hände voll rohe Kartoffeln.

Ich bedankte mich und schob die Kartoffeln in meine Hosentasche.

Irgendwie bin ich doch aufgefallen, denn als ich gerade um das Haus herum wollte, um aus dem Garten zu kommen, entdeckte er mich und ich ihn. Er, ein Amerikaner – ein Posten – und ich, ein deutscher, abgetakelter und auf der Flucht befindlicher Soldat.

Alles ging blitzschnell. Er rief mich an. Ich duckte weg, zwischen irgendwelchen Stangen durch, die umfielen, in des Nachbarn Garten, zwischen die Sträucher, durch, und weg, hinter das nächste Haus, und dann ins freie Gelände. Ich rannte solange, bis ich hoffte, die Nacht hätte mich verschluckt.

Atemlos warf ich mich hin und japste. Dabei hob ich immer wieder den Kopf, ob sie mich suchten. Gott sei Dank hatte der Posten nicht geschossen! Ich hatte keinen Laut von mir gegeben, und so mochte er vielleicht geglaubt haben, daß es ein eigener Soldat war, der ein bißchen gefensterlt hatte. – Wer weiß.

Wichtiger war, daß ich jetzt wußte, daß der Ami hier schon besetzt hatte und die deutsche Zivilbevölkerung unter amerikanischer Befehlsgewalt stand.

Beim Hinwerfen hatten mich meine Kartoffeln arg gedrückt. Was sollte ich mit rohen Kartoffeln? Was die Frau sich wohl dachte?

Ich legte die Kartoffeln auf den Wiesenboden und stand wieder auf, nachdem ich mich beruhigt hatte.

In dieser Nacht bin ich, das Dorf weit umgehend, (es war vermutlich Nenglingen) noch ziemlich vorangekommen. An einer Wegkreuzung entdeckte ich den Namen „Bismark" auf dem Wegzeiger. Später den Namen „Kalbe". Beide Orte habe ich mir gemerkt und konnte sie später auf einer Landkarte einsehen.

14.04.1945

Ich bin in der Nacht, trotz Hunger, nicht mehr der Versuchung erlegen, in ein Dorf zu gehen, das ich bei Tag noch nicht beobachtet hatte. Bevor es hell wurde, kam ich in die Gegend von Kalbe. Nachdem ich von weitem das Dorf angesehen hatte, zog ich mich für den Tag wieder in den nächsten Wald zurück, um mich zu verstecken. Trotz Hunger, wagte ich es nicht, bis zu den Häusern zu gehen. Ich hatte nämlich bemerkt, daß dort eine Straße nach Westen, Südwesten und Norden abgeht und mußte damit rechnen, daß die Amerikaner dort den Nachschub laufen lassen. Also warten – bis zur Nacht, trotz Kohldampf.

14. auf 15.04.1945

Nach Einbruch der Dämmerung habe ich mich dann herangewagt. Stundenlang habe ich aber vorher die Gegend beobachtet. Alles schien mir günstig.

Wie ich das schon immer kannte: An ein Fenster klopfen, den Fluchtweg immer im Auge haben, sagen, daß man ein deutscher Soldat sei und nach Essen fragen. – Mir ist es schwer gefallen, zu betteln. Manche Menschen haben es mir leicht gemacht, manche haben sich nicht so verhalten, wie man es sich erhofft hätte.

Hier in Kalbe war es gut. Ich konnte hereinkommen und mich etwas waschen, dann bekam ich ein warmes Essen. Ich war froh!! Von der Frau erfuhr ich, daß nordwestlich von Kalbe immer noch SS-Verbände versteckt wären, vor allem im Neuendorfer Moor – und nicht aufgegeben haben. Leider hatte sie keine Karte im Haus, aber sie wußte, daß sich im Nachbarhaus ein ehemaliger Leutnant in Zivil aufhielt, vielleicht wußte der besser Bescheid.

So lernte ich Oskar kennen – Oskar aus Thüringen. –

Als er so hereinkam – er hatte Zivil an, groß, mager, etwas ernst im Gesicht –, auch ein Geschlagener. Er war kein Berufsoffizier oder Reserveleutnant, sondern er war Zahlmeister und in den letzten Wochen noch auf Leutnant umgeschult worden. „Schmalspuroffizier."

Oskar hörte nun von mir, daß ich in den Westen, nach Bünde, wollte. Er selbst konnte sich nicht vorstellen, wie so etwas zu dieser Zeit möglich sein könnte. „Jeder Quadratmeter Boden ist doch von Amerikanern, Engländern und was weiß ich, besetzt", sagte er. Wie sollte man da denn durchkommen? Dann die Berge, Flüsse wie die Weser, alles ohne Fahrzeug, ohne Essen, ohne Zelt. – Das geht gar nicht.

„Ich glaube aber daran", sagte ich, „daß ich es schaffe. Für mich ist dieser verdammte Krieg zu Ende. Ich will zu meiner Frau und zu meinem Kind. Ich will es und ich tue es. In keine Gefangenschaft der Welt werde ich gehen!"

„Gehen Sie mit?" –

Oskar wagte es. Er wagte es mit mir, und ich wußte von dieser Minute an, daß ich für sein Leben mitverantwortlich war. –

Noch in der gleichen Nacht brachen wir auf. Er verabschiedete sich von seinen Gastgebern, die ihn versteckt hatten. Auf mein Anraten nahm er sein Fernglas mit, die anderen Militärsachen hatte er längst weggeworfen.

Von den Einwohnern des Hauses wurden wir nochmals eingewiesen, daß wir in Richtung Klötze – Brome müßten, um etwa in der Höhe von Hannover herauszukommen, denn der Brief des Oberstleutnants, letzteren hatten sie wahrscheinlich schon gefaßt, ruhte noch in meiner Tasche.

Wir wurden innerhalb des Hauses herzlich verabschiedet und bekamen reichlich zu essen mit. Dann gingen wir hinaus in die Nacht. –

Vorsichtig lösten wir uns von den Häusern, machten einen Bogen und erreichten so die Straße, die fast nach Süden führte. Wir überquerten die Straße von Gardelegen nach Salzwedel, wie es uns die Menschen in Kalbe beschrieben hatten. Jetzt galt es, die Straße nach Klötze zu finden. Ich tat mich da etwas schwer, weil ich der Sicherheit immer den Vorrang gab und nie die Straße direkt betreten habe. So kam es denn, daß ich in der Dämmerung morgens wohl einen schönen großen Wald entdeckte, aber nicht den Ort „Klötze", wie ich vorhatte. Daß die Himmelsrichtung stimmte, war auch Oskars Meinung. Der Wald war gut, wenn es Tag wurde, auch hatte ich etwas mehr Zuversicht, daß wir uns über Wasser halten konnten, da wir noch genug zu essen hatten.

15.04.1945

Bei Tagesanbruch sind wir im Wald geblieben. Später hörten wir in der Ferne zum ersten Mal wieder Autos fahren. Das reizte natürlich, an den Waldrand vorzukriechen, um zu sehen, ob es Amis sind und wie deren Fahrzeuge und Panzer eigentlich aussehen.

Ein Glück, daß Oskar ein Fernglas dabei hatte. Vorsichtig stellte ich es auf meine Augen ein, denn die Splitterwunde unter dem Auge war noch nicht fest verheilt.

Unzweifelhaft entdeckte ich Fahrzeuge auf einer Straße, die etwa 1,5 km entfernt war. In beiden Richtungen wurde die Straße befahren. Schon wollte ich mein Glas absetzen, als es dort eine gewaltige Detonation gab. Ich konnte deutlich wahrnehmen, wie ein Treibstoffwagen vermutlich auf eine Mine gefahren war und in die Luft ging. Die Druckwelle war bei uns noch deutlich spürbar.

Sofort standen die anderen Fahrzeuge oder drehten und fuhren zurück. Dicke Qualmwolken stiegen auf und vernebelten die Sicht.

Ich war gespannt, was da noch kommen würde, denn ich hatte nicht mehr damit gerechnet, daß hier, weit hinter der Front, noch Widerstand geleistet würde.

Zunächst tat sich gar nichts weiter, als daß das Fahrzeug brannte. Vielleicht nach 10 Minuten hörten wir Flugzeuge, die im Tiefflug entlang der Straße anflogen, so etwa 3–4 mal hintereinander.

Dann kamen sie wieder, aber etwas höher, und luden Bomben ab, so daß an allen Ecken und Enden Dreckwolken hochgingen, alles jenseits der Straße. Demnach mußten dort irgendwo noch deutsche Einheiten liegen, die das Fahrzeug abgeschossen hatten.

Für mich war der Krieg aber zu Ende und ich sagte zu Oskar, daß wir uns lieber tiefer in den Wald zurückziehen wollten, damit wir nach hinten weg können, oder uns besser verstecken können.

Gesagt und getan. In dem Augenblick, in dem wir uns aufrichteten, wurden wir von einem Geschoßhagel überschüttet.

Das war die Quittung für mein Neugier: Demnach hatten sie – gleich wer, Amis oder Deutsche – uns schon ausgemacht und für Amis oder Deutsche gehalten.

Nach einem neuen Versuch, hochzukommen, wurden wir wieder gezielt von einem MG unter Feuer genommen, so daß nichts anderes übrigblieb, als buchstäblich mit dem Kopf im Dreck, vorsichtig rückwärts zu kriechen, bis wir von den Zweigen so viel Sichtschutz hatten, um uns zu wenden.

Beide waren wir auf einen solchen Zwischenfall nicht gefaßt gewesen.

Als wir uns aufrichten konnten, sind wir im Laufschritt tiefer und tiefer in den Wald gerannt, bis wir glaubten, daß wir sicher sind.

Wer uns so im Visier hatte, wußte ich nicht, aber, daß Amis und Deutsche hier noch im Kampf waren, das hätte ich nicht vermutet.

Ich hatte nur noch den Wunsch, unverwundet, oder besser, nicht noch einmal neuverwundet, nach Westfalen durchzukommen.

Oskar hatte mir unterwegs gesagt, daß er in L. einen Onkel hat, der Baumeister ist und nicht mehr als Soldat eingezogen wurde. Den wolle er aufsuchen und dort unterkommen, bis er den Weg nach Hause antreten konnte und auch, bis er wußte, ob seine Angehörigen noch am Leben wären.

Für den Rest des Tages schliefen wir abwechselnd, denn einer mußte aufpassen, daß wir nicht noch einmal zwischen den Fronten in ein Gefecht gerieten.

15. auf 16.04.1945

Als es dunkel war, sind wir wieder aufgebrochen. Ich sagte zu Oskar, daß wir alles dransetzen müssen, aus dieser unklaren Lage herauszukommen. Wir wollten riskieren, auch mal Feldwege zu benutzen, um schneller voranzukommen. Trotzdem mußten wir höllisch achtgeben, denn die Nachschubtruppen konnten zu jeder Zeit, an jedem Wiesenende ihre Lager haben. – So dachte ich mir das wenigstens. –

Als es hell wurde, waren wir in der verdammten Lage, daß weit und breit kein Wald und keine Ortschaft war. Lediglich ein Hof war zu sehen und draußen in den Wiesen eine Heuscheune.

Es blieb wirklich nichts anderes übrig, als den Hof unter die Lupe zu nehmen. Mit dem Glas konnten wir nichts entdecken. Oskar nicht und ich nicht. Keine Menschenseele, weit und breit.

Ich packte es. Als ich näher kam, tat sich nichts. Nicht einmal ein Hund bellte. Ich winkte Oskar, daß er nachkommen konnte. Als er da war, sagte ich, daß ich dem Frieden nicht traue, das war einfach unwirklich.

Ich nahm meine Pistole aus der Hosentasche, entsicherte und beide gingen wir weiter heran.

Als wir soweit waren, daß wir in den Hof hineinsehen konnten, verschlug es uns fast die Sprache. So weit das Auge sehen konnte, war der Hof voll mit Wehrmachtsgepäcktaschen, Ausrüstungsgegenständen,

Soldbüchern, Briefen und sonstigen Akten, aber keine Menschen. Nicht ein Soldat war zu sehen.

Wir sind demnach an einen Platz gekommen, wo sich irgendeine deutsche Einheit freiwillig oder unfreiwillig ergeben hatte, oder ausgeplündert wurde. Kein Stein von den Mauern sagte etwas.

Totenstille und doch gespensterhaft.

Oskar setzte sich auf den Boden und sagte immer wieder: „Was ist hier nur passiert?"

Ich mußte mich losreißen, denn am liebsten hätte ich Soldbücher und Akten eingesammelt. Aber wer weiß, vielleicht sind wir schon lange beobachtet worden. – Doch nichts rührte sich.

Im Schutze eines Mauervorsprungs berieten wir uns. Was sollten wir machen? Hier bleiben, war viel zu gefährlich, auch wenn auf dem Hof niemand mehr lebte. Wir entschlossen uns, von hier wegzugehen und in der weit im Feld stehenden Scheune Schutz zu suchen.

16.04.1945

Als wir zu der Scheune kamen, war es bereits heller Tag. Nach dem Erlebnis gestern, war es Wahnsinn, jetzt zu dieser Scheune zu gehen. Aber es war nirgendwo ein Unterschlupf und auf jeder Wiese hätte man uns gesehen.

Beide Scheunentüren waren duch schwere Schlösser an den Querriegeln gesichert. An Aufbrechen war nicht zu denken. Aber wir mußten etwas schlafen. Zuletzt kam mir ein Gedanke. Ich war so schmächtig geworden, daß ich den Versuch wagte, durch die Lücke zu schlüpfen, die entstand, wenn man am Boden die zwei Türflügel auseinander aufdrückte. Ich zog meine Jacke aus und nach dem zweiten Versuch war ich drin, als Oskar mit Leibeskräften die Türen auseinanderklemmte. Jetzt konnte ich von innen den Querbalken lösen, der die eine Hälfte des Tores frei machte, ohne daß das Schloß von außen beschädigt wurde.

So kam auch Oskar herein und wir machten wieder schön zu, ohne daß man von außen sehen konnte, daß wir drin waren.

Uns wurde eigentlich erst jetzt bewußt, daß wir die ganze Zeit, frei sichtbar, da draußen herumgeturnt hatten.

Durch die Ritzen der Bretterwände kam genug Licht herein, daß wir alles gut erkennen konnten. Die Scheune hatte einen Dachboden, und unten sowie oben, waren Stroh und Heu gelagert. In der Mitte war frei, damit die Wagen von hinten hereinfahren und nach vorne hinausfahren konnten. An der Seite war eine Leiter, an der wir hinaufstiegen. Oben war unter anderem auch Heu. Wir konnten von da weiter und besser sehen, was auf uns zukam, oder was sich überhaupt tat.

Ich sagte zu Oskar, daß wir hier wohl gefährlich liegen, aber selten eine so gute Luft und ein so schönes Heu hatten. Er mußte lachen und meinte, daß er sich so weit im Heu verkriecht, daß man ihn nicht mehr finden würde. Mit diesen Worten krabbelte er zu den Dachsparren und machte sich dort, etwa 1 m unter der Heuoberfläche, ein Bett. Ich tat dasselbe, etwa 2 m davon entfernt. Von den Dachziegeln schob ich an meinem Platz einen etwas schräg, und siehe da, ich entdeckte in vielleicht 2 km Entfernung ein Dorf.

Jetzt hatten wir wenigstens für die kommende Nacht einen Anhaltspunkt.

Müde schliefen wir beide ein.

Wer von uns zuerst aufwachte, weiß ich nicht mehr. Jedenfalls konnte ich mit einem schnellen Blick aus meinem verschobenen Dachziegelpaar einen Wagen, mit zwei Kühen bespannt, auf unser Quartier zurollen sehen. Auf einem Brett, am vorderen Ende des Wagens, saßen zwei Zivilisten, einer mit der Peitsche.

Schnurstracks fuhren sie auf die Scheune zu, gerade wie in Friedenszeiten. Was dann, wenn die beiden Heu holen wollten? Dann waren wir entdeckt. Aber, so beruhigte ich mich, es sind ja Zivilisten. „Abwarten", sagte ich zu Oskar.

Der Wagen war inzwischen so weit herangerollt, daß er nicht mehr einzusehen war. Ich verkroch mich etwas tiefer im Heu und lauschte angestrengt. Fast eine endlos lange Zeit verging, bis ich hören konnte, daß das hintere Scheunentor geöffnet wurde. Sie hatten wohl nichts gemerkt. Danach wurde auch das vordere Scheunentor geöffnet, was man sofort an der Luftzirkulation merken konnte. Wieder nach einer Weile hörte man den Zuruf an die Tiere, aber das klang ganz und gar nicht deutsch.

Als dann die beiden Männer in der Scheune miteinander zu sprechen anfingen, da war es offensichtlich, daß es irgendwelche Ausländer waren, der Sprache nach vielleicht Polen oder Jugoslawen.

Gott sei Dank machten sie sich unten zu schaffen und luden vermutlich dort aufgestapeltes Stroh auf.

Das ging so etwa eine halbe Stunde lang. Oskar und ich waren mäuschenstill in unserem Versteck. Alles, nur nicht eine Konfrontation mit den Ausländern. Niemand konnte wissen, wie sie reagieren würden.

Jetzt wurde es aber plötzlich kritisch, denn einer der beiden Männer begann die Leiter heraufzuklettern. Dem Geräusch nach, fing er an, von unserem Boden aus, Heu mit der Gabel anzustechen, um es auf den Wagen zu laden. Der andere mußte vermutlich unten auf dem Wagen stehen.

Was wird er tun, wenn er über mir das Heu wegnahm und ich sichtbar wurde?

Langsam kribbelte es in mir hoch. Vorsichtig zog ich meine Pistole aus der linken Tasche, spannte und entsicherte sie und brachte dann den rechten Arm mit der Pistole so in eine Position, daß ich sofort abdrücken konnte, sobald er mich sah.

Nichts lag näher, als daß er mit der Gabel augenblicklich zustechen würde, wenn er eine Uniform entdeckte, damit mußte ich rechnen, aber — ich mußte der erste sein!

Trotzdem hoffte ich, daß der Kelch an mir vorüberginge, denn noch niemals hatte ich wissentlich, auf kurze Distanz, einen Menschen in diesem verdammten Krieg getötet. Der Mann schräg über mir ahnte ja gar nicht, was da für eine tödliche Gefahr unter ihm lauerte.

Wenn ich schießen mußte, war der zweite Mann auch noch da. Das fiel mir natürlich ein, aber was dann, wenn er weglief und ich das nicht mehr verhindern konnte?

Mit einer Walter-Pistole konnte man nicht zielen und treffen, wie mit einem Karabiner.

Der Mann stand mir fast schon auf dem Kopf. Lediglich die Tatsache, daß ich entlang der Dachsparren mein Nest hatte, war der Grund, warum er über mir an der Dachschräge noch kein Heu hochnahm.

Ich war schon steif geworden in meiner Haltung, als ich den Mann etwas rufen hörte.

Es sollte vermutlich heißen, ob er, der andere, auf seinem Wagen genug drauf hätte. Als dann die Stimme aus der Tiefe Antwort gab, hörte der

Truppenarzt d.
Feldpostnummer L 35 706
Luftgaupostamt Hamburg 1

den 6. Mai 1940.

B e s c h e i n i g u n g.

Der Soldat Gerhard S i e g l e war vom 1.Okt.1939 bis 31.12.39 zu obiger Dienststelle kommandiert. S. hat die ihm aufgetragenen Arbeiten mit Gewissenhaftigkeit und Fleiß ausgeführt. Es wird bestätigt, daß S. sich gut für die San.-Laufbahn eignet.
S. war hier als Hilfskrankenträger eingesetzt.

Oberarzt
Truppenarzt

Tagebuch-„Original-Seite"

Mann über mir buchstäblich in letzter Minute auf, das Heu über meinem Kopf auch noch abzustechen.

Selten in meinem Leben war ich in einer solchen Anspannung gewesen. So wie der Schritt des Mannes sich über meinem Kopf weiter entfernte, ebenso war ich erleichtert und zugleich auch fertig. Ich merkte, daß mein Arm zu zittern anfing.

Der Mann stieg die Leiter hinab. Er wußte nicht, in welcher Gefahr er und ich waren.

Nach weiteren Zurufen hörte ich, daß der Wagen aus der Scheune gefahren wurde. Dann wurden die Scheunentore hinten und vorne wieder geschlossen, als sei nichts gewesen.

Etwas später, als der Wagen mit den beiden wieder aus dem Schatten der Scheune heraus war, konnte ich ihn, von meinen aufgeschobenen Dachziegeln aus, sehen.

Ich rief nach Oskar, denn ich hatte keine Bewegung und keinen Laut gehört. Er meldete sich aus seinem Versteck. Wie er sagte, hatte er sich leise und unauffällig immer noch etwas tiefer in das Heu hineingebohrt. Wir sahen uns an, wie zwei „nochmals Davongekommene". Doch als ich meine Pistole sicherte, sagte er: „Gott sei Dank, daß es zu keinem Kampf gekommen ist."

Unsere Lage in der Scheune war kritisch, das wußten wir, aber nach diesem Vorfall, sollten wir da noch hierbleiben können? Was dann, wenn sie nochmals zur Scheune kamen? Zuletzt einigten wir uns auf das Hierbleiben. Aber wenn sie wiederkämen, wollten wir vorher abhauen und aus sicherer Entfernung die Entwicklung abwarten, bis es dunkel genug war, um wieder ein Stück weiter nach Westen zu kommen.

Wir hatten Glück. An diesem Nachmittag störte niemand mehr unseren Heuhochsitz.

16. auf 17.04.1945

In das Dorf hinein wollten wir nicht mehr, denn die Deckungsmöglichkeiten waren zu schlecht. Nach dem Sonnenstand hatte ich mir im Laufe des Tages die Westrichtung gemerkt. Ohne große Schwierigkeiten kamen wir vorwärts. An den Wegzeigern stellte ich fest, daß links von uns Wolfsburg sein mußte und wir in Richtung Gifhorn marschierten.

Heute waren wir gut vorangekommen. In unserem Eifer merkten wir gar nicht, daß es schon bald zu dämmern anfing und wir noch kein Quartier gefunden hatten. Vor uns lag ein Dorf im Dunkeln. Ich sagte zu Oskar, daß wir unbedingt etwas zu essen besorgen müßten. Ich wollte es hier versuchen. Er war damit einverstanden.

Es wurde viel zu schnell hell. Wir kamen gerade noch zum ersten Hof, als wir aus einem Kusselgelände heraus mußten. Mit Oskar vereinbarte ich, er solle bei einem am Anfang des Hofes liegenden Geräteschuppen versteckt bleiben.

Dann löste ich mich von dem Schuppen und lief dem Hof zu, als dort aus einer Seitentür ein Mann heraustrat und mich musterte. Er sprach mich an, zu wem ich denn schon so bald wolle, alle wären noch beim Melken.

Sofort hatte ich vermutet, daß dieser Mann kein Deutscher war, aber jetzt war es zu spät. Weglaufen hätte Verdacht ausgelöst. Vertrauenswürdig sah ich sowieso nicht aus. Unrasiert, verdreckte Uniform und das Gesicht übernächtigt und voll Spannung.

Ich wußte jetzt, der Mann hatte den Soldaten in mir und an mir erkannt. Er kam etwas auf mich zu und sagte in ganz gutem Deutsch: „Kommen Sie schnell herein, wir haben vorne Engländer auf dem Hof."

Die Stimme klang ehrlich, aber ich war voller Mißtrauen. Ich ging trotzdem rasch hinter ihm her und er führte mich in eine Milchkammer, wo mehrere Frauen waren. Gerade in dem Augenblick, als die Bäuerin hereinkam und mich sah, wollte ich meine Hand aus der linken Tasche ziehen, wo ich die Pistole schon einige Zeit umklammert hielt. Unglücklicherweise blieb ich mit dem Abzugbügel an der Hosentasche hängen. Das Ding fiel heraus auf den Boden und rutschte der Bäuerin vor die Füße. Blitzschnell hatte ich mich nach der Pistole gebückt, aber ich konnte es nicht verhindern, daß alle Frauen zu schreien anfingen.

Es wurde kritisch, was würde die Bäuerin machen? Sie sah mich voll an, ganz schnell, und als ich sagte: „Entschuldigung, ich bin deutscher Soldat, Offizier", nahm sie spornstreichs meinen Arm und sagte: „Kommen Sie schnell herein." Sie zog mich in das angrenzende Zimmer, aber ich protestierte und sagte: „Ich werde doch verraten werden." – „Nein",

„Ja, aber der Mann!" „Ja, ja, keine Angst, das ist unser Pole, der würde niemals deutsche Soldaten verraten!"

„Wissen Sie", sagte sie weiter, „mein Mann ist Rittmeister und ich weiß auch nicht, ob er noch lebt, ob er auf der Flucht ist und wer ihm in der Not hilft. — Ich muß Sie schnell verstecken, denn eine Wand weiter sind seit gestern Engländer einquartiert. Es ist gefährlich, aber verraten wird sie keiner, auch der Pole nicht!"

Plötzlich fiel mir Oskar ein, ich hatte ihn in der Aufregung ganz vergessen. „Ich habe draußen noch einen Offizier, er wartet hinten am Geräteschuppen."

„Auch das werde ich hinkriegen, aber zuerst müssen Sie hier verschwinden! Kommen Sie schnell, ich bringe Sie über den Kuhstall auf den Heuboden, da findet Sie keiner und später hole ich Ihren Kameraden dazu."

Im Laufschritt ging es durch einen langen Gang und dort kletterte sie wie ein Wiesel eine senkrechte Leiter hinauf. Ich hinterher. Als ich oben war, drückte sie mich auf das Heu und setzte sich daneben und sagte leise: „Hier oben sind sie verhältnismäßig sicher. Ich bringe auch Ihren Kameraden hier herauf. Dann kriechen Sie bitte bis zum Dach und lassen Sie sich im Heu etwas an den Dachsparren hinunter. Inzwischen mache ich Ihnen etwas zu essen und bringe das selber hoch. — Mein Mann hätte das selbstverständlich von mir erwartet", fügte sie noch hinzu und schon war sie die Leiter wieder hinab.

Mir schlug das Herz bis zum Hals hinauf. Nicht nur wegen des Zwischenfalls mit der Pistole, auch nicht allein, daß die Engländer eine Tür weiter ahnungslos waren, sondern es war vor allem die Frau, die mich in 3—4 Minuten hier hoch brachte und mir so toll aus der Patsche half. Ich hatte gar nicht gewußt, daß es solche schnellentschlossene Frauen gab.

Was hatte sie noch zum Schluß gesagt? — „Mein Mann hätte das als selbstverständlich von mir erwartet."

Kurze Zeit später brachte sie Oskar zu mir herauf. Ich bedankte mich fast hilflos und bat sie noch, ob sie vielleicht bis zum kommenden Abend eine Karte auftreiben könnte aus dieser Gegend und für Hannover. Sie wollte es versuchen, ob im Schreibtisch ihres Mannes etwas Brauchbares zu finden sei.

Oskar und ich waren jetzt allein. Wie er mir nachher erzählte, als wir an den Dachsparren unten im Heu unser Versteck fertig hatten, war er drauf und dran gewesen, aufzugeben. Er hätte das Aufschreien der Frauen gehört und dann wäre ich nicht, wie vereinbart, wiedergekommen. Nun sei doch noch alles gutgegangen.

17.04.1945

Ich vertraute der Frau, aber der Zufall konnte uns immer ein Schnippchen schlagen. Nach etwa ¾ Stunden hörten wir jemand „Hallo" rufen. Ich kletterte vorsichtig an den Dachsparren hoch und blinzelte in die Gegend, woher das Rufen kam. Dann sah ich sie.

Mit der Hand machte ich mich bemerkbar und sie nickte, daß sie mich gesehen hatte. Jetzt beugte sie sich hinunter und ich gewahrte, wie sie ein Seil, das sie um den Hals getragen hatte, in den Kuhstall hinabließ und etwas später daran einen großen Henkelkorb hochzog. Die Frau war wirklich toll auf Draht.

Sie winkte mir und ich kam ihr halbwegs entgegengerutscht. Zugleich kletterte sie mir entgegen und erklärte mit leiser Stimme, was sich in dem Korb befand: 2 Flaschen mit heißer Milch, Weißbrotscheiben mit Butter bestrichen und 4 Eier. Wir sollten alles essen und trinken und versuchen zu schlafen. – Die Engländer blieben da und hätten sich fest einquartiert, aber sie käme wieder und würde uns wecken. Bis dahin hätte sie in der hinteren Stube alles fertig zum Abendbrotessen. Danach müßten wir den Hof verlassen, weil sie die Engländer an einer Durchsuchung nicht allzulange hindern könne. Übrigens hätte sie nachgesehen, ob Karten da wären, sie hätte welche gefunden, aber ich solle sie zuerst selbst ansehen.

Ich hatte mir ja nie träumen lassen, daß es noch Menschen gibt, die ein solches Risiko einzugehen bereit waren, wie diese Rittmeisters-Frau.

Nun hatten wir etwas zu essen und noch die Aussicht, wenn es keine Zwischenfälle gab, daß wir heute abend noch einmal etwas Warmes zu essen bekamen.

Vorsichtig hievte ich den Korb über die Heuberge und hinunter zu Oskar. Der strahlte und sagte so nebenher: „Womit haben wir das nur verdient?" Besonders die heiße Milch hatte es uns angetan, dafür waren wir besonders dankbar. – Beide schliefen wir selig bis in den Abend hinein.

17. auf 18.04.1945

Leises Rufen dringt in mein Ohr, und ich wußte gar nicht recht, wo ich war. Nacheinander erst wurde mir bewußt, wo ich mich befand und wer da rief. –

Ich zog mich an den Dachsparren wieder hoch und winkte, dann rutschte ich über das Heu zu ihr hin. Sie hatte jetzt das Licht an im Stall und sagte leise, daß in genau 10 Minuten alles fertig stünde zum Essen. Wir sollten die Leiter hinunterklettern, wenn sie unten riefe und dann durch den Kuhstall laufen, rechts den Gang hinab bis ins letzte Zimmer, dort wäre das Essen und die Karten.

Sie selbst würde allerdings solange zu den Engländern gehen, damit sie abgelenkt wären oder evtl. aufgehalten werden könnten. Sie gab mir die Hand und bevor ich mich noch bedanken konnte, war sie die Leiter ein Stück hinunter.

Was konnten wir froh sein, eine solche Frau gefunden zu haben.

Als ich zu Oskar zurückkam, erzählte ich ihm alles und um welche Uhrzeit wir die Leiter hinunterrutschen sollten. Beide machten wir uns etwas „landfein", d. h. wir befreiten uns von Staub und Dreck und dem anhänglichen Heu und warteten gespannt auf das Rufen. Beide hatten wir eine Uhr und saßen in der Nähe der Leiter, mit den Blicken die Uhrzeiger beobachtend – im schwachen Schein der Kuhstallampe.

Jetzt war es soweit. Sie rief leise: „Hallo". Zuerst rutschte ich, dann Oskar. Sie war weg. Aber wir machten alles so, wie sie es gesagt hatte. Es klappte. Das Zimmer war leer, auf dem Tisch standen 2 Teller mit je 3 Spiegeleiern auf Schinken, dazu mit Butter bestrichene Weißbrotscheiben und – Bratkartoffeln. Dazu gab es wieder frische Milch. – Sonst sahen wir keine Menschenseele.

Wir sahen uns an. Ob es am Ende nicht doch noch eine Falle war? Ich legte die Pistole auf den Tisch neben den Teller. Dann lauschten wir noch ein letztes Mal an der Wand und der Tür, und die Seligkeit eines solchen Abendbrotes hatte uns umfangen.

Im stillen konnten wir uns eines Schmunzelns nicht erwehren.

Ich mußte daran denken, daß die Rittmeistersfrau mit den Engländern einige Meter weiter jetzt vielleicht irgendein Allotria treiben mußte, damit wir uns in Ruhe stärken konnten.

Als wir satt waren, suchte ich mir noch eine passende Karte aus und merkte mir die nächsten Ortschaften, Richtung Hannover.

Leise machte ich die Tür zum Gang auf und entdeckte am Ende den Polen. Er sah mich, winkte sofort und legte den Finger vor den Mund. Ich begriff und winkte meinerseits Oskar heran.

Als wir bei dem Polen waren, ging er voran und sagte leise: „Frau wartet draußen, Sie auf den Weg bringen." Wieder legte er den Finger vor den Mund, daß wir nicht reden sollten.

Nachdem wir aus der Tür der Milchküche wieder ins Freie gelangt waren, löste sich aus dem Schatten des Hauses die Rittmeisterfrau. Sie hatte einen dunklen Umhang um Kopf und Schultern und winkte uns. Als wir bei ihr waren, sagte sie leise, daß sie uns auf den Weg brächte, aber wegen der Engländer zuerst vorweggehen wolle. Wenn die Luft rein wäre, winke sie uns und wir sollten ruhig nachkommen, nicht etwa laufen.

Wir haben die Frau bewundert, wie sie uns unter den Augen der Engländer aus dem Hof brachte.

Nach kurzer Zeit waren wir am Geräteschuppen und von da ab kannten wir den Weg zum Kusselgelände. Auch sie legte den Finger vor den Mund und schüttelte mit dem Kopf, als ich mich bedanken wollte. Leise sagte sie: „Ich wünsche Ihnen eine gute Heimkehr zu Ihren Familien!" Dann ging sie ruhig zurück in den Hof.

Oskar und ich waren beeindruckt von der Frau, von dem Polen, und vor allem, wie lautlos und geschickt alles arrangiert war.

Die Nacht hatte uns wieder. – Ich wollte nördlich von Gifhorn die Straße nach Uelzen überqueren. Wir schafften das auch, doch hörten wir aus nördlicher Richtung Schießereien, die uns irritierten, denn wir wollten auf keinen Fall mehr in eine Frontlücke geraten. Deshalb schwenkten wir etwas nach Süden und kamen so in die Gegend von Meinersen.

In einem schönen Wald überraschte uns wieder die Morgendämmerung. Als wir auf einem schnurgeraden Waldweg standen, haben wir zuerst gar nicht bemerkt, daß wohl in ziemlicher Entfernung, aber deutlich zu sehen, ein Posten mit Gewehr stand, der uns anscheinend schon eine ganze Zeit unter die Lupe nahm. Ich konnte eben noch sehen, wie er Alarm schlug, indem er die Tür hinter sich aufstieß und losbrüllte. Bevor er sein Gewehr im Anschlag hatte, riß ich Oskar mit in den Wald.

Gott sei Dank war der Wald ziemlich dicht, wenn auch noch kein neues Grün hervorsproß. Wir beide liefen um unsere Freiheit.

Immer, immer weiter, bis wir uns, mit hochrotem Kopf und nach Luft schnappend, im Gebüsch hinwarfen.

Ganz in der Ferne hörten wir noch Lärm, wahrscheinlich suchten sie uns. Wir waren ernsthaft gewarnt, nicht so ohne weiteres auf einem Weg oder Straße einzubiegen, ohne vorher alles aufzuklären.

Bei vollem Tageslicht kamen wir später an ein Försterhaus, das ich wirklich zuerst von allen Seiten umkreist hatte, bis ich sicher war, in dem Haus keine englischen und amerikanischen Soldaten vor mir zu haben.

18.04.1945

Ein altes, längst pensioniertes Förstereehepaar nahm uns auf, nachdem ich ihnen mein Soldbuch gezeigt hatte. Sie versicherten uns, daß die Amerikaner schon da waren, aber nach einer Durchsuchung alles so gelassen hätten und wohl nicht wiederkämen. Vorsichtshalber sollten wir lieber in dem angebauten Schuppen schlafen, der unmittelbar an den Wald grenzte.

Sie machten uns etwas zu essen und dann sagte uns der Förster, daß er bei Gefahr auf einer Art Trillerpfeife ein Alarmzeichen geben würde, mit dem sonst die Tiere gelockt würden. – Das sollte uns nur recht sein.

Oskar und ich fragten noch nach neuen Radionachrichten und wie es sonst hinter der Front aussähe. Es war ja das erste Mal, daß wir etwas in Ruhe erfahren konnten.

So hörten wir, daß in der Lüneburger Heide schwere Kämpfe tobten und Hamburg und Schleswig-Holstein noch frei wären, dagegen das Rheinland und Westfalen schon besetzt seien.

Überall wäre ab 18.00 Uhr Ausgangssperre. Wer nach dieser Zeit angetroffen wird, ist als Zivilist einfach Freiwild und es wird ohne Aufruf geschossen. Weiter hörten wir, daß Berlin schon lange eingeschlossen sei, aber Hitler und die Regierung noch in der Reichskanzlei wären.

Übrigens würde das Verstecken deutscher Soldaten und die Beihilfe dazu von den eingesetzten Militärgerichten mit dem Tode bestraft.

Zum ersten Mal hörten wir etwas vom Deutschland hinter der Front und daß sie im Rundfunk durchgegeben hätten, daß viele Tausend alliierte Kriegsgefangene und viele Menschen aus den Konzentrationslagern durch alliierte Truppen befreit werden konnten.

18.–19.04.1945

Nach langem Kartenstudium waren wir der Ansicht, daß wir südlich von Hannover, nach Westen gehen sollten. Wir konnten nach Süden auf eine Bahnlinie kommen, in deren Verlauf, wir über Lehrte, südlich um Hannover herumkommen konnten.

Ich glaubte, schon herausgefunden zu haben, daß die Amerikaner alles mit Lkw auf den Straßen befördern und im Augenblick an einen Aufbau der Bahnlinie gar nicht denken.

So machten wir uns bei Anbruch der Dunkelheit wieder auf den Weg, nachdem wir uns in dem gastfreundlichen Försterhaus verabschiedet hatten. Beide waren wir frisch rasiert, gewaschen, und hegten auch die Hoffung, daß uns das Glück weiter wohlgesonnen sein möge. Tatsächlich erreichten wir die Bahnlinie und stelllten fest, daß sich auf den Schwellen gut gehen ließ, wenngleich wir bei Brücken manchmal wieder umdrehen mußten, weil sie gesprengt waren.

Oftmals waren es auch Gespenster – Signale, leere Wagen, Prellböcke usw. die angeschlichen werden mußten, um herauszufinden, ob es nicht Posten waren, oder Lkw und dergleichen. Dagegen war es eine große Erleichterung, daß ich den Weg nicht suchen mußte.

Mit Oskar hatte ich bis jetzt nur wenig sprechen können, wenn wir unterwegs waren. Immer war ich wie ein Raubtier auf der Beutesuche. Meine Beute war allerdings das Geräusch. Immer besser lernte ich die Nachtgeräusche zu unterscheiden: Die natürlichen und die unnatürlichen. Dazwischen hing das Pendel. Es schlug aus, nach Freiheit oder Gefangenschaft, wenn nicht gar Tod.

Immer wieder habe ich mir vorgesagt, daß es wirklich auf ein paar Tage nicht ankommt, wann ich Westfalen erreiche. Aber – hier war der Verstand, und da war das Herz und das Gefühl.

In dieser Nacht kamen wir, trotz mancher vorhin beschriebenen Stokkungen, bis in die Gegend von Immensen. Dorthin sind wir bei Beginn der Dämmerung, vom Bahndamm abgehend, ausgewichen.

Wieder, zur rechten Zeit, klopften wir an einem Haus am Waldesrand an. Es waren ärmliche, kleine Häuser, aber dicht beim Wald und das war immer richtig.

19.04.1945

Aufgemacht hat eine Frau. Ich sah sofort, daß die Stube voll war mit Kindern und daß sich eine zweite Frau dort aufhielt. Vielleicht waren es Flüchtlinge. Trotzdem fragte ich, ob wir hereinkommen könnten, wir wären 2 Soldaten auf dem Weg in unsere Heimat. Ich hatte gleich das Gefühl, daß wir nicht abgewiesen wurden. Trotzdem zeigte ich mein Soldbuch und die Frau im Hintergrund schob sich vor und fragte, ob ich denn Offizier wäre. Ich bejahte, denn sie sah das offensichtlich an den Kragenspiegeln. „Kommen Sie herein!"

„Was haben Sie aber für einen Dussel", sagte die Frau an der Tür. „Erst vor 20 Minuten sind die Amerikaner aus dem Dorf abgezogen, und fast wären Sie denen in die Finger gelaufen."

Etwas um die Ecke, genau an unserer Straße, haben sie sich 2 Tage lang aufgehalten. Jetzt sind sie alle weg in Richtung Peine. Dann stellte die Frau ihre Schwester vor und sagte, daß sie aus Lehrte käme und von dort, wegen der Bomben, nach hier auf das Dorf geflüchtet wäre.

Sie bot uns Platz an. Wir durften sofort mit Kaffee trinken und bekamen auch Brot und Marmelade. Dann mußten wir erzählen, woher wir kamen und wie lange wir schon unterwegs wären und noch vieles mehr.

Selbstverständlich sollten wir sofort in die noch warmen Betten in der Kammer schlüpfen. Die Kinder würden aufpassen, ob nochmals Amerikaner kommen sollten. Die Frauen waren herzensgut und die Kinder mußten gebremst werden, denn sie waren begeistert, daß sie wieder deutsche Soldaten im Haus hatten statt der Neger.

Mir erschien das riskant, sich einfach so in ein Bett zu legen, aber die Frauen ließen nicht locker. Wir sollten uns ausruhen und sie würden mit den Kinder schon Wache stehen.

Aber es sollte alles ganz anders kommen. –

Die Betten waren tatsächlich noch warm. Ich zog mich bis aufs Hemd aus und war wie im siebenten Himmel, einmal ohne Kleider zu schlafen. Es dauerte auch nicht lange und wir beiden schliefen fest.

Wie lange, das wußten wir nachher nicht mehr. Jedenfalls wurde die Tür aufgerissen und die Frau schrie: „Schnell, schnell, die Amis sind da, sie durchsuchen die Häuser nach Soldaten!"

Das konnte doch nicht wahr sein, waren sie nicht heute morgen mit Sack und Pack abgefahren?!

Oskar hatte auch mitbekommen, was los war. Die Kinder hatten schon seit unserem Einschlafen regelmäßig „Schmiere" gestanden im Dorf und aufgepaßt, ob von irgendwo nochmals Soldaten kommen. Ihnen allein hatten wir es zu verdanken, daß wir rechtzeitig alarmiert wurden.

Schon waren wir in den Hosen und Schuhen, aber wohin? Nach draußen zu laufen, wäre am hellen Tag viel zu gefährlich gewesen.

Die Hausfrau wußte Rat. „Schnell, gehen Sie oben auf den Boden, wir haben nur hier unten ausgebaut. Gehen Sie die Treppe hinauf, meine Schwester ist schon dabei, das dort aufgestapelte Holz wegzuschaffen, vielleicht können Sie dahinterkriechen."

In Sekunden waren wir oben und sahen, wie die Frau in dem Holzstapel schon ein Loch gemacht hatte — als Zugang unter die Dachsparren. Zum dritten Mal versteckten wir uns nun unter Dachsparren.

Nur mühsam kam Oskar hinein und dann kam ich, aber der Platz reichte nicht. So kam es, daß ich mich längs auf den Dachboden legen mußte, unter die Dachplatten. Die Hausfrau war inzwischen mit 2 Kindern auch hinauf gekommen und nun machten alle zusammen in fliegender Eile eine neue Holzbeige vor meinem Körper, bis ich verschwunden war. Als ein Kind heraufrief, daß sie schon im übernächsten Haus wären, waren die Frauen noch am Aufstapeln.

Mir trat der Schweiß auf Gesicht und Hände und ich konnte mich nicht rühren, auch nicht ein wenig, denn die Holzscheite waren knapp und reichten eben, um mich zu verbergen.

„Sie kommen!" hörten wir von unten und dann wurde die Haustür aufgestoßen. Zum ersten Mal hörten wir sie deutlich, die Amis. Tausendmal hatte ich sie mir schon vorgestellt in ihren Bombern und Panzern. Jetzt waren sie da und ich konnte sie hören, nur zu deutlich!

„Deutsche Soldaten?" — — „He! Wo deutsche Soldaten?"

„Nix deutsche Soldaten, weg, seit 4 Tagen alle weg!"

So ging es hin und her. Ich hörte die Türen schlagen und dann kam einer die Treppe hoch. Jetzt kam es darauf an, daß wir die Nerven behielten, auch die Kinder. – Er kam höher. –

Er ging auf dem Boden hin und her und sah sich wahrscheinlich alles an. – „Nix deutsche Soldat – okay!" – –

„Okay" – das war's, erstmals gehört und es klang, als ob Weihnachtsglocken läuten würden. Er stieg wieder hinab. –

Die Amerikaner, es waren Neger, einigten sich, daß in diesem Haus, mit den vielen Kindern, keine deutschen Soldaten versteckt wären.

Mit einem nochmaligen Okay gingen sie zum nächsten Haus.

Mensch, das war hart dran. – Oskar flüsterte von hinten, ob sie wohl weg seien, „Ich glaube ja", sagte ich leise zurück.

Dann kam die Frau herauf und rief laut „ich bin's". Sie kniete neben dem Holzstapel nieder, nahm ein paar Scheite weg, da, wo mein Kopf war, sah mich lange an und sagte: „Lieber Gott, habe ich Angst um Euch gehabt." Sie war den Tränen nahe. –

Ich schlug Oskar vor, daß wir niemand wegen uns in Gefahr bringen wollten und daß wir in unserem Versteck noch etwas bleiben wollen, bis die Amis wieder abziehen, oder uns die Dunkelheit ein Abhauen ermöglicht.

Ich sagte der Frau das. Sie sollte die Holzscheite wieder auflegen und wir wollten abwarten. Sie war einverstanden, schickte aber postwendend zwei Kinder wieder hinaus, die gucken sollten, was weiter draußen vorging.

Es war reichlich unbequem in unserem Versteck, denn in der Eile hatten wir weder an eine Decke noch an ein Kissen gedacht, und meine linke Schulter war alles andere als geschont worden.

Später kam die Frau nochmals die Treppe hoch und sagte, daß die Amerikaner sich für die Nacht in Zelten einrichten würden und auch Posten bei den Fahrzeugen hätten. –

Das war keine gute Nachricht. Ich bedankte mich und sagte, daß wir sofort bei Einbruch der Dunkelheit das Haus verlassen würden. Sie war sehr erleichtert, sagte aber noch, daß ihre Schwester aus Lehrte uns einen Vorschlag machen wolle.

So kam dann die Schwester auch zu uns hinauf und fragte mich, ob ich es wagen würde, in der Nacht nach Lehrte hineinzugehen.

Wenn ja, dann würde sie uns die Schlüssel zu ihrer Wohnung geben, die im Parterre sei und wir könnten uns in der Wohnung aufhalten, bis wir wieder zu Kräften gekommen wären. Selbstverständlich könnten wir in den Betten schlafen, nur dürfen die anderen Mitbewohner im oberen Stockwerk nichts merken, oder wenn, uns nicht verraten.

Das war ein tolles Angebot. Unglaublich, was diese Frau uns da vorschlug.

Nachdem Oskar auch zustimmte, nahm ich an, obwohl mir das so ungeheuerlich vorkam, daß es fast nicht glaubhaft war. –

Ich war geimpft von dem Bazillus: „Schlafen, waschen, essen!"

Die Kinder, unser bester Nachrichtendienst, signalisierten, daß die Straße an unserem Ende „feindfrei" wäre.

Wir wurden aus unserem Holzversteck ausgebuddelt. Steif und verkrampft kletterten wir die Treppe hinab. Die Frauen hatten Kaffee gekocht und uns Brotschnitten fertig geschmiert. Wir tranken den Kaffee, das Brot steckten wir ein, denn Zeit zum Essen hatten wir nicht.

Die Flüchtlingsfrau gab mir den Wohnungs- und Haustürschlüssel und bat mich noch, ich solle im Schlafzimmer von der Galauniform ihres Sohnes den Degen verschwinden lassen und bitte auch die am Koppel befindliche Pistole mitnehmen.

Ich versprach's und beide Frauen drückten uns zum Abschied. Dann führte uns die Hausfrau hinaus in die Nacht, wie tags zuvor die Rittmeisterfrau. Über Gartenwege brachte sie uns bis zum Wald. Noch ein stummer Händedruck und wir waren allein – etwa 100 m von den Amerikanern entfernt.

19. auf 20.04.1945

Wir sind wirklich noch einmal davongekommen! Das kam uns erst jetzt deutlich zum Bewußtsein. Wenn die beiden Frauen nicht die Nerven behalten hätten, säßen wir bereits in einem Gefangenenlager, oder sie hätten mich umgelegt wegen der Pistole in meiner Tasche.

Wir mußten nach Süden, um wieder zur Bahn zu gelangen. Nachdem wir gut 1 km die Straße in südlicher Richtung verfolgt hatten, aber immer im gebührenden Abstand, trafen wir auf „unsere" Bahn. Sie verlief nach Südwesten und mußte noch vor Lehrte auf die Bahn treffen, die von Peine herkam.

Immer auf den Bahnschwellen entlang, kamen wir gut vorwärts, da wir keinen Verkehr auf den Gleisen befürchten brauchten. Noch verhältnismäßig früh in der Nacht kamen wir zu den ersten Häusern in Lehrte. Die Frau hatte uns in sehr anschaulicher Weise geschildert, wie wir den Weg zu dem Haus finden konnten.

Trotzdem standen wir plötzlich Problemen gegenüber, von denen wir noch kurz vorher keine Ahnung hatten.

Es war vielleicht 3.00 Uhr morgens. Keine Menschenseele zu finden. An der Bahn entlang waren die Häuser zerbombt. Kein Straßenschild war auszumachen. Wir mußten, ohne gesehen zu werden, jedes Haus unter die Lupe nehmen und an irgendeinem Merkmal herausfinden, wo wir waren. Es gab hier keine heile Welt mehr, wie die Frau sie kannte, als sie vor den Bomben floh.

Nach langem Suchen glaubte ich, die Gegend gefunden zu haben, die die Frau uns geschildert hatte. Hinter einem Hauseingang hielten wir Rat, wie wir weiter vorgehen sollten. Noch hatten wir keine Menschenseele gesehen, weder Freund noch Feind. Doch mehr und mehr waren hier die Häuser bewohnbar und zweifellos wohnten dort auch noch Menschen.

Wo amerikanische Soldaten Patroullien machten und ob es eine Nachtsperre oder dergleichen gab, davon wußten wir nichts.

Wir verabredeten, daß ich etwa 70 m voraus suchte und immer dann, wenn die Luft rein wäre, Oskar nachkommen solle.

Ich machte mich auf die Socken und hatte gleich großes Glück. Ich fand an der nächsten Ecke bereits ein Straßennamenschild mit einem Namen, den die Frau erwähnt hatte. Ich winkte Oskar und er bestätigte, daß die Frau diesen Namen gesagt hatte. Jetzt brauchten wir nur noch der geschilderten Richtung nachzugehen, was wir auch unter äußerster Vorsicht taten.

Nach 200 m hatten wir unsere gesuchte Straße gefunden, ohne daß wir gesehen wurden. Nur wenige Meter von der Ecke entfernt, standen wir vor dem Haus, zu dem wir den Schlüssel hatten.

Eine Erleichterung ohnegleichen kam über uns. Wenn jetzt nur alles klappte. Wir drückten uns von der Straße weg in die Einfahrt, doch zuvor hatten wir oben jedes Fenster einzeln gemustert, ob wir etwas sahen. Alles war ruhig geblieben. Ich hatte den Haustürschlüssel in der Hand und probierte, ob nicht etwa von innen ein Schlüssel steckte. Wieder hatte ich Schwein, der Schlüssel rutschte hinein, ich drehte unendlich langsam herum und die Tür ging auf. –

Bevor ich sie wieder zuschloß, mußte ich aber erst herausfinden, ob mit der Wohnungstür auch alles so lief. – Es lief. – Im „Handumdrehen" war auch die Wohnungstür auf und Oskar war schon verschwunden. Dann schloß ich die Haustür vorsichtig wieder zu. In der Wohnung fiel ich dann Oskar im Dunkeln buchstäblich um den Hals. –

Wir bewegten uns leise ins Schlafzimmer, denn die Vorstellung, in weißen Federbetten zu schlafen, statt im feuchten Laub, oder im Heu, war so mächtig geworden, daß wir uns, ohne viel Worte zu machen, schnurstracks aller Klamotten entledigten und in die Betten krochen, nicht ohne aufzupassen, daß sie nicht krachten.

Dann erlöste uns ein herrlicher Schlaf.

20.04.1945

Wer zuerst aufwachte, weiß ich nicht mehr. Aber – was für ein Gefühl, ohne Angst zu sein, wenigstens für Stunden. Angst ist eigentlich nicht der richtige Ausdruck. „Druck" wäre richtiger. Splitternackt untersuchte ich bei der noch vorgezogenen Verdunkelung die Wohnung.

Natürlich mußten wir die Verdunkelung genau so lassen, damit nichts auffiel von draußen her. So entdeckte ich ein Bad. Handtücher fand ich auch im Halbdunkel. An der Verdunkelung half ich dann doch etwas nach, damit mehr Helligkeit herein konnte. Jetzt war ich glücklich, daß ich mich waschen konnte. Leise ließ ich Wasser laufen, Seife fand ich und dem Reinigungsbedürfnis stand nichts mehr im Wege. Sogar auf ein Klo konnte ich, wenngleich ich die Spülung nicht laufen ließ und dafür eine Schüssel mit leise eingelaufenem Wasser benützte zum Nachspülen.

Oskar meldete sich ebenfalls. Er hatte nicht wenige Falten im Gesicht bekommen, die seit unserem Fluchtbeginn immer stärker ausgeprägt wurden. Auch er hatte erstmals einen Rundgang durch die Wohnung gemacht.

Die Frau hatte uns erlaubt, alles zu benutzen, ob Wäsche, Seife oder Lebensmittel. Das taten wir auch ungeniert, allerdings nur, was wir zum Waschen und Rasieren brauchten. Lebensmittel waren auch da und so konnte ich auf dem elektrischen Herd, der Gott sei Dank funktionierte, Kaffee machen. Ganz stolz saßen wir dann am Küchentisch in der verdunkelten Küche und tranken Kaffee. Wir hätten uns innerlich totlachen können, daß kein Mensch eine Ahnung hatte, daß wir in der Wohnung sind.

Nach dem Kaffeetrinken legten wir uns erneut ins Bett und schliefen gut und reichlich in den Abend hinein. Beide empfanden wir, daß dies guttat und wir es nötig hatten.

Oskar schlief noch, als ich wach wurde. Oben in der Wohnung hörte ich jemand gehen. Demnach war die Wohnung belegt, aber man hatte von uns nichts entdeckt. Das war gut so.

Ich öffnete den Kleiderschrank im Gäste- oder Kinderzimmer. Wie die Mutter es beschrieben hatte, hing da eine Extra-Uniform, daneben ein langer Schleppsäbel, ein Koppel und eine Pistolentasche. Den Schulterstücken nach, war der Sohn Leutnant. Ich nahm den Säbel heraus und auch die Pistole. Es war eine „Walther 7,65" mit Munition.

Oskar, der inzwischen wach geworden war, wollte die Pistole nicht und so kam es, daß ich schließlich 2 Pistolen in den Taschen hatte. Den Schrank schloß ich wieder sorgfältig ab.

Es war vielleicht schon 17.00 Uhr geworden, als ich dazu kam, nach etwas Eßbarem zu suchen. Aus der Wohnung wollten wir nicht, da wir ganz auf Sicherheit gehen mußten.

Das Endziel war Bünde und ich hatte den Glauben, daß wir das auch noch schaffen werden. Der Krieg konnte schließlich nicht endlos weitergehen. Irgendwann mußte doch einmal der Wahnsinn ein Ende nehmen. – Ich fand Haferflocken, gut so. Nun machte ich einen Brei aus Wasser, Haferflocken und Zucker. Wenngleich wir auch nicht satt wurden, wie vorgestern, auf dem Gutshof bei der Frau des Rittmeisters, so war doch schon eine warme Suppe viel wert.

Anschließend betrachteten wir die Karte recht eingehend. Dabei kam zum Vorschein, daß Oskar alles andere als ein Infanterist war. Er war im ganzen Krieg nur Beamter gewesen und hatte nie an Kriegshandlungen teilnehmen brauchen. So war es ganz natürlich, daß ich den Ton angab, besser gesagt: Daß ich die Verantwortung tragen mußte für unsere oder meine Entschlüsse. Nur, daß er die Pistole nicht wollte, hatte mich zuerst geärgert, dann aber dachte ich, was tut so ein Mensch mit einer Waffe, wenn er sie im Notfall nicht gebraucht und einfach die Hände hochnimmt.

Unser nächstes Ziel war Hannover. Es war der Wohnsitz des Oberstleutnants, des Kommandanten von Würzburg, der mir den Brief an seine Frau anvertraute. Ich hatte ihn immer noch unversehrt in der Brusttasche. –

Auf der Karte bot sich die Möglichkeit an, wieder an den Bahngleisen entlangzugehen, bis eine Abzweigung nach Südwesten, um den Südteil von Hannover, herumgeht. Irgendwo würden wir die Bahnlinie von Northeim her überqueren und müßten am Maschsee vorbei in die Stadt kommen.

Wir beiden mußten uns das gut einprägen, denn wir hatten des nachts sonst keine Gelegenheit, etwas auf der Karte anzusehen. Übrigens hatte uns diese Karte schon ganz wertvolle Hilfe geleistet.

In Geduld mußten wir warten, bis es dunkel wurde. –

20. auf 21. 04. 1945

Nachdem wir nochmals erheblich in Schreck versetzt wurden, weil wir so gegen 18.30 Uhr die Haustür laut schlagen hörten, waren wir jetzt startklar für das „Abenteuer Hannover".

Wir wußten von den Förstersleuten, daß ab Einbruch der Dunkelheit Ausgangssperre war und daß ohne Anruf geschossen wurde. In der Stadt konnte das vielleicht noch gefährlicher sein. –

So lautlos, wie wir gekommen waren, verschwanden wir auch wieder. Lediglich der „Plumps" der Schlüssel in den Briefkasten draußen, markierte den Abschnitt unserer Flucht, der mit dem Namen „Lehrte" etwas zu tun hatte.

Mit äußerster Vorsicht fand ich den Weg zurück zur Bahn. Dort setzten wir uns zuerst etwas hin und verschnauften. Die körperliche Anstrengung war es keineswegs, aber die Anspannung des Gehörs und der Augen ermüdeten stark.

Auf den Bahnschwellen machten wir keinen Lärm. Ruhig und stetig kamen wir vorwärts. Nach einiger Zeit wußten wir, daß wir durch Misburg kamen. Nicht etwa durch Häuserfronten, nein, durch Fabriken und riesige Anlagen, besser gesagt, die einmal Anlagen waren.

Ich habe hier in der Nacht schauerliche und unheimliche Visionen gehabt von Fabriktrümmern. Alles war zerbombt und auf den Kopf gestellt. Als ich mit Oskar durch diese leblose Geisterstadt schlich, ahnte ich etwas mehr von den Gründen, weshalb wir den Krieg verlieren mußten. So umfassend, wie hier zerstört wurde, hatte ich im Westen und im Osten noch nichts gesehen. Jetzt heulte der Wind durch die zerfetzte Geisterlandschaft aus Stahl und Eisen. Eine eigenartige Ausgeburt der Kriegszerstörung.

Diese Todeslandschaft gab uns im Augenblick sogar einen gewissen Schutz, denn anscheinend wagte sich niemand mehr in diese Weltuntergangslandschaft.

Wir kamen an die Abzweigung. Deutlich konnten wir das Auseinanderlaufen der Bahnkörper und Geleise sehen. Wir gingen südwestlich.

Es war gut, daß wir mit der Zeit noch Spielraum hatten, denn in Hannover mußten wir jemand fragen. Wenn es schiefging, war es mit Flucht natürlich Essig. —

Aber ich war guten Mutes, obwohl mir die Entbehrungen schon arg zugesetzt hatten. Ich konnte kaum die Hose mit dem Gürtel noch fest genug binden, sie rutschte jeden Tag mehr.

Irgendwer mußte uns auch einmal sagen können, ob noch kein Waffenstillstand zustandekam. Was wirklich im Land passierte, wußten wir beide nicht.

Hindernisse kamen auf. Brücken waren gesprengt, wir mußten große Umwege machen und immer wieder zur Bahn zurückfinden. Das Wetter hatte es gut mit uns gemeint, vielleicht noch mit vielen anderen heimwärts strebenden Soldaten. Das Licht war in dieser Nacht auch gut. Trotzdem bin ich einmal ganz bös aufgelaufen. Wir mußten eine Brücke, welche über eine Straße hinweg führte, umgehen. Urplötzlich sehe ich vom Straßengraben aus einen Posten stehen. So wie ich stand, legte ich mich hin und starrte den Ami an. Nichts, aber auch gar nichts rührte sich. Das ging lange so. Er konnte doch nicht tot sein?!

Etwa 20 Minuten lang lag ich da, und Oskar hinter mir. Wer hatte die besseren Nerven? Ob der Posten uns hochnehmen wollte? Ganz langsam zog ich meine Pistole aus der linken Hosentasche. Gespannt, entsichert und dann mit einem Satz auf den überraschten Posten zu. Ich landete unsanft an einem Wegweiser! — So etwas mußten wir in Kauf nehmen in der Dunkelheit.

Durch die vielen Umwege kamen wir erst in der Dämmerung in der Gegend des Maschsees an. Ausweichen in den Wald ging nicht mehr und so beschlossen wir etwas, was wir noch nie taten: Abwarten bis nach 6.00 Uhr in einem Versteck — und dann Zivilisten fragen.

Wir konnten weder vorwärts noch rückwärts. Der Tag kam herauf und wir hatten es nicht mehr geschafft.

Aber es wäre uns noch verhängnisvoller erschienen, mitten in dem Stadtviertel von den Amis aufgebracht zu werden oder in eine Schießerei verwickelt zu werden. Unser Schießeisen war nur für allerletzte Fälle gedacht.

In einem Vorgarten versteckten wir uns hinter Büschen, die schon ein zartes grünes Kleid angelegt hatten.

21.04.1945

Endlos lange dauerte es, bis es 6.00 Uhr war. Dann hörten wir schon mal hier und da Schritte und das war unsere Zeit.

Ich paßte am Hoftor auf, bis ein Zivilist ankam, von dem ich hoffte, daß alles gutging. In der Straßenfront waren noch so viele weiße Fahnen bzw. Bettücher zu sehen, daß man nicht wissen konnte, was die Menschen bewegte, wenn sie plötzlich eine deutsche Uniform sahen. Ich hatte mir auch vorgenommen, nicht direkt nach dem Haus zu fragen, das war zu gefährlich.

So kam dann eine Frau daher, die ich für ansprechbar hielt.

Kurz bevor sie die Einfahrt erreicht hatte, stellte ich mich ihr in den Weg. Sie erschrak ordentlich und wollte weglaufen, als ich sie eben noch erwischte und schnell sagte, ich sei deutscher Soldat und suche Freunde in Hannover. Ich sei verwundet und wollte schnell unterkommen, bevor mich die Amis finden.

Sofort war die Frau hilfsbereit. Ich zog sie noch etwas in die Einfahrt hinein und sagte, daß da hinten, zwischen den Büschen, ein weiterer Soldat verborgen wäre. Wir suchten die Richtung zum Maschsee, weil er dort in der Nähe wohnen würde, seit seine Frau evakuiert sei.

Bereitwillig erklärte sie uns den Weg und wir stellten überrascht fest, daß wir gar nicht mehr so weit weg waren. Als ich der Frau mein Soldbuch zeigte, war sie auch beruhigt wegen sich selbst, aber für uns sorgte sie sich. „Bei uns hier sind Engländer", sagte sie und dann fügte sie hinzu, daß die Engländer sehr streng wären und in der Nacht ohne Anruf schießen würden. Ab 6.00 Uhr könne man sich innerhalb der Stadt bewegen, aber nicht mit anderen Menschen zusammenstehen, das wäre verboten.

Oskar, der inzwischen herangekommen war, hörte den Rest noch mit. Wir bedankten uns bei der Frau vielmals und versprachen, noch etwas hinter dem Haus zu bleiben, bis sie weg war.

Das ging gut — verdammt noch mal, das ging gut! —

Wir machten aus, daß wir, wenn wir Pech hätten, jeder nach einer anderen Seite wegrennen solle, wobei ich wegen der Pistolen das größere Risiko einging.

Die Zeit war um, die Frau war weg, wir aus der Einfahrt und in die angegebene Richtung. Es war nicht zu vermeiden, daß wir uns ab und zu in einer Hof- oder Türeinfahrt verdrücken mußten, aber wir kamen vorwärts.

Bei der Tageszeit und bei der Helligkeit grenzte es schon an Leichtsinn, was wir machten. Es war geradezu eine Herausforderung an das Schicksal. Aber wir schafften es.

Plötzlich standen wir vor dem Haus. Durch ein herrliches altes Portal kamen wir in einen schönen großen Park.

Ich hielt es für besser, daß wir auch hier zuerst die Lage studierten. So sind wir in dem Park, immer in voller Deckung, rund um das schöne Haus, bis zu den hinteren Gebäudeteilen gelangt. Dort blieben wir in einer Laube, bis wir jemand sahen. Es war ein älterer Mann, vermutlich ein Gärtner, denn hinter dem Haus waren große Gartenanlagen mit vielen Gewächshäusern, neben reichlichem Baumbestand.

Es war 8.00 Uhr geworden und wenn nicht gerade die Amerikaner oder Engländer in diesem Haus ihr Quartier aufgeschlagen hatten, dann konnte ich es wagen, anzuklopfen — an der Hintertür natürlich.

Als ich zu den Stufen hinüberging, die zur Terrasse hinaufführten, kam eine Frau auf die Freitreppe, sah mich und stutzte. Dann kam sie mir entgegen und fragte, was ich wolle. Ich sagte, daß ich die Frau des Oberstleutnants sprechen möchte, ich käme von ihm, von Bayreuth.

Das wirkte wie ein Zauberwort. Sie bat mich schnell herein in die große Küche, in der ich warten sollte. Kurze Zeit später kam dann dieselbe Frau wieder in Begleitung einer älteren Dame, vermutlich der Gattin des Oberstleutnants und einer etwa 19jährigen Begleiterin.

Ich stellte mich vor „als Leutnant Siegle auf der Flucht, und hätte gerne die Frau des Herrn Oberstleutnant gesprochen, denn ich hätte einen Brief von dem Oberstleutnant".

Die Frau vor mir hatte Mühe, ihre Erregung zu verbergen. Die Jüngere dagegen sprach mich an und fragte mit banger Stimme: „Wissen Sie, wo mein Vater ist?" „Ich bin seine Frau", sagte die ältere Dame, „würden Sie bitte hereinkommen?" – Da fiel mir Oskar ein, der noch draußen unter Spannung wartete. –

„Draußen ist noch ein Leutnant, darf er hereinkommen?"

„Ja bitte, holen Sie den Leutnant."

Als ich unter der Tür stand, sah mich Oskar schon, und als ich winkte, wußte er, daß alles gutgegangen war.

Die Tochter war mitgegangen und ich fragte sie schnell, ob englische oder amerikanische Soldaten da wären. Sie verneinte und sagte, daß nur während der Besetzungszeit ein Stab hier gewesen sei. – Das war gut. –

Ich trat mit Oskar in den großen Salon, wo die Frau am Fenster stand und mich aufmerksam musterte. Was sie so dachte, konnte ich nicht erraten, aber sie war jetzt etwas gefaßter.

„Lebt der Oberstleutnant?", fragte sie leise und ich sagte als Antwort: „Ich habe für Sie einen persönlichen Brief, den er in meinem Beisein in Bayreuth geschrieben hat. Ich habe ihm versprochen, wenn es je möglich wäre, Ihnen den Brief zu überbringen."

Dann knöpfte ich meine Jacke auf und holte aus der Brusttasche den zerbeulten Brief heraus. Die Handschrift erkannte sie natürlich sofort. Sie hat den Brief nicht sofort aufgemacht, sondern ihre Tochter gebeten, uns etwas anzubieten, dann ging sie mit dem Brief aus dem Zimmer.

Es war ja noch sehr früh und wir wären an einem heißen Getränk eher interessiert gewesen, als an Alkohol oder Limonade. Deshalb fragte ich, ob wir vielleicht etwas Warmes zu trinken bekommen könnten, doch da war die Frau schon wieder da. Sie hatte den Brief gelesen und war anscheinend erleichtert.

Dann aber wollte sie wissen, woher wir jetzt kämen und erfuhr, daß wir von Lehrte kamen und eine Nacht lang gewandert waren. „Sie haben dann aber doch noch gar nichts gegessen heute morgen!" Und schon war sie in der Küche und gab eine Anweisung.

„Wissen Sie was", sagte sie, „ich lasse im Jagdzimmer für Sie decken und dann erzählen Sie mir inzwischen, wie Sie meinen Mann getroffen haben, wo war das denn genau?"

So erzählte ich, was ich wußte und daß er gehofft habe, daß ich wegen der Verwundungen eher nach Hannover käme, als er sich das von sich selbst ausrechnen könne. –

Im Jagdzimmer war gedeckt. Die Tochter brachte uns hinüber und schenkte Kaffee ein. Es gab Brot, Butter und Marmelade und gleich sollten wir noch Spiegeleier bekommen.

Die Frau setzte sich zu uns und wir sollten immerzu erzählen. Dann erwähnte sie, daß bis vor 5 Tagen die Engländer hier einen Stab gehabt hätten, aber jetzt Ruhe sei.

Oskar und ich hauten anständig rein, denn wir hatten ja schon 2 Tage nicht mehr richtig gegessen. Die Spiegeleier schmeckten.

Die Frau fragte gerade, wo wir daheim wären und ich sprach von Bünde, da kam die Tochter hereingestürmt und schrie: „Die Engländer kommen wieder, schnell, schnell, die Spähwagen sind gerade auf den Hof gefahren!" Schon riß sie mit Kraft ein großes Fenster auf und sagte: „Wir können vorn nicht mehr hinaus!! Hier, schnell durchs Fenster, laufen sie den Weg entlang zu einem Gewächshaus."

Mit einem Blick sah ich durch die Gardinen: Zwei Panzerspähwagen hielten vor dem Portal und hinten am Eingang kam Fahrzeug um Fahrzeug herein.

Das war höchste Zeit! Oskar und ich waren mit einem Satz auf der Fensterbrüstung und sprangen in die Blumenbeete hinab. Beide fielen wir weich und rappelten uns wieder hoch. Im Laufschritt liefen wir über den Weg, als wenn der Teufel hinter uns her wäre, an den Gewächshäusern entlang. Ich hörte nur noch das Fenster zuschlagen und das Gebrumme der Fahrzeugmotoren.

Jetzt mußten wir aber ganz schnell verschwinden. Oskar meinte, sie hätten uns nicht mehr gesehen, aber ich war nicht sicher.

Ich suchte herum und fand ein altes Gewächshaus, in dem eigentlich nur Schlingpflanzen wucherten. Das war richtig. Es hatte auch für den Notfall zwei Ausgänge. Dort sind wir dann geblieben, bis es draußen ruhiger wurde.

Die Aufregung hatte etwas nachgelassen und wir fingen schon wieder an, faule Witze zu machen: Ob die Spiegeleier von den Engländern auch gegessen wurden? – Galgenhumor. –

Nach etwa einer Stunde kam jemand. Anscheinend wurden wir gesucht. Zuerst sah ich die Hosenbeine und dann den ganzen Gärtner. Er hatte eine große Heckenschere in der Hand, als ob er etwas schneiden wolle. Ich klopfte kurz ans Fenster und er winkte mit der Hand, drehte sich aber dabei nicht um. Vermutlich sollte das heißen, daß er Bescheid weiß, wo wir stecken.

Ohne sich umzudrehen, ging er fort. Das war wohl seltsam, aber vielleicht wurde auch er beobachtet.

Es war 13.00 Uhr und wir lagen noch immer gefangen im Gewächshaus. Wenn wir Pech hatten, mußten wir bis zur Dunkelheit hierbleiben. Wieder sah ich Beine draußen, aber keine Hosenbeine, sondern schlanke Damenbeine. Ein großer Korb mit Grünzeug drauf erschien und dann wurde er zur Tür hereingeschoben. Es war die Tochter, die augenblicklich wieder verschwand.

Das Grünzeug war Tarnung. In dem Korb war warmes Essen, Löffel und ein Zettel: „Zu unserem Bedauern haben sich die Engländer als Dauergäste eingenistet", wie auf dem Zettel zu lesen war. Wir sollten uns bereithalten, daß uns die Tochter bei Anbruch der Dunkelheit abholt und aus dem Gefahrenbereich bringt.

Wir waren erfreut über die Bemühungen und verärgert, daß die Engländer dablieben. Aber – wir waren die Besiegten und die Flüchtenden.

Das warme reichliche Essen tat uns gut, denn wir waren am Morgen wirklich bei den Spiegeleiern gestört worden. Jetzt konnten wir nur noch hoffen, daß Park und Garten nicht von den Engländern durchsucht wurden. Noch hatten wir immer Glück gehabt und hofften, daß es uns weiter treu bleiben würde.

Es wurde dunkel. Wir saßen auf heißen Kohlen. Alle möglichen Gedanken gingen uns durch den Kopf. Wird sie freikommen, wird sie für die Nacht noch etwas zu essen bringen? Werden die Engländer zudringlich zu den Frauen sein?

Ich hatte schon die Tür des Gewächshauses geöffnet, um besser zu hören. Weg konnten wir nicht ohne weiteres, denn nur der Gärtner oder das Mädchen, hatten die Möglichkeit, herauszufinden, wo die Tommys überall Quartier bezogen hatten und wo Posten standen. Also – warten.

Endlich hörte ich etwas. Ich zog schnell die Tür zu und wartete, bis der Schritt näher kam. Dann sah ich zuerst wieder ihre Beine, und nach einer Weile wurde leise die Tür aufgemacht und sie kam herein, machte die Tür wieder zu und fragte: „Wo sind Sie?"

Wir kamen aus unserem Versteck heraus und waren gespannt, was sie sagte. „Meine Mutter läßt viele Grüße bestellen, sie bedankt sich recht herzlich für den überbrachten Brief vom Vater, zugleich bedauert sie, daß die Engländer verhindert haben, uns näher kennenzulernen, daß sie aber darum bittet, wenn der Krieg zu Ende ist, nochmals auf einen Besuch nach Hannover zu kommen." Dann hatte sie noch einen Brief mitgebracht an ihre Schwester, zur Zeit im Jagdhaus bei Pivitsheide. Da ich in Bünde wohne, sei es vielleicht möglich, dort die Schwester zu finden. Damit übergab sie mir den Brief.

(Beide Wünsche gingen in Erfüllung: Ich war zwei Jahre später – 6 Wochen Gast in Hannover und traf dort den Oberstleutnant wieder. – Den Brief an die Schwester hatte ich unter besonders dramatischen Umständen bereits 2 Wochen nach meiner Heimkehr überbracht.)

Die Tochter hatte Butterbrote und etwas zu trinken mitgebracht. Während der ganzen Zeit saßen wir, wie Verschwörer, in dem Gewächshaus, doch nun war die Zeit gekommen, weiter den Versuch zu wagen, bis zur Weser zu kommen. Auf der Karte hatte ich mir einen Weg ausgesucht, der uns bald zum Deister bringen sollte und von da zum Süntel und weiter bis in die Gegend der Porta Westfalica.

Zunächst aber wollten wir aus der verzwickten „Engländerfalle" heraus und das sagte ich auch der Tochter.

Sie versprach, uns aus dem rückwärtigen Teil des Parks hinauszubringen und dann die Richtung nach Gehrden zu zeigen, wo ich auf die Straße nach Bad Nenndorf kommen wollte. Von dort aus, auf der Autobahn, bis zur Porta und dann irgendwo über die Weser.

– So hatte ich das im Kopf. –

21. auf 22. 04. 1945

Die Tochter hatte keine Angst. Wie ein alter Profi ging sie immer ein Stück vorweg, sicherte, winkte und wir kamen heran. Das ging so eine ganze Weile, bis wir aus dem Park und den Gärten draußen waren. Dann zeigte sie uns die Richtung nach Westen. Mit herzlichem Dank und vielen Grüßen an ihre Mutter verabschiedeten wir uns.

Wir waren wieder in der Nacht und – Lauschen und Sehen war alles!

Etwas südlich stießen wir auf die Straße nach Springe und weiter nach Hameln. Wir überquerten sie und kamen bei Empelde auf die gesuchte Straße nach Bad Nenndorf. Jetzt hatten wir es gut, wir brauchten nur der Straße nachzugehen und kamen so zur Weser.

Doch bald stellte sich heraus, daß die Straße von feindlichem Militär befahren wurde, so daß wir in großem Abstand von der Straße auf das Land, Wiese, Wald und Äcker ausweichen mußten. Das kostete viel Zeit und machte uns körperlich schwer zu schaffen.

Oskar kannte mich inzwischen schon so gut, daß er wußte, daß ich niemals ohne Not ein Risiko eingehen würde. Sicherheit, die ich selbst herbeiführen und beachten konnte, ging mir über alles. Trotzdem hatten wir heute nacht ein sehr großes Stück zurückgelegt.

Es war noch dunkel, als wir auf die gesuchte Autobahn von Hannover nach Minden stießen. In tiefster Seele war ich glücklich, daß ich das geschafft hatte. Langsam kam ich nämlich in die Gegend von Ostwestfalen und das bedeutete bald das Ende der unglaublichen Irrfahrt, seit Ostermontag, den 2. April.

Ich sagte zu Oskar, daß wir riskieren könnten, auf der toten Autobahn zu gehen. Durch die kaputten Brücken wäre sie ja doch nicht befahrbar und wahrscheinlich wären auch noch genug Bombentrichter auf der Fahrbahn. Das leuchtete ihm ein. Wir kletterten die Böschung hinauf, nicht ohne zu prüfen, ob wir auf der richtigen Fahrbahn, nach Minden zu, unseren Marsch aufnahmen.

Ich weiß nicht, wie lange wir schon gegangen waren, aber plötzlich fiel mir auf, daß die Böschung verschwunden war und wir uns auf einer Brücke befinden mußten. Zu allem Pech sah ich, daß ganz vorne, etwas seitlich, ein roter Feuerschein aufleuchtete in der Nacht. Komisch war das, und ich konnte mir den Zusammenhang nicht erklären. Ich stieß Oskar an und deutete nach vorne. Es war deutlich zu sehen: Feuer!

Mit ein paar behutsamen Sätzen sprang ich an den rechten Fahrbahnrand und nun gab es überhaupt keinen Zweifel mehr: Wir waren auf einer Brücke, mitten auf einer riesengroßen Brücke, auf einem Talübergang.

Was machen? Alles wieder zurück, wegen dem Feuer? Ich war für vorwärts, aber jetzt am Brückenrand entlang. Wie die Indianer schlichen wir im Schatten der Betonbrüstung vorwärts und konnten wahrnehmen, daß der Talübergang eine leichte Kurve machte. Wir hatten das Feuer jetzt nämlich direkt vor uns und konnten gerade hinsehen. Immer noch nicht hatte ich heraus, was das war.

Oskar gab mir sein Fernglas. Wir verhielten uns ganz still. Dann sah ich mir das Feuer an. Es war etwas, was wir Soldaten nicht kannten: In einem großen Drahtkorb, der mitten zwischen den Fahrbahnen war, glühte ein großes Kohle- oder Koksfeuer und daneben saßen 2 Soldaten und unterhielten sich. Hinter ihnen, im Hintergrund war die Brücke quer abgeriegelt und dahinter war dunkle Leere, also gesprengt.

Jetzt reimte sich alles zusammen. Es war schlicht ausgedrückt: Eine Sperre, mit Hilfe eines Feuersignals sichtbar gemacht und zudem noch bewacht.

Wir mußten also zurück, den ganzen Weg zurück – und die Engländer oder Amis hinter uns im Rücken. Zu allem Unglück hörten wir nun auch noch den Motor eines Jeeps aus der Richtung, aus der wir gekommen waren, also auf unserer Fahrbahnseite. Schon glühte aus den zwei Lampen, den abgedunkelten Scheinwerfern, ein mattes Licht in die Nacht.

Jetzt gab es nur noch eines: So platt wie möglich in der ganzen Länge hinwerfen – zwischen Fahrbahn und Brüstung. Weglaufen ging nicht, verstecken auch nicht, höchstens totstellen. Alles ging viel schneller als ich das hinschreiben kann. Ob sie uns vom Jeep aus gesehen hatten? Gleich würden wir das wissen. Der Jeep kam näher und näher und — fuhr an uns vorbei. —

Dann konnte ich die ganze Szenerie gut beobachten. Der Jeep machte vor dem Feuer halt, wendete anschließend auf die andere Fahrbahn, wo dann einige Soldaten ausstiegen, sich mit den Wachen unterhielten und dann stiegen andere wieder ein, vermutlich die abgelösten Soldaten.

Jetzt fuhr der Jeep wieder an und kam uns auf der anderen Fahrbahn entgegen. Diesmal hatte ich wegen dem Entdecktwerden keine Befürchtungen, denn er fuhr ja auf der anderen Fahrbahn zurück, wo seine Lichter nicht bis zu uns reichten.

Als er weit genug weg war, kam ich hoch, aber nur so, daß ich im Schatten der Brüstung blieb. Oskar sah mich hochkommen und drehte sich um. Mit der Hand deutete ich in Richtung des entschwindenden Jeeps und er begriff.

Auf den Knien rutschten wir leise, Meter um Meter zurück, immer in Erwartung, daß hinter uns ein Krawall losging oder Schüsse knallten. So kamen wir schließlich an den Anfang der Brücke zurück und konnten nicht schnell genug die Böschung hinabkommen.

Unten im Gebüsch haben wir erst mal aufgeatmet und wagten auch, wieder leise miteinander zu sprechen. —

„Mein Gott noch mal, das wäre beinahe schiefgegangen", sagte Oskar und rieb sich seine Kniescheiben. Wahrscheinlich ist er in seiner ganzen Soldatenbeamtenzeit nicht so viel gerobbt wie jetzt eben.

Es war unvermeidbar, wir mußten durch das Tal, und auf der anderen Seite wieder erneut versuchen, auf die Autobahn zu kommen. Das wußten wir jetzt, daß oben die Amis waren: Über uns auf der Brücke. Wir mußten aufpassen, daß uns dasselbe oder ähnliches, nicht nochmals passierte. Deshalb schlug ich einen Bogen nach rechts, damit man uns unten im Tal nicht hören konnte. Wir kamen in Wald und Gebüsch, als ich urplötzlich in der Dunkelheit einem gewaltigen Panzer gegenüberstand. Oskar und ich waren zu Tode erschrocken, als wir auf dem Turm den Ami-Stern aufgemalt sahen. Der erste Ami-Panzer vor uns.

Wir blieben wie angewurzelt stehen. Dann gingen wir nach einer Weile, als wir nichts hörten, in die Hocke. Das Herz schlug natürlich wieder bis zum Hals hinauf. Ich blieb bei meiner Art: Warten und sich nicht mucken. –

Heute hatten wir wirklich Pech. Zuerst ging es so gut voran und jetzt saßen wir alle paar Meter fest. Es wollte mir nicht in den Kopf, daß wir, ohne etwas zu merken, mitten in eine Panzerkolonne, oder so etwas, hineingeraten waren.

Wir hatten den Panzerturm zum Greifen nahe, also mußte doch auch ein Posten irgendwo sein. Die Sache wurde unheimlich. Zuletzt nahm ich ein Stückchen Holz vom Boden und warf es zu dem Panzer hin. – Nichts rührte sich. – Wieder ein Stückchen und dann einen Stein. – Nichts rührte sich. – Nun wußte ich, wie ich dran war. Ich nahm die Pistole aus der Hosentasche, entsicherte und schlich auf das Ende des Panzers zu. Jetzt hatte ich es!

Er war in einem früheren Gefecht abgeschossen worden und noch nicht geborgen. Das war's also!

Wieder eine Aufregung vorbei. Oskar schüttelte den Kopf und sagte leise: „Wie kann man sich nur so ins Bockshorn jagen lassen!"

Alles kam nur deshalb, weil wir kurz zuvor auf der Brücke, den Wachen bald in die Finger gefallen waren. Wir waren nervös geworden. – Daß wir uns jetzt schleunigst verduften mußten, sagte uns schon die aufkommende Dämmerung. Sobald wir aus dem Tal heraus waren, suchten wir uns im angrenzenden Wald einen Unterschlupf.

22.04.1945

Den ganzen Tag haben wir verschlafen. Auch gingen wir nicht aus dem Versteck heraus, denn wer wollte voraussagen, wo wir wieder auf Amis stoßen und wo die nächsten Wachposten sind.

22. auf 23.04.1945

Nach Einbruch der Dunkelheit suchten wir erneut die Autobahn. Sie erwies sich wie eine Bahnlinie, als gradlinige Strecke, auf der man gut vorankommen konnte. Entlang dem Bückeberg kamen wir ungestört weiter. Auf der Autobahn gab es keinen Fahrverkehr. Trotzdem paßten wir auf nach vorne, nach hinten und zur Seite hin. So kamen wir heute nacht bis Bad Eilsen, was ich kaum gehofft hatte. Von hier mußte ich allerdings Richtung Minden oder mindestens zur Porta kommen, denn nur der Teutoburger Wald oder das Wiehengebirge, boten genug Unterschlupfmöglichkeiten.

Von meiner Diakonenzeit kannte ich die Brücke an der Porta, oder die Eisenbahnbrücke nach Lübbecke, oder vielleicht noch etwas nördlicher die Fähre in Petershagen, wo ich vor 3 Wochen mit dem Luftwaffenmajor übersetzte.

Mein Gott, wie sich die Welt verändert hatte!

In dieser Nacht kamen wir noch bis an den Ausgang von „Kleinen Bremen" in Richtung „Namsen". Wo wir genau waren, konnten wir nachts oft nicht feststellen, denn häufig waren die Ortstafeln abgerissen. So auch heute. Als es hell wurde, mußten wir uns rasch verdrücken und landeten auf einem Bauernhof, der etwas allein lag und vom Wald aus gut zu erreichen war. Im Grunde genommen brauchten wir dringend etwas zu essen und zu trinken. Die Marschanstrengung war immer deutlicher zu verspüren.

Als wir den Hof betraten, kam ein Mann aus dem Tor. Er hatte nach Landessitte einen Arbeitsanzug an und eine Mütze auf. Natürlich sah er auf einen Blick, daß wir Soldaten waren, denn er winkte uns sofort zur Seite zu einem Schuppen.

„Wie weit sind hier die Amis oder Engländer weg?", war meine erste Frage. „Hier sind keine, aber die nächsten Soldaten sind in Bückeburg." So ging das Frage- und Antwortspiel hin und her und wir erfuhren, daß mit uns ein geflüchteter Ortsgruppenleiter sprach. Er erzählte uns ganz freimütig, daß er hier auf dem Hof seines Freundes als Knecht arbeiten würde. Er hatte bei dem Einmarsch der Amerikaner, Familie und alles zurückgelassen und war hierher geflüchtet, wo ihn niemand kannte.

Auch ein deutsches Schicksal. – Alle sind sie deutsch: In Ostpreußen die Flüchtlinge, deren 4 Pferde ich wegnehmen ließ, die alten Lehrersleute in Heilsberg, der abgesetzte Bataillonskommandeur in Heilsberg, die Ärztin auf dem Schiff, die Schwester, die mir verraten hat, daß die Russen schon vor Stettin sind, die Fotografin aus Bamberg, die unter den hochgestellten, nationalsozialistischen Eltern ausbrach, und nicht mehr zurechtkam, aber auch die Rittmeisterfrau, die uns Wand an Wand mit unseren Feinden versorgte und in uns vielleicht ihren eigenen, in Todesnot befindlichen Mann sah, die Frau aus Lehrte, die Frau des Oberstleutnants und — dieser Ortsgruppenleiter aus dem Ruhrgebiet —, alles, alles deutsche Schicksale. Sie alle haben ein und dasselbe Vaterland. —

23.04.1945

Wir sind gut untergekommen — unter dem Dach! — Wir bekamen ein warmes Mittagessen, das der Ortsgruppenleiter uns auf den Heuboden brachte. Es gab auch keine Überraschungen mit Polen, Amerikanern oder Engländern.

Am Abend fragte ich den Mann, ob er wisse, welche Übergangsstellen von den alliierten Soldaten kontrolliert würden. Da lachte dieser Mensch und sagte, daß es einfach nichts mehr unkontrolliert gäbe in Deutschland. Jeder Übergang über die Weser würde kontrolliert. Entweder müßten wir schwimmen, oder eine gesprengte Brücke suchen, wo man dann vielleicht nicht so viel schwimmen brauchte.

Das waren schlechte Aussichten. Ich konnte mir nicht vorstellen, daß ich mit meinem linken Arm auch nur annähernd schwimmen konnte. Oskar schüttelte auch mit dem Kopf.

Wir mußten also eine zerstörte Brücke suchen. Die Eisenbahnbrücke in Vlotho fiel mir ein. Aber wenn ich im Herbst da schon drüber kam, wird sie wahrscheinlich jetzt auch unter Kontrolle, oder gar behelfsmäßig instandgesetzt sein. So blieb nur noch die vermutlich gesprengte Eisenbahnbrücke von Minden nach Lübbecke.

Auf der Karte habe ich mir den Weg genau gemerkt und der war geradezu wahnwitzig. Trotzdem glaubte ich, aufgrund der bisherigen Erfahrungen, daß wir auf dem Bahngelände am besten vorankommen.

Mit Oskar war ich einig, daß wir heute nacht versuchen wollten, auf der Bahnstrecke von Kleinen Bremen aus, bis mitten nach Minden hinein, auf den Güterbahnhof zu kommen. Von da aus mußten wir den Bahnkörper über die Brücke in Richtung Lübbecke finden.

Wie wir das schaffen wollten, daß wußte ich damals wirklich nicht. Im Notfall mußten wir uns den darauf folgenden Tag im Bahngelände verstecken, bis die neue Nacht uns Gelegenheit gab, weiter zu suchen, wie wir den Fluß bezwingen.

23. auf 24.04.1945

Wir sind gut verpflegt worden, obwohl wir den Bauern nicht zu Gesicht bekommen haben. Anscheinend wollte er von nichts wissen, wenn wir geschnappt würden. Ich konnte das verstehen mit dem Verstand, aber mein Herz empfand so, daß wir im eigenen Vaterland bestens versteckt werden sollten, damit wir kein „Ungemach" heraufbeschwören konnten.

Wir waren eigentlich guten Mutes, als wir uns verabschiedeten. Der Ortsgruppenleiter sah in uns beiden so etwas wie „Solidarisierende" mit ihm, obwohl uns nur das Verstecken gemeinsam war.

Meine Überlegungen mit der Bahn waren gut gewesen. Überraschend schnell kamen wir zum Stadtgebiet und zum Güterbahnhof. Dort war alles still. Die Waggons standen zum Teil zerschossen und zerbombt auf und zwischen den Gleisen und boten uns immer wieder Schutz vor Sicht. —

Einigermaßen schwierig war die Suche nach der Bahnkörperauffahrt zur Brücke über die Weser. Aber als ich die Himmelsrichtung heraus hatte, fanden wir auch die Richtung zur Weser.

Es stand eben nirgendwo ein Schild mit dem Hinweis, daß hier eine Fluchtmöglichkeit für Siegle und Oskar wäre. —

Wir fanden die Auffahrt, oder besser Anfahrt, und waren bald am Wasser. Von unten habe ich die Brücke zuerst betrachtet, soweit das Licht es zuließ. Bis ganz hinüber konnte ich nicht sehen, aber zuerst mal war wichtig, daß sie zum Ostufer noch einen festen Bestand hatte, dann aber, in der Mitte etwa, gesprengt war. Da begannen die Trümmer. Die Brücke war mit zahlreichen Gittern gebaut, so wie es früher üblich war. Das konnte uns vielleicht nutzen.

Ich kletterte wieder hoch zu Oskar, der sich oben verborgen hielt. Eindeutiges konnte ich ihm nicht sagen, weil ich nicht bis zum anderen Ufer hinübersehen konnte.

Ich überlegte ernsthaft, ob wir uns nicht so verstecken konnten, daß wir am kommenden Tag, wenn es hell war, zuerst mit dem Glas alles ansehen und uns dann überlegen, ob der Übergang überhaupt durchführbar ist. Auch an ein Floß oder einen Nachen haben wir gedacht.

Nach langem Nachdenken waren wir einig, daß wir es heute versuchen sollten. Dann wußten wir, wenn wir zurück mußten, was nicht ging und warum. —

Unter äußerster Vorsicht, kein Geräusch zu machen, nirgendwo anzustoßen, auch oben keine Silhouette abzugeben, krochen wir auf den Schwellen hinaus. Schwelle für Schwelle tastete ich ab, ob nichts rutschte und noch alles fest war. Einmal durchrutschen und ich war 15 m weiter unten im Wasser, oder Geröll, aufgeschlagen. Das wußte ich genau und deshalb machte ich es nicht anders, als wenn ich drüben beim Iwan Minen ausgebaut hätte. Das dauerte wohl lange und wir verbrauchten Zeit, aber Sicherheit war wichtiger.

Schon eine ganze Zeit hindurch hörte ich, daß unter uns das Wasser der Weser dahinplätscherte. Es brach sich immer wieder an Geröllbrocken, die im Wasser liegen mußten.

Wir waren schon so weit über dem Wasser, daß man unsere Silhouetten vom Ufer aus nicht mehr sehen würde. So standen wir jetzt auch auf, was das Vorwärtstasten erleichterte. Zum Westufer zu erkannten wir bald die Stelle, wo die Brücke in die Luft gesprengt wurde. Vor uns waren bis zum nächsten Pfeiler die Gleise noch eben und im Verbund mit den Schwellen, aber dann konnten wir schon deutlich sehen, daß die Schienen samt einigen Schwellen fast bizzar in der Luft schwebten, bis sie sich dem Ende zu in die Tiefe neigten.

Mit Herzklopfen näherten wir uns dem letzten Pfeiler und damit dem letzten Stück Gleis, das noch auflag und Halt bot.

Es schien, daß wir uns unserem Umkehrpunkt genähert hatten. Beide erreichten wir ohne allzu große Mühe diesen letzten Pfeiler und alles war bis jetzt gutgegangen. –

Ob die Menschen, die ringsum in ihren Betten lagen, sich auch nur annähernd vorstellen konnten, daß da mitten in der Weser, in einer Aprilnacht, zwei verrückte, heimwehkranke Soldaten auf dem letzten Pfeiler saßen und der Weg in die Freiheit, zur Familie, zum Überleben – versperrt war, besser noch: Einfach aus war?!

Noch etwa 10 m hing eine Schiene in die Dunkelheit hinaus. Zuerst waren es einige Meter noch zwei Schienen, dann eine noch, sie hing durch, in den Abgrund, und verschwand dort im Dunkel.

Ich wußte, daß ich im Willen der Stärkere war von uns beiden. Oskar war körperlich besser dran, aber er hatte gleich am Anfang zu verstehen gegeben, daß er mich, als alten Frontsoldaten, anerkennt und mir die Führung überläßt. So sind wir, bis hier auf diesen Pfeiler, ganz gut in den Westen gekommen.

Ich war echt in Nöten. Zurück wollte ich nur dann, wenn jede Möglichkeit erschöpft war. Oskar meinte leise, daß wir hier nicht weiter könnten, denn offensichtlich war unser Fluchtweg zu Ende. Ich wollte mich noch nicht geschlagen geben. Diese verdammte Schiene zeigte nach Westen. Das Ende konnte man nur ahnen.

Was dann, wenn sich das Eisending so abneigte, daß man in das Wasser kommen konnte? Dann hätten wir noch ein kleines Stück zu schwimmen, denn die Trümmer vom nächsten, gesprengten Pfeiler lagen ja auch noch im Wasser.

Oskar sah keine Chance und wollte umkehren. Ich war für einen Versuch, der, wenn er scheiterte, für mich das Ende bringen konnte. Wir einigten uns darauf, daß er auf dem Pfeiler blieb und wartete, ob ich in der Tiefe Halt oder Wasser vorfand. – Ich wollte es aber wagen!

(Später habe ich mich oft gefragt, was der Anlaß war, etwas zu machen, was eigentlich nur noch mit russischem Roulett vergleichbar war. Eine gute Antwort habe ich heute noch nicht. Was mich bewegte, war zweifellos der Gedanke, daß am anderen Ufer, nur noch wenige km entfernt, Frau und Kind warteten. Das Heimweh, nach den unzähligen Strapazen dieses Krieges und des Untergangs alles dessen, was wir als Heimat empfanden, war wohl die Triebfeder. – Es war auch in meiner Natur, etwas zäh zu verfolgen und nicht sofort aufzugeben.)

Ich wollte den Versuch wagen.

Die Schiene würde mich tragen, das hatte ich mir überlegt. Sie würde auch etwas durchbiegen, ob meiner Last. Wie lang sie sein konnte, das wußte ich vom Arbeitsdienst her nur zu gut, denn dort hatte ich ja täglich – und das wochenlang – die Schienen mit Laschen verschrauben müssen.

Was ich nicht wußte, wegen der Dunkelheit nicht wissen konnte, war die Entfernung vom Schienenende zum Wasser, oder zu den im Wasser liegenden Pfeilerbrocken des gesprengten nächsten Pfeilers. Dieser Umstand machte das größte Risiko aus. Dann kam noch dazu, daß ich nicht wußte, wie stark die Strömung der Weser war.

Es war soweit. Oskar sagte nichts mehr. Langsam schob ich mich, auf dem Bauch liegend, über den Pfeiler hinaus auf die längere Schiene, aber noch auf den Schwellen liegend. Sofort merkte ich, daß die Schiene nicht mehr auflag und anfing zu schwingen, aber nur ganz leise. – Ich war gewarnt. – Damit mußte ich aber rechnen.

Übrigens — meine zwei Pistolen habe ich in die Rocktaschen gestopft, damit ich sie nicht im Wasser aus den Taschen verliere, oder weil ich, wegen des Gewichts, den Rock schneller ausziehen konnte.

Ich schob mich auf den nächsten Schwellenkörper hinaus. Er schwankte immer noch leise, aber deutlich spürbar. Jetzt die nächste Schwelle und noch eine und dann waren nur noch zwei vor mir. Ich war schon einige Meter draußen. Oskar konnte ich nicht sehen, weil ich mit dem Kopf nach vorne, dem Abgrund zu, hinausgerutscht war. Aber, das Ende der Schiene konnte ich sehen und ich sah auch deutlich, daß sie nicht bis zum Wasser hinunterreichte.

Bevor ich an die letzten Schwellen kam, mußte ich probieren, ob sie nicht abgerissen und ich mit ihnen in die Tiefe sauste. Sie saßen noch fest an den Schienen, aber dann war es aus mit Schwellen. Offensichtlich schaukelte ich, das spürte ich ganz deutlich.

Vorsichtig schob ich mich auf die letzte Schwelle und dort endete auch die zweite Schiene drüben. Jetzt war nur noch die Schiene vor mir, die sich stark absenkte.

Mit dem Kopf voraus, das ging nicht. Ich mußte mich also in luftiger Höhe, auf der letzten Schwelle, so umdrehen, daß die Beine zuerst nach unten sahen und ich wie an einer gebogenen Kletterstange hinabrutschen konnte. — Ich schaffte es auch und hing nun, auf der Schiene liegend, mit beiden Händen mich noch an der letzten Schwelle festhaltend, zwischen Himmel und Erde.

Es gab jetzt kein Zurück mehr. — Ich hatte mich entschieden. —

Zuerst eine Hand weg von der Schwelle und an der Schiene Halt suchen, dann auch die zweite Hand weg und an der Schiene Halt suchen. Sofort spürte ich, daß ich äußerst balancieren mußte, um nicht um die Schiene herum, plötzlich nach unten zu hängen. Das war wohl die schwierigste Sache überhaupt.

Total verkrampft vor Aufregung, rutschte ich Zentimeter um Zentimeter abwärts, dem Wasser zu. Gott sei Dank bog sich die Schiene etwas durch, je weiter ich von der letzten Schwelle entfernt war. Je schräger sie sich neigte, desto ruhiger wurde ich wegen der Balance.

Es war soweit — das Ende der Schiene merkte ich mit meinen Füßen. Ich war darauf vorbereitet, was kam. Das Wasser sprudelte unter mir her, ich hatte es schon eine ganze Weile während des Abrutschens gemerkt.

Wenn ich arg viel Glück hatte, waren unter mir im Wasser Geröllmassen, so daß ich nicht sofort abgetrieben wurde.

Es war auch so. Ich hielt an und ließ mich so drehen, daß ich mit dem Körper nach unten an der Schiene hing und dann ließ ich zuerst ein Bein los und dann löste ich langsam das zweite Bein von der Schiene, die Füße dem Wasser zu, aber ich merkte, daß ich das Wasser noch nicht erreichen konnte.

Jetzt gab es nur noch das: Fallenlassen! –

Ich kam einigermaßen gut auf unten und hatte sofort Grund gefunden. Bis über den Nabel stand ich im strömenden Wasser, als ich mich abgefangen hatte. Ich konnte mich ganz gut halten, da große Pfeilerbrocken im Wasser lagen und die Strömungsgeschwindigkeit des Wassers bremsten.

Zu meiner großen Erleichterung sah ich, daß die Trümmer im Wasser zum Westufer hin sichtbar waren, also aus dem Wasser ragten. Das bedeutete, daß der Weg zum Ufer zu schaffen war und wir durchkommen konnten!

Ich hätte in meinem Wasser da „Hallelujah" singen mögen.

Oskar war skeptisch gewesen und das auch mit Recht. Was ich gemacht hatte, war ein Risikospiel ohnegleichen. Aber jetzt waren wir bald drüben.

Ich pfiff etwas durch meine Zahnlücken und Oskar hörte mich.

Dann rief ich etwas deutlicher hinauf: „Alles klar, Du schaffst es auch, wir kommen rüber! – Aber langsam und vorsichtig." –

Oskar kam auch gut herunter und ich konnte ihn sogar etwas abfangen, daß er nicht so tief eintauchte. Der Weg durch den Rest der Weser war nicht mehr schwierig, aber sehr mühselig. Ich war wirklich am Ende meiner körperlichen Kraft, denn ich hatte mich durch die Anstrengung total verausgabt.

Als wir, an dem zerstörten Pfeiler vorbei, das Ufer erreichten, war ich so fertig, daß ich trotz der großen Freude fast willenlos geweint hätte.

Wir spürten dann auch die nassen Hosen und mußten in Bewegung bleiben. Sehr viel Zeit hatten wir verbraucht, aber noch war es dunkel.

Ich hatte in Erinnerung, daß wir wahrscheinlich nördlich vom Kaiser-Wilhelm-Denkmal sein müßten. Wenn wir die Eisenbahnlinie noch ein

Stück geradeaus verfolgten, brauchten wir nur noch über den Bergkamm steigen, und auf der anderen Seite mußte Dünne liegen, der Wohnort meiner Frau. So etwa hatte ich das im Gedächtnis.

Wir zogen los, bis die letzten Häuser am Ufer der Weser hinter uns blieben, und dann sind wir dem dunklen Kamm des Wiehengebirges entgegengeklettert. Es ging immer bergauf und nahm kein Ende. Doch dann hatten wir es geschafft. Endlich war es soweit, daß es auf der anderen Seite wieder bergab ging, und ich glaubte, bald daheim zu sein.

Wir waren schon weit durch den Wald vorwärts gekommen, und aus unseren quatschnassen Stiefeln war bereits das ganze Wasser herausgepreßt. Die Gegend wurde etwas lichter und machte Gärten und Wiesen Platz, als wir die erste Straße entdeckten. Hier gingen wir längs, denn bald mußte ein vertrauter Name auftauchen.

Doch ich hatte mich gewaltig geirrt. Der Name „Vollmerdingsen" und ein Wegweiser nach Bad Oeynhausen tauchten auf. Doch sie waren mir keineswegs bekannt und irritierten mich sehr. Ich konnte mich doch nicht so verlaufen haben?

Seitdem ich die Karte hatte, kannte ich fast jeden Zentimeter Weg, den wir zurückgelegt hatten, aber in Kleinen Bremen hatte ich mich in der Vorfreude schon so sicher gefühlt, daß ich mir gar nicht die Mühe nahm, nachzusehen, wie das Vorland von Bünde eigentlich aussah.

24.04.1945

Es wurde bald Tag, und wir waren am Ende unserer Kräfte. Ich sagte Oskar, daß ich der Meinung sei, daß wir nicht mehr vor Anbruch des Tages bis nach Dünne kommen. Wir sollten uns ein Haus suchen, etwas abseits und der Lage nach zum Wald zu gelegen. Dort wollten wir fragen, wie weit es nach Dünne wäre.

Das war ihm auch recht und so kam es, daß wir etwa um 7.00 Uhr an einem Haus klopften, das am Ende des Dorfes lag.

Eine Frau öffnete und sah uns verdutzt an, dann aber begriff sie, daß wir nur Soldaten sein konnten – unserem Aufzug nach – und sie bat uns, einzutreten. Ich sagte, daß wir nach Dünne wollten und den Weg nicht mehr vor der Dämmerung gefunden hätten. Jetzt wären wir ziemlich fertig, weil wir durch die Weser gekommen seien und naß wären wir dazu.

Daß wir über die Weser gekommen waren, konnte sie nicht glauben. – Sie hatte Erbarmen mit uns und ließ keinen Zweifel aufkommen, daß sie uns nicht verraten wird.

Nach einigem Nachdenken meinte sie, daß wir nach Dünne mindestens noch eine Nacht marschieren müßten und heute auf keinen Fall mehr hinkämen.

„Wissen Sie was? Sie schlafen jetzt beide bei mir gut aus. In den Betten der Jungens von der Flak können Sie schlafen und ich versuche, Ihre nassen Klamotten wieder trocken zu bekommen."

„Was sind das für Jungens von der Flak", fragte ich.

„Ach wissen Sie, wir hatten schwere Flak hier, nicht weit weg von uns, und da hatten wir zwei junge Kerle – etwa 16–18 Jahre alt –, hier im Quartier. Sie kamen jeden Tag, wenn sie abgelöst wurden, zum Schlafen her. Jetzt ist der Krieg hier vorbei und während der allerletzten Kämpfe haben die Amis die Flakstellung mit Bomben beworfen und so kamen auch unsere Flakjungens nicht mehr zurück. Sie sind beide gefallen in der Stellung. – Seit dem Tage stehen die Betten leer."

Wir zogen die nassen Sachen aus und legten uns ins Bett. Die Frau machte Kaffee und brachte ihn mit Brot ans Bett. Dankbar war ich gewiß, aber doch traurig, daß ich es nicht bis Dünne geschafft hatte.

Die Frau nahm unsere Wäsche und Kleider mit, nicht ohne vorher die Taschen leer zu machen. Dann schliefen wir beide ein.

Ich mußte wohl wie ein Stein geschlafen haben, bis in den Abend hinein. Oskar war schon wach und hatte nach unseren Klamotten gefragt. Sie waren trocken geworden und die Frau hätte gesagt, daß sie uns einen Eintopf gekocht habe, damit wir etwas Warmes in den Bauch bekämen.

Das war eine gute Nachricht. Ich zog mich an, wusch mich in der Küche und hörte so nebenbei, daß noch keine Besatzung hier war, aber alles in den Häusern bleiben mußte und nur tagsüber innerhalb des Ortes eingekauft werden konnte – soweit es noch etwas gab.

Mit Hilfe der Karte informierte ich mich eindringlich über unseren Standpunkt und den Weg nach Dünne, über Vollmerdingsen – Wulferdingsen – Mennighüffen – Stift Quernheim – Dünne. Ich hatte nicht gedacht, daß es noch so weit war.

Dann gab es einen herrlichen, guten Eintopf. Wir taten der Frau leid und sie sagte, daß manche Soldaten hier durchkommen, auch tagsüber, daß man aber immer wieder hört, daß sie entdeckt werden oder sich gar selbst verraten. Die wenigsten Soldaten wüßten, daß General Eisenhower überall an den Bäumen und Anschlagtafeln große Plakate anbringen ließ, daß die deutschen Soldaten sich melden müßten und wer deutsche Soldaten verbirgt, oder bei sich versteckt, mit dem Tode bestraft werden kann. Wir glaubten der Frau. Sie sagte, hier im Raum wären die Engländer — vielleicht dachten die anders?

„Nein", sagte die Frau, „der General Eisenhower ist der Oberkommandierende der alliierten Truppen, und das gilt auch für die Engländer!"

So genau hatte uns das noch niemand gesagt, und Oskar meinte nicht zu unrecht, daß wir eigentlich vogelfrei wären und jeder in Gefahr ist, der uns versteckt. Er hatte recht. —

Als es dunkel wurde, zeigte uns die Frau den Weg in Richtung Vollmerdingsen — Wulferdingsen.

24. auf 25. 04. 1945

Ohne weitere Schwierigkeiten kamen wir voran. Obwohl ich annehmen konnte, daß hier, abseits der Hauptstraßen, keine englischen Truppen stationiert waren, so war keineswegs auszuschließen, daß der Zufall uns noch in der letzten Nacht in die Quere kam.

Die Straßen hatten keinen Fußgängerweg, aber sie waren gesäumt von Obstbäumen und einer schmalen Grasnarbe, daneben war dann der Graben. Auf dieser Grasnarbe ließ sich leise gehen, und man konnte auch schnell in den Schatten der Baumstämme treten. Auf diese Weise kamen wir gut und sorglos weiter.

An der Kreuzung der Straße von Mennighüffen nach Stift Quernheim und der anderen Verbindung von Kirchlengern nach Lübbecke, stand ein Wegweiser und zeigte nach Stift Quernheim — Klosterbauerschaft.

Ich war eben dabei, Oskar einen kleinen Vortrag zu halten, voll Stolz und Triumpf, daß wir nur noch ganze 4 km hätten bis Dünne, als sich ein Paar Scheinwerferkegel, voll aufgeblendet, auf uns richteten.

Wir waren wie vom Blitz getroffen und geblendet. Tatsächlich standen wir unvorsichtigerweise mitten auf der Straße und der Jeep, zu dem die Scheinwerfer gehörten, näherte sich schnell.

Das konnten nur Engländer sein!

Ich nahm Oskar am Arm und riß ihn von der Straße, heraus aus dem Scheinwerferlicht und jagte mit ihm die Böschung hinab zur Mühle, die dort stand. Hinter die erste Hecke springen, mitten in ein Rosenbeet hinein und der Jeep oben anhalten — war eine Sache! Vor lauter Aufregung mußte ich mein Gesicht in die Armbeuge legen, so stark schnaufte ich.

Daß sie anhielten, war ein Beweis, daß sie uns gesehen hatten. Ich hörte, wie sie miteinander sprachen — und dann suchten sie. Überall herum, nur nicht hier unten in den Rosenbeeten.

Ich machte auch gar nicht den Versuch, eine der beiden Pistolen heraus zu bekommen, denn auch das kleinste Geräusch hätte uns verraten. Meine „Masche" galt auch hier: Geduld — die besseren Nerven haben!

Nach einiger Zeit gaben sie auf, stiegen ein und fuhren weg.

Oskar wollte aufstehen, aber ich drückte ihn lautlos wieder herunter. Auf den Trick wollte ich, 4 km vor Zuhause, nicht noch hereinfallen: Der Jeep fährt weg und einer der Soldaten steht im Schatten der Straßenbäume, ohne zu mucken und hält das Gewehr im Anschlag, bis wir ihm vor die Mündung laufen. — Nein, mit mir nicht, ich kann warten!

So kam es, daß wir noch ½ Stunde auf dem Bauch lagen, ohne einen Ton von uns zu geben.

Als ich dachte, wer wohl gewinnt bei dem Spiel — zog ich dann doch die Walther aus der Tasche und stieg leise über die Hecke und dann die Böschung hinauf. Dort suchte ich, noch am Boden gekauert und nur mit dem Kopf heraussehend, den Horizont nach Schatten ab.— Schatten, die einem zurückgebliebenen Soldaten gehören konnten.

Ich fand nichts Aufregendes oder Verdächtiges. Dann wollte ich es noch sicherer wissen und schrie hinunter, ganz laut: „Du kannst kommen, sie sind weg!" Als sich daraufhin auch noch nichts rührte, wußte ich, daß tatsächlich keiner mehr zurückgeblieben war. Die Luft war sauber.

Den Rest der Straße nach Klosterbauerschaft fand ich auch noch. Bei Bodelschwingh's vorbei, durch Klappmeiers Wald und dann auf die Hauptstraße von Dünne.

Es war immer noch dunkel, aber das große Haus von Hannas Eltern war gut zu sehen.

Noch einige Meter in den Vorgarten hinein und ich stand am Fenster.

Ich war daheim.

25.04.1945

Niemand wird jemals in sein Tagebuch schreiben können, was einen durchflutet, was durch Körper, Geist und Seele geht, wenn man nach solch langer Irrfahrt — durch das Chaos eines Zusammenbruchs — heimgefunden hat. Heim zu der Familie, die man gegründet hatte und heim zu Menschen, die man liebte und wo kein Platz war, für das, woraus ich gekommen bin. — Aus Not und Tod!! —

Ich klopfte an das Fenster, von dem ich wußte, daß mein Schwager dort schlief. Er machte das Fenster etwas auf und sah mich an als wollte er sagen, daß es das gar nicht gibt. Dann aber hatte er sich gefaßt und sagte: „Ich mach auf an der „Deele". Unsere Oma ist gestorben und liegt hier vorne aufgebahrt, sie wird heute beerdigt."

So war das Heimkommen. —

Als mein Schwager die große Tür geöffnet hatte, schob ich auch Oskar mit hinein — und die Tür schloß sich wieder. 24 Tage sind vergangen, als meine Flucht vor den Amerikanern hier begann. In diesen 24 Tagen seit Ostermontag war eine Welt zerbrochen. Unser Vaterland war total untergegangen, weil unsere Feinde auf bedingungsloser Kapitulation bestanden haben. Warum dies so war, hatten wir damals noch nicht verstanden. Noch wußten wir Soldaten nicht, daß wir Freiwild geworden waren, ja wir wußten noch vieles nicht!

Aber ich war daheim.

Hanna hatte noch fest geschlafen, als ich an die Tür klopfte. Oskar war hinter mir stehen geblieben. Ich rief leise: „Ich bin's Spatz, Gerd!" Da drehte sich der Schlüssel um, das Licht ging an und wir lagen uns in den Armen.

Wir kamen dann schnell überein, daß sie hinuntergehen und auch den anderen sagen sollte, daß alle unbedingt schweigen müssen, daß ich zurück bin, mindestens so lange, bis wir klar haben, was wir machen werden. Erstmal war ich noch für jedermann, auch heute für die Verwandtschaft, im Krieg oder in Gefangenschaft.

Mit einem unsagbaren Gefühl der Erleichterung bin ich eingeschlafen.

26.04.1945

Oskar ruht sich bei uns noch aus. Er studiert mit mir eifrig die Karte. Wir suchen den besten Weg zu seinem Onkel. Er ist überzeugt, daß er bei Tag, und mit dem Fahrrad, durchkommt. Ich will ihm das Fahrrad von Hanna mitgeben.

Wir erfahren, daß es Passierscheine geben soll und auch bald neue Personalausweise. Aber alles sind Gerüchte.

27.04.1945

Oskar ist unruhig. Er will uns nicht zur Last fallen und hat Heimweh. Er möchte auch gerne zu Frau und Kindern. Ich kann das verstehen. Wir vereinbaren, daß er morgen, am Samstag, mit Hannas Rad losfährt. Er wollte das Rad bei seinem Onkel stehenlassen und später, wenn bessere Zeiten kommen, würde ich das Fahrrad wieder zurückholen. Hanna war damit einverstanden, obwohl der Verlust des Fahrrades zur Zeit nicht wieder gutzumachen war. — Oskar war aber in den Tagen der Flucht immer treu zu mir gestanden und wir waren Kriegskameraden geworden, auch ohne Kriegshandlungen.

28.04.1945

Oskar fuhr ab. Wir wünschten ihm alles Glück, daß er gut zu seinem Onkel kommen möge. Hanna verabschiedete ihn draußen. Ich mußte mich oben versteckt halten.

(Später habe ich tatsächlich das Fahrrad von Hanna wiedergeholt, obwohl schon die Reifen als Tauschobjekt weg waren.

Sein Onkel besorgte mir damals, auch im Ringtausch, andere Reifen.

Von Oskars Frau erfuhren wir später, daß ihr Mann in der Nähe von Kassel von einer amerikanischen Streife geschnappt wurde, ins Gefangenenlager kam, den Franzosen ausgeliefert wurde und noch etwa 2 Jahre in Versailles die Straßen fegen mußte.)

29.04.1945

Es ist Sonntag, Hannas Mutter tat alles, um auch mich mit zu versorgen. Trotzdem war mir das eine große Sorge, denn Hanna hatte für sich und den kleinen Sohn wohl Lebensmittelkarten bekommen, aber davon ließen sich keinesfalls, ohne echte Not, drei Personen durchbringen.

Eine noch viel größere Not, als die wegen Lebensmittelmarken, brach durch eine ganz andere Sache über uns herein:

Eine Mitbewohnerin, die auf dem gleichen Stockwerk wohnte, hatte herausbekommen, daß ich aus dem Krieg nach Hause gekommen war. Heute morgen hat nun diese Frau Hanna angesprochen, daß sie Bescheid wisse: „Dein Mann muß das Haus verlassen, er muß doch wissen, daß er mit seiner Anwesenheit das ganze Haus gefährdet." —

Es war für uns unfaßbar, daß eine deutsche Frau, die jahrelang unter unserem Dach wohnte, mich in Gefangenschaft haben wollte, vielleicht deshalb, weil sie glaubte, irgendeinen Nachteil zu haben, wenn ich entdeckt würde, bevor die Kapitulation erfolgte.

Es war Sonntag. Hanna und ich waren zunächst ratlos. Die Lage war aber sehr gefährlich.

Ich, der ich glaubte, daheim zu sein, geborgen zu sein, seine Wunden ausheilen zu können, ich hatte noch nicht gelernt, wie grausam der Krieg die Menschen beeinflußt. Wie wäre es sonst möglich, daß eine deutsche Frau ihrer Nachbarin das Messer in die Kehle setzt: „Dein Mann muß weg, weil er Soldat war, er soll sich stellen, damit er in Gefangenschaft kommt."

Mein Entschluß stand fest: Ich ging! — Ich ging wieder in die Nacht hinaus, in das Ungewisse. Hanna und unser Sohn durften nicht in Gefahr kommen!

Aber ich hatte diesmal kein Ziel mehr. Kein Ziel vor Augen, das in allen verzweifelten Stunden meiner Seele Kraft gegeben hatte. Ich fühlte mich wie ein räudiger Hund verstoßen, weil ich ein deutscher Soldat war. Weil ich glaubte, die Menschen in Deutschland wären unsere Opfer wert. —

Ich verließ Dünne und unser Haus und ging in der Nacht wieder zu Menschen, die mir schon einmal geholfen hatten, oder von denen ich glaubte, daß sie mich verstecken konnten.

30.04.–08.05.1945

Adolf Hitler war an der Front in Berlin ums Leben gekommen, so verkündeten es am 30. April die Lautsprecher.

Ich verbarg mich ab dieser Zeit auf den Höfen zwischen Dünne und der Weser. Aufgenommen und versteckt wurde ich auch von den Verwandten im Busch, bei Onkel Fritz und bei Martha und Willi in Ennigloh.

Ich versuchte auch, nach Pivitsheide zu gelangen. Mit dem Fahrrad, an dem englischen Wachposten vorbei, ohne Passierschein und ohne deutschen Ausweis. Mein Soldbuch war meine einzige Legitimation. Für den Fall, daß ich in Gefangenschaft geraten sollte, hoffte ich auf eine faire Behandlung.

Ich hatte noch den Brief der Frau des Oberstleutnants aus Hannover an ihre Tochter in meiner Tasche. Um den Brief dort hinzubringen und in der Hoffnung, daß ich dort in dem Jagdhaus bis zur Kapitulation unterschlüpfen könnte, habe ich den Weg aus unserem Kreis hinaus riskiert.

Ich kam gegen 17.00 Uhr an. Oben im Teutoburger Wald, noch vor Detmold, war das Jagdhaus neben 2 anderen Häusern, mitten im Wald.

Ich klopfte mit einem schweren Klopfer an die dicke eichene Tür mit kleinen Butzenglasscheiben.

Ein Mann öffnete und fragte, zu wem ich wolle. Der Wahrheit entsprechend sagte ich, daß ich die Frau des Hauses sprechen wolle. Der Mann sagte: „Einen Augenblick" – und schloß die Tür wieder. Mit einer Frau kam er wieder und sagte: „Das ist die Frau des Hauses." Sie musterte mich und sagte dann: „Ich kenne den Mann nicht."

Anscheinend wurde mir mißtraut. Als ich dann aber sagte, daß ich einen Brief ihrer Mutter überbringen solle, änderte sich ihre ganze Haltung und sie bat mich herein.

Ich ging dann mit ihr durch den Flur zu dem hinteren Zimmer, in dem ich Platz nahm. Dann sagte ich der Frau, daß ich aus dem Lazarett geflüchtet bin und später ihren Vater, den Oberstleutnant zwischen

Bamberg und Bayreuth getroffen hätte, und jetzt daheim in Bünde nicht bleiben könne, weil die Flurnachbarin Angst hätte, einen deutschen Soldaten mit unter dem Dach des Hauses zu haben. Ich zeigte ihr mein Soldbuch und sie war jetzt überzeugt, daß alles seine Richtigkeit hatte.

Ich übergab ihr den Brief, der Gott sei Dank in der Weser nur wenig Wasser abbekommen hatte. Lediglich mein Soldbuch wurde sehr naß. Sie las ihn mit Erschütterung und ich glaubte jetzt, daß der Brief ihres Vaters an die Mutter ein Abschiedsbrief gewesen sein mußte.

Sie fragte mich ausführlich nach ihrem Vater, jede Einzelheit wollte sie wissen. Dann sprang sie auf und entschuldigte sich, daß sie mir noch nichts zu trinken angeboten hätte und fragte, ob sie mir einen Tee machen dürfe. Dann verschwand sie in der kleinen Küche.

„Wissen Sie, mein Mann ist Bergassessor und noch im Ruhrgebiet. Ich wohne wegen der Luftangriffe mit dem Gärtner-Ehepaar schon seit 2 Monaten hier oben. Es ist unser Jagdhaus, aber zur Zeit sind wir buchstäblich Flüchtlinge."

Dann brachte sie den Tee und etwas Brot. Draußen im Flur hörte ich Kinder und noch eine Frau.

Ich war gerade dabei, mir einen Ruck zu geben, um die Frage zu stellen, die mir Gewißheit wegen meinem Unterschlupf hätte geben können, als draußen lautes Rufen und dann Schreien der Frauen in das Zimmer drangen. Sie riß das Fenster auf, um besser zu hören, als es plötzlich wieder ruhiger wurde. Der Mann, der mir die Tür aufgemacht hatte, kam in das Zimmer gestürzt und schrie: „Sie schlachten unsere ganzen Lämmer ab – die Schweine, die verfluchten. – Drüben haben sie das Forsthaus überfallen!"

Wir stürzten alle drei über den Flur zur Eingangstür, als wir einige Männer mit Gewehren sehen konnten, deren Läufe abgeschnitten oder abgesägt waren. Die Männer kamen vom Forsthaus herüber auf unsere Tür zu.

Schnell hatte ich verstanden, um was es ging. Es waren keine Vergewaltigungen der Frauen, sondern es war einfach Raub. Mit Fahrrädern kamen sie aus dem Schuppen des Forsthauses und luden auf, was im Keller und auf dem Boden greifbar war, selbst Betten schleppten sie heraus.

„Schnell die Tür abriegeln!", schrie ich – „und die Kinder die Treppe hinauf in den oberen Stock und auf den Boden hinlegen!"

„Haben Sie Waffen im Haus?" fragte ich. „Nein, nicht einmal eine Pistole", sagte der Gärtner. „Haben Sie Geld im Haus? Dann schnell verstecken, vielleicht oben im Ofenrohr!"

„Die Frauen nach oben, schnell!! – Haben Sie denn gar nichts zu verteidigen?"

Endlich brachte der Gärtner schwere, schmiedeeiserne Feuerstocher vom Kamin her.

Es war soweit, daß sie gegen die Tür rannten. Sie hielt stand. Die Butzenscheiben waren zu klein, als daß sie hätten da hereinklettern können.

Wie ich jetzt hören konnte, waren es Polen, die auf Raubzug waren. Ich hatte keine rechte Vorstellung, wie lange die Tür halten konnte, wenn sie schossen.

Zum ersten Mal war ich ohne Waffe. Ein mieses Gefühl beschlich mich. Sie donnerten jetzt mit dem Gewehrkolben gegen die Tür, daß es nur so krachte.

Ohne daß ich es bemerkt hatte, stand plötzlich ein Mann hinter mir und schob mir seinen Gewehrlauf zwischen die Schulterblätter. Er hatte mich wirklich überrascht. Mit einem kräftigen Stoß begleitete er seine Forderung: „Du aufmachen, sonst schießen, Befehl!"

Ich gab keine Antwort, aber in meinem Kopf purzelten die Gedanken durcheinander, was ich tun soll und was geschehen wird.

Die Frau schrie in ihrer Verzweiflung: „Nein, nein, nicht schießen, machen Sie doch auf, machen Sie doch die Tür auf! Es hat doch keinen Wert mehr, sie sind in der Überzahl!"

Ich machte die Tür auf, sie stürzten herein und ich hatte – die Rettung im Kopf!

(Wenn nicht so viel Zeugen dagewesen wären, die die nachfolgende Entwicklung miterlebt hätten, müßte man das alles als eine unglaubliche Erfindung ansehen.)

Von dem Riegelumdrehen an der Tür ab – sprach ich französisch. Wie ein Wasserfall. Ich brachte es fertig, daß sie zunächst einmal auf mich hörten. Dann brachte ich so viel deutsch dazwischen, daß ich ihnen glaubhaft machen konnte, daß ich ein französischer Kriegsgefangener wäre bei den Leuten hier und mit den amerikanischen Soldaten in Detmold Telefonverbindung hätte. Ein Anruf – und die Amerikaner wären sofort hier.

Als sie das Telefon sahen, das im Flur hing, rissen sie die Schnur heraus und trieben den Gärtner, den sie sich schon geschnappt hatten und mich auch, zu den Frauen und Kindern die Treppe hinauf.

Wieder protestierte ich und quasselte immer aufs neue französisch. Zweifellos wirkte ich so echt, daß sie uns losließen und sich berieten. Dann waren sie einig, murmelten etwas so wie: „Entschuldigung, Franzosen tun wir nichts, aber die Deutschen machen wir fertig." – Dann zogen sie ab.

Draußen waren sie. Ich konnte durch die Scheiben sehen, wie sie die abgeschlachteten Lämmer an den Fahrradlenkern aufhingen, und dann schoben sie die Räder den Tannen zu und verschwanden im Wald.

Die Frau und die Kinder brachen in Tränen aus. Sie konnten noch gar nichts begreifen. Ich aber auch nicht. Was mich da mit dem „Französisch" überkommen war, konnte ich nicht erklären. Ich war nur froh über die Wirkung.

Mein Fahrrad mit den Zigarren am Lenker, stand unangetastet im Flur. Alles war so schnell gekommen und war vorbei, als ob es nur ein Spuk gewesen wäre.

Wenn draußen nicht die Stalltür offengestanden hätte und das Blut von den abgestochenen Lämmern zu sehen gewesen wäre, hätte man das nicht glauben können.

Wie mir später der Gärtner sagte, war er gerade ins Nebenzimmer gegangen, als er sah, daß hinten im Eßzimmer einer durch das offene Fenster sprang, das die Frau geöffnet hatte, um zu sehen, was das Schreien bedeuten sollte. Deshalb hörten wir keine Fensterscheiben klirren und der Kerl konnte mich von rückwärts mit dem Gewehr bedrohen.

Langsam faßten wir uns wieder. Die Frau bedankte sich immer noch einmal und drückte ihre Kinder an sich. Dann sagte sie zum Gärtner, er soll sich fertig machen, um zum nächsten Telefon zu gehen. Sie bräuchten einen Schutz hier oben.

Zu mir gewandt sagte sie: „Wissen Sie, das waren Fremdarbeiter aus Polen, die man in der Gefangenschaft zu Arbeiten bei uns eingesetzt hatte. Jetzt sind sie in Augustdorf im Lager und warten auf ihren Heimtransport. Während der Wartezeit plündern sie alles aus und nehmen Rache für die Zeit ihrer Leiden, die sie in unserem Staat erlitten haben. – Mein Schwiegervater ist von den Amerikanern als vorläufiger Landrat eingesetzt worden. Unser Gärtner ruft ihn jetzt an und wir werden eine amerikanische Wache heraufbekommen. Ich muß Ihnen das sagen, damit sie vorher noch verschwinden können. Es tut mir aufrichtig leid, aber Sie können auch nicht mehr bis morgen früh dableiben."

Das waren die Worte der Tochter des Oberstleutnant, deren Mann ein hoher Beamter im Bergbau und nicht an der Front war.

Logisch war alles, was die Frau sagte. Alles war sachlich richtig, nur, ich kam mir vor wie ein gepeitschter Hund.

So kam es, daß ich mich schämte für diese Frau und wortlos mein Fahrrad nahm und hinaus in die inzwischen hereingebrochene Nacht ging.

Die Dunkelheit, die Nacht, waren symbolisch für meinen Gemütszustand.

Ohne Schwierigkeiten erreichte ich am nächsten Tag die Bodelschwingh'sche Anstalt von Bethel. Vielleicht war hier eine Möglichkeit gegeben, unterzukommen.

Es war ja einmal meine selbstgewählte Heimat in der Inneren Mission gewesen. Vom Wald oben her kam ich nach Morija. Der Hausvater tat seinen Dienst. Ich wurde zum Essen eingeladen, doch als ich durchblicken ließ, daß ich geflohen bin und noch keine Papiere hatte, winkte er ab. Alles wäre registriert und sie dürften keinen Mißbrauch machen im Interesse all der Kranken. Ich solle doch bitte nach Nazareth zum Brüderhaus fahren, ob eine Möglichkeit der Aufnahme bestünde, wenn nicht sofort, dann doch vielleicht später.

Ich bedankte mich und fuhr zum Brüderhaus Nazareth – ohne Essen.

Im Flur des Brüderhauses stieß ich auf Bruder X von der Kanzlei. Ich gab mich zu erkennen und fragte, ob jetzt, nach Ende des Krieges, eine erneute Aufnahme in das Brüderhaus möglich wäre. Wenn er sich entsinnen könnte, wäre ich während des Krieges ausgetreten, weil ich mit den im Krieg weiter gültigen Statuten nicht einverstanden war damals.

Er sah mich etwas genauer an, dann sagte er: „Wissen Sie, Herr Siegle (das Wort Bruder ließ er weg), wer uns im Krieg bei den Nationalsozialisten den Rücken gekehrt hat, braucht heute, wenn er in Not ist, nicht mehr an unserem Brüderhaus anzuklopfen. Sie haben damals gewählt, heute müssen Sie eben dazu stehen."

Sagte es und ließ mich stehen.

Das war dann der letzte Peitschenschlag. Dieser Mann hatte vermutlich im Krieg nie eine Front gesehen —.

==Ich wußte nicht mehr, was tun. Ich spürte, ich war vogelfrei — allerdings bei den Deutschen.== Die Alliierten hätten mich in Gefangenschaft gehalten. Sicherlich wäre das für meine Gemütsverfassung besser gewesen. Ich hätte noch länger an Dinge glauben können, die es gar nicht mehr gab!

Im übrigen wog ich bei meiner Heimkehr am 25. April noch ganze 106 Pfund. Ich hätte keine Gefangenschaft überlebt.

Am 08.05.1945 war Kapitulation.

Ich kehrte nach Dünne zurück. Einen anderen Weg als zu Hanna wußte ich nicht mehr. — Ich war am Ende angelangt.

Hanna wußte einen Ausweg: Wir müßten zu einem Wehrmachts-Entlassungsschein für mich kommen. Ich war ja sowieso nicht mehr tauglich nach 6 Verwundungen.

Wir haben fast die ganze Nacht darüber nachgegrübelt. Dann hatte Hanna auch hier eine Möglichkeit entdeckt.

In Bad Rothenfelde war, bis zur Kapitulation, eine Heeres-Entlassungsstelle. Dort wurden seither verwundete Soldaten in das Zivilleben entlassen, wenn sie für den Waffendienst nicht mehr verwendungsfähig wären. An diesem Punkt kreisten immer unsere Gedanken.

Diese Stelle hat wahrscheinlich mit dem Tag der Kapitulation aufgehört, zu existieren. Doch dann kam Hanna ein Gedanke.

Da war doch ein ehemaliger verwundeter Soldat aus ihrer Schulklasse, der entlassen war.

Ja, das konnte der Anfang einer Lösung sein.

Hanna fuhr zu dem Mann, und bat ihn inständig, ihr für 48 Stunden seinen amtlichen Wehrmachts-Entlassungsschein zu überlassen. Er ließ sich breitschlagen und gab ihn — auf Ehrenwort — heraus.

Jetzt wußten wir erstmals, wie so ein Ding aussah. Hanna war der festen Überzeugung, daß es in ihrer alten Firma möglich sein müßte, einen solchen „Schein" genau nachzudrucken.

Ich hielt das kaum für möglich, ergriff aber den Strohhalm. Morgen war Himmelfahrt und dann wurde im Betrieb nicht gearbeitet. Wir wollten das Unmögliche versuchen. Hanna meinte, den Satz fertigzustellen für einen Handabzug, wäre bei viel Geduld auch von einem Laien zu machen.

Noch nicht zu übersehende Schwierigkeiten gab es bei dem Stempel. Wo sollten wir den Stempel mit dem Hakenkreuz herbekommen, jetzt, nach der Kapitulation?

10. 05. 1945

Hanna und ich sind noch in der Dunkelheit nach Bünde gefahren. Wir hatten niemand eingeweiht, denn bei einem Nichtgelingen sollte niemand geschädigt werden. Hanna besorgte sich den Schlüssel zur Tür ihrer alten Firma, einer Druckerei. Wir konnten hinein.

So kam es dann, daß ich unter Hannas Anleitung, wie ein alter Profi den Drucksatz aufstellte, nein setzte! Alles haben wir hinbekommen: Die Schriftart, die Größe, die Abstände, die Linien usw. Am Abend waren wir soweit, daß der Satz „stand".

Um den Druck fertigzustellen, mußten wir nochmals kommen. Daß das Papier auch genau perforiert werden mußte, bereitete uns unvorhersehbaren Kummer.

11. 05. 1945

Warten. — Gestern hatten wir in der Firma wieder alles sauber aufgeräumt, daß niemand etwas merken konnte. Es bereitete mir unwahrscheinliche Mühe, die nicht mehr gebrauchten Buchstaben wieder zurückzulegen in die Setzkästen. Für mich war das wirklich anstrengend. Alles in Spiegelschrift, sozusagen von hinten herein.

Noch und noch hatten wir jede Einzelheit geprüft, jeden Buchstaben und jeden Abstand.

Heute waren wir am Knobeln, woher wir einen Stempel beschaffen konnten.

Da kam mir ein absurder Gedanke. Wie wäre es, mit einer Münze einen Stempel herzustellen? Ich maß den Durchmesser des Stempels auf dem Originalschein, aber kein Geldstück paßte in der Größe. Von der Vorstellung ausgehend, daß der Stempelrand außen am augenfälligsten sein mußte, dagegen die Schrift nicht unbedingt leserlich sein brauchte, konnte so eine Münze vielleicht helfen, wenn man das Innere der Münze abklebte und statt des „Hindenburgkopfes" ein Hakenkreuz hineinprojektierte. – Das waren so meine Vorstellungen.

12.05.1945

Es ist Samstag. Hanna und ich wollten heute nachmittag versuchen, unser „Werk" zu Ende zu bringen. Alles klappte. Hanna holte den Schlüssel und wir schlossen uns ein. Dann besorgte Hanna aus dem Versteck wieder den „Satz" her.

Jetzt mußten wir das passende Papier suchen. Ich verstand nichts davon, aber sie fand etwas, richtig in Farbe und Gewicht. Alles kam zur Handabzugpresse. Hanna kannte sich aus. Der Satz wurde mit Farbe bestrichen, immer nochmal, damit alles schön gleichmäßig war und dann machten wir einen Probeabzug.

Mit wahrer Begeisterung stellte ich fest, daß ich beim Setzen keinen Fehler gemacht hatte. Ich konnte es nicht fassen. Ich hatte es wirklich geschafft!

Was jetzt kam, war Routinearbeit. Einen ganzen Stapel Abzüge machten wir. Dann wurde alles fein auf Maß geschnitten und – an der richtigen Stelle perforiert. Daß das so gut klappte mit der Perforiermaschine, das hätten wir nicht gedacht. –

Ich kam mir vor wie ein Falschgelddrucker, der plötzlich entdeckte, daß seine Blüten wie echt aussahen.

Als alles getan war, kam das große Aufräumen und Putzen. Kein Mensch durfte je erfahren, was wir gemacht hatten. Auch wenn der Staat vorgestern vollends kapituliert hatte, so wollten wir niemanden belasten oder gar schädigen. Nach dem Abschluß unserer Aufräumarbeiten entführten wir allerdings dann noch einen echten Hakenkreuzstempel mit Hoheitszeichen. Ich denke, sie werden uns höchstens dankbar dafür gewesen sein.

Spät in der Nacht schlichen wir mit unserem Werk wieder nach Dünne zurück. Erschöpft, aber glücklich schlossen wir uns ein und begutachteten unseren Schatz.

13.05.1945

Auf der Suche nach einem passenden Geldstück zeigte sich, daß aus der Zeit des Nationalsozialismus keine Münze auf das amtliche Entlassungspapier passen wollte. Wieder kam Hanna auf die richtige Fährte.

„Hör mal, Du hast doch im letzten Urlaub eine polnische Münze hiergelassen, ich glaube, es war eine 5-Zloty-Münze." Sie suchte die Münze heraus und siehe da, der Umfang paßte. Er paßte auf das deutsche Entlassungspapier.

Nach vielen Versuchen an diesem Sonntag, hatte ich heraus, wie ich das am besten aufdrucken konnte, ohne daß der General Pilsudski, oder wer auch immer, da mitmischte auf meinem Stempel.

Dann schnitzte ich den Hakenkreuzstempel mit dem Hoheitsadler so um, daß ich nur noch das nötige „Innere" übrig hatte.

Auch das bekam ich nach manchen Versuchen in den Stempel hinein. Am Schluß hatte ich den ganzen Tisch voll von Wehrmachts-Entlassungsscheinen. Die besten Stücke suchten wir heraus und dann wurden sie ausgefüllt. Das war nicht allzu schwer, da ich meine Lazarettpapiere immer noch hatte und deshalb nur die entsprechenden Ziffern einsetzen brauchte. Zu einer Entlassung vor der Kapitulation hätten sie immer ausgereicht.

Hanna unterschrieb sie alle mit „Oberstabsarzt Dr. Späth". –

Nun suchte ich die beste Fälschung heraus. Morgen wollte ich zum „Amt" und deutscher Zivilist werden, da ich für den Krieg „amtlich" nicht mehr tauglich war und noch vor der Kapitulation deshalb in Werlte entlassen wurde.

(Werlte deshalb, weil Hanna mit dem Finger und geschlossenen Augen, auf der Landkarte einen Ort finden mußte.)

14.05.1945

Mit Herzklopfen mache ich mich sichtbar auf den Weg zum Gemeindeamt nach Ennigloh. Dort lege ich mit dem treuesten Gesicht der Welt meinen „Wehrmachts-Entlassungsschein" vor.

Den rechten Zeigefinger hatte ich noch verbunden und den linken Arm in einer Binde. Die Wunden im Gesicht konnte man sowieso sehen. Und siehe da — ich war glaubwürdig!

Ich bekam einen Zivilausweis und Lebensmittelmarken und konnte nach einer halben Stunde das Amt als freier Mann verlassen.

Die Synthese von einem polnischen 5-Zloty-Stück, zusammen mit einem Hoheitsadler mit Hakenkreuz deutscher Herkunft, hatte mir die Glaubwürdigkeit gebracht. — Ein makaberer Witz der Geschichte.

Ich war Mitglied einer „freien, deutschen und demokratischen Gesellschaft" geworden — aber ich hatte mein Vaterland verloren, den Diakon verloren und geblieben ist mir ein Gesicht und eine Seele voller Narben.

28.01.1982

Nachwort

Einige Wochen sind vergangen, als ich aus dem vierten Tagebuch von den letzten Tagen des Zweiten Weltkrieges berichtete. In der Zwischenzeit hat es mir keine Ruhe gelassen, die Erlebnisse einfach so enden zu lassen.

Meine Kinder und Enkel sollten später einmal nachlesen können, wie es damals wirklich war.

Manche jungen Autoren verarbeiten die Zeit des „Dritten Reiches" so, als wenn sie selbst alles miterlebt hätten. So entstehen vielleicht ungewollt zeitangepaßte, tendenziöse „Dokumentarberichte".

Es gibt für mich keinen Zweifel darüber, daß es aus heutiger Sicht nicht mehr möglich sein kann, die damalige Zeit so nachzuempfinden, wie wir sie erlebt haben.

Die Kenntnisse von den Judenverfolgungen, den Morden in den Konzentrationslagern und anderen furchtbaren Verbrechen, werden es unmöglich machen, zu erfahren, wie es für uns damals wirklich war.

In den Tagebüchern ist nur mein persönliches Erleben wiedergegeben. Es kann deshalb kein Maßstab für andere Erlebnisse sein.

Als wir am Heiligen Abend in Amiens alarmiert und an die Ostfront verlegt wurden, war unser aller Denken und Empfinden erfüllt von der Mission: Wir müssen helfen, den Kameraden helfen, die Front gegen den Feind zu halten, damit unsere Frauen und Kinder nicht vom Bolschewismus überrollt werden.

Dieses Gefühl der Vaterlandsliebe hat uns den Opfergang gehen lassen – bis zum bitteren Ende.

Anhang

Ende der 225. Infanteriedivision:

Die Division stand am 8. Mai 1945 unbesiegt im Kurland. Zusammen mit allen Einheiten der dortigen Heeresgruppen kam sie nach der Kapitulation in russische Kriegsgefangenschaft.

Ende der 562. Volksgrenadierdivision:

(Auszüge des Suchdienstes des Deutschen Roten Kreuzes)

Die 562. Volksgrenadierdivision war zum Zeitpunkt meiner letzten Verwundung südwestlich von Königsberg, zwischen Gut Dösen bei Zinten und Kobbelbude eingesetzt. Diese Linie konnte bis zum 13. März gehalten werden, allerdings unter Verlust des fast gesamten Pionier-Btl.

Bei den nachfolgenden schweren Angriffen der Sowjets mußten die Stellungen zunächst auf die Autobahn Elbing — Königsberg zurückgenommen werden. Später entwickelten sich schwere Kämpfe um die Orte Kobbelbude, Pörschken und Fedderau. Unser Regiment 1144 verteidigte hartnäckig Stellungen an der Bahnlinie zwischen Groß-Hoppenbruch und Wolittnick.

Nach dem Verlust von Heiligenbeil am 25. März wurden die restlichen Teile der Division zusammen mit anderen Verbänden auf der Halbinsel Balga zusammengedrängt, wo durch sowjetische Luftangriffe erneut hohe Verluste entstanden. Nur noch wenige Soldaten konnten über das Haff nach Pillau und die Halbinsel Peyse gelangen. Sie wurden noch einmal gegen die nachdrängenden sowjetischen Truppen eingesetzt, ehe sie über die Frische Nehrung nach Hela zurückwichen.

Seit diesen Kämpfen werden zahlreiche Soldaten der 562. Volksgrenadierdivision vermißt. Für einige von ihnen liegt eine Heimkehreraussage vor, daß sie gefallen sind. Viele aber haben in dem unübersichtlichen, teilweise stark bewaldeten Gelände sowie bei Nachtgefechten den Tod gefunden, ohne daß es von überlebenden Kameraden bemerkt wurde. Auch Sanitätsfahrzeuge und Verbandsplätze gerieten in das Feuer von Artillerie, Panzern und Kampfflugzeugen.

Ein einziger Opfergang der Soldaten!